PAUL CRAIG ROBERTS

AMERIKAS KRIEGE

2009 - 2013

Wenn Freiheit überhaupt etwas bedeutet,
dann das Recht,
anderen Leuten das zu sagen,
was sie nicht hören wollen.

(George Orwell)

WELTBUCH

Impressum

aus dem Amerikanischen übersetzt von:
Klaus Madersbacher, Innsbruck/Österreich
www.antikrieg.com

1. Auflage, Deutsch, Nov. 2013

ISBN 978-3-906212-01-2

Layout/Satz/Titelgestaltung: Dirk Kohl
Lektorat und Redaktion: Sophie Micheel
Korrektorat: Marianne Jahnke

Titelfoto:
US-Navy, veröffentlicht bei Wikipedia.org. Dieses Foto ist „Gemeinfrei“ und als Werk eines Angestellten der US Navy in Ausübung seines Dienstes bzw. als ein Werk der US-Regierung frei verwendbar und unterliegt keiner bekannten urheberrechtlichen Einschränkung.

Inhalt

Vorwort

Die Dämonisierung der Sowjetunion nach dem Zweiten Weltkrieg bildete die Grundlage für Amerikas guten Ruf als Verteidiger von Freiheit und Demokratie. Einige Historiker und Berichterstatter bestreiten, dass die Vereinigten Staaten diesen guten Ruf verdienten. Sie verweisen auf die Vernichtung der Ureinwohner in Amerika, den Diebstahl spanischer Gebiete in Texas, dem heutigen Südwesten der USA, die Internierung japanisch-amerikanischer Bürger während des Zweiten Weltkrieges, das Dasein der farbigen Amerikaner, die der Apartheid wegen während eines Großteils der amerikanischen Geschichte nur sehr wenig an Freiheit und Demokratie teilhaben konnten, sowie auf Washingtons Weigerung, den Aufstieg reformistischer Regierungen in Mittelamerika zu tolerieren.

Unabhängig davon, ob Amerika jemals seinen guten Ruf verdient hatte: Um seine Agenda – die weltweite Vormachtstellung – besser verfolgen zu können, hat Washington während der letzten Jahre des 20. Jahrhunderts unter der Bill-Clinton-Regierung und der neokonservativen Regimes von George W. Bush und Barack Obama im 21. Jahrhundert Amerikas Ruf weggeworfen.

Die Sowjetunion hatte Amerikas Macht eingegrenzt. Der Zerfall der Sowjetunion entfesselte die amerikanische Hybris und Arroganz. Nachdem es sich selbst zur „einzigen Supermacht der Welt" erklärt hatte, begann Washington, die Welt nach eigenen Interessen umzugestalten – unter dem Deckmantel, „der Welt Freiheit und Demokratie zu bringen." Die Angriffe auf das World Trade Center und das Pentagon am 11. September 2001 lieferten das „neue Pearl Harbor", das die Neokonservativen benötigten, um ihre Eroberungskriege zu beginnen. Die Geschichte des 21. Jahrhunderts ist die Konsequenz aus 9/11. 2000 Hochhausarchitekten und Hochbauingenieure, Physiker und Chemiker, Feuerwehrleute und Ersthelfer, Piloten und zahlreiche ehemalige Regierungsbeamte haben die offizielle Darstellung der Regierung zu 9/11 grundlegend infrage gestellt. Wer aufmerksam und informiert ist, wird kaum glauben, dass der US-amerikanische Staatssicherheitsdienst, die Geheimdienste der NATO-Alliierten Washingtons und Israels Mossad von einer Handvoll unabhängig von ei-

ner Regierung oder einem Geheimdienst agierender Araber ausgetrickst wurden.
Washingtons Argument ist, dass die Terroristen „dort drüben" getötet werden müssen, bevor sie „hier herüber" kommen und Amerika erneut angreifen. Dieses Argument ergibt keinen Sinn. Auch aus Washingtons Sicht sind Terroristen staatenlos. Washington zufolge waren fast alle 9/11-Terroristen Saudi-Araber. Dennoch überfiel Washington Afghanistan und den Irak. Washington organisierte den Sturz Gaddafis in Libyen, obwohl es keinerlei Verbindung zwischen Gaddafi und 9/11 gab. Fast jeden Tag ermordet Washington mit Drohnen Menschen in Pakistan und im Jemen – Länder, mit denen die USA nicht im Krieg stehen. Washington hat kenianische Truppen ausgesandt, um Islamisten in Somalia zu bekämpfen, und französische und nigerianische Truppen, um in Mali gegen die von Washington bewaffneten Islamisten zu kämpfen, die dorthin ausgewandert sind, nachdem sie geholfen hatten, Gaddafi zu stürzen.
Mao sagte, Macht komme aus Gewehrläufen. Washington sagt, Bombenangriffe dienten Freiheit und Demokratie. Mao wird beschimpft, Washington aber wird gelobt oder lobpreist sich selbst. Zudem argumentiert Washington, die Amerikaner müssten für ihre Sicherheit die Bürgerrechte aufgeben, die ihnen die Verfassung der Vereinigten Staaten garantiere. Aus Gründen der Sicherheit müssten sie damit einverstanden sein, dass Bürger auf unbestimmte Zeit inhaftiert werden – ohne Gerichten Beweise vorlegen zu müssen und ohne Verpflichtung der Regierung zur Rechtsstaatlichkeit. Außerdem müsse ihre Regierung ohne ordentliche Gerichtsverfahren Bürger ermorden dürfen. Der bloße Verdacht oder unbewiesene Vorwürfe von Beamten der Exekutive, die niemandem Rechenschaft schulden, reichen, um das Leben und die Freiheit amerikanischer Bürger auszulöschen sowie all ihr Hab und Gut zu beschlagnahmen.
Zu ihrer Sicherheit müssen die Amerikaner zudem einverstanden sein, ausspioniert zu werden – wie William Binney und Edward Snowden bewiesen haben, gilt das für jede E-Mail, jede besuchte Internetseite, jeden Telefonanruf, jeden geschriebenen Brief, jede genutzte Kreditkarte und jeden Einkauf. Laut New York Times vom 28. September 2013 listet die NSA sogar die sozialen Kontakte der US-Bürger auf. Washingtons Argument: Akzeptieren die Amerikaner nicht den weitreichendsten Polizei-

staat der Geschichte, dann sind sie nicht sicher. Infolgedessen ist heutzutage kein Amerikaner vor seiner Regierung sicher.

In der öffentlichen Diskussion in den USA spielen Fakten keine Rolle mehr. Die Propaganda herrscht. Trotz anders lautender Beweise beharrte Washington darauf, Saddam Hussein besäße „Massenvernichtungswaffen“ und der Besitz dieser Waffen rechtfertige Washingtons Einmarsch in den Irak. Als in Syrien chemische Waffen eingesetzt wurden, beschuldigte Washington sofort das Assad-Regime und versuchte, im Auftrag der Islamisten Unterstützung für ein Eingreifen gegen die säkulare syrische Regierung zu mobilisieren. Washington behauptete, zwingende Beweise gegen Assad zu besitzen, verweigerte aber deren Herausgabe. Die List ging nicht auf – die Welt durchschaute sie. Die russische Regierung stellte sie infrage. Das britische Parlament, lange Zeit eine amerikanische Marionette, stimmte gegen Obamas Syrienkrieg und erklärte, Großbritannien werde nicht als Schutzschild für ein weiteres amerikanisches Kriegsverbrechen dienen. Alle NATO-Mitglieder außer dem „sozialistischen“ französischen Präsidenten wendeten sich von Obamas kriegerischen Machenschaften ab, ebenso das amerikanische Volk und der US-Kongress. Russlands Präsident Putin sagte öffentlich, US-Außenminister John Kerry „lügt und weiß, dass er lügt. Es ist traurig“.

Derzeit scheint es, als käme die Welt zu dem Schluss, dass die Vereinigten Staaten nicht das sind, was sie zu sein vorgeben. Vielmehr ist Amerika eine niederträchtige Streitmacht, die die Gefahr eines Dritten Weltkrieges über die Menschheit bringt.

Russland, die Stimme des Friedens, hat der US-Regierung mit einer UN-Resolution die Hände gebunden, die Syriens Einverständnis ratifiziert, alle chemischen Waffen der Vernichtung zuzuführen – und die einen militärischen Einsatz gegen Syrien verhindert. Das verbrecherische Obama-Regime hat mit aller Kraft und mit allen gekauften Regierungen gegen diese Friedens-Initiative gekämpft, doch Russland hat sich durchgesetzt. Die vorliegende Kolumnen-Sammlung von Mai 2009 bis September 2013 dokumentiert Amerikas Wandlung zu einem kriegstreiberischen Polizeistaat, der die Weltherrschaft anstrebt. Wie ich schreibe, hat der Präsident von Brasilien, eines riesigen und reichen Landes, Washington vor den Vereinten Nationen wegen „Verletzung internationalen Rechtes“

angeprangert. Die Präsidenten von Bolivien und Venezuela verklagen die Vereinigten Staaten wegen „Verletzung der Menschenrechte". Russland misstraut jedem Wort Washingtons, und China betrachtet Washington als verrückt gewordenes Gebilde.

Lediglich ein paar der gekauften europäischen Politiker unterstützen Washington. Doch können die Regierungen von NATO-Mitgliedsländern, die dem Internationalen Gerichtshof unterstellt sind, sich das Risiko leisten, als Komplizen bei Washingtons Kriegsverbrechen auf die Anklagebank zu kommen?

Diese törichten, mit Washington verbündeten Politiker müssen aufwachen. Washington repräsentiert nicht das amerikanische Volk. Washington repräsentiert mächtige private Interessensgruppen. Washington kann Amerika nicht regieren, geschweige denn die Welt. Die Regierung in Washington steht am Rande des Zusammenbruchs, weil die beiden korrupten politischen Parteien sich nicht einigen können, wer dafür aufkommen soll, das jährliche Haushaltsdefizit zu schließen, das die US-Notenbank Federal Reserve zwingt, neues Geld zu drucken, um jährlich US-Staatsanleihen in einer Größenordnung von 1.000 Milliarden Dollar zu kaufen.

Amerikas Macht basiert auf der Weltreservewährung US-Dollar. Da keine Partei gewillt ist, Amerikas viele Billionen Dollar teuere Kriege zu begrenzen, ist es nur eine Frage der Zeit, bis die Flucht aus dem US-Dollar beginnt. Mit diesem Absturz kommt das Ende der US-Macht. Und das Ende der US-Macht ist eine Vorbedingung des Friedens auf der Welt.

28.05.2009: Wer steht gegen Amerika und Israel auf?

„Obama ruft die Welt auf, ‚gegen Nordkorea aufzustehen'", lauteten die Schlagzeilen. Obama sagte, die Vereinigten Staaten von Amerika seien entschlossen, „Frieden und Sicherheit auf der Welt" zu beschützen. Wieder einmal Neusprech, Neudenk nach „1984".
Nordkorea ist ein kleines Gebiet. China allein könnte es in ein paar Minuten aufschnupfen. Dennoch meint der Präsident der Vereinigten Staaten von Amerika, dass kein Geringerer als die ganze Welt es mit Nordkorea aufnehmen müsse.
Wir können beobachten, wie die Washingtoner Gangster wieder einmal eine neue Bedrohung konstruieren; wie Slobodan Milosevic, Osama bin Laden, Saddam Hussein, John Walker Lindh, Yaser Hamdi, José Padilla, Sami al-Arian, Hamas, Mahmoud Ahmadinejad und die unglückseligen Gefangenen, die der ehemalige Verteidigungsminister Donald Rumsfeld als „die 700 gefährlichsten Terroristen der Erde" dämonisiert hat, die sechs Jahre lang in Guantánamo gefoltert und dann in aller Stille entlassen wurden. Nur ein weiterer Irrtum, Entschuldigung.
Der Militär-/Sicherheitskomplex, der Amerika gemeinsam mit der israelischen Lobby und den Bankstern regiert, braucht eine lange Liste gefährlicher Feinde, um das Geld der Steuerzahler weiter in seine Kassen fließen zu lassen. Die Lobby für Sicherheit im Heimatland ist auf endlose Bedrohungen angewiesen, um die Amerikaner davon zu überzeugen, dass sie bürgerliche Freiheitsrechte aufgeben müssen, um sicher und geschützt zu sein.

Die wirkliche Frage lautet: Wer wird gegen die amerikanische und die israelische Regierung aufstehen? Wer wird die bürgerlichen Freiheitsrechte der amerikanischen und israelischen Bürger schützen, besonders die der israelischen Dissidenten und die der arabischstämmigen Bürger Israels? Wer wird die Palästinenser, Iraker, Afghanen, Libanesen, Iraner und Syrer vor den Amerikanern und Israelis beschützen? Nicht Obama und nicht die rechten Braunhemden, die heute Israel beherrschen.

Obamas Idee, dass sich die gesamte Welt gegen Nordkorea erheben solle, ist umwerfend, aber noch lange nicht so umwerfend wie seine Idee, dass die Vereinigten Staaten von Amerika „den Frieden und die Sicherheit der Welt“ garantieren werden.

Handelt es sich da etwa um die Vereinigten Staaten von Amerika, die Serbien bombardiert haben, einschließlich von Büros der chinesischen Botschaft und zivilen Eisenbahnzügen, die Kosovo von Serbien losgebrochen und einer Bande von Muslim-Drogengangstern übergeben und diesen NATO-Truppen zur Verfügung gestellt haben, um ihre Geschäfte zu beschützen?

Handelt es sich da etwa um die Vereinigten Staaten von Amerika, die für etwa eine Million toter Iraker, für Waisen und Witwen im ganzen Land verantwortlich sind, und die rund ein Fünftel der irakischen Bevölkerung in die Flucht getrieben haben?

Handelt es sich da etwa um die Vereinigten Staaten von Amerika, die den Rest der Welt davon abgehalten haben, Israel für seine mörderischen Überfälle auf libanesische Zivilisten 2006 und kürzlich auf Gaza zu verurteilen, die Vereinigten Staaten von Amerika, die Israel bei seinem Diebstahl von Palästina die vergangenen 60 Jahre hindurch Schützenhilfe geleistet haben, einem Landraub, der vier Millionen palästinensischer Flüchtlinge zur Folge hatte, die durch Gewalt und Terror Israels aus ihren Häusern und Dörfern vertrieben worden sind?

Handelt es sich da etwa um die Vereinigten Staaten von Amerika, die in ehemaligen Teilen der Sowjetunion Manöver abhalten und Russland mit Militärstützpunkten einkreisen?

Handelt es sich da etwa um die Vereinigten Staaten von Amerika, die Afghanistan in Schutt bombardiert haben – mit massiven zivilen Opfern?

Handelt es sich da etwa um die Vereinigten Staaten von Amerika, die einen schrecklichen neuen Krieg in Pakistan begonnen haben; einen Krieg, der in seinen ersten paar Tagen eine Million Menschen in die Flucht getrieben hat?

„Den Frieden und die Sicherheit der Welt“? Wessen Welt?

Nach seiner Rückkehr von der Beratung mit Obama in Washington erklärte der braunhemdige israelische Premierminister Benjamin Netanjahu, es läge in Israels Verantwortung, die „nukleare Bedrohung“ durch den Iran zu „eliminieren“.

Was für eine nukleare Bedrohung? Die Geheimdienste der Vereinigten Staaten von Amerika sind einhellig zu der Auffassung gekommen, dass Iran seit 2003 kein Atomwaffenprogramm betreibt. Die Inspektoren der Internationalen Atomenergieagentur berichten, dass es keine Anzeichen für ein Atomwaffenprogramm im Iran gibt.

Wen bombardiert Iran? Wie viele Flüchtlinge jagt Iran in die Flucht um ihr Leben? Wen bombardiert Nordkorea?

Die zwei großen, mörderischen, Flüchtlinge produzierenden Länder sind die Vereinigten Staaten von Amerika und Israel. Diese beiden haben Millionen Menschen ermordet und vertrieben, die niemanden bedroht hatten. Keine Länder auf dieser Erde können den Vereinigten Staaten von Amerika und Israel in puncto barbarischer mörderischer Gewalt das Wasser reichen. Aber Obama versichert uns, dass die Vereinigten Staaten von Amerika „den Frieden und die Sicherheit der Welt" beschützen werden. Und Braunhemd Netanjahu beteuert, dass Israel die Welt vor der „iranischen Bedrohung" beschützen wird.

Wo sind die Medien? Warum lachen sich die Menschen nicht zu Tode?

19.06.2009: Ist das das Ergebnis von zwei Jahren Destabilisierung?

Handelt es sich bei den iranischen Protesten um eine weitere von den Vereinigten Staaten von Amerika orchestrierte „Farbrevolution"?

Eine Reihe von Kommentatoren hat ihrem idealistischen Glauben an die lauteren Absichten von Mousavi, Montazeri und die westlich orientierte Jugend von Teheran Ausdruck verliehen. Der vor zwei Jahren von der CIA angekündigte Destabilisierungsplan hatte auf den Gang der Ereignisse keine Auswirkungen.

Es wird behauptet, Ahmadinejad habe die Wahl manipuliert, da das Ergebnis zu schnell nach dem Schluss der Wahlen, noch vor der Auszählung aller Stimmen, verkündet worden sei. Mousavi allerdings hatte seinen Sieg schon Stunden vor Wahlschluss bekannt gegeben. Das ist eine klassische Destabilisierungsmethode der CIA, die darauf abzielt, ein gegenteiliges Ergebnis zu diskreditieren. Sie erzwingt eine rasche Bekanntgabe des Wahlergebnisses. Je länger der Zeitraum zwischen der vorzeitigen Siegeserklärung und der Bekanntgabe des Wahlergebnisses ist, desto mehr Zeit hat Mousavi, um den Eindruck zu erwecken, dass die Behörden die Zeit nützen, um das Wahlergebnis zu fälschen. Es ist erstaunlich, dass Leute diesen Trick nicht durchschauen.

Zu Ayatollah Montazeris Beschuldigung, die Wahl sei manipuliert worden, ist zu sagen, dass er anfänglich Khomeinis Nachfolger werden sollte, diesen Posten aber an den gegenwärtigen obersten Führer verloren hat. In diesen Protesten sieht er eine Möglichkeit, es Khamenei heimzuzahlen. Montazeri hat einen Anlass, diese Wahl in Frage zu stellen, ganz gleich, ob oder ob er nicht von der CIA manipuliert ist, die eine erfolgreiche Geschichte der Manipulation verärgerter Politiker vorzuweisen hat.

Unter den Ayatollahs findet ein Machtkampf statt. Viele sind gegen Ahmadinejad, da dieser sie der Korruption beschuldigt und dadurch Rückhalt auf dem Land findet, wo die iranische Landbevölkerung glaubt, dass der Lebensstil der Ayatollahs auf ein Übermaß an Macht und Geld hinweist. Meiner Meinung nach ist der Angriff Ahmadinejads auf die Ayatollahs opportunistisch. Er macht es andererseits schwierig für seine amerikanischen Gegner zu behaupten, er sei ein konservativer Reaktionär in einer Reihe mit den Ayatollahs.

Die Kommentatoren „erklären" die Wahlen im Iran auf der Grundlage ihrer eigenen Illusionen, Vorstellungen, Emotionen und Interessenlage. Ob die Wahlergebnisse, die Ahmadinejads Sieg vorhersagen, stimmen oder nicht, es gibt jedenfalls keinerlei Beweise jenseits von Vermutungen, dass die Wahl manipuliert worden ist. Allerdings gibt es glaubhafte Berichte darüber, dass die CIA zwei Jahre lang daran gearbeitet hat, die iranische Regierung zu destabilisieren.

Am 23. Mai 2007 berichteten Brian Ross und Richard Esposito auf ABC News: „Die CIA hat die geheime Zustimmung des Präsidenten zur Durchführung einer 'schwarzen' Operation zur Destabilisierung der iranischen Regierung bekommen, teilen derzeitige und ehemalige Beamte aus Geheimdienstkreisen ABC News mit."

Am 27. Mai 2007 berichtete der Londoner Telegraph unabhängig davon: „Herr Bush hat ein offizielles Dokument unterzeichnet, durch das Pläne der CIA für eine Propaganda- und Desinformationskampagne gefördert werden, die darauf abzielt, die theokratische Herrschaft der Mullahs zu destabilisieren und letztendlich zu stürzen."
Ein paar Tage zuvor berichtete der Telegraph am 16. Mai 2007, dass der Kriegstreiber der Bushregierung John Bolton der Zeitung mitgeteilt hatte, ein militärischer Angriff der Vereinigten Staaten von Amerika auf den Iran wäre „eine ‚letzte Option' für den Fall, dass wirtschaftliche Sanktionen und Versuche, einen Volksaufstand anzufachen, scheitern".
Am 29. Juni 2008 berichtete Seymour Hersh im New Yorker: „Gegen Ende des letzten Jahres bewilligte der Kongress einen Antrag von Präsident Bush, eine wesentliche Steigerung von geheimen Operationen gegen den Iran zu finanzieren, laut derzeitigen und ehemaligen Quellen in Militär, Geheimdiensten und Kongress. Diese Operationen, für die der Präsident bis zu 400 Millionen haben wollte, wurden in einem von Bush unterzeichneten Präsidentenbeschluss umrissen und haben das Ziel, die religiöse Führung des Landes zu destabilisieren."
Ohne Zweifel gibt es viele aufrichtige Teilnehmer an den Protesten in Teheran. Die Proteste weisen aber auch die Kennzeichen der von der CIA orchestrierten Proteste in Georgien und der Ukraine auf. Man muss schon gänzlich blind sein, um das nicht zu sehen.
Daniel McAdams hat einige bezeichnende Bemerkungen gemacht. Zum Beispiel schrieb der neokonservative Kenneth Timmerman am Tag vor den Wahlen, dass „in Teheran von einer ‚grünen Revolution' gesprochen wird". Wie sollte Timmerman das wissen, wenn es keine geplante Angelegenheit war? Warum sollte eine „grüne Revolution" schon vor den Wahlen vorbereitet werden, besonders da Mousavi und seine Anhänger so siegessicher waren, wie sie behaupteten? Das sieht nach einem eindeutigen Beweis dafür aus, dass die Vereinigten Staaten von Amerika in die Protestbewegung nach den Wahlen involviert sind.
Timmerman schreibt weiter, dass „das National Endowment for Democracy (NED – Nationale Stiftung für Demokratie – von den Vereinigten Staaten von Amerika finanzierte ‚private und unabhängige Nichtregierungsorganisation', d.Ü.) Millionen von Dollar für die Förderung von

‚Farb'-Revolutionen ausgegeben hat ... Ein Teil dieses Geldes scheint in die Hände der pro-Mousavi-Bewegung geraten zu sein, die Verbindungen zu Nichtregierungsorganisationen außerhalb des Irans hat, die vom NED finanziert werden". Timmermans eigene neokonservative Stiftung für Demokratie ist eine „private Non-Profit-Organisation, gegründet 1995 mit Mitteln des NED, um Demokratie und internationale Standards für Menschenrechte in Iran zu fördern".

31.08.2009: Warum keine lähmenden Sanktionen gegen Israel und die Vereinigten Staaten von Amerika?

In Israel, einem den Palästinensern gestohlenen Land, kontrollieren Fanatiker die Regierung. Einer dieser Fanatiker ist der Premierminister Benjamin Netanjahu. In der vergangenen Woche forderte Netanjahu „lähmende Sanktionen" gegen den Iran.

Die Art Blockade, die Netanjahu möchte, entspricht einer kriegerischen Handlung. Israel hat seit Langem gedroht, selbst den Iran anzugreifen, möchte aber lieber die Vereinigten Staaten von Amerika und die NATO mit hineinziehen.

Warum möchte Israel einen Krieg zwischen den Vereinigten Staaten von Amerika und dem Iran anstiften? Greift der Iran andere Länder an, bombardiert Zivilisten und zerstört zivile Infrastruktur? Nein. Diese Verbrechen werden von Israel und den Vereinigten Staaten von Amerika begangen. Vertreibt der Iran Menschen von Land, das diese jahrhundertelang bewohnt haben, und treibt sie in Gettos? Nein, das macht Israel mit den Palästinensern seit 60 Jahren. Was macht der Iran? Der Iran arbeitet an der Entwicklung der Kernenergie, wozu es als Mitglied des Atomwaffensperrvertrags berechtigt ist. Das Kernenergieprogramm des Iran unterliegt den Inspektionen der Internationalen Atomenergieagentur IAEA, die regelmäßig berichtet, dass sie bei ihren Inspektionen keine Hinweise auf die Abzweigung von angereichertem Uran für ein Waffenprogramm findet.

Israel und seine Handlanger in Washington hingegen stehen auf dem Standpunkt, dass dem Iran nicht die Rechte eines jeden Unterzeichners des Atomwaffensperrvertrags zustehen, da der Iran angereichertes Uran für ein Waffenprogramm abzweigen könnte.
Mit anderen Worten, Israel und die Vereinigten Staaten von Amerika beanspruchen das Recht, dem Iran das Recht zur Entwicklung von Atomenergie abzusprechen. Dieser Anspruch Israels/der Vereinigten Staaten von Amerika findet keinerlei Grundlage im Internationalen Recht oder irgendwo sonst, abgesehen von der Arroganz Israels und der Vereinigten Staaten von Amerika.
Die Scheinheiligkeit ist nicht zu überbieten. Israel ist kein Unterzeichnerstaat des Atomwaffensperrvertrags und hat seine Atomwaffen illegal heimlich entwickelt – mit, soweit wir wissen, Hilfe der Vereinigten Staaten von Amerika.
Da Israel illegal Atomwaffen besitzt und eine fanatische Regierung hat, der deren Gebrauch zugetraut werden kann, sollten lähmende Sanktionen gegen Israel verhängt werden, um es zur Abrüstung zu zwingen.
Israel verdient lähmende Sanktionen auch aus einem anderen Grund. Es ist ein Apartheidstaat, was der ehemalige Präsident der Vereinigten Staaten von Amerika Jimmy Carter in seinem Buch „Palestine: Peace Not Apartheid“ („Palästina: Frieden statt Apartheid“) beschrieben hat.
Die Vereinigten Staaten von Amerika verhängten Sanktionen gegen Südafrika wegen der Apartheidspraktiken in diesem Land. Die Sanktionen zwangen die weiße Regierung, die politische Macht an die schwarze Mehrheit zu übergeben. Israel praktiziert eine schlimmere Art der Apartheid als die weiße südafrikanische Regierung. Dennoch bleibt Israel dabei, es sei „antisemitisch“, Israel für Handlungen zu kritisieren, die die Welt als abscheulich betrachtet.
Was von der palästinensischen West Bank noch übrig und noch nicht von Israel gestohlen worden ist, besteht aus isolierten Gettos. Palästinenser sind von Krankenhäusern, Schulen, ihren Farmen und voneinander abgeschnitten. Sie können ohne die Genehmigung Israels, die an den Kontrollstellen überprüft wird, nicht von einem Getto in ein anderes gelangen.
Die Erklärung der israelischen Regierung für ihre ständigen Verstöße gegen Menschenrechte umfasst die größte Lügensammlung der Weltge-

schichte. Niemand mit Ausnahme von amerikanischen „christlichen Zionisten" glaubt auch nur ein Wort davon.
Auch die Vereinigten Staaten von Amerika bieten sich an für lähmende Sanktionen; in der Tat sind sie überqualifiziert. Auf der Grundlage von Lügen und absichtlicher Täuschung des US-Kongresses, der US-Öffentlichkeit, der UNO und der NATO marschierte die Regierung der Vereinigten Staaten von Amerika in Afghanistan und den Irak ein und benutzte den in Washington orchestrierten „Krieg gegen den Terror" zur Abschaffung bürgerlicher Rechte, die die Verfassung der Vereinigten Staaten von Amerika garantiert hatte. Eine Million Iraker haben mit ihrem Leben für Amerikas Verbrechen bezahlt und vier Millionen sind vertrieben worden. Irak und seine Infrastruktur liegen in Trümmern und seine professionellen Eliten, die für den Aufbau einer modernen organisierten Gesellschaft erforderlich sind, sind tot oder zerstreut. Die Regierung der Vereinigten Staaten von Amerika hat ein Kriegsverbrechen größten Ausmaßes begangen. Wenn der Iran Sanktionen verdient, verdienen die Vereinigten Staaten von Amerika sie tausendmal mehr.
Niemand weiß, wie viele Frauen, Kinder und alte Menschen von den Vereinigten Staaten von Amerika in Afghanistan ermordet worden sind. Wie auch immer, der amerikanische Angriffskrieg gegen die Menschen in Afghanistan ist jetzt in seinem neunten Jahr. Laut dem Militär der Vereinigten Staaten von Amerika wird ein amerikanischer Sieg noch lange auf sich warten lassen. Admiral Mullen, Chef des US-Generalstabs, erklärte im August, dass die militärische Situation in Afghanistan „ernst ist und sich verschlechtert".
Ältere Amerikaner können sich auf die Fortsetzung dieses Krieges für den Rest ihres Lebens freuen, während ihre soziale Sicherheit und Gesundheitsversorgung reduziert werden, um Mittel für die US-Rüstungsindustrie frei zu bekommen. Bush/Cheney und Obama/Biden haben Rüstungsprodukte zur einzigen sicheren Anlage in den Vereinigten Staaten von Amerika gemacht.
Was ist der Zweck des Angriffskrieges gegen Afghanistan? Kurz nach seiner Amtsübernahme versprach Präsident Obama eine Antwort auf diese Frage, gab dann aber keine. Stattdessen eskalierte er schnell den Krieg gegen Afghanistan und begann einen neuen gegen Pakistan, der

bereits zwei Millionen Pakistaner in die Flucht getrieben hat. Obama hat 21.000 US-Soldaten nach Afghanistan beordert und der Oberbefehlshaber der Vereinigten Staaten von Amerika in Afganistan General Stanley McChrystal will weitere 20.000 haben.
Obama weitet den amerikanischen Angriffskrieg gegen Afghanistan aus, ungeachtet von drei viel beachteten Meinungsumfragen, die zeigen, dass die amerikanische Öffentlichkeit eindeutig gegen die Weiterführung des Krieges gegen Afghanistan ist.
Leider ist das eiserne Bündnis zwischen Israel und Washington im Krieg gegen muslimische Völker viel stärker als die Verbindung zwischen der amerikanischen Öffentlichkeit und der amerikanischen Regierung. Bei einem Abschiedsdinner für den israelischen Militärattaché in Washington, der nach Israel zurückkehrt, um dort stellvertretender Generalstabschef zu werden, nahmen am letzten Donnerstag Admiral Mike Mullen, Chef des US-Generalstabs, Unterstaatssekretärin Michele Flournoy vom Verteidigungsministerium und Dan Shapiro, der im nationalen Sicherheitsrat für Mittelostangelegenheiten zuständig ist, teil, um ihre Hochachtung auszudrücken. Admiral Mullen erklärte, dass die Vereinigten Staaten von Amerika immer an der Seite Israels stehen werden. Ganz egal, wie viele Kriegsverbrechen Israel begeht. Ganz egal, wie viele Frauen und Kinder Israel ermordet. Ganz egal, wie viele Palästinenser Israel aus ihren Häusern, Dörfern und Ländereien vertreibt. Die wirkliche Achse des Bösen verläuft zwischen den Vereinigten Staaten von Amerika und Israel.
Millionen Amerikaner sind jetzt ohne Wohnung infolge von Zwangsräumungen. Millionen mehr haben ihre Arbeitsplätze verloren und noch mehr Millionen haben keinen Zugang zu medizinischer Versorgung. Dennoch verschleudert die Regierung der Vereinigten Staaten von Amerika weiterhin hunderte Milliarden Dollar für Kriege, die dem Land nichts bringen. Präsident Obama und General McChrystal stehen auf dem Standpunkt, dass sie es am besten wissen; soll die amerikanische Öffentlichkeit doch der Teufel holen.
Es könnte nicht klarer zum Ausdruck kommen, dass der Präsident der Vereingten Staaten von Amerika und das US-Militär sich in keiner Weise um Demokratie, Menschenrechte und Internationales Recht scheren. Auch deswegen sollten lähmende Sanktionen gegen Washington verhängt

werden – eine Regierung, die sich unter Bush/Obama als Braunhemden-Staat erwiesen hat, der sich mit Lügen, Folter, Mord, Kriegsverbrechen und Betrug abgibt.
Viele Regierungen sind Komplizen bei den Kriegsverbrechen der Vereinigten Staaten von Amerika. Mit Obamas Budget tief in den roten Zahlen, hängen Washingtons Kriege der nackten Aggression von der Finanzierung durch Chinesen, Japaner, Russen, Saudis, Südkoreaner, Inder, Kanadier und Europäer ab. In der Sekunde, in der diese ausländische Finanzierung amerikanischer Kriegsverbrechen aufhört, hören Amerikas Angriffskriege gegen die Muslime auf.
Die Vereinigten Staaten von Amerika sind keine immerwährende „Supermacht", die uneingeschränkt ihre eigenen Gesetze und das Internationale Recht missachten kann. Die Vereinigten Staaten von Amerika werden letztlich infolge ihrer Überheblichkeit, Arroganz und imperialen Überdehnung stürzen. Doch wenn das amerikanische Imperium stürzt, werden dann auch seine Wegbereiter im Gerichtshof für Kriegsverbrecher zur Verantwortung gezogen werden?

29.09.2009: Ein neuer Krieg wird vorbereitet

Erinnert sich jemand an all die Lügen, die vom damaligen Präsidenten Bush und den „Massenmedien" über die schwere Bedrohung Amerikas durch Massenvernichtungswaffen im Irak verbreitet worden sind? Diese Lügen wurden endlos in den Zeitungen und im Fernsehen wiederholt, ungeachtet der Berichte der in den Irak entsendeten Waffeninspektoren, dass es dort keine solchen Waffen gäbe.
Die Waffeninspektoren machten ihre Arbeit im Irak ehrlich und sagten die Wahrheit, aber die Massenmedien wussten ihre Erkenntnisse nicht zu würdigen. Stattdessen dienten die Medien als Propagandaministerium und schlugen die Kriegstrommel für die Regierung der Vereinigten Staaten von Amerika. Jetzt wiederholt sich der ganze Prozess; dieses Mal ist der Iran das Ziel. Nachdem es keinen stichhaltigen Grund für einen Krieg gegen den Iran gibt, griff Obama in Bushs Textbuch und fabrizierte einen.

Zuerst die Fakten: Als Signatarmacht des Atomsperrvertrags hält der Iran seine nuklearen Anlagen offen für die Überprüfung durch die Internationale Atomenergieagentur IAEA, die das iranische Atomenergieprogramm sorgfältig überwacht, um sicherzustellen, dass kein Material für Atomwaffen abgezweigt wird.
Die IAEA hat Irans Atomenergieprogramm überwacht und wiederholt berichtet, sie habe keine Hinweise dafür gefunden, dass nukleares Material für ein Waffenprogramm abgezweigt worden sei. Alle sechzehn Geheimdienste der Vereinigten Staaten von Amerika haben bestätigt und noch einmal bestätigt, dass der Iran sein Interesse an der Produktion von Atomwaffen schon vor Jahren eingestellt hat.
In Übereinstimmung mit dem Sicherheitsabkommen, nach dem die IAEA vor der Inbetriebnahme einer Anreicherungsanlage zu informieren ist, informierte der Iran die IAEA am 21. September, dass er dabei sei, eine neue Anlage zu bauen. Durch diese Information an die IAEA erfüllte der Iran seine Verpflichtungen unter dem Sicherheitsabkommen. Die IAEA wird die Anlage überwachen und das produzierte nukleare Material kontrollieren, um sicherzustellen, dass es nicht für ein Waffenprogramm abgezweigt wird.
Ungeachtet dieser unmissverständlichen Fakten gab Obama am 25. September bekannt, dass der Iran mit einer "geheimen nuklearen Anlage" erwischt worden sei, in der er eine Bombe produzieren wolle, die die Welt bedrohen werde.
Die Behauptung des Regimes Obama, der Iran halte sich nicht an das Sicherheitsabkommen, ist reine Desinformation. Zwischen Ende 2004 und Anfang 2007 hielt sich der Iran freiwillig an eine zusätzliche Bestimmung (Code 3.1), die nie ratifiziert wurde und nie gesetzlicher Bestandteil des Sicherheitsabkommens wurde. Diese zusätzliche Bestimmung hätte den Iran verpflichtet, die IAEA schon vor dem Beginn der Errichtung einer neuen Anlage zu informieren, während das geltende Sicherheitsabkommen die Information vor der Fertigstellung einer neuen Anlage verlangt. Iran hörte mit der freiwilligen Einhaltung der nicht verbindlichen zusätzlichen Bestimmung im März 2007 auf, höchstwahrscheinlich aufgrund der amerikanischen und israelischen Falschdarstellungen der iranischen bestehenden Anlagen und militärischen Drohungen gegen diese. Durch

die Beschuldigung des Iran, dieser betreibe ein „geheimes Atomwaffenprogramm“ und die Forderung, Iran müsse bezüglich des nicht existierenden Programms „klarkommen“, sowie die Bemerkung, er schließe einen militärischen Angriff auf den Iran nicht aus, äfft Obama die Benützung der nicht existierenden „Massenvernichtungswaffen“ des Irak durch das Regime Bush nach, das damit den Überfall auf den Irak vorbereitet hat.
Die US-Medien, sogar das “liberale“ National Public Radio, stimmten sich schnell auf Obamas Lügenmaschine ein. Steven Thomma von den McClatchy-Zeitungen erklärte die Baustelle, die der Iran der IAEA bekannt gegeben hatte, zu einer „geheimen nuklearen Anlage“.
Thomma berichtete falsch, dass die Welt nichts von Irans “geheimer” Anlage, nämlich der, die der Iran der IAEA am vorhergehenden Montag gemeldet hatte, gehört habe, bis Obama diese in Pittsburgh am darauffolgenden Freitag in einem gemeinsamen Auftritt mit dem britischen Premierminister Gordon Brown und dem französischen Präsidenten Nicolas Sarkozy bekannt gab.
Offenkundig hat Thomma die Fakten nicht im Griff, eine gängige Unzulänglichkeit von Journalisten der „Massenmedien“. Die neue Anlage wurde bekannt gemacht, als sie der Iran freiwillig am 21. September der IAEA meldete.
Alo Akbar Dareini, ein Schreiber bei Associated Press, berichtete falsch über AP: „Die Existenz einer zweiten Urananreicherungsanlage, die möglicherweise Material für eine Atomwaffe produzieren könnte, weist ganz besonders darauf hin, dass der Iran etwas zu verbergen hat.“
Dareini schreibt weiter, dass „die Existenz der geheimen Anlage zuerst von westlichen Geheimdienstbeamten und Diplomaten am Freitag bekannt gemacht wurde“. Dareini liegt daneben. Wir haben von der Anlage gehört, als die IAEA bekannt gab, dass der Iran in Übereinstimmung mit dem Sicherheitsabkommen die Anlage am letzten Montag gemeldet hat.
Dareinis unwahrer Bericht über “eine geheime unterirdische Urananreicherungsanlage, deren Existenz vor den internationalen Inspektoren jahrelang versteckt worden war“ trug dazu bei, den orchestrierten Alarm zu steigern.
Da haben wir es wieder. Der Präsident der Vereinigten Staaten von Amerika und seine europäischen Handlanger tun, was sie am besten können –

durch ihre Zähne lügen. Die US-Massenmedien wiederholen die Lügen, als wären es Tatsachen. Die US-Medien machen sich wieder zu Komplizen bei Kriegen, die auf fabrizierten Lügen beruhen. Offensichtlich sind die Medien hauptsächlich daran interessiert, sich bei der Regierung der Vereinigten Staaten von Amerika beliebt zu machen und hoffentlich zu einer Rettungsaktion mit Steuergeldern zu kommen, wenn das Geschäft schlecht läuft.

Dr. Mohamed ElBaradei, Generalsekretär der IAEA, ein seltener Mann mit Prinzipien, der seine Integrität nicht den Regimes der Vereinigten Staaten von Amerika und Israels verkauft hat, widerlegte in seinem Bericht (7. September 2009) die haltlosen Beschuldigungen, dass Informationen über Irans nukleares Programm dem Gouverneursrat vorenthalten worden seien: „Ich bin bestürzt über die Beschuldigungen einiger Mitgliedsstaaten, die den Medien zugegangen sind, dass Informationen vor dem Gouverneursrat zurückgehalten worden sind. Diese Beschuldigungen sind politisch motiviert und völlig haltlos. Derlei Versuche, die Arbeit der Geschäftsführung zu beeinflussen und ihre Unabhängigkeit und Objektivität zu untergraben, stellen einen Verstoß gegen Artikel VII.F. des IAEA-Statuts dar und sollten unverzüglich eingestellt werden."

Nachdem es keine legale Basis für ein Vorgehen gegen den Iran gibt, fabriziert das Regime Obama wieder eine Falschmeldung, wie die betreffend nicht existierenden „irakischen Massenvernichtungswaffen": die Falschmeldung, dass es sich bei einer Anlage, die der Iran der IAEA gemeldet hat, um eine geheime Anlage für die Herstellung von Atomwaffen handelt. Gerade wie die Tatsachenberichte der Waffeninspektoren im Irak vom Regime Bush ignoriert worden waren, werden die Tatsachenberichte der IAEA vom Regime Obama ignoriert. Wie beim Regime Bush beruht die Mittelostpolitik des Regimes Obama auf Lügen und Täuschung.

Wer ist der schlimmere Feind des amerikanischen Volkes – der Iran oder die Regierung in Washington und die Medienhuren, die ihr dienen?

10.10.2009: Der Kriegsnobelpreis

Es dauerte 25 Jahre länger als George Orwell dachte, dass seine Sprüche von 1984 Wirklichkeit werden würden. „Krieg ist Frieden" – „Freiheit ist Sklaverei" – „Unwissenheit ist Stärke". Ich würde noch hinzufügen: „Lüge ist Wahrheit."

Das Nobelkomitee hat den Friedenspreis 2009 Präsident Obama verliehen – der Person, die einen neuen Krieg in Pakistan begonnen hat, die den Krieg in Afghanistan verstärkt hat und weiterhin dem Iran mit Angriff droht, wenn dieser nicht die Forderungen der Regierung der Vereinigten Staaten von Amerika erfüllt und und auf seine Rechte als Mitgliedsstaat des Atomwaffensperrvertrags verzichtet.

Der Vorsitzende des Nobelkomitees Thorbjørn Jagland sagte: „Nur sehr selten hat eine Person im gleichen Ausmaß wie Obama die Aufmerksamkeit der Welt errungen und den Menschen Hoffnung für eine bessere Zukunft gegeben."

Obama, schwärmte das Komitee, hat „ein neues Klima in der internationalen Politik" eingeführt. Sagt das den 2 Millionen vertriebenen Pakistanern und der unbekannten Zahl von Getöteten, die Obama in seinen wenigen Monaten im Amt angehäuft hat. Sagt das den Afghanen, während die Zahl der Todesopfer in der Zivilbevölkerung weiterhin steigt und Obamas „notwendiger Krieg" ins Ungewisse weiterdröhnt.

Nichts von Bushs Politik hat sich geändert. Das Folterlager Guantánamo ist noch immer in Betrieb. Entführungen und Ermordungen gibt es noch immer. Willkürliche Lauschangriffe auf Amerikaner stehen nach wie vor auf der Tagesordnung. Die Bürgerrechte werden weiterhin im Namen von Ozeaniens „Krieg gegen den Terror" verletzt.

Anscheinend leidet das Nobelkomitee an der Wahnvorstellung, dass Obama als Mitglied einer Minderheit die Oberherrschaft des Westens über dunkelhäutigere Völker beenden wird.

Die Nicht-Zyniker können sagen, dass das Nobelkomitee Obamas Rhetorik beim Wort nimmt und ihn dadurch auf einen Friedenskurs anstelle eines kriegerischen festlegt. Wahrscheinlicher ist allerdings, dass diese Preisverleihung „Krieg ist Frieden" zur Realität gemacht hat.

Obama hat nichts unternommen, um das verbrecherische Bush-Regime zur Verantwortung zu ziehen. Die Regierung Obama hat die palästinensische Führung mit Schmiergeldern und Drohungen dazu gebracht, gemeinsam mit den Vereinigten Staaten von Amerika und Israel den Goldstone-Bericht der UNO über israelische Kriegsverbrechen während Israels barbarischem militärischen Überfall auf die wehrlose Zivilbevölkerung im Getto Gaza zu vertuschen.

Das US-Wahrheitsministerium verbreitet die Propaganda der Obama-Administration, der Iran habe die IAEA nur deshalb über seine „geheime“ Nuklearanlage informiert, weil der Iran herausgefunden habe, dass die US-Geheimdienste die „geheime“ Anlage entdeckt hatten. Diese Propaganda verfolgt den Zweck, die Tatsache zu verdrehen, dass der Iran sich an das Sicherheitsabkommen hält, um der USA dadurch weiterhin die Option für einen militärischen Angriff gegen den Iran offenzuhalten.

Das Nobelkomitee hat seine ganzen Hoffnungen auf ein bisschen Hautfarbe gesetzt.

„Krieg ist Frieden" ist jetzt die Einstellung der ehemaligen Antikriegsorganisation Code Pink. Code Pink hat beschlossen, dass Frauenrechte einen Krieg gegen Afghanistan wert sind.

Wenn die Rechtfertigungen für den Krieg fast endlos werden (Öl, Vorherrschaft, Frauenrechte, Demokratie, Vergeltung für 9/11, Kampf gegen al-Qaida-Stützpunkte, Schutz vor Terroristen, ...), wird der Krieg zum Weg in den Frieden.

Das Nobelkomitee hat den Ruf seines Friedenspreises Neusprech und Doppeldenk zum Opfer gebracht.

07.11.2009: Das Reich des Bösen

Die Regierung der Vereinigten Staaten von Amerika steht nunmehr dermaßen unter dem Einfluss organisierter Interessensgruppen, dass „unsere" Regierung nicht mehr in der Lage ist, auf die Bedürfnisse der amerikanischen Menschen einzugehen, die den Präsidenten und die Abgeordneten in Kongress und Senat wählen. Die Wähler werden ihre Frustrationen über das Unvermögen des Präsidenten zum Ausdruck bringen, was bedeutet, dass es zukünftig Präsidenten mit nur einer Amtszeit geben wird. Bald werden unsere Präsidenten ähnlich wirkungslos sein wie die römischen Kaiser in der Endperiode dieses Imperiums.

Obama wird es zu nicht mehr als einer Amtsperiode bringen. Er versprach Erneuerung, hat aber nichts dergleichen zustande gebracht. Sein Entwurf für den Gesundheitsbereich wird von den privaten Versicherungsunternehmen hintertrieben, die größere Profite erzielen wollen. Herauskommen werden wahrscheinlich Einschnitte in Medicare und Medicaid, um Geld für die Kriege einzusparen, das in den Militär-/Sicherheitskomplex fließt, sowie in die vielen Unternehmen, die durch die Privatisierung von Dienstleistungen geschaffen worden sind, die das Militär früher zu weit niedrigeren Kosten selbst erbracht hat. Es wäre interessant zu wissen, welcher Prozentanteil der „Verteidigungs"ausgaben in Höhe von über 700 Milliarden Dollar an private Unternehmen geht. Im amerikanischen „Kapitalismus" fließen erstaunlich hohe Beträge aus Steuergeldern auf dem Umweg über die Regierung an private Firmen. Dennoch heulen die Republikaner über die „Sozialisierung" des Gesundheitswesens auf.

Republikaner wie Demokraten sahen Gelegenheiten für die Erschließung neuer Quellen für ihre Wahlbudgets durch die Privatisierung möglichst vieler militärischer Funktionen. Es gibt bereits eine große Anzahl von Privatunternehmen, die nie einen Dollar auf dem Markt verdient haben, sondern stattdessen am öffentlichen Tropf hängen, der den Steuerzahlern die Dollar aus den Taschen zieht und dabei den Amerikanern die Verpflichtung auflastet, die Schulden zurückzuzahlen.

Obama hätte eine exzellente Möglichkeit gehabt, die US-Soldaten aus den verbrecherischen Aggressionskriegen des Bushregimes nach Hause zu bringen. In seinen letzten Tagen kam das Bushregime darauf, dass es im Irak „gewinnen" könne, indem es die aufständischen Sunniten auf die militärische Gehaltsliste der Vereinigten Staaten von Amerika übernahm. Nachdem Bush 80.000 Aufständischen US-Militärgagen gezahlt hatte, ging die Gewalt, obwohl immer noch hoch, doch um die Hälfte zurück. Alles, was Obama zu tun hatte, war, den Sieg zu erklären, unsere Jungs nach Hause zu holen und Bush dafür zu danken, dass er den Krieg gewonnen hat. Das hätte die Republikaner ruhiggestellt.

Eine derartig vernünftige Vorgehensweise hätte allerdings die Profite und Aktienkurse der Unternehmen beeinträchtigt, die den Militär-/Sicherheitskomplex bilden. Statt also zu tun, was zu tun er versprochen hatte und wofür ihn die Wähler gewählt hatten, startete Obama beim Krieg gegen Afghanistan neu durch und begann einen neuen Krieg gegen Pakistan. Es dauerte nicht lange, bis Obama Bushs und Cheneys Drohungen übernahm, den Iran anzugreifen.

Statt einer Gesundheitsversorgung für die Amerikaner wird es also mehr Profite für private Versicherungsunternehmen geben. Statt Frieden wird es mehr Krieg geben.

Die Wähler erkennen bereits das Menetekel und wenden sich von Obama und den Demokraten ab. Parteilose, die Obama zu seinem komfortablen Sieg verholfen hatten, haben sich bereits gegen ihn gewendet, etwa indem sie vor Kurzem in New Jersey und Virginia anstatt der bisher demokratischen republikanische Gouverneure wählten. Das war eine Protestwahl, kein Vertrauensbeweis für die Republikaner.

Obamas Glaubwürdigkeit ist angeknackst. Auch die des Kongresses, falls dieser jemals eine besessen hat. Das Repräsentantenhaus der Vereinigten Staaten von Amerika hat gerade der Welt vor Augen geführt, dass es nichts anderes ist als eine unterwürfige käufliche Marionette der israelischen Lobby. Das Repräsentantenhaus der amerikanischen „Supermacht" unterwarf sich dem Willen seines Herrn, AIPAC (einflussreiche israelische Lobbyistengruppierung, d.Ü.), und stimmte mit 344 gegen 36 Stimmen für die Ablehnung des Goldstone-Berichts.

Der Goldstone-Bericht ist der Bericht der UNO-Untersuchungskommission über den Gaza-Konflikt. Der „Gaza-Konflikt" ist der militärische Überfall Israels auf das Getto Gaza, in dem sich 1,5 Millionen enteignete Palästinenser aufhalten, deren Grundstücke, Dörfer und Häuser von Israel gestohlen worden sind. Der Überfall richtete sich gegen Zivilisten und zivile Infrastruktur. Zweifelsohne handelt es sich dabei um ein Kriegsverbrechen gemäß dem Nürnberger Standard, den die Vereinigten Staaten von Amerika mit etabliert hatten, um die Nazis hinzurichten.

Goldstone ist nicht nur ein sehr angesehener jüdischer Jurist, der sein Leben damit verbracht hat, Leute für ihre Verbrechen gegen die Menschlichkeit zur Verantwortung zu ziehen, sondern auch ein Zionist. Nichts-

destotrotz haben ihn die Israelis als „sich selbst hassenden Juden“ dämonisiert, weil er statt israelischer Propaganda die Wahrheit geschrieben hat. Der Abgeordnete zum Repräsentantenhaus Dennis Kucinich, der sich damit zweifelsohne einen Platz auf der politischen Abschussliste von AIPAC eingehandelt hat, fragte das Repräsentantenhaus, ob dessen Mitglieder die leiseste Ahnung hätten, welche Schande sie mit der Verurteilung des Goldstone-Berichts über das Repräsentantenhaus und die Regierung der Vereinigten Staaten von Amerika bringen würden. Die gesamte übrige Welt akzeptiert den Goldstone-Bericht.
Das Repräsentantenhaus brachte mit diesem einseitigen Abstimmungsergebnis zum Ausdruck, dass der Rest der Welt nicht zählt, da dieser keine Wahlspenden an die Kongressabgeordneten leistet.
Diese beschämende unterwürfige Vorgangsweise der „größten Demokratie der Welt” ging genau in der Woche über die Bühne, in der ein italienisches Gericht 23 US-Beamte der CIA für die Entführung eines Menschen in Italien verurteilte. Die CIA-Agenten werden jetzt in Italien als „Justizflüchtlinge“ betrachtet, was sie in der Tat auch sind.
Der entführte Mensch wurde in den amerikanischen Marionettenstaat Ägypten überstellt, wo er jahrelang festgehalten und wiederholt gefoltert wurde. Die Anklage gegen ihn war dermaßen absurd, dass sogar ein ägyptischer Richter seine Entlassung anordnete.
Eine der verurteilten CIA-Agenten, Sabrina de Sousa, sagt, dass die Vereinigten Staaten von Amerika das Gesetz gebrochen haben, indem sie einen Menschen entführt und in ein anderes Land überstellt haben, in dem er gefoltert werden sollte, um einen neuen „Terroristen” zu fabrizieren, um damit den Schwindel mit dem Terrorismus im eigenen Land weiter zu betreiben. Ohne den Terrorismus-Schwindel würden Amerikas aufgrund besonderer Interessen geführte Kriege sogar für Fox-„Nachrichten“-Junkies durchschaubar.
Frau de Sousa sagt: „alles, was ich getan habe, wurde in Washington abgesegnet“, doch die Regierung, die uns ständig in den Ohren liegt, „die Truppen zu unterstützen“, unternahm nichts, um sie zu schützen, als sie die verbrecherischen Befehle des Regimes Bush ausführte.
Das heißt eindeutig, dass das Verbrechen, das Bush, Cheney, das Pentagon und die CIA angeordnet haben, zu ungeheuerlich und jenseits all dessen

war, was gerechtfertigt werden konnte, nicht einmal durch Memos des jämmerlichen John Yoo und die Republikanische Föderalistische Gesellschaft. Frau deSousa macht sich eindeutig Sorgen um sich selbst. Aber wo bleibt ihre Sorge für den unschuldigen Menschen, den sie in eine Hölle geschickt hat, wo er gefoltert werden sollte, bis zu seinem Tod oder bis zum Geständnis, ein Terrorist zu sein? Die Reue, die Frau deSousa zum Ausdruck bringt, betrifft nur sie selbst. Sie hat den Befehl ihrer bösen Regierung ausgeführt und ihre böse Regierung, der sie so vertrauensvoll gedient hat, wendete ihr den Rücken zu. Sie hat keine Reue für das Böse, das sie einem unschuldigen Menschen angetan hat.

Vielleicht sind Frau de Sousa und ihre 22 Kollegen mit Videospielen aufgewachsen. Es war ein großer Spaß, einen wirklichen Menschen zu entführen und mit einem CIA-Flugzeug nach Ägypten zu bringen. War es wie bei einem Fischer, der einen Fisch fängt, oder wie bei einem Jäger, der einen schönen Achtender zur Strecke bringt? Sie hatten jedenfalls ihre Hatz auf Kosten ihres entführten Opfers.

Das Urteil des italienischen Gerichts, und man denke daran, dass Italien ein gekaufter und bezahlter Handlangerstaat der Vereinigten Staaten von Amerika ist, weist darauf hin, dass sogar unsere gekauften Handlanger finden, dass die Vereinigten Staaten von Amerika über das hinausgehen, was ertragbar ist.Wenn wir von der Spitze des Eisbergs in die Tiefe gehen, finden wir Botschafter Craig Murray, Rektor der Universität Dundee und bis 2004 Botschafter des Vereinigten Königreichs in Usbekistan, das er als stalinistischen totalitären Staat beschreibt, der von den Amerikanern hofiert und unterstützt wird.

Als Botschafter sah Murray die Geheimdienstberichte von der CIA an die MI5, in denen die entsetzlichsten Folterprozeduren beschrieben wurden: „Menschen wurden mit zerbrochenen Flaschen vergewaltigt, Kinder vor ihren Eltern gefoltert, bis diese [die Eltern] ein Geständnis unterschrieben, Menschen wurden lebendig gekocht.“

„Informationen” aus diesen Folterverhören wurden von der CIA an die MI5 und nach Washington als Beweis für die riesige Verschwörung der al-Qaida weitergeleitet.

Botschafter Murray berichtet, dass den mit den Flügen der CIA in die Foltergefängnisse Usbekistans gelieferten Menschen gesagt wurde, „sie müssten die Mitgliedschaft bei al-Qaida gestehen. Es wurde ihnen gesagt, sie müssten gestehen, dass sie in Ausbildungslagern in Afghanistan gewesen seien. Es wurde ihnen gesagt, sie müssten gestehen, sie hätten Osama bin Laden persönlich getroffen. Und die CIA wiederholte ständig diese Themen."

„Ich war total vor den Kopf gestoßen", sagt der britische Botschafter, der der Ansicht gewesen war, er diene einem achtbaren Land, das gemeinsam mit seinem amerikanischen Aliierten über moralische Integrität verfügte. Die große angloamerikanische Bastion von Demokratie und Menschenrechten, die Heimat von Magna Charta und Bill of Rights, die großen moralischen Demokratien, die die Nazis besiegten und sich gegen Stalins Gulags stellten, waren bereit, jedes Verbrechen zu begehen, um Profite zu maximieren.

Botschafter Murray bekam zu viel mit und wurde entlassen, als er alles auspackte. Er sah die Schriftstücke, die bewiesen, dass der Grund für die militärische Aggression der Vereinigten Staaten von Amerika und des Vereinigten Königreichs gegen Afghanistan mit den Erdgasvorkommen in Usbekistan und Turkmenistan zu tun hatte. Die Amerikaner wollten eine Pipeline, die an Russland und Iran vorbeiführte und durch Afghanistan ging. Um das sicherzustellen, war eine Invasion erforderlich. Der dummen amerikanischen Öffentlichkeit konnte man auf die Nase binden, dass die Invasion wegen 9/11 und um des Schutzes vor „Terrorismus" willen notwendig war, und diese Narren glaubten die Lüge.

„Wenn Sie die Einsatzgebiete der US-Streitkräfte in Afghanistan mit denen der anderen NATO-Kräfte vergleichen, werden Sie feststellen, dass die Streitkräfte der Vereinigten Staaten von Amerika eindeutig so positioniert sind, dass sie die Route der Pipeline bewachen. Darum geht es also. Es geht um Geld, es geht um Energie, es geht nicht um Demokratie."

Raten Sie, wer der Berater war, der für den damaligen Gouverneur von Texas George W. Bush die Vereinbarungen vorbereitet hat, die Enron die Rechte über Usbekistans und Turkmenistans Erdgasvorkommen und Unocal die Entwicklung der transafghanischen Pipeline übertragen sollten. Es war Hamid Karzai, der von den Vereinigten Staaten von Amerika eingesetzte „Präsident" Afghanistans, der im Land außer den amerikanischen Bajonetten keine Unterstützung hat.

Botschafter Murray wurde wegen seiner Enthüllungen vom Außenministerium des Vereinigten Königreichs entlassen. Ohne Zweifel auf Anweisung aus Washington an unseren britischen Handlanger.

24.11.2009: Ein Prozess, der uns alle schuldig sprechen wird

Republikanische Kongressabgeordnete und was sich als „konservative" Medien ausgibt regen sich darüber auf, dass die Administration Obama ein Strafverfahren vor dem Bundesgerichtshof gegen Khalid Sheikh Mohammed, das angebliche Superhirn hinter 9/11, und vier angebliche Mitverschwörer veranstalten will.
Das aus dem republikanischen und aus dem rechten Lager kommende Gerede, dass ein Verfahren zu gut für diese Leute sei, beweist wieder einmal, was ich schon seit Jahren geschrieben habe: Republikaner und viele Amerikaner, die sich für konservativ halten, scheren sich nicht um die Verfassung der Vereinigten Staaten von Amerika oder um die Bürgerrechte. Sie haben nichts übrig für das, was Thomas Paine in seinen Abhandlungen über die obersten Prinzipien der Regierung (1790) ausgeführt hat: „Die Begierde nach Bestrafung ist immer gefährlich für die Freiheit. Sie bringt Menschen dazu, auch die besten Gesetze zu dehnen, falsch auszulegen und falsch anzuwenden. Wer seine eigene Freiheit sichern will, muss sogar seinen Feind vor Unterdrückung schützen; wenn er diese Pflicht verletzt, schafft er einen Präzedenzfall, der ihn selbst treffen wird."
Republikaner und amerikanische Konservative halten die Bürgerrechte für Streichelinstrumente für Kriminelle und Terroristen. Sie gehen davon aus, dass Polizei und Staatsanwälte moralisch sauber sind und außerdem nie Fehler machen. Eine beschuldigte Person ist schuldig, sonst hätte die Regierung gegen sie keine Anklage erhoben. Mein ganzes Leben lang hörte ich selbsternannte Konservative Rechtsanwälte verunglimpfen, die Straftäter verteidigen. Solche „Konservative" leben in einer idealen, nicht in der realen Welt. Sie sollten dringend "The Tyranny of Good Intentions" (Die Tyrannei der guten Absichten, s.u.) lesen.

Sogar einige von denen, die die Abhaltung eines Gerichtsverfahrens gegen Mohammed verteidigen, wie Stuart Taylor im National Journal, tun das davon ausgehend, dass damit keine Risiken verbunden sind, da Mohammed sicher verurteilt werden wird und dass „ein ziviles Verfahren den Amerikanern und dem Rest der Welt zeigen wird, dass unsere Regierung sich sicher ist, die Schuld der wegen 9/11 Angeklagten im fairsten aller Gerichte nachweisen zu können".

Taylor stimmt zu, dass Mohammed eine „standrechtliche Exekution" verdient, dass es aber ein guter machiavellischer Trick ist, Mohammed vor ein ziviles Gericht zu stellen, während Fälle, bei denen die „Beweislage viel schwieriger ist", vor „flexibleren Militärkommissionen, die nicht im hellsten Rampenlicht stehen", abgehandelt werden.

Mit anderen Worten, Stuart Taylor und das National Journal befürworten den Prozess gegen Mohammed als Schauprozess, der sowohl Amerikas ehrenwerten Respekt vor fairen Gerichtsverfahren beweist als auch die Schuld der Moslems für 9/11.

Wenn, wie Taylor schreibt, „die Beweise der Regierung so überzeugend sind", warum wurde Mohammed nicht schon vor Jahren vor Gericht gestellt? Warum wurde er jahrelang eingesperrt und gefoltert – anscheinend 183-mal mit der Wasserfolter („Waterboarding") – gegen die Gesetze der Vereinigten Staaten von Amerika und die Genfer Konvention? Wie kann die Regierung der Vereinigten Staaten von Amerika einen Angeklagten vor Gericht stellen, wenn dessen Behandlung gegen US-Verfassungsrecht, Internationales Recht und jeden Grundsatz in den US-Gesetzen verstößt? Mohammed wurde behandelt wie ein Gefangener von Hitlers Gestapo oder Stalins KGB. Und jetzt sind wir dabei, ihn in einem Schauprozess fertigzumachen.

Wenn die barbarische Behandlung, der Mohammed während seiner Gefangenschaft unterzogen wurde, ihn nicht in den Wahnsinn getrieben hat, wie sollen wir wissen, ob er sich nicht dazu entschlossen hat zu gestehen, um für alle Zeiten für sich den Ruhm der Tat zu vereinnahmen? Wie viele Menschen können sagen, sie hätten die CIA, die National Security Agency und alle 16 US-Geheimdienste, NORAD, das Pentagon, das National Security Council, die Flughafen-Sicherheitsbehörden (viermal an einem Morgen), die US-Luftverkehrskontrolle, die US-Luftwaffe, die

Generalstabschefs der Armee, alle Neocons, den Mossad und sogar den formidablen Dick Cheney ausgetrickst?
Wenn man bedenkt, dass ein paar Moslems sich selbst in die Luft sprengen werden, um eine Handvoll Israelis oder US- oder NATO-Okkupationstruppen aus dem Verkehr zu ziehen, wird der Erfolg, den Mohammed aus einem Schuldspruch zieht, enorm sein. Sind wir uns wirklich sicher, dass wir einen Moslem-Superhelden dieser Größenordnung schaffen wollen?
Laut der Regierung der Vereinigten Staaten von Amerika war ursprünglich Osama bin Laden das Superhirn hinter 9/11. Bin Laden zu bekommen ist der Vorwand für die Invasion Afghanistans durch die Vereinigten Staaten von Amerika, die die Invasion des Irak vorbereitete. Nach acht Jahren totaler Erfolglosigkeit bei der Jagd auf Osama bin Laden wurde es absolut erforderlich, einen Schuldigen zu verurteilen, da die Bewegung, die die Wahrheit über 9/11 erfahren will, zu stark wird.
Wenn Mohammed wirklich das Superhirn ist, das das Beste, was Amerika zu bieten hat – einschließlich Tausenden von Geheimagenten und strategischen Denkern, die für den Schutz unseres Landes verantwortlich sind – bezwungen hat, ist er ein erstklassiges Genie. Was für eine Verschwendung, ihn hinzurichten! Sollten wir nicht zuerst versuchen, ihn umzudrehen? Hätten wir einen Mann wie Mohammed auf unserer Seite, der für Homeland Security (Sicherheit des Heimatlands) zuständig ist, wären wir sicher für alle Zeiten. Angeblich sind Araber korrupt und können leicht bestochen werden. Wenn wir die Herrscher von Ägypten, Jordanien und Pakistan bezahlen können, damit sie in unserem Interesse gegen ihre Leute vorgehen, wie wissen wir, ob wir nicht auch Mohammed bei uns anstellen können? Ich kann mir diesen Mann als hoch bezahlten Berater für Homeland Security vorstellen. Zusätzlich zum Geld könnten wir einige Zugeständnisse machen, zum Beispiel damit aufhören, muslimische Wohltätigkeitsorganisationen zu verfolgen und die unschuldigen Menschen, die diesen Geld spenden. Nach Stuart Taylors Logik wäre das ein guter „pragmatischer“ Schachzug.
Leider wird es kein derart vernünftiges Ergebnis geben. David Feige hat uns mitgeteilt, was herauskommen wird (Slate vom 19. November). Die Staatsanwaltschaft braucht keinerlei Beweis, da kein Richter und keine Jury das dämonisierte „Superhirn des 9/11“ freisprechen werden.

Kein Richter oder Jurymitglied will für immer von der gehirngewaschenen amerikanischen Öffentlichkeit verdammt sein oder durch verrückte Rechtsextremisten umgebracht werden. Man vergesse nicht, dass der junge John Walker Lindh, von ignoranten und propagandistischen US-Medien als „amerikanischer Taliban" abqualifiziert, keiner anderen Handlung schuldig war als zur falschen Zeit am falschen Ort gewesen zu sein. Obwohl sämtliche seiner Rechte mit Füßen getreten worden waren, bekam er 20 Jahre nach einer erzwungenen Vereinbarung im Strafprozess.
Der Preis, den Mohammed bezahlen wird, wird klein sein im Vergleich zu dem Preis, den wir Amerikaner bezahlen werden. Der Ausgang von Mohammeds Verfahren wird die Transformation des Justizsystems der Vereinigten Staaten von Amerika von einem Schild zum Schutz der Menschen in eine Waffe in den Händen des Staates vollenden. Feige schreibt, dass Mohammeds durch Folter erreichte Geständnisse nicht für ungültig erklärt werden, dass es keine Zeugen gegen ihn geben wird („nationale Sicherheit"), dass Dokumente, die die Strafverfolgung kompromittieren, redigiert werden.
In jeder Phase von Mohammeds Berufungsverfahren werden höhere Gerichte die Versagung des verfassungsmäßigen Rechtes auf ein zügiges Verfahren als legalen Präzedenzfall und damit unbefristete Anhaltung festschreiben, das Recht, vor dem Verfahren nicht öffentlich vorverurteilt zu werden, versagen und dadurch die Dämonisierung schon vor dem Verfahren erlauben und durch die Vorenthaltung des Rechts, Zeugen und Beweise beizubringen, die Rechte eines Beschuldigten auf das Vorbringen entlastender Beweise und die Konfrontation gegnerischer Zeugen bedeutungslos machen. Die verdrehte Logik, die es braucht, um Mohammeds Folter von seinem Geständnis auseinanderzuhalten, wird ebenfalls aufrechterhalten werden und „der Regierung eine Blaupause liefern und ihr die Beute geben, hinter der sie die ganze Zeit her war – eine legale Möglichkeit, beides zu tun, zu foltern und strafrechtlich zu verfolgen".
Hitler brauchte seine Zeit, um die deutschen Gerichte zu korrumpieren. Hitler musste zuerst neue Gerichte einrichten – wie Präsident George W. Bushs Militärtribunale, die keine Beweise brauchten, denen statt Beweisen Gerüchte, geheime Beschuldigungen und durch Folter erreichte Geständnisse genügten.

Jeder Amerikaner sollte darüber beunruhigt sein, dass die Administration Obama beschlossen hat, Mohammeds Gerichtsverfahren für die endgültige Korrumpierung des amerikanischen Justizsystems zu verwenden. Wenn das Gerichtsverfahren gegen Mohammed vorbei ist, wird ein amerikanischer Josef Stalin oder Adolf Hitler in der Lage sein, Amerikas Gründungsväter wegen Hochverrat und Terrorismus zu verurteilen. Niemand wird sicher sein.

03.12.2009: Die Marionette Obama. Der machtloseste Mann der Welt

Die israelische Lobby brauchte nicht sehr lange, bis sie Präsident Obama in Bezug auf seine Ablehnung weiterer illegaler Siedlungen auf okkupiertem palästinensischem Territorium zur Raison brachte. Obama musste entdecken, dass ein bloßer amerikanischer Präsident machtlos ist, wenn er es mit der israelischen Lobby zu tun hat und dass die Vereinigten Staaten von Amerika einfach keine Nahostpolitik betreiben dürfen, die der israelischen zuwiderläuft.

Obama fand auch heraus, dass er auch sonst nichts ändern konnte, wenn er das überhaupt jemals beabsichtigt hatte.

Die Militär-/Sicherheits-Lobby hat Krieg und einen Polizeistaat im Inneren auf der Tagesordnung, und ein bloßer amerikanischer Präsident kann daran gar nichts ändern.

Präsident Obama kann befehlen, dass die Folterkammer Guantánamo geschlossen wird und Entführungen, Überstellungen und Folter eingestellt werden müssen, aber niemand führt den Befehl aus. Im Grunde ist Obama irrelevant.

Präsident Obama kann versprechen, dass er die Truppen nach Hause bringen wird, und die Militärlobby sagt: „Nein, du sendest sie nach Afghanistan, und in der Zwischenzeit beginnst du einen Krieg in Pakistan und manövrierst den Iran in eine Position, die einen Vorwand für einen Krieg auch dort liefern wird. Kriege sind zu profitabel für uns, als dass wir dich sie beenden ließen."

Und der bloße Präsident hat zu sagen: „Zu Befehl!”
Obama kann medizinische Versorgung für 50 Millionen nicht versicherte Amerikaner versprechen, aber er kommt nicht gegen das Veto der Kriegslobby und der Versicherungslobby an. Die Kriegslobby sagt, dass ihre Kriegsprofite wichtiger sind als Gesundheitsversorgung und dass das Land sich nicht beides leisten kann, „Krieg gegen den Terror“ und „sozialisierte Medizin“.
Die Versicherungslobby sagt, dass die medizinische Versorgung über die private Krankenversicherung laufen muss, sonst können wir sie uns nicht leisten.
Die Kriegs- und Versicherungslobbys haben mit ihren Scheckbüchern für die Wahlkampfbeiträge gewunken und überzeugten den Kongress und das Weiße Haus schnell, dass der wirkliche Zweck der Gesundheitsreform ist, durch Streichung von Leistungen bei Medicare und Medicaid Geld einzusparen und dadurch „Leistungsansprüche in den Griff zu bekommen“.
„Leistungsansprüche” ist ein Begriff der Rechten, mit dem sie die wenigen Dinge verächtlich machen, die die Regierung in ferner Vergangenheit für die Bürger geleistet hat. Social Security (Sozialhilfe) und Medicare (staatliche medizinische Versorgung) werden zum Beispiel als „Leistungsansprüche“ verunglimpft. Der rechte Flügel lässt sich andauernd über Social Security und Medicare aus, als wären das Wohlfahrtsgeschenke für faule Leute, die sich weigern, für sich selbst zu sorgen, während in Wirklichkeit Bürger mit 15 % Steuer auf ihre Löhne und Einkommen für die mageren Angebote viel zu viel bezahlen müssen.
In der Tat hat die Bundesregierung jahrzehntelang ihre Kriege und Militärausgaben mit den Einnahmeüberschüssen finanziert, die aus der Besteuerung von Arbeit für die soziale Sicherheit erzielt worden sind.
Die Art und Weise, wie die Rechten behaupten, dass wir uns die einzige Sache im gesamten Budget, die seit jeher einen Einnahmenüberschuss erbracht hat, nicht leisten können, weist darauf hin, dass die tatsächliche Absicht ist, den einfachen Bürger an die Wand zu fahren.
Die wirklichen Leistungsansprüche werden nie erwähnt. Das „Verteidigungs“budget ist ein Leistungsanspruch für den Militär-/Sicherheitskomplex, vor dem uns Präsident Eisenhower vor 50 Jahren gewarnt hat. Ein

Mensch muss verrückt sein, wenn er glaubt, dass die Vereinigten Staaten von Amerika, „die einzige Supermacht der Erde“, geschützt durch Ozeane gegen Osten und gegen Westen und durch Marionettenstaaten nach Norden und nach Süden, ein „Verteidigungs“budget brauchen, das größer ist als die Militärausgaben der gesamten übrigen Welt zusammen.
Das Militärbudget ist nichts anderes als ein Leistungsanspruch für den Militär-/Sicherheitskomplex. Um diese Tatsache zu verbergen, wird der Leistungsanspruch als Schutz gegen „Feinde“ maskiert und vom Pentagon herausgegeben.
Ich sage, lassen wir den Vermittler weg und überweisen wir einen Prozentsatz des Bundesbudgets an den Militär-/Sicherheitskomplex. Dann brauchen wir uns nicht den Kopf über Gründe für Einmärsche in andere Länder und die Anzettelung von Kriegen zu zerbrechen, nur damit der Militär-/Sicherheitskomplex zu seinem Leistungsanspruch kommt. Es wäre viel billiger, ihnen einfach das Geld zu geben, und es würde einen Haufen Elend und Kummer zu Hause und im Ausland ersparen.
Der Einmarsch der Vereinigten Staaten von Amerika in den Irak hatte mit amerikanischen nationalen Interessen überhaupt nichts zu tun. Er hatte mit Rüstungsprofiten und mit der Beseitigung eines Hindernisses für die israelische territoriale Expansion zu tun. Außer den 3 Billionen US-Dollar beliefen sich die Kosten dieses Krieges auf über 4.000 tote Amerikaner, über 30.000 verwundete und verstümmelte Amerikaner, zehntausende zerbrochene amerikanische Ehen und verlorene Lebensläufe, eine Million tote Iraker, vier Millionen vertriebene Iraker und ein zerstörtes Land. Das alles für die Profite des Militär-/Sicherheitskomplexes und um dem paranoiden Israel, das mit 200 Atomsprengköpfen bewaffnet ist, das Gefühl der „Sicherheit“ zu vermitteln.
Mein Vorschlag würde den Militär-/Sicherheitskomplex sogar noch reicher machen, weil die Firmen das Geld bekommen würden, ohne dass sie dafür die Waffen produzieren müssen. Stattdessen könnte das ganze Geld für Multi-Millionen-Bonuszahlungen und Dividendenauszahlungen für die Aktienbesitzer ausgegeben werden. Niemand, weder zu Hause noch im Ausland, müsste getötet werden, und der Steuerzahler wäre besser dran.
Keinem amerikanischen nationalen Interesse ist durch den Krieg in Afghanistan gedient. Wie der ehemalige Botschafter des Vereinigten König-

reichs Craig Murray aufdeckte, ist der Zweck des Krieges der Schutz der Interessen der Vereinigten Staaten von Amerika an der transafghanischen Pipeline. Die Kosten für den Krieg sind um ein Vielfaches höher als die Kosten für diese Pipeline. Die naheliegende Lösung wäre, die Pipeline zu entwickeln und den Afghanen als teilweise Entschädigung für die Zerstörung zu überlassen, die wir über dieses Land und seine Bevölkerung gebracht haben, und die Truppen nach Hause zu bringen.

Der Grund dafür, dass meine vernünftigen Lösungen nicht in die Tat umgesetzt werden können, liegt darin, dass die Lobbys glauben, dass ihre Leistungsansprüche nicht länger aufrechterhalten bleiben könnten, wenn sie offen dargelegt würden. Sie glauben, dass die Menschen in Amerika den Kriegen ein Ende bereiten würden, wenn sie wüssten, dass diese nur geführt werden, um Rüstungsindustrie und Ölindustrie zu bereichern.

In der Tat haben die Menschen in Amerika nichts dabei mitzureden, was „ihre" Regierung unternimmt. Meinungsumfragen zeigen, dass die Hälfte oder mehr der Menschen in Amerika weder die Kriege in Irak oder Afghanistan noch Präsident Obamas Eskalation des Krieges in Afghanistan unterstützen. Dennoch gehen die Okkupationen und Kriege weiter. Nach General Stanley McChrystal reichen die 40.000 zusätzlichen Soldaten aus, den Krieg stagnieren zu lassen, das heißt ihn für immer weitergehen zu lassen, die ideale Situation für die Rüstungslobby.

Die Menschen wollen ein Gesundheitssystem, aber die Regierung hört nicht darauf. Die Menschen wollen Arbeitsplätze, aber die Wall Street will Kurssteigerungen bei den Aktien und zwingt amerikanische Firmen, Arbeitsplätze in andere Länder auszulagern, wo die Arbeit billiger ist.

Die amerikanischen Menschen bewirken gar nichts. Sie können nichts bewirken. Sie sind irrelevant geworden wie Obama. Und sie werden so lange irrelevant bleiben, wie organisierte Interessengruppen die Regierung der Vereinigten Staaten von Amerika kaufen können.

Das Unvermögen der amerikanischen Demokratie, Ergebnisse herbeizuführen, die die Wähler wollen, ist eine bewiesene Tatsache. Die völlige Unempfänglichkeit der Regierung für die Menschen ist der Beitrag des Konservatismus zur amerikanischen Demokratie. Vor einigen Jahren gab es eine Anstrengung, die Regierung zurück in die Hände der Menschen zu geben, indem die Möglichkeiten organisierter Interessengruppen beschnitten wurden, gewaltige Geldbeträge in politische Kampagnen zu stecken und damit den gewählten Volksvertreter denen gegenüber zu verpflichten, deren Geld ihm zur Wahl verholfen hatte. Konservative behaupteten damals, jegliche Einschränkung wäre eine Verletzung der Garantie der freien Meinungsäußerung laut dem ersten Grundsatz der Verfassung. Die gleichen „Hüter der freien Meinungsäußerung" hatten nichts gegen das Drängen der Israel-Lobby auf die Verabschiedung des „Hassrede"-Gesetzes, das Kritik an der mörderischen Behandlung der Palästinenser und dem anhaltenden Diebstahl ihres Landes durch Israel kriminalisiert hat.

In weniger als einem Jahr hat Präsident Obama alle seine Unterstützer betrogen und alle seine Versprechen gebrochen. Er ist zur Gänze der Gefangene der Oligarchie der herrschenden Interessengruppen.

Wenn er nicht durch ein arrangiertes Ereignis in der Art des 9/11 gerettet wird, ist Obama ein Präsident für eine Amtszeit. Allerdings wird die zusammenbrechende Wirtschaft ihm ungeachtet eines „terroristischen Ereignisses" zum Verhängnis werden. Die Republikaner bauen Palin auf. Unsere erste weibliche Präsidentin, folgend unserem ersten schwarzen Präsidenten, wird den Übergang zu einem amerikanischen Polizeistaat durch die Inhaftierung von Kritikern und Protestierern gegen Washingtons unmoralische Außen- und Innenpolitik vervollständigen, und sie wird die Zerstörung von Amerikas Reputation im Ausland vollenden.

Russlands Putin hat die Vereinigten Staaten von Amerika bereits mit Nazideutschland verglichen, und der chinesische Ministerpräsident hat die Vereinigten Staaten von Amerika mit einem verantwortungslosen verschwenderischen Schuldner verglichen.

In wachsendem Ausmaß sieht der Rest der Welt die Vereinigten Staaten von Amerika als die einzige Ursache aller ihrer Probleme. Deutschland hat den Chef seiner bewaffneten Kräfte und seinen Verteidigungsminister verloren, da die Vereinigten Staaten von Amerika auf Teufel komm raus die deutsche Regierung überzeugten oder unter Druck setzten, gegen ihre Verfassung zu verstoßen und Truppen zu entsenden, um für Pipeline-Interessen in Afghanistan zu kämpfen. Die Deutschen gaben vor, dass ihre Truppen nicht wirklich kämpften, sondern an einer „friedenserhaltenden Operation" teilnahmen. Das ging so lange, bis die Deutschen einen Luftangriff anforderten, bei dem hundert Frauen und Kinder ermordet wurden, die sich angestellt hatten, um Treibstoff zu ergattern.

Die Briten vollziehen eine Untersuchung gegen ihren führenden Kriminellen, den ehemaligen Premierminister Tony Blair, und dessen Täuschung des eigenen Kabinetts im Auftrag Bushs, um eine Deckung für Bushs illegalen Einmarsch in den Irak aufzubauen. Den Untersuchern im Vereinigten Königreich wurde zwar die Möglichkeit versagt, strafrechtlich relevante Beschuldigungen zu erheben, aber das Thema eines Krieges, der zur Gänze auf orchestriertem Betrug und Lügen beruht, wird öffentlich aufgerollt. Das wird seinen Widerhall in der ganzen Welt finden, und die Welt wird feststellen, dass es keine entsprechende Untersuchung in den Vereinigten Staaten von Amerika gibt, dem Land, in dem dieser verlogene Krieg seinen Ursprung hat.

Inzwischen kontrollieren die US-Investmentbanken, die die finanzielle Stabilität vieler Regierungen einschließlich der der Vereinigten Staaten von Amerika zugrunde gerichtet haben, weiterhin die Wirtschafts- und Finanzpolitik der Vereinigten Staaten von Amerika, wie sie das seit der Administration Clinton gemacht haben. Die Welt hat furchtbar unter den Gangstern der Wall Street gelitten und beobachtet jetzt Amerika mit kritischen Augen.

Die Vereinigten Staaten von Amerika genießen nicht mehr den Respekt, den sie unter Präsident Ronald Reagan oder Präsident George Herbert Walker Bush genossen haben. Umfragen auf der ganzen Welt zeigen, dass die Vereinigten Staaten von Amerika und ihr Bärentreiber als die beiden größten Bedrohungen des Friedens betrachtet werden. Washington und Israel lassen auf der Liste der Gefährlichsten das verrückte Regime in Nordkorea hinter sich.

Die Welt beginnt Amerika als Land zu sehen, das abtreten muss. Wenn der Dollar durch ein Washington, das seine Rechnungen nicht bezahlen kann, überbewertet ist, wird dann die Welt durch Gier getrieben versuchen, uns zu retten, um ihre Investitionen zu retten, oder wird sie sagen “Gott sei Dank, ein Glück, dass wir die los sind!”?

15.12.2009: Für die Palästinenser ist jeden Tag Kristallnacht

„Siedler attackieren Moschee in der West Bank und verbrennen heilige Schriften der Moslems", lautete die Schlagzeile der Londoner Times am 11. Dezember 2009. Diese Attacken bilden in Verbindung mit der Zerstörung palästinensischer Häuser, der Rodung von Olivenhainen der Palästinenser, den unzähligen Kontrollstellen, die Palästinenser davon abhalten, Schulen, Arbeitsplätze und medizinische Versorgung zu erreichen, der israelischen Mauer, die Palästinensern den Zugang zu dem Land verwehrt, das ihnen gestohlen worden ist, und der Isolierung und Blockade des Gettos Gaza einen Teil der von der Regierung Israels betriebenen Politik des Genozids an den Palästinensern.

Die israelische Lobby hat so viel Macht über Amerika, dass sogar der ehemalige Präsident Jimmy Carter, ein guter Freund Israels, als Feind hingestellt wird – wegen der Verwendung des höflichen Begriffes Apartheid für den Genozid, der im Lauf der Jahrzehnte, in denen amerikanische „christliche" Prediger gemeinsam mit gekauften und bezahlten Politikern die israelische Politik des langsamen Genozids an Palästina gerechtfertigt haben, betrieben worden ist.

Israelis, die noch immer über ein moralisches Gewissen verfügen – ein kleiner Teil der Bevölkerung –, bemühen sich, moralische Proteste gegen die Unmenschlichkeit der israelischen Regierung zu erheben. Die Israelis Jeff Halper und Angela Godfrey-Goldstein leiten das Israelische Komitee gegen Hauszerstörung (ICAHD), eine gewaltfreie Aktivistengruppe, die gegründet wurde, um der israelischen Demolierung von palästinensischen Häusern in den okkupierten Territorien entgegenzutreten.

Nach Internationalem Recht darf ein militärischer Besatzer das okkupierte Land nicht stehlen. Die Vereinigten Staaten von Amerika haben allerdings Israels Verletzung des Internationalen Rechts jahrzehntelang durch Vetos gegen UNO-Resolutionen gedeckt. Israel konnte den Palästinensern Palästina stehlen, da die Regierung der Vereinigten Staaten von

Amerika ihre Macht benutzte um zu verhindern, dass Israel nach Internationalem Recht zur Verantwortung gezogen wurde.
Im März 2003 stellte sich die amerikanische Bürgerin Rachel Corrie einem israelischen Bulldozer in den Weg, produziert von Caterpillar und geschickt, um ein palästinensisches Haus zu zerstören. Ihr mutiger Akt des Widerstands wurde als Ärgernis betrachtet und sie wurde vom Fahrer des israelischen Bulldozers überfahren und getötet. Die Tötung einer amerikanischen Staatsbürgerin, die ein moralisches Gewissen hatte, blieb für Israel ohne Folgen.
In den von Israel kontrollierten amerikanischen Medien hören wir ununterbrochen, dass Palästinenser Terroristen sind, die sich Sprengstoff umschnallen, um unschuldige Israelis zu töten, und die israelische Städte terrorisieren, indem sie sie mit Raketen beschießen. Der Erfolg der israelischen Propaganda angesichts völlig augenscheinlicher Fakten wirft ein bezeichnendes Licht auf die Ignoranz und Teilnahmslosigkeit der Menschen in Amerika.
Die israelische Zeitung Haaretz, die auch ein moralisches Gewissen hat und dazu noch intelligent ist, schrieb am 4. Dezember 2009: „Jeder Kandidat für die amerikanische Regierung muss eine genaue Überprüfung seines Hintergrunds durch die amerikanische jüdische Gemeinschaft überstehen.“ Haaretz hält fest, dass jeder Amerikaner, den der Präsident der Vereinigten Staaten von Amerika für einen Posten in seiner Regierung vorschlägt, der Genehmigung der israelischen Lobby bedarf, die sich nach Belieben dagegen aussprechen kann.
Haaretz erwähnt das Beispiel von Charles Freeman, den Präsident Obama zum Leiter des National Intelligence Council ernennen wollte. Die israelische Lobby stellte wieder einmal unter Beweis, dass sie über mehr Macht verfügt als ein bloßer amerikanischer Präsident, und verhinderte seine Bestellung, indem sie auf Freemans „antiisraelische Einstellung“ hinwies. Anders gesagt, weil Freeman nicht ein übermäßiger Verteidiger der Verbrechen Israels war, wollte ihn die israelische Lobby nicht haben.
Haaretz berichtet: „Der nächste Versuch, einen Stabsmitarbeiter für die Geheimdienste zu bestellen, in diesem Fall den ehemaligen republikanischen Senator Chuck Hagel, mündete ebenfalls in überwältigender Kritik seines nicht vorhandenen proisraelischen Leumunds.“

Die israelische Lobby hat Hagels Ernennung durch Präsident Obama blockiert. Hagel will keinen Krieg mit dem Iran im Interesse Israels beginnen und handelte sich dafür die Gegenstimme von Morton A. Klein ein, dem Präsidenten der Zionist Organization of America. Hagel, so scheint es, „weigerte sich, einen Brief zu unterschreiben, der den damaligen Präsidenten George Bush aufforderte, auf dem G8-Gipfel in jenem Jahr über das Atomprogramm des Irans zu sprechen".

Jetzt ist es die jüdische Tochter eines Überlebenden des Holocaust, Hannah Rosenthal, deren Bestellung zur Leiterin des US Office to Monitor and Combat Anti-Semitism (US-Büro zur Überwachung und Bekämpfung des Antisemitismus), einer Einrichtung, die einen weiteren Hinweis auf den Marionettenstatus Amerikas gibt, angegriffen wird. Rosenthal war Vorsitzende des Jewish Council for Public Affairs von 2000 bis 2005. Auf die „schwarze Liste" kam sie, weil sie im Beratergremium von J-Street-Lobby sitzt, einer vor Kurzem gegründeten Organisation amerikanischer Juden, die im Gegensatz zum mörderischen Militarismus von AIPAC (Pro-Israel-Lobby) steht.

Die Gegnerschaft der israelischen Lobby im Fall Hannah Rosenthal zeigt, dass keine moralische Person die Ablehnung durch die israelische Lobby überstehen kann.

Die Vereinigten Staaten von Amerika, „die einzige Supermacht der Welt", haben keine eigenständige Stimme in Angelegenheiten des Nahen Ostens. Die wirkliche Macht liegt in den Händen des Gauners Avigdor Lieberman, dem stellvertretenden Ministerpräsidenten und Außenminister Israels. Er ist es, der die Nahostpolitik der Regierung Obama kontrolliert. Lieberman zwang den „allmächtigen Präsidenten der Vereinigten Staaten von Amerika Barack Obama", seine Aufforderung an Israel, mit der Errichtung illegaler Siedlungen auf okkupiertem palästinensischem Territorium aufzuhören, außer Kraft zu setzen. Obama bekam den Stinkefinger und unterwarf sich seinem Herrn.

Amerikanische Machos, die herumstolzieren, als gehörte ihnen die Welt, sind nichts anderes als Marionetten Israels. Die Vereinigten Staaten von Amerika sind kein Land. Sie sind eine Kolonie.

22.12.2009: Die Amerikaner auf dem Weg in die Hölle

Obamas schwindende Zahl treuer Anhänger tröstet sich damit, dass ihr Mann endlich eines seiner vielen Versprechen gehalten hat – die Schließung des Gefängnisses in Guantánamo. Aber das Gefängnis wird nicht geschlossen. Es wird verlegt nach Illinois, wenn es die Republikaner gestatten.

In Wirklichkeit hat Obama seine Anhänger ein weiteres Mal hereingelegt. Guantánamo zu schließen würde bedeuten, damit aufzuhören, Menschen unter Verletzung unserer gesetzlichen Prinzipien von Habeas Corpus und ordentlichem Gerichtsverfahren festzuhalten und sie nicht mehr unter Verletzung der Gesetze der Vereinigten Staaten von Amerika und des Internationalen Rechts zu foltern.

Alles, was Obama tun wird, ist, 100 Menschen, gegen die die Regierung der Vereinigten Staaten von Amerika nicht in der Lage ist, Anklage zu erheben, vom Gefängnis in Guantánamo in ein Gefängnis in Thomson (Illinois) zu verlegen.

Sind die Einwohner von Thomson aufgebracht, weil die Regierung der Vereinigten Staaten von Amerika ihr Dorf als den Ort auserkoren hat, an dem sie ihren eklatanten Verstoß gegen das Recht weiter betreiben wird? Nein, die Einwohner sind glücklich. Es gibt Arbeitsplätze.

Die unglückseligen Gefangenen hatten schon bessere Chancen, aus Guantánamo entlassen zu werden. Jetzt haben sie zwei US-Senatoren, einen Abgeordneten zum Repräsentantenhaus, einen Bürgermeister und einen Gouverneur eines Bundesstaats gegen sich, die ein gesichertes Interesse an der ständigen Anhaltung der Gefangenen haben, um die neuen Gefängnisjobs in dem Dorf zu schützen, das durch Arbeitslosigkeit so schwer zu leiden hatte.

Weder die Öffentlichkeit noch die Medien haben sich jemals darum gekümmert, auf welche Weise die Angehaltenen zu Gefangenen worden sind. Die meisten der Gefangenen waren ungeschützte Menschen, die von afghanischen Warlords gefangen genommen und den Amerikanern als „Terroristen“ verkauft wurden, um das ausgeschriebene Kopfgeld zu kassieren. Es reichte für Öffentlichkeit und Medien, dass der damalige Verteidigungsminister Donald Rumsfeld erklärte, bei den Häftlingen in Guantánamo handelte es sich um die „780 gefährlichsten Menschen der Welt“.

Die überwiegende Mehrheit wurde nach jahrelangen Misshandlungen entlassen. Die 100, die für die Verlegung nach Illinois vorgesehen sind, sind offenbar so schlimm misshandelt worden, dass die Regierung der Vereinigten Staaten von Amerika aufgrund des Zeugnisses, das die Gefangenen Menschenrechtsorganisationen und Medien im Ausland über ihre schlechte Behandlung geben könnten, Angst davor hat, sie frei zu lassen.

Unsere britischen Verbündeten zeigen mehr moralisches Gewissen, als es die Amerikaner aufzubringen imstande sind. Der ehemalige Premierminister Tony Blair, der den Deckmantel für Präsident Bushs illegalen Einmarsch in den Irak zur Verfügung stellte, wird für seine Verbrechen durch die Zeugnisse der Beamten des Vereinigten Königreichs verdammt, die vor der Chilcot-Kommission aussagen.

Die Londoner Times vom 14. Dezember fasste den Fall Blair in einer Schlagzeile zusammen: „Besessen von der Macht trickste Blair uns in den Krieg.” Zwei Tage später schrieb die britische First Post: „Fall Blair wegen Kriegsverbrechen jetzt felsenfest.“ In einem unbedachten Augenblick äußerte Blair, er sei für den Krieg gewesen, egal ob der Vorwand (die Massenvernichtungswaffen) diesen gerechtfertigt habe.

Die Bewegung, Blair als Kriegsverbrecher vor Gericht zu bringen, gewinnt an Druck. In der First Post berichtete Neil Clark: „Es gibt weitgehend Verachtung für einen Mann [Blair], der Millionen [seine Belohnung vom Bushregime] gemacht hat, während hunderttausende Iraker getötet werden infolge der Verwüstung, die durch die illegale Invasion hervorgerufen worden ist, und der sich mit atemberaubender Arroganz als über den Gesetzen des Internationalen Rechts stehend betrachtet.“ Clark hält fest, dass die Gepflogenheit des Westens, serbische und afrikanische Führer vor das Kriegsverbrechertribunal zu schleppen und sich selbst dabei auszunehmen, zunehmend fadenscheiniger wird.

In den Vereinigten Staaten von Amerika gibt es natürlich keinen Versuch, Bush, Cheney, Condi Rice, Rumsfeld, Wolfowitz und die große Anzahl von Kriegsverbrechern zur Verantwortung zu ziehen, die das Bushregime ausgemacht haben. In der Tat hat Obama, den die Republikaner gerne hassen, seine Linie verlassen, um die Bushbande davor zu schützen, dass sie zur Verantwortung gezogen wird.

Hier im „großen moralischen Amerika" ziehen wir Prominente und Politiker nur zur Rechenschaft, wenn es um sexuelle Indiskretionen geht. Tiger Woods zahlt einen höheren Preis für seine Freundinnen als Bush oder Cheney je für Tod und ruinierte Leben von Millionen Menschen bezahlen werden. Die Werbefirma Accenture Pic, die ihr Marketingprogramm auf Tiger Woods ausgerichtet hatte, hat Woods von ihrer Webseite entfernt. Gillette gab bekannt, dass die Gesellschaft Woods von ihren gedruckten und gesendeten Werbeanzeigen entfernen werde. AT&T sagt, man sei dabei, die Beziehung zwischen der Gesellschaft und Woods zu überdenken. Anscheinend betrachten Amerikaner sexuelle Untreue als viel schwerwiegender als den Überfall auf Länder auf der Grundlage falscher Beschuldigungen und Täuschung, Invasionen, die Tod und Vertreibung von Millionen unschuldiger Menschen verursacht haben. Man erinnere sich, dass das Repräsentantenhaus Präsident Clinton nicht wegen seiner Kriegsverbrechen in Serbien, sondern wegen der Lügen über seine Affäre mit Monica Lewinsky angeklagt hat.

Die Amerikaner regen sich mehr über Tiger Woods' sexuelle Affären auf als über den Abbau der bürgerlichen Freiheit in den Vereinigten Staaten von Amerika durch die Regierungen Bush und Obama. Die Amerikaner scheinen sich nicht darum zu kümmern, dass „ihre" Regierung in den vergangenen acht Jahren Einsperrpraktiken betrieben hat, die vor 1000 Jahren gängig waren – einfach eine Person zu schnappen und für immer in einen Kerker zu stecken, ohne Anklage zu erheben und ohne Verurteilung.

Laut den Meinungsumfragen unterstützen die Amerikaner die Folter, die gegen US-Recht und Internationales Recht verstößt, den Amerikanern macht es nichts aus, dass ihre Regierung das Gesetz über die Überwachung fremder Geheimdienste verletzt und gegen sie selbst spioniert, ohne eine gerichtliche Genehmigung einzuholen. Anscheinend sind die braven Bürger der „einzigen verbliebenen Supermacht" so voller Angst vor Terroristen, dass sie gerne ihre Freiheit für Sicherheit aufgeben, ein unmögliches Kunststück.

Mit erstaunlicher Sorglosigkeit haben sich die Amerikaner vom Rechtsstaat verabschiedet, der ihre Freiheit beschützt hat. Das Schweigen der Rechtsfakultäten und Anwaltskammern weist darauf hin, dass das Zeitalter der Freiheit vorbei ist. Kurz gesagt, die Amerikaner unterstützen Tyrannei. Und die ist es, auf die sie zusteuern.

10.01.2010: Die Freiheit ist verschwunden

Ich hatte gerade die unzensierte Ausgabe von Alexander Solschenizyns „Der erste Kreis der Hölle" gelesen, als mir Chris Hedges Artikel „One Day We'll All Be Terrorists" („Eines Tages werden wir alle Terroristen sein", Truthdig, 28. Dezember 2009) in die Hände kam. In Hedges Bericht über die Behandlung des amerikanischen Staatsbürgers Syed Fahad Hashmi durch die Regierung der Vereinigten Staaten von Amerika erkannte ich das stalinistische System, wie es Solschenizyn beschrieben hat.

Hashmi verbringt bereits das dritte Jahr in Einzelhaft. Die Praktiken von Guantánamo haben Einzug ins Metropolitan Correction Center in Manhattan gehalten, wo Hashmi im Special Housing Unit festgehalten wird. Sein Zugang zu Anwälten, Familie und anderen Gefangenen wird entweder verhindert oder streng eingeschränkt. Beim Waschen und bei der Benützung der Toilette wird er von Kameras überwacht. Eine Stunde pro Tag wird er aus seiner Einzelzelle in einen Trainingsraum gelassen.

Hashmi ist ein Bürger der Vereinigten Staaten von Amerika, aber seine Regierung hat gegen alle Rechte verstoßen, die ihm die Verfassung garantiert. Die Regierung der Vereinigten Staaten von Amerika setzt Hashmi unter Verletzung der Gesetze der Vereinigten Staaten von Amerika der psychologischen Folter aus, die als extreme sensorische Deprivation bekannt ist. Die angeblichen „Beweise" gegen ihn sind geheim und werden ihm vorenthalten. Wie Joseph K. in Kafkas „Das Urteil" ist Hashmi auf Grund geheimer Beweise eingesperrt. Nachdem die Anklage gegen ihn unbekannt ist oder gar nicht existiert, ist eine Verteidigung unmöglich.

Hashmis Rechte wurden ihm durch seine Regierung aberkannt mit der Behauptung, er sei ein potentieller Terrorist oder vielleicht ein terroristischer Sympathisant. Ein weiterer Bürger der Vereinigten Staaten von Amerika, Junaid Babar, verbrachte zwei Wochen gemeinsam mit Hashmi und lieferte angeblich Ponchos und Socken an al-Qaida in Pakistan. Angeblich benützte Babar Hashmis Mobiltelefon, um andere zu erreichen, die Terroristen unterstützten. Die Regierung der Vereinigten Staaten von Amerika sagt, dass das ausreicht, um Hashmi in Babars Aktivitäten einzubeziehen.

Babar ging eine Vereinbarung im Strafprozess ein, in der er sich in fünf Punkten der „materiellen Unterstützung" des Terrorismus für schuldig bekannte, arbeitet aber an einer Verkürzung seiner Haft, indem er als Kronzeuge in anderen Terrorprozessen aussagt, auch in Kanada und im Vereinigten Königreich, und als einziger Zeuge der Regierung der Vereinigten Staaten von Amerika gegen Hashmi.

Hashmis wirkliches Vergehen besteht darin, dass er ein muslimischer Aktivist ist, der die bürgerlichen Freiheiten der Moslems verteidigt und provokante Stellungnahmen betreffend die Vereinigten Staaten von Amerika abgibt. Wie Michael Ratner, der Präsident des Center for Constitutional Rights (Zentrum für Verfassungsrechte), ausgeführt hat, haben Bundesgerichte der Regierung der Vereinigten Staaten von Amerika weiten Spielraum zugestanden, Hashmis Gebrauch seiner verfassungsmäßig geschützten Rechte der freien Rede und Versammlungsfreiheit als Beweis für eine terroristische Gesinnung und dadurch für die Absicht, terroristische Handlungen zu begehen, zu verwenden.

Professor Jeanne Theoharis vom Brooklyn College warnt uns, dass jetzt ein amerikanischer Staatsbürger aufgrund geheimer Beweise verurteilt werden kann. „Man kann Jahre in Einzelhaft eingesperrt werden, ehe man wegen irgendetwas schuldig gesprochen wird. Es gab viel Aufmerksamkeit für die Überstellungen in Folterlager in anderen Ländern, für Guantánamo und Abu Ghraib, aufgrund der falschen Annahme, dass alles rechtmäßig zugeht, wenn Menschen in den Vereinigten Staaten von Amerika vor Gericht kommen. Aber was letztlich zu Guantánamo führte, war die Entartung des Rechts hierzulande, und das geschieht nicht nur bei Hashmi."

In der Tat berichtet Hedges, dass „radikale Aktivisten in Umweltschutz-, Antiglobalisierungs-, Anti-Atom-, Pro-nachhaltige-Landwirtschafts- und anarchistischen Bewegungen bereits vom Staat in speziellen Gefängnissen festgehalten werden, gemeinsam mit Moslems, die wegen Terrorismus angeklagt sind". Hedges warnt: „Diese Korruption unseres Rechtssystems wird vom Staat nicht nur Terrorismusverdächtigen oder auch amerikanischen Moslems vorbehalten bleiben. Im kommenden Aufruhr und wirtschaftlichen Zusammenbruch wird sie benutzt werden, um alle ruhig zu stellen, die als Unruhestifter und subversive Elemente betrachtet werden. Hashmi erleidet, was viele andere, die keine Moslems sind, später erleiden werden."

Das Schweigen der Anwaltskammern und juristischen Fakultäten weist auf einen erstaunlich sorglosen Umgang mit Thomas Paines Warnung hin: „Wer seine eigene Freiheit sichern will, muss sogar seinen Feind vor Unterdrückung schützen; wenn er jedoch gegen diese Verpflichtung verstößt, wird er einen Präzedenzfall schaffen, der auf ihn selbst zurückfallen wird." Einige meiner republikanischen und konservativen Bekannten freuen sich sogar, dass wir endlich hart werden und mit Gewalt gegen „diese Leute" vorgehen. In ihrer Naivität glauben sie, dass sie selbst sicher bleiben werden, wenn das Gesetz aufhört, ein Schild für die Menschen zu sein und zur Waffe in der Hand der Regierung wird.

In „A Man For All Seasons" („Ein Mann zu jeder Jahreszeit") warnt Thomas Morus davor, das Gesetz zu beschneiden, um hinter Teufeln herzujagen, denn wo stehen wir dann, wenn das Gesetz nicht mehr gilt und der Teufel gegen uns losgeht?

Ganz klar kümmern sich weder Justizministerium der Vereinigten Staaten, Kongress oder Weißes Haus, die „Massenmedien" oder die Menschen in Amerika um solche fundamentale Fragen noch ein großer Teil der Bundesgerichte.

Auf Salon.com vom 4. Dezember 2009 wies Glenn Greenwald darauf hin, dass die Konvention gegen die Folter, die Präsident Ronald Reagan verfochten und unterzeichnet und der Senat der Vereinigten Staaten von Amerika ratifiziert haben, Folgendes besagt: „Jede staatliche Partei ist angehalten, Folterer, die auf ihrem Gebiet gefunden werden, strafrechtlich zu verfolgen oder sie an andere Länder zur Verfolgung auszuliefern. Keine außerordentlichen Umstände welcher Art auch immer, seien es Kriegszustand oder drohender Krieg, innere politische Instabilität oder ein anderer öffentlicher Notstand dürfen als Rechtfertigung für Folter he-

rangezogen werden. Jede staatliche Partei hat sicherzustellen, dass alle Folterhandlungen als Verbrechen unter das Strafgesetz fallen."
Zwei Jahrzehnte später foltert die Regierung der Vereinigten Staaten von Amerika, wie es ihr passt. Hohe Beamte des Justizministeriums verfassen Aktenvermerke, in denen sie Folter erlauben, entgegen der ratifizierten Konvention gegen die Folter, entgegen dem Recht der Vereinigten Staaten von Amerika und entgegen der Genfer Konvention. Pew Poll gibt bekannt, dass 67 % der Republikaner und 47 % der Demokraten den Einsatz von Folter befürworten.
Und die Amerikaner glauben, sie haben Freiheit und Demokratie und leben im Schutz des Rechtsstaats. Das Recht ist verschwunden und mit ihm die amerikanische Freiheit.

10.01.2010: Sagt man uns überhaupt die Wahrheit?

Was sollen wir mit dem gescheiterten Unterhosenbombenattentat anfangen, dem Zahnpasta-, Shampoo- und Wasserflaschenattentat, dem Schuhbombenattentat? Diese vermurksten und unwahrscheinlichen Versuche, ein Flugzeug zum Absturz zu bringen, scheinen weit von der Kompetenz der al-Qaida bei der Abwicklung von 9/11 entfernt zu sein.
Wenn wir der Regierung der Vereinigten Staaten von Amerika Glauben schenken, hat Khalid Sheikh Mohammed, der angebliche „Mastermind" der al-Qaida hinter 9/11, die CIA, die NSA, in der Tat alle 16 US-Geheimdienste sowie die aller Verbündeten der Vereinigten Staaten von Amerika einschließlich Mossad, National Security Council, NORAD, Luftverkehrskontrolle, Flughafensicherheit und Dick Cheney viermal an einem Vormittag überlistet und die flugtechnische Meisterleistung vollbracht, mit unausgebildeten und unerfahrenen Piloten entführte Flugzeuge in die World Trade Towers und in das Pentagon zu steuern, wo eine Batterie von hochmodernen Luftabwehreinrichtungen irgendwie nicht funktioniert hat. Nach einem derart erstaunlichen Erfolg hätte al-Qaida die Besten in die-

sem Geschäft angezogen, hat es aber stattdessen nur mehr zu amateurhaften Gags gebracht.

Das Unterhosenbombenattentat wird in den TV-Medien und besonders in den Fox-„Nachrichten“ bis zum Gehtnichtmehr abgehandelt. Nachdem ich vor Kurzem gelesen habe, dass die Washington Post einen Lobbyisten einen Bericht schreiben ließ, in dem dieser sein Interessengebiet anpries, kam mir der Gedanke, ob nicht die Hersteller von Ganzkörperscannern („Nacktscanner“) hinter der massiven Berichterstattung über den Unterhosenbomber, wenn nicht gar hinter dem Anschlag selbst stehen. In Amerika ist alles käuflich. Der Anstand ist vom Winde verweht.

Neulich las ich einen Kommentar eines Autoren, der eine „Dienlichkeitstheorie“ über den Unterhosenbomber hat, einen Nigerianer, der angeblich von al-Qaida im Jemen ausgebildet worden ist. Nachdem die Vereinigten Staaten von Amerika bereits einen nicht erklärten Krieg gegen den Jemen führen, über den weder die amerikanische Öffentlichkeit noch der Kongress informiert oder befragt worden sind, hätte der Unterhosenbomber einen günstigen Vorwand für Washingtons neuen Krieg geboten, egal ob es sich um ein wirkliches Attentat handelte oder um ein vorgetäuschtes.

Wenn man einmal anfängt, darüber nachzudenken, wem durch diese Ereignisse und ihre Aufbereitung in den Nachrichten gedient ist, kommen einem andere Dinge in den Kopf. Zum Beispiel gab es im vergangenen Juli einen Bericht in den Medien, dass die Regierung im Jemen eine terroristische Zelle aufgelöst hat, die unter Aufsicht israelischer Geheimdienste gearbeitet hat. Laut diesem Bericht sagte der jemenitische Präsident Ali Abdullah Saleh der Nachrichtenagentur Saba, dass eine terroristische Zelle festgenommen worden sei und dass die Angelegenheit „wegen ihrer Verbindungen mit den israelischen Geheimdiensten“ den Strafverfolgungsbehörden übergeben worden sei.

Könnte der Unterhosenbomber einer der Rekruten dieser Terror-Israelis gewesen sein? Sicher hat Israel Interesse daran, die Vereinigten Staaten von Amerika gegen alle möglichen Gegner von Israels territorialer Expansion militärisch voll auf Trab zu halten.

Dieser Gedanke weckte Erinnerungen an mein Russisch-Studium an der Universität Oxford, wo ich lernte, dass die zaristische Geheimpolizei

Bomben hochgehen ließ, um die Schuld dann denen zuzuschieben, die sie verhaften wollte.
Als Nächstes fiel mir ein, dass Francesco Cossiga, der italienische Präsident von 1985 bis 1992, die Existenz der Operation Gladio enthüllte, einer Operation unter falscher Flagge im Bereich der NATO, die in Europa in den 1960er, 1970er und 1980er Jahren Bombenattentate verübte. Die Bombenattentate wurden den Kommunisten in die Schuhe geschoben und dazu benutzt, kommunistische Parteien bei Wahlen zu diskreditieren. Eine parlamentarische Untersuchung in Italien brachte die Tatsache ans Licht, dass die Attentate von der CIA betreut wurden. Der Gladio-Agent Vincenzo Vinciguerra bezeugte unter Eid, dass die Attentate gegen unschuldige Zivilisten, einschließlich Frauen und Kinder, gerichtet waren, um „die Öffentlichkeit zu zwingen, sich mit der Forderung nach größerer Sicherheit an den Staat zu wenden".
Was für ein Zufall. Genau das ist es, was 9/11 in den Vereinigten Staaten von Amerika erreicht hat.
Unter den Wohlmeinenden und Leichtgläubigen im Westen gibt es noch immer die Auffassung, dass die Regierung das öffentliche Interesse vertritt. Politische Parteien halten dieses Märchen am Leben, indem sie darüber streiten, welche Partei die Interessen der Öffentlichkeit am besten vertritt. In Wirklichkeit vertritt die Regierung private Interessen, diejenigen der Amtsinhaber selbst und die der Lobbygruppen, die deren politische Wahlkämpfe finanzieren. Die wirklichen Interessen und Anliegen werden der Öffentlichkeit vorenthalten.
Die Vereinigten Staaten von Amerika und ihre verbündeten Handlangerstaaten wurden ausschließlich auf der Grundlage von Lügen und Täuschung in den Krieg im Mittleren Osten und Afghanistan geführt. Es gab keine irakischen Massenvernichtungswaffen und die Regierungen der Vereinigten Staaten von Amerika und des Vereinigten Königreichs wussten, dass es keine gab. Gefälschte Dokumente wie zum Beispiel die „Yellowcake Documents" wurden Zeitungen zugespielt, um eine Berichterstattung in die Wege zu leiten, die die Öffentlichkeit auf die Linie der Kriegspläne der Regierung bringen würde.
Jetzt passiert wieder das Gleiche in Hinblick auf das nicht existierende iranische Atomwaffenprogramm. Der Times in London zugespielte

Dokumente, die darauf hindeuteten, der Iran sei dabei, einen „nuklearen Auslöser-Mechanismus" zu entwickeln, wurden als Fälschungen entlarvt. Wer hat etwas davon? Ganz klar planen die Vereinigten Staaten von Amerika und Israel einen Angriff auf den Iran und jemand bastelt am „Beweis", um dieses Anliegen zu fördern, gerade wie das an die Öffentlichkeit gelangte geheime „Downing Street Memo" an das britische Kabinett Premierminister Tony Blairs Regierung darüber informierte, dass Präsident Bush bereits die Entscheidung getroffen hatte, den Irak zu überfallen und dass „Informationen der Geheimdienste und Fakten passend zur Politik zurechtgebogen werden".

Die Bereitschaft der Menschen, ihren Herrschern und den Propagandaministerien, die den Herrschern dienen, zu glauben, ist erstaunlich. Viele Amerikaner glauben, der Iran betreibe ein Atomwaffenprogramm, ungeachtet der einstimmigen Beurteilung von 16 US-Geheimdiensten, dass das Gegenteil der Fall ist. Vizepräsident Dick Cheney und die Neokonservativen kämpften hart mit wenig Erfolg um eine Änderung der Rolle der CIA von einem Geheimdienst zu einer politischen Agentur, die Fakten zur Unterstützung neokonservativer Absichten fabriziert. Für das Bush-Regime war die Schaffung „neuer Tatsachen" wichtiger, als die Fakten zu kennen.

Vor Kurzem las ich den Vorschlag einer Person, die behauptete, für unabhängige Medien zu sein, der darauf hinauslief, dass wir die Zeitungen mit staatlichen Subventionen vor dem finanziellem Scheitern retten müssen. Derartige Subventionen würden die endgültige Unterwerfung der Medien unter die Regierung zur Folge haben. Sogar im stalinistischen Sowjet-Russland, einem totalitären politischen System, wo jeder wusste, dass es keine freie Presse gab, ermöglichten es eine leichtgläubige Öffentlichkeit und die kommunistische Partei Josef Stalin, die Helden der bolschewistischen Revolution in Schauprozessen abzuurteilen und als kapitalistische Spione hinzurichten.

Wir in den Vereinigten Staaten von Amerika entwickeln unsere eigenen Schauprozesse. Der gegen Sheikh Mohammed wird ein großer sein. Wie Chris Hedges kürzlich ausführte, benutzt unsere Regierung dämonisierte Moslems, um das neue Rechtssystem in Fahrt zu bringen – wir anderen kommen dann als Nächste dran.

13.01.2010: Unbekümmerte Amerikaner

Der Fall des Unterhosenbombers lässt vermuten, dass diejenigen, die hinter dieser Panikmache stecken, sich über unsere Leichtgläubigkeit lustig machen.
Wie realistisch ist es, dass al-Qaida, eine Organisation, die angeblich die fantastischste Terrorattacke in der Weltgeschichte abgewickelt hat, in diesen Tagen der verschärften Sicherheitsbestimmungen für einen Angriff auf ein Passagierflugzeug jemanden aussucht, der den größten Verdacht erregt? Umar Farouk Mutallab hatte nur ein Hinflugticket, kein Gepäck, keinen Pass, und sein Vater, der laut Berichten mit CIA und Mossad in Verbindung stand, hatte ihn CIA und Mossad gemeldet. Gibt es wirklich jemanden, der glaubt, dass al-Qaida als Flugzeugbomber eine Person aussucht, die auf jede denkbare Weise auf sich aufmerksam macht?
Diese naheliegende Frage ist den US-Medien entgangen, einem Haufen von Verkäufern, die Werbung für Ganzkörperscanner für Flughäfen machen.
Hätte al-Qaida mit ihrem umfassenden Wissen über Sprengstoffe Umar mit einer „Bombe" ausgestattet, von der Experten sagen, sie hätte nicht einmal genügt, um seinen Sitz in die Luft zu jagen?
Man kann sich schwer eine leichtgläubigere Bevölkerung vorstellen als die amerikanische, aber glauben die Amerikaner diese Geschichte wirklich?
Seit 9/11 ist das FBI eifrig dabei, Leute, die über keine organisatorische Erfahrung verfügen, in „terroristische Verschwörungen" zu locken, die aus vom FBI produzierter heißer Luft bestehen. Diese armen Würstchen werden dann vor Gericht gezerrt und die Medien heizen die Angst vor „hausgemachten terroristischen Anschlägen gegen Amerikaner" an.
Es besteht kaum ein Zweifel, dass diejenigen, die daran interessiert sind, die Vereinigten Staaten von Amerika immer tiefer in einen Polizeistaat und immer tiefer in einen „Krieg gegen den Terror" zu führen, dafür sorgen, dass inszenierte Vorfälle zu denen hinzukommen, welche wirkliche Terroristen zustande bringen. Der Mangel an wirklichen Terroristen hat die Regierung der Vereinigten Staaten von Amerika und ihr Wahrheitsministerium veranlasst, die Taliban zu Terroristen zu befördern. Das Pro-

blem ist, dass deren „terroristische Handlungen“ tausende Meilen weit weg in Ländern stattfinden, die der Durchschnitts-amerikaner nicht einmal auf der Landkarte findet, sodass diese deshalb nur wenig Angstpotential bergen. Um die Angst der Amerikaner zu schüren, haben wir den Unterhosenbomber.

Was wird das Nächste sein? Eine ausgetüftelte Frisur mit Nanothermit-Gel?

Der „Krieg gegen den Terror” stellt eine viel größere Bedrohung der Amerikaner dar als alle Terroristen der Welt zusammen. Der „Krieg gegen den Terror“ hat nämlich die Verfassung der Vereinigten Staaten von Amerika und die Bill of Rights (Charta der Grundrechte) zerstört. Amerikanische Bürger sind jetzt hilflos in dem Fall, dass jemand in der Regierung entscheidet, dass ein verfassungsrechtlich geschütztes Verhalten, wie zum Beispiel freie Meinungsäußerung oder eine Spende an ein Kinderspital in Gaza, wo Hamas, eine von den Vereinigten Staaten von Amerika zur „terroristischen Organisation“ erklärte Partei, ausgerechnet die gewählte Regierung bildet, Unterstützung und Beihilfe zu Terrorismus darstellt.

Am 5. Januar hob ein Urteil des Bundesberufungsgerichts im District of Columbia den wichtigsten Schutz der Freiheit auf, indem es feststellte, dass die Regierung der Vereinigten Staaten von Amerika während des Krieges nicht verpflichtet ist, sich an die Gesetze zu halten. Dieses Urteil entbindet Washington davon, die eigenen Gesetze oder das Internationale Recht, wie etwa die Genfer Konvention, einzuhalten. Es macht alle Prozesse wegen Kriegsverbrechen wo auch immer zur Farce. Indem er die Exekutive über das Gesetz erhob, gab der Gerichtshof der Regierung eine Blankovollmacht.

Die Begründung des Gerichts für diese Weigerung, das Gesetz hochzuhalten, kam von Richterin Janice Rogers Brown, die sagte, Amerika sei durch den Krieg über „die entscheidende Schwelle eines neuen und erschreckenden Paradigmas“ gestoßen worden, „das die Festschreibung neuer Regeln erforderlich macht. Krieg ist eine Herausforderung für das Recht, und das Recht muss sich anpassen.“ Mit „anpassen“ meint sie „zur Seite gestellt werden“ oder „abgeschafft werden“.

Der Oberste Gerichtshof der Vereinigten Staaten von Amerika hat sich geweigert, sowohl die Verfassung als auch das Prinzip zu verteidigen, dass die Regierung nicht über dem Recht steht. Am vergangenen 14. Dezember weigerte sich der Oberste Gerichtshof, ein Urteil des Bundesberufungsgerichts im District of Columbia zu revidieren, das einen Folterfall mit der Begründung zurückwies, dass „Folter eine vorhersehbare Konsequenz der Festhaltung verdächtiger feindlicher Kämpfer durch das Militär ist“. Mit anderen Worten, weder Gesetze der Vereinigten Staaten von Amerika noch Internationales Recht gegen Folter können bei Gerichten in den Vereinigten Staaten von Amerika durchgesetzt werden. Die Urteilsbegründung wurde von Richterin Karen Lecraft Henderson verfasst. Der „Krieg gegen den Terror", der Halliburton, Blackwater (die haben vor Kurzem den Namen gewechselt) und den Militär-/Sicherheitskomplex reich macht, während er den Amerikanern die medizinische Versorgung vorenthält, führt zu einer Verschuldung, die Kaufkraft und Lebensstandard der Amerikaner bedroht. Der Widerspruch zwischen Amerikas frömmelnder Rhetorik und der Ermordung von Zivilisten und Folterung von Gefangenen hat Amerikas Ansehen zunichte gemacht und dazu geführt, dass die Europäer genauso wie die Moslems die Vereinigten Staaten von Amerika verachten.

Die Aufopferung von Verfassung und Rechtsstaat für eine aufgebauschte „theoretische Bedrohung“ hat Herz und Seele Amerikas zerstört.

Wie ein Dichter schrieb: „Unsere Welt liegt im Zustand der Erstarrung.“

10.02.2010: Jetzt sind die Vereinigten Staaten von Amerika offiziell ein Polizeistaat

Über Jahre hinweg haben die Amerikaner den Schutz durch die Gesetze verloren. Im 21. Jahrhundert wurde dieser Prozess durch den „Krieg gegen den Terror“ der Administration Bush beschleunigt, welcher unter der Administration Obama weitergeht und dem Wesen nach ein Krieg gegen die Verfassung und die bürgerlichen Freiheiten der Vereinigten Staaten von Amerika ist. Das Bushregime war entschlossen, Habeas Corpus hinfällig zu machen, um Menschen unbegrenzt ohne Erhebung einer Anklage einzusperren. Das Regime war zu hunderten Gefangenen gekommen, indem es eine Kopfprämie für Terroristen ausbezahlte. Afghanische

Warlords und Gauner reagierten auf diesen finanziellen Anreiz, indem sie schutzlose Menschen schnappten und den Amerikanern verkauften.
Das Bushregime musste die Gefangenen ohne Anklage einsperren, weil es keine Beweise gegen diese Menschen hatte und nicht zugeben wollte, dass die Regierung der Vereinigten Staaten von Amerika in ihrer Dummheit Warlords und Gauner bezahlt hatte, um unschuldige Menschen zu entführen. Darüber hinaus brauchte das Bushregime gefangene „Terroristen", um zu beweisen, dass eine terroristische Gefahr existierte.
Da es keine Beweise gegen die „Häftlinge" gab (die meisten wurden ohne Anklage nach Jahren der Gefangenschaft und Misshandlungen frei gelassen), brauchte die Regierung der Vereinigten Staaten von Amerika einen Weg vorbei an US-Gesetzen und Internationalen Gesetzen gegen Folter, um Beweise durch Geständnisse vorlegen zu können. Das Bushregime fand unmenschliche und totalitär eingestellte Juristen und gab ihnen Posten im Justizministerium (!), wo sie Argumente erfinden sollten, warum das Bushregime sich nicht an das Gesetz zu halten brauchte.
Das Bushregime schuf eine neue Klassifizierung für seine Gefangenen, die es benutzte, um die Vorenthaltung des ihnen zustehenden gesetzlichen Schutzes und eines ordentlichen Verfahrens zu rechtfertigen. Da die Gefangenen keine Staatsbürger der Vereinigten Staaten von Amerika waren und vom Regime als „die 780 gefährlichsten Männer der Erde" dämonisiert wurden, gab es wenig öffentlichen Widerstand gegen die verfassungswidrigen und unmenschlichen Handlungen des Regimes.
Unsere Gründerväter und eine lange Reihe von Gelehrten warnten davor, dass, wenn bürgerliche Freiheiten einmal gebrochen werden, sie für alle gebrochen sind. Bald wurden Bürger der Vereinigten Staaten von Amerika unbefristet in Verletzung ihrer Habeas Corpus-Rechte festgehalten. Dr. Aafia Siddiqui, eine Staatsbürgerin der Vereinigten Staaten von Amerika pakistanischer Herkunft, wird wohl die Erste gewesen sein.
Dr. Siddiqui, eine am MIT und an der Brandeis-Universität ausgebildete Wissenschaftlerin, wurde in Pakistan aus unbekannten Gründen festgenommen, nach Afghanistan überstellt und fünf Jahre lang geheim im berüchtigten Bagram-Gefängnis des Militärs der Vereinigten Staaten von Amerika gefangen gehalten. Ihre drei kleinen Kinder, eines ein acht Monate altes Baby, waren bei ihr, als sie abgeführt wurde. Sie weiß nicht,

was aus den beiden jüngeren Kindern geworden ist. Ihr ältestes Kind, sieben Jahre alt, wurde auch in Bagram eingesperrt und ähnlichen Misshandlungen und Schrecken ausgesetzt.

Gegen Dr. Siddiqui wurde nie Anklage wegen Vergehen terroristischer Natur erhoben. Eine britische Journalistin, die ihre Schreie hörte, als sie gefoltert wurde, machte ihre Anwesenheit öffentlich. Eine blamierte Regierung der Vereinigten Staaten von Amerika reagierte auf diese Enthüllung, indem sie Siddiqui in die Vereinigten Staaten von Amerika zu einem Gerichtsverfahren schickte aufgrund der erdichteten Anklage, sie habe in der Gefangenschaft einem US-Soldaten das Gewehr entrissen und zwei Schüsse mit der Absicht abgefeuert, ihn zu töten. Diese Anklage entstand offensichtlich aus der Verantwortung eines US-Soldaten, der Dr. Siddiqui zweimal in den Bauch schoss, was fast zu ihrem Tod führte.

Am 4. Februar wurde Dr. Siddiqui von einer New Yorker Geschworenenjury wegen versuchten Mordes schuldig gesprochen. Der einzige gegen sie vorgelegte Beweis bestand in der Anklage selbst und einer unbewiesenen Behauptung, sie habe einmal einen Kurs in Pistolenschießen an einem amerikanischen Schießstand besucht. Kein Beweis in der Form von Fingerabdrücken auf dem Gewehr, das diese schwache und gebrochene ca. 50 kg schwere Frau angeblich einem amerikanischen Soldaten entrissen hatte. Kein Beweis, dass eine Waffe abgefeuert worden war, keine Kugeln, keine Geschosshülsen, keine Einschlaglöcher. Nur eine Beschuldigung.

Wikipedia sagt über das Verfahren: „Das Verfahren nahm eine unübliche Wendung, als ein FBI-Beamter versicherte, dass die Fingerabdrücke auf dem Gewehr, das angeblich von Aafia benutzt wurde, um auf die Vernehmungsbeamten der Vereinigten Staaten von Amerika zu schießen, nicht mit den ihren übereinstimmten."

Eine ignorante und bigotte amerikanische Jury verurteilte sie, weil sie eine Muslima ist. Das ist die Art von „Rechtsprechung", die immer herauskommt, wenn der Staat künstlich Furcht schürt und eine Bevölkerungsgruppe dämonisiert.

Vor Gericht hätten die Leute gestellt werden sollen, die sie entführten, ihre kleinen Kinder verschwinden ließen, sie über internationale Grenzen verschleppten, ihre bürgerlichen Rechte missachteten, sie offensichtlich aus Lust folterten, sie vergewaltigten und versuchten, sie mit zwei Schüs-

sen in ihren Bauch zu ermorden. Stattdessen wurde das Opfer vor Gericht gestellt und verurteilt.
Das ist das untrügliche Kennzeichen eines Polizeistaates. Und dieses Opfer ist eine amerikanische Staatsbürgerin.
Jeder kann der Nächste sein. In der Tat sagte Dennis Blair, der Direktor der nationalen Geheimdienste, am 3. Februar vor dem Geheimdienstausschuss des Kongresses, es sei jetzt „ausgesprochene Politik", dass die Regierung der Vereinigten Staaten von Amerika ihre eigenen Staatsbürger töten könne auf der alleinigen Grundlage der Beurteilung jemandes in der Regierung, ein Amerikaner stelle eine Bedrohung dar. Keine Verhaftung, kein Verfahren, keine Verurteilung, nur Tötung auf den Verdacht hin, eine Bedrohung zu sein.
Das zeigt, wie weit der Polizeistaat fortgeschritten ist. Ein vom Präsidenten Beauftragter in der Administration Obama teilt einem wichtigen Kongressausschuss mit, dass die Regierung entschieden hat, dass sie amerikanische Bürger im Ausland ermorden kann, wenn sie der Ansicht ist, dass diese eine Bedrohung bilden.
Ich höre schon Leser sagen, dass die Regierung genauso Amerikaner im Ausland töten kann wie sie diese im Inland tötet – Waco, Ruby Ridge, die Black Panthers.
Ja, die Regierung der Vereinigten Staaten von Amerika hat ihre Bürger ermordet, aber Dennis Blairs „ausgesprochene Politik" ist eine dreiste neue Entwicklung. Natürlich bestreitet die Regierung, dass sie die Branch Davidianer, Randy Weavers Frau und Kind oder die Black Panthers absichtlich getötet hat. Die Regierung behauptet, dass Waco eine furchtbare Tragödie war, ein unbeabsichtigtes Ergebnis, von den Branch Davidianern selbst herbeigeführt. Die Regierung behauptet, dass Randy Weaver schuld an Ruby Ridge war, weil er nicht vor Gericht erschienen ist an einem Tag, der ihm falsch mitgeteilt worden war. Die Black Panthers, so behauptet die Regierung, waren gefährliche Kriminelle, die unbedingt eine Schießerei haben wollten.
Bei keiner bisherigen Tötung eines US-Bürgers durch die Regierung der Vereinigten Staaten von Amerika hat die Regierung das Recht beansprucht, Amerikaner ohne Verhaftung, Verhandlung und Verurteilung wegen eines Kapitalverbrechens zu töten.

Im Gegensatz dazu sagte Dennis Blair dem US-Kongress, dass die Regierung sich das Recht genommen hat, Amerikaner zu ermorden, die sie als „Bedrohung“ erachtet.
Was heißt „Bedrohung”? Wer wird das entscheiden? Es bedeutet nur, dass die Regierung jeden ermorden wird, den sie aussucht.
Es gibt keinen vollständigeren oder überzeugenderen Beweis für einen Polizeistaat als eine Regierung, die ankündigt, dass sie ihre eigenen Staatsbürger umbringen wird, wenn sie diese als „Bedrohung” erachtet.
Ist es nicht ironisch, dass der „Krieg gegen den Terror“, der uns sicher machen soll, in einem Polizeistaat endet und mit der Ankündigung der Regierung, dass sie das Recht hat, amerikanische Bürger umzubringen, die sie als Bedrohung ansieht?

26.02.2010: Der Weg nach Armageddon

Die Washington Times ist eine Zeitung, die die Bush/Cheney/Obama-Aggressionskriege im Nahen Osten gutheißt und dafür ist, es den Terroristen für 9/11 heimzuzahlen. Daher war ich überrascht, als ich am 24. Februar erfuhr, dass die beliebteste Geschichte auf der Webseite der Zeitung der „Inside the Beltway“-Bericht „Explosive News“ („Explosive Neuigkeiten“) über die 31 Pressekonferenzen am 19. Februar in Städten in den Vereinigten Staaten von Amerika und im Ausland war, die von Architects and Engineers for 9/11 Truth („Architekten und Ingenieure für die Wahrheit über 9/11“) abgehalten wurden; einer Organisation von Fachleuten, die jetzt 1.000 Mitglieder hat.
Noch mehr überraschte mich, dass der Nachrichtenbeitrag die Pressekonferenz seriös behandelte. Wie konnten sich drei World-Trade-Center-Wolkenkratzer plötzlich in feinen Staub auflösen? Wie konnten massive Stahlträger in drei Wolkenkratzern aufgrund eines kurz dauernden, isolierten Brandes mit nicht sehr hohen Temperaturen plötzlich versagen? „Tausend Architekten und Ingenieure wollen das wissen und wenden sich an den Kongress, damit dieser eine neue Untersuchung der Zerstörung der Twin Towers und des Gebäudes Nr. 7 anordne“, berichtet die Washington

Times. Die Zeitung berichtet, dass die Architekten und Ingenieure zu der Auffassung gekommen sind, dass die Federal Emergency Management Agency (FEMA – Nationale Katastrophenmanagement-Agentur) und das National Institute of Standards and Technology (NIST – Nationales Institut für technologische Standards) „unzureichende, widersprüchliche und betrügerische Berichte über die Umstände der Zerstörung der Towers" vorgelegt haben und „eine [gerichtliche] Untersuchung gegen Beamte der NIST durch eine Grand Jury fordern".

Die Zeitung berichtet, dass der Sprecher der Architekten und Ingenieure Richard Gage sagte: „Vertreter der Regierung werden verständigt werden, dass ‚Unterlassung einer Anzeige wegen Verrats' nach US Code 18 (Sec. 2382) ein schweres Verbrechen gegen das Bundesgesetz ist, was diejenigen, die Beweise für den Verrat haben, zum Handeln verpflichtet. Die Auswirkungen sind enorm und können von grundsätzlicher Bedeutung für das anstehende Verfahren gegen Khalid Sheik Mohammed sein."

Es gibt jetzt die Organisation Firefighters for 9/11 Truth („Feuerwehrleute für die Wahrheit über 9/11"). In der Pressekonferenz in San Francisco gab Eric Lawyer, der Vorsitzende dieser Organisation, die Unterstützung der Feuerwehrleute für die Forderung der Architekten und Ingenieure bekannt. Er berichtete, dass keine gerichtliche Untersuchung der Brände durchgeführt worden ist, die angeblich die drei Gebäude zerstört haben, und dass das Fehlen dieser Untersuchung ein Verbrechen darstelle.

Vorgeschriebene Vorgangsweisen wurden nicht eingehalten, und anstatt erhalten und untersucht zu werden, wurde der Ort des Verbrechens zerstört. Er berichtete auch, es gebe mehr als 100 Berichte von Augenzeugen, die Explosionen gehört und wahrgenommen haben, und dass es Beweise für Explosionen in Radio-, Audio- und Videoaufnahmen gebe.

Ebenfalls in der Pressekonferenz präsentierte der Physiker Steven Jones den Nachweis von Nanothermit in den Rückständen der WTC-Gebäude, das von einer internationalen Gruppe von Wissenschaftlern unter der Führung des Professors für Nanochemie der Universität Kopenhagen Niels Harrit gefunden wurde. Nanothermit ist ein High-Tech-Sprengmittel, das Stahlträger auf der Stelle zum Schmelzen bringen kann.

Ehe wir „Verschwörungstheorie" schreien, sollten wir uns dessen bewusst sein, dass die Architekten, Ingenieure, Feuerwehrleute und Wissenschaftler keine Theorie vorlegen. Sie legen Beweise vor, die die offizielle Theorie in Frage stellen. Diese Beweise sind nicht aus der Welt zu schaffen. Wenn der Ausdruck von Zweifeln oder Vorbehalten gegenüber der offiziellen Version des Berichts der 9/11-Kommission einen Menschen zum Verschwörungstheoriespinner macht, dann müssen wir auch die beiden Ko-Vorsitzenden der 9/11-Kommission und den Rechtsberater der Kommission einschließen, die alle Bücher geschrieben haben, in denen sie klar darlegten, dass sie von Regierungsbeamten angelogen wurden, als sie ihre Untersuchung durchführten bzw. wenn sie den Vorsitz über die Untersuchung innehatten, die der geschäftsführende Direktor Philip Zelikow durchführte, ein Mitglied von Präsident George W. Bushs Übergangsteam und Auslandsgeheimdienst-Beraterteam und Mitautor von Bushs Außenministerin Condi „Mushroom Cloud“ (Atompilz) Rice.

Es wird immer Amerikaner geben, die alles glauben werden, was ihnen die Regierung sagt, sogar wenn sie wissen, wie oft die Regierung sie angelogen hat. Ungeachtet der teuren Kriege, die die soziale und medizinische Versorgung bedrohen, Kriege auf der Basis nicht existierender irakischer Massenvernichtungswaffen, nicht existierender Verbindungen Saddam Husseins mit al-Qaida, nicht existierender Beteiligung Afghanistans an den Attacken von 9/11 und der nicht existierenden iranischen Atomwaffen, die als Begründung für den nächsten amerikanischen Aggressionskrieg im Mittleren Osten groß propagiert werden, glaubt mehr als die Hälfte der Bevölkerung der Vereinigten Staaten von Amerika die fantastische Geschichte, die ihr die Regierung über 9/11 erzählt hat – die einer muslimischen Verschwörung, die die gesamte westliche Welt ausgetrickst haben soll.

Darüber hinaus macht es diesen Amerikanern nichts aus, wie oft die Regierung ihre Geschichte ändert. Zum Beispiel hörten die Amerikaner zum ersten Mal von Osama bin Laden, als das Bush-Regime die Schuld an den 9/11-Attacken an ihm festmachte. Im Lauf der Jahre wurde der leichtgläubigen amerikanischen Öffentlichkeit ein Video nach dem anderen von bin Ladens Ankündigungen aufgetischt. Experten verwarfen die Videos als Fälschungen, aber die Amerikaner ließen sich von ihrer Leichtgläubigkeit nicht abbringen. Dann tauchte plötzlich im letzten Jahr ein neuer 9/11 „Mastermind“ (Superhirn) auf, um bin Ladens Platz ein-

zunehmen, der gefangene Khalid Sheik Mohammed, der Häftling, der 183-mal der Wasserfolter („Waterboarding") unterzogen wurde, bis er gestand, hinter dem Angriff von 9/11 zu stehen.
Im Mittelalter wurden durch Folter erzwungene Geständnisse als Beweise betrachtet, aber für Selbstbeschuldigung war im Rechtssystem der Vereinigten Staaten von Amerika seit unserer Gründung keinerlei Platz. Doch unter dem Bush-Regime und den republikanischen Bundesrichtern, die, wie uns versichert wurde, die Verfassung der Vereinigten Staaten von Amerika verteidigen würden, ist die Selbstbeschuldigung von Khalid Sheik Mohammed der einzige Beweis, den die Regierung der Vereinigten Staaten von Amerika dafür vorlegt, dass muslimische Terroristen hinter 9/11 stehen.
Wenn ein Mensch die Leistungen betrachtet, die Khalid Sheik Mohammed zugeordnet werden, so sind diese einfach unglaublich. Khalid Sheik Mohammed ist ein brillanterer und fähigerer Superheld als V im Fantasiefilm „V für Vendetta". Sheik Mohammed überlistete alle 16 US-Geheimdienste und die der Alliierten und Handlanger der Vereinigten Staaten von Amerika einschließlich Israels Mossad. Kein Geheimdienst dieser Erde, auch nicht alle Geheimdienste zusammen, konnten Sheik Mohammed das Wasser reichen.
Sheik Mohammed trickste den Nationalen Sicherheitsrat der Vereinigten Staaten von Amerika aus, Dick Cheney, das Pentagon, das Außenministerium, Norad, die US-Luftwaffe und die Luftraumüberwachung. Er ließ die Flughafensicherheit viermal an einem Morgen versagen. Er ließ die hoch entwickelte Luftverteidigung des Pentagon versagen und ein entführtes Flugzeug, das den ganzen Morgen seinen Kurs nicht eingehalten hatte, in das Pentagon krachen, während die US-Luftwaffe zum ersten Mal in der Geschichte nicht imstande war, Abfangflugzeuge in die Luft zu bekommen.
Sheik Mohammed konnte diese Leistungen mit unqualifizierten Piloten erbringen. Er konnte sogar als Gefangener unter der Wasserfolter verhindern, dass das FBI die vielen beschlagnahmten Videos herausgab, auf denen entsprechend der offiziellen Geschichte zu sehen ist, wie das entführte Flugzeug in das Pentagon kracht.
Wie naiv muss jemand sein, um zu glauben, dass ein Mensch, oder in diesem Fall eine Hollywood-Fantasiefigur, so mächtig und tüchtig ist?

Wenn Sheik Mohammed über diese übermenschlichen Fähigkeiten verfügt, wie konnten ihn die unfähigen Amerikaner überhaupt fangen? Dieser Mann ist ein Sündenbock, der bis zum Geständnis gefoltert wurde, um die amerikanischen Naivlinge weiter an die Verschwörungstheorie der Regierung glauben zu lassen.

Hier geht es darum, dass die Regierung der Vereinigten Staaten von Amerika das Rätsel von 9/11 zu einem Ende bringen muss. Die Regierung muss einen Schuldigen vor Gericht stellen und verurteilen, um den Fall abschließen zu können, bevor er explodiert. Jeder, der 183-mal der Wasserfolter unterzogen wird, wird alles gestehen.

Die Regierung der Vereinigten Staaten von Amerika hat auf die Beweise reagiert, die gegen ihre ausgefallene 9/11-Verschwörungstheorie erhoben werden, indem sie den Krieg gegen den Terror von äußeren auf innere Feinde umdefiniert hat. Heimatlandministerin Janet Napolitano sagte am 21. Februar, dass amerikanische Extremisten jetzt ein ebenso großes Anliegen sind wie internationale Terroristen. Extremisten sind natürlich Leute, die die Tagesordnung der Regierung durchkreuzen, wie etwa die 1.000 Architekten und Ingenieure für die Wahrheit über 9/11. Diese Gruppe hatte 100 Mitglieder, jetzt sind es 1.000. Was, wenn es 10.000 werden? Cass Sunstein, ein Beamter des Obama-Regimes, hat eine Lösung für die 9/11-Skeptiker: sie unterwandern und zu Äußerungen und Handlungen provozieren, die benützt werden können, um sie zu diskreditieren oder zu verhaften. Aber werdet sie los um jeden Preis.

Warum mit solchen extremen Maßnahmen gegen angebliche Spinner losgehen, wenn diese nur Unterhaltung und Gelächter bewirken? Hat die Regierung Angst, dass da etwas dahintersteckt? Warum nimmt die Regierung der Vereinigten Staaten von Amerika nicht einfach die vorgelegten Beweise auf und entkräftet sie?

Wenn die Architekten, Ingenieure, Feuerwehrleute und Wissenschaftler nur Spinner sind, wäre es kein Problem, ihre Beweise zur Kenntnis zu nehmen und zu widerlegen. Warum ist es notwendig, sie mit Polizeiagenten zu unterwandern und hereinzulegen?

Viele Amerikaner würden entgegnen, dass „ihre" Regierung nicht einmal im Traum Amerikaner durch die Entführung von Flugzeugen und die Zerstörung von Gebäuden töten würde, um ihre Regierungsziele zu erreichen.

Aber am 3. Februar teilte der Direktor für die nationalen Geheimdienste dem Geheimdienstausschuss des Kongresses mit, die Regierung der Vereinigten Staaten von Amerika könne ihre eigenen Bürger umbringen, wenn sie sich im Ausland befinden. Keine Verhaftung, Verhandlung oder Verurteilung wegen eines Kapitalverbrechens ist erforderlich. Einfach umbringen.

Es liegt auf der Hand, dass, wenn die Regierung der Vereinigten Staaten von Amerika ihre Bürger im Ausland ermorden kann, sie diese auch im Inland umbringen kann, was sie auch gemacht hat. 100 Branch Davidians wurden in Waco, Texas, von der Regierung Clinton ohne gesetzliche Rechtfertigung umgebracht. Die Regierung beschloss einfach, ihre Macht einzusetzen, wohl wissend, dass sie ungeschoren damit durchkommen würde, was dann auch der Fall war.

Amerikaner, die glauben, „ihre" Regierung würde nur moralisch einwandfrei handeln, sollten sich mit Operation Northwoods vertraut machen. Operation Northwoods war eine Verschwörung, entwickelt vom US-Generalstab für die CIA für die Begehung terroristischer Handlungen in amerikanischen Städten und die Fabrikation von Beweisen, die Castro die Schuld dafür zuweisen sollten, damit die Vereinigten Staaten von Amerika nationale und internationale Unterstützung für einen Regierungswechsel in Kuba gewinnen konnten. Der geheime Plan wurde von Präsident John F. Kennedy abgelehnt und von der Untersuchungskommission für die Ermordung Kennedys der Öffentlichkeit bekannt gegeben. Er steht im National Security Archive (Nationalen Sicherheits-Archiv) online zur Verfügung. Zahlreiche weitere Publikationen dazu sind im Internet zu finden, darunter bei Wikipedia.

In James Bamfords Buch „Body of Secrets" wird die Verschwörung kurz beschrieben: „Operation Northwoods, die die schriftliche Zustimmung des Vorsitzenden (General Lemnitzer) und jedes einzelnen Mitglieds des Generalstabs hatte, sah vor, dass unschuldige Menschen auf amerikanischen Straßen erschossen werden sollten; dass Boote, in denen sich Flüchtlinge aus Kuba befanden, auf hoher See versenkt werden sollten; dass eine Welle terroristischer Gewalt in Washington, D.C., Miami und anderswo entfesselt werden sollte. Menschen sollten wegen Bomben, die sie nicht gelegt hatten, verfolgt werden; Flugzeuge sollten entführt werden. Mit gefälschten Beweisen sollte das alles Castro in die Schuhe geschoben werden, womit Lemnitzer und sein Klüngel den Vorwand und die öffentliche und internationale Rückendeckung bekommen hätten, die sie brauchten, um ihren Krieg zu beginnen."

Vor 9/11 machten die amerikanischen Neokonservativen eindeutig klar, dass die Aggressionskriege, die sie im Nahen Osten zu beginnen beabsichtigten, „ein neues Pearl Harbour" erforderten.

Zu ihrem eigenen und zum Wohl der übrigen Welt müssen die Amerikaner dem wachsenden Kreis der Experten Beachtung schenken, die ihnen sagen, dass die Darstellung von 9/11 durch die Regierung ihren Untersuchungen widerspricht.

9/11 war der Start für den neokonservativen Plan der Errichtung der Weltherrschaft durch die Vereinigten Staaten von Amerika. Während ich das hier schreibe, kauft die Regierung der Vereinigten Staaten von Amerika von Regierungen, die an Russland grenzen, die Zustimmung für die Errichtung von Stützpunkten für US-Abfangraketen. Die Vereinigten Staaten von Amerika haben die Absicht, Russland mit Raketenbasen einzukreisen, von Polen über Mitteleuropa und Kosovo nach Georgien, Aserbaidschan und Zentralasien. US-Botschafter Richard Holbrooke erklärte am 20. Februar, dass al-Qaida sich in Richtung der ehemaligen zentralasiatischen Teile der Sowjetunion, wie Tadschikistan, Kirgistan, Usbekistan, Turkmenistan und Kasachstan bewege. Holbrooke wirbt unter dem Deckmantel des sich immer weiter ausdehnenden „Kriegs gegen den Terror" für US-Stützpunkte in diesen ehemaligen Sowjetrepubliken.

Die Vereinigten Staaten von Amerika haben bereits den Iran mit Militärstützpunkten eingekreist. Die Regierung der Vereinigten Staaten von Amerika hat die Absicht, China dadurch zu neutralisieren, dass sie die Kontrolle über den Mittleren Osten gewinnt und China vom Erdöl abschneidet.

Dieser Plan geht davon aus, dass Russland und China, nuklear bewaffnete Staaten, durch Raketenabwehrsysteme der Vereinigten Staaten von Amerika eingeschüchtert sein und sich der Hegemonie der Vereinigten Staaten von Amerika beugen werden, und dass China Erdöl für seine Industrie und sein Militär brauchen wird.

Die Regierung der Vereinigten Staaten von Amerika täuscht sich. Die militärische und politische Führung Russlands hat auf die offenkundige Drohung geantwortet, indem sie die NATO als direkte Bedrohung der Sicherheit Russlands bezeichnet, und durch die Ankündigung einer Änderung der russischen Kriegsdoktrin in Richtung eines präventiven Einsatzes von nuklearen Waffen. Und die Chinesen sind zu selbstbewusst, um sich von einer gescheiterten amerikanischen „Supermacht" drangsalieren zu lassen.

Die Schwachsinnigen in Washington stoßen in den Bereich eines Atomkriegs vor. Der wahnsinnige Drang nach amerikanischer Hegemonie bedroht das Leben auf der Erde. Die Menschen in Amerika machen dieses Ergebnis möglich, indem sie die Lügen und Täuschungen „ihrer" Regierung glauben.

02.03.2010: Die Moslems sind sich selbst die schlimmsten Feinde

Moslems gibt es viele, aber sie haben keine Macht. Die Aufsplitterungen unter den Moslems, besonders zwischen Sunniten und Schiiten, haben den muslimischen Mittleren Osten fast ein Jahrhundert lang westlicher Kontrolle ausgeliefert. Moslems können nicht einmal miteinander spielen. Die Islamischen Solidaritätsspiele, eine regionale Version der Olympischen Spiele, die im April im Iran stattfinden sollten, wurden abgesagt, weil die Iraner und die Araber sich nicht einigen konnten, ob das Gewässer, das den Iran von der arabischen Halbinsel trennt, Persischer Golf oder Arabischer Golf heißt.

Die Uneinigkeit der Moslems hat es möglich gemacht, dass Israel die Palästinenser enteignen konnte, dass die Vereinigten Staaten von Amerika den Irak überfallen konnten und dass die Vereinigten Staaten von Amerika einen großen Teil der Region durch Marionetten beherrschen. Zum Beispiel bekommt Ägypten im Jahr 1,5 Milliarden US-Dollar von Washington im Austausch für treue Dienste, was es Präsident Mubarak ermöglicht, die Opposition zu kaufen. Der Opposition war das Geld lieber, als dass sie die Palästinenser unterstützt hätte. Deswegen arbeitet Ägypten mit Israel und den Vereinigten Staaten von Amerika bei der Blockade von Gaza zusammen.

Ein weiterer Faktor ist die Bereitschaft einiger Moslems, ihre eigenen Leute für US-Dollar zu verraten. Das brauchen Sie nicht mir zu glauben – hören Sie auf den neokonservativen Kenneth Timmerman, Direktor der Foundation for Democracy (Stiftung für Demokratie), die sich selbst als „eine private Non-Profit-Organisation, gegründet 1995 mit Mitteln der National Endowment for Democracy (NED – nationale Stiftung für Demokratie), um Demokratie und international anerkannte Standards der Menschenrechte im Iran zu fördern" beschreibt.

Jetzt wissen wir alle, was das bedeutet. Es bedeutet, dass die Vereinigten Staaten von Amerika eine „samtene" oder „Farbenrevolution" finanziert, um ein US-Marionettenregime zu installieren. Kurz vor dem plötzlichen Auftauchen einer „grünen Revolution" in Teheran, die das Wahlergebnis in Frage stellte, schrieb Timmerman, dass „die NED in den letzten zehn Jahren Millionen Dollar für die Förderung von ‚Farbrevolutionen' in Gebieten wie Ukraine und Serbien für die Ausbildung von politischen Arbeitern in modernen Kommunikations- und Organisationstechniken ausgegeben haben. Einiges von diesem Geld scheint in die Hände von Pro-Mousavi-Gruppen gelangt zu sein, die Verbindungen zu Nichtregierungsorganisationen außerhalb Irans haben, die die NED finanziert". Laut dem Neocon Timmerman, der von der NED bezahlt wird, war es Geld der Vereinigten Staaten von Amerika, das Mousavis Anschuldigungen finanziert hat, Ahmadinejad habe die iranischen Wahlen im vergangenen Jahr gestohlen.

Während Präsident George W. Bushs Regime wurde der Öffentlichkeit bekannt, dass amerikanisches Geld verwendet wird, um Iraner dafür zu bezahlen, dass sie gegen ihr eigenes Land arbeiten. Die Washington Post, eine Zeitung , die Sympathien für das Ziel der Neokonservativen hegt, nämlich amerikanische Weltbeherrschung und Krieg gegen den Iran, berichtete im Jahr 2007, dass Bush Ausgaben von über 400 Millionen US-Dollar für Aktivitäten genehmigte, die die „Unterstützung von Rebellengruppen, die sich gegen die herrschenden Geistlichen des Landes stellen", beinhalteten.

Das macht die US-Regierung zu einem „staatlichen Sponsor des Terrorismus". Zur Bestätigung hat ein von den Vereinigten Staaten von Amerika bezahlter Agent, der Terroraktionen im Iran ausgeführt hat, seine terroristischen Hintermänner in Washington verpfiffen. Abdulmalek Rigi, Anführer der Baloch-Separatistengruppe, die für mehrere Angriffe verantwortlich ist, wurde vor Kurzem von den Iranern verhaftet. Rigi gab zu, dass ihm die Amerikaner in Washington uneingeschränkte militärische Unterstützung und Geld für die Führung eines Aufstandes gegen die Islamische Republik Iran zugesagt haben.

Möglicherweise hat er aufgrund von Folter gestanden. Das ist die amerikanische Methode. Wenn das „Licht der Welt", das „unentbehrliche Volk" und die „leuchtende Stadt auf dem Hügel" Menschen foltert, tun es vielleicht auch die Iraner. Rigis jüngerer Bruder, selbst im Todestrakt im Iran, hat gesagt, dass die Vereinigten Staaten von Amerika der Separatistengruppe direkte finanzielle Mittel zur Verfügung gestellt und sogar spezielle terroristische Attacken im Iran bestellt haben.

Die Vereinigten Staaten von Amerika und ihre NATO-Handlanger haben afghanische Frauen, Kinder und Dorfälteste getötet, seit dem 7. Oktober 2001, als der militärische Überfall unter dem Titel „Operation Enduring Freedom" („Operation anhaltender Frieden") – eine richtig Orwell'sche Bezeichnung für einen eigennützigen Angriffskrieg – gestartet wurde. Der von den Vereinigten Staaten von Amerika eingesetzte Marionettenpräsident von Afghanistan, Hamid Karzai, ist gekauft und wird in US-Dollar bezahlt.

Das Geld, das Washington Karzai gibt, finanziert das korrupte System, das ihn trägt. Karzais Korruption und sein Verrat am afghanischen Volk bestärkt die Taliban in ihrem Kampf für eine Regierung, die den Menschen Afghanistans dient und nicht Washington, D.C.

Ohne den Handlanger Karzai, der die Afghanen an Washington verkauft, wären die Vereinigten Staaten von Amerika bereits aus dem Land gejagt worden. Mit Karzai, der Afghanen mit amerikanischem Geld dafür bezahlt, dass sie für die Amerikaner gegen Afghanen kämpfen, dröhnt der Krieg weiter in sein neuntes Jahr.

Feministinnen, Liberale und naive amerikanische Fahnenschwenker werden sagen, dass das hier Geschriebene reinster Unsinn ist, dass die Amerikaner in Afghanistan sind, um den afghanischen Frauen Frauenrechte und Geburtenkontrolle und dem Land Afghanistan Freiheit, Demokratie und Fortschritt zu bringen, sogar wenn das hieße, jedes Dorf, jede Stadt und jedes Haus in dem Land plattzumachen. Wir, das „unentbehrliche Volk“, sind nur dort, um Gutes zu tun, weil wir uns so sehr um die Menschen in Afghanistan kümmern, die in einem Land leben, das die meisten Amerikaner nicht einmal auf einer Landkarte finden können.

Während diese Ansammlung von Naivlingen sich über Amerika ereifert, das die Afghanen vor was auch immer „rettet“, verschwören sich das Weiße Haus und der Kongress gegen die Menschen in Amerika, um Medicare um 500 Milliarden Dollar zu kürzen, um das Geld privaten Versicherungsgesellschaften zu übergeben. Arbeitslosenunterstützungen für Millionen von Amerikanern, deren Arbeitsplätze ins Ausland verlagert worden sind, um die Reichen reicher zu machen, werden bald auslaufen. Am Freitag, dem 26. Februar versagte der Senat der Vereinigten Staaten von Amerika bei der Erhöhung der Arbeitslosenunterstützung. Ein einzelner republikanischer Senator, Jim Bunning aus Kentucky, konnte die Vorlage blockieren, weil diese lumpige 10 Milliarden Dollar kosten und „das Budgetdefizit erhöhen würde“.

Der „finanzbewusste” Bunning unterstützt Blankoschecks für Angriffskriege (Kriegsverbrechen nach den Nürnberger Gesetzen) und Abfindungszahlungen an Investmentbanken, die die Ruhestandsplanungen der meisten Amerikaner zunichtegemacht haben. Bunnings schickt die Rechnung den unorganisierten und nicht vertretenen Amerikanern, deren Arbeitsplätze durch die Verlagerung der Jobs durch die Konzerne ins Ausland und deren Ruhestände durch die endlose Gier der Investmentbanken der Wall Street gestohlen wurden.

Welcher Narr glaubt, dass die Regierung der Vereinigten Staaten von Amerika, die sich überhaupt nicht um das Schicksal ihrer eigenen Bürger kümmert, sich so sehr um Afghanistan sorgt, dass sie Blut und Geld aufwenden wird, um „Fortschritt” und „Frauenrechte“ in ein Land auf der anderen Seite der Erde zu bringen, während sie ihre eigenen Bürger zugrunde richtet?

Auf Geheiß Washingtons führt die Regierung Pakistans einen Krieg gegen ihr eigenes Volk, tötet viele und zwingt andere, ihre Häuser und ihr

Land zu verlassen. Der Krieg der pakistanischen Regierung gegen ihre eigenen Bürger hat die Militärausgaben in die Höhe und das Budget Pakistans tief in die roten Zahlen getrieben. Der stellvertretende Finanzstaatssekretär Neal Wolin befahl der pakistanischen Regierung, die Steuern zu erhöhen, um damit den Krieg gegen ihre eigenen Bürger zu finanzieren. Der Marionettenherrscher Asif Ali Zardari gehorchte den Anweisungen seiner amerikanischen Herren. Zardari führte eine weitreichende Mehrwertsteuer auf so gut wie alle Güter und die meisten Dienstleistungen in Pakistan ein. Auf diese Weise werden die Pakistaner dazu gezwungen, einen Krieg gegen sich selbst zu finanzieren.

Der "Kinderspielkrieg" gegen den Irak hat sieben Jahre anstatt der versprochenen sechs Wochen gedauert, und die Gewalt, durch die fast tagtäglich Iraker getötet und verstümmelt werden, geht noch immer weiter. Der Grund dafür, dass die Amerikaner noch immer im Irak sind, liegt darin, dass sich die Iraker untereinander mehr hassen als den amerikanischen Eindringling. Der größte Teil der Gewalt im „Irakkrieg" wurde zwischen irakischen Sunniten und irakischen Schiiten begangen, als diese sich gegenseitig aus ihren Wohngebieten hinaussäuberten.

Die schiitische Mehrheit betrachtete die amerikanische Invasion als eine Gelegenheit, Macht über die sunnitische Minderheit zu gewinnen, die unter Saddam Hussein geherrscht hatte. Aus diesem Grund haben die Schiiten nie gegen die amerikanischen Invasionskräfte gekämpft. Die Minderheit der Sunniten (20 % der Bevölkerung) steckte den Großteil ihrer Anstrengungen in den Kampf gegen die schiitische Mehrheit, aber so nebenher waren ein paar Tausend Sunniten in der Lage, der amerikanischen Supermacht ernsthafte Verluste zuzufügen.

Nachdem sie endlich die Macht der Geldgier in der arabischen Welt erkannt hatten, setzten die Amerikaner 80.000 Sunniten auf die Gehaltsliste des US-Militärs und bezahlten sie dafür, dass sie mit der Tötung von Amerikanern aufhörten. So haben die Vereinigten Staaten von Amerika den Krieg im Irak gewonnen: Iraker verkauften ihre Unabhängigkeit für amerikanische Dollar.

Bedenkt man, dass ein paar tausend Sunniten in der Lage waren, die Supermacht Amerika daran zu hindern, erfolgreich Bagdad oder einen größeren Teil des Irak zu besetzen, wären die Vereinigten Staaten von

Amerika besiegt und vertrieben worden, hätten sich die Schiiten mit den Sunniten gegen die Invasoren verbündet. Dazu ist es nicht gekommen, da die Schiiten ihre Rechnung mit den Sunniten begleichen wollten, die sie unter Saddam Hussein beherrscht hatten.

Das ist der Grund dafür, dass der Irak heute in Ruinen liegt, mit einer Million Getöteter, vier Millionen Vertriebener oder Obdachloser und einem Mittelstand, der aus dem Land geflohen ist. Der Irak ist unter der amerikanischen Marionette Maliki ein amerikanisches Protektorat geworden. Solange Moslems sich untereinander mehr hassen und fürchten, als sie ihre Eroberer hassen, werden sie ein bezwungenes Volk bleiben.

18.03.2010: Amerikanische Naivlinge bringen Verderben über andere Länder

Laut Medienberichten transportieren die Vereinigten Staaten von Amerika „Bunker-Brecher”-Bomben in die US-Luftwaffenbasis auf Diego Garcia im Indischen Ozean. Der Herold Scotland berichtet über Aussagen von Experten, dass die Bomben für einen Angriff auf die nuklearen Anlagen des Iran vorbereitet werden. Die Zeitung zitiert Dan Piesch, den Direktor des Zentrums für Internationale Studien und Diplomatie an der Londoner Universität: „Sie bereiten sich total auf die Zerstörung des Iran vor.“

Der nächste Schritt wird eine inszenierte „terroristische Attacke” sein, eine Operation unter „falscher Flagge“, für die man die Schuld dem Iran zuschieben wird. Nachdem der Iran und dessen Führung bereits dämonisiert worden sind, wird die Attacke unter „falscher Flagge“ ausreichen, um die Unterstützung der amerikanischen und europäischen Öffentlichkeit für die Bombardierung des Irans zu bekommen. Die Bombardierungen werden über die nuklearen Anlagen hinausgehen und fortgesetzt werden, bis die Iraner einem Regimewechsel und der Einsetzung eines Marionettenregimes zustimmen. Die korrupten amerikanischen Medien werden die neue Marionette als „Freiheit und Demokratie“ präsentieren.

Wenn es so läuft wie in der Vergangenheit, werden die Amerikaner auf die Täuschung hereinfallen. In der Februarausgabe des American Behavioral Scientist („Amerikanischer Verhaltensforscher"), einer wissenschaftlichen Zeitschrift, schreibt Professor Lance DeHaven-Smith, dass Staatsverbrechen gegen die Demokratie (SCAD – State Crime Against Democracy) Regierungsbeamte mit einbeziehen – oft in Verbindung mit privaten Interessen – die geheime Aktivitäten betreiben, um ihre Absichten durchzusetzen. Beispiele dafür sind etwa die McCarthy-Kampagne und die Fabrikation von Beweisen für eine kommunistische Infiltration, die Golf-von-Tonkin-Resolution, beruhend auf falschen Behauptungen von Präsident Johnson und Pentagonchef McNamara, Nordvietnam habe ein US-Marineschiff angegriffen, der Einbruch in das Büro von Daniel Ellsbergs Psychiater, um Ellsberg (Aufdecker der Pentagon-Papiere) als „gestört" diskreditieren zu können, und die gefälschten „Informationen", dass der Irak Massenvernichtungswaffen besessen habe, um den Einmarsch der Vereinigten Staaten von Amerika in den Irak zu rechtfertigen.
Es gibt noch viele weitere Beispiele. Ich habe den Bombenanschlag 1995 auf das Murrah-Bundesgebäude in Oklahoma City immer als SCAD betrachtet. Angeblich benützte ein verwirrter Tim McVeigh eine Düngerbombe in einem vor dem Gebäude geparkten Lastwagen. Wahrscheinlicher ist allerdings, dass McVeigh ein Sündenbock war, dessen Düngerbombe als Deckmantel für Sprengladungen diente, die im Gebäude selbst angebracht waren.
Eine Reihe von Fachleuten haben bestritten, dass McVeighs Bombe strukturelle Schäden in diesem Ausmaß verursacht haben könnte. Zum Beispiel verfasste General Benton K. Partin, der für Entwicklung und Tests von Munition für die US-Luftwaffe zuständig war, einen umfangreichen Bericht über den Bombenanschlag auf das Murrah-Gebäude, der zu dem Schluss kam, dass das Gebäude von innen heraus gesprengt wurde. General Partin folgerte, dass „das Muster des Schadens technisch unmöglich gewesen wäre ohne zusätzliche Sprengladungen an einigen der armierten Betonfundamenten, einer gängigen Abrisstechnik. Es ist jenseits jeder Glaubwürdigkeit, dass eine einfache Autobombe von der berichteten Größe und Zusammensetzung aus einer Entfernung von ca.

20 m den Zusammenbruch einer Fundamentkonstruktion aus Stahlbeton in der Größe der Säule A7 bewirken konnte".
General Partin wies den offiziellen Bericht als „eine massive Vertuschung von ungeheurem Ausmaß" zurück.
Natürlich hatte des Generals unbestreitbares Gutachten keinen Einfluss auf das Ergebnis.
Ein Grund dafür ist, dass seine und die Stimmen anderer Experten von den Medien niedergebrüllt wurden, die die offizielle Darstellung verkündeten. Ein weiterer Grund ist, dass die Meinung der Öffentlichkeit der Vermutung zuwiderläuft, dass die Regierung terroristisch agiert. Professor Laurie Manwell von der Universität von Guelph sagt, dass Operationen unter „falscher Flagge" gegenüber der Wahrheit im Vorteil sind: „Die Forschung zeigt, dass die Menschen viel weniger bereit sind, Informationen zu überprüfen, die ihren Glauben in Frage stellen, anstatt diesen zu bestärken." Professor Steven Hoffman stimmt zu: „Unsere Ergebnisse bestärken beträchtlich eine kognitive Theorie, die als ‚motiviertes Überlegen' bekannt ist, was nahelegt, dass Menschen sich die Informationen aussuchen, die bestärken, was sie schon glauben, anstatt bewusst Informationen zu suchen, die einen besonderen Glauben entweder bestätigen oder diesem widersprechen. In der Tat ignorieren Menschen konträre Informationen völlig." Sogar wenn harte Beweise auftauchen, können diese als „Verschwörungstheorie" diskreditiert werden.
Alles, was es braucht, um mit „falscher Flagge" oder „schwarzen Operationen" Erfolg zu haben, ist, dass die Regierung ihre Geschichte fertig hat und über verlässliche und gefügige Medien verfügt. Wenn einmal eine offizielle Version steht, sind Überlegungen und Untersuchungen so gut wie ausgeschlossen. Jede formelle Untersuchung, die durchgeführt wird, dient dazu, die bereits vorliegende Erklärung abzustützen.

Eine bereitliegende Erklärung ist fast eine Zugabe, dass ein Ereignis eine „schwarze Operation" ist. Man denke nur, wie schnell die Regierung der Vereinigten Staaten von Amerika, angeblich total von al-Qaida hinters Licht geführt, die Erklärung für 9/11 bei der Hand hatte. Als Präsident Kennedy ermordet wurde, hatte die Regierung den Schuldigen sofort bei der Hand. Der beschuldigte Täter wurde zweckdienlich in einem Gefäng-

nis von einem Zivilisten erschossen, ehe er befragt werden konnte. Aber die offizielle Geschichte war fertig, und sie hielt.
Die Forschungsergebnisse der Professoren Manwell und Hoffman bestätigen meine Auffassung. Ich erinnere mich, in meinem Studium gelesen zu haben, dass die zaristische Geheimpolizei Bomben hochgehen ließ, um Vorwände zu schaffen, damit sie ihre Opfer verhaften konnte. Meine erste Reaktion war, diese Geschichten als antizaristische Propaganda prokommunistischer Historiker abzutun. Erst als mir später Robert Conquest versicherte, dass das tatsächlich die Praxis der zaristischen Polizei war, fiel es mir wie Schuppen von den Augen.
Der ehemalige CIA-Beamte Philip Giraldi macht in seinem Artikel „Der Schurkenstaat" klar, dass die Regierung der Vereinigten Staaten von Amerika eine hegemoniale Agenda verfolgt, ohne dass das dem Kongress oder der Öffentlichkeit bewusst ist. Diese Agenda entfaltet sich Schritt für Schritt als Reaktion auf „Terrorismus", wobei das Gesamtbild von der Öffentlichkeit oder von den meisten im Kongress nicht verstanden wird. Giraldi beteuert, dass diese Agenda sowohl nach dem Recht der Vereinigten Staaten von Amerika als auch nach Internationalem Recht illegal ist, dass aber die Illegalität dieser Agenda kein Hindernis darstellt. Nur ein Naivling kann glauben, dass eine solche Regierung keine „falsche Flagge"-Operationen einsetzen würde, die ihren Absichten dienlich sind.
Es sieht so aus, als ob die Bevölkerung der Vereinigten Staaten von Amerika aus Naivlingen besteht, deren Mangel an Verständnis Verderben über andere Länder bringt.

23.03.2010: Washington hat den Privatbereich zu Hause und auswärts eliminiert

In der Schweizer Zeitschrift Zeit-Fragen fragt der deutsche Professor Dr. Eberhard Hamer: „Wie souverän ist Europa?" Er untersucht die Angelegenheit und kommt zum Ergebnis, dass Europa nur sehr wenig, wenn überhaupt, eine Souveränität besitzt.

Professor Hamer schreibt, dass die souveränen Rechte der Europäer als Bürger von Nationalstaaten mit dem Inkrafttreten des Lissabon-Vertrags am 1. Dezember 2009 aufgelöst wurden. Die Rechte der Bürger wurden einem politischen Kommissariat in Brüssel übergeben. Die Franzosen, Deutschen, Belgier, Spanier, Briten, Iren, Italiener, Griechen usw. besitzen jetzt eine „europäische Staatsbürgerschaft, was immer das auch sein soll". Das Ergebnis der Anhäufung von Nationen ist der Rückgang von politischer Partizipation der Menschen. Die Autorität von Parlamenten und örtlichen Bürgerversammlungen wurde beeinträchtigt. Die Macht ist jetzt in neuen hierarchischen Strukturen innerhalb der Europäischen Union konzentriert. Europäisches Bürgerrecht bedeutet indirekte und schwache Beteiligung der Menschen. Selbstbestimmung hat autoritärer Herrschaft von oben nach unten Platz gemacht.

Professor Hamer untersucht dann die EU-Kommission und befindet, dass auch ihr die Hoheitsgewalt fehlt, da sie sich dem Willen der Vereinigten Staaten von Amerika unterworfen hat. Das Problem besteht nicht nur darin, dass die Europäer einen verfassungswidrigen Krieg auf Befehl der Vereinigten Staaten von Amerika in einer Weltregion führen, wo Europa keine Interessen hat. Europas Dasein als Marionette reicht weit über seine Söldnerdienste für das amerikanische Imperium hinaus.

Die EU hat gegenüber Washingtons Forderung nach „freiem Zugang zu den Bankdaten von Swift, dem zentralen Finanzdienstleister in Europa" klein beigegeben. „Alle Geldflüsse in Europa (und zwischen Europa und der übrigen Welt) werden jetzt von der CIA und anderen amerikanischen und israelischen Geheimdiensten überwacht werden." Die Überwachung wird Geldtransfers zum Beispiel innerhalb Deutschlands und innerhalb einzelner Städte mit einschließen. „Die Daten, auch die völlig unschuldiger Bürger, müssen fünf Jahre lang gespeichert werden, natürlich auf Kosten der Banken und ihrer Kunden."

Wie souverän ist Europa, wenn es nicht imstande ist, die finanzielle Privatsphäre seiner Bürger vor fremden Regierungen zu schützen?

Seit einiger Zeit berichtet Zeit-Fragen über Washingtons Druck auf die Schweizer Regierung, das Schweizer Grundgesetz zu verletzen, um den amerikanischen Forderungen nach Überwachung der Geldflüsse innerhalb der Schweiz und zwischen der Schweiz und der Welt zu entsprechen. Die Autoren bringen ihr Erstaunen über die totale Verachtung zum Ausdruck, die Washington für die Souveränität anderer Länder und die Rechte von deren Bürgern zum Ausdruck bringt.

Wir Amerikaner sollten nicht überrascht sein. Ungeachtet der Grundgesetze sind unsere Rechte auf einen privaten Bereich schon lange verschwunden. In den Vereinigten Staaten von Amerika ist Datenschutz zu einem grausamen und teuren Scherz geworden. So können etwa Eltern nicht ohne die Erlaubnis der Tochter oder des Sohnes die Collegenoten ihrer Kinder erfahren. So sind etwa Kreditkartenfirmen, Banken und andere Finanzinstitutionen angehalten, für teures Geld den Kunden einen ständigen Strom von „Datenschutzbestimmungen“ zu senden, die Verwendung von Kundeninformationen betreffend. So kann etwa ein Amerikaner keine Information über sein Konto bei Kreditkartengesellschaft, Telefonfirma, Kabel- und Internetprovider, Bank, Stromversorger bekommen oder eine Änderung an seinem Konto durchführen, ohne einem Fremden seine Sozialversicherungsnummer oder andere private Informationen über Namen, Adresse und Kontonummer mitzuteilen. Diese Routine ist ein Scherz, wenn die Regierung Zugang zu allem hat. Das gehört zu unser Orwell'schen Welt, dass die Privatsphäre durch die Anforderung, Fremden private Informationen über das Telefon mitzuteilen, geschützt wird.

Die amerikanische Schafherde hat in aller Stille die völlige Abschaffung ihrer Rechte auf einen privaten Bereich hingenommen. Ermutigt durch den Erfolg bei den Amerikanern hat Washington jetzt die Privatsphäre der Europäer eliminiert.

In der Tat spioniert die „Freiheit und Demokratie“-Regierung die ganze Welt aus und schickt Drohnen in fremde Länder, um Menschen umzubringen, die Washington nicht passen. Washington prangert andere Regierungen wegen Verstößen gegen die Menschenrechte an, während es selbst Tag für Tag gegen die Menschenrechte verstößt.

Washington stellt Regierende anderer Länder wegen Kriegsverbrechen vor Gericht, während es selbst Tag für Tag Kriegsverbrechen begeht.

Was geschieht, wenn der Dollar den Bach hinuntergeht und Washington nicht länger das Geld hat, um die Folgsamkeit gegenüber seinen Forderungen zu erkaufen? An diesem Tag wird die Freiheit wieder auftauchen.

24.03.2010: Die Wahrheit ist gefallen und hat die Freiheit mit sich gerissen. Lebt wohl!

In Zeiten der universellen Täuschung wird das Aussprechen der Wahrheit zur revolutionären Tat. (George Orwell)

Es gab eine Zeit, in der die Schreibfeder mächtiger war als das Schwert. Das war eine Zeit, in der die Menschen an die Wahrheit glaubten und ihr eigenständige Macht zuerkannten, und sie nicht als Hilfsmittel für Regierung, Klasse, Rasse, ideologische, persönliche oder finanzielle Interessen betrachteten.

Heutzutage werden die Amerikaner von der Propaganda beherrscht. Die Amerikaner haben wenig Achtung vor der Wahrheit, wenig Zugang zu ihr und beschränkte Möglichkeiten, sie zu erkennen.

Die Wahrheit ist eine unwillkommene Sache. Sie stört. Sie hält sich an keine Grenzen. Diejenigen, die sie aussprechen, riskieren, als „antiamerikanisch", „antisemitisch" oder „Verschwörungstheoretiker" gebrandmarkt zu werden.

Die Wahrheit belästigt die Regierung und die Interessengruppen, deren Wahlkampfbeiträge die Regierung kontrollieren. Die Wahrheit belästigt Staatsanwälte, die Verurteilungen wollen, nicht die Aufdeckung von Unschuld oder Schuld.

Die Wahrheit belästigt die Ideologen.

Viele, deren Ziel früher die Aufdeckung der Wahrheit war, bekommen heute stattliche Geldbeträge, damit sie sie verstecken. „Ökonomen des freien Marktes" werden dafür bezahlt, dass sie den Amerikanern die Auslagerung der Wirtschaft verkaufen. Hoch produktive, Mehrwert bildende amerikanische Arbeitsplätze werden als schmutzige alte Industriejobs verunglimpft. Relikte aus alter Zeit, die wir am besten loswerden. An ihre Stelle ist die „Neue Wirtschaft" getreten, eine mythische Wirtschaft, angeblich bestehend aus hochtechnisierten Arbeitsplätzen für Anzugträger, die finanzielle Aktivitäten entwickeln und finanzieren, die im Ausland stattfinden. Alles, was Amerikaner brauchen, um bei dieser „Neuen Wirtschaft" mitmachen zu können, sind akademische Titel in Finanzwis-

senschaft von Ivy-League-Universitäten, mit denen sie dann Millionen-Dollar-Jobs in der Wall Street bekommen.
Einstmals respektable Wirtschaftswissenschaftler nahmen Geld, um zu diesem Mythos der "Neuen Wirtschaft" beizutragen. Und nicht nur Wirtschaftswissenschaftler verkaufen ihre Seelen für schäbiges Geld. Neulich gab es Berichte über Mediziner, die für Geld in Fachzeitschriften gefälschte „Studien" veröffentlicht haben, die neue Medikamente in den Himmel loben, welche von Pharmakonzernen produziert werden, die für die „Studien" bezahlt hatten.
Der Europarat untersucht die Rolle der Pharmaindustrie bei dem großen Medienrummel über die falsche Schweinepest-Pandemie, deren Ziel es war, Milliarden Dollar für Impfstoffe zu kassieren.
Die Medien halfen dem Militär der Vereinigten Staaten von Amerika bei dem Medienrummel über die vor Kurzem erfolgte Offensive in Marja in Afghanistan, indem sie Marja als Stadt mit 80.000 Einwohnern unter Kontrolle der Taliban beschrieben. Es hat sich herausgestellt, dass Marja keine Stadt ist, sondern ein Gebiet mit ein paar Bauerndörfern.
Und dann gibt es da den Skandal um die Erderwärmung, in dem Klimawissenschaftler, finanziert von Wall Street und Konzernen, die Angst haben, beim Emissionshandel zu kurz zu kommen, und von einer UNO, die Angst davor hat, Geld von reichen auf arme Länder zu verteilen, ein Horrorszenario zusammenfantasierten, um aus der Luftverschmutzung Kapital zu schlagen.
Wohin man schaut, die Wahrheit ist dem Geld zum Opfer gefallen. Wenn das Geld nicht ausreicht, um mit der Wahrheit fertigzuwerden, erledigen Ignoranz, Propaganda und kurzes Gedächtnis die Arbeit.

Ich erinnere mich, wie auf die Aussage von CIA-Direktor William Colby vor dem Church-Komitee Mitte der 70er Jahre hin die Präsidenten Gerald Ford und Ronald Reagan Verordnungen erließen, die die CIA und andere Todesschwadronen der Vereinigten Staaten von Amerika an der Ermordung ausländischer Staatsführer hinderten. 2010 wurde dem US-Kongress von Dennis Blair, Chef der nationalen Geheimdienste, mitgeteilt, dass die Vereinigten Staaten von Amerika jetzt ihre eigenen Bürger zusätzlich zu ausländischen Staatsführern umbringen.

Als Blair dem Geheimdienstausschuss des Kongresses mitteilte, dass Bürger der Vereinigten Staaten von Amerika nicht mehr verhaftet, angeklagt und wegen eines Kapitalverbrechens verurteilt werden müssen, sondern nur mehr auf den Verdacht hin, eine „Bedrohung" zu sein, umgebracht werden, wurde er nicht seines Amtes enthoben und auch keine Untersuchung eingeleitet. Nichts geschah. Es gab kein Church-Komitee. Mitte der 70er bekam die CIA Probleme wegen Plänen, Castro umzubringen. Heute sind es amerikanische Bürger, die auf der „schwarzen Liste" stehen. Sollte etwas dagegensprechen, so ist es ohne Belang. Niemand in der Regierung hat irgendwelche Probleme wegen der Ermordung von Bürgern der Vereinigten Staaten von Amerika durch die Regierung der Vereinigten Staaten von Amerika.

Als Wirtschaftswissenschaftler wundert es mich, dass die Zunft der amerikanischen Wirtschaftswissenschaftler in keiner Weise mitgekriegt hat, dass die Wirtschaft der Vereinigten Staaten von Amerika durch die Auslagerung des US-Bruttoinlandsproduktes in andere Länder zerstört worden ist. Um größtmögliche Vorteile aus billigen Arbeitskräften und maximalen „Bonuszahlungen" für Manager herauszuschlagen, haben US-Konzerne die Produktion von Gütern und Dienstleistungen nach China, Indien und in andere Länder verschoben. Wenn ich lese, wie Ökonomen diese Auslagerung als freien Handel auf der Grundlage von Wettbewerbsvorteilen beschreiben, wird mir klar, dass es in der amerikanischen Wirtschaftswissenschaft weder Intelligenz noch Integrität gibt.

Intelligenz und Integrität sind mit Geld gekauft worden. Die transnationalen oder globalen US-Konzerne zahlen Top-Managern viele Millionen, die diese „Wettbewerbsvorteile" erreichen, indem sie US-Arbeit durch Arbeit im Ausland ersetzen. Während sich Washington Sorgen über die „islamische Bedrohung" macht, zerstören Wall Street, US-Konzerne und Lockvögel des „freien Marktes" die Wirtschaft der Vereinigten Staaten von Amerika und die Zukunftsaussichten von zig Millionen Amerikanern. Die Amerikaner, oder die meisten von ihnen, haben sich als Wachs in den Händen des Polizeistaates erwiesen.

Die Amerikaner haben sich von den Behauptungen der Regierung einlullen lassen, dass Sicherheit die Aufgabe von bürgerlichen Freiheiten und berechenbarer Regierung verlangt. Erstaunlicherweise glauben die

Amerikaner, oder die meisten von ihnen, dass bürgerliche Rechte wie Habeas Corpus und Anspruch auf ein ordentliches Verfahren „Terroristen" schützen und nicht sie selbst. Viele glauben auch, dass die Verfassung ein abgenutztes altes Papier ist, das die Regierung davon abhält, die Art von polizeistaatlicher Gewalt auszuüben, die notwendig ist, um die Amerikaner sicher und frei zu erhalten. Und die meisten Amerikaner werden wahrscheinlich niemandem zuhören, der ihnen etwas anderes sagt.

Ich war Mitherausgeber und Leitartikler beim Wall Street Journal. Ich war der erste Außer-Haus-Leitartikler von Business Week, 15 Jahre lang. Zehn Jahre war ich Kolumnist bei Scripps Howard News Service, veröffentlicht in 300 Zeitungen. Ich war Kolumnist für die Washington Times und für Zeitungen in Frankreich und Italien und für ein Magazin in Deutschland. Ich verfasste Beiträge für die New York Times und ein regelmäßiges Feuilleton in der Los Angeles Times. Heute kann ich nichts in den amerikanischen „Mainstream-Medien" veröffentlichen oder in diesen erscheinen.

In den vergangenen sechs Jahren war ich aus den „Mainstream-Medien" verbannt. Mein letzter Leitartikel in der New York Times erschien im Januar 2004, in Zusammenarbeit mit dem demokratischen US-Senator Charles Schumer, der New York vertrat. Wir behandelten die Auslagerung von US-Arbeitsplätzen. Unser Kommentar führte zu einer Konferenz in der Brookings Institution in Washington, D.C. und einer Live-Berichterstattung durch C-Span. Eine Diskussion wurde gestartet. So etwas könnte heute nicht passieren.

Jahrelang war ich eine Hauptstütze bei der Washington Times und produzierte als Kolumnist der Business Week, ehemaliger Herausgeber des Wall Street Journal und ehemaliger Staatssekretär im Finanzministerium der Vereinigten Staaten von Amerika Glaubwürdigkeit für das verträumte Blatt. Aber als ich begann, Bushs Angriffskriege zu kritisieren, kam von oben die Anweisung an Mary Lou Forbes, meine Kolumne einzustellen.

Die amerikanischen Medien dienen nicht der Wahrheit. Sie dienen der Regierung und den Interessengruppen, die dieser die Macht geben.

Amerikas Schicksal war besiegelt, als Öffentlichkeit und Antikriegsbewegung die Verschwörungstheorie der Regierung über 9/11 schluckten. Gegen die Darstellung von 9/11 durch die Regierung sprechen viele Beweise. Trotzdem ist dieses richtungweisende Ereignis unserer Zeit, das den Vereinigten Staaten von Amerika unbefristete Angriffskriege und einen Polizeistaat im eigenen Land beschert hat, ein Tabuthema für Recherchen in den Medien. Es ist sinnlos, sich über Krieg und Polizeistaat zu beschweren, wenn man die Grundlage akzeptiert, auf der diese errichtet sind.

Diese Billionen Dollar teuren Kriege haben zu Finanzierungsproblemen für Washingtons Defizite geführt und gefährden die Rolle des US-Dollars als Leitwährung der Welt. Die Kriege und der Druck, den die Budgetdefizite auf den Wert des Dollars ausüben, haben die soziale und medizinische Versorgung auf den Hackblock gebracht. Der vormalige Vorstand von Goldman Sachs und Finanzminister der Vereinigten Staaten von Amerika Hank Paulson hat es auf diese Schutzmaßnahmen für die Älteren abgesehen. Der Fed-Vorstand Bernanke ist auch hinter ihnen her, ebenso wie die Republikaner. Die Schutzmaßnahmen werden als „Ansprüche" bezeichnet, als wären sie eine Art von Fürsorge, für die die Menschen nicht ihr Arbeitsleben lang Steuern bezahlt hätten.

Mit über 21 % Arbeitslosigkeit – gemessen nach den Methoden von 1980 –, mit nach Indien und China verschobenen amerikanischen Jobs, Bruttoinlandsprodukt und Technologie, mit Krieg als Washingtons größter Verpflichtung, mit dem mit Schulden überlasteten Dollar und mit den dem „Krieg gegen den Terror" geopferten bürgerlichen Rechten wurden die Freiheit und die Zukunftsaussichten des amerikanischen Volkes in den Mülleimer der Geschichte geworfen.

Der Militarismus der Vereinigten Staaten von Amerika und Israels und die Gier von Wall Street und den Konzernen werden jetzt ihren Lauf nehmen. Nachdem die Schrift zensuriert und ihre Macht ausgelöscht ist, ziehe ich mich zurück.

01.06.2010: Amerikas Komplizenschaft mit dem Bösen

Wenn ich am Montag, dem 31. Mai, um 5 Uhr nachmittags das hier schreibe, ist seit den Berichten am frühen Morgen über den israelischen Kommandoüberfall auf die unbewaffneten Schiffe, die humanitäre Hilfsgüter

nach Gaza bringen sollten, der ganze Tag vergangen, und es gab noch keine Stellungnahme von Präsident Obama, außer dass dieser sagte, er müsse „alle Fakten über die tragischen Ereignisse dieses Morgens" erfahren und dass der israelische Premierminister Netanjahu seine Pläne gestrichen habe, ihn im Weißen Haus zu treffen. Damit hat Obama Amerika einmal mehr zum Komplizen bei Israels barbarischen Kriegsverbrechen gemacht. Gerade als der Kongress dafür stimmte, Richter Goldstones Bericht über Israels Kriegsverbrechen, die es beim Überfall auf Gaza im Januar 2009 begangen hat, zu schubladisieren, hat Obama Israels letzten Akt der Barbarei schubladisiert, indem er vorgab, nicht zu wissen, was geschehen ist. Niemand auf der Welt wird glauben, dass Israel Schiffe in internationalen Gewässern angegriffen hat, auf denen sich israelische Bürger, ein Nobelpreisträger, gewählte Politiker und bekannte Menschenrechtler befanden, die Medikamente und Baumaterial zu den Palästinensern in Gaza brachten, die seit Januar 2009 ohne Reparaturmöglichkeiten in den Trümmern ihrer Häuser gelebt haben, ohne zuvor dieses Verbrechen mit seiner amerikanischen Schutzmacht abzustimmen. Ohne Amerikas Schutz könnte Israel, ein absolut künstlicher Staat, nicht existieren.
Niemand auf der Welt wird glauben, dass Amerikas Spionageapparat nichts von der israelischen Überfalltruppe gewusst hat, die sich in internationalen Gewässern in Richtung der Hilfsschiffe bewegte, um dort in einem Akt der Piraterie zwanzig Menschen zu töten, fünfzig zu verwunden und den Rest zu entführen.
Obamas Vortäuschung, das nicht zu wissen, bestätigt seine Komplizenschaft. Einmal mehr hat die Regierung der Vereinigten Staaten von Amerika Israel gestattet, gute Menschen zu ermorden, die bekannt für ihr moralisches Gewissen sind. Der israelische Staat hat erklärt, dass jeder mit einem moralischen Gewissen ein Feind Israels ist, und jeder amerikanische Präsident außer Eisenhower und Carter hat zugestimmt.
Obamas zwölfstündiges Schweigen angesichts extremer Barbarei ist sein Signal an die kontrollierten Medienkonzerne, abzuwarten, bis die israelische Propaganda die Geschichte vorgibt.
Die israelische Geschichte, absurd wie immer, ist, dass die Menschenrechtsaktivisten auf einem der Schiffe den israelischen Kommandosoldaten – hoch trainierten Truppen, mit automatischen Waffen ausgerüstet

– zwei Pistolen wegnahmen und auf die Überfallkräfte feuerten. Die israelische Regierung behauptet, dass die Reaktion des Kommandos gerechtfertigte Selbstverteidigung war: siebzig Opfer nach letzten Berichten. Israel war unschuldig. Israel hat nichts getan außer Kommandos von Hubschraubern abgesetzt, um einen Waffentransport nach Gaza abzufangen, der von mit Terroristen bemannten Schiffen durchgeführt wurde.

Viele christliche Evangelikale, gehirngewaschen von ihren Pastoren, dass es der Wille Gottes ist, dass die Amerikaner Israel beschützen, werden die israelische Geschichte glauben – schon deshalb, weil sie wahrscheinlich nie eine andere zu hören bekommen werden. Konservative Amerikaner werden Israel wegen seiner Härte bewundern, besonders am Memorial Day, wenn sie die Leistungsfähigkeit amerikanischer Waffen feiern.

Hier im Norden Georgias, wo ich mich zur Zeit aufhalte, hörte ich einige bewundernd sagen: „Diese Israelis, die kennen da nichts."

Konservative Amerikaner wollen, dass die Vereinigten Staaten von Amerika so sind wie Israel. Sie verstehen nicht, warum die Vereinigten Staaten von Amerika nach neun Jahren nicht aufhören herumzuwursteln und einfach hingehen und die Taliban in Afghanistan besiegen. Sie verstehen nicht, warum die Vereinigten Staaten von Amerika nicht jeden besiegt haben, der sich den amerikanischen Truppen im Irak entgegengestellt hat. Konservative sind wütend darüber, dass Amerika den Krieg durch Bestechung der Iraker „gewinnen" musste und dadurch, dass es diese auf die Gehaltsliste der Vereinigten Staaten von Amerika setzte.

Israel ermordet Menschen und gibt dann seinen Opfern die Schuld. Das gefällt den amerikanischen Konservativen, die gerne möchten, dass es die Vereinigten Staaten von Amerika genauso machen.

Es ist wahrscheinlich, dass die Amerikaner die Geschichte des israelischen Propagandisten Mark Regev akzeptieren werden, dass die Israelis auf tödliches Feuer stießen, als sie versuchten, eine Waffenlieferung an palästinensische Terroristen von IHH, einer radikalen türkischen islamistischen Organisation, die sich als humanitäre Hilfsorganisation tarnt, abzufangen. Diese Erklärung ist so gestaltet, dass die Amerikaner wieder zurück in ihre Stumpfheit versinken können.

Die Amerikaner werden nie von den Medien der Vereinigten Staaten von Amerika hören, dass der türkische Ministerpräsident Erdoğan erklärt hat, dass die Hilfsschiffe sorgfältig vor der Abfahrt aus der Türkei überprüft worden sind und dass keine Terroristen oder Waffen an Bord waren: „Ich möchte der Welt sagen, den Staatsoberhäuptern und Regierungen, dass diese Schiffe, die aus der Türkei und anderen Ländern kommen, streng nach den Bestimmungen der internationalen Seefahrt überprüft worden sind und nur mit humanitären Hilfsgütern beladen waren."

Die Türkei ist ein Alliierter der Vereinigten Staaten von Amerika, ein Mitglied der NATO. Die Kooperation der Türkei spielt eine wichtige Rolle in Amerikas Plänen für die Weltherrschaft. Die Türkei kommt jetzt darauf, dass der israelische Staat durch und durch böse ist. Erdoğan muss sich Gedanken über den moralischen Zustand von Israels amerikanischer Schutzmacht machen. Nach einem Bericht auf antiwar.com hat die türkische Regierung erklärt, dass „zukünftig Hilfsschiffe mit einer militärischen Begleitung versehen werden, um weitere israelische Überfälle zu verhindern". Wird die CIA Erdoğan umbringen oder das türkische Militär bezahlen, damit es ihn stürzt?

Murat Mercan, Vorsitzender des türkischen außenpolitischen Komitees, sagte, dass Israels Behauptung, dass Terroristen an Bord der Hilfsschiffe gewesen seien, Israels Methode sei, sein Verbrechen zu vertuschen. Mercan sagte: „Jede Beschuldigung, dass Mitglieder dieser Hilfsflotte mit al-Qaida in Verbindung stehen, ist eine große Lüge, weil sich israelische Bürger, israelische Beamte und israelische Parlamentsabgeordnete an Bord des Schiffs befanden."

Der verbrecherische israelische Staat streitet seinen Akt der Piraterie nicht ab. Die israelische Militärsprecherin Avital Leibovich bestätigte, dass der Überfall in internationalen Gewässern stattfand: „Das ereignete sich in Gewässern außerhalb des israelischen Hoheitsgebiets, aber wir haben das Recht, uns zu verteidigen."

Die Amerikaner, ihre westeuropäischen Marionettenstaaten und der Marionettenstaat in Kanada werden von den unterwürfigen Medien überredet werden, die von der israelischen Propaganda erfundene Geschichte zu schlucken, dass die humanitären Hilfsschiffe mit Terroristen bemannt waren, die den Palästinensern in Gaza Waffen lieferten, und dass die Terroristen, die sich als Menschenrechtsaktivisten ausgaben, die israelischen Kommandoeinheiten mit zwei Pistolen, Golfschlägern und Messern angriffen. Die ignoranten Amerikaner werden diese Geschichte schlucken, ohne aufzustoßen.

25.06.2010: Ersetzt Petraeus McChrystal oder Obama?

Unser launenhafter Präsident kann nicht ertragen, dass ein General Dampf ablässt. Auch keines der verdorbenen Kinder, aus denen „unsere" Regierung in D.C. besteht, der Hauptstadt der „Supermacht".

Generäle haben die Kriege auszutragen, die Zivilisten beginnen, entweder infolge der Inkompetenz ihrer Diplomatie oder der Arroganz ihrer Überheblichkeit. Generäle haben junge Soldaten aufgrund von Dummheit oder Ehrgeiz oder Bestechlichkeit von zivilen Regierungspolitikern in den Tod zu schicken.

Alles, was McChrystal getan hat, war Dampf abzulassen. Ein richtiger Präsident hätte das zur Kenntnis genommen und fertig.

Verstehen Sie mich nicht falsch. McChrystal ist ein Militarist und ich freue mich, dass er weg ist. Wie auch immer, McChrystal hat nicht Amerikas Aggression gegen Afghanistan neu begonnen. Das tat die Pfeife Obama.

Die Menschen wählten Obama, weil sie genug von den auf Lügen aufgebauten Kriegen Bushs hatten. Obama gab uns einen neuen Krieg in Pakistan und fachte den Afghanistankrieg von Neuem an. Niemand weiß, worum es in diesen Kriegen geht oder warum die bankrotte Regierung der Vereinigten Staaten von Amerika riesige Summen verschleudert, die sie vom Ausland borgen muss, um die Menschen in zwei Ländern hinzumorden, die uns nie etwas getan haben.

Gerade wie Bush/Cheney und deren verbrecherische neokonservative Regierung die Welt belogen haben, Saddam Hussein verfüge über „Waffen der Massenvernichtung", die weiße Menschen überall bedrohten, hat Obama die Taliban und al-Qaida in einen Topf geworfen. Obama verkaufte den weißen Ländern die Geschichte, dass weiße Menschen von der Ausrottung durch Al-Qaida-Terroristen bedroht sind, solange nicht

die Vereinigten Staaten von Amerika bestimmen, wie und von wem Afghanistan beherrscht wird.
Der vielsagendste Aspekt des McChrystal-Obama-Zwischenfalls ist, dass er niemanden in der Regierung der Vereinigten Staaten von Amerika oder in den Medien veranlasst hat, die Frage aufzuwerfen, warum die Vereinigten Staaten von Amerika nach neun Jahren immer noch Frauen und Kinder in Afghanistan töten. Die Regierung der Vereinigten Staaten von Amerika ist bereit, alle außer sich selbst vor das Kriegsverbrechertribunal zu stellen.
Fred Branfman erinnert uns in seinem Artikel vom 22. Juni auf AlterNet daran, dass fünf Millionen Iraker getötet, verwundet, gefoltert und vertrieben wurden – durch eine amerikanische Invasion, die auf der Grundlage von Lügen erfolgte, die von den höchsten Politikern in der amerikanischen Regierung verbreitet wurden. Trotzdem ist bisher noch niemand zur Verantwortung gezogen worden.
Aber General McChrystal wird dafür zur Verantwortung gezogen, dass er Dampf abgelassen hat.
Nachdem der römische Senat, die gesetzgebende Einrichtung, zusammengebrochen war, wurden die Cäsaren, der exekutive Bereich, zu Gefangenen des Militärs. Jetzt, wo General Petraeus einmal mehr in den Vordergrund geholt wurde als McChrystals Ablösung in Afghanistan, bereitet die Pfeife Obama den Weg für die Nominierung von Petraeus zum republikanischen Präsidentschaftskandidaten in den nächsten Wahlen. Obama hat sich also selbst mit einem Mann abgelöst, der Militär und exekutiven Bereich zusammenführen wird.
Jennifer Loven und Anne Gearan von Associated Press schreiben am 23. Juni über den „bewunderten und streng disziplinierten General David Petraeus“, den „Architekten des Umschwungs im Irakkrieg“, der „wieder einmal die Führerschaft in einer schwierigen Kriegssituation übernimmt“. Petraeus ist eine entwickelte Form eines Generals. Er „gewann“ im Irak durch die Zahlung von Schutzgeld an die Sunniten, die sich effektiv gegen die Okkupation der Vereinigten Staaten von Amerika zur Wehr setzten. Petraeus rechnete aus, dass es viel billiger und effizienter ist, die Sunnis auf die militärische Gehaltsliste der Vereinigten Staaten von Amerika zu setzen und sie dafür zu bezahlen, dass sie aufhörten zu kämpfen. Auf die-

se Weise endete der Krieg zwischen den Sunniten und den Amerikanern. Um die Amerikaner aus den weitreichenden gewalttätigen Auseinandersetzungen zwischen den Sekten herauszuhalten, in denen nach wie vor Iraker hingeschlachtet werden, wurde das Militär der Vereinigten Staaten von Amerika auf entfernte Stützpunkte beschränkt.
Wenn die Geschichte ein Lehrmeister ist, werden auch die Afghanen Petraeus' Schutzgeld akzeptieren, sodass Petraeus gerade genügend Zeit hat, den Afghanistankrieg vor der nächsten Präsidentenwahl zu kaufen. Die Afghanen werden natürlich das Geld nehmen und uns aussitzen, gerade wie es die Iraker tun.
Dieses gesamte Drama spielt sich ab, obwohl es immer noch keinen stichhaltigen Grund für die amerikanischen Invasionen in Irak und Afghanistan gibt. Die Idioten in Washington, die zu diktieren versuchen, wie Irak und Afghanistan beherrscht werden sollen, zerstören die verfassungsmäßige Regierung in den Vereinigten Staaten von Amerika. In unserer Überheblichkeit zu bestimmen, wie Irak und Afghanistan beherrscht werden, verlieren wir unsere eigene Regierung.

09.07.2010: Durchsichtige Lügen

Am 4. Juli berichtete die BBC, dass die US-Außenministerin Hillary Clinton gesagt hat, die Raketenbasis der Vereinigten Staaten von Amerika in Polen sei nicht gegen Russland gerichtet. Der Zweck dieser Basis sei, so sagte sie, Polen vor der Bedrohung durch den Iran zu schützen.

Warum sollte der Iran eine Bedrohung für Polen darstellen? Was passiert mit der Glaubwürdigkeit der Vereinigten Staaten von Amerika, wenn die Außenministerin eine dermaßen dumme Erklärung abgibt?
Denkt Hillary, sie führt die Russen hinters Licht? Glaubt ihr irgendjemand auf der Welt? Was steckt hinter einer derart durchsichtigen Lüge? Die Verschleierung einer aggressiven Vorgangsweise Amerikas gegen Russland?
Im gleichen Atemzug warnte Hillary vor einer „stählernen Klammer" der Unterdrückung, die Demokratie und bürgerliche Freiheiten rund

um die Erde zermalmt. US-Journalisten werden vielleicht glauben, sie spricht von den Vereinigten Staaten von Amerika. Glenn Greenwald berichtete am 4. Juli auf Salon.com, dass die Küstenwache der Vereinigten Staaten von Amerika, die dazu keine gesetzliche Berechtigung hat, eine Verordnung erlassen hat, nach der Journalisten, die ohne Genehmigung näher als 20 Meter an Reinigungsoperationen der BP im Golf von Mexico herankommen, mit 40.000 Dollar Geldstrafe und mit ein bis fünf Jahren Gefängnis bestraft werden. Die New York Times und zahlreiche Journalisten berichten, dass BP, US-Küstenwache, Heimatlandsicherheit und örtliche Polizei Journalisten daran hindern, den massiven Schaden zu fotografieren, den der anhaltende Zustrom von Erdöl und toxischen Chemikalien in den Golf verursachen.

Am 5. Juli war Hillary Clinton in Tiflis, Georgien, wo sie laut Washington Post Russland der „Invasion und Okkupation Georgiens" bezichtigte. Was steckt hinter dieser Lüge? Sogar Amerikas europäische Handlangerstaaten haben Berichte veröffentlicht, in denen dokumentiert wird, dass Georgien den Krieg mit Russland mit dem Einmarsch nach Südossetien mit dem Ziel begonnen hat, die Sezessionisten zu zerstören.

Es hat den Anschein, als hätten der Rest der Welt und der UN-Sicherheitsrat den Amerikanern einen Freischein ausgestellt, ohne Ende zu lügen, um Washingtons Ziel der Weltherrschaft zu erreichen. Wie nützt das dem UN-Sicherheitsrat und der Welt? Was geht hier vor?

Nachdem Präsident Clinton den Konflikt zwischen Serbien und den Albanern in Kosovo falsch dargestellt und die NATO in die militärische Aggression gegen Serbien getrickst hatte und nachdem Präsident Bush, Vizepräsident Cheney, Außenminister, Nationaler Sicherheitsberater und praktisch jedes Mitglied des Bushregimes die UNO und die Welt angelogen hatten, dass Saddam Hussein Massenvernichtungswaffen besitze und sich auf diese Weise eine Invasion des Irak erschwindelt hatten, warum ging der UN-Sicherheitsrat Obamas Täuschung auf den Leim, dass der Iran ein nukleares Waffenprogramm betreibt?

Im Jahr 2009 veröffentlichten alle 16 Geheimdienste der Vereinigten Staaten von Amerika einen einhelligen Bericht, nach dem der Iran sein Waffenprogramm eingestellt hat. Kannte der UN-Sicherheitsrat diesen Bericht nicht?

Die im Iran eingesetzten Waffeninspektoren der Internationalen Atomenergieagentur IAEA haben durchgehend berichtet, dass kein Uran vom zivilen Kernkraftprogramm abgezweigt wird. Wusste der UN-Sicherheitsrat nichts von den IAEA-Berichten?
Wenn er sie doch gekannt hat, warum hat dann der UN-Sicherheitsrat Sanktionen gegen den Iran zugestimmt, weil dieser auf seinem Recht gemäß dem Atomwaffensperrvertrag bestanden hat, die friedliche Nutzung der Kernenergie zu betreiben? Die Sanktionen der UNO haben keine gesetzliche Deckung. Sie verletzen die Rechte des Iran als Signatarmacht dieses Vertrags. Ist das die „stählerne Klammer", von der Hillary gesprochen hat?
Sobald Washington die Sanktionen vom UN-Sicherheitsrat abgesegnet bekommen hatte, verhängte das Obamaregime einseitig härtere Sanktionen der Vereinigten Staaten von Amerika. Obama benützt die Sanktionen der UNO als Vehikel, an das er seine einseitigen Sanktionen hängt. Vielleicht ist das die „stählerne Klammer der Unterdrückung", von der Hillary sprach.
Warum hat der UN-Sicherheitsrat dem Obamaregime grünes Licht gegeben, einen neuen Krieg im Mittleren Osten zu beginnen?
Warum hat Russland zurückgesteckt? Auf Washingtons Drängen hin hat die russische Regierung nicht das hochmoderne Luftverteidigungssystem geliefert, das der Iran gekauft hatte. Betrachtet Russland den Iran als größere Bedrohung als die Amerikaner, die Russland mit Raketenbasen und Militärstützpunkten einkreisen und „Farbenrevolutionen" in ehemaligen Regionen des russischen und sowjetischen Reiches finanzieren?
Warum hat China zurückgesteckt? Chinas wachsende Wirtschaft benötigt Energieressourcen. China hat extensiv in Energieprojekte im Iran investiert. Es ist die Politik der Vereinigten Staaten von Amerika, China zu isolieren, indem China der Zugang zu Energiequellen verwehrt wird. China ist Amerikas Banker. China könnte den US-Dollar in ein paar Minuten vernichten.
Vielleicht haben Russland und China beschlossen, die Amerikaner sich so überheben zu lassen, bis sich das Land selbst zerstört.
Es kann aber auch sein, dass alle falsch kalkulieren und dass mehr Tod und Zerstörung vor uns liegen, als die Welt glaubt.
Wie im Golf von Mexico.

27.07.2010: Von den US-Finanzen steigt Rauch auf

Das Weiße Haus quiekt wie ein eingeklemmtes Schwein. Die Veröffentlichung der Dokumente aus dem Afghanistankrieg durch WikiLeaks „setzt die Leben unserer Soldaten und unserer Alliierten aufs Spiel".
Was für ein Unsinn. Obamas Krieg setzt die Leben amerikanischer Soldaten aufs Spiel, und das feige Handlangerstaatenverhalten „unserer Partner", die den Vereinigten Staaten von Amerika als Söldner dienen, ist es, was ihre Soldaten in Gefahr bringt.
Denken Sie daran, dass es jemand im Militär der Vereinigten Staaten von Amerika war, der die Dokumente an WikiLeaks weitergab. Das heißt, dass im Imperium selbst ein Funken der Rebellion existiert.
Und das ganz zu Recht. Die durchgesickerten Dokumente zeigen, dass die Vereinigten Staaten von Amerika zahlreiche Kriegsverbrechen begangen haben und dass Regierung und Militär der Vereinigten Staaten von Amerika gelogen haben, um das Versagen ihrer Politik zu verschleiern. Das sind die Enthüllungen, die Washington geheim halten möchte. Wenn Obama sich um das Leben unserer Soldaten kümmern würde, hätte er sie nicht in einen Krieg geschickt, dessen Zweck er nicht angeben kann. Früher in seiner Amtszeit gab Obama zu, dass er nicht wisse, was die Mission in Afghanistan sei. Er versprach herauszufinden, was die Mission sei und uns das zu sagen, aber das tat er nie. Nachdem ihm der Militär-/Sicherheitskomplex, welcher Kriegsprofite in Wahlkampfbeiträge rezykliert, die Leviten gelesen hatte, erklärte Obama einfach, dass der Krieg „notwendig" ist. Nie hat jemand erklärt, warum der Krieg notwendig ist. Die Regierung kann nicht erklären, warum der Krieg notwendig ist, weil er für die Menschen in Amerika nicht notwendig ist. Jeder zwingende Grund für den Krieg hat mit der Bereicherung von privaten Interessenten mit nicht offengelegten Agenden zu tun. Würden die Agenden offengelegt und die privaten Interessen, denen gedient wird, bekannt gegeben, würden wohl sogar die amerikanischen Schafe revoltieren.
Das Regime Obama hat Krieg zum Geschäft Amerikas gemacht. Die Eskalation in Afghanistan ging Hand in Hand mit Drohnenangriffen gegen

Pakistan und dem Einsatz von Hilfstruppen in Pakistan und Nordafrika. Zur Zeit führen die Vereinigten Staaten von Amerika provokative Seemanöver vor den Küsten Chinas und Nordkoreas durch und hetzen zum Krieg zwischen Kolumbien und Venezuela in Südamerika. Der ehemalige CIA-Direktor Michael Hayden erklärte am 25. Juli, dass ein Angriff auf den Iran unvermeidlich erscheine.

Warum sagt uns Washington angesichts der geknebelten Print- und TV-Medien nicht einfach, dass sich das Land im Krieg befindet, ohne sich den Mühen des Krieges zu unterziehen? Auf diese Weise kann die Rüstungsindustrie ihre Arbeiter entlassen und die Militärausgaben direkt aufs Gewinnkonto verbuchen. Wir könnten die Kriegsverbrechen und die vergeudeten Leben unserer Soldaten vermeiden.

Die Wirtschaft der Vereinigten Staaten von Amerika und das Wohlbefinden der Amerikaner werden den Kriegen des Regimes geopfert. Die Bundesstaaten sind pleite und entlassen Lehrer. Sogar das „reiche" Kalifornien, einst gepriesen als „die siebtgrößte Wirtschaft der Welt" ist auf die Ausstellung von Schuldscheinen reduziert und zahlt seinen Staatsbediensteten nur mehr das Mindesteinkommen.

Zusätzliche Aufwendungen für den Krieg sind zur Routineangelegenheit geworden, aber das Budgetdefizit wird herangezogen, um jegliche Hilfe für Amerikaner zu blockieren – nicht jedoch für Israel. Am 25. Juli berichtete die israelische Zeitung Haaretz, dass die Vereinigten Staaten von Amerika und Israel einen Multimilliarden-Dollar-Vertrag mit Boeing abgeschlossen haben, um Israel mit einem Raketensystem auszustatten.

Amerikaner können von Washington keine Hilfe bekommen, aber die Botschafterin der Vereinigten Staaten von Amerika bei der UNO Susan Rice erklärte, Washingtons Verpflichtung gegenüber Israels Sicherheit sei „nicht verhandelbar". Washingtons Verpflichtung gegenüber Kalifornien und gegenüber der Sicherheit des Restes von uns ist verhandelbar. Die Kriegsausgaben haben das Budgetdefizit in die Höhe schnellen lassen, und das Defizit macht jegliche Hilfe für Amerikaner unmöglich.

Während die Vereinigten Staaten von Amerika sich in Kriegen verausgaben, hat sich Amerikas größter Kreditgeber China mit Amerikas Kreditwürdigkeit beschäftigt. Der Vorstand von Chinas größter Kreditratin-

gagentur erklärte: „Die Vereinigten Staaten von Amerika sind insolvent und stehen als reine Schuldnernation vor dem Bankrott.“
Am 12. Juli warnte Niall Ferguson, ein historischer Experte für Großreiche, das amerikanische Imperium könne infolge der durch seine massiven Schulden verursachten Schwäche plötzlich zusammenbrechen und dass ein derartiger Zusammenbruch näherliege, als wir denken.
Taub, dumm und blind plappern die Politikmacher in Washington noch immer über „weitere dreißig Jahre Krieg“.

26.08.2010: Die Nazifizierung der Vereinigten Staaten von Amerika. Der Tod des First Amendment

Chuck Norris ist kein pink-liberaler Kommie, und Human Events ist eine sehr konservative Publikation. Die beiden haben sich zusammengetan, um einen der wichtigsten Artikel unserer Zeit zu veröffentlichen: „Obamas US-Mordprogramm“.
Es scheint erst gestern gewesen zu sein, dass die Amerikaner, oder zumindest diejenigen, die sich für ihre bürgerlichen Rechte interessierten, schockiert feststellten, dass das Regime Bush so flagrant gegen das FISA-Gesetz (Foreign Intelligence Surveillance Act – Gesetz über die Überwachung ausländischer Geheimdienste) verstoßen hatte, welches das Ausspionieren amerikanischer Bürger ohne gerichtliche Genehmigung verbietet. Ein Bundesrichter am FISA-Gerichtshof trat sogar aus Protest gegen die Gesetzwidrigkeit der Überwachung zurück.
Nichts geschah. „Nationale Sicherheit” stellte Präsident und Regierung über die Gesetze des Landes. Bürgerliche Freidenker machten sich Sorgen, dass die Regierung der Vereinigten Staaten von Amerika ihre Macht aus den Einschränkungen des Gesetzes befreien wollte, aber niemand sonst schien sich darüber den Kopf zu zerbrechen.
Ermutigt durch ihren erfolgreichen Gesetzesbruch kündigte die Regierung Anfang dieses Jahres an, dass das Regime Obama sich selbst das

Recht verliehen hat, Amerikaner im Ausland zu ermorden, wenn diese Amerikaner als „Bedrohung" erachtet werden. „Bedrohung" wurde nicht definiert, ein Todesurteil würde also durch eine subjektive Entscheidung eines Funktionärs verhängt werden, der nicht zur Verantwortung gezogen werden kann.

Aus der Öffentlichkeit oder den Medien war kaum ein Pieps zu hören. Amerikaner und Medien waren zufrieden, dass die Regierung kurzen Prozess mit Verrätern und Abtrünnigen machte, und wer könnte besser Verräter und Abtrünnige ausfindig machen als die Regierung mit all ihren Überwachungsprogrammen?

Das Problem mit dieser Art von Dingen ist, dass diese, wenn sie einmal begonnen haben, nicht mehr aufzuhalten sind. Wie Norris berichtet, indem er Sicherheitsfunktionäre des Regimes Obama zitiert, ist die nächste Stufe die Kriminalisierung von abweichenden Meinungen und Kritik an der Regierung. Die nationale Sicherheitsstrategie vom Mai 2010 stellt fest: „Wir bewegen uns jetzt hinweg über die herkömmlichen Unterschiede zwischen Heimatland und nationaler Sicherheit ... Das beinhaltet die Entschlossenheit, terroristischen Angriffen gegen die Menschen in Amerika dadurch vorzubeugen, dass wir die Handlungen, die wir im Ausland durchführen, mit den Handlungen und Vorsichtsmaßnahmen im eigenen Land koordinieren."

Die meisten Amerikaner werden sagen, dass die „unentbehrliche" Regierung der Vereinigten Staaten von Amerika niemals einen Amerikaner, der seine Rechte nach dem First Amendment ausübt, mit einem Terroristen oder Staatsfeind in einen Topf werfen würde. Gerade das aber haben Regierungen in der Tat seit jeher gemacht. Sogar einer unserer Gründerväter, John Adams und die Föderalistische Partei, hatten ihren „Alien and Sedition Acts", der gegen die republikanische Presse gerichtet war.

Wenige Machthaber können Opposition oder Kritik dulden, besonders wenn es eine einfache Sache ist, die Einschränkungen ihrer Macht im Namen der „nationalen Sicherheit" hinwegzufegen. Der stellvertretende nationale Sicherheitsberater John Brennan erklärte vor Kurzem, dass weitere Schritte aufgrund der steigenden Anzahl von Amerikanern, die „von extremistischen Ideologien oder Anliegen eingenommen sind", un-

ternommen werden. Man beachte, dass diese Formulierung über das Interesse an muslimischen Terroristen hinausgeht.
Auf dem Weg zur Herrschaft über die Welt und ihre eigenen Bürger schafft die Regierung der Vereinigten Staaten von Amerika das First Amendment ab und macht die Kritik an der Regierung zu einem Akt von „heimischem Extremismus", einem Kapitalverbrechen, das wie in Hitlers Deutschland oder Stalins Russland mit dem Tod bestraft werden kann.
Anfänglich stellten sich deutsche Gerichte gegen Hitlers illegale Handlungen. Hitler schaltete die Gerichte aus, indem er ein paralleles System von Gerichten aufzog, wie es das Regime Bush mit seinen Militärtribunalen machte. Es wird nicht mehr lange dauern, bis eine Entscheidung des Obersten Gerichtshofs der Vereinigten Staaten von Amerika keine Bedeutung mehr haben wird. Jede Entscheidung, die gegen das Regime gerichtet ist, wird einfach ignoriert werden.
Das passiert bereits in Kanada, einem amerikanischen Marionettenstaat. In einem Artikel für die Future of Freedom Foundation dokumentiert Andy Worthington die Gesetzlosigkeit des Verfahrens der Vereinigten Staaten von Amerika gegen den Kanadier Omar Khadr. Im Januar dieses Jahres entschied der kanadische Oberste Gerichtshof, dass die Einvernahme von Khadr „eine staatliche Vorgangsweise sei, die gegen die grundlegenden Prinzipien der Rechtsprechung" verstoße und „die fundamentalen kanadischen Standards für die Behandlung von angehaltenen jugendlichen Verdächtigen" missachte. Laut dem Toronto Star wies der Gerichtshof die Regierung an, „eine Lösung zu finden, die die Richtlinien ihrer Außenpolitik mit ihren verfassungsmäßigen Verpflichtungen gegenüber Khadr in Einklang bringt", aber das Marionettenregime des kanadischen Premierministers Stephen Harper ignorierte den Gerichtshof und erlaubte der Regierung der Vereinigten Staaten von Amerika, mit ihrem gesetzwidrigen Missbrauch eines kanadischen Bürgers weiterzumachen.
Der 11. September hat mehr zerstört als Leben, die Gebäude des World Trade Centers und das Gefühl der Amerikaner, unverwundbar zu sein. Das Ereignis hat die amerikanische Freiheit, den Rechtsstaat und die Verfassung der Vereinigten Staaten von Amerika zerstört.

03.09.2010: Die wirklichen Kosten des Krieges

Obamas „Ende des Irakkriegs"-Rede muss jeden erschüttert haben, der noch an ihn geglaubt hat. Unter dem Druck, es beiden recht zu machen, sowohl seinen Unterstützern als auch den rechten Kriegstreibern, die ihn als Muslim und Marxisten denunzieren, griff Obama zu Orwell'schem Doppelsprech. Er konnte ein Ende des Krieges nur verkünden, indem er den Präsidenten pries, der ihn begonnen hatte, und die Truppen, die darin gekämpft haben. Und das zu einem Zeitpunkt, da die meisten Erdbewohner – wenn auch nicht Amerikaner – genau wissen, dass der Krieg auf einer Lüge und bewussten Täuschung beruhte. Die amerikanischen Truppen starben für eine Lüge.

Präsident Obama sprach über die Kosten der Amerikaner für die Befreiung des Irak, aber ist der Irak überhaupt befreit oder befindet er sich in der Hand amerikanischer Politikermarionetten und ist noch immer okkupiert von 50.000 amerikanischen Soldaten und 200.000 privaten Söldnern und „Vertragspartnern" und wird von der größten Botschaft der Welt aus regiert, die eigentlich eine Festung ist?

Präsident Obama sagte nichts über die Kosten der Iraker für ihre „Befreiung". Die ungezählten getöteten Iraker, deren Zahl auf 100.000 bis 1.000.000 geschätzt wird, hauptsächlich Frauen und Kinder, wurden nicht erwähnt. Auch nicht die ungezählten verwaisten und verstümmelten Kinder, die vier Millionen vertriebenen Iraker, die Flucht der Mittelschicht aus dem Irak, die kaputte Infrastruktur, die zerstörten Häuser, Dörfer und Städte und mit diesen die Zerstörung all dessen, was von Amerikas gutem Ruf noch geblieben war.

Von all dem war in dem Bild nichts zu sehen, das Obama von Amerikas „Verpflichtung" gegenüber dem Irak zeichnete, die den Irakern „Frieden" brachte und die Iraker von Saddam Hussein erlöste, damit ein zerstörter Irak jetzt ein amerikanischer Marionettenstaat sein und seine Anweisungen aus Washington bekommen kann. Nachdem es für die Regierung der Vereinigten Staaten von Amerika unmöglich ist, noch länger vorzugeben, dass die Invasion des Irak notwendig war, um Amerika vor Massenvernichtungswaffen und Al-Qaida-Terroristen zu bewahren, beschränkt sich die Rechtfertigung der Regierung der Vereinigten Staaten von Amerika für ihr horrendes Kriegsverbrechen darauf, Saddam Hussein beseitigt zu haben, der, wie die Amerikaner, seine Gegner gefoltert hat.

Glaubt ein Mensch auf der Welt, glaubt auch nur einer von den allerdümmsten fahnenschwenkenden amerikanischen Superpatrioten, dass die bankrotte Regierung der Vereinigten Staaten von Amerika drei Billionen geborgter Dollar ausgegeben hat, um einen Mann – Saddam Hussein – zu beseitigen, um den Irak aus der Tyrannei zu befreien? Wer das glaubt, ist verrückt.

Saddam Hussein wäre für viel weniger Geld zurückgetreten, hätte man es ihm angeboten. Erkennen die Amerikaner die Ironie in der „den Irak aus der Tyrannei befreien"-Ausrede? Der höchste Preis für den neokonservativen Krieg gegen den Irak sind nicht die 3 Billionen Dollar oder die toten und verstümmelten Amerikaner und ihre zerbrochenen Familien. Der höchste Preis für diesen bösartigen Krieg ist die Zerstörung der Verfassung der Vereinigten Staaten von Amerika und der amerikanischen bürgerlichen Freiheiten.

Der Bush/Cheney/Obama-Nationale-Sicherheitsstaat hat die Verfassung und die bürgerlichen Freiheitsrechte bedeutungslos gemacht. Nichts bleibt übrig. Die faschistische Republikanische Föderalistische Gesellschaft hat genügend Bundesrichter in der Justiz untergebracht, um sicherzustellen, dass der Präsident über dem Gesetz steht. Der Präsident braucht sich nicht an das Gesetz zu halten, das die Überwachung amerikanischer Bürger ohne gerichtliche Anordnung verbietet. Der Präsident braucht sich nicht an nationale und internationale Gesetze gegen die Folter zu halten. Der Präsident braucht sich nicht daran zu halten, dass die Verfassung nur dem Kongress das Recht gibt, einen Krieg zu erklären. Der Präsident kann machen, was er will, solange er es unter dem Titel „nationale Sicherheit" macht.

Die Rolle des Präsidenten in der Regierung, der niemandem Rechenschaft schuldigen Exekutive, steht über allem. Ohne angeklagt zu werden kann der Präsident seine Entscheidung verkünden, Amerikaner im Ausland und im Inland zu ermorden, wenn jemand irgendwo in der niemandem Rechenschaft schuldigen Exekutive solche Amerikaner als „Bedrohungen" betrachtet. Zuerst Mord. Danach keine Verantwortung.

Die Exekutive hat einseitig und unverantwortlich Macht ausgeübt, um die Verfassung der Vereinigten Staaten von Amerika auszumanövrieren, kaum beeinträchtigt von der Justiz und mit Unterstützung durch den Kongress. Die Exekutive hat ausländische Gegner der illegalen amerikanischen Invasionen und Okkupationen zu „Terroristen“ erklärt, für die weder die Gesetze der Kriegsführung noch die Gesetze der Vereinigten Staaten von Amerika gelten und die daher unbegrenzter Folter und Anhaltung ohne Anklage oder Beweise ausgesetzt werden können.
Das ist das Erbe des Bush/Cheney-Regimes, und dieses kriminelle Regime wird unter Obama fortgesetzt.
Amerikas „Krieg gegen den Terror”, eine Erfindung, hat die willkürlichen Verliese des Mittelalters wiederbelebt und die rohe Tyrannei, die vor der Magna Charta herrschte.
Das sind die wirklichen Kosten der „Befreiung“ des Irak, das heißt der Umwandlung des Irak in einen Marionettenstaat, der seine Menschen für Amerikas Interessen verkauft. Wer wird jetzt die Amerikaner von der Bush/Cheney/neokonservativen/Obama-Tyrannei befreien?

Präsident Obama beteuert, dass Amerikas Kriegsverbrechen im Irak zu Ende gegangen sind, aber Präsident Obama behauptet auch, die Macht zu haben, Amerikas Kriegsverbrechen nach Afghanistan zu exportieren, um dort unter Kontrolle zu bringen, was der CIA-Direktor als „50 oder weniger“ in Afghanistan verbliebene Mitglieder von al-Qaida bezeichnet. Den bankrotten Amerikanern wird jetzt eine Schuldenlast von weiteren drei Milliarden Dollar auferlegt, um „50 oder weniger“ angeblichen Terroristen nachzujagen. Um diese außerordentliche Verschwendung geborgten Geldes zu verschleiern, setzte Obama, den unehrlichen Praktiken früherer amerikanischer Regimes folgend, al-Qaida mit den Taliban gleich, einer vor Ort entstandenen Bewegung von hunderttausenden Afghanen, die versuchen, ihr Land zu einigen.
Der am wenigsten kostspielige Weg der Bekämpfung von „Terroristen“ wäre die Einstellung des Versuchs, ein amerikanisches Imperium im Mittleren Osten und in Zentralasien zu errichten und die Beendigung der Bemühungen, einheimischen Bevölkerungen amerikanische Marionettenregimes aufs Auge zu drücken.

Die gekauften und bezahlten europäischen Handlangerstaaten, die sich selbst mit ihrer erhabenen Moral brüsten, begeben sich auf eine Linie mit Washington und gehorchen ihrem amerikanischen Herrn, der ihre Taschen mit Dollar füllt. Der Westen, der seit der Magna Charta die Tyrannei bekämpft hat, zwingt jetzt sich selbst und dem Rest der Welt die Tyrannei auf. Gäbe es noch Hitler und Stalin, was wäre der Unterschied? Wird das Regime Obama die „Staatsfeinde", die ohne Gerichtsverfahren oder Beweise verurteilt worden sind, hinrichten, indem es sie von vorn in den Kopf schießt statt ins Genick, wie es in der Lubjanka praktiziert wurde? Gibt es da noch einen anderen Unterschied?

23.09.2010: Der Zusammenbruch der Moral des Westens

Ja, ich weiß, viele Leser werden sich beeilen, mir mitzuteilen, dass der Westen nie eine Moral hatte. Dennoch ist alles schlimmer geworden.
Ich hoffe, dass Sie mir gestatten, meine Sicht der Dinge zu schildern. Lassen Sie mich also darlegen, dass die Vereinigten Staaten von Amerika zwei Atombomben auf japanische Städte abgeworfen und Tokio mit Brandbomben verbrannt haben; dass das Vereinigte Königreich und die Vereinigten Staaten von Amerika Dresden und eine Reihe von weiteren deutschen Städten mit Brandbomben verbrannt haben, dass sie gemäß einigen Historikern mehr destruktive Gewalt gegen die deutsche Zivilbevölkerung eingesetzt haben als gegen die Armee; dass Präsident Grant und seine Bürgerkriegsverbrecher, die Generäle Sherman und Sheridan, Völkermord an den Indianern der Great Plains begangen haben; dass die Vereinigten Staaten von Amerika heute die mörderische Politik Israels gegen die Palästinenser ermöglichen, eine Politik, die ein Vertreter Israels mit dem völkermörderischen Vorgehen gegen die amerikanischen Indianer im 19. Jahrhundert verglichen hat; dass die Vereinigten Staaten von Amerika im 21. Jahrhundert auf der Basis von erfundenen Vorwänden den Irak und Afghanistan überfallen und zahllose Zivilisten ermordet haben und dass der britische Premierminister Tony Blair die britische Armee an seine amerikanischen

Herren verliehen hat, wie es auch andere NATO-Länder getan haben, wobei alle diese Länder Kriegsverbrechen gemäß den Standards von Nürnberg begehen, und das in Ländern, in denen sie keine nationalen Interessen verfolgen, sondern dafür von den Amerikanern bezahlt werden.
Ich meine nicht, dass diese paar Beispiele alles umfassen. Ich weiß, dass die Liste länger und länger wird. Dennoch erreicht, ungeachtet der langen Liste der Schrecken, die moralische Verkommenheit neue Tiefen. Die Vereinigten Staaten von Amerika foltern jetzt routinemäßig Gefangene, obwohl das nach amerikanischem und Internationalem Recht strikt verboten ist, und eine neue Meinungsumfrage zeigt, dass der Anteil der Amerikaner, die die Folter befürworten, größer wird. Er ist in der Tat sehr hoch, auch wenn er nicht die Mehrheit bildet.
Und es scheint, dass es einen neuen Nervenkitzel gibt: Amerikanische Soldaten benützen den Deckmantel des Krieges, um Zivilisten zu ermorden. Kürzlich wurden amerikanische Soldaten verhaftet, weil sie afghanische Zivilisten zum Spaß ermordet und Trophäen wie Finger und Totenköpfe gesammelt haben.
Diese Enthüllung erfolgte kurz nach der Weitergabe eines Videos von der Armee der Vereinigten Staaten von Amerika durch Bradley Manning, das amerikanische Soldaten in Helikoptern und ihre tausende Meilen entfernten Controller zeigte, wie sie sich eine spaßige Hatz daraus machten, Presseleute und afghanische Zivilisten per Joysticks zu ermorden. Manning trägt die schwere Last eines moralischen Gewissens, das von seiner Regierung und seinem Militär verworfen worden ist, und Manning wurde verhaftet, weil er dem Gesetz gehorcht und dem amerikanischen Volk über diese Kriegsverbrechen berichtet hatte.
Der Abgeordnete zum Repräsentantenhaus Mike Rogers aus Michigan, natürlich ein Republikaner, Mitglied des Unterausschusses für Terrorismus, hat Mannings Hinrichtung verlangt. Laut Rogers stellt der Bericht über ein amerikanisches Kriegsverbrechen einen Verrat dar. Mit anderen Worten: Dem Gesetz zu gehorchen ist „Verrat an Amerika“.
Der Abgeordnete Rogers sagte, dass Amerikas Kriege von einer „Kultur der Enthüllung“ untergraben werden und dass diesem „ernsten und wachsenden Problem“ nur durch die Exekution Mannings Einhalt geboten werden kann.

Wenn der Abgeordnete repräsentativ für Michigan steht, dann ist Michigan ein Staat, den wir nicht brauchen.
Die Regierung der Vereinigten Staaten von Amerika, eine Quelle imperialer Überheblichkeit, glaubt nicht, dass irgendeine Tat, die sie begeht, ganz egal wie widerwärtig, möglicherweise ein Kriegsverbrechen sein könnte. Eine Million toter Iraker, ein verwüstetes Land und vier Millionen vertriebene Iraker sind allesamt gerechtfertigt, da die „bedrohte" Supermacht USA sich vor nicht existierenden Waffen der Massenvernichtung schützen musste, von denen die Vereinigten Staaten von Amerika ganz genau wussten, dass es diese im Irak nicht gab und dass diese auch keine Bedrohung für sie hätten darstellen können, wenn es sie im Irak gegeben hätte.
Wenn andere Länder versuchen, die internationalen Gesetze anzuwenden, die die Amerikaner aufgestellt hatten, um die im Zweiten Weltkrieg besiegten Deutschen hinzurichten, macht sich die Regierung der Vereinigten Staaten von Amerika ans Werk und blockiert den Versuch. Am 8. Oktober vor einem Jahr hob der spanische Senat, indem er seinem amerikanischen Herrn brav gehorchte, die spanischen Gesetze betreffend die universelle Rechtszuständigkeit auf, um ein ordnungsgemäßes Verfahren wegen Kriegsverbrechen gegen George W. Bush, Barack Obama, Tony Blair und Gordon Brown abzudrehen.
Der Westen schließt auch Israel ein, und dort reichen die Horrorgeschichten über 60 Jahre. Noch schlimmer – wenn man eine davon erwähnt, wird man zum Antisemiten erklärt. Ich erwähne sie nur, um zu beweisen, dass ich weder Antiamerikaner, Antibrite noch Anti-NATO bin, sondern schlicht und einfach gegen Kriegsverbrechen. Es war der anerkannte zionistische jüdische Richter Goldstone, der den UNO-Bericht verfasste, der darauf hinwies, dass Israel Kriegsverbrechen begangen hat, als es die Zivilbevölkerung und die zivile Infrastruktur von Gaza angegriffen hat. Dafür erklärte Israel den Zionisten Goldstone zum „sich selbst hassenden Juden" und der Kongress der Vereinigten Staaten von Amerika stimmte auf Empfehlung der israelischen Lobby dafür, den Goldstone-Bericht an die UNO zu ignorieren.
Wie der Vertreter Israels sagte: "Wir machen mit den Palästinensern nur, was die Amerikaner mit den amerikanischen Indianern gemacht haben."

Die israelische Armee benützt weibliche Soldaten, die vor Videomonitoren sitzen und per Fernbedienung Maschinengewehre abfeuern, um Palästinenser zu ermorden, die kommen, um auf ihren Feldern zu arbeiten, die innerhalb von 1.500 Metern von der geschlossenen Zone rund um das Getto Gaza gelegen sind. Es gibt keinen Hinweis, dass diese israelischen Frauen sich was draus machen, wenn sie junge Kinder und alte Leute abknallen, die auf ihre Felder gehen.

Wären die Verbrechen beschränkt auf Krieg und Landdiebstahl, könnten wir vielleicht sagen, dass es sich um einen Fall von Chauvinismus handelt, der von der traditionellen Moral abweicht, die ihrerseits noch immer aufrecht ist.

Der Zusammenbruch der Moral erstreckt sich allerdings auf zu viele Bereiche. Einige Sportteams haben neuerdings eine Um-jeden-Preis-gewinnen-Einstellung, die Pläne mit einschließt, die Spielerstars der gegnerischen Teams zu verletzen. Wenden wir uns den Formel I-Rennen zu, wo 200 Meilen pro Stunde normal sind.

Bis 1988, 22 Jahre ist es her, gab es Tote auf der Rennstrecke bedingt durch Fahrerirrtum, technisches Versagen und schlecht geführte Strecken mit Sicherheitsrisiken. Weltmeister Jackie Stewart tat viel, um die Sicherheit der Rennstrecken zu verbessern, sowohl für die Fahrer als auch für die Zuschauer. Aber 1988 änderte sich alles. Spitzenfahrer Ayrton Senna drängte einen weiteren Spitzenfahrer, Alain Prost, bei 300 km/h gegen eine Baugrubenwand. Laut Auto Week (vom 30. August 2010) war bis dato nichts dergleichen gesehen worden. „Die Funktionäre bestraften Sennas Vorgangsweise an diesem Tag in Portugal nicht, und eine signifikante Änderung bei Autorennen begann.“ Was der große Rennfahrer Stirling Moss als „schmutziges Fahren“ bezeichnete, wurde zur Norm.

Nigel Roebuck berichtet in der Auto Week, dass Weltmeister Damon Hill 1996 sagte, dass Sennas Um-jeden-Preis-gewinnen-Taktik „verantwortlich für einen grundlegenden Wechsel in der Ethik des Sports“ war. Die Fahrer griffen zu „terroristischen Taktiken auf der Strecke“. Damon Hill sagte, dass „ich die Ansichten, die ich von meinem Vater (dem zweifachen Weltmeister Graham Hill) und Leuten wie ihm mitbekommen habe, bald fahren lassen musste“, weil man feststellte, dass es keine Strafe für den Kerl gab, der versuchte, dich umzubringen, damit er gewinnen konnte.

Zur Ethik im modernen Formel I-Rennen sagte der amerikanische Weltmeister Phil Hill: „So etwas war zu meiner Zeit einfach unvorstellbar. Ich sag nur so viel: Wir glaubten, dass bestimmte Taktiken inakzeptabel waren."

Im heutigen moralischen Klima des Westens gehört es zum Gewinnen, einen anderen begabten Fahrer bei 320 km/h gegen die Wand zu drängen. Michael Schumacher, geboren im Januar 1969, ist siebenfacher Weltmeister, ein einsamer Rekord. Auto Week berichtete, dass Schumacher am 1. August beim ungarischen Grand Prix versuchte, seinen ehemaligen Ferrari-Teamkameraden Rubens Barrichello bei 320 km/h an die Wand zu fahren. Konfrontiert mit seinem Versuch, jemanden umzubringen, sagte Schumacher: „Das ist die Formel I. Jeder weiß, dass ich keine Geschenke verteile." Das tun auch weder die Regierung der Vereinigten Staaten von Amerika noch die Regierungen der Bundesstaaten und Kommunen, noch die Regierung des Vereinigten Königreichs, noch die Europäische Union.

Die Entartung der Polizei, von der viele Amerikaner in ihrem ungebildeten Dasein als naive Gläubige an „Recht und Ordnung" noch immer glauben, sie sei „auf ihrer Seite", hat mit der Militarisierung mit dem Ziel, „Terroristen" und „heimische Extremisten" zu bekämpfen, neue Dimensionen angenommen.

Die Polizei ist außer Kontrolle geraten, nachdem die zivilen Polizeigremien von den Konservativen abgeschafft worden waren. Kinder im Alter von 6 Jahren wurden schon wegen Vorfällen in der Schule in Handschellen ins Gefängnis abgeführt. Nicht anders ist es auch Müttern mit einem Auto voller Kinder ergangen.

Jeder, der über Google Videos von unnötigen Gewaltanwendungen der Polizei in den Vereinigten Staaten von Amerika sucht, wird zehntausende Ergebnisse bekommen, und das, nachdem gemäß den neuen Gesetzen das Filmen von Polizeiübergriffen ein schweres Verbrechen darstellt. Vor einem oder zwei Jahren hätte man hunderttausende derartige Videos gefunden.

In einem der letzten der vielen täglichen Vorfälle von unnötiger Misshandlung von Bürgern durch die Polizei wurde einem 84 Jahre alten Mann das Genick gebrochen, weil er sich einer nächtlichen Abschleppung seines Wagens widersetzte. Der Polizist schlug den 84-Jährigen nieder, wobei

sich dieser das Genick brach. Das Polizeidepartment in Orlando, Florida sagt, der alte Mann wäre eine „Bedrohung“ für den wohlbewaffneten viel jüngeren Polizeistrolch gewesen, weil er seine Faust geballt habe.
Die Amerikaner werden das erste Volk sein, das geradeaus in die Hölle geschickt wird, während sie glauben, dass sie das Salz der Erde sind. Die Amerikaner haben sich sogar selbst einen Titel zugeeignet, um mit der Selbstbeschreibung der Israelis als „Gottes auserwähltes Volk“ gleichzuziehen. Die Amerikaner bezeichnen sich selbst als „das unentbehrliche Volk“.

25.09.2010: Die Vereinigten Staaten von Amerika sind ein Polizeistaat

Am 24. September berichtete Jason Ditz auf antiwar.com, dass „das FBI bestätigt, dass sie heute Morgen damit begonnen haben, eine Anzahl von Einsätzen gegen die Wohnungen von Antikriegsaktivisten in Illinois, Minneapolis, Michigan und North Carolina durchzuführen, mit der Behauptung, sie ‚suchten Beweise für Aktivitäten, die eine wesentliche Unterstützung des Terrorismus betreffen’“.
Jetzt wissen wir, was die Ministerin für Heimatlandsicherheit (!) Janet Napolitano meinte, als sie am 10. September sagte: „Die alte Sichtweise, dass ‚wenn wir die Terroristen im Ausland bekämpfen, wir sie nicht hier zu bekämpfen brauchen’, ist genau das – die alte Sichtweise.“ Die neue Sichtweise, so Napolitano, ist, „gewalttätigen Extremismus hier zu Hause zu bekämpfen“.
„Gewalttätiger Extremismus“ ist einer dieser nicht definierten polizeistaatlichen Begriffe, die bedeuten, was immer die Regierung will. Anlässlich des Streifzugs des FBI an diesem Morgen durch die Wohnungen amerikanischer Bürger mit Gewissen sind es Antikriegsaktivisten, deren Aktivitäten mit „wesentlicher Unterstützung des Terrorismus“ gleichgesetzt werden, gerade wie die Konservativen die Antikriegsaktivisten während des Krieges gegen Vietnam der wesentlichen Unterstützung des Kommunismus beschuldigten.

Antikriegsaktivist Mick Kelly, dessen Wohnung heimgesucht wurde, betrachtet die Kommandoaktionen des FBI als Schikane, um diejenigen einzuschüchtern, die Proteste gegen den Krieg organisieren. Ich frage mich, ob Kelly die Bedrohung nicht unterschätzt. Die Äußerungen des FBI weisen deutlich darauf hin, dass die Bundespolizei und die Richter, die die Hausdurchsuchungsbefehle ausgestellt haben, die Antikriegsaktivisten nicht als amerikanische Bürger betrachten, die ihre verfassungsmäßig garantierten Rechte ausüben, sondern als unpatriotische Elemente, die eine wesentliche Unterstützung des Terrorismus bereitstellen.

„Wesentliche Unterstützung" ist ein weiterer dieser undefinierten Polizeistaatsbegriffe. In diesem Zusammenhang bedeutet das, dass Amerikaner, die die Lügen ihrer Regierung nicht glauben und stattdessen gegen deren Politik protestieren, die erklärten Feinde ihrer Regierung unterstützen und demzufolge nicht ihre bürgerlichen Rechte ausüben, sondern Verrat begehen.

Nachdem dieser erste Streifzug des FBI eine Aufweichungsaktion darstellt, um die Öffentlichkeit an die Idee zu gewöhnen, dass die wirklichen Terroristen ihre Mitbürger hier im Lande sind, wird Kelly dieses Mal davonkommen. Das nächste Mal allerdings wird das FBI auf seinem Computer E-Mails von einer von der CIA aufgezogenen „terroristischen Gruppe" finden, die ihn belasten. Den Praktiken entsprechend, die unter den Regimes Bush und Obama aufgekommen und die von korrupten Bundesrichtern abgesegnet worden sind, können politische Gegner, die von erfundenen Terroristengruppen in die Falle gelockt worden sind, zu „feindlichen Kämpfern" erklärt und nach Ägypten, Polen oder in sonst einen korrupten amerikanischen Handlangerstaat – vielleicht Kanada – überstellt werden, wo sie gefoltert werden, bis sie gestehen, dass Antikriegsaktivisten und in Wirklichkeit alle Kritiker der Regierung der Vereinigten Staaten von Amerika auf Osama bin Ladens Lohnliste stehen.Fast jeder Republikaner und Konservative, und in der Tat die Mehrheit der Amerikaner, wird darauf hereinfallen, nur um – später – herauszufinden, dass es subversiv ist, sich darüber zu beschweren, dass ihre Sozialhilfe im Interesse des Krieges gegen den Iran oder sonst eine dämonisierte Einheit gekürzt wurde, oder dass eine Operation von Medicare nicht bezahlt wird, weil das Geld für die Kriege in Zentralasien und Südamerika gebraucht wird.

Die Amerikaner sind das leichtgläubigste Volk, das es je gab. Sie neigen dazu, statt der Verfassung die Regierung zu unterstützen, und nahezu jeder Republikaner und Konservative betrachtet die Bürgerrechte als Verhätschelungsinstrument, das Kriminelle und Terroristen anspornt.
Die Medien der Vereinigten Staaten von Amerika, die unter Verletzung des amerikanischen Prinzips verschiedenartiger und unabhängiger Medien hoch konzentriert sind, werden die Hexenjagd unterstützen, die alle Proteste und jedes unabhängige Denken in den Vereinigten Staaten von Amerika in den kommenden paar Jahren niederbügeln wird. Wie der Naziführer Joseph Göbbels sagte: „Stellen Sie sich die Presse als große Tastatur vor, auf der die Regierung spielen kann.“
Ein amerikanischer Polizeistaat war unausweichlich, nachdem die Amerikaner „ihre” Regierung mit 9/11 davonkommen ließen. Die Amerikaner sind zu leichtgläubig, zu ungebildet und zu hurrapatriotisch, um ein freies Volk bleiben zu können. Wie ein weiterer Naziführer, Hermann Göring, sagte: „Die Menschen können immer dazu gebracht werden, dem Willen ihrer Führer zu folgen. Sage ihnen, dass sie angegriffen werden und denunziere die Kriegsgegner wegen fehlendem Patriotismus und weil sie das Land in Gefahr bringen.“
Genau das ist es, was die Regimes Bush und Obama gemacht haben. Das Amerika, das die Menschen meiner Generation gekannt haben, gibt es nicht mehr.

15.10.2010: Der Krieg gegen den Terror: Erinnert sich noch jemand?

Erinnert sich noch jemand an den „Kinderspiel-Krieg“, der sechs Wochen lang dauern, 50 bis 60 Milliarden Dollar kosten und mit Gewinnen aus verkauftem irakischen Erdöl bezahlt werden sollte?
Erinnert sich noch jemand, dass der Wirtschaftswissenschaftler des Weißen Hauses Lawrence Lindsey von G.W. Bush gefeuert wurde, weil Lindsey geschätzt hatte, der Irakkrieg würde bis zu 200 Milliarden Dollar kosten?

Lindsey wurde gefeuert, weil er die Kosten eines Krieges zu hoch eingeschätzt hatte, der dann laut Joseph Stiglitz und Linda Bilmes 15-mal so viel gekostet hat wie von Lindsey geschätzt. Und die Vereinigten Staaten von Amerika haben noch immer 50.000 Soldaten im Irak stationiert.

Erinnert sich noch jemand, dass kurz vor dem Einmarsch in den Irak die Regierung der Vereinigten Staaten von Amerika den Sieg über die Taliban in Afghanistan erklärt hat?

Erinnert sich noch jemand, dass der Grund, den Bush für den Einmarsch in den Irak anführte, Saddam Husseins Massenvernichtungswaffen waren, Waffen, von denen die Regierung der Vereinigten Staaten von Amerika wusste, dass es sie nicht gab?

Sind sich die Amerikaner dessen bewusst, dass dieselben Neokonservativen, die diese sagenhaften Fehler machten oder diese sagenhaften Lügen verbreiteten, noch immer die Regierung in Washington kontrollieren?

Der „Krieg gegen den Terror“ befindet sich jetzt in seinem zehnten Jahr. Worum geht es dabei wirklich?

Einfach gesagt, ist die Antwort, dass es beim „Krieg gegen den Terror“ darum geht, reale Terroristen zu schaffen. Die Regierung der Vereinigten Staaten von Amerika braucht unbedingt Terroristen, um die Expansion ihrer Kriege gegen muslimische Länder zu rechtfertigen und die Menschen in Amerika so ausreichend zu ängstigen, dass sie weiterhin den Polizeistaat akzeptieren, der ihnen „Sicherheit vor den Terroristen“ bringt, sich aber nicht vor der Regierung fürchten, die die bürgerlichen Freiheiten abgeschafft hat.

Die Regierung der Vereinigten Staaten von Amerika schafft Terroristen, indem sie in muslimische Länder einmarschiert, deren Infrastruktur zerstört und eine große Anzahl von Zivilisten tötet. Die Vereinigten Staaten von Amerika schaffen auch Terroristen durch die Einrichtung von Marionettenregimes, um über die Moslems zu herrschen, und durch die Benützung der Marionettenregimes, um Bürger zu ermorden und zu verfolgen, wie es derzeit in einem großen Ausmaß in Pakistan geschieht.

Die Neokonservativen nutzten 9/11, um ihren Plan für die Errichtung der Weltherrschaft durch die Vereinigten Staaten von Amerika in die Tat umzusetzen. Ihr Plan entsprach den Interessen von Amerikas herrschenden Oligarchien. Kriege sind gut für die Profite des Militär-/Sicherheitskomplexes, vor dem uns Präsident Eisenhower vor einem halben Jahrhundert vergeblich gewarnt hat. Die amerikanische Weltherrschaft ist gut für die Kontrolle der Erdölindustrie über Ressourcen und deren Verteilung. Die Umwandlung des Mittleren Ostens in einen riesigen amerikanischen Marionettenstaat dient auch den zionistischen Bestrebungen der israelischen Lobby, die territoriale Expansion Israels voranzutreiben.

Aufgrund ihrer Konditionierung können die meisten Amerikaner nicht sehen, was geschieht. Die meisten Amerikaner glauben, dass ihre Regierung die beste der Welt ist, dass sie moralisch motiviert ist, anderen zu helfen und Gutes zu tun, dass sie Hilfe in Länder bringt, in denen es Hunger und Naturkatastrophen gibt. Die meisten glauben, dass ihre Präsidenten die Wahrheit sagen, außer über ihre sexuellen Affären.

Die Beharrlichkeit dieser Wahnvorstellungen ist außergewöhnlich angesichts der täglichen Schlagzeilen, die berichten, dass die Regierung der Vereinigten Staaten von Amerika so gut wie jedes Land auf Erden drangsaliert oder sich einmischt. Es ist die Politik der Vereinigten Staaten von Amerika, die Anführer von Ländern, die anstatt der amerikanischen die Interessen ihrer eigenen Völker vertreten, zu kaufen, zu stürzen oder zu bekriegen. Vor Kurzem fiel der Präsident von Honduras dieser Politik zum Opfer, der auf die wilde Idee gekommen war, dass die Regierung von Honduras den Menschen in Honduras dienen sollte.

Die amerikanische Regierung konnte den honduranischen Präsidenten ausschalten, weil das honduranische Militär vom Militär der Vereinigten Staaten von Amerika ausgebildet und ausgerüstet wird. Das Gleiche findet in Pakistan statt, wo die Regierung der Vereinigten Staaten von Amerika die pakistanische Regierung gegen das eigene Volk Krieg führen lässt, indem diese Stammesgebiete besetzt, von denen die Amerikaner glauben, dass sie den Taliban, al-Qaida, „Militanten“ und „Terroristen“ freundlich gesinnt seien.

Früher in diesem Jahr befahl ein stellvertretender Finanzminister der Vereinigten Staaten von Amerika Pakistan, die Steuern zu erhöhen, damit die pakistanische Regierung effektiver den Krieg gegen ihre eigenen Bürger im Auftrag der Amerikaner führen konnte. Am 14. Oktober befahl die Außenministerin der Vereinigten Staaten von Amerika Hillary Clinton Pakistan neuerlich, die Steuern zu erhöhen, andernfalls würden die Vereinigten Staaten von Amerika die Hilfeleistungen nach den Überschwemmungen zurückhalten. Clinton setzte Amerikas Handlangerstaaten in Europa unter Druck, dasselbe zu tun, wobei sie im gleichen Atemzug zum Ausdruck brachte, dass die Vereinigten Staaten von Amerika über die britischen Kürzungen der Militärausgaben beunruhigt seien. Gott bewahre, dass die hart getroffenen Briten, die noch immer unter dem amerikanischen Finanzbetrug wanken, nicht genug Geld zur Verfügung stellen, um für Amerika Krieg zu führen.

Auf Washingtons Befehl führte die pakistanische Regierung eine Militäroffensive gegen pakistanische Bürger im Swattal durch, durch die eine große Anzahl von Pakistanern getötet und Millionen von Zivilisten aus ihren Wohnungen vertrieben wurden. Im vergangenen Juli wiesen die Vereinigten Staaten von Amerika Pakistan an, seine Truppen gegen die pakistanischen Bewohner Nordwaziristans zu schicken. Am 6. Juli berichtete Jason Ditz auf antiwar.com, dass „auf Amerikas Geheiß Pakistan Offensiven gegen (die pakistanischen Provinzen) Swattal, Bajaur, Südwaziristan, Orakzai und Khyber gestartet hat".

Eine Woche später forderte Israels Senator der Vereinigten Staaten von Amerika Carl Levin (Demokraten, Mississippi) die Eskalation der Politik der Luftangriffe der Administration Obama gegen Pakistans Stammesgebiete. Am 30. September schrieb die pakistanische Zeitung The Frontier Post, dass die amerikanischen Luftangriffe „schlicht und einfach eine nackte Aggression gegen Pakistan darstellen".

Die Vereinigten Staaten von Amerika behaupten, dass ihre Streitkräfte in Afghanistan das Recht haben, bei der Verfolgung von „Militanten" in Pakistan einzudringen. Vor Kurzem töteten Kampfhubschrauber der Vereinigten Staaten von Amerika drei pakistanische Soldaten, die sie für Taliban hielten. Pakistan sperrte die wichtigste Versorgungsroute der Vereinigten Staaten von Amerika nach Afghanistan, bis sich die Amerikaner entschuldigten.

Pakistan warnte Washington vor weiteren Angriffen. Die Militärs der Vereinigten Staaten, die unter dem Druck Obamas stehen, Fortschritte im endlosen Krieg gegen Afghanistan vorzuweisen, reagierten auf die Warnung Pakistans, indem sie forderten, den Krieg von Afghanistan nach Pakistan hinein auszudehnen. Am 5. Oktober schrieb der kanadische Journalist Eric Margolis, dass „die Vereinigten Staaten von Amerika näher an eine Invasion Pakistans heranrücken“.

In seinem Buch „Obama's Wars” berichtet Bob Woodward, dass Amerikas Marionettenpräsident von Pakistan Asif Ali Zardari glaubt, dass terroristische Bombenattacken innerhalb Pakistans, derer die Taliban beschuldigt werden, in Wirklichkeit Operationen der CIA sind und das Ziel haben, Pakistan zu destabilisieren und sich Pakistans Atomwaffen unter den Nagel zu reißen.

Um Pakistan in der Schusslinie zu behalten, änderte die Regierung der Vereinigten Staaten von Amerika ihre Position, dass das „Bombenattentat auf dem Times Square“ die Tat eines „einsamen Wolfs“ sei. Justizminister Eric Holder verschob die Schuld auf die „pakistanischen Taliban“, und Außenministerin Clinton drohte Pakistan mit „sehr ernsten Konsequenzen“ für die erfolglose Bombenaktion am Times Square, welche wahrscheinlich eine gegen Pakistan gerichtete Operation unter falscher Flagge war.

Um die Spannungen weiter anzuheizen, wurden am 1. September die acht Mitglieder einer hochrangigen pakistanischen Militärdelegation auf der Reise zu einem Treffen mit dem Zentralkommando der Vereinigten Staaten von Amerika in Tampa, Florida, rüde behandelt und als Terrorismusverdächtige auf dem Dulles Airport in Washington DC verhaftet.

Jahrzehntelang hat die Regierung der Vereinigten Staaten von Amerika israelische militärische Aggressionen gegen Libanon ermöglicht und scheint wieder dabei zu sein, einen weiteren Angriff Israels auf das ehemalige amerikanische Protektorat Libanon auf die Beine zu stellen. Am 14. Oktober brachte die Regierung der Vereinigten Staaten von Amerika ihre „Empörung“ darüber zum Ausdruck, dass die libanesische Regierung einen Besuch des iranischen Präsidenten Ahmadinejad erlaubt hatte, der im Brennpunkt von intensiven Dämonisierungsbestrebungen Washingtons steht. Israels Vertreter im Kongress der Vereinigten Staaten von Amerika drohten, die Militärhilfe der Vereinigten Staaten von Amerika für den Libanon einzustellen, vergessend, dass der Kongressabgeordnete Howard Berman (Demokraten, Kalifornien) die Hilfe für den Libanon bereits seit dem letzten August blockiert, um den Libanon für einen Grenzkonflikt mit Israel zu bestrafen.

Die vielleicht vielsagendste Schlagzeile von allen ist die vom 14. Oktober: „Somalias neuer amerikanischer Premierminister“. Ein Amerikaner wurde zum Premierminister Somalias bestellt, eines Marionettenregimes in Mogadishu, das von tausenden Soldaten aus Uganda gestützt wird, die von Washington bezahlt werden. Das alles beeinträchtigt kaum den oberflächlichen Anschein von Washingtons Wohlwollen anderen Ländern gegenüber und seinem Respekt vor deren Rechten, Grenzen und den Leben ihrer Bürger.

Um WikiLeaks zum Schweigen zu bringen und weitere Enthüllungen amerikanischer Kriegsverbrechen zu verhindern, hat die Regierung der „Freiheit und Demokratie“ in Washington die Spenden an WikiLeaks abgedreht, indem sie die Organisation auf ihre „Watchlist“ setzte und die australische Marionettenregierung dazu brachte, das Gleiche zu tun. WikiLeaks steht jetzt auf der Stufe einer terroristischen Organisation. Die Vorgangsweise der amerikanischen Regierung, Kritik zum Schweigen zu bringen, wird sich über das Internet verbreiten: Denken Sie daran, dass sie uns hassen, weil wir Freiheit und Demokratie haben, verfassungsmäßig garantierte Rechte, Habeas Corpus, Achtung vor den Menschenrechten und allen gegenüber Gerechtigkeit und Barmherzigkeit zeigen.

03.11.2010: Wer hat die Kristallkugel?

Meine konservativen und republikanischen Bekannten glauben, dass die „liberalen Medien“ Amerika zerstören. Wenn ich sie frage, welche denn die liberalen Medien sind, ist die übliche Antwort: „Alle.” Ich frage sie weiter, was mit Fox „News“ und CNN los ist und erkläre, dass die TV-Netzwerke nicht mehr unabhängig, sondern von gewaltigen Konzernkonglomeraten übernommen worden sind und dass die „liberalen“ Nachrichtenmoderatoren allesamt gefeuert wurden oder gestorben sind.

An diesem Punkt kommen meine Bekannten dann mit der New York Times und der Washington Post daher. Ich erinnere sie daran, dass die Invasion des Irak ohne die New York Times nie möglich gewesen wäre, die den Weg bereitet hat. Judith Miller füllte diese Zeitung mit der neokonservativen Propaganda des Bush-Regimes, die orchestriert wurde, um die Akzeptanz der Öffentlichkeit für die Aggression der Vereinigten Staaten von Amerika gegen den Irak zu erreichen. Später brachte die New York Times eine Art Entschuldigung und Miller verließ die Zeitung.

Das ließ die Washington Post, anscheinend ein alter Aktivposten der CIA, als das „liberale Medium“ übrig, das Amerika zerstört, bis am 31. Oktober David Broder, der Langzeitexperte dieser Zeitung, schrieb, dass Obama die kommenden zwei Jahre damit verbringen sollte, dass er den Republikanern den Wind aus den Segeln nimmt und die Wirtschaft dadurch erneuert, dass er einen Entscheidungskampf mit dem Iran herbeiführt. Gegen den Iran in den Krieg zu ziehen, „die größte Bedrohung für die Welt“, würde gleichzeitig die Republikaner mit Obama versöhnen und die Wirtschaft wiederherstellen. Durch die Befolgung von Broders Anleitung wird „Obama die Welt sicherer gemacht haben und würde als einer der erfolgreichsten Präsidenten der Geschichte betrachtet werden“. Soweit also der „liberale“ Broder in der „liberalen“ Washington Post, der den von den Neokonservativen ersehnten Krieg gegen den Iran befürwortet.

Die Ironie geht noch tiefer. Meine Bekannten betrachten Obama als einen Marxisten und einen Muslim. Meine Bekannten kommen nicht auf die Idee, dass der Militär-/Sicherheitskomplex und Wall Street keinen Marxisten in das Weiße Haus setzen würden, oder dass AIPAC nicht einen Muslim in das Weiße Haus bekommen wollte, oder dass ein Muslim nicht einen mit doppelter amerikanisch-israelischer Staatsbürgerschaft zum Stabschef gemacht und in seine Regierung israelfreundliche Juden berufen hätte, oder dass ein Muslim nicht den Krieg gegen Afghanistan erneuert und neue Kriege gegen Pakistan und Jemen begonnen hätte, oder dass Obama, wäre er ein Muslim, etwas gegen das Abschlachten von Muslimen im Dienste der Weltherrschaftsagenda der Neokonservativen unternommen hätte.

Chris Hedges schreibt in Truthdig: „Die amerikanische Linke ist ein Phantom. Sie wird von der Rechten herbeigezaubert, um Barack Obama als Sozialisten zu etikettieren, und von den Liberalen benutzt, um ihre Gleichgültigkeit und Lethargie zu rechtfertigen. Sie lenkt die Aufmerksamkeit von der Macht der Konzerne ab. Sie führt den Mythos eines demokratischen Systems fort, das von den Stimmen der Bürger, politischen

Plattformen und der Arbeit der gesetzgebenden Abgeordneten beeinflusst wird. Die Welt bleibt gut überschaubar aufgeteilt in eine Linke und eine Rechte. Das Phantom Linke fungiert als bequemer Sündenbock. Der rechte Flügel gibt ihr die Schuld an der moralischen Degeneration und dem fiskalischen Chaos. Die liberale Klasse benützt sie, um nach ‚Mäßigung' zu rufen.

Die Konzerne, die die Massenkommunikation kontrollieren, zaubern das Phantom einer Linken herbei. Sie geben dem Phantom die Schuld an unserem Debakel. Und sie bringen uns dazu, sinnlos herumzureden."

Aber das ist Amerika. Die Leute können einfach nicht zwei und zwei zusammenzählen. Denken ist nichts, womit die amerikanische Öffentlichkeit sich beschäftigt.

In der Tat sind die Amerikaner nicht fähig, sich über irgendetwas Gedanken zu machen.

Nehmen Sie die letzte Bomben-Panikmache, wo zunächst eine junge proamerikanische Studentin im Jemen beschuldigt wurde, die dann glücklicherweise freigelassen wurde, bevor sie gefoltert und vergewaltigt wurde. Angeblich kamen als Druckertintenpatronen getarnte Bomben durch die laxe Frachtkontrolle und waren unterwegs, um irgendwo hochzugehen. Jeder pflichtete unmittelbar der Geschichte bei. UPS-Piloten drängten Behördenvertreter der Vereinigten Staaten von Amerika, weltweit die Frachtkontrollen zu verstärken. Die Vereinigten Staaten von Amerika entsandten ein Team nach Jemen, um die Sicherheitskontrolle zu übernehmen.

Irgendwie waren die Sicherheitsdienste, die die Attacke von 9/11 nicht verhindern konnten, in der Lage, diesen Anschlag unter Kontrolle zu bringen, ehe er Erfolg hatte.

Betrachten wir den Zeitpunkt des vereitelten Anschlags. Der Vorstand der British Airways Martin Broughton und mehrere europäische Behördenvertreter beschuldigten vor Kurzem die Vereinigten Staaten von Amerika, von Flugpassagieren sinnlose Dinge wie das Ausziehen der Schuhe und getrennte Überprüfungen von Laptopcomputern zu verlangen. Broughton sagte sogar: „Europa sollte nicht jedes Mal vor den Amerikanern in die Knie gehen, wenn diese wieder etwas haben wollen, um die Sicherheit auf Flügen in die Vereinigten Staaten von Amerika aufzupeppen."

Der Eigentümer des Londoner Flughafens Heathrow stimmte zu. Die Europäische Union hat die Forderung der Vereinigten Staaten von Amerika an europäische Passagiere infrage gestellt, Online-Checks vor dem Einchecken von Flügen in die Vereinigten Staaten von Amerika zu absolvieren, indem sie dieses Verlangen als „beschwerliche Maßnahme“ bezeichnete.
Wie durch ein Wunder wird jetzt ein Anschlag aufgedeckt, der die British Airways, den Londoner Flughafen Heathrow und die EU als „weich in Bezug auf Sicherheit vor dem Terrorismus“ hinstellt. Oder wie wär´s mit diesem Motiv? Das Obamaregime möchte Killerteams der CIA in den Jemen schicken, um Leute umzubringen, die einer feindlichen Einstellung gegenüber Amerika verdächtigt werden. CIA-Drohnen sollten benutzt werden, um die Verdächtigten ungeachtet der bewiesenen Tatsache, dass die CIA-Drohnen, die in Afghanistan und unter Verletzung der pakistanischen Souveränität eingesetzt werden, hauptsächlich unschuldige Menschen töten, in die Luft zu jagen.
Jemens Präsident Ali Abdullah Saleh sagte, dass er gegen eine Verletzung der Souveränität seines Landes durch Amerika sei, aber, ach, es war die laxe Sicherheit des jemenitischen Präsidenten, die den Druckertintenpatronenanschlag ermöglichte. Wenn nicht die Streitkräfte der Vereinigten Staaten von Amerika in Jemen Terroristen eliminieren, ist die Welt nicht sicher.
Die Amerikaner stellen nie die Frage der alten Römer: „Wem nützt es?“
Nehmen wir zum Beispiel den „Unterhosenbomber“. Wie wahrscheinlich ist es, dass al-Qaida, die angeblich erfolgreich alle 16 Geheimdienste der Vereinigten Staaten von Amerika, den Nationalen Sicherheitsrat, NORAD, das Pentagon und die Geheimdienste aller Alliierten der Vereinigten Staaten von Amerika einschließlich Israels ausgetrickst und die World-Trade-Türme zum Einsturz gebracht und erfolgreich das Pentagon selbst angegriffen hat, als nächsten Schritt sich damit zufriedengeben würde, nur ein Flugzeug mit einer Unterhosenbombe, einer Schuhbombe und einer Shampoo-/Zahnpasta-/Deodorant-Bombe in die Luft zu sprengen? Nachdem man den Status erreicht hat, der mit 9/11 verbunden ist, ist das Sprengen eines Flugzeugs ein massiver Absturz im Prestige, der das Bild einer weichgespülten al-Qaida vermittelt.
Und wieder, wem nützt es? Der offensichtlichste Nutznießer des Unterhosenbombers ist der Konzern, der die Ganzkörperscanner produziert, die die

Leute zeigen, als wenn sie nackt wären. Offenbar waren die Geräte bereits produziert und warteten auf einen Vertrag. Ohne den Unterhosenbomber und ohne die Publicity und die Angst, die die Medien hinsichtlich der neuen Bedrohung schürten, ist es höchst unwahrscheinlich, dass die Regierung mit einer dermaßen massiven Verletzung der Privatsphäre Erfolg gehabt hätte.
Es wäre interessant zu wissen, welche Firma die Ganzkörperscanner herstellt und in welcher Beziehung zu den Regierungen der Vereinigten Staaten von Amerika und Israels sie steht. Aber solche Fragen kommen weder den Amerikanern noch den „liberalen Medien" in den Sinn.
Als Mitglied des Kongresspersonals in den 1970er Jahren, tätig in Repräsentantenhaus, Senat, Ausschüssen und Abgeordnetenteams lernte ich, dass außer in seltenen Fällen die Gesetze, die durch den Kongress beschlossen werden und die dann der Präsident unterzeichnet, entweder von Regierungsämtern oder von Lobbyisten verfasst werden. Der Kongress hat den PATRIOT Act nicht verfasst. Dieser wurde vor 9/11 erstellt und wartete auf seine Gelegenheit. Die nationale Sicherheitsberaterin von Präsident Bush, Condi Rice, sagte, dass niemand je ein Ereignis wie 9/11, mit Terroristen, die entführte Flugzeuge als Geschosse gegen World Trade Center und Pentagon verwendeten, vermutet hätte. Warum lag dann der voluminöse PATRIOT Act in Bereitschaft?
Wessen Kristallkugel hat die Zukunft gelesen und den PATRIOT Act im Vorhinein abgefasst? Wessen Kristallkugel sah den Unterhosenbomber voraus und hatte die Ganzkörperscanner zum Einsatz bereit?

Sind das erstaunliche Zufälle oder orchestrierte Ereignisse?

03.11.2010: Macht ist Recht

In meiner Kolumne „Wer hat die Kristallkugel?" hinterfragte ich die Existenz der „liberalen Medien" und ich bemerkte, dass es interessant wäre, den Hersteller des Ganzkörperscanners („Nacktscanner") zu kennen und etwas über die Beziehung dieser Firma zu den Regierungen der Vereinigten Staaten von Amerika und Israels zu erfahren.

Konservative Leser schrieben mir, um mir mitzuteilen, dass ich dadurch, dass ich National Public Radio (NPR, das ist der „Kultursender“ in den Vereinigten Staaten von Amerika, d.Ü.) nicht erwähnt habe, „die liberalen Medien“ unter dem Tisch versteckt hätte. Ein weiterer Leser, der die Sachlage kennt, informierte mich über die Ganzkörperscanner-Firma und ihre Beziehung zu den Regierungen der Vereinigten Staaten von Amerika und Israels. Fangen wir mit Letzterem an.

Die Ganzkörperscanner werden von Rapiscan Systems hergestellt, einer Firma, die von der Chertoff-Gruppe repräsentiert wird. Die Chertoff-Gruppe ist Michael Chertoff, ein Bürger mit doppelter, israelisch-amerikanischer Staatsbürgerschaft, der 2005 vom Hampelmann-Präsidenten George W. Bush zum Minister für Heimatlandsicherheit bestellt wurde. Die Transportation Security Administration (TSA – Behörde für Transportsicherheit) nutzte Obamas wirtschaftlichen Anreiz, den American Recovery and Reinvestment Act, um 150 Rapiscan-Geräte zu kaufen. Viel größere Einkäufe werden vorbereitet.

Chertoff war Bundesrichter am Berufungsgericht der Vereinigten Staaten von Amerika für den Dritten Bezirk, er war auch ein Bundesankläger, der die Verurteilung und Zerstörung der Buchhaltungsfirma Arthur Andersen betrieb, offenbar zu Unrecht, da die Verurteilung vom Obersten Gerichtshof der Vereinigten Staaten von Amerika aufgehoben wurde. Bis dahin waren allerdings die Firma und die Arbeitsplätze und Laufbahnen ihrer Angestellten bereits von Chertoff zerstört worden.

Chertoff wurde von George W. Bush auch zum stellvertretenden Justizminister bestellt. Chertoff überwachte die 9/11-Untersuchung (oder Nicht-Untersuchung).

Chertoff ist auch Mitverfasser des PATRIOT Act, einem Stück faschistischer Gesetzgebung, das die bürgerlichen Rechte der Amerikaner zerstört.

Heute nutzt Chertoff seine Empfehlungen aus Regierungszeiten, um Ganzkörperscanner in amerikanische Flughäfen zu installieren. Eine Bürgerrechtsgruppe, FlyersRights.org, hat Chertoff wegen des Missbrauchs „des Vertrauens, das die Öffentlichkeit in ihn als ehemaligen Beamten gesetzt hat, um aus dem Verkauf von Ganzkörperscannern privaten Gewinn zu schlagen“ kritisiert.

Chertoffs Mutter Livia war Hostess der El Al Airlines und laut einigen Berichten Agentin des Mossad.
Jetzt zum National Public Radio (NPR). Früher einmal war NPR eine alternative Stimme. Diese Stimme wurde während der Bush-Administration ausgeschaltet, als der republikanische Geldbeschaffer Gay Hart Gaines von Bush zum Vizevorsitzenden der Corporation for Public Broadcasting (Gesellschaft für Öffentlichen Rundfunk) bestellt wurde und Cheryl Feldman Halpern als Vorstand und Elizabeth Sembler ebenfalls in den Vorstand berufen wurden.
Diese Frauen sind gewiss nicht liberal. Gaines steht in Verbindung mit rechten und neokonservativen Organisationen wie dem American Enterprise Institute, der Heritage Foundation und dem National Review Institute. Laut Common Cause war Gaines „ein leidenschaftlicher Geldbeschaffer für Newt Gingrich".
Halpern ist eine republikanische Spenderin und eine Kritikerin des NPR. Halpern beschuldigte NPR einer antiisraelischen Tendenz und meinte, dass Journalisten im öffentlichen Rundfunk für einseitige Darstellungen bestraft werden sollten. Einseitige Darstellungen sind die, die nicht in die Agenda der Republikaner und von AIPAC (mächtige pro-israelische Lobbygruppe) passen. Halpern begleitete Präsident George W. Bush im Mai 2008 zur Feier des 60-jährigen Bestehens des Staates Israel nach Jerusalem. Halpern sitzt im Vorstand des Washington Institute for Near East Policy (Washingtoner Institut für Nahostpolitik), einer Ablegerorganisation von AIPAC, die sich in erster Linie mit der Beeinflussung der Regierung der Vereinigten Staaten von Amerika beschäftigt, während AIPAC sich auf den Kongress konzentriert. Bei ihrer Bestellungsanhörung brachte Halpern ihre Meinung zum Ausdruck, dass Bill Moyers von Public Broadcasting System nicht objektiv sei und bedauerte, dass sie als Vorstand der Gesellschaft keine Macht habe, „jemanden physisch zu entfernen, der an der Beeinflussung von Nachrichten mitgewirkt hat".
Sembler ist Direktorin für jüdische Studien an der jüdischen Tagesschule in Clearwater, Florida. Ihr Gemahl ist Geschäftsführer der Sembler Company, einer Firma, die Einkaufszentren entwickelt.
Der Vorstand der Corporation for Public Broadcasting verteilt öffentliche Mittel an nicht-kommerzielle Radio- und TV-Stationen. NPR wurde

klar, dass die Finanzierung in Frage stand, und NPR ließ die Wahrheit Wahrheit sein, um das Geld zu behalten. Die republikanische Übernahme wurde durch eine Geldspritze seitens der Konzerne für NPR besiegelt. Heute bringt die Station gleich viele Werbeeinschaltungen für Spender aus der Wirtschaft wie eine kommerzielle Station. Sie gibt noch immer vor, von den Hörern finanziert zu sein, aber NPR gehört jetzt zu den „vereinigten Medien“ und klingt wie die Stimme Israels.

Am 2. November zeigte die Nachrichtensendung von NPR dessen neue Farben. Als es über die von einem Gestapo-Militärtribunal über Omar Khadr verhängte Freiheitsstrafe von 40 Jahren für „Kriegsverbrechen“ berichtete, brachte NPR einen Kommentar der Witwe eines Soldaten der Vereinigten Staaten von Amerika, der in dem Kampf getötet wurde, in dem der verwundete 15-jährige Khadr gefangen genommen worden war, sowie eines Militäroffiziers der Vereinigten Staaten von Amerika im Ruhestand. NPR brachte keinerlei Kommentar von Rechtsexperten, die aufgezeigt hätten, dass dieses „Verfahren“ eine Verhöhnung des Gesetzes darstellt.

Khadr wurde in verletztem Zustand nach einem vierstündigen Kampf im afghanischen Dorf Ayub Kheyl gefangen genommen, das von den Vereinigten Staaten von Amerika angegriffen wurde. Er wurde beschuldigt, eine Handgranate geworfen zu haben, die einen Soldaten der Vereinigten Staaten von Amerika tödlich traf. Man kann unmöglich wissen, wer während eines Feuerkampfes eine Granate geworfen hat. Abgesehen davon ist die Anwendung von tödlicher Gewalt in militärischen Auseinandersetzungen kein Kriegsverbrechen. Khadr wurde sieben Jahre lang in Guantánamo festgehalten, wo er gefoltert wurde, bis er ein Geständnis ablegte. In seiner Gerichtsverhandlung wurde aus seinem Geständnis ein Handel über das Strafausmaß. Worum es in dem Verfahren gegen Khadr ging, ist die Feststellung, dass „feindliche Kämpfer“, die Widerstand gegen die Aggression der Vereinigten Staaten von Amerika leisten, Kriegsverbrecher sind. Es wird davon ausgegangen, dass nur „Terroristen“ Widerstand gegen die amerikanische Invasion ihrer Länder leisten.

In dem NPR-Bericht war nichts davon zu hören. Stattdessen war Amerikas „alternative Stimme“ durch und durch neokonservativ. NPR präsentierte seinen Hörern die selbstgerechte Freudenfeier der Witwe des Soldaten der Vereinigten Staaten von Amerika, die, wie der Guardian am 2. November berichtete, „ihre Faust in die Luft stieß und jubelte: ‚Ja!'". Die Witwe sagte, dass sie jetzt, nachdem endlich der Gerechtigkeit Genüge getan wurde, ihr Leben weiterführen könne. NPR setzte fort mit einem pensionierten Offizier des Militärs der Vereinigten Staaten von Amerika, der sagte, dass das Urteil gegen Khadr darauf hinauslaufe, dass man einen Mörder laufen lasse.

Khadrs Ankläger Jeffrey Groharing erklärte, dass das Urteil gegen Khadr „eine Botschaft an al-Qaida und andere senden werde, deren Bestrebungen und Ziele es seien zu töten und rund um die Welt Chaos zu stiften". Die Ironie in diesen Worten entging dem gezähmten NPR. Die Tode, die al-Qaida zugerechnet werden können, machen im Vergleich zu den Toden, die durch die überflüssige nackte Aggression der Vereinigten Staaten von Amerika und Israels gegen die Muslime im Irak, in Afghanistan, Palästina, Libanon, Pakistan, Jemen und Somalia verursacht werden, eine kleine Anzahl aus. Groharing erklärte den 15-jährigen Khadr zu „einem richtigen Terroristen", der das Verbrechen begangen hat, Widerstand gegen die Aggression Amerikas zu leisten. Nun ehrlich, welche Art von Idiot würde NPR nach diesem Bericht als „das liberale Medium" bezeichnen?

Welche Botschaft hat Khadrs Urteil verkündet? Den unbekümmerten Amerikanern nur, dass endlich ein Terrorist seine gerechte Strafe bekommen hat, trotz der liberalen Medien. Für den Rest der Welt lautet die Botschaft: Die Vereinigten Staaten von Amerika sind ein moralisch bankrottes, selbstgerechtes Land, das glaubt, dass Macht Recht ist. Der amerikanische Anspruch auf die Führerschaft in der Welt ist in Verruf gekommen.

12.11.2010: Amerikas Entartung zur Diktatur

Das Justiz(!)ministerium der Vereinigten Staaten von Amerika beschuldigt und verurteilt routinemäßig Unschuldige wegen gefälschter und erfundener Verbrechen, die nicht einmal im Gesetzbuch zu finden sind. Der angesehene Strafverteidiger und Befürworter der individuellen Handlungs- und Gedankenfreiheit Harvey A. Silverglate veröffentlichte im letzten Jahr das Buch „Three Felonies A Day: How the Feds Target the

Innocent" („Drei schwere Verbrechen pro Tag: Wie die Bundesbehörden gegen die Unschuldigen losgehen"), das überzeugend nachweist, dass wir im heutigen Amerika der „Freiheit und Demokratie" Strafen ohne Verbrechen haben.

Dieses Justiz(!)ministerium, das routinemäßig Unschuldige anklagt und verurteilt, argumentierte vor dem Bundesgericht am 8. November, dass die Regierung der Vereinigten Staaten von Amerika mit Genehmigung des Präsidenten jeden, den sie will, Staatsbürger oder nicht, ermorden kann. Alles, was es dazu braucht, ist eine Erklärung der Regierung – ohne Beweise, Anklage, Verfahren, Verurteilung durch eine Jury oder was alles von der Verfassung der Vereinigten Staaten von Amerika vorgesehen ist –, dass die Regierung den Verdacht hat, dass die ermordete Person bzw. Personen eine „Bedrohung" sind.

Das Justiz(!)ministerium der Vereinigten Staaten von Amerika teilte dem Richter am Bundesgerichtshof der Vereinigten Staaten von Amerika John Bates mit, dass die Judikative der Vereinigten Staaten von Amerika, einst ein gleichwertiger Bereich der Regierung, absolut keinerlei gesetzliche Autorität dazu hat, ihre Nase in Präsident „Change" Obamas Entscheidung zu stecken, Amerikaner umzubringen. Die Unanfechtbarkeit der Entscheidung des Präsidenten, Menschen umzubringen, bildet laut Justiz(!)ministerium der Vereinigten Staaten von Amerika eine der „zentralen Machtbefugnisse des Präsidenten in seiner Eigenschaft als Oberbefehlshaber".

Die Argumentation des Justiz(!)ministeriums, dass die Exekutive die unwiderrufliche Befugnis hat, Amerikaner zu töten, die sie einseitig, ohne Beweise dafür zu präsentieren, als Bedrohung erachtet, wurde von der American Civil Liberties Union (ACLU – Amerikanische Union für Bürgerliche Freiheiten) und dem Center For Constitutional Rights (CCR – Zentrum für Verfassungsrechte) angefochten.

Das Ergebnis dieses Verfahrens wird zeigen, ob der neokonservative und israelische Helfershelfer Präsident George W. Bush Recht hatte, als er sagte, dass die Verfassung der Vereinigten Staaten von Amerika nichts sei als „ein Haufen Altpapier".

Meine Meinung ist, dass das amerikanische Volk und die Verfassung der Vereinigten Staaten von Amerika keine besonders guten Chancen haben, dieses Verfahren zu gewinnen. Die Republikanische Federalist Society

(Föderalistische Gesellschaft) hat eine Reihe von Richterposten an Bundesgerichten, Berufungsgerichten und am Obersten Gerichtshof besetzen können, um dort die Ansicht zu vertreten, dass die Macht der Exekutive über der von Gesetzgebung und Rechtsprechung steht. Die Gründerväter unseres Landes hatten einstimmig beschlossen, dass Exekutive, Legislative und Rechtsprechung gleichrangig sind. Die republikanischen Braunhemden der Federalist Society allerdings haben die dämonische Ideologie ihrer Gesellschaft in die Bereiche der Gesetzgebung und des Justizministeriums eingeführt. Heute ist der Irrglaube weit verbreitet, dass die Exekutive zuoberst steht und die anderen Bereiche der Regierung untergeordnet sind. Wenn die Amerikaner einen größeren Feind haben als die Neokonservativen, so ist dieser Feind die Federalist Society.

Seien Sie anderer Meinung, wenn Sie wollen, aber sehen wir uns jetzt diese Entwicklung aus einer anderen Perspektive an. Ich bin alt genug, um mich an die Jahre der Regierung Nixon zu erinnern, und ich war ein vom Präsidenten bestellter und vom Senat der Vereinigten Staaten von Amerika bestätigter Mitarbeiter in der Administration Reagan. Für die unter Ihnen, die zu jung sind, das zu wissen, und für diejenigen, die zu alt sind, um sich zu erinnern: Präsident Nixon trat zurück, um ein Amtsenthebungsverfahren zu vermeiden, weil er gelogen hatte, als er vom Einbruch in das Watergate-Büro der Demokraten erfuhr.

Nixon log, nachdem er von dem Einbruch erfahren hatte, weil er wusste, dass, wenn er eine Untersuchung in die Wege leitete, die Washington Post den Einbruch zum Thema machen würde, um seine Wiederwahl zu vereiteln. Der Militär-/Sicherheitskomplex und gewisse Gruppierungen in der Regierung der Vereinigten Staaten von Amerika waren wütend auf Nixon, weil dieser die Beziehungen zwischen den Vereinigten Staaten von Amerika und China normalisiert hatte. Die Washington Post, lange als CIA-Aktivposten betrachtet, versteckte sich hinter ihrem „liberalen" Image, um Nixon zu Fall zu bringen. Woodward und Bernstein schrieben thrillermäßige Berichte über mitternächtliche Treffen mit „Deep Throat" in gefährlichen Tiefgaragen, um die Exklusivmeldung über das Datum zu bekommen, an dem Nixon von dem bedeutungslosen Einbruch erfuhr. Nehmen wir an, dass ich völlig danebenliege. Die Tatsache bleibt, dass Nixon wegen des Watergate-Einbruchs aus dem Amt gejagt wurde. Niemand wurde verletzt. Nixon brachte keinen um oder beanspruchte das Recht, ohne Beweis oder Verantwortung amerikanische Bürger zu töten. Hätte der niederträchtige Präsident Nixon ein Justizministerium wie das jetzige gehabt, dann hätte er einfach Woodward, Bernstein und die Washington Post zu Bedrohungen erklärt und sie umgebracht, indem er die Macht ausgeübt hätte, die die Administration Obama für sich beansprucht.

Nixon ist vielleicht schon zu lange her, werfen wir also einen Blick auf Ronald Reagan.

Der Iran/Contra-Skandal der Neokonservativen brachte Präsident Reagan fast zu Fall. Es ist nicht sicher, ob Präsident Reagan von der Neokon-Operation wusste und wenn ja, ob er geholfen hat, sie geheim zu halten. Aber ungeachtet dessen, was glauben Sie, was Präsident Reagans Schicksal gewesen wäre, wenn er oder sein Justizministerium erklärt hätten, dass Reagan als Oberbefehlshaber die Macht habe, jeden umzubringen, den er als Bedrohung erachtete?

Augenblicklich wäre bei den Medien, in den Universitäten und Rechtsfakultäten die Hölle los gewesen, die Demokraten hätten Reagans Amtsenthebung gefordert und eben jene wäre mit Lichtgeschwindigkeit erfolgt.

Heute in Amerika, ungefähr 25 Jahre danach, muss die ACLU zum Bundesgericht gehen, um eine Bestätigung zu bekommen, dass, „wenn die Verfassung irgendeine Bedeutung hat, diese sicher nicht darin besteht, dass der Präsident die uneingeschränkte Befugnis hat, jeden Amerikaner standrechtlich umzubringen, den er als Staatsfeind betrachtet".

In seiner Stellungnahme dagegen teilte das Justiz(!)ministerium dem Gericht mit, dass das Umbringen amerikanischer Bürger eine „politische Angelegenheit" ist, die die Rechtsprechung nichts angeht. Die Regierung von „Freiheit und Demokratie" berief sich dann auf das „Privileg des Staatsgeheimnisses" und erklärte, dass das Verfahren gegen die Befugnis der Regierung, Morde zu begehen, eingestellt werden muss, um die „Enthüllung sensitiver Informationen" zu vermeiden.

Wenn das Obamaregime dieses Verfahren gewinnt, werden die Vereinigten Staaten von Amerika eine Diktatur geworden sein.

Soweit ich das beurteilen kann, kümmern sich die „liberalen Medien" und die meisten Amerikaner nicht darum. Dafür bejubeln es konservative Republikaner.

18.11.2010: Der Gestank amerikanischer Scheinheiligkeit

Zehn Jahre Herrschaft durch die Bush- und Obama-Regimes haben zum Zusammenbruch der Rechtsstaatlichkeit in den Vereinigten Staaten von Amerika geführt. Berichten die amerikanischen Medien über diese unheilvolle und außergewöhnliche Sache? Nein, die amerikanischen Medien sind mit der Rechtsstaatlichkeit in Burma (Myanmar) beschäftigt. Das Militärregime, das Burma beherrscht, hat gerade die pro-demokratische Führerin Aung San Suu Kyi aus dem Hausarrest entlassen. Die amerikanischen Medien nahmen ihre Freilassung zum Anlass, über die Abwesenheit der Rechtsstaatlichkeit in Burma herzuziehen. Ich bin sehr für die tapfere Dame, aber wenn es um die Wahrheit geht, um „Freiheit und Demokratie", dann braucht sie Amerika viel notwendiger als Burma.

Zwar bin ich kein Experte für Burma, aber soweit ich das sehe, bestehen die Vorbehalte gegen eine Militärregierung darin, dass diese Regierung nicht dem Gesetz verpflichtet ist. Stattdessen handelt ein solches Regime je nach Gegebenheit und erlässt Verordnungen, die seiner Agenda entsprechen. Die Regierung Burmas kann dafür kritisiert werden, dass sie keinen Rechtsstaat hat, aber nicht dafür, dass sie gegen ihre eigenen Gesetze verstößt. Vielleicht passt uns nicht, was die burmesische Regierung macht, aber genau betrachtet ist ihr Verhalten nicht illegal. Im Gegensatz dazu behauptet die Regierung der Vereinigten Staaten von Amerika, eine Regierung auf der Grundlage von Gesetzen und nicht von Menschen zu sein, aber wenn die exekutive Gewalt die Gesetze verletzt, die das regeln, werden die Verantwortlichen nicht für ihre verbrecherischen Handlungen zur Verantwortung gezogen. Nachdem die Verantwortlichkeit die Grundlage der Rechtsstaatlichkeit bildet, bedeutet das Fehlen von Verantwortlichkeit das Fehlen der Rechtsstaatlichkeit. Die Liste der verbrecherischen Handlungen der Präsidenten Bush und Obama, Vizepräsident Cheney, der CIA, der NSA, des Militärs der Vereinigten Staaten von Amerika und anderer Regierungseinrichtungen ist lang und wächst immer weiter. Zum Beispiel haben beide, Präsident Bush und Vizepräsident Cheney, gegen die Gesetze der Vereinigten Staaten von Amerika und das

Internationale Recht gegen die Folter verstoßen. Amnesty International und ACLU reagierten auf Bushs vor Kurzem erfolgtes Geständnis, dass er die Anwendung von Folter genehmigt habe, mit Forderungen nach einer strafrechtlichen Untersuchung von Bushs Verbrechen.
In einem Brief an Justizminister Eric Holder erinnerte die ACLU das Justiz(!)ministerium der Vereinigten Staaten von Amerika, dass „ein Land, das sich zur Einhaltung rechtsstaatlicher Prinzipien verpflichtet hat, nicht einfach Beweise ignorieren kann, dass seine höchsten Führer Folter bewilligt haben".
Rob Freer von Amnesty International sagte, dass Bushs Eingeständnis, „Handlungen bewilligt zu haben, die nach Internationalem Recht Folter sind" und „ein Verbrechen nach dem Internationalen Recht" darstellen, die Regierung der Vereinigten Staaten von Amerika „dazu verpflichtet, eine Untersuchung durchzuführen und die Verantwortlichen vor Gericht zu bringen".
ACLU und Amnesty International wollen das zwar nicht zugeben, aber die Regierung der Vereinigten Staaten von Amerika ist ihre Selbstverpflichtung zur Einhaltung der Rechtsstaatlichkeit schon vor einem Jahrzehnt losgeworden, als die Regierung der Vereinigten Staaten von Amerika mit ihrer nackten Aggression – Kriegsverbrechen nach den Nürnberger Gesetzen – gegen Afghanistan und Irak auf der Grundlage von Lügen und Täuschung begann.
Die Verachtung der Rechtsstaatlichkeit durch die Regierung der Vereinigten Staaten von Amerika ging einen Schritt weiter, als Präsident Bush gegen den Foreign Intelligence Surveillance Act (Gesetz zur Überwachung ausländischer Geheimdienste) verstieß und die National Security Agency unter Umgehung des zuständigen Gerichtshofes Amerikaner ohne gerichtliche Genehmigung ausspionieren ließ. Die New York Times sitzt auf dem hohen Ross, wenn es um die Rechtsstaatlichkeit in Burma geht, aber als ein Patriot dieser Zeitung mitteilte, dass Bush gegen das Gesetz der Vereinigten Staaten von Amerika verstoßen hat, saßen die Herausgeber der New York Times ein Jahr lang auf diesem Leck, bis Bush sicher wiedergewählt war.
Holder wird natürlich nicht den Versuch unternehmen, Bush für das Verbrechen der Folter zur Verantwortung zu ziehen. Tatsächlich hat der stell-

vertretende Staatsanwalt der Vereinigten Staaten von Amerika gerade die CIA von der Verantwortlichkeit für ihre Verbrechen der Zerstörung der Videotape-Beweise für die illegale Folter von Gefangenen durch die Regierung der Vereinigten Staaten von Amerika entbunden, was ein schweres Verbrechen nach dem Gesetz der Vereinigten Staaten von Amerika darstellt.
Im vergangenen Februar sagte Cheney in der Sendung „This Week" auf ABC, dass er „ein großer Unterstützer des Waterboarding (= Wasserfolter, simuliertes Ertrinken)" war. Die Regierung der Vereinigten Staaten von Amerika richtete nach dem Zweiten Weltkrieg Japaner hin, die Waterboarding an amerikanischen Kriegsgefangenen begangen hatten. Aber Cheney ist der Verantwortung entgangen, was bedeutet, dass hier keine Rechtsstaatlichkeit herrscht.
Das Büro von Vizepräsident Cheney stand auch hinter der Aufdeckung einer geheimen Agentin der CIA, was ein schweres Verbrechen ist. Dennoch passierte Cheney nichts, und der Untergeordnete, an dem die Verantwortung hängen blieb, wurde von Präsident Bush begnadigt.
Präsident Obama hat sich selbst dadurch zum Komplizen bei den Verbrechen seines Vorgängers gemacht, dass er sich weigerte, eine rechtsstaatliche Vorgangsweise einzufordern. Bezüglich der Schwere der Verbrechen hat Obama Bush sogar übertroffen. Bush ist der Präsident der außergerichtlichen Folter, der außergerichtlichen Internierung, der außergerichtlichen Bespitzelung und des Eindringens in den privaten Bereich, aber Obama hat es noch eine Stufe höher geschafft. Obama ist der Präsident des außergerichtlichen Mordes.
Obama verletzt nicht nur die Souveränität eines amerikanischen Alliierten, nämlich Pakistans, indem er Drohnen und Special Forces-Mordkommandos über die Grenze schickt, um pakistanische Zivilisten umzubringen. Obama hat darüber hinaus eine Liste von amerikanischen Staatsbürgern, die zu ermorden er beabsichtigt, ohne Verhaftung, ohne Vorlage von Beweisen, ohne Gerichtsverfahren und Verurteilung.
Die massivste von Obama herbeigeführte Änderung („Change") ist seine Geltendmachung des Rechts der Regierung, jeden, den sie will, umzubringen, ohne jegliche Beeinträchtigung durch Gesetze der Vereinigten Staaten von Amerika und Internationales Recht. Seit Stalin und Hitler hat die Welt keine derartig verbrecherische Regierung gesehen.

Am 8. November teilte das Justiz(!)ministerium der Vereinigten Staaten von Amerika dem Bundesrichter John Bates mit, dass Präsident Obamas Entscheidung, amerikanische Bürger umzubringen, eine der „wirklichen Kernkompetenzen des Präsidenten" ist. Darüber hinaus, so das Justiz(!) ministerium, ist das Umbringen amerikanischer Bürger eine „politische Angelegenheit", die nicht einer Beurteilung durch Gerichte unterliegt.
Anders gesagt, Bundesgerichte existieren nur für einen Zweck – die Aktionen der Regierung abzusegnen.
Um bei der Wahrheit zu bleiben: Unter dem Militärregime in Burma hat das Recht einen höheren Stellenwert als in den Vereinigten Staaten von Amerika. Das Militärregime stellte Aung San Suu Kyi unter Hausarrest in ihrem eigenen Haus.
Das Militärregime warf sie nicht in einen Kerker, vergewaltigte und folterte sie nicht unter falschen Anschuldigungen und sperrte sie nicht ohne Anklage unbefristet ein. Die militärischen „Tyrannen" entließen sie darüber hinaus entweder als Zeichen des guten Willens oder aufgrund des Drucks seitens der internationalen Menschenrechtsgruppen – oder aus beiden Gründen.
Wenn doch ein vergleichbarer guter Wille in der Regierung der Vereinigten Staaten von Amerika existierte oder wenn doch der Druck seitens internationaler Menschenrechtsgruppierungen in Amerika gleich viel bewirken würde wie in Burma!
Aber leider, in Amerika stimmen harte Macho-Kerle dem virtuellen Strip ihrer Frauen und Töchter in Nacktscannern und der Zusammenrottung von TSA-Strolchen um dreijährige Kinder zu, die vor Entsetzen schreien. Im Gegensatz zu Burma, wo Aung San Suu Kyi für Menschenrechte kämpft, unterwerfen sich die Schafe in Amerika der totalen Durchdringung ihres Privatbereichs und der völligen Zerstörung ihrer bürgerlichen Rechte aus keinem anderen Grund als dem, dass sie hirntot sind und ohne jeden Beweis glauben, dass ihr Schicksal von „Terroristen" bedroht ist, die sich in weit entfernten Ländern befinden, die über keine Armeen, Kriegsflotten oder Luftwaffen verfügen und nur mit AK-47-Gewehren und selbstgebastelten Bomben bewaffnet sind.
Die ignorante Bevölkerung der „großen amerikanischen Supermacht", die in der Furcht begraben liegt, welche von einem Wahrheitsministerium pro-

pagiert wird, hat sich in die totale Destruktion der Verfassung der Vereinigten Staaten von Amerika und ihrer bürgerlichen Rechte und Freiheiten gefügt. Schafe wie diese genießen keine Achtung auf dem Angesicht der Erde.

29.11.2010: Terror organisieren

Warum organisiert das FBI gefälschte Terroranschläge?
Der letzte ließ den somalisch-amerikanischen Teenager Osman Mohamoud in die Falle gehen. Der Bericht von William Mall und Nedra Pickler von Associated Press (27.11.1010) findet sich unter dem Titel „In Somalia geborener Teenager plante Anschlag mit Autobombe in Oregon" auf Yahoo News.
Diese Überschrift täuscht, denn der Bericht macht klar, dass es ein Anschlag war, der von Bundesbeamten organisiert worden ist. Im dritten Satz des Berichtes kommt es: „Die Bombe war eine ausgeklügelte Fälschung, die von den (FBI) Beamten zur Verfügung gestellt wurde, die Öffentlichkeit war nie gefährdet, teilten die Behörden mit."
Dem Teenager wurden eine gefälschte Bombe und ein gefälschter Zünder zur Verfügung gestellt.
Drei Sätze später widersprechen die Reporter den zitierten Behörden mit einem Zitat von Arthur Balizan, Spezialagent, zuständig für das FBI in Oregon: „Die Bedrohung war sehr real."
Die Reporter widersprechen dann Balizan: „Der Sprecher des Weißen Hauses Nick Shapiro sagte am Samstag, dass Präsident Obama über die FBI-Operation vor der Verhaftung am Freitag informiert war. Shapiro sagte, Obama wäre versichert worden, dass das FBI die Operation ganz und gar unter Kontrolle habe und die Öffentlichkeit nicht gefährdet sei."
Dann widerspricht Shapiro sich selbst durch die Erklärung: „Die Ereignisse der letzten 24 Stunden unterstreichen die Notwendigkeit, wachsam gegen den Terrorismus zu bleiben, hier und im Ausland."
Die Geschichte erreicht ihren kafkaesken Höhepunkt, als Präsident Obama dem FBI für die Sorgsamkeit dankt, mit der es uns vor dem gefälschten Anschlag gerettet hat, den das FBI inszeniert hat.

Nach einigem Hin und Her, ob sie nun über einen realen Anschlag berichten oder über einen inszenierten, entscheiden sich die Reporter für den inszenierten. Vom Staatsanwalt der Vereinigten Staaten von Amerika Dwight Holton veröffentlichte Dokumente „zeigen, dass die verdeckte Operation im Juni begann“. Offenbar war der zum Ziel auserkorene Teenager aus Portland nicht so scharf auf die Sache. Das FBI musste ihn sechs Monate lang bearbeiten. Die Reporter vergleichen „die Geheimoperation Portland“ mit der vor Kurzem in Virginia erfolgten Verhaftung Faroque Ahmeds, der mit einem „Bombenattentat, das ein Trick war, der von den Bundesbeamten die letzten sechs Monate hindurch abgearbeitet wurde“, hereingelegt worden war.
Denken Sie einmal darüber nach. Das FBI arbeitete ein Jahr lang, um zwei Menschen dazu zu bringen, bei gefälschten Attentaten mitzumachen.
Wenn Sie nicht besonders hell sind und ein paar hart aussehende Kerle Sie anquatschen und Ihnen sagen, sie seien von al-Qaida und erwarteten Ihre Hilfe bei einer terroristischen Operation, könnten Sie vielleicht Angst davor haben, Nein zu sagen. Oder Sie könnten darauf anspringen, bei einer Vergeltungsaktion gegen eine amerikanische Bevölkerung mitzumachen, die sich so wenig um das Hinschlachten von Menschen Ihres Volkes in dem Land Ihrer Herkunft kümmert. Wie auch immer, es ist unwahrscheinlich, dass die in die Falle gegangene Person je etwas anderes gemacht hätte, als darüber zu sprechen, hätte das FBI sie nicht in eine Aktion hineintheatert. In anderen Fällen lockt das FBI Menschen mit Geld, bei den gefälschten Anschlägen mitzumachen.
Das einzige „terroristische Attentat“ im Inland seit 9/11, an das ich mich erinnern kann und das nicht offensichtlich vom FBI organisiert wurde, ist das „Times-Square-Attentat“, in dem Faisal Shahzad sich schuldig bekannte, versucht zu haben, eine Autobombe in Manhattan zu zünden. Auch dieser Anschlag ist verdächtig. Man würde wohl annehmen, dass ein richtiger Terrorist eine richtige Bombe verwendet und nicht eine Rauchbombe.
Am 19. Mai listet Joe Quin auf der Webseite sott.net (wieder veröffentlicht am 27.11.2010) einige der gefälschten Attentate auf, von denen manche durch Geständnisse unter Folter und andere durch ignorante und einge-

schüchterte Jurys für rechtsgültig erklärt wurden. Erfolterte und manipulierte Beweise für terroristische Bedrohungen sind mittlerweile gang und gäbe – die Regierung der Vereinigten Staaten von Amerika serviert ein Attentat und einen Beschuldigten, den sie foltert, bis er gesteht, oder die Regierung fabriziert einen Fall und bringt ihn vor Geschworene, die genau wissen, dass sie sich bei ihren Nachbarn nicht mehr blicken lassen können, wenn sie einen von den Medien präsentierten „Terroristen“ freisprechen.
Der vielleicht offensichtlichste dieser Fälle sind „The Miami Seven“ (die Sieben aus Miami), eine glücklose Gruppe von Christen/Zionisten/Moslems, die sich selbst als „Meer Davids“ bezeichneten und ruhig in einem Lagerhaus in Florida lebten und auf das biblisch vorhergesagte Ende der Zeiten warteten. Stattdessen kam das FBI, verkleidet als al-Qaida, und bot ihnen 50.000 Dollar und eine Al-Qaida-Angelobungszeremonie.
Das FBI sagte ihnen, sie müssten den Sears Tower in Chicago und diverse Regierungsgebäude in die Luft jagen. Ein ehrlicher Reporter bei Knight Ridder enthüllte: „Das Justizministerium gab die Verhaftungen in einer Reihe von Pressekonferenzen in zwei Städten bekannt, aber die Schwere der Beschuldigungen im Verhältnis zu der offenkundig amateurhaften Natur der Gruppe führte zu Bedenken unter bürgerlichen Freidenkern“, die bemerkten, dass die Gruppe „weder Waffen noch Sprengstoff besaß“. Das Justiz(!)ministerium und die gezähmten Medien machten ein großes Theater wegen der „Militärstiefel“, die die unglückseligen „Attentäter“ trugen, aber die Stiefel hatte ihnen das FBI gekauft.
Der schwerwiegendste Beweis gegen die unglückselige Gruppe bestand darin, dass sie Fotos von „Zielen“ in Florida gemacht hatte, aber die Regierung der Vereinigten Staaten von Amerika hatte sie mit Kameras ausgestattet.
Die Regierung der Vereinigten Staaten von Amerika mietete ihren Tölpeln sogar Autos, damit sie zu den Orten fahren konnten, an denen sie die Aufnahmen machten. Es stellte sich heraus, dass die Gruppe nur die 50.000 Dollar wollte, aber eine amerikanische Jury verurteilte sie sowieso. Wenn die Regierung der Vereinigten Staaten von Amerika solche Anstrengungen unternehmen muss, um aus unglückseligen Menschen „Terroristen“ zu machen, dann aus dem Grund, dass inoffizielle Ziele verfolgt werden. Welche Ziele könnten das sein?

Die Antwort ist: „Viele Ziele." Ein Ziel ist die Rechtfertigung von Angriffszielen, welche Kriegsverbrechen gemäß den Nürnberger Gesetzen sind, die von der Regierung der Vereinigten Staaten von Amerika selbst ins Leben gerufen worden sind. Eine Möglichkeit, Anklagen wegen Kriegsverbrechen zu vermeiden, besteht darin, dass man terroristische Handlungen inszeniert, die die nackten Aggressionen gegen „terroristische Länder" rechtfertigen.

Ein anderes Ziel ist die Schaffung eines Polizeistaates. Ein Polizeistaat kann Menschen, die sich ihrer Verarmung zum Vorteil der Superreichen widersetzen, besser unter Kontrolle halten als eine Demokratie, die sich an verfassungsmäßig garantierte bürgerliche Rechte halten muss.

Ein weiteres Ziel ist, reich zu werden. Terroranschläge, egal ob richtige oder inszenierte, haben einen Markt für Sicherheit geschaffen. Michael Chertoff, der israelische Staatsbürger mit doppelter Staatsbürgerschaft, ehemaliger Leiter der Heimatlandsicherheit der Vereinigten Staaten von Amerika, ist der Lobbyist, der Rapiscan vertritt – die Firma, die die Ganzkörperscanner herstellt, die infolge des „Unterhosen-Bomber"-Zwischenfalls derzeit die Flughäfen der Vereinigten Staaten von Amerika füllen. Die Heimatlandsicherheit hat bekannt gegeben, dass sie die Pornoscanner für Eisenbahnzüge, Busse, Untergrundbahnen, Gerichtsgebäude und Sportveranstaltungen ankaufen wird. Wie können Einkaufszentren und Straßen dem entkommen? Vor Kurzem mussten Fernlastzüge auf der Interstate 20 westlich von Atlanta durch ein ähnliches Gerät fahren. Alle haben vergessen, dass der Unterhosenbomber keine erforderlichen Papiere bei sich hatte und von einem Beamten an Bord des Flugzeuges begleitet worden war.

Der „Krieg gegen den Terror" schafft eine Gelegenheit für einige sehr gut vernetzte Leute, sehr reich zu werden. Wenn sie die Amerikaner schließlich in einem Dritte-Welt-Polizeistaat zurücklassen, werden sie es sich in Gstaad gut gehen lassen. Das ungeachtet der Tatsache, dass jeder auf dem Planeten weiß, dass stillende Mütter, Kinder, ältere Menschen mit Gehhilfen und in Rollstühlen, Kongressabgeordnete, Armeeangehörige, Nonnen und so weiter wohl kaum Mitglieder von al-Qaida sind, die sich verschwören, Bomben in ihrer Unterwäsche, ihren Schuhen, ihrem Shampoo und ihrer Gesichtscreme an Bord zu bringen.

Tatsächlich sind Bomben an Bord von Passagierflugzeugen eine seltene Angelegenheit.

Worum geht es also wirklich? Könnte es sein, dass die Regierung der Vereinigten Staaten von Amerika terroristische Zwischenfälle braucht, um die Verfassung der Vereinigten Staaten von Amerika endgültig aus dem Weg zu räumen? Am 24. November sendete National Public Radio einen Bericht von Dina Temple-Raston: „Behördenvertreter untersuchen die Möglichkeit, Anhaltungen ohne Gerichtsverfahren festzuschreiben und erwarten die entsprechende Gesetzgebung, die der Kongress Anfang nächsten Jahres verabschieden soll." Natürlich wird die Gesetzgebung nicht aus dem Kongress kommen. Die Entwürfe werden von der Heimatlandsicherheit und dem Justiz(!)ministerium verfasst. Der impotente Kongress wird sie nur mehr absegnen.

Die Auslöschung von Habeas Corpus, dem notwendigsten und wichtigsten Schutz der Freiheit, der je in Gesetz und Verfassung festgelegt worden ist, wurde für die Regierung der Vereinigten Staaten von Amerika deswegen notwendig, weil eine Jury einen verdächtigen oder vorgetäuschten „Terroristen" oder eine beschuldigte Person freisprechen könnte, von der die Regierung der Vereinigten Staaten von Amerika schon vor der Verhandlung erklärt hat, dass sie unbefristet in unbestimmter Internierung eingesperrt bleiben wird, auch wenn sie von einem Gericht der Vereinigten Staaten von Amerika freigesprochen wird. Der Justiz(!)minister der Vereinigten Staaten von Amerika hat erklärt, dass jeder „Terrorist", den er vor Gericht stellt und der von einer Jury freigesprochen wird, ungeachtet des Urteils in unbefristeter Haft bleiben wird. Ein derartiger Vorfall würde die totale Gesetzlosigkeit der amerikanischen „Rechtsprechung" bloßstellen.

Die Vereinigten Staaten von Amerika, „die leuchtende Stadt auf dem Hügel", „das Licht der Welt", sind zu Nazideutschland geworden. Es war Praxis der Gestapo, Gerichtsurteile zu ignorieren und auch freigesprochene Angeklagte zu ermorden oder unbefristet in den Lagern festzuhalten. Das Obamaregime ist dabei, Dick Cheneys Traum durch die gesetzliche Einführung der unbefristeten Anhaltung zu realisieren. Das amerikanische Recht ist in den Verliesen der dunklen Zeitalter verschwunden.

Diese Nazi-Gestapo-Politik ist jetzt die erklärte Politik des Justiz(!)ministeriums der Vereinigten Staaten von Amerika.

Wer noch immer glaubt, dass die Vereinigten Staaten von Amerika eine freie Gesellschaft sind, in der die Menschen bürgerliche Freiheit – „Freiheit und Demokratie“ – genießen, ist nicht informiert.

01.12.2010: Wer attackiert da wirklich die Welt?

Die eingeklemmten Schweine quieken. Um vom Außenministerium der Vereinigten Staaten von Amerika abzulenken, stellt Hillary Clinton die Veröffentlichungen der „diplomatischen Depeschen“ durch WikiLeaks als einen „Angriff auf die internationale Gemeinschaft“ hin. Die Wahrheit zu enthüllen ist in den Augen der Regierung der Vereinigten Staaten von Amerika gleichbedeutend mit einem Angriff gegen die Welt.

Es ist WikiLeaks' Schuld, dass alle diese Diplomaten der Vereinigten Staaten von Amerika eine Viertelmillion undiplomatischer Botschaften über die Alliierten Amerikas, auch bekannt als Marionettenstaaten, verschickt haben. Es ist auch WikiLeaks' Schuld, dass ein Mitarbeiter der Regierung der Vereinigten Staaten von Amerika nicht länger die zynischen Methoden ertragen konnte, mit denen die Regierung der Vereinigten Staaten andere Regierungen dazu bringt, ihr zu dienen: nicht ihren eigenen Völkern, sondern amerikanischen Interessen; und die belastenden Beweise an WikiLeaks weitergab.

Die Regierung der Vereinigten Staaten von Amerika glaubt in der Tat, dass es WikiLeaks' patriotische Pflicht ist, die Beweise zurückzugeben und den Übermittler zu identifizieren. Es geht nicht, dass wir dem Rest der Welt Einblicke in unsere Absichten geben. Die könnten ja aufhören, weiter unseren Lügen zu glauben.

Die einflussreiche deutsche Zeitschrift „Der Spiegel” schreibt: „Das ist praktisch eine politische Kernschmelze für die Außenpolitik der Vereinigten Staaten von Amerika.“

Das dürfte eher eine Hoffnung sein als die Realität. Die „sowjetische Bedrohung“ in der zweiten Hälfte des 20. Jahrhunderts ermöglichte es den Regierungen der Vereinigten Staaten von Amerika, Institutionen zu schaffen, die die Interessen anderer Länder denen der Vereinigten Staaten von Amerika unterordneten. Nach Jahrzehnten, in denen sie unter der Führung der USA standen, kennen europäische „Führer“ keine andere Möglichkeit des Handelns mehr. Die Entdeckung, dass ihr Boss über sie herzieht und sie hintergeht, wird wahrscheinlich nicht reichen, um den Geist der Unabhängigkeit zu entzünden. Zumindest nicht, bis der wirtschaftliche Zusammenbruch Amerikas deutlicher erkennbar wird.

Die Frage ist: Wie viel wird uns die Presse über diese Dokumente mitteilen? Der Spiegel selbst hat erklärt, dass er der Regierung der Vereinigten Staaten von Amerika zumindest teilweise eine Zensur des Materials gestattet, das er abdruckt. Das heißt mit großer Wahrscheinlichkeit, dass die Öffentlichkeit nichts über den Inhalt der 4.330 Dokumente erfahren wird, die „so explosiv sind, dass sie als ‚NOFORN' eingestuft sind“, was bedeutet, dass Ausländer, inklusive Präsidenten, Ministerpräsidenten und Geheimdienste, die mit der CIA bei der Informationsbeschaffung zusammenarbeiten, diese Dokumente nicht lesen dürfen. Möglicherweise wird auch der Inhalt der als „geheim“ klassifizierten 16.652 Depeschen der Öffentlichkeit nicht enthüllt werden.

Höchstwahrscheinlich wird sich die Presse, ausgehend von den Interessen ihrer Leser, auf Tratsch und wenig schmeichelhafte Bemerkungen konzentrieren, die Amerikaner über ihre ausländischen Kontrahenten gemacht haben. Das wird für einiges Gelächter sorgen. Auch wird die Regierung der Vereinigten Staaten von Amerika versuchen, die Medien in Richtungen zu lenken, die ihren politischen Zielen förderlich sind.

In der Tat hat das bereits begonnen. Am 29. November betonte National Public Radio, dass die Dokumente zeigten, dass der Iran sogar in der muslimischen Welt isoliert ist, was es für die Israelis und Amerikaner leichter macht, ihn anzugreifen. Die veröffentlichten Depeschen enthüllen, dass der ägyptische Präsident, eine amerikanische Marionette, den Iran hasst und dass die saudi-arabische Regierung schon lange die Regierung der Vereinigten Staaten von Amerika dazu drängt, den Iran anzugreifen. Mit anderen Worten, der Iran ist so gefährlich für die Welt, dass sogar seine Glaubensgenossen wollen, dass der Iran vom Antlitz der Erde gefegt wird.

NPR präsentierte ein paar einseitige „Iranexperten“, die den Iran und seine Führung anschwärzten und erklärten, dass die Regierung der Vereinigten Staaten von Amerika dadurch, dass sie der Forderung ihrer Alliierten im Mittleren Osten nicht nachgab, die Rolle des Gemäßigten spiele. Die Tatsache, dass Präsident George W. Bush den Iran zu einem Mitglied der „Achse des Bösen“ erklärt und wiederholt gedroht hat, den Iran anzugreifen, und dass Präsident Obama mit diesen Drohungen fortfuhr – Admiral Michael Mullen, der Vorsitzende des Generalstabs der Vereinigten Staaten von Amerika, hat gerade wieder einmal betont, dass für die Vereinigten Staaten von Amerika die Option auf einen Angriff nicht vom Tisch ist – werden von den amerikanischen „Iranexperten“ nicht als Hinweise auf etwas anderes als die gemäßigte Rolle der Amerikaner eingestuft.

Irgendwie ist es noch nicht in die Nachrichtenredaktion von NPR durchgesickert, dass nicht der Iran, sondern Israel routinemäßig Zivilisten in Libanon, Gaza und der West Bank tötet, und dass es nicht der Iran ist, sondern die Vereinigten Staaten von Amerika und deren NATO-Söldner, die die Zivilbevölkerung in Irak, Afghanistan, Jemen und Pakistan abschlachten.

Der Iran hat noch keinen seiner Nachbarn überfallen, aber die Amerikaner überfallen Länder rund um die halbe Erde.

Die „Iranexperten” stellten den Hass der saudischen und ägyptischen Herrscher auf den Iran als Rechtfertigung der Dämonisierung des Iran durch die Regierungen der Vereinigten Staaten von Amerika und Israels hin. Nicht ein „Iranexperte“ war imstande aufzuzeigen, dass die Tyrannen, die Ägypten und Saudi-Arabien beherrschen, den Iran fürchten, weil die iranische Regierung die Interessen der Moslems vertritt, während die Regierungen Ägyptens und Saudi-Arabiens die Interessen der Amerikaner vertreten.

Versuchen Sie nachzufühlen, wie es ist, als Tyrann die Hoffnungen seines eigenen Volkes zu unterdrücken, um der Hegemonie eines fremden Landes zu dienen, während eine muslimische Regierung in einem Nachbarland sich bemüht, die Unabhängigkeit ihres Volkes vor fremder Beherrschung zu schützen.

Zweifelsohne bekommen die Tyrannen große Angst. Was, wenn ihre unterdrückten Untertanen auf Ideen kommen? Kein Wunder, dass die saudischen und ägyptischen Herrscher wollen, dass die Amerikaner das unabhängigkeitsbewusste Land beseitigen, das ein schlechtes Vorbild für die ägyptischen und saudischen Untertanen ist.

Solange der Dollar noch so viel wert ist, dass man damit fremde Regierungen kaufen kann, werden Informationen, die der Regierung der Vereinigten Staaten von Amerika schaden, keine besonderen Auswirkungen haben. Wie Alain de Lille vor langer Zeit sagte: „Geld ist alles."

01.12.2010: WikiLeaks II - eine Regierung im Netz von Verlogenheit und Lügen

Die Reaktion auf WikiLeaks und dessen Gründer Julian Assange sagt uns alles, was wir über die totale Korruption unserer „modernen" Welt wissen müssen, die in Wirklichkeit ein Rückschritt in die finsteren Zeiten ist.
Mitarbeiter der Regierung der Vereinigten Staaten von Amerika ließen WikiLeaks die Dokumente zukommen, die jetzt umstritten sind. Die Dokumente sind umstritten, weil es sich dabei um offizielle Dokumente der Vereinigten Staaten von Amerika handelt und diese nur zu deutlich zeigen, dass die Regierung der Vereinigten Staaten eine doppelzüngige Instanz ist, deren Existenzberechtigung darin besteht, dass sie alle anderen Regierungen unter Kontrolle hat.
Nicht nur die Medien in den Vereinigten Staaten von Amerika, sondern auch in der gesamten Englisch sprechenden Welt und Europa haben ihre feindselige Einstellung gegenüber WikiLeaks gezeigt. Der Grund dafür liegt auf der Hand. WikiLeaks enthüllt die Wahrheit, während die Medien diese für die Regierung der Vereinigten Staaten von Amerika und deren Handlangerstaaten vertuschen.
Warum sollte jemand mit einem Rest von Verstand die Medien lesen, wenn er das originale Material bei WikiLeaks finden kann? Der durchschnittliche amerikanische Reporter und Herausgeber muss sich sicher sehr darüber ärgern, dass seine/ihre Feigheit so klar von Julian Assange offengelegt wird. Die amerikanischen Medien sind Huren, während das Blut des beherzten Kämpfers in WikiLeaks' Adern fließt.
Genauso wie amerikanische Politiker Bradley Manning hingerichtet haben wollen, weil er Verbrechen der Regierung der Vereinigten Staaten von Amerika enthüllt hat, wollen sie Julian Assange hingerichtet haben.

In den letzten paar Tagen haben die berüchtigteren der Dummköpfe, die im Kongress der Vereinigten Staaten von Amerika sitzen, Assange als „Verräter an Amerika“ angeprangert. Was für eine totale Ignoranz! Assange ist australischer, nicht amerikanischer Staatsbürger. Um Amerika verraten zu können, muss man zuerst einmal Amerikaner sein. Ein Australier kann keinen Verrat an Amerika üben, wie auch kein Amerikaner Verrat an Australien begehen kann. Man soll allerdings nicht erwarten, dass die Schwachköpfe, die die Lobbyisten vertreten, auch nur das wissen.

Mike Huckabee, der reaktionäre Baptistenprediger, der Gouverneur von Arkansas war und zu Amerikas großer Schande Dritter bei der Präsidentschaftsnominierung der Republikaner, hat Assanges Exekution gefordert. Hier haben wir also einen „Mann Gottes“, der die Regierung der Vereinigten Staaten von Amerika aufruft, einen australischen Staatsbürger zu ermorden. Und die Amerikaner wundern sich, warum der Rest der Welt sie nicht ausstehen kann.

Das Material, das über die Regierung der Vereinigten Staaten von Amerika an WikiLeaks weitergegeben wurde, zeigt, dass diese eine extrem unehrenhafte Bande von Gangstern ist. Die Regierung der Vereinigten Staaten von Amerika konnte den britischen Premierminister Brown dazu bringen, die offizielle Chilcot-Untersuchung darüber, wie der ehemalige Premierminister Tony Blair die britische Regierung mit Lügen und Manipulation zu Helfershelfern des Angriffskriegs der Vereinigten Staaten gegen den Irak machte, zu „richten“. In einer der „diplomatischen“ Depeschen versicherte der Vertreter des Verteidigungsministeriums Ihrer Majestät John Day der Regierung der Vereinigten Staaten von Amerika, dass die Regierung von Premierminister Brown „Maßnahmen gesetzt hat, um Ihre Interessen zu schützen“.

Andere Botschaften zeigen, dass die Regierung der Vereinigten Staaten von Amerika den spanischen Ministerpräsidenten bedrohen und ihm befehlen, seine Kritik am Irakkrieg einzustellen, sonst ... Wie kommen diese ausländischen Regierungen eigentlich zu der Annahme, dass sie souverän sind?

Nicht nur ausländische Regierungen stehen unter der Fuchtel der Vereinigten Staaten von Amerika, sondern auch Amazon.com. Joe Liebermann

aus Connecticut, der einflussreichste Senator Israels im Senat der Vereinigten Staaten von Amerika, übermittelte Amazon offensichtlich ausreichend glaubwürdige Drohungen, um die Firma dazu zu bringen, die Webseiten von WikiLeaks von ihren Servern zu entfernen.
So sieht's also aus. Auf der einen Seite erklären die Regierung der Vereinigten Staaten von Amerika und die Huren in den amerikanischen Medien, dass nichts Neues in den hunderttausenden Dokumenten zu finden ist, auf der anderen Seite setzen sie aber alle Hebel in Bewegung, um WikiLeaks und dessen Gründer auszuschalten. Offenbar richten die Dokumente ungeachtet des Leugnens der Regierung der Vereinigten Staaten von Amerika extremen Schaden an. Die Dokumente zeigen, dass die Regierung der Vereinigten Staaten nicht das ist, was zu sein sie vorgibt.

Assange ist untergetaucht. Er befürchtet seine Ermordung durch CIA und Mossad, und um seinen Problemen die Krone aufzusetzen, hat die schwedische Regierung ihre Haltung zu den Beschuldigungen wegen sexueller Übergriffe geändert, die sie bereits wegen Mangel an Glaubwürdigkeit eingestellt hatte; vielleicht in der Folge von amerikanischer Überredung und Geld. Wenn die Berichte stimmen, haben zwei Frauen, möglicherweise Angehörige von CIA oder Mossad, Klagen wegen sexueller Übergriffe gegen Assange vorgebracht. Eine behauptet, sie habe einvernehmlichen Geschlechtsverkehr mit ihm gehabt, er habe aber nicht aufgehört, als sie ihn bat, nachdem das Kondom gerissen war.
Lassen Sie sich das auf der Zunge zergehen. Wie viele Männer können, im Gegensatz zu Pornostars, die das alles langweilt, einfach beim Orgasmus oder kurz davor aufhören? Wie kann jemand wissen, wie sich das in diesem Fall abgespielt hat?
Würde eine Regierung, die integer ist und sich zur Wahrheit bekennt, versuchen, den Namen dessen anzuschwärzen, der als wichtigster Aufdecker unserer Zeit die Wahrheit ans Licht bringt, und das auf der Grundlage von dermaßen fadenscheinigen Anschuldigungen?
Offensichtlich ist Schweden zu einer weiteren Marionette der Vereinigten Staaten von Amerika geworden.
Die Regierung der Vereinigten Staaten hat sich so lange mit Lügen über die Runden geschlagen, dass sie keine Hemmungen hat, auch jetzt in der

unverblümtesten Weise zu lügen. WikiLeaks veröffentlichte ein Geheimdokument der USA mit der Unterschrift von Außenministerin Hillary Clinton, in dem diese ausdrücklich Diplomaten der Vereinigten Staaten von Amerika anweist, Vertreter des UN-Sicherheitsrates und den Generalsekretär der Vereinten Nationen auszuspionieren. Dieses Schriftstück befindet sich jetzt im Staatsarchiv. Niemand stellt seine Authentizität in Frage. Dennoch erklärte heute das Obamaregime, genauer gesagt der Pressesprecher des Weißen Hauses Robert Gibbs, dass Hillary nie Beamte der Vereinigten Staaten von Amerika angewiesen oder auch nur ersucht habe, Vertreter der UNO auszuspionieren.
Wie Antiwar.com fragte: Wem glauben Sie, dem gedruckten Wort mit Hillarys Unterschrift oder dem Weißen Haus?
Jeder, der der Regierung der Vereinigten Staaten von Amerika irgendetwas glaubt, ist der Inbegriff der Leichtgläubigkeit.

28.12.2010: 2011

Die abweichende Meinung ist das, was die Demokratie vor einem stillen Tod hinter geschlossenen Türen rettet. (Lewis H. Lapham)

Das Jahr 2011 wird den Amerikanern einen umfangreicheren und zudringlicheren Polizeistaat bringen, noch mehr Arbeitslosigkeit und mehr Zwangsvollstreckungen, keine wirtschaftliche Erholung, mehr Geringschätzung der Regierung für das Recht der Vereinigten Staaten von Amerika, für das Internationale Recht, die Verfassung und die Wahrheit, mehr Argwohn und Misstrauen von den Alliierten, mehr Feindseligkeit vom Rest der Welt und neue Höhen der Speichelleckerei der Medien.
2011 zeichnet sich als das endgültig letzte Jahr der amerikanischen Demokratie ab. Die republikanische Partei ist zu einer Partei von Braunhemden degeneriert, und die Enttäuschungen der Wähler wegen der sich verschlechternden Wirtschaftskrise und den fehlgeschlagenen militärischen Okkupationen werden wahrscheinlich 2012 die Republikaner an die Macht bringen. Mit diesen würden dann ihre Doktrinen der Vorherrschaft der Exekutivgewalt über den Kongress, die Gerichtsbarkeit, das

Gesetz und die Verfassung und der gerechtfertigten amerikanischen Hegemonie über die Welt kommen.
Soweit das noch nicht offensichtlich ist, hat das Jahr 2010 klargemacht, dass die Regierung der Vereinigten Staaten von Amerika sich nicht das Mindeste um die Meinung der Bürger kümmert. Die TSA bleibt unmissverständlich dabei, dass sie mit den Amerikanern keinen anderen Umgang erreichen will als die Beeinträchtigung ihrer persönlichen Sphäre, die sie durch ihre niemandem Rechenschaft schuldige Macht erreicht. Was die öffentliche Opposition gegen den Krieg betrifft, berichtete Associated Press am 16. Dezember, dass „Verteidigungsminister Robert Gates sagt, dass die Vereinigten Staaten von Amerika ihre Verpflichtungen gegenüber Afghanistan nicht durch die öffentliche Meinung beeinflussen lassen können". Gates brachte damit unverblümt zum Ausdruck, was seit einiger Zeit bekannt ist: Die Vorstellung ist passé, dass die Regierung in einer Demokratie dem Willen der Menschen dient. Wenn sich diese altmodische Auffassung noch immer in Büchern über Staatsbürgerkunde findet, so wird sie bald ausgebessert sein.
In „Gag Rule" (Knebelherrschaft), einer meisterhaften Aufarbeitung der Unterdrückung anderer Meinungen und dem Abwürgen der Demokratie, schreibt Lewis H. Lapham, dass Offenheit eine erforderliche Tugend ist, damit Demokratien ihre Dummheiten und Verbrechen überleben können. Aber wo kann heute in Amerika Offenheit gefunden werden? Sicher nicht in den Gremien der Regierung. Justizminister John Ashcroft beschwerte sich im Justizausschuss über die Offenheitsfanatiker. Ashcroft erklärte, dass Amerikaner, die darauf bestehen, ihre Meinung auszusprechen, „Menschen mit Gespenstern von verlorener Freiheit Angst einjagen", „Terroristen begünstigen", „unsere Entschlossenheit schwächen" und „Amerikas Feinden Munition in die Hand geben".
Das Justiz(!)ministerium sieht die Verteidigung von Habeas Corpus durch die ACLU als Verteidigung der Möglichkeit von Terroristen, Amerikaner in die Luft zu jagen. Und wenn die ACLU die Meinungsfreiheit verteidigt, verteidigt sie die Aufdeckung der Lügen und Täuschungen, die die erforderliche Grundlage bilden, auf der die Regierung vortäuscht, Gottes Willen auszuführen, während der Teufel durch die Stimmen der Opposition spricht.

Offenheit ist auch kein Wesenszug, der den amerikanischen Medien besonders zusagt. Die neokonservative Presse fungiert als Propagandaministerium für das hegemonistische amerikanische Imperium, und die „liberale" New York Times dient demselben Herrn. Es war die New York Times, die den Lügen des Bushregimes über die irakischen Massenvernichtungswaffen Glaubwürdigkeit verlieh, und es war die New York Times, die die Wiederwahl Bushs dadurch garantierte, dass sie die Geschichte, dass Bush schwere Verbrechen dadurch beging, dass er Amerikaner ohne gerichtliche Anordnung ausspionieren ließ, unterdrückte. Konservative beschweren sich über die „liberalen Medien", als wären diese eine ungeheure subversive Macht, obwohl sie ihre geliebten Kriege und Vertuschungen der Verbrechen des Bushregimes der New York Times verdanken.

Nachdem die Wahrheit zum Feind der Fantasiewelt erklärt wurde, in der sich Regierung, Medien und Öffentlichkeit bewegen, hat sich die Nation gegen Informanten gestellt. Bradley Manning, der beschuldigt wird, das von Soldaten der Vereinigten Staaten von Amerika gedrehte Video über ihr mutwilliges, spaßhaftes Abschlachten von Journalisten und Zivilisten den Medien zugespielt zu haben, wird seit sechs Monaten in Einzelhaft misshandelt. Die Ermordung von Zivilisten ist ein Kriegsverbrechen, und wie General Peter Pace, der Vorsitzende des Generalstabs, beim Nationalen Presseklub am 17. Februar 2006 sagte, „obliegt es der absoluten Verantwortung von jedermann in Uniform, einen illegalen oder unmoralischen Befehl nicht zu befolgen" und solche Befehle öffentlich bekannt zu machen. Wenn Manning die Quelle der Nachricht ist, wurde er zu Unrecht dafür eingesperrt, dass er seiner militärischen Verantwortung gerecht geworden ist. Die Medien müssen erst noch darauf kommen, dass die Person, die über das Verbrechen berichtet hat, und nicht die Personen, die es begangen haben, diejenige ist, die eingesperrt wurde – noch dazu ohne gerichtliches Verfahren.

Die Gesetzlosigkeit der Regierung der Vereinigten Staaten von Amerika, die sich seit Jahrzehnten bei uns eingeschlichen hat, wandelte sich in einen vollen Galopp in den Jahren der Bush/Cheney/Obama-Regimes. Heute agiert die Regierung über dem Gesetz, aber bleibt dabei, dass sie eine Demokratie ist. Das Gleiche bringt sie den Moslems mit Waffengewalt und wird nur kurz durch die Förderung eines Staatsstreiches gegen

die Demokratie in Honduras und den Versuch, die demokratische Regierung in Venezuela zu stürzen, davon abgelenkt.
Während 2011 herandämmert, hat die öffentliche Diskussion in Amerika das Land auf eine faschistische Diktatur vorbereitet. Die Situation wird 2012 noch schlimmer sein. Die unbequemste Wahrheit, die sich aus der WikiLeaks-Saga ergibt, ist, dass der öffentliche Diskurs in Amerika aus Racherufen gegen diejenigen besteht, die uns die Wahrheiten sagen. Die bösartige Verlogenheit der Regierung der Vereinigten Staaten von Amerika kennt keine Grenzen. Ob das Internationale Recht Julian Assange vor den Klauen der Amerikaner oder dem Tod durch ein Geheimkommando der Regierung bewahren kann oder nicht, es arbeiten sowohl Exekutive als auch Legislative eifrig zusammen, um den Sicherheitsstaat als höchsten Wert zu etablieren – und die Wahrheit als dessen größten Feind.
Amerikas Zukunft ist die Welt des Winston Smith. (Winston Smith ist die Hauptfigur in George Orwells 1984, d.Ü.)

30.12.2010: Über den Untergang von WikiLeaks jubeln heißt, unseren eigenen zu bejubeln

Wer noch nicht glaubt, dass die Vereinigten Staaten von Amerika ein beginnender faschistischer Staat sind, braucht sich nur mit dem neuesten Angriff auf bürgerliche Freiheit durch Fox News zu beschäftigen. Statt die Bürger zu informieren, informiert Fox News über Bürger. Jason Ditz berichtete am 28. Dezember auf Antiwar.com, dass Fox News, „nicht länger damit zufrieden, einfach den Lockvogel für den wachsenden Polizeistaat zu spielen", eine Großmutter an das Department für Heimatlandsicherheit auslieferte, weil sie „antiamerikanische Bemerkungen" gemacht hat.
Die Medien haben die Einstellung der Polizei übernommen, die das Beharren auf Bürgerrechten und Hinweise auf die Verfassung als Zeichen von Extremismus betrachtet, besonders wenn man sich auf die Verfassung beruft, um abweichende Meinungen oder den Privatbereich zu ver-

teidigen. Präsident George W. Bush bereitete dafür den Boden, als er erklärte: „Du bist mit uns oder gegen uns."

Bushs Worte manifestieren einen erschreckenden Niedergang des Respekts unserer Regierung für abweichende Meinungen seit der Präsidentschaft John F. Kennedys. In einer Rede im Jahr 1961 vor der Vereinigung der Zeitungsherausgeber sagte Präsident Kennedy: „Kein Präsident sollte die öffentliche Überprüfung seines Programms fürchten, denn diese Überprüfung führt zu Verständnis, und aus diesem Verständnis kommen Unterstützung oder Opposition, wobei beide notwendig sind ... Ohne öffentliche Diskussion, ohne Kritik kann keine Regierung und kein Land erfolgreich sein, und keine Republik kann überleben. Aus diesem Grund erklärten die Gesetzgeber in Athen einst, es sei ein Verbrechen für jeden Bürger, sich vor einer Auseinandersetzung zu drücken. Und aus diesem Grund ... wurde unsere Presse durch die Festlegung der freien Meinungsäußerung in der Verfassung geschützt."

Die Presse ist nicht geschützt, so sagte Kennedy den Zeitungsherausgebern, um zu amüsieren und zu unterhalten, das Triviale aufzubauschen oder einfach dem Publikum zu servieren, was dieses zu hören wünscht. Die Presse ist geschützt, damit sie Tatsachen herausfinden und berichten kann und dadurch informieren, aufrütteln „und manchmal sogar die Meinung der Öffentlichkeit reizen kann".

In einer Aussage, die kaum von einem amerikanischen Präsidenten wiederholt werden wird, sagte Kennedy den Zeitungsherausgebern: „Ich bitte Ihre Zeitungen nicht, eine Regierung zu unterstützen, sondern ich bitte Sie um Ihre Hilfe bei der gewaltigen Aufgabe, die Menschen in Amerika zu informieren und zu warnen, da ich volles Vertrauen in die Reaktion und den Einsatz unserer Bürger habe, wenn sie voll informiert sind."

Das Amerika zur Zeit Kennedys und das heutige Amerika sind zwei verschiedene Welten. Im heutigen Amerika wird von den Medien erwartet, dass sie für die Regierung lügen, um die Menschen daran zu hindern herauszufinden, welche Absichten die Regierung verfolgt. Wenn man den Umfragen glauben kann, wollen die Amerikaner, gehirngewaschen und programmiert von O'Reilly, Hannity, Beck und Limbaugh, dass Bradley Manning und Julian Assange als Strafe dafür, dass sie die Amerikaner über die verbrecherischen Handlungen ihrer Regierung informiert haben,

Glied für Glied zerrissen werden. Politiker und Journalisten fordern kreischend ihre Exekution.

Präsident Kennedy sagte der Vereinigung der Zeitungsherausgeber, dass „es der Presse zu verdanken ist, dem Aufzeichner der Taten des Menschen, dem Bewahrer seines Gewissens, dem Boten seiner Nachrichten, dass wir Kraft und Mitarbeit suchen, darauf vertrauend, dass mit ihrer Hilfe der Mensch sein wird, wozu er geboren wurde: frei und unabhängig". Wer kann sich vorstellen, dass ein Bill Clinton, ein George W. Bush oder ein Barack Obama heutzutage so etwas sagt?

Heutzutage ist die Presse ein Propagandaministerium für die Regierung. Jedes Mitglied, das sich seiner Verpflichtung zu Lügen und Verdrehung der Nachrichten entzieht, wird aus der Bruderschaft ausgestoßen. Einer Öffentlichkeit, die zunehmend auf Arbeitslosigkeit, Mittellosigkeit und Obdachlosigkeit zusteuert, wird gesagt, dass ungeheure Feinde sich zu ihrer Vernichtung verschwören, wenn nicht jährlich Billionen von Dollar für den Militär-/Sicherheitskomplex, für jahrzehntelange Kriege, Flugverbotslisten, für unbegrenztes Spionieren und Sammeln von Daten, die von Nachbarn hereinkommen, die über ihre Nachbarn berichten, für Ganzkörperscanner auf Flughäfen, in Einkaufszentren, U-Bahnen und Bahnhöfen, für Verkehrskontrollen ausgegeben werden. Verrat wird gleichgesetzt mit der Äußerung einer Wahrheit.

Als er vor zwei Jahren sein Amt antrat, gab Präsident Obama zu, dass niemand wusste, was die militärische Mission in Afghanistan sei, einschließlich des Präsidenten selbst, aber dass er eine Mission finden und definieren werde. Auf seiner kürzlich erfolgten Reise nach Afghanistan rückte Obama mit der Mission heraus: die Familien der Soldaten in Amerika zu sichern. Das ist seine Version von Bushs „Wir müssen sie drüben töten, ehe sie uns hier töten".

Niemand prustete vor Spott oder kicherte wenigstens ein bisschen. Weder die New York Times noch Fox News wagten zu fragen, ob vielleicht Ermordung und Vertreibung einer großen Zahl von Muslimen in Irak, Afghanistan, Pakistan und Jemen und die Unterstützung der Vereinigten Staaten von Amerika für den ähnlichen Umgang Israels mit Libanesen und Palästinensern eine feindselige Stimmung schaffen könnte, die Terroristen hervorbringen könnte. Wenn es noch so etwas wie eine Vereinigung der Zeitungsherausgeber gibt, so sind deren Mitglieder eines dermaßen unpatriotischen Gedankens nicht fähig.

Heutzutage glaubt niemand, dass der Erfolg unseres Landes von einer informierten Öffentlichkeit und einer freien Presse abhängig ist. Amerikas Erfolg hängt von seiner finanziellen und militärischen Herrschaft über die Welt ab. Jede Information, die nicht dem gottgegebenen Recht des unersetzlichen Volkes, die Welt zu beherrschen, entspricht, muss unterdrückt und der Überbringer diskreditiert und vernichtet werden.

Jetzt, wo die Presse freiwillig ihre verfassungsmäßigen Rechte der freien Meinungsäußerung aufgegeben hat, arbeitet die Regierung daran, die Redefreiheit neu zu definieren: als Privileg, das auf die Medien beschränkt ist, nicht ein Recht der Bürger. Darum das Beharren darauf, dass WikiLeaks keine Medienorganisation ist, und die Auslieferung einer Bürgerin, die ihre Meinung frei geäußert hatte, durch Fox News. Washingtons Angriff gegen Assange und WikiLeaks ist ein Angriff auf das, was von der Verfassung der Vereinigten Staaten von Amerika noch übrig ist. Wenn wir über den Untergang von WikiLeaks jubeln, jubeln wir über unseren eigenen.

01.02.2011: Die Dinge müssen sich ändern, damit sie gleich bleiben

Die Scheinheiligkeit der Regierung der Vereinigten Staaten von Amerika lässt sich wieder einmal nicht überbieten. Sie ist in Irak und Afghanistan einmarschiert, hat große Teile dieser Länder einschließlich ganzer Dörfer und Städte in Schutt und Asche gelegt und unzählige Zivilisten massakriert, um in den Irak und nach Afghanistan „die Demokratie zu bringen“.

Jetzt, nachdem die Ägypter tagelang auf den Straßen „Mubarak muss gehen“ gefordert haben, steht die Regierung der Vereinigten Staaten von Amerika noch immer an der Seite seiner ägyptischen Herrschermarionette und meint sogar, dass Mubarak, nachdem er drei Jahrzehnte lang einen Polizeistaat betrieben hat, die geeignete Person ist, um die Demokratie in Ägypten einzuführen.

Am 30. Januar erklärte die Außenministerin der Vereinigten Staaten von Amerika Hillary Clinton, dass das Amerika der „Freiheit und Demokratie" die Entfernung des ägyptischen Diktators weder anstrebt noch unterstützt. Der israelische Premierminister Benjamin Netanyahu sagte den Vereinigten Staaten von Amerika und Europa, dass die Kritik an Mubarak eingeschränkt werden muss, „um die Stabilität in der Region aufrechtzuerhalten." Unter „Stabilität" versteht Netanyahu die uneingeschränkte Möglichkeit Israels, die Palästinenser weiterhin zu unterdrücken und ihr Land zu stehlen. Drei Jahrzehnte lang war Mubarak der gut bezahlte Vollstrecker für die Vereinigten Staaten von Amerika und Israel, der Gaza von der Außenwelt abgeschottet und Hilfslieferungen über die ägyptische Grenze verhindert hat. Mubarak und seine Familie sind dank der amerikanischen Steuerzahler Multimilliardäre geworden, und weder Republikaner noch Demokraten wollen ihre gewichtige Investition in Mubarak verlieren.
Die Regierung der Vereinigten Staaten von Amerika hat seit Langem arabische Regierungen korrumpiert, indem sie eingesetzte Herrscher bezahlt, damit sie die amerikanischen/israelischen Interessen anstatt der Interessen der arabischen Menschen vertreten. Die Araber sind mit der amerikanisch finanzierten Unterdrückung viele Jahre lang irgendwie zurechtgekommen, jetzt aber zeigen sie Zeichen der Rebellion.
Der mörderische von Amerika unterstützte Diktator in Tunis wurde vom Volk gestürzt, das auf die Straße ging. Die Rebellion hat sich auf Ägypten ausgeweitet, und es gibt Straßenproteste gegen die von den Vereinigten Staaten von Amerika unterstützten Herrscher in Jemen und Jordanien.
Diese Aufstände mögen mit der Vertreibung von Herrschermarionetten Erfolg haben, aber wird am Ende mehr herauskommen als der Austausch einer neuen amerikanischen Herrschermarionette gegen die alte? Mubarak wird wohl gehen, aber wer auch immer seine Stelle einnimmt, wird sich wahrscheinlich in demselben amerikanischen Zaumzeug finden.
Was Diktatoren machen, ist, alternative Führung zu eliminieren. Potenzielle Führer werden entweder ermordet, ins Exil geschickt oder eingesperrt. Darüber hinaus hinterlässt alles, was keine vollwertige Revolution wie zum Beispiel die iranische ist, eine Bürokratie, die es gewohnt ist, die alltäglichen Geschäfte zu betreiben. Außerdem haben sich Ägypten und das Militär des Landes an die amerikanische Unterstützung gewöhnt

und werden wollen, dass das Geld weiterhin fließt. Es ist der Fluss dieses Geldes, der den Kauf der Ersatzregierung sicherstellt.
Da der US-Dollar die Weltreservewährung ist, hat die Regierung der Vereinigten Staaten von Amerika die finanzielle Dominanz und die Möglichkeit, andere Länder finanziell zu isolieren, wie zum Beispiel den Iran. Um dem Griff Amerikas zu entkommen, müsste eines von zwei Dingen passieren: Die Revolution müsste die arabische Welt ausfegen und zu einer wirtschaftlichen Einheit führen, die eine eigene bodenständige Wirtschaftsentwicklung fördern könnte, oder der US-Dollar müsste als Weltwährung versagen.
Die Uneinigkeit der Araber war lange der Hebel, mit dem die Staaten des Westens den Mittleren Osten dominiert haben. Ohne diese Uneinigkeit hätten Israel und die Vereinigten Staaten von Amerika nicht mit den Palästinensern in der Weise umspringen können, wie sie es jahrzehntelang getan haben, und ohne diese Uneinigkeit hätten die Vereinigten Staaten von Amerika nicht in den Irak einmarschieren können. Es ist wenig wahrscheinlich, dass die Araber auf einmal untereinander einig werden.
Der Zusammenbruch des Dollars ist da schon eher wahrscheinlich. In der Tat führen die Politik der Regierung der Vereinigten Staaten von Amerika, sowohl Budget- als auch Handelsdefizit zu maximieren, und die Politik der Notenbank, das Budgetdefizit und die betrügerischen Papierwerte der großen Banken zu Geld zu machen, den Dollar in den Untergang. Während die Zufuhr von Dollar zunimmt, nimmt der Wert ab. Vielleicht ist der Tag nicht mehr weit, an dem Herrscher aufhören, ihre Völker für amerikanisches Geld verkaufen.

17.02.2011: Obamas Budget für 2012 ist ein Werkzeug des Klassenkampfes

Obamas neues Budget ist eine Fortsetzung des Klassenkampfes der Wall Street gegen die Armen und die Mittelschicht. Wall Street war mit uns noch nicht fertig, als die Bankster ihre betrügerischen Derivate unseren Pensionsfonds verkauften, die Arbeitsplatzaussichten und Pensionspläne der Amerikaner zunichte machten, sich einen Freikauf um 700 Milliarden Dollar auf Kosten der Steuerzahler sicherten, während sie die Häuser von Millionen Amerikanern zwangsweise räumen ließen und die Bilanz der Notenbank mit einigen Billionen Dollar an wertlosen Papieren belasteten, die sie ihr im Austausch für neu gedrucktes Geld unterjubelten, um die Bilanzen der Banken aufzumotzen. Die Auswirkungen der „quantitativen Erleichterung" der Notenbank auf Inflation, Zinssätze und den Wechselkurs des Dollars stehen uns noch bevor. Wenn sie uns treffen, werden die Amerikaner eine Lektion in Armut bekommen.

Jetzt haben die herrschenden Oligarchien erneut zugeschlagen, dieses Mal durch das Bundesbudget. Die Regierung der Vereinigten Staaten von Amerika hat ein riesiges Militär-/Sicherheitsbudget. Es ist so groß wie die Budgets des Restes der Welt zusammen. Die Budgets des Pentagons, der CIA und der Heimatlandsicherheit machen die 1,1 Billionen Dollar des Bundesdefizits aus, die die Obama-Administration für das Finanzjahr 2012 veranschlagt. Dieses massive Defizit-Spending dient nur einem Zweck – der Bereicherung der privaten Konzerne, die den Militär-/Sicherheitskomplex bedienen. Diese Konzerne sind gemeinsam mit Wall Street diejenigen, die die Regierung der Vereinigten Staaten von Amerika wählen.

Die Vereinigten Staaten von Amerika haben keine Feinde außer denjenigen, die sie sich schaffen, indem sie andere Länder bombardieren und dort einmarschieren, und durch den Sturz von Anführern im Ausland und deren Austausch gegen amerikanische Marionetten.

China führt keine Marinemanöver vor der kalifornischen Küste durch, aber die Vereinigten Staaten betreiben Kriegsspiele in der Chinesischen See vor Chinas Küste. Russland stationiert keine Truppenkonzentrationen an Europas Grenzen, aber die Vereinigten Staaten von Amerika stationieren Raketen an Russlands Grenzen. Die Vereinigten Staaten von Amerika legen es darauf an, sich möglichst viele Feinde zu schaffen, um das Ausbluten der amerikanischen Bevölkerung weiterzuführen, um den gefräßigen Militär-/Sicherheitskomplex zu füttern.

Die Regierung der Vereinigten Staaten von Amerika gibt tatsächlich 56 Milliarden Dollar im Jahr – das sind $ 56.000 Millionen – aus, damit amerikanische Flugreisende pornogescannt und sexuell begrapscht werden können, damit Firmen, die vom ehemaligen Staatssekretär für

Heimatlandsicherheit Michael Chertoff vertreten werden, mit dem Verkauf der dafür benötigten Ausstattung mit Scannern große Profite machen können.

Mit einem fortwährenden Budgetdefizit, das von der Gewinnsucht des Militär-/Sicherheitskomplexes getrieben wird, ist die wirkliche Ursache für Amerikas gewaltiges Budgetdefizit jeglicher Diskussion entzogen.

Der Minister für Kriegstreiberei der Vereinigten Staaten von Amerika Robert Gates erklärte: „Wenn wir uns von unseren globalen Sicherheitsverpflichtungen zurückziehen, tun wir das auf unsere Gefahr." Die hohen Militärs warnen davor, irgendetwas von den Milliarden an Militärhilfe für Israel und Ägypten zu kürzen, den beiden Handlangern ihrer Mittelost-„Politik".

Aber was sind denn „unsere" globalen Sicherheitsverpflichtungen? Woher sind sie denn gekommen? Warum sollte Amerika in Gefahr sein, wenn es damit aufhört, andere Länder zu bombardieren und dort einzumarschieren und sich in deren innere Angelegenheiten einzumischen? Die Gefahren, vor denen Amerika steht, sind alle hausgemacht. Die Antwort auf diese Frage war früher gewöhnlich, dass wir sonst von der „weltweiten kommunistischen Verschwörung" in unseren Betten ermordet würden. Die heutige Antwort ist, dass wir in unseren Flugzeugen, Bahnhöfen und Einkaufszentren von „Moslem-Terroristen" und von einer neu geschaffenen eingebildeten Bedrohung ermordet werden – „heimischen Extremisten", das sind Kriegsgegner und Umweltschützer.

Der Militär-/Sicherheitskomplex der Vereinigten Staaten von Amerika ist in der Lage, jede beliebige Anzahl von Ereignissen unter falscher Flagge zu inszenieren, um diese Bedrohungen einer Öffentlichkeit plausibel zu machen, deren Intelligenz auf TV, Erfahrungen in Einkaufszentren und Fußballspiele beschränkt ist.

Die Amerikaner stecken also in einem enormen Budgetdefizit, das die Notenbank durch den Druck neuer Geldscheine finanzieren muss. Geld, das früher oder später die Kaufkraft des Dollars zerstören wird und damit dessen Rolle als Weltreservewährung. Wenn der Dollar geht, geht die Macht Amerikas.

Für die herrschenden Oligarchien stellt sich die Frage: Wie können sie ihre Macht sichern? Ihre Antwort lautet: die Leute zum Zahlen bringen. Und das ist es, was ihre neueste Marionette, Präsident Obama, macht.

Mit den Vereinigten Staaten von Amerika in der schlimmsten Rezession seit der Großen Depression, einer Rezession, von der John Williams und Gerald Celente gemeinsam mit mir gesagt haben, dass sie sich vertiefe, nimmt das „Obama-Budget" die Unterstützungsprogramme für die Armen und Arbeitslosen ins Visier. Die amerikanischen Eliten verwandeln sich selbst in Idioten, indem sie versuchen, auch in Amerika die Bedingungen zu schaffen, die zum Sturz ähnlich korrupter Eliten in Tunesien und Ägypten und zu steigenden Herausforderungen für die Marionettenregierungen der Vereinigten Staaten von Amerika anderswo geführt haben.

Alles, was wir brauchen, sind ein paar Millionen Amerikaner mehr, die nichts zu verlieren haben, um den Aufruhr im Mittleren Osten heim nach Amerika zu bringen.

Da das Militär der Vereinigten Staaten von Amerika in Kriegen im Ausland feststeckt, hätte eine amerikanische Revolution die besten Aussichten auf Erfolg.

Amerikanische Politiker müssen Israel finanzieren, wobei das Geld in Form von Wahlkampfbeiträgen zurückkommt.

Die Regierung der Vereinigten Staaten von Amerika muss das ägyptische Militär bezahlen, damit überhaupt Hoffnung besteht, dass die nächste ägyptische Regierung erneut zu einer amerikanischen Marionette wird, die Israel dient, indem sie die Blockade der Palästinenser weiterführt, die in das Getto Gaza gepfercht sind.

Diese Ziele sind für die amerikanische Elite viel wichtiger als Pell-Grants-Stipendien, die es armen Amerikanern ermöglichen, eine akademische Ausbildung zu erreichen, oder als sauberes Trinkwasser oder geförderte Wohnungen oder Heizbeihilfen (das alles ist gekürzt um den Betrag, den die Steuerzahler der Vereinigten Staaten von Amerika nach Israel überweisen müssen). Dazu wird es Kürzungen um 7.700 Millionen Dollar bei Medicaid und anderen Gesundheitsprogrammen im Lauf der kommenden fünf Jahre geben.

In Anbetracht des Ausmaßes des Budgetdefizits der Vereinigten Staaten von Amerika sind diese Beträge eine Kleinigkeit. Die Kürzungen werden auf die finanziellen Bedürfnisse des Finanzministeriums der Vereinigten Staaten von Amerika keine Auswirkungen haben. Sie werden nicht den Druck der Notenbank verringern, Geld zu drucken, damit die Regierung der Vereinigten Staaten von Amerika weitermachen kann.

Diese Kürzungen dienen dem Zweck, dem Mythos der republikanischen Partei Nahrung zu geben, dass Amerika wegen der Armen in wirtschaftlichen Problemen steckt: Die Armen sind faul. Sie wollen nicht arbeiten. Der einzige Grund für die hohe Arbeitslosigkeit liegt darin, dass die Armen lieber von der Wohlfahrt leben.

Eine neue Variante des Wohlfahrtsmythos besagt, dass die Collegeabsolventen aus der Mittelschicht in letzter Zeit die ihnen angebotenen Arbeitsstellen nicht annehmen, weil ihre Eltern zu viel Geld haben und die jungen Leute lieber zu Hause bleiben, anstatt zu arbeiten. Eine verdorbene Generation, sie kommen von der Universität und weigern sich, eine Stelle anzunehmen, die unter der eines Geschäftsführers einer Firma in den Fortune Top 500 rangiert. Der Grund, warum Absolventen eines technischen Studiums keine Vorstellungstermine bekommen liegt darin, dass sie keine wollen.

Das alles führt zu einem Angriff auf „Ansprüche", sprich soziale Sicherheit und Medicare. Die Eliten haben durch ihre Kon-trolle der Medien einen großen Teil der Bevölkerung, besonders den, der glaubt, dass er konservativ ist, so programmiert, dass er „Ansprüche" in einen Topf mit Wohlfahrt wirft. Amerika geht nicht wegen der Kriege im Ausland zur Hölle, die keinen amerikanischen Interessen dienen, sondern wegen Leuten, die ihr Leben lang 15 % ihres Einkommens für Alterspensionen und Gesundheitsvorsorge einbezahlt haben und in der Zeit ihres Ruhestands „Auszahlungen" bekommen wollen. Wie kommen diese eigensüchtigen Leute dazu zu denken, dass arbeitende Amerikaner durch Lohnsteuern gezwungen werden sollen, für die Pensionen und die medizinische Versorgung der Rentner zu bezahlen? Warum haben die Rentner nicht weniger konsumiert und für ihren eigenen Ruhestand vorgesorgt?

Die Linie der Elite und ihrer angeheuerten Sprecher in „Denkfabriken" und Universitäten lautet, dass Amerika wegen seiner Rentner in Schwierigkeiten steckt.

Zu viele Amerikaner sind gehirngewaschen und glauben, dass Amerika wegen seiner Armen und Ruheständler in Schwierigkeiten steckt. Amerika steckt nicht in Schwierigkeiten, weil es eine schwindelerregende Zahl von Steuerzahlern zwingt, die gigantischen Gewinne des Militär-/Sicherheitskomplexes, die amerikanischen Marionettenregierungen im Ausland und Israel abzusichern.
Die Lösung der amerikanischen Elite für Amerikas Probleme besteht nicht nur darin, die Häuser derjenigen, deren Arbeitsplätze ins Ausland verschoben worden sind, zwangsweise zu räumen, sondern zu den Reihen der verzweifelten Amerikaner, die nichts zu verlieren haben, die kranken und enteigneten Ruheständler hinzuzufügen sowie die Universitätsabsolventen, die keine Arbeitsplätze finden können, da diese nach China und Indien ausgelagert worden sind.
Von allen Ländern der Erde braucht keines eine Revolution so dringend wie die Vereinigten Staaten von Amerika, ein Land, das von einer Handvoll selbstsüchtiger Oligarchen beherrscht wird, die über mehr Einkommen und Reichtum verfügen, als in der Zeit eines Lebens ausgegeben werden kann.

26.02.2011: Krieg über alles

Die Regierung der Vereinigten Staaten von Amerika kann vom Krieg nicht genug bekommen. Während das Regime des libyschen Diktators Muammar Gaddafi von einer rebellierenden Bevölkerung gestürzt wird, berichtet CNN, dass ein Sprecher des Pentagon gesagt hat, dass die Vereinigten Staaten von Amerika alle Optionen eines militärischen Eingreifens überprüfen.
Angeblich zerbricht sich das Pentagon, das verantwortlich ist für eine Million toter Iraker und eine unbekannte Zahl getöteter Menschen in Afghanistan und Pakistan, den Kopf über den Tod von tausend libyschen Demonstranten.
Während das Pentagon darüber nachdenkt, wie es sich in die libysche Revolte einmischen kann, entwickelt der Befehlshaber der Streitkräfte der

Vereinigten Staaten von Amerika im Pazifik neue Schlachtpläne, die darauf abzielen, China in dessen eigenem Territorium anzugehen. Vier-Sterne-Admiral Robert Willard denkt, dass die Vereinigten Staaten von Amerika in der Lage sein sollten, China in dessen eigene Küstengewässer zu peitschen. Der Admiral denkt, dass ein Weg, das zu erreichen, die Aufstockung seiner Kampfkräfte mit Marinesoldaten der Vereinigten Staaten von Amerika ist, sodass die Vereinigten Staaten von Amerika die chinesischen Kräfte von umstrittenen Inseln im östlichen und südlichen Chinesischen Meer vertreiben können.

Es sind nicht die Vereinigten Staaten von Amerika, die einen Anspruch auf diese Inseln erheben, aber wenn es irgendwo eine Chance auf einen Krieg gibt, will der Admiral sichergehen, dass wir mit von der Partie sind. Der Admiral hofft auch, militärische Beziehungen mit Indien aufzubauen und dieses Land in seinen Einflussbereich zu bringen. Indien, so der Admiral, „ist ein natürlicher Partner der Vereinigten Staaten von Amerika" und „ist von entscheidender Bedeutung für Amerikas Strategie im 21. Jahrhundert, ein Gegengewicht zu China aufzubauen". Die Vereinigten Staaten von Amerika wollen die Inder dadurch locken, dass sie ihnen hochmoderne Flugzeuge verkaufen.

Wenn der Plan nach Wunsch verläuft, werden wir ein Indien in der NATO haben, das uns hilft, Pakistan zu besetzen und China mit der Möglichkeit eines Zwei-Fronten-Kriegs zu konfrontieren.

Das Pentagon braucht noch ein paar Kriege, damit es mehr „Wiederaufbau" geben kann. Wiederaufbau ist sehr lukrativ, besonders seit Washington viele der Projekte privatisiert und dadurch gut platzierten Freunden viele Gelegenheiten eröffnet hat, ihre Taschen zu füllen. Denkt man an das viele Geld, das ausgegeben worden ist, sucht man lange, um fertige Projekte zu finden. Der gerade veröffentlichte Bericht der Kommission für Wartime Contracting (Vertragsabschlüsse in Zusammenhang mit Kriegsführung) kann nicht genau angeben, wie viele der 200 Milliarden Dollar für „Wiederaufbau" in Afghanistan durch kriminelles Verhalten und unverhohlene Korruption verschwunden sind, 12 Milliarden gingen aber allein durch „offenen Betrug" verloren.

Krieg bringt Geld für die politisch Vernetzten. Während die fahnenschwenkende Bevölkerung stolz auf den Dienst ihrer Söhne, Brüder, Gatten, Väter,

Cousins, Frauen, Mütter und Töchter ist, scheffeln die klugen Köpfe, die das Feuerwerk gestartet haben, die Megamillionen auf ihre Konten.
Wie General Smedley Butler der hurrapartiotischen amerikanischen Bevölkerung vergeblich sagte, „ist Krieg eine Gaunerei“. Solange die amerikanische Bevölkerung weiterhin stolz darauf bleibt, dass ihre Verwandten als Kanonenfutter für den Militär-/Sicherheitskomplex dienen, wird Krieg eine Gaunerei bleiben.

13.03.2011: Unsere Zeit der universellen Falschheit braucht einen Orwell

Sollten wir mit einem George Orwell des 21. Jahrhunderts gesegnet werden, würde dieser einen Begriff für eine neue Art „Sprech” prägen, um diese auf „die Truppen unterstützen” anzuwenden. Würde er diese als „Mogelsprech“ bezeichnen? Oder wäre er klüger?
Diese Worte verdienen eindeutig eine Orwell'sche Bezeichnung. Das Schlagwort tauchte in der Minute auf, in der der Krieg begonnen wurde, was einen über seine Entstehung im Bereich der Werbung nachdenken lässt. Wer wird schon dagegen sein, die Truppen zu unterstützen, zumindest bevor wir durch WikiLeaks und Abu Ghraib über die absichtliche Tötung von Zivilpersonen und die Folterung eines jeden, der zufällig in einer der vielen Razzien gefangen wurde, informiert wurden? Und das alles aus Jux und Tollerei.
„Unterstützt die Truppen” stammt aus der Werbeabteilung des Militär-/Sicherheitskomplexes. „Die Truppen unterstützen“ heißt in Wirklichkeit, die Profite der Rüstungsindustrie und die neokonservative Ideologie der Weltherrschaft der Vereinigten Staaten von Amerika unterstützen.
„Die Truppen unterstützen“ ist ein raffinierter Werbeslogan, der dazu führt, dass die Amerikaner die brutale Ausbeutung unserer Soldaten und deren Familien im Dienste des Profits und einer bösartigen Ideologie nicht zur Kenntnis nehmen.
Unsere Soldaten und deren Familien zahlen für die Bush/Cheney/Obama/neokonservativen Kriege mit Leben, Gliedmaßen, schweren psychischen

Störungen, Selbstmorden, zerbrochenen Ehen, vaterlosen Kindern, Frauen ohne Gatten und Eltern ohne Söhne und Töchter.

„Die Truppen unterstützen“ ist eines der grausamsten Täuschungsmanöver in der Geschichte der Menschheit, und dennoch ist die überwiegende Mehrheit der Bevölkerung diesem auf den Leim gegangen. „Krieg ist Frieden.“

Wenn Menschen so leichtgläubig sind, braucht es nicht besonders zu verwundern, dass sie in unerschwingliche unbefristete Kriege getrieben werden können, auf der Grundlage von nichts als Lügen, Täuschungen und Fälschungen.

Amerika produziert einen endlosen Schwall von Material für einen neuen Orwell. Was könnte etwa ein Orwell aus Hillarys jüngster Rede über Amerikas unbeugsames Bekenntnis zu abweichender Meinung und Meinungsfreiheit machen? Der CIA-Veteran Ray McGovern stand mit dem Rücken zu Hillary, um seiner Einstellung gegen die Politik der Obama-Administration Ausdruck zu verleihen, die Internetfirmen zur Mithilfe bei der Beseitigung von WikiLeaks als Informationsquelle zwingt. McGovern wurde geschlagen und blutig aus dem Raum gezerrt, während Hillary fortfuhr, Amerikas Bekenntnis zu Meinungsfreiheit und Informationsfreiheit zu preisen.

Um diesem Grad von Scheinheiligkeit gerecht zu werden, braucht es einen George Orwell. „Abweichende Meinung ist Subversion.“

„Globalisierung” ist eine weitere Doktrin, die der Orwell'schen Erhellung bedarf. Globalisierung, ohne die wir laut den Präsidenten seit Clinton nicht auskommen können, macht die transnationalen Konzerne reich und die Arbeiter zu Leibeigenen, die nicht genug verdienen können, um ihre Rechnungen zu bezahlen. „Armut ist Reichtum.“

Die polizeistaatlichen Maßnahmen, die den erfundenen „Krieg gegen den Terror“ begleiten, setzen die Amerikaner weit größerer Gefahr und Unsicherheit aus, als durch andere Terroristen als die staatlichen jemals erreicht werden könnte. „Gefangenschaft ist Freiheit.“

In seinem großartigen Buch „Das Gefühlsleben von Tieren“ beschreibt Marc Bekoff die verheerenden Auswirkungen auf Tiere, die in kleinen Käfigen gehalten werden. Bradley Manning, Soldat der Vereinigten Staaten von Amerika, wurde illegal acht Monate lang ohne Aussicht auf ein

Ende in einem noch kleineren Käfig eingesperrt. In der Pressekonferenz am 11. März fand ein Reporter den Mut, Präsident Obama über die Bedingungen von Mannings Haft zu befragen. Der große und edle Präsident der Vereinigten Staaten von Amerika antwortete, dass er das Pentagon konsultiert habe und ihm versichert wurde, dass die Umstände von Mannings Haft „angemessen sind und unseren grundlegenden Standards entsprechen". Nur ein George Orwell könnte einem amerikanischen Präsidenten gerecht werden, der glaubt, dass es angemessen ist, einen seiner Soldaten unter Bedingungen eingesperrt zu halten, die schlimmer sind als die, die eingesperrte Tiere wahnsinnig machen.

Die Regierung der Vereinigten Staaten von Amerika, die in ihren Kriegen, bei Steuersenkungen und Rettungsaktionen für die Superreichen und bei der Vergabe unbeschränkter Monopolmacht an unregulierte Finanzinstitutionen verschwenderisch ist, gibt die Schuld an der daraus resultierenden Krise den „Auszahlungen" an die Armen und den „Ansprüchen" der alten Menschen. Eine derartige Täuschung braucht mehr als nur Aufdeckung. Sie schreit nach einem George Orwell des 21. Jahrhunderts.

29.03.2011: Obama hebt die amerikanische Scheinheiligkeit um eine Stufe

Was denkt die Welt? Obama hat Luftangriffe und Drohnen gegen die Zivilbevölkerung in Afghanistan, Pakistan, Jemen und wahrscheinlich Somalia eingesetzt. In seiner Ansprache am 28. März rechtfertigte Obama seine Luftangriffe gegen Libyen mit dem Argument, dass der bedrängte Herrscher Gaddafi Luftangriffe einsetzte, um eine Rebellion zu unterdrücken.

Solange ich mich entsinnen kann, hat Gaddafi einen schlechten Ruf. Wenn wir dem Sprichwort „Wo Rauch ist, ist auch Feuer" Glauben schenken, ist Gaddafi wahrscheinlich kein netter Zeitgenosse.

Allerdings besteht nicht der leiseste Zweifel daran, dass der derzeitige Präsident der Vereinigten Staaten von Amerika und das vorhergehende

Bush/Cheney-Regime um ein Vielfaches mehr Menschen in Irak, Afghanistan, Pakistan, Jemen und Somalia ermordet haben, als Gaddafi in Libyen umgebracht hat. Darüber hinaus schlägt Gaddafi eine Rebellion gegen die Staatsautorität nieder, die derzeit zu Recht besteht, Obama und Bush/Cheney hingegen begannen Angriffskriege ausschließlich auf der Basis von Lügen und Täuschung.
Dennoch wird Gaddafi dämonisiert und Bush/Cheney/Obama sitzen auf ihrem hohen Ross, gehüllt in den Mantel der Moral. Obama stellte sich hin als einen, der Libyer vor Gewalt schützt, während er selbst für die Ermordung von Afghanen, Pakistanern und einer Reihe weiterer verantwortlich ist.
Tatsächlich hat das Obama-Regime einen Soldaten der Vereinigten Staaten von Amerika, Bradley Manning, dafür gefoltert, dass er ein moralisches Gewissen hat. Amerika ist zu dem Punkt verkommen, wo ein moralisches Gewissen zu haben den Beweis für Antiamerikanismus und „terroristische Aktivität" bildet.

Die von Bush/Cheney/Obama begonnenen nackten Aggressionskriege haben Amerika in den Bankrott getrieben. Joseph Stieglitz, der ehemalige Vorsitzende des Rates der Wirtschaftsberater des Präsidenten, berechnete, dass das Geld, das im Irakkrieg hinausgeworfen wurde, ausgereicht hätte, um das Problem der sozialen Sicherheit in Amerika für ein halbes Jahrhundert zu lösen. Stattdessen wurde das Geld benutzt, um die obszönen Profite der Rüstungsindustrie in die Höhe zu treiben.
Die obszönen Angriffskriege, die obszönen Profite der multinationalen Konzerne und die obszönen Freikäufe der reichen Finanzgangster hinterließen der amerikanischen Bevölkerung jährliche Budgetdefizite von rund 1,5 Billionen Dollar. Diese Defizite werden durch den Druck von Geldscheinen abgedeckt. Früher oder später werden die Banknotendruckereien dazu führen, dass der Dollar zusammenbrechen und die heimische Inflation explodieren wird. Die Leistungen des Sozialsystems werden durch die Inflation ausgelöscht werden, die schneller steigt als die Lebenshaltungskosten. Wenn Amerika überlebt, dann werden nur die Megareichen übrig bleiben. Es sei denn, es kommt zu einer gewaltsamen Revolution.

Wenn andererseits die Notenbank bei der monetären Expansion die Bremse zieht, werden die Zinsraten steigen und die Wirtschaft in eine noch tiefere Depression stürzen.
Washington ist mit seinem neuesten Krieg beschäftigt und kümmert sich nicht um die Gefahr, in der Amerika schwebt. Wie Stiglitz bemerkt, hätten allein die Kosten des Irakkriegs alle zwangsausgesiedelten Familien in ihren Heimen bleiben lassen, Gesundheitsversorgung für jedes amerikanische Kind gewährleisten und die Studiendarlehen von Absolventen tilgen können, die keine Arbeit finden können, weil die Arbeitsplätze ins Ausland ausgelagert worden sind. Wie auch immer, die erhabene demokratisch gewählte Regierung der „einzigen Supermacht der Erde" zieht es vor, Moslems zu töten, um die Profite des Militär-/Sicherheitskomplexes zu steigern. Es wird mehr Geld für die Verletzung der verfassungsmäßigen Rechte der amerikanischen Flugreisenden ausgegeben als für die Armen.
Die moralische Autorität des Westens ist in einem raschen Zusammenbruch begriffen. Wenn Russland, Asien und Südamerika auf Europa, Australien und Kanada blicken, sehen sie amerikanische Marionettenstaaten, die ihre Truppen zu den aggressiven Kriegen des Imperiums beisteuern. Der französische Präsident, der britische Premierminister, der „Präsident" Georgiens und der Rest sind lediglich Funktionäre des amerikanischen Imperiums. Diese Marionetten verscherbeln routinemäßig die Interessen und das Wohlergehen ihrer Völker im Dienste der amerikanischen Hegemonie. Für ihre Dienste werden sie gut belohnt. Ein Jahr nach seinem Rücktritt war der ehemalige britische Premierminister Tony Blair netto rund 30 Millionen Dollar wert.
Mit seinem Krieg gegen Libyen hat Obama Amerika einen Schritt weiter in den Cäsarismus gebracht. Obama übertraf Bush um eine Stufe und kümmerte sich nicht einmal um eine Genehmigung durch den Kongress für seinen Überfall auf Libyen. Obama behauptete, dass seine moralische Autorität über der Verfassung der Vereinigten Staaten von Amerika steht. Die Scheinheiligkeit stinkt. Wie die Öffentlichkeit das aushält, weiß ich nicht: „Die Verantwortung Amerikas als Führer beiseitezuschieben und – noch schwerwiegender – unsere Verantwortung für unsere Mitmenschen in einer derartigen Situation hätte einen Verrat an dem dargestellt, was

wir sind. Einige Länder werden es vielleicht schaffen, Gräueltaten in anderen Ländern zu übersehen. Die Vereinigten Staaten von Amerika sind da anders. Und als Präsident weigerte ich mich, auf die Bilder von Massakern und Massengräbern zu warten, bevor ich etwas unternahm."

Das vom „großen moralischen Führer", der Tag für Tag Zivilisten in Afghanistan und Pakistan und Jemen und Somalia und jetzt in Libyen mordet und wegschaut, wenn Israel, „die große Demokratie im Mittleren Osten", weitere Palästinenser hinmordet.

Der amerikanische Präsident, dessen Drohnen und Luftwaffe jeden Tag des Jahres Zivilisten abschlachten, fuhr fort und sagte, dass Libyen in der Welt mit „der Aussicht auf Gewalt in einem entsetzlichen Ausmaß" einzigartig dasteht. Offenbar denkt Obama, dass eine Million tote Iraker, vier Millionen vertriebene Iraker und eine unbekannte Anzahl ermordeter Afghanen nur eine Kleinigkeit ist.

Der Rest von Obamas Rede zeigte eine Person, die Doppelsprech und Doppeldenk besser beherrscht als der Große Bruder und die Bewohner von George Orwells „1984".

Wie kann eine ganz und gar absurde Person wie Obama erwarten, ernst genommen zu werden?

02.04.2011: Der neue Kolonialismus

Was wir in Libyen beobachten, ist die Neugeburt des Kolonialismus. Dieses Mal sind es nicht einzelne europäische Regierungen, die um Reiche und Ressourcen konkurrieren. Der neue Kolonialismus operiert unter der Flagge der „Weltgesellschaft", womit die NATO und die Länder gemeint sind, die mit dieser zusammenarbeiten. NATO, die Nordatlantische Bündnisorganisation, war dereinst eine Verteidigungsallianz gegen eine mögliche sowjetische Invasion Westeuropas. Heutzutage stellt die NATO europäische Truppen im Dienst der amerikanischen Weltherrschaft zur Verfügung.

Washington betreibt die Weltherrschaft unter den Deckmänteln der selektiven „humanitären Intervention" und „um unterdrückten Völkern

Freiheit und Demokratie zu bringen". Auf opportunistischer Basis nimmt Washington Länder für eine Intervention ins Visier, die nicht zu seinen „internationalen Partnern" gehören. Nachdem es vielleicht durch die Volksaufstände in Tunesien und Ägypten überrascht wurde, gibt es einige Hinweise, dass Washington opportunistisch reagierte und die Rebellion in Libyen unterstützte. Khalifa Hifter, ein vermuteter Aktivposten der CIA in den letzten 20 Jahren, ist nach Libyen zurückgekehrt, um die Rebellenarmee zu führen.

Gaddafi machte sich selbst zum Ziel, indem er sich gegen den Imperialismus des Westens erhob. Er weigerte sich, Teil des Africa Command der Vereinigten Staaten von Amerika zu werden. Gaddafi erkannte Washingtons Entwurf als das, was er ist: ein Plan von Kolonialisten, um zu teilen und zu erobern.

Das Africa Command (AFRICOM) der Vereinigten Staaten von Amerika wurde 2007 auf Befehl von Präsident George W. Bush geschaffen. AFRICOM beschreibt sein Planziel: „Unsere Vorgehensweise beruht auf der Unterstützung der nationalen Sicherheitsinteressen der Vereinigten Staaten von Amerika in Afrika, die vom Präsidenten, dem Außenminister und dem Verteidigungsminister in der nationalen Sicherheitsstrategie und in der nationalen Militärstrategie ausgeführt sind. Die Vereinigten Staaten von Amerika und afrikanische Länder haben starke gegenseitige Interessen bei der Förderung von Sicherheit und Stabilität auf dem afrikanischen Kontinent, seinen Inselstaaten und maritimen Zonen. Die Verfolgung dieser Interessen erfordert eine gemeinsame Vorgangsweise, die die Anstrengungen der verschiedenen Abteilungen der Regierung der Vereinigten Staaten von Amerika mit denen unserer afrikanischen und anderen internationalen Partner unter einen Hut bringt."

Neunundvierzig Länder beteiligen sich am Africa Command der Vereinigten Staaten von Amerika – nicht aber Libyen, Sudan, Eritrea, Zimbabwe und Elfenbeinküste. Mit Ausnahme von Zimbabwe ist eine militärische Intervention des Westens in diesen Nicht-Mitgliedsstaaten bereits im Gange.

Eine herkömmliche Methode, nach der die Vereinigten Staaten von Amerika ein Land beeinflussen und kontrollieren, ist die Ausbildung von dessen Militär und Beamten. Das Programm läuft unter dem Namen International Military and Education Training (IMET – internationale Militär- und Erziehungsausbildung). AFRICOM berichtet, dass „2009 ungefähr 900 militärische und zivile Studenten aus 44 afrikanischen Ländern in den Vereinigten Staaten von Amerika oder in ihren eigenen Ländern Ausbildung und Training bekamen. Viele Offiziere und eingetragene IMET-Absolventen machen weiter, um Schlüsselpositionen in ihren Armeen und Regierungen zu besetzen."

AFRICOM führt als strategisches Schlüsselziel den Sieg über das „Al-Qaida-Netzwerk" an. Die Trans Sahara Counter Terrorism Partnership (TSCTP – Trans-Sahara-Partnerschaft gegen den Terrorismus) bildet „Kräfte der Partnernationen" aus und rüstet diese aus, um vorzubeugen, dass Terroristen Schutzgebiete einrichten. Sie verfolgt das Ziel, „endgültig gewalttätige extremistische Organisationen in der Region zu besiegen". Anscheinend erstreckt sich jetzt nach zehn Jahren des „Kriegs gegen den Terror" eine allmächtige al-Qaida über Algerien, Burkina Faso, Tschad, Mali, Mauretanien, Marokko, Niger, Nigeria, Senegal und Tunesien in Afrika, weiter über den Mittleren Osten, Afghanistan, Pakistan, das Vereinigte Königreich, und stellt innerhalb der Vereinigten Staaten von Amerika eine derartige Bedrohung dar, dass ein jährliches Budget von 56 Milliarden Dollar für „Heimatlandsicherheit" erforderlich ist.

Die Al-Qaida-Bedrohung, wahrscheinlich ein Schwindel, ist zu Washingtons bestem Vorwand für die Einmischung in die inneren Angelegenheiten anderer Länder und für die Untergrabung der Bürgerrechte in Amerika geworden.

Sechsundsechzig Jahre nach dem Ende des Zweiten Weltkriegs und zwanzig Jahre nach dem Zusammenbruch der Sowjetunion betreiben die Vereinigten Staaten von Amerika noch immer ein European Command, eines von neun Militärkommandos und sechs Regionalkommandos.

Kein anderes Land hält es für notwendig, eine weltweite Militärpräsenz aufrechtzuerhalten. Warum glaubt Washington, dass die knappen Mittel dadurch gut angelegt sind, dass 1,1 Billionen Dollar im Jahr für Militär- und Sicherheits„bedarf" verpulvert werden? Ist das ein Anzeichen für Washingtons Paranoia? Weist das darauf hin, dass nur Washington Feinde hat?

Oder weist das darauf hin, dass Washington das Imperium zum höchsten Wert macht und die Gelder der Steuerzahler und die Kreditwürdigkeit des

Landes für militärische Fußabdrücke verschleudert, während Millionen von Amerikanern ihre Wohnungen und Arbeitsplätze verlieren?

Washingtons teure Misserfolge in Irak und Afghanistan haben die Ambitionen des Imperiums nicht gemäßigt. Washington kann sich weiterhin darauf verlassen, dass die Print- und TV-Medien seine Misserfolge kaschieren und seine Absichten verschweigen, aber teure Misserfolge werden teure Misserfolge bleiben. Früher oder später wird Washington zur Kenntnis nehmen müssen, dass das Streben nach der Weltherrschaft das Land in den Bankrott getrieben hat.

Es ist paradox, dass Washington und seine europäischen „Partner" versuchen, die Kontrolle über fremde Länder auszuweiten, während Immigration ihre Kulturen und ethnischen Zusammensetzungen in den eigenen Ländern verändert. In dem Ausmaß, in dem Lateinamerikaner, Asiaten, Afrikaner und Moslems verschiedener Volksgruppen einen immer größeren Prozentsatz der Bevölkerung der „Ersten Welt" ausmachen, schwindet die Unterstützung für das Imperium des weißen Mannes. Menschen, die eine Ausbildung anstreben und Nahrung, Wohnung und medizinische Versorgung brauchen, werden dagegen sein, dass militärische Stützpunkte in ihren Herkunftsländern betrieben werden. Wer besetzt nun eigentlich wen?

Teile der Vereinigten Staaten von Amerika werden wieder zu Mexiko. Zum Beispiel berichtet der Demograph Steve Murdock, ein ehemaliger Direktor des Volkszählungsbüros der Vereinigten Staaten von Amerika, dass zwei Drittel der Kinder in Texas lateinamerikanischer Herkunft sind und schließt: „Für die Anglos ist die Sache grundsätzlich vorbei."

Lustig, nicht wahr, dass Washington und seine NATO-Marionetten von der Welt besetzt werden, während sie eifrig dabei sind, die Welt zu besetzen.

07.04.2011: Libyen: Die Washington/NATO-Agenda und der nächste große Krieg

In den 1930er Jahren bereiteten die Vereinigten Staaten von Amerika, das Vereinigte Königreich und die Niederlande einen Weg für den Zweiten Weltkrieg im Pazifik, indem sie gegen Japan konspirierten. Die drei Re-

gierungen beschlagnahmten die japanischen Bankguthaben in ihren Ländern, die Japan für die Bezahlung seiner Importe benutzte, und schnitten Japan von Erdöl, Kautschuk, Zinn, Eisen und anderen lebenswichtigen Rohstoffen ab. War Pearl Harbor die Antwort Japans?
Washington und seine NATO-Marionetten setzen nun die gleiche Strategie gegen China ein.
Die Proteste in Tunesien, Ägypten, Bahrain und Jemen gingen von den Menschen aus, die gegen Washingtons tyrannische Handlangerregimes protestierten. Die Proteste gegen Gaddafi, der keine Marionette des Westens ist, scheinen allerdings von der CIA im östlichen Teil Libyens organisiert worden zu sein, wo sich das Erdöl befindet und wo China bedeutende Investitionen im Energiebereich getätigt hat.
Es wird angenommen, dass achtzig Prozent der Erdölreserven Libyens im Sirtebecken im Ostteil des Landes liegen, das jetzt von den von Washington unterstützten Rebellen kontrolliert wird. Nachdem siebzig Prozent des libyschen Bruttoinlandsprodukts durch Erdöl erwirtschaftet werden, würde eine erfolgreiche Aufteilung Libyens die in Tripoli angesiedelte Regierung Gaddafis wesentlicher Mittel berauben.
People's Daily Online berichtete am 23. März, dass China in Libyen 50 große Projekte betreibt. Der Ausbruch der Feindseligkeiten hat diese Projekte zum Stillstand gebracht und dazu geführt, dass 30.000 chinesische Arbeiter aus Libyen evakuiert wurden. Chinesische Firmen berichten, dass sie davon ausgehen, hunderte Millionen Yuan zu verlieren.
China baut hinsichtlich seines zukünftigen Energiebedarfs auf Afrika, in erster Linie Libyen, Angola und Nigeria. Als Antwort auf Chinas wirtschaftliches Engagement in Afrika erfasst Washington den Kontinent in militärischer Hinsicht mit dem Africa Command der Vereinigten Staaten von Amerika (AFRICOM), das 2007 von Präsident George W. Bush ins Leben gerufen wurde. Neunundvierzig afrikanische Länder waren bereit, mit Washington an AFRICOM teilzunehmen, Gaddafi hingegen weigerte sich, wodurch er Washington einen zweiten Grund lieferte, Libyen ins Visier für eine Übernahme zu nehmen.
Ein dritter Grund, Libyen ins Visier zu nehmen, ist, dass Libyen und Syrien die zwei einzigen Länder an der Küste des Mittelmeers sind, die nicht unter Kontrolle oder Einfluss Washingtons stehen. Dementspre-

chend sind auch in Syrien Proteste ausgebrochen. Was immer die Syrer von ihrer Regierung halten mögen – nachdem sie das Schicksal des Irak und jetzt Libyens mitverfolgt haben, ist nicht anzunehmen, dass die Syrer selbst auf eine Militärintervention der Vereinigten Staaten von Amerika hinarbeiten. Sowohl Mossad als auch die CIA sind dafür bekannt, dass sie soziale Netzwerksysteme benützen, um Proteste anzuheizen und Falschinformationen zu verbreiten. Diese Geheimdienste sind die wahrscheinlichen Hintermänner und Verschwörer, denen die Regierungen Libyens und Syriens die Schuld an den Protesten geben.

Überrascht durch die Proteste in Tunesien und Ägypten realisierte Washington, dass Proteste benutzt werden konnten, um Gaddafi und Assad zu entfernen. Die humanitäre Ausrede für die Intervention in Libyen ist nicht glaubwürdig, wenn man bedenkt, dass Washington dem Militär der Saudis grünes Licht für die Niederschlagung der Proteste in Bahrain gab, wo die Fünfte Flotte der Vereinigten Staaten von Amerika stationiert ist.

Wenn Washington erfolgreich die Regierung Assad in Syrien stürzen kann, würde Russland seinen Mittelmeer-Marinestützpunkt im syrischen Hafen Tartus verlieren. Daher hat Washington viel zu gewinnen, wenn es den Deckmantel des Volksaufstandes benutzen kann, um beide – China und Russland – aus dem Mittelmeer hinauszuwerfen. Roms mare nostrum („unser Meer") würde zu Washingtons mare nostrum werden.

„Gaddafi muss gehen", erklärte Obama. Wie lange wird es dauern, bis wir auch „Assad muss gehen" hören werden?

Die geknebelte amerikanische Presse ist dabei, beide zu dämonisieren, Gaddafi und Assad, einen Augenarzt, der aus London nach Syrien zurückkehrte, um nach dem Tod seines Vaters die Führung der Regierung zu übernehmen.

Die Scheinheiligkeit wird totgeschwiegen, mit der Obama Gaddafi und Assad als Diktatoren bezeichnet. Seit Beginn des 21. Jahrhunderts ist der amerikanische Präsident ein Kaiser. Auf der Grundlage von nicht mehr als einem Memorandum des Justizministeriums wurde erklärt, dass George W. Bush über dem Verfassungsrecht der Vereinigten Staaten von Amerika, über dem Internationalen Recht und über der Macht des Kongresses steht, solange er in seiner Rolle als Oberbefehlshaber im „Krieg gegen den Terror" handelt.

Kaiser Obama hat es eine Stufe höher geschafft als Bush. Kaiser Obama hat die Vereinigten Staaten von Amerika in den Krieg gegen Libyen geführt, ohne auch nur vorzugeben, den Kongress um eine Genehmigung zu fragen. Das ist ein anklagbarer Tatbestand; ein impotenter Kongress ist jedoch nicht fähig, seine Macht zu schützen. Indem er die Anmaßungen der Regierungsgewalt akzeptierte, hat sich der Kongress der kaiserlichen Herrschaft unterworfen. Die Menschen in Amerika haben über ihre Regierung nicht mehr Kontrolle als die Völker in Ländern, die von Diktatoren beherrscht werden.

Washingtons Streben nach der Weltherrschaft treibt die Welt in Richtung Dritter Weltkrieg. China ist um nichts weniger stolz als Japan in den 1930er Jahren und wird kaum zulassen, dass es von dem, was es als dekadenten Westen bezeichnet, herumgestoßen und beherrscht wird. Russlands Vorbehalte gegen seine militärische Einkreisung wachsen. Washingtons Anmaßung kann zu einer fatalen Fehleinschätzung führen.

03.05.2011: Osama bin Ladens nützlicher Tod

In einem nach Triumphalismus stinkenden Propagandaartikel schreiben zwei angebliche Journalisten, Adam Goldman und Chris Brummitt von Associated Press oder eigentlich vom Wahrheitsministerium des Weißen Hauses – oder vielleicht kopierten sie eine Presseaussendung des Weißen Hauses oder der CIA –, dass „Osama bin Laden, der Terror-Drahtzieher, aufgrund von Informationen, die zum Teil vor Jahren von Gefangenen in geheimen Gefängnissen der CIA in Osteuropa herausbekommen wurden, von Navy SEALs (Spezialeinheit der Marine der Vereinigten Staaten von Amerika) gestellt und in einem heftigen Feuergefecht getötet wurde, wie Behördenvertreter am Montag bekannt gaben."

Wie viele Amerikaner werden bemerken, dass der erste Absatz dieses „Berichts" CIA-Gefängnisse und Folter rechtfertigt? Ohne geheime Gefängnisse und Folter würde der „Terror-Drahtzieher" noch immer frei herumlaufen, obwohl er eigentlich 2001 aufgrund eines Nierenversagens gestorben ist.

Wie viele Amerikaner werden so viel Verstand haben, dass sie sich wundern, warum der „Terror-Drahtzieher“ – der nicht nur CIA und FBI besiegt hat, sondern alle 16 Geheimdienste der Vereinigten Staaten von Amerika, zusammen mit Israels Mossad und den Geheimdiensten der NATO; der NORAD besiegte, den Nationalen Sicherheitsrat, das Pentagon und den Generalstab, die Luftwaffe der Vereinigten Staaten von Amerika und die Luftraumüberwachungsbehörde; der das Versagen der Sicherheitssysteme auf Flughäfen der Vereinigten Staaten von Amerika viermal innerhalb einer Stunde desselben Tages zustande brachte; der die hochgezüchteten Verteidigungsmaßnahmen des Pentagons versagen ließ und der es zustande brachte, drei Verkehrsflugzeuge mit Piloten, die nicht fliegen konnten, in drei Gebäude fliegen zu lassen – in fast zehn Jahren nicht eine einzige weitere Attacke zustande gebracht hat? Glauben die Amerikaner wirklich, dass das Sicherheitssystem einer Regierung, das angesichts einiger Saudiaraber mit Teppichmessern so völlig versagt, sich selbst über Nacht zur Perfektion erneuern kann?

Wie viele Amerikaner werden bemerken, dass der lange abwesende bin Laden als „Terror-Drahtzieher” wieder auferstanden ist, nachdem er den ersten Platz Khalid Sheikh Mohammed abtreten musste, dem Gefangenen in Guantánamo, der gestanden hat, das „Superhirn hinter 9/11“ zu sein, nachdem er 183-mal der Wasserfolter („Waterboarding“) unterzogen worden war?

Die Amerikaner sind zu sehr mit Feiern beschäftigt, um zu denken – eine Fähigkeit, die anscheinend aus ihrer Erziehung gestrichen worden ist.

Die Amerikaner sind so begeistert über den Tod von bin Laden, dass sie sich nicht wundern, warum Informationen, die schon vor Jahren gesammelt wurden, so lange gebraucht haben, um den Aufenthaltsort einer Person herauszufinden, die angeblich in einem Millionen Dollar teuren Gebäude lebte, das, in nächster Nähe der pakistanischen Militärakademie gelegen, mit den modernsten Kommunikationsanlagen ausgestattet war. Angeblich bewegte sich der „meistgesuchte Verbrecher“ nicht von Versteck zu Versteck in wüsten Gebirgen, sondern hielt sich in luxuriösen Quartieren im hellen Tageslicht auf. Nichtsdestotrotz brauchte die CIA trotz seines offenkundigen Aufenthaltsortes Jahre, um ihn zu finden, nachdem sie behauptete, sie habe Informationen über seinen Aufenthalt von Gefangenen in geheimen Gefängnissen herausbekommen. Das ist das Bild von der CIA als den neuen Keystone Kops.

In einer Folgemeldung, die unmittelbar nach der Bekanntgabe herauskam, dass die Navy SEALs und CIA-Söldner in vorbildlicher Weise gemäß den Einsatzregeln vorgegangen sind, während ein feiger bin Laden sich hinter einer Frau als Schutzschild versteckte, als die Schießerei losging, hören wir von den Pressestellen, dass „Behördenvertreter der Vereinigten Staaten von Amerika das Risiko einer neuerlichen Attacke einräumten. Die Terroristen werden fast sicher versuchen, bin Ladens Tod zu rächen, schrieb CIA-Direktor Leon Panetta in einem Memorandum. Innerhalb weniger Stunden warnte das Heimatlandsicherheitsdepartment, dass bin Ladens Tod wahrscheinlich ‚gewalttätige Extremisten im Inland' motivieren wird, Attacken durchzuführen".

John Brennan, Antiterrorberater des Weißen Hauses, sagte Reportern, dass es „unvorstellbar sei, dass der terroristische Flüchtling keine Unterstützung in Pakistan bekommen habe, wo sein Versteck vor sechs Jahren maßgeschneidert errichtet wurde in einer Stadt mit starker militärischer Präsenz".

So hat der behauptete Mord an bin Laden durch die Vereinigten Staaten von Amerika in einem souveränen fremden Land, mit dem sich die Vereinigten Staaten von Amerika nicht im Krieg befinden (also ein Verbrechen nach Internationalem Recht), drei weitere selbstdienliche Möglichkeiten eröffnet:

Die CIA sagt, dass Terroristen den Tod bin Ladens rächen werden und setzt damit eine weitere Attacke unter falscher Flagge, um den Fluss der Profite in den Militär-/Sicherheitskomplex und den Fluss von Macht in die niemandem Rechenschaft schuldige CIA aufrechtzuerhalten.

Die Heimatlandsicherheit kann den heimischen Polizeistaat weiter ausbauen, Reisende missbrauchen und Antikriegsdemonstranten einsperren.

Und Pakistan ist bedroht von Invasion und Übernahme (für Indien natürlich), weil es bin Laden beschützt hat.

Die Vertreter der israelischen Lobby im Kongress der Vereinigten Staaten von Amerika stürzten sich schnell auf die Angelegenheit. Senator Carl Levin, Vorsitzender des Streitkräfteausschusses im Senat, erklärte, dass die pakistanische Armee und der Geheimdienst „einen Haufen Fragen zu beantworten haben, betreffend den Ort, die lange Zeit und die offensichtliche Tatsache, dass diese Anlage für bin Laden errichtet wurde, und ihre Nähe zum zentralen Sitz der pakistanischen Armee".

Die beiden Reporter stellen nichts in der Regierungspropaganda in Frage. Stattdessen beteiligen sich die Reporter an den Feiern. Allerdings lassen sie die Bemerkung fallen, dass „Behördenvertreter die Veröffentlichung wenigstens eines Fotos der Leiche bin Ladens in Erwägung zogen, als Teil von dem, was Brennan als eine Anstrengung bezeichnete, um sicherzustellen, dass ‚niemand einen Grund hat, den Tod zu bezweifeln und abzustreiten'".

Wie der Guardian und europäische Zeitungen enthüllt haben, ist das Foto des toten bin Ladens eine Fälschung. Nachdem die angebliche Leiche in das Meer geworfen worden ist, bleibt nichts mehr als das Wort der Regierung der Vereinigten Staaten von Amerika, die über irakische Waffen der Massenvernichtung und Al-Qaida-Verbindungen gelogen hat, über Urankonzentrat, über iranische Atomwaffen, und, laut Tausenden von Experten, über 9/11. Und jetzt sagt uns die Regierung auf einmal die Wahrheit über bin Ladens Tod? Wenn Sie das glauben, habe ich eine Brücke in Brooklyn, die Sie von mir für einen guten Preis kaufen können.

Meine anfängliche Deutung des gefälschten Todes bin Ladens lief darauf hinaus, dass Obama die Beendigung des Afghanistankrieges und der Okkupation brauchte, um mit dem Budgetdefizit der Vereinigten Staaten von Amerika zurechtzukommen. Später folgende Stellungnahmen von Vertretern des Obamaregimes legen die Vermutung nahe, dass die Agenda darin bestehen könnte, den Amerikanern ein Stück Sieg im Krieg zu geben, um ihren nachlassenden Enthusiasmus zu stärken.

Der Militär-/Sicherheitskomplex wird reicher und mächtiger werden und die Amerikaner werden mit Ersatzfreude über den Sieg über Feinde belohnt.

06.05.2011: Die Agenden hinter der Bin-Laden-Geschichte

Die Bin-Laden-Geschichte der Regierung der Vereinigten Staaten von Amerika war dermaßen dürftig zusammengeschustert, dass es keine 48 Stunden dauerte, bis sie grundlegend verändert war. In der Tat weist die neue Geschichte, die der Pressesekretär des Weißen Hauses Jay Carney am Dienstag zum Besten gab, nur wenig Übereinstimmung mit dem Original vom Sonntagabend auf. Das wilde Feuergefecht gab es nicht. Osama bin Laden hat sich nicht hinter einer Frau versteckt. In Wirklichkeit war bin Laden, so Carney, „nicht bewaffnet".

Die Geschichte vom Feuergefecht war gleich verdächtig, da kein einziger SEAL auch nur einen Kratzer abbekommen hat, obwohl es gegen al-Qaida ging, beschrieben vom ehemaligen Chef des Pentagon Donald Rumsfeld als „die gefährlichsten, bestausgebildeten, bösartigsten Killer auf Erden". Jedes Detail der Originalgeschichte wurde verändert. Es war nicht bin Ladens Frau, die von den Navy SEALs ermordet wurde, sondern die Frau eines Mitarbeiters. Es war nicht bin Ladens Sohn Khalid, der von den Navy SEALs ermordet wurde, sondern Sohn Hamza. Carney schob die Schuld an den Änderungen an der Geschichte auf „den Nebel des Krieges". Es gab aber kein Feuergefecht, woher also der „Nebel des Krieges"?

Das Weiße Haus musste auch die Geschichte widerrufen, dass Präsident Obama und sein nationales Sicherheitsteam gespannt verfolgten, wie sich die Ereignisse in Echtzeit abspielten (ungeachtet der vom Weißen Haus herausgegebenen Fotos, auf denen man sieht, wie das Team gespannt zuschaut), wobei der Einsatz über Kameras auf den Helmen der SEALs übertragen worden sein soll. Hätte Obama das Ereignis verfolgt, wie es sich abspielte, hätte er mitbekommen, so hoffen wir zumindest, dass es da kein Feuergefecht gab, und er hätte daher der Öffentlichkeit wohl nicht mitgeteilt, dass bin Laden in einem Feuergefecht getötet wurde. Ein weiterer Grund, warum die Geschichte widerrufen werden musste, besteht darin, dass, wenn das Ereignis auf Video aufgenommen worden wäre, jede Nachrichtenagentur der Welt das Video hätte haben wollen. War das Ereignis aber ein inszeniertes Theater, gäbe es natürlich kein Video.

Keine Erklärung wurde abgegeben, warum ein unbewaffneter bin Laden angesichts eines nicht stattgefundenen Feuergefechts von den SEALs mit einem Kopfschuss ermordet wurde. Für diejenigen, die die Geschichte der Regierung glauben, dass „wir bin Laden gefasst haben", kann diese Operation nur als der größte Murks der Geschichte dastehen. Welche Art von Inkompetenz braucht es, um sinnlos und ohne Notwendigkeit die wertvollste geheimdienstliche Informationsquelle auf dem Planeten zu töten?

Laut der Regierung der Vereinigten Staaten von Amerika operierten die terroristischen Bewegungen der Welt durch bin Laden, „das Superhirn". Dank einem schießwütigen dummen SEAL zerstörte eine Kugel die wertvollste terroristische Information auf der Erde. Vielleicht dachte der SEAL an die Kerbe in seinem Schießeisen und wie er sein Leben lang damit angeben kann, der superharte Macho zu sein, der Osama bin Laden umgenietet hat, den gefährlichsten Mann auf dem Planeten, der die Vereinigten Staaten von Amerika und deren europäische und israelische Helfershelfer ausgetrickst und die „einzige Supermacht der Erde" mit 9/11 gedemütigt hat.

Wenn eine dermaßen grundlegende Angelegenheit wie der Tod bin Ladens keine 48 Stunden ohne bestätigte „Diskrepanzen" überleben kann, welche fundamentale Änderungen an der Geschichte nötig machen, dann gibt es Verdachtsgründe, abgesehen von dem Verdacht, der sich aus der Abwesenheit eines toten Körpers ergibt, aus dem Fehlen jeglichen Beweises, dass bin Laden in einer Kommandoaktion getötet wurde bzw. dass überhaupt eine Kommandoaktion stattgefunden hat. Diese ganze Angelegenheit könnte ein weiteres Ereignis wie der Zwischenfall im Golf von Tonkin am 4. August 1964 sein, den es nie gab, der aber zur Eröffnung des Krieges gegen Nordvietnam führte, welcher den Amerikanern und Vietnamesen gewaltige Kosten und dem Militär-/Sicherheitskomplex gewaltige Profite bescherte.

Es besteht kein Zweifel daran, dass die Vereinigten Staaten von Amerika hinreichend inkompetent sind, um bin Laden zu töten, statt ihn lebend zu fangen. Wer aber kann glauben, dass die Vereinigten Staaten von Amerika so schnell den Beweis dafür beseitigen, dass bin Laden ausgelöscht wurde? Die Geschichte der Regierung, dass sie den Beweis ihres Erfolges in den Ozean geworfen hat, aber einige Fotos besitzt, die veröffentlicht werden könnten – irgendwann einmal –, ist nicht glaubwürdig.

Wie es ein Leser in einer E-Mail an mich formuliert hat: „Was wirklich beunruhigend ist, ist die zunehmende arrogante Schlampigkeit dieser Lügen, als wäre sich die Regierung so durch und durch ihrer Fähigkeit sicher, die Menschen täuschen zu können, dass sie sich so gut wie überhaupt nicht bemüht, glaubhaft zu erscheinen."

Seit jeher wussten Regierungen, dass sie Bürger und Untertanen immer hinters Licht führen können, indem sie die patriotische Karte spielen. „Denkt an die Maine", der „Golf von Tonkin", „Waffen der Massenvernichtung", „der Reichstagsbrand" – die inszenierten Ereignisse und gefälschten Beweise sind endlos. Würden die Amerikaner etwas über Geschichte wissen, wären sie nicht so leichtgläubig.
Die wirkliche Frage, die sich uns stellt, ist: Welche Agenda oder welche Ziele sollen mit dem „Tod bin Ladens" weiterbefördert werden?
Auf diese Frage gibt es zahlreiche Antworten. Viele haben bemerkt, dass Obamas Zustimmungswerte für die Wiederwahl im Keller waren. Ist jemand überrascht, dass die Umfrage von New York Times/CBS nach der Bin-Laden-Kommandoaktion einen starken Anstieg der Werte aufzeigt? Wie die New York Times berichtete, erhob sich „der Glanz des nationalen Stolzes über die Parteipolitik, als die Zustimmung für den Präsidenten signifikant sowohl bei den Republikanern als auch bei den Unabhängigen stieg. Insgesamt sagten 57 %, sie stimmten jetzt der Amtsführung des Präsidenten zu, davor waren es 46 %".
In der Washingtoner Denkart rechtfertigt ein Anstieg der Zustimmungsrate um 24 % ein inszeniertes Ereignis.
Eine weitere Möglichkeit ist, dass Obama zu der Ansicht kam, dass das Budgetdefizit und die Rettung des Dollars vor dem Zusammenbruch das Ende des teuren Krieges und der Okkupation Afghanistans mit dem Übergreifen auf Pakistan erforderlich machen. Nachdem es der Zweck des Krieges war, bin Laden zu fassen, erlaubt die erfolgreiche Erreichung dieses Ziels den Vereinigten Staaten von Amerika, sich ohne Gesichtsverlust zurückzuziehen und es dadurch zu ermöglichen, das Budgetdefizit der Vereinigten Staaten von Amerika um einige hundert Milliarden Dollar im Jahr zu kürzen – ein leicht gangbarer Weg, eine große Einsparung vorzunehmen.
Sollte das auf der Tagesordnung stehen, dann nur weiter so. Andererseits, falls Obama das vorhatte, hat der Militär-/Sicherheitskomplex schnell etwas dagegen unternommen. CIA-Direktor Leon Panetta öffnete das Tor zu Angriffen unter falscher Flagge, um den Krieg weiter am Laufen zu erhalten, indem er erklärte, dass al-Qaida den Tod bin Ladens rächen werde. Außenministerin Clinton erklärte, dass der Erfolg bei der Tötung bin

Ladens mehr Krieg und weitere Erfolge rechtfertige. Die Heimatlandsicherheit erklärte, dass die Tötung bin Ladens „hausgemachte gewalttätige Extremisten" motivieren werde, terroristische Attacken durchzuführen. „Hausgemachte gewalttätige Extremisten" ist ein unbestimmter Begriff, aber dieser neu geschaffene Schwarze Peter scheint Umweltschützer und Kriegsgegner mit einzubeziehen. Wie „verdächtig" wird dieser Begriff jeden erfassen, den die Regierung herausgreifen will.

Verschiedene Teile der Regierung ergriffen schnell die Möglichkeit, den Erfolg bei der Tötung bin Ladens für die Verteidigung und Begünstigung ihrer eigenen Anliegen zu nützen, zum Beispiel der Folter. Den Amerikanern wurde gesagt, dass bin Laden aufgrund von Informationen gefunden wurde, die durch Folterung aus Gefangenen herausbekommen wurden, die vor Jahren in geheimen Gefängnissen der CIA in Osteuropa angehalten worden sind.

Diese Auflistung möglicher Beweggründe und weiterer Vorstellungen ist keineswegs vollständig, kann aber denjenigen, die zu skeptischem und unabhängigem Denken fähig sind, als erster Anhaltspunkt dienen. Die Agenden hinter dem Theater werden sich mit der Zeit selbst enthüllen. Alles, was Sie tun müssen, ist, aufmerksam zu sein und im Kopf zu haben, dass das meiste von dem, was man in den Massenmedien hört, dem Zweck dient, diese Agenden weiterzutreiben.

11.05.2011: Die Amerikaner leben heute in Orwells „1984"

Die Geschichte des Weißen Hauses vom „Tod bin Ladens" ist völlig zerflattert. Macht es etwas aus, dass innerhalb von 48 Stunden die Geschichte so verändert wurde, dass sie nichts mehr mit der Erklärung Präsident Obamas am Sonntagabend gemein hatte und jegliche Glaubwürdigkeit verloren hat?

Bis jetzt machte es nichts aus für die einst so hochgelobte Nachrichtenanstalt BBC, die am 9. Mai, nach acht Tagen, noch immer die Propaganda wiederholte, dass die SEALs bin Laden in seinem pakistanischen Anwe-

sen töteten, wo bin Laden in nächster Nähe der pakistanischen Militärakademie lebte, umgeben von der pakistanischen Armee.
Nicht einmal der Präsident von Pakistan findet die Geschichte unglaubwürdig. Die BBC berichtet, dass der Präsident eine umfassende Untersuchung in die Wege leitete, wie bin Laden jahrelang in einer Militärstadt leben konnte, ohne bemerkt zu werden.
Für die meisten Amerikaner begann und endete die Geschichte mit: „Wir haben bin Laden." Die Feiern, der süße Geschmack von Rache, von Triumph und Sieg über den „gefährlichsten Mann auf dem Planeten" gleichen dem Hochgefühl, das Sportfans erleben, wenn ihr Fußballteam den gefürchteten Gegner besiegt oder ihr Baseballteam die Meisterschaft gewinnt. Kein Fan will am nächsten Tag hören, dass das nicht stimmt, dass das alles ein Fehler ist. Wenn diese Amerikaner in ein paar Jahren auf eine Geschichte stoßen werden, dass die Tötung bin Ladens ein inszeniertes Nachrichtenevent war, um andere Agenden voranzutreiben, werden sie diesen Bericht als die Wahnideen eines Pinko-Liberalen-Kommunisten abtun. Jedermann weiß, dass wir bin Laden getötet haben. Wie könnte es auch anders sein? Uns – dem unverzichtbaren Volk, der rechtschaffenen Nation, der einzigen Supermacht der Welt, den weißen Hüten – war es vorherbestimmt zu siegen. Kein anderes Ergebnis war möglich.
Niemand wird darauf kommen, dass diejenigen, die die Geschichte erfanden, vergessen haben, den Dialyseapparat zu zeigen, der bin Laden irgendwie ein Jahrzehnt lang am Leben erhalten hat. Auch waren keine Ärzte zu bemerken.
Niemand wird sich daran erinnern, dass Fox News im Dezember 2001 berichtet hat, dass Osama bin Laden an seinen Krankheiten gestorben ist. Wenn bin Laden es gegen jede Wahrscheinlichkeit geschafft hat, ein Jahrzehnt lang am Leben zu bleiben, um unbewaffnet und ohne Verteidigung die Ankunft der Navy SEALs in der letzten Woche zu erwarten, wie ist es dann möglich, dass das „Terror-Superhirn", das nicht nur CIA und FBI besiegt hat, sondern alle 16 Geheimdienste der Vereinigten Staaten von Amerika nebst denen von Amerikas europäischen Alliierten und Israel, den Nationalen Sicherheitsrat, das Pentagon, NORAD, die Luftraumüberwachung, Flughafensicherheit vier Mal an einem Vormittag etc., etc., es zu keinem weiteren Erfolg brachte, nicht einmal zu einem kleinen, ganz win-

zigen? Was machte das „Terror-Superhirn" in den zehn Jahren nach 9/11? Der „Tod bin Ladens" passt in zu viele Agenden im gesamten politischen Spektrum, um die offensichtliche Falschheit der Geschichte für sehr viele erkennbar zu machen. Die Patrioten sind euphorisch, weil Amerika bin Laden besiegt hat. Die Progressiven hängen sich an die Geschichte, um die Vereinigten Staaten von Amerika wegen des außergesetzlichen Mordes zu kritisieren, der uns alle brutalisiert. Einige vom linken Flügel glaubten an die Geschichte von 9/11 aufgrund der emotionalen Genugtuung hinsichtlich der unterdrückten Araber, die gegen ihre imperialistischen Unterdrücker zurückgeschlagen haben. Diese Linken sind darüber erfreut, dass die inkompetenten Amerikaner ein ganzes Jahrzehnt brauchten, um bin Laden zu finden, der sich für jeden sichtbar versteckte. Die amerikanische Inkompetenz bei der Entdeckung bin Ladens beweist in ihren Augen die Inkompetenz der Regierung der Vereinigten Staaten von Amerika, die es nicht geschafft hat, die Amerikaner vor der Attacke von 9/11 zu bewahren.

Diejenigen, die die völlig inkompetenten rechtlichen Abhandlungen bestellt und verfasst haben, nach denen Folter nach dem Recht der Vereinigten Staaten von Amerika und nach Internationalem Recht zulässig sei, und dadurch George W. Bush und Dick Cheney der Möglichkeit einer Strafverfolgung entzogen, nutzen die Euphorie nach bin Ladens Tod, indem sie verkünden, dass es Folter war, die die amerikanischen Mörder auf die Spur bin Ladens brachte. Auf einmal steht die Folter, die bereits wieder in den Verruf geraten war, in dem sie seit Jahrhunderten gesteckt hat, wieder im Tageslicht. Alles, was zur Auslöschung bin Ladens führt, ist ein zulässiges Instrument.

Diejenigen, die über Amerikaner, die pakistanische Bürger in Pakistan aus der Luft und mit Bodeneinsätzen von Soldaten ermorden, den Druck auf Pakistan erhöhen wollen, den Mund zu halten, haben einen neuen Knüppel dazubekommen, mit dem sie die pakistanische Regierung in die Unterwerfung prügeln: „Ihr habt bin Laden vor uns versteckt."

Diejenigen, die die Auffettung der Profite des Militär-/Sicherheitskomplexes und der Macht der Heimatlandsicherheit weiterbetreiben wollen, wie etwa die Außenministerin Hillary Clinton, benutzen bin Ladens zweiten Tod als Beweis dafür, dass Amerika in seinem Krieg gegen den Terror erfolgreich ist und dass der Krieg auf einem dermaßen erfolgreichen Weg weitergeführt werden muss, bis alle Feinde zur Strecke gebracht sind. Am beunruhigendsten von allen war die Aussage des CIA-Direktors, dass der Tod bin Ladens zu neuen Angriffen auf Amerika und neuen 9/11s von Seiten der al-Qaida führen wird, die sich rächen will. Diese Warnung, die innerhalb weniger Stunden nach Präsident Obamas Auftritt am Sonntagabend herauskam, brachte das unvermeidliche „al-Qaida"-Internetposting hervor, dass Amerika für die Ermordung ihres Führers neue 9/11s erleiden werde.

Wenn die Taliban im Dezember 2001 wussten, dass bin Laden tot ist, glaubt dann jemand, dass al-Qaida das nicht wusste? In Wirklichkeit hat niemand in der Öffentlichkeit eine Möglichkeit zu wissen, ob al-Qaida mehr ist als eine Schwarzer-Peter-Organisation, geschaffen von der CIA, die die „al-Qaida"-Verlautbarungen herausgibt. Die Anhaltspunkte dafür, dass die Äußerungen der al-Qaida von der CIA herausgegeben werden, sind sehr stark. Die verschiedenen Videos bin Ladens im Lauf der letzten zehn Jahre wurden von Experten als Fälschungen entlarvt. Warum sollte bin Laden ein gefälschtes Video veröffentlichen? Warum hörte bin Laden mit der Veröffentlichung von Videos auf und brachte nur mehr Tonaufnahmen heraus? Jemand, der eine weltweite terroristische Organisation betreibt, sollte in der Lage sein, Videos zu produzieren. Er würde auch von besser geeignetem Schutzpersonal umgeben sein als von ein paar Frauen. Wo war al-Qaida, eine Organisation, die laut dem ehemaligen Chef des Pentagons Donald Rumsfeld aus den „gefährlichsten, bestausgebildeten, bösartigsten Killern auf dem Erdboden" besteht? Hatten diese so gefährlichen Männer ihren Führer verlassen?

Die Warnung des CIA-Direktors vor zukünftigen terroristischen Attacken, gefolgt von einer zwielichtigen „al-Qaida"-Drohung in die gleiche Richtung, legt nahe, dass, wenn die amerikanische Öffentlichkeit weiterhin in ihrer Begeisterung für die endlosen Kriege der Regierung nachlässt, die auf Kosten des Budgetdefizits der Vereinigten Staaten von Amerika geführt werden, auf Kosten des Dollar-Wechselkurses, auf Kosten von Inflation, Sozialwesen, Gesundheitswesen, Unterstützungsprogrammen, Arbeitsplätzen, Aufschwung und so weiter, „al-Qaida" wieder alle 16 Geheimdienste der Vereinigten Staaten von Amerika, die unserer Alliierten, NORAD, Flughafensicherheit, Luftraumüberwachung etc., etc. austricksen und der einzigen Supermacht der Erde eine weitere demütigende Niederlage zufügen wird, die die Unterstützung der Amerikaner für den „Krieg gegen den Terror“ beleben wird.

Ich glaube, dass „al-Qaida“ das Weiße Haus oder den Kongress oder beide in die Luft jagen könnte und dass die Mehrheit der Amerikaner auf die Geschichte hereinfallen würde, gerade wie die Deutschen, eine besser gebildete und intelligentere Bevölkerung, auf den Reichstagsbrand hereingefallen sind – nicht anders als eine Reihe von Historikern.

Ich sage das, weil die Amerikaner einer Propaganda unterlegen sind, die sie zu dem Glauben konditioniert hat, dass sie von praktisch allmächtigen Gegnern angegriffen werden. Der Beweis dafür wird Tag für Tag gesendet. Zum Beispiel hörte ich am 9. März im National Public Radio in Atlanta, dass die Emory-Universität, eine Privatuniversität mit gutem Ruf, ihren 3.500 Absolventen zur Abschlussfeier eine Ansprache von Janet Napolitano, der Ministerin für Heimatlandsicherheit, verpasste.

Das ist die Agentur, der die Rowdys unterstehen, die die Genitalien von kleinen Kindern und von Erwachsenen abtasten, und die angekündigt hat, dass sie ihre Praktiken von Flugreisenden auf Kunden von Einkaufszentren, Bus- und Eisenbahnpassagiere ausweiten will. Dass eine seriöse Universität eine derartige Figur, die eindeutig keinen Respekt vor amerikanischen Bürgerrechten hat und der jeglicher Sinn dafür abgeht, was sich gehört, eingeladen hat, um zu dem Absolventenjahrgang der südlichen Elite zu sprechen, ist ein klarer Hinweis darauf, dass das Wahrheitsministerium gesiegt hat. Die Amerikaner leben in George Orwells „1984”.

Für diejenigen, die Orwells klassische Vorhersage unserer heutigen Gesellschaft nicht gelesen haben, sei gesagt, dass der Große Bruder, die Regierung, den „Bürgern“ jede Lüge aufs Auge drücken konnte und diese unhinterfragt akzeptiert wurde. Ein scharfsinniger Leser machte mich darauf aufmerksam, dass wir Amerikaner mit unserer „freien Presse“ heute an diesem Punkt angelangt sind: „Wirklich beunruhigend ist die zunehmend arrogante Schlampigkeit dieser Lügen, als ob die Regierung sich so völlig ihrer Fähigkeit sicher ist, die Menschen zu täuschen, dass sie so gut wie gar nichts unternimmt, um auch nur den Anschein von Glaubwürdigkeit zu erwecken.“

Ein Volk, das so leichtgläubig ist wie die Amerikaner, hat keine Zukunft.

12.05.2011: Der Westen steckt in der Falle seiner eigenen Propaganda

Einer der Wünsche, die Leser mir gegenüber oft äußern, wurde am 11. Mai wahr. Ich war in den großen Medien. Es war ein Sender mit einer weltweiten Reichweite – der BBC World Service. Es gab mehrere Teilnehmer an der Sendung und es ging um Hillary Clintons Äußerungen vom 10. Mai über den Mangel an Demokratie und Menschenrechten in China.

Ich erschreckte den Moderator, als ich Hillarys Äußerungen damit verglich, dass ein Esel den anderen als Langohr beschimpft. Ich war irgendwie verblüfft, als der Moderator des BBC-Programms sofort Amerika verteidigte und wunderte mich darüber im weiteren Verlauf der Sendung. Sicher hatte er von Abu Ghraib, Guantánamo, über die Welt verteilten geheimen Foltergefängnissen der CIA, der Invasion und Zerstörung des Irak auf der Grundlage von Lügen und Täuschung, Afghanistan, Pakistan, Jemen, Somalia, Libyen gehört. Sicher war er sich der Scheinheiligkeit Hillarys bewusst, als sie China dämonisierte, aber Israel, Mubarak, Bahrain und die Saudis wissentlich ignorierte. Chinas Leumund ist nicht perfekt, aber ist das so schlimm? Warum hat denn der chinesische Außenminister nicht Amerikas Menschenrechtsverletzungen und Wahlfälschungen kritisiert? Wie kommt es dazu, dass sich China um seine eigenen Probleme kümmert, wir aber nicht?

Diese Fragen kamen nicht gut an. Keiner von den anderen Interviewten oder Gästen meinte, dass Hillary eine gute Entscheidung getroffen hat, aber nicht einmal die chinesischen Gäste waren frei von der allgemeinen Auffassung, die jedes Thema von dem Standpunkt aus betrachtet, dass der Westen den Maßstab bildet, an dem der Rest der Welt gemessen wird. Indem ich auf unsere eigenen Schwächen hinwies, stellte ich diesen Maßstab in Frage. Der Moderator und die anderen Gäste konnten den Einschränkungen nicht entkommen, in denen das Denken gefangen ist, wenn es die Rolle des Westens als Maßstab akzeptiert.

Der Westen ist so weit gekommen, dass er sich selbst und andere nur mehr durch die Augen seiner eigenen Propaganda sehen kann. Es wurde viel über Chinas Mangel an Demokratie geredet. Während das BBC-Programm gesendet wurde, kamen die Nachrichten herein, dass die Griechen wieder auf die Straße gegangen sind, um dagegen zu protestieren, dass die Kosten für den Freikauf der Banken und Wall Streets – der Reichen – den gewöhnlichen Menschen auferlegt werden, auf Kosten von deren Leben und Hoffnungen. Die irische Regierung gab bekannt, dass sie mit einer Steuer einen Teil der Pensionsguthaben der Iren enteignen wolle. Dem Moderator und anderen Gästen wollte einfach nicht eingehen, dass das keine demokratischen Erfolge sind.

Es ist eine merkwürdige Form der Demokratie, die zu politischen Ergebnissen führt, die die Wenigen belohnen und die Vielen bestrafen, ungeachtet der energischen Proteste der Vielen.

Politikwissenschaftler verstehen, dass die Wahlergebnisse in den Vereinigten Staaten von Amerika durch mächtige Geldinteressen, die die politischen Kampagnen finanzieren, bestimmt werden und dass die Gesetze, die der Kongress beschließt und die der Präsident unterschreibt, von diesen Interessentengruppen verfasst werden, um ihren eigenen Interessen zu dienen. Derartige Schlussfolgerungen werden als Zynismus abgelehnt und ändern die allgemeinen Auffassungen nicht.

Während der Moderator und die Gäste sich in der Erhabenheit des Westens in Bezug auf Demokratie und Menschenrechte ergingen, verschickte die American Civil Liberties Union (ACLU) eine Mitteilung, in der sie ihre Mitglieder aufforderte, Schritte gegen eine Gesetzgebung durch den Kongress einzuleiten, die dem derzeitigen und den zukünftigen Präsidenten der Vereinigten Staaten von Amerika erweiterte Befugnisse geben soll, aus eigenem Ermessen militärische Kräfte überall auf der Welt einzusetzen, ohne Rücksicht auf Einschränkungen, die durch die Verfassung der Vereinigten Staaten von Amerika und Internationales Recht gegeben sind.

Anders gesagt: In der großen amerikanischen „Demokratie“ soll der Präsident zum Kaiser werden.

14.05.2011: Die Erschaffung der Bin-Laden-Realität

Am 13. Mai hörte ich ein Dutzend Mal in den Medien, dass die Vereinigten Staaten von Amerika Osama bin Laden in Pakistan getötet haben. Dreimal hörte ich es in NPR (National Public Radio – der „Kultursender"), zweimal in der BBC und von jeder TV- und Radiostation, die ich einstellte, sogar von den Sendern, die Rock&Roll-Musik der 1950er und 1960er spielen. Die Tötung bin Ladens ist jetzt in die Legenden unserer Zeit eingegangen, und, ohne Zweifel, in die Geschichtsbücher.

Die Regierung der Vereinigten Staaten von Amerika, die uns hatte wissen lassen, dass Saddam Hussein über „Waffen der Massenvernichtung" und „Verbindungen zu al-Qaida" verfügte und dass der Iran Atomraketen besitzt, die es für die Vereinigten Staaten von Amerika erforderlich machen, Russland mit Raketenabwehrsystemen zu umstellen, hat uns endlich einmal die Wahrheit gesagt. Obama fand Osama und ließ den offenkundig Unbewaffneten in Unterwäsche, der nicht von al-Qaida, den „bestausgebildeten, gefährlichsten und bösartigsten Killern auf dem Planeten", sondern von zwei unbewaffneten Frauen verteidigt wurde, umbringen.

Für diejenigen, die das glauben: Ich habe eine Brücke in Brooklyn, die ich euch zu einem günstigen Preis überlassen kann.

Für uns Proleten hat die Regierung eine neue Realität geschaffen. Wir haben wieder gewonnen. Wir Anständigen haben den Übeltäter gefasst, wie im Wildwestfilm. Fantasie ist besser als Fakten, und wir Guten schaffen es. Das macht alle glücklich, sogar die, die ihre Jobs, ihre Häuser und ihre Pensionen verloren haben.

So, und wer ist der nächste Übeltäter? Der Militär-/Sicherheitskomplex kommt ohne einen Übeltäter nicht aus, sonst könnte das Budget gekürzt werden und Milliarden Dollar an Profiten wären verloren. Ohne den Amerikanern einen vorzusetzen, den sie hassen, kann die Show nicht weitergehen.

Die Heimatlandsicherheit sagt, die nächsten Übeltäter werden „Extremisten im Inland" sein. Die CIA sagt, es wird der nächste Al-Qaida-Anführer sein, der Nachfolger bin Ladens, der uns Anständige terrorisieren wird, weil wir bin Laden getötet haben. Die neokonservativen Braunhemden sagen, dass es Pakistan ist, das bin Laden vor uns versteckt und ihn davor beschützt hat, dass der Gerechtigkeit Genüge getan werden konnte. Hillary sagt, dass es China ist, und während der Zusammenbruch der Wirtschaft der Vereinigten Staaten von Amerika weitergeht, werden mehr und mehr Finger auf China zeigen.

Die Flughafensicherheit wird mehr Babys abtasten, mehr Geschlechtsteile befühlen und mehr Flugpassagiere bestrahlen.

Aber ohne bin Laden werden wir uns sicherer und weniger gefährdet fühlen, was für den Militär-/Sicherheitskomplex kontraproduktiv ist. Obama hat einen fundamentalen Fehler gemacht. Er tötete die Hassfigur, die die Billionen Dollar gerechtfertigt hat, die wir verschleudert haben, um sie zu fassen.

Erst wenn die Heimatlandsicherheit, die CIA und das Weiße Haus bestimmen, wer die neue Hassfigur zu sein hat, wird es mit uns wieder weitergehen.

Es dauerte 10 Jahre, um bin Laden zu bekommen. Das beweist, dass alle diese Sicherheitsexperten, die sagen, dass der Krieg mindestens 30 Jahre lang dauern wird, wahrscheinlich die Zeit unterschätzen, die der notwendige Einsatz insgesamt erfordern wird. Wenn es jeweils zehn Jahre dauert, um die nächsten beiden Anführer zu finden und umzubringen, dann haben wir es mit einem Konflikt zu tun, der über Generationen hinweg andauern wird.

Ich habe schon früher darüber geschrieben, dass bin Ladens Tötung so vielen verschiedenen Agenden dient, dass sogar diejenigen, die nicht daran glauben, eingenommen wurden. Al-Qaida selbst kann nicht länger terroristische Handlungen für sich beanspruchen, ohne zu erklären, dass sie aus Rache für bin Laden erfolgten.

Die Bin-Laden-Geschichte ist jetzt in Stein gemeißelt, immun gegen die Faktenlage. Global Research hat uns das letzte bekannte Interview mit bin Laden zugänglich gemacht, welches am 28. September 2001 in einer pakistanischen Tageszeitung erschienen ist und vom World Monitoring Service der BBC am 29. September 2001 übersetzt und für den Westen verfügbar gemacht wurde.

In dem Interview sagt bin Laden: „Ich habe bereits gesagt, dass ich mit den Attacken am 11. September in den Vereinigten Staaten von Amerika nichts zu tun habe ... Wer immer die Tat am 11. September begangen hat, es sind keine Freunde des amerikanischen Volkes. Ich habe schon gesagt, dass wir gegen das amerikanische System sind, nicht gegen das Volk, und in diesen Attacken wurden ja einfache Amerikaner getötet ... Die Medien des Westens entfesseln eine dermaßen grundlose Propaganda, die uns überrascht, die aber wiedergibt, wie es in ihren Herzen aussieht und wie sie Schritt für Schritt selbst zu Gefangenen dieser Propaganda geworden sind. ... Terror ist die am meisten gefürchtete Waffe der modernen Zeit und die Medien des Westens setzen sie gnadenlos gegen ihre eigenen Völker ein.“
Aber wer soll schon einem dämonisierten bin Laden glauben, wenn das voraussetzt, einem George W. Bush, Dick Cheney und den Medien des Westens nicht zu glauben?
Wir wissen doch alle, nicht wahr, dass in Amerika die Regierung immer das Beste für die einfachen Menschen im Sinn hat und ihnen immer die Wahrheit sagt? Wenn Sie das nicht glauben, sind Sie antiamerikanisch.

17.05.2011: Die Bin-Laden-Saga geht weiter

Die Matrix ist ein System, Neo. Dieses System ist dein Feind. Wenn du aber drinnen steckst und dich umsiehst, was siehst du? Geschäftsleute, Lehrer, Anwälte, Tischler. Genau die Denkweisen der Leute, die wir retten wollen. Bis wir das aber tun, sind diese Leute noch immer ein Teil dieses Systems, und das macht sie zu unseren Feinden. Du musst verstehen, dass die meisten dieser Menschen noch nicht so weit sind, dass sie herausgelöst werden können. Und viele von ihnen sind das System so gewohnt, sind davon so abhängig, dass sie kämpfen werden, um es zu beschützen.

Die sich permanent ändernde, wachsende Bin-Laden-Geschichte wird immer grotesker. Der feige bin Laden ist jetzt der eingebildete bin Laden, der Terror-Drahtzieher, der nichts zu tun hat als herumzusitzen und Videos von sich selbst zu betrachten.

Washington veröffentlichte ein Video eines angeblichen bin Laden, der sich in Selbstbewunderung ergeht, aber der Ton fehlt. Warum? Wurde das Video ohne Ton gedreht? Hat Washington den Ton gelöscht? Das Video scheint den angeblichen bin Laden zu zeigen, wie er mit jemandem in dem Raum redet. Ist die Stimme nicht die bin Ladens? Spricht der angebliche bin Laden über das Bild auf dem Bildschirm in der dritten Person und nicht über sich selbst? Warum ist ein Video, auf dem bin Laden bin Laden bewundert, eine schlagzeilenträchtige Angelegenheit? Sollte es als Ersatz für die fehlende Leiche dienen?

Ein Leser schrieb: „Die Regierung spielt mit uns, versucht herauszufinden, ob es überhaupt eine Lügengeschichte gibt, die wir nicht glauben."

Die Geschichte ändert sich weiter und geht über zur Frage, ob „bin Ladens Wohnhaus", nicht länger ein millionenschwerer Luxuspalast, über Internet und Kommunikationseinrichtungen verfügte oder auf Kuriere angewiesen war. Die letzte Version besagt, dass bin Laden online war. Washington sagt, dass es durch den Überfall bin Ladens E-Mails und Tagebuch in die Hände bekam, welche, so Washington, einen aktiven bin Laden zeigen, der sein Terrornetzwerk führt, um weitere Anschläge zu verüben. Wenn bin Laden online war, warum musste Obama ihn finden, indem er einem Kurier nachschlich?

Irgendwie schnappten die SEALs bin Ladens Tagebuch und E-Mails, ließen aber alle Arten von anderen Schriftstücken zurück, die dann angeblich in die Hände der Pakistaner gefallen sind. Diese zurückgelassenen Dokumente dienen jetzt als Vorwand für weitere Streitereien mit Pakistan und als weitere Entschuldigung dafür, dass die pakistanischen Proteste über die Militäroperationen ignoriert werden, die die Vereinigten Staaten von Amerika in Pakistan durchführen und dadurch die Souveränität des Landes verletzen.

Warum hätten die SEALs so viele wertvolle Dokumente zurücklassen sollen? Zuerst bringen sie ohne ersichtlichen Grund das Superhirn um, das Aufschluss über die Welt des Terrors hätte geben können, dann machen sie sich davon und lassen Aufzeichnungen über Terroraktivitäten einfach liegen. Manche werden sagen, dass das typisch für die Inkompetenz der Regierung der Vereinigten Staaten von Amerika ist. Wie konnte dann andererseits eine dermaßen inkompetente Regierung bin Laden finden?

Die zurückgelassenen Dokumente sind mit größter Wahrscheinlichkeit von den SEALs mitgebracht und untergeschoben worden.
Hat ein von Washington Unabhängiger das angebliche Tagebuch bin Ladens untersucht und bestätigt, dass es in bin Ladens Handschrift verfasst ist? Diese Art von Fragen pflegten die Medien zu stellen, als wir noch welche hatten.
Die Bin-Laden-Geschichte ist jetzt so eine Fabel mit dermaßen vielen widersprüchlichen Angaben, dass man sich aussuchen kann, was zu dem passt, was man weitererzählen will. Die Zeitschrift Time mag das alles, außer dem Teil betreffend einen allmächtigen bin Laden, der, als er noch alles unter Kontrolle hatte, den Vorschlag eines Untergeordneten zurückwies, „einen Traktor mit rotierenden Klingen auszustatten und damit ‚die Feinde Allahs niederzumähen'". Time hat lieber einen bin Laden, der aus dem Gleichgewicht geriet, als er begriff, dass er seine „historische Bedeutung" verloren hatte, noch ehe er sein Leben an die Navy SEALs der Vereinigten Staaten von Amerika verlor.
Wenn bin Laden seine Bedeutung verloren hatte, warum brachte die Behauptung, er habe bin Laden gefunden und getötet, Obama einen dermaßen großen Aufschwung in den Umfragen?
Das amerikanische Imperium kommt ohne bin Laden nicht aus. Die nächste Wendung in der Fabel wird sein, dass bin Laden geflüchtet ist und einen Doppelgänger zurückgelassen hat und bereits auf dem Weg ist, weitere Terroranschläge auszuführen.
Während die Fortsetzung folgt, versuchen Sie bitte, sich an die Tatsache zu erinnern, dass uns ein Tod ohne Leiche vorgeführt wurde und Washington keine Erklärung hat, warum ein unbewaffneter, unverteidigter, gebrechlicher Mann, eine Quelle von Informationen über den Terrorismus, umgebracht und nicht gefangen genommen wurde.

20.05.2011: Strauss-Kahns „Unschuldsvermutung“: Das Establishment eliminiert eine Bedrohung

Die Polizei und die prostituierten Medien machten es unmöglich für Dominique Strauss-Kahn, ein faires Verfahren zu bekommen. Ab dem Zeitpunkt der Bekanntgabe seiner Verhaftung aufgrund des Verdachtes der sexuellen Belästigung eines Zimmermädchens und noch bevor eine Anklage erhoben wurde, waren die Angaben der Polizei so gehalten, dass der Eindruck geschaffen wurde, dass der Direktor des Internationalen Währungsfonds schuldig ist. Zum Beispiel teilte die Polizei den Medien, die das pflichtgemäß der Öffentlichkeit weiter vorkotzten, mit, dass Strauss-Kahn in einer derartigen Eile gewesen sei, vom Tatort wegzukommen, dass er sein Mobiltelefon zurückließ. Die Polizei brachte auch die Geschichte heraus, dass sie es durch Anrufe bei den Fluggesellschaften und Überprüfung der Passagierlisten schaffte, den flüchtigen Vergewaltiger zu schnappen, gerade als sein Flugzeug dabei war, in Richtung Frankreich zu starten.
Eine Richterin in New York versagte Strauss-Kahn eine bedingte Entlassung gegen Kaution aufgrund des von der Polizei verursachten Missverständnisses, dass er versucht habe, aus dem Land zu flüchten.
Sobald er im Gefängnis war, gab die Polizei bekannt, dass Strauss-Kahn unter Suizid-Beobachtung stehe, was möglicherweise der Öffentlichkeit den Eindruck vermittelt, dass der beschuldigte Vergewaltiger sich das Leben nehmen könnte, um der öffentlichen Demütigung zu entkommen, die mit einem Schuldspruch vor Gericht verbunden ist.
Was allerdings wirklich geschah, sofern man auch aus Presseberichten etwas Wahres erfahren kann, ist, dass Strauss-Kahn, nachdem er am Flughafen J. F. Kennedy eintraf, um seinen Flug anzutreten, entdeckte, dass er sein Mobiltelefon nicht dabei hatte und das Hotel anrief, den Tatort seines mutmaßlichen Verbrechens. Es ist kaum vorstellbar, dass es jemanden gibt, der glaubt, dass eine Person, die nach einem begangenen Verbrechen flüchtet, am Tatort anruft, nach dem vergessenen Handy fragt und mitteilt, wo sie sich befindet.

Dann geht's weiter Schlag auf Schlag, es stinkt nach Inszenierung: Eine französische Frau tritt auf und erklärt, dass sie vor zehn Jahren von Strauss-Kahn fast vergewaltigt wurde. Als Nächste folgte Kristin Davis, die Manhattan Madam der Prostituierten, die Eliot Spitzer den Garaus machte, ehe er die Bankster der Wall Street fassen konnte, und trat mit der Bekanntmachung auf, dass eines ihrer Call Girls sich weigerte, Strauss-Kahn ein zweites Mal zu bedienen, weil er beim Sex zu grob gewesen sei. Nachdem die Jagdsaison eröffnet ist, kann jede Frau, deren Karriere Publizität guttäte oder deren Bankkonto eine Entschädigungszahlung begrüßen würde, vortreten und behaupten, Opfer oder beinahe Opfer Strauss-Kahns gewesen zu sein.

Das heißt nicht, dass bestritten werden soll, dass Strauss-Kahn einen zügellosen Appetit nach Sex gehabt haben könnte, der ihn zu Fall brachte. Es heißt aber, dass lange, bevor eine Jury von dem Zimmermädchen hört oder von einem Staatsanwalt, der für das Zimmermädchen spricht, „das zu traumatisiert ist, um vor Gericht zu erscheinen", die Jury zu dem Urteil programmiert worden ist, dass er schuldig ist.

Warum sollte er davonlaufen, wenn er es nicht getan hat?

Seht nur alle die Frauen, mit denen er etwas gehabt hat!

Das sagt alles.

Ich habe über die Anomalien dieses Falles geschrieben. Eine der frappierendsten sind die bestätigten Berichte in der französischen und britischen Presse, dass ein politischer Aktivist für den französischen Präsidenten Sarkozy, Jonathan Pinet, die Nachricht von Strauss-Kahns Verhaftung an Arnaud Dassier weitergegeben hat, einen Spindoktor, der für Sarkozy arbeitet, noch bevor sie von der New Yorker Polizei bekanntgegeben wurde.

Pinets Erklärung dafür, dass er der Erste war, der es erfuhr, ist, dass ein „Freund" im Hotel Sofitel, wo das angebliche Verbrechen begangen wurde, es ihm mitgeteilt habe. Ist es nur ein Zufall, dass die Männer, die den Auftrag hatten, die Bedrohung der Wiederwahl des französischen Präsidenten Sarkozy durch Strauss-Kahn aus der Welt zu schaffen, einen Freund im Hotel Sofitel sitzen hatten? Hat vielleicht die Polizei den „Freund" informiert, ehe sie die öffentliche Ankündigung machte? Wenn ja, warum?

Was mich bei der Affäre Strauss-Kahn beschäftigt, ist, dass, wenn die Polizei über Beweise verfügt, die ihre Vermutung seiner Schuld unterstützen, es für die Polizei sinnlos ist, Strauss-Kahn in die Medien zu bringen. Normalerweise gibt es derlei Aktionen nur, wenn es keinen Beweis gibt oder wenn der Beweis gefälscht werden muss und einer Überprüfung nicht standhalten kann.

Als einer, der selbst eine Karriere in Washington hinter sich hat, finde ich auch andere Aspekte des Falles beunruhigend. Strauss-Kahn hatte sich als Bedrohung für das Establishment herausgestellt. Umfragen zeigten, dass er als sozialistischer Kandidat klarer Favorit gegenüber dem amerikanischen Kandidaten Sarkozy in der nahenden französischen Präsidentenwahl war. Vielleicht war es nur wahltaktisches Geplänkel, um beim Sieg über Sarkozy zu punkten, aber Strauss-Kahn deutete an, dass er beabsichtige, den Internationalen Währungsfonds von seiner bisherigen Politik, die Armen für die Fehler der Reichen zahlen zu lassen, wegzuführen. Er sprach von der Stärkung des gemeinsamen Handels und von der Neustrukturierung von Hypotheken, Steuern und Ausgabenpolitik in die Richtung, dass die Wirtschaft den einfachen Menschen und nicht nur den Bankstern dienen sollte.

Strauss-Kahn sagte, dass die Regulierung der Finanzmärkte wieder eingeführt werden müsse und legte nahe, dass eine ausgewogenere Verteilung des Einkommens gefragt sei.

Diese Bemerkungen, zusammen mit einem wahrscheinlichen Sieg über Sarkozy in der französischen Wahl, machten Strauss-Kahn zu einer doppelten Herausforderung für das Establishment. Den dritten Streich gegen ihn bildete der vor Kurzem erschienene Bericht des IWF, der besagte, dass China die Vereinigten Staaten von Amerika innerhalb von fünf Jahren als größte Wirtschaft der Welt überholen werde.

Menschen, die ihr Berufsleben nicht in Washington verbracht haben, werden vielleicht die Drohung für Washington nicht verstehen, die in dem IWF-Bericht liegt. Ob verdient oder nicht, der IWF verfügt über eine hohe Glaubwürdigkeit. Durch die Platzierung Chinas als Nummer eins am Ende der nächsten Amtszeit des Präsidenten der Vereinigten Staaten von Amerika stieß der IWF einen Dolch durch das Herz der amerikanischen Hegemonie. Washingtons Macht beruht auf Amerikas wirtschaftlicher Überlegenheit. Der IWF-Bericht sagt, dass diese Überlegenheit ihr Ende erreicht hat.

Diese Art von Bekanntmachung sagt der politischen Welt, dass, wie die Überschrift lautet, „das amerikanische Zeitalter vorbei ist“. Das erste Mal seit Jahrzehnten können andere Länder die Aussicht erkennen, der Beherrschung durch die Vereinigten Staaten von Amerika zu entkommen. Sie müssen nicht mehr Marionettenstaaten sein, Teile des herrschenden Imperiums. Sie sehen die Aussicht, ihren eigenen Völkern zu dienen und ihren eigenen Interessen anstatt denen Washingtons. Europäische Länder zum Beispiel, die gezwungen sind, für Washington in Afghanistan und Libyen zu kämpfen, sehen Licht am Ende des Tunnels. Sie können jetzt daran denken, sich zu weigern.

Obwohl reich und Mitglied des Establishments und ungeachtet seines Verhaltens gegenüber Frauen machte Strauss-Kahn den Fehler, erkennen zu lassen, dass er ein soziales Gewissen haben könnte. Entweder dieses soziale Gewissen oder die Überheblichkeit der Macht brachte ihn dazu, die amerikanische Überlegenheit herauszufordern. Das ist ein unverzeihliches Verbrechen, für das er bestraft wird.

Mein Freund Alexander Cockburn, ein intelligenter und zivilisierter Mensch, der von den Rechten als Kommunist verspottet wird, hat nicht meine Erfahrung in Washington. Er glaubt daher, dass die Fakten herauskommen werden, obwohl er offenbar lieber hätte, dass sie auf Seiten des Zimmermädchens herauskommen werden und nicht zugunsten Strauss-Kahns.

Wäre Alex der Bolschewik, der er angeblich sein soll, dann wüsste er, dass keine hochrangige Figur, die dem Establishment gedient hat, aufgrund der Aussage eines eingewanderten Zimmermädchens zugrunde gerichtet wird, das in Untermiete in einem Haus für Aidsopfer wohnt. Bereits die Ansicht, dass das Establishment der Vereinigten Staaten von Amerika Gerechtigkeit in diesem Ausmaß begehrt, ist völlig absurd. Amerikaner sind so gleichgültig gegenüber Unrecht, dass die amerikanische Öffentlichkeit hunderttausende Frauen, Kinder und Alte achselzuckend abtut, die vom Militär der Vereinigten Staaten von Amerika ermordet, verstümmelt, enteignet und vertrieben werden – in Irak, Afghanistan, Pakistan, Jemen, Libyen, Somalia und wo immer Washington und der Militär-/Sicherheitskomplex behaupten können, Amerikaner vor „Terroristen“ zu beschützen oder den Heiden die Demokratie zu bringen, während sie sich mit Macht und Profit mästen.

Das amerikanische System der Strafjustiz ist durchlöchert mit falschen Verurteilungen und stinkt nach Unrecht. Die Vereinigten Staaten von Amerika haben eine viel höhere Gefangenenquote als angebliche autoritäre Regimes wie etwa China, und zerstören routinemäßig die Leben von jungen Menschen und sogar von Müttern von Kleinkindern wegen des Gebrauchs von Drogen.

Die Anklage gegen Strauss-Kahn dient den emotionalen Bedürfnissen von Konservativen, Linken und Feministinnen, wie auch Agenden des Establishments. Die Konservativen mögen die Franzosen nicht, weil sie den Überfall der Vereinigten Staaten von Amerika auf den Irak nicht unterstützt haben. Der linke Flügel mag keine reichen Weißen und keine IWF-Funktionäre, und Feministinnen mögen keine Schürzenjäger. Aber sogar wenn sich das Anliegen der Regierung im Gerichtssaal in Luft auflöst, wurde Strauss-Kahn aus dem IWF und aus dem Rennen um die französische Präsidentschaft genommen. Das, nicht Gerechtigkeit für eine Immigrantin, ist die Angelegenheit, um die es geht.

Viele Amerikaner können nicht verstehen, dass die Behörden eine Bedrohung dadurch beseitigen, dass sie einen anschwärzen. Da ist schon sehr viel Schlimmeres passiert. Francesco Cossiga, ehemaliger italienischer Ministerpräsident, enthüllte, dass viele der Bombenanschläge in Europa in den 60er, 70er und 80er Jahren, die den Kommunisten in die Schuhe geschoben wurden, in Wirklichkeit Operationen „unter falscher Flagge" waren, ausgeführt von CIA und italienischem Geheimdienst, um Wähler von der kommunistischen Partei abzuschrecken. Cossigas Enthüllungen führten zu einer parlamentarischen Untersuchung, in der der Mitarbeiter des Geheimdienstes Vincenzo Vinciguerra aussagte: „Man musste Zivilisten attackieren – Frauen, Kinder, unschuldige Menschen, unbekannte Menschen, weit entfernt von jedem politischen Geschehen. Der Grund war ganz einfach: die Öffentlichkeit zu zwingen, sich an den Staat zu wenden und mehr Sicherheit zu fordern."

Wenn demokratische Regierungen Unschuldige aus politischen Gründen ermorden, warum sollten sie nicht jemanden anschwärzen? Ob unschuldig oder schuldig, Strauss-Kahn ist schon vor seinem Verfahren vorverurteilt worden.

24.05.2011: Hat Amerika eine Kultur?

Es heißt, dass die Kultur der Vereinigten Staaten von Amerika eine Jugendkultur ist, die durch Unterhaltungsbegriffe definiert wird: Sex, Rockmusik und/oder deren aktuelles Pendant: gewaltträchtige Videospiele, Sport und TV-Realityshows. Diese Kultur hat das Land verändert und scheint dabei zu sein, den Rest der Welt zu verändern. Es gibt sogar Hinweise, dass die säkularisierte arabische und iranische Jugend es gar nicht mehr erwarten kann, bis sie befreit wird und an dieser Kultur des Porno-Rock teilhaben kann.

Amerikas frühere Kultur – verantwortliche Regierung, Rechtsstaat und Unschuldsvermutung, Respekt vor anderen, vor Grundsätzen und Manieren – ist auf der Strecke geblieben. Viele Amerikaner, besonders die jüngeren, haben keine Ahnung, was sie verloren haben, weil sie nicht kennen, was ihre Vorfahren hatten.

Wieder einmal bewusst wurde mir das aufgrund einiger Leserreaktionen auf meine neueren Kommentare, in denen ich ausführte, dass Strauss-Kahn, dem (jetzt ehemaligen) Direktor des Internationalen Währungsfonds (IWF), die Unschuldsvermutung vorenthalten wurde, nachdem er beschuldigt worden war, ein Zimmermädchen sexuell belästigt zu haben. Ich schrieb, dass der Rechtsgrundsatz, dass unschuldig ist, wessen Schuld nicht erwiesen ist, von der Polizei und von den Medien verletzt wurde und dass Strauss-Kahn von den Medien nicht nur vor seiner gerichtlichen Verurteilung, sondern schon vor der Erhebung einer Anklage gegen ihn verurteilt worden ist.

Aus den Leserbriefen erfuhr ich, dass es Menschen gibt, die nicht wissen, dass ein Verdächtigter unschuldig ist, bis er in einem öffentlichen Verfahren aufgrund von Beweisen für schuldig befunden wird. Einer schrieb zum Beispiel: „Wäre er nicht schuldig, würde er nicht angeklagt." Einige meinten, dass ich durch die Erwähnung der „Unschuldsvermutung" sagte, dass Strauss-Kahn unschuldig sei. Es wurde mir vorgeworfen, dass ich ein Frauenhasser sei, und feministische Lektionen wurden mir erteilt. Einige amerikanische Frauen sind vertrauter mit den feministischen Mantras als mit den rechtlichen Prinzipien, die das Fundament unserer Gesellschaft bilden.

Viele Männer brachten meine Verteidigung der Unschuldsvermutung mit einer Verteidigung Strauss-Kahns durcheinander, oder wenn ihnen „unschuldig bis schuldig gesprochen“ bekannt war, kümmerten sie sich nicht darum. Rechtsstehende wollten Strauss-Kahn aus dem Spiel haben, weil dieser der Kandidat der sozialistischen Partei und dabei war, die amerikanische Marionette Sarkozy in der französischen Präsidentschaftswahl zu schlagen. Mit Sarkozy hat Washington endlich einen französischen Präsidenten, der jegliches Interesse an einer unabhängigen oder teilweise unabhängigen französischen Außenpolitik verworfen hat. Habe ich nicht mitbekommen, dass, wenn wir Sarkozy verlören, die Franzosen es sich überlegen und nicht mehr bei unseren Überfällen mitmachen könnten, wie sie sich etwa damals geweigert haben, als es gegen Saddam Hussein ging? Mit Sarkozy spuren die Franzosen in Libyen. Wie konnte ich nur denken, dass Strauss-Kahn und ein dummes Rechtsprinzip wie die Unschuldsvermutung wichtiger sind als die französische Unterstützung für unsere Kriege?

Viele Linke machen sich genauso wenig aus einem Rechtsprinzip, das die Unschuldigen schützt. Sie wollten Strauss-Kahns Blut, weil er ein reiches Mitglied des Establishments ist und als IWF-Direktor die Armen in Griechenland, Irland und Spanien für die Fehler der Reichen zur Kasse gebeten hat. Was meinte ich mit „Unschuldsvermutung“? Wie soll ein Mitglied der herrschenden Klasse unschuldig sein können? Ein Linker schrieb sogar, dass ich „ins Tippen zurückverfallen“ sei und dass mein Geplapper über die Unschuldsvermutung beweist, dass ich noch immer ein Reaganist bin, der die Reichen gegen die Konsequenzen ihrer Verbrechen verteidigt.

Offensichtlich brachte ich die Feministin, den Rechten oder den Linken nicht dazu, sich darüber Gedanken zu machen, was ihnen blühen werde, wenn einem dermaßen mächtigen Mitglied des Establisments, wie es Strauss-Kahn ihrer Ansicht nach ist, die Unschuldsvermutung vorenthalten werden kann.

Selbständiges Denken ist kein Konzept, mit dem sehr viele Amerikaner vertraut sind oder mit dem sie sich wohlfühlen. Die meisten wollen, dass ihre Emotionen gestreichelt werden und dass man ihnen sagt, was sie hören wollen. Sie wissen bereits, was sie denken. Die Aufgabe eines Schreibers ist, das zu bestätigen, und wenn der Schreiber das nicht macht, ist er je nach ideologischer Ausrichtung des Lesers ein Frauenhasser, ein pinko-liberaler Kommunist oder ein Agent des faschistischen Establishments. Alle werden sich allerdings einig sein, dass er ein mieser Hundesohn ist.

Schon vor einiger Zeit schrieb ich, dass die Achtung vor der Wahrheit zusammengebrochen ist und alles mit sich niedergerissen hat.

05.06.2011: Wird Washington Krieg zwischen China und Indien schüren? Wie das Imperium sich durchsetzen will

Was ist die Lösung Washingtons für die anwachsende Macht Chinas? Die Lösung könnte sein, China in einen Atomkrieg mit Indien zu verwickeln. Die Inszenierung der vorgetäuschten Ermordung bin Ladens in einer Kommandoaktion, die die Souveränität Pakistans verletzt hat, wurde Präsident Obama vom Militär-/Sicherheitskomplex als eine Möglichkeit verkauft, Obamas Position in den Umfragen zu verbessern.

Der Überfall war erfolgreich, indem er Obamas Zustimmungsraten steigerte. Das wirkliche Ziel war jedoch Pakistan, um diesem Land zu zeigen, dass die USA überlegten, in Pakistan einzumarschieren und Pakistan dafür bezahlen zu lassen, dass es angeblich bin Laden gleich neben der pakistanischen Militärakademie versteckt hat. Die neokonservative und zunehmend die Position des Militärs der Vereinigten Staaten von Amerika ist, dass die Taliban nicht besiegt werden können, ohne dass die NATO die Kriegszone auf Pakistan ausweitet, wo die Taliban angeblich unter dem Schutz der pakistanischen Regierung, die Amerikas Geld nimmt, aber nicht nach Washingtons Pfeife tanzt, über Zufluchtsorte verfügen.

Pakistan verstand die Drohbotschaft und lief zu China. Am 17. Mai erklärte der pakistanische Premierminister Yousaf Raza Gilani bei seiner Abreise nach China, China sei Pakistans „bester und vertrauenswürdigster Freund". China hat für Pakistan einen Hafen in Gwadar gebaut,

das nahe dem Eingang der Straße von Hormuz liegt. Der Hafen könnte zu einem chinesischen Marinestützpunkt am Arabischen Meer werden. Raza Rumi berichtete am 4. Juni 2011 in der Pakistan Tribune, dass vor Kurzem Husain Haqqani, Pakistans Botschafter in den Vereinigten Staaten von Amerika, bei einem Vortrag in der nationalen Verteidigungsakademie Pakistans die anwesenden Offiziere fragte, ob die größte Bedrohung Pakistans aus dem Inneren, aus Indien oder aus den Vereinigten Staaten von Amerika komme. Eine Mehrheit der Offiziere sagte, dass die Vereinigten Staaten von Amerika die größte Bedrohung Pakistans sind.
China, beunruhigt hinsichtlich Indiens, dem anderen asiatischen Riesen, der sich im Aufschwung befindet, will sich mit Pakistan verbünden. Darüber hinaus will China keine Amerikaner an seiner Grenze haben, was der Fall wäre, falls Pakistan zu einem weiteren amerikanischen Schlachtfeld wird.
Aus diesem Grund zeigte China sein Unbehagen über die gegen Pakistan gerichtete Drohung der Vereinigten Staaten von Amerika, forderte Washington auf, Pakistans Souveränität zu respektieren, und fügte hinzu, dass jeder Angriff auf Pakistan als Angriff auf China betrachtet werde.
Ich glaube nicht, dass über das chinesische Ultimatum in den Medien der Vereinigten Staaten von Amerika berichtet wurde, aber es fand breiten Widerhall in der indischen Presse. Indien macht sich Sorgen, dass China die Verteidigung Pakistans zu seiner Sache macht.
Das chinesische Ultimatum ist wichtig, weil es ein Ultimatum auf der Ebene des Ersten oder Zweiten Weltkriegs ist. Angesichts dieser Verpflichtung Chinas gegenüber Pakistan wird Washington jetzt nach einer Möglichkeit suchen, sich selbst aus der Konfrontation hinauszumanövrieren und dafür Indien ins Spiel zu bringen.
Die Vereinigten Staaten von Amerika haben in ganz Indien hofiert und Beziehungen in schamlosester Weise ausgebaut, einschließlich der Aufgabe amerikanischer Arbeitsplätze. Vor Kurzem gab es massive Waffenverkäufe der Vereinigten Staaten von Amerika nach Indien, amerikanisch-indische Abkommen über militärische Zusammenarbeit und gemeinsame Militärmanöver.
Washington geht davon aus, dass die Inder, die sich jahrhundertelang von den Briten hinters Licht führen ließen, auch der „leuchtenden Stadt auf

dem Hügel“ auf den Leim gehen werden, dem „der Welt Freiheit und Demokratie bringen“ durch Zerschmettern, Töten und Vernichten. Wie die Briten und Frankreichs Sarkozy werden die politischen Führer Indiens sich in der Rolle wiederfinden, dass sie nach Washingtons Pfeife tanzen. Bis Indien und China darauf kommen, dass sie von den Amerikanern in eine Situation der gegenseitigen Vernichtung hineintheatert wurden, wird es für beide zu spät sein, aus dieser herauszukommen.

Nachdem China und Indien eliminiert sind, bleibt nur mehr Russland, das bereits von Raketenbasen der Vereinigten Staaten von Amerika umstellt und von Europa durch die NATO isoliert ist, die jetzt Teile der ehemaligen Sowjetunion einschließt. Ein hoher Prozentsatz der leichtgläubigen russischen Jugend bewundert die Vereinigten Staaten von Amerika wegen ihrer „Freiheit“ und hassen den „autoritären“ russischen Staat, den sie als Fortsetzung des alten sowjetischen Staates betrachten. Diese „internationalisierten Russen“ werden sich auf die Seite Washingtons stellen und Moskau mehr oder weniger zur Aufgabe zwingen.

Da der Rest der Erde mit Ausnahme von Teilen Südamerikas bereits zum amerikanischen Imperium gehört, wird die Aufgabe Russlands dazu führen, dass die Vereinigten Staaten von Amerika ihre militärische Macht gegen Südamerika richten. Chavez wird gestürzt werden, und wenn andere nicht auf Linie bleiben, werden weitere Exempel statuiert werden.

Die einzige Möglichkeit, das amerikanische Imperium aufzuhalten, liegt darin, dass China und Russland sich ihrer Gefährdung bewusst werden und eine unbeugsame Allianz bilden, die Indien Rückhalt bietet, Deutschland aus der NATO bricht und den Iran verteidigt. Andernfalls wird das amerikanische Imperium die Herrschaft über die gesamte Welt antreten. Der US-Dollar wird zur alleinigen Währung werden und somit von Abwertungen infolge der monetären Verwertung der Schulden ausgenommen sein.

Der Besitz von Gold und Silber wird verboten sein, auch der von Gewehren und einer Reihe von Büchern, darunter die Verfassung der Vereinigten Staaten von Amerika.

20.06.2011: Verschwörungstheorie

Während wir nicht aufgepasst haben, hat der Begriff „Verschwörungstheorie“ eine Orwell'sche Neudefinition durchgemacht.
„Verschwörungstheorie" bedeutet nicht länger, dass ein Ereignis durch eine Verschwörung erklärt wird. Stattdessen ist jede Erklärung damit gemeint, die von der Erklärung seitens der Regierung und ihrer Zuhälter in den Medien abweicht.
Zum Beispiel wurden Internetberichte von Russia Today (RT) von der New York Times als Verschwörungstheorien abgetan, einfach weil RT Neuigkeiten und Kommentare bringt, über die die New York Times nicht berichtet und die der Regierung der Vereinigten Staaten von Amerika nicht passen.
Anders gesagt, sobald die Wahrheit für die Regierung und ihr Propagandaministerium unbequem wird, wird sie zur Verschwörungstheorie umdefiniert, womit eine absurde und lächerliche Erklärung gemeint ist, die wir ignorieren sollten.
Als Stöße von sorgfältig recherchierten Büchern, Regierungsdokumenten und Aussagen von Augenzeugen eindeutig ergaben, dass Oswald nicht der Mörder Präsident John F. Kennedys war, wurden umfangreiche Forschungsarbeit, Regierungsdokumente und verifizierte Aussagen als „Verschwörungstheorie“ abgetan.
Mit anderen Worten, die Wahrheit über das Ereignis war inakzeptabel für die Machthaber und für das Propagandaministerium, das die Interessen der Machthaber vertritt.
Das ausgeprägteste Beispiel dafür, wie die Amerikaner von der Wahrheit abgeschirmt werden, ist die Reaktion der Medien (einschließlich vieler Internetseiten) auf die große Anzahl von Fachleuten, die finden, dass die offizielle Erklärung für den 11. September 2001 nicht mit dem zusammenpasst, was sie als Experten für Physik, Chemie, Bautechnik, Architektur, Brandbekämpfung, strukturelle Schäden, Steuern von Flugzeugen, Sicherheitsmaßnahmen der Vereinigten Staaten von Amerika, Fähigkeiten von NORAD, Flugverkehrskontrolle, Flughafensicherheit und andere Dinge wissen. Diese Fachleute, sie gehen in die Tausende, wurden in den

Medien von Nichtswissern niedergeschrieen, die die Fachleute als „Verschwörungstheoretiker“ anprangern.
Und das ungeachtet der Tatsache, dass die offizielle Erklärung, die auch die offiziellen Medien verkünden, die extravaganteste Verschwörungstheorie in der Geschichte der Menschheit ist.
Führen wir uns noch einmal kurz die offizielle Erklärung vor Augen, die nicht als Verschwörungstheorie betrachtet wird, obwohl sie in der Tat auf einer erstaunlichen Verschwörung beruht. Die offizielle Wahrheit besagt, dass eine Handvoll junger muslimischer Araber, die keine Flugzeuge steuern konnten, in erster Linie Saudi-Araber, die weder aus Irak noch aus Afghanistan kamen, nicht nur die CIA und das FBI austricksten, sondern alle 16 Geheimdienste der Vereinigten Staaten von Amerika und alle Geheimdienste der Alliierten der Vereinigten Staaten von Amerika, darunter Israels Mossad, von dem es heißt, dass er in alle terroristischen Organisationen eingedrungen ist und diejenigen umbringt, die der Mossad als Terroristen umgebracht haben will.
Abgesehen davon, dass sie jede geheimdienstliche Organisation der Vereinigten Staaten von Amerika und deren Alliierte austricksten, überlisteten die Handvoll junger Saudi-Araber den Nationalen Sicherheitsrat, das Außenministerium, NORAD, die Flughafensicherheit viermal innerhalb einer Stunde am selben Vormittag und die Luftraumüberwachung. Sie veranlassten, dass die Luftwaffe der Vereinigten Staaten von Amerika nicht in der Lage war, Abfangflugzeuge aufsteigen zu lassen, und verursachten den plötzlichen Einsturz von drei gut gebauten Gebäuden mit Stahlstruktur (darunter eines, das von keinem Flugzeug getroffen wurde) aufgrund eines begrenzten strukturellen Schadens und kleiner, kurzfristiger Brände mit niederen Temperaturen, die sich über ein paar Stockwerke erstreckten.
Die saudi-arabischen Terroristen waren sogar imstande, die Gesetze der Physik auszuhebeln und das WTC-Gebäude Sieben bei freier Fallgeschwindigkeit innerhalb weniger Sekunden einstürzen zu lassen, was ohne Sprengstoffe, die bei kontrollierten Sprengungen verwendet werden, physikalisch unmöglich ist.
Die Geschichte, die die Regierung und die Medien uns erzählt haben, läuft auf eine gigantische Verschwörung hinaus, wirklich ein Drehbuch für ei-

nen James-Bond-Film. Dennoch wird jeder, der diese unwahrscheinliche Verschwörungstheorie bezweifelt, von den unterwürfigen Medien in die Bedeutungslosigkeit wegdefiniert.
Jeder, der einem Architekten, Bauingenieur oder Abrissexperten glaubt, welcher sagt, dass die Videos zeigen, dass die Gebäude gesprengt wurden und nicht einstürzten; jeder, der einem Physiker glaubt, dass die offizielle Erklärung den Gesetzen der Physik zuwiderläuft; jeder, der erfahrenen Piloten glaubt, die bezeugen, dass Nichtpiloten oder kaum qualifizierte Piloten nicht in der Lage sind, solche Flugmanöver durchzuführen; jeder, der den 100 oder mehr Befragten glaubt, die bezeugten, dass sie nicht nur Explosionen in den Türmen hörten, sondern selbst gespürt haben; jeder, der dem Nanochemiker der Universität Kopenhagen Niels Harrit glaubt, der berichtet, dass er Spuren von Nanothermit in Schuttresten der WTC-Türme gefunden hat; jeder, der von Experten überzeugt ist und nicht von der Propaganda, wird als Spinner abgetan.
Im Amerika von heute und in zunehmendem Ausmaß in der Welt des Westens sind wirkliche Fakten und wahre Erklärungen in das Reich der Spinnerei verbannt worden. Nur Leute, die Lügen glauben, finden soziale Anerkennung und werden als patriotische Bürger akzeptiert.
In der Tat darf ein Schreiber oder Nachrichtensprecher nicht über die Erkenntnisse von 9/11-Skeptikern berichten. Anders gesagt, über Professor Harrits Erkenntnisse zu berichten, heißt jetzt, dass man diese gutheißt oder ihnen zustimmt. Jeder in den Print- und TV-Medien in den Vereinigten Staaten von Amerika weiß, dass alle umgehend gefeuert werden, die über Harrits Ergebnisse berichten, sogar in Verbindung mit einem Lachen darüber. So kommt es, dass, obwohl Harrit über seine Befunde im europäischen Fernsehen berichtet und Vorträge darüber an kanadischen Universitäten gehalten hat, die Tatsache, dass er und das internationale Forscherteam unter seiner Leitung Nanothermit im WTC-Staub gefunden und anderen Wissenschaftlern zur Untersuchung angeboten haben, meines Wissens nie in den amerikanischen Medien berichtet wurde.
Sogar Internetseiten, auf denen ich zu den Favoriten bei den Besuchern zähle, erlauben mir nicht, über Harrits Befunde zu sprechen.
Wie ich schon früher einmal berichtete, machte ich selbst Erfahrungen mit einem Reporter der Huffington Post, der scharf darauf war, einen von

Reagan bestellten Beauftragten zu interviewen, der gegen die Kriege der Republikaner im Mittleren Osten war. Nachdem er das Interview veröffentlicht hatte, das ich auf seine Anfrage hin zur Verfügung gestellt hatte, erfuhr er zu seinem Schrecken, dass ich über Ergebnisse von 9/11-Forschern berichtet hatte.

Um seine Karriere nicht zu gefährden, fügte er dem Interview im Internet noch schnell hinzu, dass meine Ansichten zu den Invasionen in Irak und Afghanistan nicht ernst genommen werden könnten, da ich über inakzeptable Befunde hinsichtlich 9/11 berichtet hatte.

Der Widerwille oder die Unfähigkeit, zu 9/11 eine andere Ansicht zu vertreten als die offizielle Sichtweise, verurteilt viele Internetseiten, die gegen die Kriege sind und gegen das Erstarken des heimischen Polizeistaates in den Vereinigten Staaten von Amerika, zum Unvermögen. Diese Webseiten akzeptieren aus irgendwelchen Gründen die Erklärung von 9/11 durch die Regierung, obwohl sie versuchen, gegen den „Krieg gegen den Terror“ und den Polizeistaat zu sein, die aus der Akzeptanz der Erklärung der Regierung entstanden sind. Der Versuch, gegen die Konsequenzen eines Ereignisses zu opponieren, dessen Erklärung man akzeptiert, ist ein unmögliches Unterfangen.

Wenn Sie glauben, dass Amerika von Moslem-Terroristen angegriffen wurde und für zukünftige Attacken anfällig ist, dann werden ein „Krieg gegen den Terror“ und ein Polizeistaat im eigenen Land zur Ausrottung von Terroristen notwendig, um die Amerikaner sicher zu machen. Die Idee, dass ein Polizeistaat im eigenen Land und unbefristeter Krieg gefährlichere Bedrohungen für die Amerikaner sein könnten als Terroristen, ist ein Gedanke, der nicht erlaubt ist.

Ein Land, dessen Bevölkerung geschult worden ist, der Regierung aufs Wort zu glauben und denen aus dem Weg zu gehen, die das in Frage stellen, ist ein Land, in dessen Zukunft die Freiheit keinen Platz hat.

29.06.2011: Überwältigt von den Lügen des Westens

Die Institutionen des Westens sind zu Karikaturen der Scheinheiligkeit verkommen.

Der Internationale Währungsfonds (IWF) und die Europäische Zentralbank (ECB) verstoßen gegen ihre eigenen Statuten, um französischen, deutschen und niederländischen Banken aus der Patsche zu helfen. Der IWF ist nur ermächtigt, Darlehen für den Zahlungsausgleich zu gewähren, aber er gibt der griechischen Regierung Geld für verbotene Budgetausgaben, damit die griechische Regierung die Banken bezahlen kann. Die ECB darf keine Regierungen von Mitgliedsstaaten freikaufen, tut das aber doch, damit die Banken bezahlt werden können. Das deutsche Parlament stimmte der Rettungsaktion zu, die gegen Bestimmungen des EU-Vertrags und gegen das deutsche Grundgesetz verstößt. Der Fall ist beim deutschen Verfassungsgerichtshof anhängig, worüber in den Medien der Vereinigten Staaten von Amerika jedoch nicht berichtet wird.

Präsident George W. Bush ernannte einen Immigranten, der nicht von der Verfassung der Vereinigten Staaten von Amerika und der Gewaltenteilung beeindruckt war, in das Justiz(!)ministerium, um zu einem Rechtsgutachten zu kommen, nach dem der Präsident über „unitäre Machtbefugnisse“ verfügt, die ihn über Verfassungsrecht der Vereinigten Staaten von Amerika, Verträge und Internationales Recht hinausheben. Laut dem Rechtsgutachten dieses Immigranten kann die „unitäre Exekutivgewalt“ ungestraft gegen das Gesetz zur Überwachung fremder Geheimdienste verstoßen, welches verhindert, dass Amerikaner ohne gerichtliche Anordnung überwacht werden. Der Immigrant befand auch, dass Bush ungestraft gegen die verfassungsmäßigen Bestimmungen der Vereinigten Staaten von Amerika gegen die Folter und gegen die Genfer Konvention verstoßen konnte. Anders gesagt, die fiktiven „unitären Machtbefugnisse“ machen den Präsidenten zu einem Kaiser.

In der Verfassung festgelegte Schutzbestimmungen wie etwa Habeas Corpus, welche verbieten, dass die Regierung Menschen unbefristet einsperrt, ohne einem Gericht Anklage und Beweise vorzulegen, und welche verhindern, dass die Regierung verhafteten Menschen ein den Gesetzen entsprechendes Verfahren und die Beiziehung eines Anwalts vorenthält, wurden vom Justiz(!)ministerium der Vereinigten Staaten von Amerika aus dem Fenster geworfen, wobei die Bundesgerichte das meiste davon absegneten – was auch der Kongress machte, „die Vertreter des Volkes“. Der Kongress beschloss 2006 sogar das Gesetz für die Einrichtung von Militärtribunalen, welches vom Braunhemd im Weißen Haus am 17. Oktober unterzeichnet wurde.

Dieses Gesetz ermöglicht, dass jeder, der beschuldigt wird, ein „ungesetzlicher feindlicher Kämpfer“ zu sein, von einem militärischen Pseudogericht außerhalb des Einflusses von Bundesgerichten der Vereinigten Staaten von Amerika auf der Grundlage von geheimen und vom Hörensagen stammenden Beweisen zum Tode verurteilt werden kann. Die verrückten Nazis im Kongress, die diesen totalen Abbau des angloamerikanischen Rechts unterstützten, führten sich als „Patrioten im Krieg gegen den Terrorismus“ auf.

Das Gesetz weist jeden, der von den Vereinigten Staaten von Amerika angeklagt wird, ohne dass Beweise vorgelegt werden, als Angehörigen der Taliban, von al-Qaida oder „verbündeten Kräften“ und somit als „ungesetzlichen feindlichen Kämpfer“ aus, was der Person jeglichen rechtlichen Schutz entzieht. Nicht einmal George Orwell hätte eine derartige Formulierung begriffen.

Die Talibanbewegung besteht aus einheimischen afghanischen Menschen, die vor dem militärischen Angriffskrieg der Vereinigten Staaten von Amerika gekämpft haben, um das Land zu vereinigen. Die Taliban sind Islamisten, und die Regierung der Vereinigten Staaten von Amerika hat Angst vor einer weiteren islamistischen Regierung wie der im Iran, die ein Rückschlag auf die Einmischung der USA in die inneren Angelegenheiten des Iran gewesen ist. Die „Freiheit und Demokratie“-Amerikaner stürzten einen gewählten iranischen Führer und setzten einen Tyrannen ein. Die amerikanisch-iranischen Beziehungen haben sich nie von der Tyrannei erholt, die Washington den Iranern aufbürdete.

Washington ist gegen jede Regierung, deren Führer nicht gekauft werden können, um als Washingtons Marionetten zu fungieren. Das ist der Grund, warum das Regime George W. Bushs in Afghanistan einmarschierte, wa-

rum Washington Saddam Hussein stürzte, und warum Washington Libyen, Syrien und den Iran unter Kontrolle bringen will.
Amerikas erster schwarzer (oder halb weißer) Präsident erbte den Krieg gegen Afghanistan, der schon länger gedauert hat als der Zweite Weltkrieg und in dem sich kein Sieg abzeichnete. Anstatt seine Wahlversprechen einzuhalten und den ergebnislosen Krieg zu beenden, intensivierte Obama diesen mit einer „Aufstockung".
Der Krieg ist jetzt zehn Jahre alt und die Taliban kontrollieren einen größeren Teil des Landes als die Vereinigten Staaten von Amerika und deren NATO-HiWis. Frustriert über ihr Unvermögen ermorden die Amerikaner und ihre NATO-HiWis immer mehr Frauen, Kinder und alte Dorfbewohner, afghanische Polizisten und Entwicklungshelfer.
Ein von einem Kampfhubschrauber der Vereinigten Staaten von Amerika aus aufgenommenes Video, das an WikiLeaks weitergegeben und dort veröffentlicht wurde, zeigt amerikanische Kräfte, die, als ob sie ein Videospiel spielten, Zivilisten abschlachten, darunter Kameraleute einer prominenten Nachrichtenagentur, während diese eine friedliche Straße entlanggehen. Ein Vater mit kleinen Kindern, der stehen blieb, um den sterbenden Opfern dieser lustigen Hatz der amerikanischen Soldaten zu helfen, wurde gleich mit erledigt und seine Kinder auch. Die amerikanischen Stimmen auf dem Video geben die Schuld an der Auslöschung der Kinder dem Vater, weil dieser die Kinder in eine „Kriegszone" gebracht hatte. Es war keine Kriegszone, nur eine ruhige Straße in der Stadt, auf welcher Zivilisten unterwegs waren.
Dieses Video dokumentiert amerikanische Verbrechen gegen die Menschlichkeit genauso eindringlich wie die Beweise, die gegen die Nazis nach dem Zweiten Weltkrieg beim Nürnberger Tribunal verwendet wurden.
Der Höhepunkt der Gesetzlosigkeit wurde vielleicht erreicht, als das Obamaregime bekannt gab, dass es über eine Liste von amerikanischen Bürgern verfüge, die ohne ein gesetzlich vorgesehenes Verfahren umgebracht werden sollen.
Man würde meinen, dass für den Fall, dass das Recht noch länger irgendeine Bedeutung in der westlichen Zivilisation hat, George W. Bush, Dick Cheney – in der Tat das gesamte Bush/Cheney-Regime – sowie Tony

Blair und weitere Mitverschwörer Bushs vor dem Internationalen Strafgerichtshof ICC stehen würden.

Doch es ist Gaddafi, für den der Internationale Strafgerichtshof Haftbefehle ausgestellt hat. Die Mächte des Westens benutzen den Internationalen Strafgerichtshof, der im Dienst der Gerechtigkeit stehen sollte, für eigennützige Interessen, die mit Gerechtigkeit nichts zu tun haben.

Worin besteht Gaddafis Verbrechen? Sein Verbrechen besteht darin, dass er versucht, Libyen davor zu bewahren, dass es durch einen von den Vereinigten Staaten von Amerika unterstützten und vielleicht organisierten bewaffneten Aufstand im Osten Libyens zu Fall gebracht wird, der dazu dienen soll, China aus allen seinen Erdölinvestitionen im Osten Libyens hinauszuwerfen.

Libyen ist der erste bewaffnete Aufstand im so genannten „arabischen Frühling". Berichte haben klargemacht, dass an dieser Revolte nichts „demokratisch" ist.

Der Westen schaffte es, eine Resolution über eine „Flugverbotszone" durch seine Filialorganisation, die Vereinten Nationen, durchzupeitschen. Diese Resolution war darauf beschränkt, Gaddafis Luftwaffe zu neutralisieren. Washington und sein französischer Hampelmann Sarkozy führten allerdings schnell eine „expansive Interpretation" der UNO-Resolution herbei und machten daraus eine Genehmigung, sich direkt am Krieg zu beteiligen. Gaddafi hat die bewaffnete Rebellion gegen den libyschen Staat bekämpft, was die normale Reaktion einer Regierung auf Rebellion ist. Die Vereinigten Staaten von Amerika würden in gleicher Weise reagieren, genauso auch das Vereinigte Königreich und Frankreich. Der Versuch jedoch, den Umsturz seines Landes und die Umwandlung seines Landes in einen weiteren amerikanischen Marionettenstaat zu verhindern, hat Gaddafi eine Anklage eingebracht. Der Internationale Strafgerichtshof weiß, dass er nicht diejenigen anklagen kann, welche wirklich Verbrechen gegen die Menschlichkeit begehen – Bush, Blair, Obama und Sarkozy –, aber der Gerichtshof braucht Fälle und akzeptiert die Opfer, die der Westen erfolgreich dämonisieren konnte.

In unseren post-Orwell'schen Zeiten ist jeder, der sich den Vereinigten Staaten von Amerika widersetzt oder gar diese kritisiert, ein Verbrecher. Zum Beispiel betrachtet Washington Julian Assange und Bradley Manning als Verbrecher, weil sie Informationen zugänglich machten, welche Verbrechen offenlegten, die von der Regierung der Vereinigten Staaten von Amerika begangen worden waren. Jeder, der auch nur anderer Meinung ist als Washington, wird als „Bedrohung“ betrachtet, und Obama kann solche „Bedrohungen“ umbringen oder als „Terrorismusverdächtige“ oder als jemanden, der „Terroristen Unterstützung und Begünstigung zur Verfügung stellt“ einsperren lassen. Amerikanische Konservative und Liberale, die früher einmal die Verfassung der Vereinigten Staaten von Amerika unterstützten, sind jetzt alle dafür, die Verfassung im Interesse der „Sicherheit vor Terroristen“ zu zerreißen. Sie lassen sich sogar solche Zudringlichkeiten wie Pornoscanner und sexuelles Begrabschen gefallen, um auf Flügen „sicher“ zu sein.

Der Zusammenbruch des Rechts erfasst alle Bereiche. Der Oberste Gerichtshof entschied, dass „Redefreiheit“ für Amerika bedeutet, dass es von den Konzernen beherrscht wird, nicht durch das Gesetz und schon gar nicht durch das Volk. Am 27. Juni führte der Oberste Gerichtshof der Vereinigten Staaten von Amerika den faschistischen Staat ein, was der „konservative“ Gerichtshof mit dem Urteil schaffte, dass Arizona Wahlkandidaten nicht aus öffentlichen Mitteln finanzieren darf, um die ungleichen Bedingungen auszugleichen, die derzeit durch das Geld der Konzerne gegeben sind. Der „konservative“ Oberste Gerichtshof der Vereinigten Staaten von Amerika betrachtet die Finanzierung von Kandidaten aus öffentlichen Mitteln als verfassungswidrig, nicht aber die Finanzierung der „Redefreiheit“ durch Geschäftsinteressen, welche die Regierung kaufen, um das Land zu beherrschen. Der Oberste Gerichtshof der Vereinigten Staaten von Amerika ist zu einem Funktionär der Konzerne geworden und segnet die Herrschaft der Konzerne ab. Mussolini nannte diese Art der Herrschaft, die den Amerikanern durch den Obersten Gerichtshof der Vereinigten Staaten von Amerika auferlegt wird, Faschismus.

Am Beginn des zweiten Jahrzehnts des 21. Jahrhunderts riskieren diejenigen, die sich der Weltherrschaft der Vereinigten Staaten von Amerika und dem Bösen, das von Washington ausgeht, widersetzen, dass sie zu „Terroristen“ erklärt werden. Wenn sie amerikanische Bürger sind, können sie umgebracht werden. Wenn sie Führer fremder Länder sind, kann ihr Land überfallen werden. Wenn sie gefangen werden, können sie hin-

gerichtet werden wie Saddam Hussein oder dem ICC übergeben werden wie die glücklosen Serben, die versucht haben, ihr Land dagegen zu verteidigen, dass es von den Amerikanern aufgesplittert wird.
Und die amerikanischen Schafe glauben, dass sie „Freiheit und Demokratie" haben.
Washington verlässt sich bei der Vertuschung seiner Verbrechen auf die Angst. Eine Mehrheit von Amerikanern fürchtet und hasst jetzt Moslems. Menschen, von denen die Amerikaner nichts kennen außer rassistischer Propaganda, die ihnen weismacht, dass sich Moslems unter ihren Betten verstecken, um sie dann im Schlaf zu ermorden.
Die Neokonservativen sind natürlich diejenigen, die diese Angst immer wieder anfachen. Je ängstlicher die Schafe, desto mehr suchen sie Sicherheit im neokonservativen Polizeistaat und desto mehr übersehen sie die aggressiven Verbrechen Washingtons gegen die Moslems.
Sicherheit über alles. Das ist zum Motto eines einst freien und unabhängigen amerikanischen Volkes geworden, das früher bewundert wurde, heute aber verachtet wird.
In Amerika ist die Rechtlosigkeit jetzt die Regel. Frauen dürfen Abtreibungen machen lassen, aber wenn sie Totgeburten haben, werden sie wegen Mordes eingesperrt.
Die Amerikaner sind ein dermaßen verschrecktes und gezüchtigtes Volk, dass eine 95 Jahre alte Frau, die an Leukämie erkrankt war und angesichts des nahenden Todes zu einem letzten Familientreffen reiste, gezwungen wurde, ihre Windel zu entfernen, um der Flughafensicherheit zu entsprechen. Nur eine total verängstigte Bevölkerung würde derartige Eingriffe in die menschliche Würde zulassen.
In einem Interview mit National Public Radio konnte Ban Ki-moon, Washingtons als Generalsekretär der Vereinten Nationen eingesetzter südkoreanischer Hampelmann, die Frage nicht beantworten, warum die Vereinten Nationen und die Vereinigten Staaten von Amerika das Gemetzel an unbewaffneten Zivilisten in Bahrain tolerieren, hingegen aber die Anklage des Internationalen Strafgerichtshofs gegen Gaddafi unterstützen, welcher Libyen gegen eine bewaffnete Rebellion verteidigt. Gaddafi hat viel weniger Menschen getötet als die Vereinigten Staaten von Amerika, das Vereinigte Königreich oder die Saudis in Bahrain. In Wirklichkeit

haben die NATO und die Amerikaner mehr Libyer getötet als Gaddafi. Der Unterschied ist, dass die Vereinigten Staaten von Amerika einen Marinestützpunkt in Bahrain haben, aber nicht in Libyen.
Vom amerikanischen Charakter ist nichts mehr übrig. Nur ein Volk, das seine Seele verloren hat, kann das Böse tolerieren, das von Washington ausgeht.

22.07.2011: Der Feind ist Washington

Die Rating-Agenturen, die den Schwindel-Derivaten Triple-A-Ratings gegeben haben, drohten vor Kurzem, die Staatsanleihen der Vereinigten Staaten von Amerika herunterzustufen, wenn das Weiße Haus und der Kongress nicht zu einer Vereinbarung über die Reduzierung des Defizits und eine Steigerung der Verschuldungsgrenze kämen. Diese Drohung ist unglaubwürdig, ebenso die Drohung mit der Zahlungsunfähigkeit. Beide Krisen sind gemachte Glaubenskrisen, welche hochgespielt werden, um Kürzungen bei Medicare, Medicaid und Wohlfahrtsausgaben zu forcieren.
Wenn die Rating-Agenturen diese Staatsanleihen herunterstuften, würde das zur Verhaftung ihrer Geschäftsführer wegen der betrügerischen Einstufungen für die Schwindelpapiere, die Wall Street an den Rest der Welt verschachert hat, führen. Die Firmen würden aufgelöst und ihre Ratings in Verruf kommen. Die Regierung der Vereinigten Staaten von Amerika wird niemals wegen ihrer Anleihen zahlungsunfähig werden, da diese im Gegensatz zu denen von Griechenland, Spanien und Irland in ihrer eigenen Währung zahlbar sind. Ganz egal, ob die Verschuldungsgrenze erhöht wird, wird die Notenbank weiterhin die Schulden des Fiskus kaufen. Wenn Goldmann Sachs zu groß ist, um pleitezugehen, dann erst recht die Regierung der Vereinigten Staaten von Amerika.
Es gibt kein eigenes Budgetkapital für die illegalen Kriege und militärischen Okkupationen, die die Regierung der Vereinigten Staaten von Amerika zur Zeit in mindestens sechs Ländern betreibt, oder die 66 Jahre alten amerikanischen Okkupationen von Japan und Deutschland und den

Ring von Militärstützpunkten, die rund um Russland eingerichtet werden. Das gesamte Militär-/Sicherheitsbudget liegt im Bereich von 1,1 bis 1,2 Billionen Dollar oder zwischen 70 % und 75 % des Bundesbudgetdefizits. Im Gegensatz dazu ist die Soziale Wohlfahrt liquid. Die Ausgaben für Medicare übersteigen zwar knapp die 2,3 % Sozialversicherungsbeiträge, mit denen Medicare finanziert wird, aber es ist unehrlich, wenn Politiker und Experten „Leistungsansprüchen" die Schuld am Budgetdefizit der USA geben.

Leistungsansprüche werden mit einer Lohnsteuer finanziert. Kriege haben keine Finanzierungsgrundlage. Das kriminelle Bushregime belog die Amerikaner und behauptete, dass der Krieg gegen den Irak höchstens 70 Milliarden Dollar kosten und mit den Erträgen aus irakischem Erdöl finanziert werden würde. Als Bushs oberster Wirtschaftsberater Larry Lindsay sagte, die Irak-Invasion würde 200 Milliarden Dollar kosten, warf ihn der Dummkopf aus dem Weißen Haus hinaus. In der Tat lag Lindsay um den Faktor 20 daneben. Wirtschafts- und Budgetexperten haben berechnet, dass die Kriege gegen Irak und Afghanistan 4.000 Milliarden Dollar an ausgegebenen und bereits gebundenen Kosten verschlungen haben. Mit anderen Worten, die laufenden Kriege und Okkupationen haben bereits die 4 Billionen Dollar verbraucht, die Obama bei den Bundesausgaben über die kommenden zehn Jahre hinweg einzusparen hofft. Bombardiere jetzt, zahl später.

Eine Besteuerung der Reichen ist kein Teil der politischen Lösung, der Schwerpunkt liegt auf der Belohnung der Versicherungsgesellschaften durch die Privatisierung von Medicare in absehbarer Zukunft, mit von der Regierung subventionierten Versicherungsprämien, durch die Einstellung von Medicaid und durch die Belastung der schwindenden Mittelschicht mit zusätzlichen Sozialversicherungsabgaben.

Die Prioritäten Washingtons und seiner Medienpapageien könnten nicht klarer sein. Präsident Obama wie vor ihm George W. Bush, beide Kongressparteien, die Print- und TV-Medien und National Public Radio haben deutlich gezeigt, dass Krieg eine weit wichtigere Stellung einnimmt als das Gesundheitswesen und die Altersversorgung für Amerikaner.

Die Menschen Amerikas und ihre Wünsche und Bedürfnisse sind in Washington nicht vertreten. Washington dient mächtigen Interessengruppen wie dem Militär-/Sicherheitskomplex, Wall Street und den Bankstern, dem Agrargeschäft, den Erdölkonzernen, den Versicherungskonzernen, der Pharma-, Bergbau- und Holzindustrie. Washington gibt diesen Interessenten Extraprofite durch die Begehung von Kriegsverbrechen und die Terrorisierung fremder Völker mit Bomben, Drohnen und Invasionen, durch die Deregulierung des Finanzsektors und die Abdeckung von dessen durch Gier getriebenen Verfehlungen, nachdem dieser die Ruhestandsbezüge, Häuser und Arbeitsplätze der Amerikaner gestohlen hat, indem er sich weigert, Land, Wasser, Meere und natürlichen Lebensraum vor Verschmutzung und Plünderern zu schützen und ein Gesundheitswesen mit den höchsten Kosten und höchsten Profiten der Welt aufbaut.

Der Weg zur Reduzierung der Gesundheitskosten besteht in der Einsparung von Kosten und Profiten dadurch, dass alles auf ein einziges Verrechnungssystem umgestellt wird. Ein privates Gesundheitssystem kann für diejenigen weiterhin in Betrieb bleiben, die sich das leisten können.

Der Weg zur Kontrolle des Budgets besteht in der Einstellung der überflüssigen hegemonialen Kriege – der Kriege, die zu einer atomaren Konfrontation führen werden. Die Wirtschaft der Vereinigten Staaten von Amerika steckt in einer sich vertiefenden Rezession, von der es keine Erholung geben kann, weil die amerikanischen Arbeitsplätze für die Mittelschicht ausgelagert und ins Ausland verlegt worden sind. Bruttoinlandsprodukt der Vereinigten Staaten von Amerika, Kaufkraft der Konsumenten und Grundlage des Steueraufkommens wurden an China, Indien und Indonesien übergeben, damit Wall Street, Aktienbesitzer und die CEOs der Konzerne mehr verdienen können.

Wenn die im Ausland produzierten Güter und Dienstleistungen nach Amerika zurückkommen, dann kommen sie als Importe. Die Handelsbilanz verschlechtert sich, der Wechselkurs des Dollars sinkt weiter, und die Preise steigen für die Amerikaner, deren Einkommen stagnieren oder sinken.

Das ist wirtschaftliche Verwüstung. Zu dieser kommt es immer, wenn eine Oligarchie die Kontrolle über eine Regierung übernimmt. Die kurzfristigen Profite der Mächtigen werden maximiert auf Kosten der Lebensfähigkeit der Wirtschaft.

Die Wirtschaft der Vereinigten Staaten von Amerika wird angetrieben von der Nachfrage der Konsumenten, aber mit 22,3 % Arbeitslosigkeit,

stagnierenden und sinkenden Löhnen und Einkommen und einer Verschuldung der Konsumenten in einem Ausmaß, dass die Konsumenten sich nichts mehr ausleihen können, um es auszugeben, ist nichts mehr da, was die Wirtschaft antreiben könnte.
Washingtons Antwort auf dieses Dilemma ist die Ausweitung der Sparpolitik! Das Zurückstutzen von Medicare, Medicaid und Sozialer Wohlfahrt, der steigende Druck auf die Löhne durch die Zerstörung von Gewerkschaften und die Auslagerung von Arbeitsplätzen (die zu einem Überangebot an Arbeitern und niedrigeren Löhnen führt) und das Hinauftreiben der Preise für Lebensmittel und Energie durch die Abwertung des Dollars schwächt zusätzlich die Kaufkraft der Konsumenten. Die Notenbank kann Geld drucken, um die kriminellen Finanzinstitutionen zu retten, aber sie kann nicht den amerikanischen Konsumenten retten.
Nehmen Sie abschließend zur Kenntnis, dass Sie auch hinsichtlich der „Reduzierung des Defizits“ angelogen werden. Sogar wenn Obama seine 4 Billionen Dollar zur „Reduzierung des Defizits“ im Laufe der kommenden zehn Jahre bekommt, so heißt das nicht, dass die laufende nationale Verschuldung um 4 Billionen Dollar geringer sein wird, als es zur Zeit der Fall ist. Die „Reduzierung“ heißt nur, dass das Wachstum in der nationalen Verschuldung in diesem Fall 4 Billionen Dollar weniger betragen wird. Ungeachtet jeder „Reduzierung des Defizits“ wird die nationale Verschuldung in zehn Jahren viel höher sein, als sie es derzeit ist.

25.08.2011: Zehn Jahre nach 9/11: Haben wir etwas daraus gelernt?

In wenigen Tagen wird sich der 11. September 2001 zum zehnten Mal jähren. Wie gut hat sich die offizielle Darstellung dieses Ereignisses durch die Regierung der Vereinigten Staaten von Amerika über diesen Zeitraum hinweg gehalten?
Nicht besonders gut. Der Vorsitzende, der stellvertretende Vorsitzende und der führende Rechtsberater der 9/11-Kommission haben Bücher herausgebracht, in denen sie sich teilweise vom Bericht der Kommission

distanzierten. Sie sagten, dass die Bush-Administration ihnen Hindernisse in den Weg gelegt hat, dass ihnen Informationen vorenthalten wurden, dass Präsident Bush nur in Begleitung von Vizepräsident Cheney zur Aussage bereit war, jedoch keiner von ihnen unter Eid, dass Funktionäre des Pentagons und der Luftfahrtbehörde die Kommission belogen haben und dass die Kommission überlegte, ob sie nicht die Falschaussage einer Untersuchung über Behinderung der Rechtsprechung zuführen sollte.
In ihrem Buch schrieben der Vorsitzende und sein Stellvertreter, Thomas Kean und Lee Hamilton, die 9/11-Kommission sei „eingerichtet worden um zu scheitern". Rechtsberater John Farmer Jr. schrieb, dass die Regierung der Vereinigten Staaten von Amerika „entschieden hat, über das, was geschehen ist, nicht die Wahrheit zu sagen", und dass die Tonbandaufzeichnungen von NORAD „eine völlig andere Geschichte wiedergeben im Gegensatz zu dem, was uns und der Öffentlichkeit mitgeteilt worden ist". Kean sagte: „Bis zum heutigen Tag wissen wir nicht, warum NORAD uns mitgeteilt hat, was sie uns mitgeteilt haben, es war so weit von der Wahrheit entfernt."
Die meisten Fragen der Familien der Opfer von 9/11 wurden nicht beantwortet. Wichtige Zeugen wurden nicht einberufen. Die Kommission bekam nur Dinge zu hören, die die Version der Regierung unterstützten. Die Kommission war eine kontrollierte politische Operation, nicht eine Untersuchung von Ereignissen und Beweisen. Ihre Mitglieder setzten sich aus ehemaligen Politikern zusammen; keine sachkundigen Experten wurden in die Kommission berufen.
Ein Mitglied der 9/11-Kommission, der ehemalige Senator Max Cleland, meinte zu den Einschränkungen, die der Kommission durch das Weiße Haus auferlegt worden waren: „Wenn es dabei bleibt, kann ich als Mitglied der Kommission keinem Amerikaner mehr in die Augen schauen, besonders nicht den Familienmitgliedern der Opfer, und sagen, dass die Kommission vollen Zugang hatte. Diese Untersuchung ist jetzt kompromittiert." Cleland legte lieber sein Amt zurück, als seine Integrität beschmutzen zu lassen.
Der Klarheit halber muss gesagt werden, dass weder Cleland noch Mitglieder der Kommission andeuteten, dass 9/11 ein Inside Job (im eigenen Bereich geplante und ausgeführte Aktion, d.Ü.) war, um eine Kriegsagen-

da zu fördern. Dennoch wunderten sich weder der Kongress noch die Medien, zumindest nicht laut, warum Präsident Bush nicht vor der Kommission erscheinen und unter Eid oder ohne Cheney aussagen wollte; warum Funktionäre des Pentagons und der Luftfahrtbehörde die Kommission belogen oder, falls sie nicht gelogen haben, die Kommission glaubte, dass sie gelogen haben, oder warum das Weiße Haus sich so lange der Bildung von jeglicher Art Kommission widersetzte, sogar einer, die es unter seiner Kontrolle hatte.

Man würde annehmen, dass, wenn eine Handvoll Araber es schafften, nicht nur CIA und FBI, sondern alle 16 Geheimdienste der Vereinigten Staaten von Amerika, alle Geheimdienste unserer Alliierten einschließlich des Mossad, den Nationalen Sicherheitsrat, das Außenministerium, NORAD, die Flughafensicherheit, die Luftraumüberwachung etc. viermal an einem Vormittag auszutricksen, der Präsident, der Kongress und die Medien wissen wollen, wie es zu einem dermaßen unwahrscheinlichen Ereignis kommen konnte. Stattdessen errichtete das Weiße Haus eine Mauer gegen Aufklärung, und der Kongress und die Medien zeigten wenig Interesse.

In den vergangenen zehn Jahren wurden zahlreiche Organisationen gegründet, die die Wahrheitsfindung über 9/11 zum Ziel haben.

Da gibt es die Architekten und Ingenieure für Wahrheit über 9/11, Feuerwehrleute für Wahrheit über 9/11, Piloten für Wahrheit über 9/11, Wissenschaftler für Wahrheit über 9/11, RememberBuilding7.org (Erinnerung an WTC-Gebäude 7, das erst später eingestürzt ist) und eine New Yorker Gruppe, die Familienangehörige von 9/11-Opfern umfasst. Diese Gruppen fordern eine richtige Untersuchung.

David Ray Griffin hat zehn sorgfältig recherchierte Bücher geschrieben, in denen er Probleme in der Darstellung der Regierung dokumentiert. Wissenschaftler haben darauf hingewiesen, dass die Regierung keine Erklärung für den geschmolzenen Stahl hat. NIST (National Institute for Standard and Technology = Nationales Institut für technologische Standards) musste zugeben, dass das WTC-Gebäude 7 größtenteils in freiem Fall eingestürzt ist, und ein Team von Wissenschaftlern unter der Leitung eines Professors für Nanochemie der Universität Kopenhagen hat berichtet, dass es Nanothermit im Staub der Gebäude gefunden hat.

Larry Silverstein, der Pächter der World-Trade-Center-Gebäude, sagte in einer PBS-Sendung, dass die Entscheidung, Gebäude 7 „mitzunehmen“, am späten Nachmittag von 9/11 getroffen wurde. Leitende Feuerwehrleute sagten, dass keine gerichtliche Untersuchung über die Zerstörung des Gebäudes durchgeführt wurde und dass das Fehlen einer Untersuchung gegen das Recht verstößt.
Diverse Anstrengungen wurden unternommen, um einige der Beweise wegzuerklären, die dem offiziellen Bericht widersprechen, aber der größte Teil der Gegenbeweise wird einfach ignoriert. Es bleibt die Tatsache, dass der Skeptizismus einer großen Anzahl sachkundiger Experten keine andere Auswirkung auf die Position der Regierung hatte als den Vorschlag eines Mitglieds der Obama-Administration, die Regierung solle die „Wahrheit über 9/11”-Organisationen infiltrieren, um diese zu diskreditieren.
Experten, die von der Sache der Regierung nicht überzeugt waren, wurden als „Verschwörungstheoretiker” hingestellt. Doch tatsächlich ist die Theorie der Regierung eine Verschwörungstheorie, eine sogar weniger wahrscheinliche, erfasst man erst einmal die vollen Auswirkungen des Versagens von Geheimdiensten und Zuständigen. Die begangenen Fehler sind außerordentlich groß, dennoch wurde niemals jemand dafür zur Verantwortung gezogen.
Und weiter, was haben 1.500 Architekten und Ingenieure davon, wenn sie als Verschwörungstheoretiker lächerlich gemacht werden? Sie werden gewiss nie mehr einen Auftrag von der Regierung bekommen und viele hatten sicher geschäftliche Nachteile aufgrund ihrer „antiamerikanischen“ Einstellung. Ihre Konkurrenten mussten ihre „unpatriotischen Zweifel“ ausgenützt haben. Meine Belohnung dafür, dass ich darüber berichte, wie die Dinge zehn Jahre nach dem Ereignis stehen, wird voraussichtlich in Post bestehen, in der mir mitgeteilt wird, dass ich, nachdem ich Amerika so sehr hasse, mich nach Kuba verkrümeln soll.
Wissenschaftler haben entsprechend weniger Anreiz, Zweifel zu äußern, was wahrscheinlich erklärt, warum es nicht 1.500 Physiker für Wahrheit über 9/11 gibt. Wenige Physiker haben Berufsmöglichkeiten außerhalb des Bereichs, der der Regierung untersteht. Es war der Hochschullehrer für Physik David Chandler, der NIST zwang, seinen Bericht über den

Einsturz des WTC-Gebäudes 7 zu widerrufen. Der Physiker Stephen Jones, der als Erster über Beweise für den Einsatz von Sprengstoffen berichtete, verlor seine Anstellung an der Brigham Young Universität, welche ohne Zweifel von der Regierung unter Druck gesetzt worden war. Wir können widersprüchliche Beweise als Zufälle und Fehler wegerklären und die Schlussfolgerung ziehen, dass nur die Regierung alles richtig erfasst hat – die gleiche Regierung, die alles andere falsch gemacht hat.

In Wirklichkeit hat die Regierung gar nichts erklärt. Der NIST-Bericht ist nur eine Simulation, was den Einsturz der Türme verursacht haben könnte, wenn die Eingaben der Vermutungen von NIST in das Computermodell stimmen. NIST legt allerdings keine Beweise dafür vor, dass diese Vermutungen den Fakten entsprechen.

WTC-Gebäude 7 wurde im Bericht der 9/11-Kommission nicht erwähnt, und viele Amerikaner haben noch immer keine Ahnung, dass zu 9/11 drei Gebäude eingestürzt sind.

Lassen Sie mich eindeutig meinen Standpunkt darlegen. Ich sage nicht, dass irgendeine finstere Kommandotruppe in der neokonservativen Bush-Administration die Gebäude in die Luft gejagt hat, um der neokonservativen Agenda eines Krieges im Mittleren Osten zum Durchbruch zu verhelfen. Wenn es Beweise für eine Vertuschung gibt, dann könnte das die Regierung betreffen, die ihre Inkompetenz vertuscht, nicht ihre Komplizenschaft bei dem Ereignis. Sogar wenn es hieb- und stichfeste Beweise für eine Komplizenschaft der Regierung gäbe, ist nicht sicher, dass die Amerikaner diese akzeptieren könnten. Architekten, Ingenieure und Wissenschaftler leben in einer durch Fakten bestimmten Gemeinschaft, aber für die meisten Menschen kommen die Fakten in ihren Auswirkungen an die Emotionen nicht heran.

Mein Punkt ist, wie wenig Interesse die Regierung, die Sicherheitsagenturen, der Kongress, die Medien und ein großer Teil der Bevölkerung an diesem zentralen Ereignis unserer Zeit haben. Es besteht kein Zweifel daran, dass 9/11 das entscheidende Ereignis ist. Es führte in ein Jahrzehnt ständig expandierender Kriege, zur Zerstörung der US-amerikanischen Verfassung und in einen Polizeistaat. Am 22. August berichtete Justin Raimondo, dass er und seine Webseite Antiwar.com von der Abteilung für elektronische Kommunikationsanalyse des FBI überwacht werden, um herauszufinden, ob sie eine „Bedrohung der nationalen Sicherheit im Interesse einer ausländischen Macht“ darstellen.

Francis A. Boyle, ein international bekannter Professor und Anwalt für Internationales Recht, hat berichtet, dass er, nachdem er sich einer gemeinsamen Aufforderung von FBI und CIA, das Anwalt-Klienten-Privileg zu missachten und als Spitzel gegen seine arabisch-amerikanischen Klienten zu arbeiten, widersetzt hatte, auf die Terroristen-Watchlist der Regierung der Vereinigten Staaten von Amerika gesetzt wurde.

Boyle ist ein Kritiker der Einstellung der Regierung der Vereinigten Staaten von Amerika gegenüber der muslimischen Welt, aber Raimondo hat niemals irgendeinen Verdacht betreffend eine Komplizenschaft der Regierung der Vereinigten Staaten von Amerika an 9/11 geäußert und auch nicht in Beiträgen anderer zugelassen. Raimondo ist nur gegen Krieg, und das reicht für das FBI, ihn als mögliche Bedrohung der nationalen Sicherheit zu überwachen. Die Darstellung von 9/11 durch die Regierung der Vereinigten Staaten von Amerika bildet die Grundlage für die unbefristeten Kriege, die Amerikas Ressourcen verschlingen und seine Reputation zerstören, und sie bildet auch die Grundlage für den heimischen Polizeistaat, der letztlich jeden Widerstand gegen die Kriege abwürgen wird. Die Amerikaner sind an die Geschichte der muslimisch-terroristischen Attacke von 9/11 gebunden, weil sie es ist, die die Abschlachtung von Zivilbevölkerungen in verschiedenen muslimischen Ländern rechtfertigt und die den Polizeistaat im Inneren als einzige Möglichkeit rechtfertigt, Sicherheit gegenüber Terroristen zu bieten, die sich mittlerweile zu „heimischen Extremisten“ gewandelt haben, darunter zum Beispiel Umweltschützer, Tierschützer und Antikriegsaktivisten.

Heute gibt es für die Amerikaner keine Sicherheit mehr, nicht wegen der Terroristen und heimischen Extremisten, sondern weil sie ihre bürgerlichen Rechte verloren haben und somit keinen Schutz vor unberechenbarer Machtausübung der Regierung genießen. Man würde meinen, dass die Frage, wie es dazu gekommen ist, eine öffentlichen Debatte und Anhörungen im Kongress wert sein sollte.

01.09.2011: In Amerika ist der Rechtsstaat aufgegeben

Während Bankbetrüger, Folterer und Kriegsverbrecher frei herumlaufen, hat das Justizministerium der Vereinigten Staaten von Amerika nichts Besseres zu tun, als den bekannten Gitarrenhersteller Gibson in Tennessee zu schikanieren, Produzenten von Bioprodukten in Kalifornien zu verhaften und durch 12 gewalttätige, mit Sturmgewehren bewaffnete FBI-Agenten wieder einmal ein falsches Haus mit wieder einmal einer unschuldigen Familie zu stürmen und Eltern, Kinder und Großmutter zu traumatisieren.

Welches Gesetz hat der Gitarrenhersteller Gibson gebrochen, was die Bundesagenten dazu veranlasste, die Gibson-Produktionsanlagen in Nashville und Memphis stillzulegen, Gitarren zu beschlagnahmen, Auslieferungen zu verzögern und der Firma 3 Millionen Dollar Kosten zu verursachen?

Kein Gesetz der Vereinigten Staaten von Amerika wurde gebrochen. Die Bundesbeamten behaupten, dass Gibson gegen ein indisches Gesetz verstoßen hat.

Indien hat sich nicht über Gibson beschwert oder die Regierung der Vereinigten Staaten von Amerika bei der Durchsetzung ihrer Gesetze gegen Gibson um Hilfe ersucht. Nein, die Bundesbeamten haben es aus eigenen Stücken unternommen, indische Gesetze zu interpretieren und gegen Bürger der Vereinigten Staaten von Amerika durchzusetzen. Die Bundesbeamten behaupten, dass die Verwendung von indischem Holz in Gibson-Gitarren illegal ist, weil das Holz nicht von indischen Arbeitern fertig bearbeitet wurde.

Das muss nicht der indischen Gesetzesauslegung entsprechen, nachdem Indien ja den Export des nicht fertig verarbeiteten Holzes gestattet hat. Vielleicht sind die Bundesbeamten darauf aus, den Abbau von noch mehr Arbeitsplätzen von Arbeitern der Vereinigten Staaten von Amerika und deren Ersatz durch ausländische Arbeiter mit H-1B-Genehmigungen zu erzwingen. Gibson kann sein Problem dadurch lösen, dass er seine Arbeiter in Tennessee feuert und durch Inder mit H-1B-Arbeitsvisa ersetzt.

In Venice, Kalifornien, verkleideten sich Bundesbeamte ein Jahr lang als Hippies und kauften rohe Ziegenmilch und Joghurt von Rawesome Foods. Dann stürmten sie, herausgeputzt mit Hanfkettchen und nach Patchouli riechend, mit gezogenen Schusswaffen – immer sind die Schusswaffen gezogen – den Bioladen. Das Verbrechen des Besitzers bestand darin, dass er die Lebensmittel, mit denen ich aufgewachsen bin, an Kunden verkaufte, die diese verlangten. Für diese ruchlose Tat ist James C. Stewart mit einer Anklage mit 13 Punkten konfrontiert worden und kam nur gegen eine Kaution in Höhe von 123.000 Dollar frei.
Wie wurde Rohmilch zu einer „Gefahr für die Gesundheit"? Viel mehr Amerikaner sind an Kolibakterien in Fast-Food-Hamburgern und Salmonellen in Eiern von Hühnern aus Massenproduktion gestorben. Wie viele andere aus meiner Generation wurde ich mit Rohmilch aufgezogen. Mathis Dairy belieferte damit die Häuser in Atlanta. Jahrzehnte später konnte man noch Mathis Dairy's Rohmilch in Geschäften in Atlanta kaufen. Wie wurde die Versorgung mit einem gewöhnlichen Grundnahrungsmittel zu einem Verbrechen?
Die FBI-Agenten, die Gary Adams Haustür in Bellevue, Pennsylvania, aufbrachen, behaupten, sie hätten eine Frau gesucht. Warum braucht es 12 schwer bewaffnete FBI-Agenten, um eine Frau festzunehmen? Sind die FBI-Agenten dermaßen entkräftet? Wenn die Bundesbeamten nicht einmal die richtige Adresse herausbekommen, wie sollen wir dann annehmen, dass Name und Geschlecht stimmen?
Ich kann mich an eine Zeit erinnern, als ein einzelner Polizist genügte, um einen Haftbefehl zuzustellen und eine Person zu verhaften, ohne gezogenen Revolver und ohne die Tür einzutreten, ohne Tasern und Schießen. Die FBI-Agenten, die in das Haus der Adams stürmten, waren nicht nur an der falschen Adresse, sondern hatten nicht einmal einen Durchsuchungsbefehl für die richtige Adresse.
Die Gewohnheit, schwer bewaffnete Kommandos in amerikanische Häuser zu schicken, hat zu vielen sinnlosen Morden an Bürgern der Vereinigten Staaten von Amerika geführt. Damit muss Schluss gemacht und die Spezialeinheiten müssen aufgelöst werden. Spezialeinheiten haben viel mehr Unschuldige ermordet als gefährliche Verbrecher. Geiselnahmen sind selten und werden am besten ohne Gewaltanwendung gelöst.

Jose Guerena, ein Marinesoldat der Vereinigten Staaten von Amerika, der zwei Perioden in Bushs Krieg gegen den Irak gedient hat, wurde in seinem eigenen Haus vor den Augen seiner Frau und der beiden kleinen Kinder von einem enthemmten Spezialkommando ermordet, das über 70 Schüsse auf ihn abfeuerte. Als ihm seine Frau sagte, dass Männer um das Haus schlichen, nahm er sein Gewehr und ging in die Küche, um zu sehen, was los war. Er wurde niedergeschossen. Das hysterische Einsatzkommando feuerte grundlos 71 Schüsse auf ihn ab. Tapfere, harte Macho-Polizisten bei der Verteidigung der Öffentlichkeit durch die Ermordung von Kriegsveteranen.

Ich habe Studien gesehen, welche zeigen, dass die Polizei tatsächlich mehr gewaltsame Handlungen gegen die Öffentlichkeit begeht als Kriminelle, was eine interessante Frage erhebt: Ist die Polizei eine größere Bedrohung für die Öffentlichkeit als die Verbrecher? Auf Yahoo suchte ich nach „Polizeibrutalität" und bekam 4.840.000 Einträge.

Währenddessen laufen die wirklichen Schwerverbrecher wie Dick Cheney frei herum, welcher, wenn er wegen seiner Taten vor das Nürnberger Gericht gekommen wäre, ganz bestimmt als Kriegsverbrecher hingerichtet worden wäre.

Cheney hausiert im gesamten Fernsehen mit seinen Memoiren. Am 29. August, interviewt von Jamie Gangel auf NBC's Dateline, gab Cheney ein weiteres Mal stolz zu, dass er Folter, Geheimgefängnisse und illegales Abhören autorisiert hat. Das sind Verbrechen nach den Gesetzen der Vereinigten Staaten von Amerika und nach Internationalem Recht.

Cheney behauptet, dass die Gesetze gegen Folter zu brechen „die richtige Vorgangsweise ist", wenn „wir einen besonders wichtigen Gefangenen haben und das die einzige Möglichkeit ist, diesen zum Sprechen zu bringen".

Drei Fragen fallen einem sofort ein, die keines der presstituierten Medien jemals stellt.

Die erste ist: Warum glaubt Cheney, dass das Amt des Vizepräsidenten, Präsidenten oder Justizministers die Macht hat, den Verstoß gegen ein Gesetz zu „autorisieren"? Unser gepriesener „Rechtsstaat" hört auf zu existieren, wenn Bundesfunktionäre den Bruch von Gesetzen autorisieren können.

Die zweite ist: Von welchen besonders wichtigen Gefangenen spricht Cheney? Donald Rumsfeld hat erklärt, die Gefangenen in Guantánamo seien „die gefährlichsten, bestausgebildeten, bösartigsten Killer auf der Erde". Der Großteil von ihnen musste allerdings entlassen werden, nachdem sich herausstellte, nach Jahren ihres Lebens, die sie in einem Foltergefängnis verbracht hatten, dass die überwiegende Mehrheit der Gefangenen glücklose Unschuldige waren, die den dummen Amerikanern von Warlords als „Terroristen" gegen Kopfgeld verkauft worden waren. Um das Gesicht zu wahren, hält die Regierung der Vereinigten Staaten von Amerika einige Gefangene weiterhin fest, ist sich aber deren angeblicher Schuld nicht einmal so sicher, dass sie sie vor ein ordentliches Gericht zu stellen wagt.

Die dritte ist: Warum glaubt Cheney, dass er besser weiß als alle gesammelten dokumentierten Beweise, dass Folter keine wahre oder verwertbare Information erbringt? Wenn der gefolterte Mensch tatsächlich ein Terrorist ist, dann weiß er, dass seine Folterer die Antworten nicht kennen, nach denen sie suchen, und kann seinen Folterern alles sagen, was seinen Zielen dient. Wenn der gefolterte Mensch unschuldig ist, dann hat er keine Ahnung, was seine Folterer erfahren wollen und versucht herauszufinden, was sein Folterer hören will, damit er das „gestehen" kann.

Glenn Greenwald macht klar, dass Dick Cheney, der den Vorsitz über eine Politik führte, „die den Tod hunderttausender unschuldiger Menschen infolge von Angriffskriegen verursachte, ein weltweites Folterregime einrichtete und Amerikaner ohne die gesetzlich vorgeschriebenen Ermächtigungen ausspionierte", jetzt dank des „Schutzschildes der Immunität, den ihm die derzeitige Administration gewährt", gefeiert und reich wird.

Währenddessen läuft ein Verfahren gegen Gibson Guitars wegen der verrückten Interpretation eines indischen Gesetzes durch die Bundesbeamten, und gegen den Betreiber von Rawesome besteht eine Anklage mit 13 Punkten wegen der Versorgung von Konsumenten mit einem Grundnahrungsmittel, das seit der Kolonialzeit bis vor Kurzem zur normalen Ernährung gehört hat.

In Amerika haben wir den Rechtsstaat – nur dass das Gesetz nicht gegen Bankster und Angehörige der Exekutive angewendet wird, sondern, wie

Greenwald sagt, nur gegen „gewöhnliche Bürger und politische Führer in anderen (unfreundlichen) Ländern". Ein Land, das dermaßen durch und durch korrupt ist, ist sicher kein „Leuchtfeuer für die Welt".

27.09.2011: Die letzte manipulierte Bedrohung und das Ende der Geschichte

Haben Sie schon jemals etwas von den Haqqanis gehört? Wahrscheinlich nicht. Wie al-Qaida, von denen vor 9/11 kein Mensch gehört hat, ist das „Haqqani-Netzwerk" rechtzeitig aufgetaucht, um Amerikas nächsten Krieg zu rechtfertigen – gegen Pakistan.

Präsident Obamas Behauptung, er habe den Anführer von al-Qaida, Osama bin Laden, ausgelöscht, nahm die Luft aus der Drohung mit diesem lange dienlichen Butzemann. Eine Terrororganisation, die ihren Anführer unbewaffnet und unverteidigt als Freiwild für seine Ermordung bereithielt, schien nicht mehr länger furchteinflößend zu sein. Zeit für einen neuen, noch bedrohlicheren Schwarzen Mann, dessen Bekämpfung den „Krieg gegen den Terror" am Laufen halten wird. Amerikas „schlimmster Feind" sind jetzt die Haqqanis. Darüber hinaus ist das Haqqani-Netzwerk im Gegensatz zu al-Qaida, die nie mit einem Land verbunden war, laut Admiral Mike Mullen, Chef des Generalstabs der Vereinigten Staaten von Amerika, ein „veritabler Arm" des ISI, des Geheimdienstes der pakistanischen Regierung. Washington behauptet, dass der ISI seinem Haqqani-Netzwerk den Befehl gab, am 13. September die Botschaft der Vereinigten Staaten von Amerika in Kabul, Afghanistan, anzugreifen, gleichzeitig mit der Militärbasis der Vereinigten Staaten von Amerika in der Provinz Wadak.

Senator Lindsey Graham, Mitglied des Militärausschusses und einer der hauptsächlichen republikanischen Kriegstreiber, erklärte, dass „alle Optionen auf dem Tisch sind" und gab dem Pentagon seine Zusicherung, dass es im Kongress eine breite von beiden Parteien getragene Unterstützung für einen militärischen Angriff der USA gegen Pakistan gibt.

Nachdem Washington eine große Zahl von pakistanischen Zivilisten mit Drohnen ermordet und die pakistanische Armee gezwungen hat, im

Großteil des Landes nach al-Qaida zu jagen, was zehntausende und mehr vertriebene Pakistaner zur Folge hatte, muss Senator Graham etwas Größeres im Sinn haben.
Das glaubt auch die pakistanische Regierung. Der pakistanische Premierminister Yousuf Raza Gilani rief seinen Außenminister von Gesprächen in Washington zurück nach Hause und berief eine dringende Regierungssitzung ein, um die Aussichten einer amerikanischen Invasion einzuschätzen.

Mittlerweile führt Washington weitere Gründe an, die die neue Bedrohung durch die Haqqanis auffetten sollen, um den Beginn eines Krieges gegen Pakistan zu rechtfertigen: Pakistan verfügt über Atomwaffen, ist instabil und die Atomwaffen könnten in die falschen Hände gelangen, die Vereinigten Staaten von Amerika können in Afghanistan nicht siegen, wenn nicht die Schutzzonen in Pakistan eliminiert werden, usw. usf.
Washington hat versucht, Pakistan dazu zu drängen, eine militärische Operation gegen seine eigene Bevölkerung in Nord-Waziristan zu unternehmen. Pakistan hat gute Gründe, sich dieser Forderung zu widersetzen. Washingtons Gebrauch der neuen „Haqqani-Bedrohung“ als Vorwand für einen militärischen Überfall könnte Washingtons Methode sein, den Widerstand Pakistans gegen den Angriff auf seine Provinz Nord-Waziristan zu überwinden. Oder könnte es, wie einige pakistanische politische Führer sagen und die pakistanische Regierung befürchtet, ein von Washington inszeniertes „Theater“ sein, um einen militärischen Angriff gegen ein weiteres muslimisches Land zu rechtfertigen?
In den Jahren ihrer Dienstbarkeit als amerikanische Marionette hat sich die pakistanische Regierung das alles selbst eingebrockt. Die Pakistaner ließen die Vereinigten Staaten von Amerika die pakistanische Regierung kaufen, ihr Militär ausbilden und ausrüsten und die Zusammenarbeit zwischen CIA und dem pakistanischen Geheimdienst einrichten. Eine dermaßen von Washington abhängige Regierung konnte wenig sagen, als Washington begann, ihre Souveränität zu verletzen und Drohnen und Spezialeinheiten einzusetzen, um angebliche Al-Qaida-Anhänger, üblicherweise Frauen, Kinder und Bauern, umzubringen. Unfähig, nach zehn Jahren eine kleine Zahl von Talibankämpfern in Afghanistan zu besiegen,

gab Washington die Schuld an seinem militärischen Versagen Pakistan, so wie Washington auch die Schuld am lange geführten Krieg gegen das irakische Volk der angeblichen Unterstützung des Iran für den irakischen Widerstand gegen die amerikanische Okkupation in die Schuhe geschoben hat.

Einige sachkundige Analysten, von denen Sie nie in den „Massenmedien" hören werden, sagen, dass der Militär-/Sicherheitskomplex der Vereinigten Staaten von Amerika und seine neokonservativen Huren den Dritten Weltkrieg orchestrieren, bevor Russland und China sich darauf einstellen können. Als Resultat der kommunistischen Unterdrückung befindet sich ein bedeutender Anteil der russischen Bevölkerung im amerikanischen Dunstkreis. Diese Russen vertrauen Washington mehr, als sie Putin vertrauen. Auch die Chinesen sind zu sehr damit beschäftigt, mit den Gefahren des schnellen wirtschaftlichen Wachstums fertigzuwerden, als dass sie sich auf den Krieg vorbereiten, und sie sind weit davon entfernt, der Bedrohung gerecht zu werden.

Krieg ist der Lebensnerv der Profite des Militär-/Sicherheitskomplexes, und Krieg ist die Methode, die sich die Neokonservativen ausgesucht haben, um ihr Ziel, die amerikanische Weltherrschaft, zu erreichen.

Pakistan grenzt an China und ehemalige Teile der Sowjetunion, in denen die Vereinigten Staaten von Amerika jetzt Militärstützpunkte an Russlands Grenzen betreiben. Ein Krieg der Vereinigten Staaten von Amerika gegen und die Okkupation von Pakistan wird wahrscheinlich die schläfrigen Russen und Chinesen aufwecken. Nachdem beide über interkontinentale Atomraketen verfügen, könnte das Ergebnis der Gier des Militär-/Sicherheitskomplexes nach Profiten und der Gier der Neokonservativen nach Weltherrschaft die Auslöschung des Lebens auf der Erde sein.

Die Patrioten und Superpatrioten, die bei den Agenden des Militär-/Sicherheitskomplexes mitmachen und die fahnenschwingenden Neokonservativen treiben das „Endzeit"-Ergebnis voran, das inbrünstig von den verzückten Evangelikalen ersehnt wird, die gen Himmel schweben werden, während der Rest von uns auf der Erde stirbt.

Das ist nicht, was Präsident Reagan sich vom Ergebnis der Beendigung des Kalten Kriegs erhofft hat.

30.09.2011: Ist der Krieg gegen den Terror ein Schwindel?

Im abgelaufenen Jahrzehnt hat Washington in sechs Ländern Millionen von Moslems getötet, verstümmelt, vertrieben und zu Witwen und Waisen gemacht, alles im Namen des „Kriegs gegen den Terror". Washingtons Angriffe gegen diese Länder sind nichts anderes als nackte Aggression, treffen in erster Linie die Zivilbevölkerung und Infrastruktur und sind daher Kriegsverbrechen nach dem Gesetz. Die Naziführer wurden für genau das hingerichtet, was Washington heute tut.

Darüber hinaus haben die Kriege und militärischen Angriffe dem amerikanischen Steuerzahler Kosten von mindestens 4.000 Milliarden Dollar an bereits ausgegebenen und zukünftig gebundenen Budgetmitteln verursacht – das ist ein Drittel der gesamten Staatsschulden –, was in den Vereinigten Staaten von Amerika zu einer Krise geführt hat, welche das System der sozialen Sicherheit und den Wert des US-Dollars und dessen Rolle als Reservewährung bedroht, während sie den Militär-/Sicherheitskomplex und dessen Apologeten in einem noch nie da gewesenen Ausmaß bereichert hat.

Vielleicht am teuersten zu stehen kam Washingtons „Krieg gegen den Terror" die Verfassung der Vereinigten Staaten von Amerika und die Bürgerrechte. Jeder Bürger der Vereinigten Staaten von Amerika, den Washington beschuldigt, ist aller gesetzlichen und verfassungsmäßigen Rechte beraubt. Die Bush-Cheney-Obama-Regimes haben die größte Errungenschaft der Menschheit auf den Kopf gestellt – die Verantwortlichkeit der Regierung gegenüber dem Recht.

Wenn wir uns umsehen, um den Terror zu entdecken, vor dem der Polizeistaat und ein Jahrzehnt des Krieges uns angeblich geschützt haben, so ist dieser Terror schwer zu finden. Außer 9/11 selbst, vorausgesetzt, wir akzeptieren die unwahrscheinliche Verschwörungstheorie, die uns die Regierung als Erklärung liefert, hat es keine terroristischen Angriffe gegen die Vereinigten Staaten von Amerika gegeben. Tatsächlich berichtete RT am 23. August 2011, dass ein Untersuchungsprogramm an der Universität von Kalifornien ergeben hat, dass die heimischen „Terrorkomplotte“, die in den Medien so aufgebauscht wurden, von FBI-Agenten angezettelt worden sind.

Die Zahl der Geheimagenten des FBI beläuft sich jetzt auf 15.000, das ist zehnmal so viel wie während der Protestaktionen gegen den Vietnamkrieg, wo die Protestierenden als kommunistische Sympathisanten verdächtigt wurden. Nachdem es keine wirklichen Terrorkomplotte gibt, die dieses große Aufgebot an Arbeitskräften aufdecken kann, rechtfertigt das FBI sein Budget, Terrorwarnungen und Fahndungen, die in das Alltagsleben von amerikanischen Bürgern hineinreichen, indem es „Terrorkomplotte“ ausheckt und bestimmte gestörte Individuen findet, die es dann zu deren Ausführung verführt. Zum Beispiel das Bombenkomplott in der U-Bahn in Washington, D.C., das Komplott in der New Yorker U-Bahn und das Komplott zur Sprengung des Sears Towers in Chicago waren allesamt geistige Kinder des FBI und wurden von FBI-Agenten organisiert und durchgeführt.

RT berichtet, dass nur drei Komplotte möglicherweise nichts mit dem FBI zu tun hatten, aber nachdem keines von ihnen funktionierte, waren sie offensichtlich nicht das Werk einer dermaßen professionellen Terrororganisation, wie al-Qaida angeblich eine ist. Die Bombe am Times Square explodierte nicht und hätte anscheinend gar nicht explodieren können.

Die letzte vom FBI betriebene verdeckte Aktion benutzte Rezwan Ferdaus, einen Mann aus Boston, welcher beschuldigt wird, eine Attacke auf das Pentagon mit mit C-4-Sprengstoffen bepackten Modellflugzeugen geplant zu haben. Die Staatsanwältin der Vereinigten Staaten von Amerika Carmen Ortiz versicherte den Amerikanern, dass sie nie gefährdet waren, da die Geheimagenten des FBI das Komplott unter Kontrolle hatten.

Das von Ferdaus/FBI organisierte Komplott, das Pentagon und das Kapitol der Vereinigten Staaten von Amerika mit Modellflugzeugen in die Luft zu jagen, hat zu Anklagen geführt, nach denen er „materielle Unterstützung für eine terroristische Organisation“ zur Verfügung gestellt und sich verschworen habe, Bundesgebäude zu zerstören – eine schwerwiegende Anklage, bei der 20 Jahre Gefängnis für jedes anvisierte Gebäude drohen. Welche terroristische Organisation ist es, der Ferdaus dient? Sicher nicht al-Qaida, die angeblich alle 16 Geheimdienste der Vereinigten Staaten von Amerika hinters Licht führte, alle Geheimdienste von Amerikas

NATO und israelischen Alliierten, NORAD, den Nationalen Sicherheitsrat, die Luftraumüberwachung, Dick Cheney und die Flughafensicherheit der Vereinigten Staaten von Amerika viermal innerhalb einer Stunde am selben Morgen. Eine derart hoch qualifizierte Terrororganisation hat sicher nichts mit einem solchen Unsinn zu tun wie mit einem Komplott, das Pentagon mit einem Modellflugzeug in die Luft zu jagen.

Als Amerikaner, der eine Reihe von Jahren im öffentlichen Dienst gestanden hat und immer für die Verfassung aufgestanden ist, wozu der Patriot ja verpflichtet ist, muss ich hoffen, dass sich die Leser bereits die Frage stellen, warum von uns erwartet wird, dass wir glauben, dass ein kleines Modellflugzeug das Pentagon in die Luft jagen kann, wo doch eine mit Treibstoff beladene Boeing 757 das nicht schaffen konnte und nur ein Loch zustande gebracht hat, das nicht einmal groß genug war für ein Flugzeug.

Wenn ich mir die Leichtgläubigkeit meiner Mitbürger angesichts der absurden „Terrorkomplotte" ansehe, die die Regierung der Vereinigten Staaten von Amerika veranstaltet, komme ich zu der Schlussfolgerung, dass Angst die mächtigste Waffe ist, über die eine Regierung verfügt, die eine nicht öffentliche Agenda verfolgt. Wenn Ferdaus vor Gericht kommt, wird zweifelsohne eine Jury ihn wegen der Verschwörung, das Pentagon und das Kapitol der Vereinigten Staaten von Amerika mit Modellflugzeugen in die Luft zu sprengen, verurteilen. Höchstwahrscheinlich wird er gefoltert oder zu einem Handel mit der Anklagebehörde gezwungen werden.

Anscheinend sind die Amerikaner, oder die meisten von ihnen, so von Angst beherrscht, dass sie wegen der Millionen unschuldiger Menschen, die „ihre“ Regierung ermordet und vertreibt, kein schlechtes Gewissen haben. In den Köpfen der Amerikaner wurden eine Milliarde „Towel-Heads“ („Handtuch-Köpfe“ = Turbanträger) zu Terroristen reduziert, die es verdienen, ausgelöscht zu werden. Die Vereinigten Staaten befinden sich auf dem Weg zu einem Holocaust, der den Terror, dem die Juden unter dem Nationalsozialismus ausgesetzt waren, zu einem bloßen Wegbereiter macht.

Denken Sie einmal nach: Erstaunt es Sie nicht, dass es nach einem Jahrzehnt (zweimal die Dauer des Zweiten Weltkriegs) der Tötung von Moslems und Zerstörung von Familien und ihrer Zukunftshoffnungen in

sechs Ländern zu keinen wirklichen terroristischen Ereignissen in den Vereinigten Staaten von Amerika kommt?
Denken Sie nur eine Minute lang darüber nach, wie leicht terroristische Aktionen in den Vereinigten Staaten von Amerika durchzuführen wären, wenn es dort Terroristen gäbe. Würde ein Al-Qaida-Terrorist der Organisation, die angeblich 9/11 durchzog – die demütigendste Niederlage, die je eine Macht des Westens, ja niemand Geringerer als „die einzige Supermacht der Erde", erlitten hat – angesichts der ganzen Kontrollen versuchen, ein Flugzeug zu entführen oder eines in die Luft zu sprengen? Ganz sicher nicht, wo es doch so viele weiche Ziele gibt. Wenn Amerika wirklich mit einer „terroristischen Bedrohung" infiziert wäre, so brauchte ein Terrorist sich nur in die dichten Menschenschlangen begeben, die sich vor den „Sicherheitskontrollen" ansammeln, und dort seine Bombe zünden. Das würde viel mehr Menschen töten, als wenn man ein Flugzeug sprengt, und würde darüber hinaus eindeutig klarstellen, dass „Flughafensicherheit" bedeutet, dass niemand sicher ist.
Es wäre ein Kinderspiel für Terroristen, U-Bahn-Stationen hochgehen zu lassen, die nur mit einer Kette abgesperrt sind. Es wäre leicht, Einkaufszentren in die Luft zu jagen. Es wäre für Terroristen nichts dabei, zu den Stoßzeiten kistenweise Dachnägel auf überfüllte Straßen und Autobahnen zu werfen, um wichtige Transportadern tagelang lahmzulegen.
Ehe Sie, lieber Leser, mich beschuldigen, Terroristen mit Ideen zu versorgen – glauben Sie wirklich, dass Terroristen, die fähig sind, 9/11 durchzuziehen, nicht schon längst auf solche Ideen gekommen wären?
Aber nichts passiert. So verhaftet das FBI eben einen Mann, weil dieser plant, Amerika mit einem Modellflugzeug in die Luft zu jagen. Es ist wirklich deprimierend zu sehen, wie viele Amerikaner das glauben.
Bedenken Sie auch, dass die amerikanischen Neokonservativen, die den „Krieg gegen den Terror" orchestriert haben, keinen Schutz welcher Art auch immer haben und dass der Schutz von Bush und Cheney durch Geheimdienste minimal ist. Gäbe es in Amerika wirklich eine terroristische Gefahr, eine so professionelle wie die, die 9/11 durchgeführt hat, dann könnte jeder Neokonservative gemeinsam mit Bush und Cheney eines Morgens oder Abends innerhalb einer Stunde umgebracht werden.

Die Tatsache, dass Neokonservative wie Paul Wolfowitz, Donald Rumsfeld, Condi Rice, Richard Perle, Douglas Feith, John Bolton, William Kristol, Libby, Addington usw. ohne Schutz und frei von Angst leben können, beweist, dass es in Amerika keine terroristische Bedrohung gibt. Denken Sie jetzt an den Schuhbombenattentäter, an das Shampooflaschen-Komplott und an den Unterhosenbomber. Experten, und zwar andere als die Huren, die die Regierung der Vereinigten Staaten von Amerika gekauft hat, sagen, dass diese geplanten Anschläge reiner Unsinn sind. Die „Schuhbombe" und die „Unterhosenbombe" waren gefärbtes Pulver aus Feuerwerkskörpern, mit denen man keine Konservendose hätte sprengen können. Die flüssige Bombe, die angeblich in einer Flugzeugtoilette zusammengemischt werden kann, wurde von Experten als Fantasievorstellung abgetan.

Was ist der Zweck dieser gefälschten Anschläge? Und vergessen Sie nicht, dass der „Unterhosenbomber" von einem Beamten in das Flugzeug gebracht wurde, obwohl der „Unterhosenbomber" keinen Pass besaß. Keine Untersuchung wurde jemals von FBI, CIA oder sonst jemandem durchgeführt, warum einem Passagier ohne Pass gestattet wurde, einen internationalen Flug anzutreten.

Der Zweck dieser scheinbaren Anschläge ist die Hebung des Angstpegels und die Schaffung von Gelegenheiten für den ehemaligen Chef der Heimatlandsicherheit Michael Chertoff, ein Vermögen mit dem Verkauf von Pornoscannern an die TSA zu machen.

Das Ergebnis dieser aufgebauschten „terroristischen Anschläge" ist, dass jeder amerikanische Bürger, auch die in hohen Regierungspositionen und mit Sicherheitszertifikaten, nicht an Bord eines normalen Passagierflugzeugs gehen können, ohne Schuhe, Jacke und Gürtel auszuziehen und sich einem Pornoscanner oder einer intimen Abtastung auszusetzen. Nichts könnte eindeutiger belegen, dass die „Flughafensicherheit" einen muslimischen Terroristen nicht von einem übereifrigen amerikanischen Patrioten, einem Senator oder General der Vereinigten Staaten von Amerika oder einem CIA-Agenten unterscheiden kann.

Wenn ein Passagier aus gesundheitlichen oder anderen Gründen Flüssigkeiten und Cremes über das erlaubte Ausmaß für Zahnpasta, Shampoo, Lebensmittel oder Medikamente hinaus braucht, muss er davor eine Genehmigung der TSA einholen, was selten funktioniert. Einer der feinsten Momente des neuen Amerika ist der auf YouTube dokumentierte Fall einer todkranken Frau in einem Rollstuhl, die spezielle Nahrung benötigt und deren Nahrung von der TSA-Gestapo weggeworfen wird, ungeachtet einer schriftlichen Genehmigung der Transportation Safety Administration (Transportsicherheitsadministration = TSA), und deren Tochter dann aufgrund ihrer Proteste festgenommen wird, worauf die todkranke Frau in ihrem Rollstuhl auf dem Flughafen allein gelassen wird.

Das ist das heutige Amerika. Diese Übergriffe auf unschuldige Bürger werden von der hirnlosen Rechten als „Schutz gegen den Terrorismus" gerechtfertigt – eine „Bedrohung", die nicht existiert, wie alle Beweise zeigen.

Kein Amerikaner ist heute sicher. Ich habe zum Team des Unterausschusses des Repräsentantenhauses für die Zuteilung von Verteidigungsmitteln gehört. Ich benötigte Hochsicherheitszertifikate, da ich Zugang zu allen Waffenprogrammen der Vereinigten Staaten von Amerika hatte. Als leitender Wirtschaftswissenschaftler des Budgetausschusses des Repräsentantenhauses war ich über die Budgets der Vereinigten Staaten von Amerika für Verteidigung und Sicherheit informiert. Als Staatssekretär des Finanzministeriums der Vereinigten Staaten von Amerika bekam ich jeden Morgen die Informationen der CIA für den Präsidenten und jede Menge Sicherheitsinformationen auf meinen Schreibtisch.

Als ich das Finanzministerium verließ, berief mich Präsident Reagan in ein supergeheimes Komitee zur Untersuchung der Bewertung der Fähigkeiten der Sowjetunion durch die CIA. Danach war ich Berater im Pentagon. Ich besaß alle Arten von Sicherheitszertifikaten.

Ungeachtet all meiner Sicherheitszertifikate und des Vertrauens der Regierung der Vereinigten Staaten von Amerika in mich, darunter eine Bestätigung des Senats der Vereinigten Staaten von Amerika für einen Auftrag des Präsidenten, kann mich die Flughafenpolizei nicht von einem Terroristen unterscheiden.

Hätte ich mit Modellflugzeugen zu tun oder ginge ich auf Antikriegs-Demonstrationen, ist kaum zu bezweifeln, dass auch ich verhaftet würde. Nachdem ich das letzte Viertel des 20. Jahrhunderts im öffentlichen Dienst verbracht hatte, bekam ich im ersten Jahrzehnt des 21. Jahrhunderts mit, wie alle Errungenschaften Amerikas, ungeachtet ihrer Mängel, ausgelöscht wurden. An ihre Stelle trat ein monströses Streben nach Hegemonie und hoch konzentriertem Reichtum. Die meisten meiner Freunde und meine Mitbürger im Allgemeinen sind nicht imstande, die Transformation Amerikas in einen kriegstreiberischen Polizeistaat zu sehen, der die schlechteste Einkommensverteilung aller entwickelten Länder aufweist.

Es ist außergewöhnlich, dass so viele Amerikaner, Bürger der einzigen Supermacht der Welt, tatsächlich glauben, dass sie von muslimischen Völkern bedroht sind, die untereinander nicht einig sind, die keine Marine, keine Luftwaffe, keine Atomwaffen, keine Raketen besitzen, welche über die Meere reichen können.

In Wirklichkeit sind große Teile dieser „gefährlichen Bevölkerungen", besonders unter den Jüngeren, begeistert von der sexuellen Freiheit, die in Amerika existiert. Sogar die iranischen Mitmacher bei der von der CIA orchestrierten „Grünen Revolution" haben den Sturz ihrer gewählten Regierung in den 1950er Jahren vergessen. Ungeachtet der jahrzehntelangen schändlichen Militäraktionen Amerikas gegen muslimische Völker glauben viele Moslems noch immer, dass ihre Erlösung aus Amerika kommt. Ihre „Anführer" sind einfach mit großen Geldsummen gekauft worden.

Nachdem aus der „terroristischen Bedrohung" al-Qaida mit Präsident Obamas angeblicher Ermordung ihres Anführers Osama bin Laden, der ungeschützt und unbewaffnet von seiner „weltweiten Terrororganisation" alleingelassen wurde, die Luft rausgelassen worden ist, hat Washington ein neues Schreckgespenst aus dem Hut gezaubert – die Haqqanis.

Laut John Glaser und anonymen Funktionären der CIA „übertrieb" der Generalstabschef der Vereinigten Staaten von Amerika Mike Mullen die Sache mit der Haqqani-Aufständischengruppe, als er, während er eine Invasion Pakistans durch die Vereinigten Staaten von Amerika vorbereitete, behauptete, die Haqqanis seien ein operativer Zweig des ISI, des Geheimdienstes der pakistanischen Regierung. Admiral Mullen distanziert sich jetzt von seiner „Übertreibung", was hier ein Euphemismus für eine Lüge ist. Sein Adlatus Captain John Kirby sagte, dass Mullens „Beschuldigungen dazu gedacht waren, die Pakistaner zu beeinflussen, das Haqqani-Netzwerk zu zerschlagen". Mit anderen Worten, die Pakistaner

sollten mehr von ihren eigenen Leuten umbringen, um den Amerikanern die Scherereien zu ersparen.
Wenn Sie nicht wissen, was das Haqqani-Netzwerk ist, wundern Sie sich nicht. Sie haben auch nie vor 9/11 von al-Qaida gehört. Die Regierung der Vereinigten Staaten von Amerika erschafft Drohgespenster und Ereignisse, welche nötig sind, um die neokonservative Agenda der Weltherrschaft und höhere Profite für die Rüstungsindustrie zu fördern.
Zehn Jahre lang hat die Bevölkerung der „Supermacht" Amerika dagesessen, verängstigt von den Lügen der Regierung. Während die Amerikaner dasitzen und vor lauter Angst vor nicht existierenden „Terroristen" ihre Daumen lutschen, werden die Leben von Millionen von Menschen in sechs Ländern zerstört. Sofern es Beweise dafür gibt, lässt sich die weit überwiegende Mehrheit der Amerikaner nicht aus der Ruhe bringen durch die mutwillige Ermordung von Menschen in Ländern, die sie nicht einmal auf der Landkarte finden.

Amerika ist wirklich ein Licht für die Welt, ein Beispiel für alle.

02.10.2011: Der Tag, an dem Amerika starb

Am 30. September 2011 wurde Amerika umgebracht.
Einige von uns sahen diesen Tag kommen und haben gewarnt, dass er kommen würde, was uns die Buhrufe und Pfiffe der „Patrioten" eintrug, für die die Verfassung der Vereinigten Staaten von Amerika zu einem Streichelinstrument für Kriminelle und Terroristen verkommen ist, das dem Präsidenten nur im Weg steht, wenn er handeln muss, um unsere Sicherheit zu gewährleisten.
In unserem Buch „The Tyranny of Good Intentions" (Die Tyrannei der guten Absichten) zeigten Lawrence Stratton und ich, dass das Recht der Vereinigten Staaten von Amerika schon lange vor 9/11 aufgehört hatte, die Menschen zu schützen und zu einer Waffe in den Händen der Regierung geworden ist. Das als 9/11 bekannt gewordene Ereignis wurde benutzt, um die exekutive Gewalt über das Gesetz zu erheben. Solange der Präsident

eine illegale Handlung genehmigt, können die Regierungsbediensteten nicht mehr länger nach dem Gesetz belangt werden, das die illegale Handlung verbietet. Mit dem Segen des Präsidenten kann die exekutive Gewalt Gesetze der Vereinigten Staaten von Amerika gegen die Bespitzelung von Amerikanern ohne gerichtliche Genehmigung, gegen unbefristete Anhaltung und Folter verletzen, ohne Konsequenzen zu erleiden.
Viele haben erwartet, dass Präsident Obama die Verantwortlichkeit der Regierung gegenüber dem Recht wiederherstellt. Stattdessen ging er noch weiter als Bush/Cheney und beanspruchte die verfassungswidrige Macht, nicht nur amerikanische Bürger unbegrenzt ins Gefängnis zu sperren, sondern ihnen auch ihr Leben zu nehmen, ohne dass sie vor einem ordentlichen Gericht verurteilt worden sind. Obama behauptet, dass er ungeachtet der Verfassung der Vereinigten Staaten von Amerika die Macht besitzt, amerikanische Bürger umzubringen, die er als „Bedrohung“ betrachtet, und zwar ohne ein rechtsstaatliches Verfahren.
Mit anderen Worten: Jeder amerikanische Bürger, der unter die Bedrohungskategorie gereiht wird, hat keine Rechte und kann ohne Verfahren oder Beweis hingerichtet werden.
Am 30. September 2011 machte Obama Gebrauch von dieser neu angemaßten Macht des Präsidenten und ließ zwei amerikanische Staatsbürger, Anwar Awlaki und Samir Khan, ermorden. Khan war eine schrullige Persönlichkeit, die mit dem Inspire Magazine in Verbindung stand und einem kaum als gefährliche Bedrohung in den Sinn kommen wird.
Awlaki war ein gemäßigter amerikanischer muslimischer Geistlicher, der nach 9/11 die Regierung der Vereinigten Staaten von Amerika beriet, wie sie mit dem muslimischen Extremismus umgehen solle. Awlaki wurde dann schrittweise durch die Lügen, die Washington benutzte, um militärische Überfälle auf muslimische Länder zu rechtfertigen, radikalisiert. Er wurde zu einem Kritiker der Regierung der Vereinigten Staaten von Amerika und sagte den Moslems, dass sie die amerikanische Aggression nicht passiv erdulden müssten und das Recht hätten, Widerstand zu leisten und zurückzuschlagen. Das führte dazu, dass Awlaki dämonisiert und zu einer Bedrohung wurde.
Alles, was wir von Awlakis Taten wissen, ist, dass er Predigten hielt, die kritisch gegen Washingtons willkürliche Angriffe gegen muslimische

Völker gerichtet waren. Washington behauptet, dass seine Predigten einen Einfluss auf einige, die angeklagt sind, terroristische Handlungen versucht zu haben, gehabt haben könnten, und macht auf diese Weise Awlaki für diese Versuche verantwortlich.

Obamas Versicherung, Awlaki sei eine Art ranghoher Al-Qaida-Funktionär, ist eine reine Behauptung. Jason Ditz folgerte, dass der Grund, warum Awlaki ermordet worden ist, statt vor Gericht gestellt zu werden, darin besteht, dass die Regierung der Vereinigten Staaten von Amerika keine wirklichen Beweise dafür hat, das Awlaki ein Al-Qaida-Funktionär war. Nachdem es einen Kritiker ermordet hat, arbeitet das Obamaregime hart daran, Awlaki posthum in eine Führungsposition bei al-Qaida hineinzubugsieren. Die Presstituierten und die Verehrer von Amerikas erstem schwarzen Präsidenten haben sich auf einer Linie zusammengefunden und ihre Beteuerungen hervorgewürgt, dass Awlaki ein hochrangiger gefährlicher Al-Qaida-Terrorist war. Wenn Awlaki für al-Qaida als Märtyrer von Bedeutung ist, wird sich die Organisation sicher dazu äußern. Jedenfalls liegt bis jetzt kein Beweis dafür vor. Denken Sie daran, dass alles, was wir über Awlaki wissen, das ist, was Washington behauptet und dass die Vereinigten Staaten von Amerika seit einem Jahrzehnt einen Krieg führen, der auf falschen Behauptungen beruht.

Aber was Awlaki tat oder getan haben könnte, darum geht es hier nicht. Die Verfassung der Vereinigten Staaten von Amerika schreibt vor, dass nicht einmal der schlimmste Mörder bestraft werden kann, solange er nicht von einem ordentlichen Gericht verurteilt ist. Als die amerikanische Civil Liberties Union (ACLU) vor einem Bundesgericht Obamas Erklärung anfocht, dass er die Macht habe, die Ermordung amerikanischer Bürger anzuordnen, behauptete Obamas Justiz(!)ministerium, dass Obamas Entscheidung, Amerikaner ermorden zu lassen, auf einer exekutiven Gewalt außerhalb der Reichweite der Rechtsprechung beruhe.

In einer Entscheidung, die Amerikas Schicksal besiegelte, ignorierte der Bundesrichter John Bates die Anweisung der Verfassung, dass niemandem ohne rechtsstaatliches Verfahren das Leben genommen werden dürfe und wies den Fall ab, indem er sagte, dass es Sache des Kongresses sei, das zu entscheiden. Obama handelte, ehe es eine Berufungsverhandlung gab und benutzte somit Richter Bates' billigende Inkaufnahme, um dieses

Recht zu etablieren und die Transformation des Präsidenten zu einem Kaiser weiterzutreiben, welche unter George W. Bush begonnen hatte.
Die Anwälte Glenn Greenwald und Jonathan Turley führen aus, dass Awlakis Ermordung die Einschränkungen der Macht der Regierung durch die Verfassung hinfällig macht. Jetzt kann die Regierung der Vereinigten Staaten von Amerika nicht nur einen Bürger der Vereinigten Staaten von Amerika festnehmen und ihn für den Rest seines Lebens ins Gefängnis stecken, ohne je einen Beweis vorgelegt und eine Verurteilung erreicht zu haben, sondern sie kann ihn auch auf der Straße niederschießen lassen oder mit einer Drohne in die Luft sprengen.
Ehe jetzt einige Leser schreiben um zu erklären, dass Awlakis Ermordung nichts Besonderes ist, weil die Regierung der Vereinigten Staaten von Amerika schon immer Menschen ermorden ließ, sollten sie daran denken, dass die von der CIA ausgeführten Morde ausländische Gegner betrafen und keine öffentlich angekündigten Ereignisse waren und erst recht nicht ein Anspruch des Präsidenten, über dem Gesetz zu stehen. In Wirklichkeit wurden derartige Morde abgestritten und nicht als legitime Aktionen des Präsidenten der Vereinigten Staaten von Amerika beansprucht.
Die Nationalgardisten von Ohio, die 1970 Studenten der Kent State Universität erschossen haben, als diese gegen die Invasion Kambodschas durch die Vereinigten Staaten von Amerika demonstrierten, behaupteten nicht, eine Entscheidung der Regierung ausgeführt zu haben. Gegen acht der Nationalgardisten wurde von einer Grand Jury Anklage erhoben. Die Angeklagten gingen einen Urteilshandel ein. Die meisten Amerikaner waren verärgert über die Antikriegsdemonstranten und gaben den Studenten die Schuld. Die Justiz bekam das letztendlich mit und das Strafverfahren wurde eingestellt. Das Zivilverfahren (wegen widerrechtlicher Tötung und Verletzung) wurde mit 675.000 Dollar Schadenersatz und einer Entschuldigung der Beklagten abgeschlossen.
Es geht nicht darum, dass die Regierung Menschen getötet hat. Es geht darum, dass noch nie vor Präsident Obama ein Präsident die Macht geltend gemacht hat, Bürger ermorden zu dürfen.
Im Lauf der letzten 20 Jahre machten die Vereinigten Staaten von Amerika ihre eigene „Mein Kampf"–Transformation mit.

Terry Eastlands Buch „Energy in the Executive: The Case for the Strong Presidency” (Energie in der Exekutive: Plädoyer für eine starke Präsidentschaft) präsentierte Ideen aus der Ecke der Federalist Society (Föderalistische Vereinigung), einer Organisation von republikanischen Juristen, die daran arbeitet, gesetzliche und gerichtliche Beschränkungen der exekutiven Macht abzubauen. Unter dem Deckmantel des Kriegsnotstands (der Krieg gegen den Terror) verwendete das Bush/Cheney-Regime diese Argumente, um den Präsidenten von der Verantwortung gegenüber dem Recht und die Amerikaner von ihren bürgerlichen Freiheiten zu befreien. Krieg und nationale Sicherheit machten den Weg für die geltend gemachten Machtbefugnisse frei, und eine Mischung aus Angst und Bedürfnis nach Rache für 9/11 brachte den Kongress, die Gerichtsbarkeit und das Volk dazu, mit den gefährlichen Präzedenzfällen zu leben.

Wie uns zivile und militärische Führer seit Jahren gesagt haben, ist der Krieg gegen den Terror ein Projekt für 30 Jahre. Wenn diese Zeit vorbei ist, wird die Präsidentschaft ihre Transformation zur Kaiserschaft durchgemacht haben, und dann wird es keinen Weg zurück geben.

Wie auch das neokonservative „Project For A New American Century” (Projekt für ein neues amerikanisches Jahrhundert) klarmacht, ist in der Tat der Krieg gegen den Terror nur eine Bresche für das neokonservative imperiale Streben, die Herrschaft der Vereinigten Staaten von Amerika über die Welt zu errichten.

Nachdem Angriffskriege oder Kriege zur Erreichung der Weltherrschaft Kriegsverbrechen nach Internationalem Recht sind, erfordern solche Kriege Glaubensdoktrinen, die den Führer über das Gesetz und die Genfer Konvention stellen, so wie Bush von seinem Justiz(!)ministerium darüber erhoben worden ist und dabei kaum mit gerichtlichen oder gesetzgeberischen Problemen belästigt wurde.

Illegale und verfassungswidrige Handlungen erfordern auch ein Ruhigstellen von Kritikern und die Bestrafung derjenigen, die Verbrechen der Regierung aufdecken. Deswegen wird Bradley Manning nun schon ein Jahr lang festgehalten, hauptsächlich in Einzelhaft und unter schmählichen Umständen, ohne dass eine Anklage gegen ihn erhoben wurde. Eine Grand Jury des Bundes arbeitet daran, eine Anklage wegen Spionage gegen Julian Assange, den Gründer von WikiLeaks, auszuhecken. Eine weitere arbeitet daran, Anklagen wegen Terrorismus gegen Antikriegsaktivisten zu ersinnen.

„Terrorist" und „Terroristen unterstützen" sind zunehmend dehnbare Begriffe. Die Heimatlandsicherheit hat bekannt gegeben, dass die riesige Polizeibürokratie ihr Augenmerk von Terroristen auf „heimische Extremisten" verschoben hat.

Es ist möglich, dass Awlaki umgebracht wurde, weil er ein effektiver Kritiker der Regierung der Vereinigten Staaten von Amerika war. Polizeistaaten entstehen nicht von heute auf morgen. Anfänglich rechtfertigen sie ihre illegalen Handlungen, indem sie ihre Ziele dämonisieren, und auf diese Weise schaffen sie die Präzedenzfälle für willkürliche Gewalt. Sobald die Regierung Kritik mit „Terroristen Hilfe und Unterstützung geben" gleichsetzt, wie sie es mit Antikriegsaktivisten und Assange macht oder mit Terrorismus selbst, wie Obama es mit Awlaki tat, wird es nur mehr ein kurzer Schritt bis hin zu Anklagen gegen Glenn Greenwald und die ACLU sein.

Wie das Bush/Cheney-Regime ist das Obama-Regime ein Regime, das nicht vom Recht eingeschränkt sein will. Das wird auch mit dem Nachfolger so sein. Diejenigen, die für die Erhaltung des Rechtsstaats kämpfen, die größte Errungenschaft der Menschheit, werden sich auf einem Haufen mit den Regimegegnern finden und als solche behandelt werden. Diese große Gefahr, die über Amerika schwebt, wird von der Mehrheit der Menschen nicht erkannt. Als Obama vor einer Militärversammlung seinen Erfolg bei der Ermordung eines amerikanischen Bürgers verkündete, kamen Jubelrufe auf. Das Obama-Regime und die Medien spielten die Angelegenheit wie eine Wiederholung der (behaupteten) Tötung Osama bin Ladens. Zwei „Volksfeinde" wurden erfolgreich eliminiert. Dass der Präsident der Vereinigten Staaten von Amerika vor einer Versammlung, die auf die Verteidigung der Verfassung vereidigt war, stolz verkündete, dass er ein Mörder ist und dass er auch die Verfassung der Vereinigten Staaten von Amerika umgebracht hat, ist ein außerordentlicher Beweis dafür, dass die Amerikaner nicht in der Lage sind, die Bedrohung ihrer Freiheit zu erkennen. Emotional haben die Menschen die neuen Machtbefugnisse des Präsidenten akzeptiert.

Wenn der Präsident amerikanische Bürger umbringen lassen kann, dann ist nicht mehr viel dabei, wenn er sie auch foltern lässt. Amnesty International hat alarmiert bekannt gegeben, dass der Senat der Vereinigten Staaten von Amerika bereit ist, ein Gesetz zu beschließen, das das Gefangenenlager Guantánamo unbefristet geöffnet bleiben lässt und dass Senatorin Kelly Ayotte (Republikanerin, New Hampshire) eine Bestimmung einfügen könnte, welche „verschärfte Vernehmungstechniken", ein Euphemismus für Folter, legalisieren soll.

Anstatt die Gefahr zu sehen, werden die meisten Amerikaner nur denken, dass die Regierung scharf gegen Terroristen vorgeht, und das wird ihre Zustimmung bekommen. Zufrieden lächelnd über den Untergang ihrer Feinde werden die Amerikaner den Gartenpfad hinabgeleitet, hin zur Herrschaft durch eine Regierung, die von keinem Gesetz eingeschränkt wird und die mit den Waffen der mittelalterlichen Verliese ausgerüstet ist.

Den Amerikanern stehen jede Menge Beweise aus Nachrichtensendungen und YouTube-Videos über die Polizei zur Verfügung, die brutal Frauen, Kinder und ältere Menschen misshandelt, über die grausame Behandlung und Ermordung von Gefangenen nicht nur in Abu Ghraib, Guantánamo und geheimen CIA-Gefängnissen im Ausland, sondern auch in Staats- und Bundesgefängnissen in den Vereinigten Staaten von Amerika. Macht über Wehrlose zieht Menschen mit einer brutalen und bösartigen Veranlagung an.

Eine grausame Veranlagung infiziert jetzt auch das Militär der Vereinigten Staaten von Amerika. Das durchgesickerte Video von US-Soldaten, die sich, wie aus ihren Worten und Taten ersichtlich, an ihrem Mord aus der Luft an Zivilisten und Kameraleuten ergötzen, die unschuldig eine Straße in der Stadt entlanggehen, zeigt Soldaten und Offiziere ohne Menschlichkeit und militärische Disziplin. Erregt durch den Nervenkitzel des Mordes wiederholten unsere Soldaten ihr Verbrechen, als ein Vater mit zwei kleinen Kindern anhielt, um den Verwundeten zu helfen, und mit dem Maschinengewehr niedergemäht wurde.

So viele Beispiele: die Vergewaltigung eines Mädchens und die Ermordung ihrer gesamten Familie; ermordete unschuldige Zivilisten, neben deren Leichen AK-47s gelegt wurden als „Beweis", dass es Aufständische sind; die Gaudi, die sich nicht nur High-School-Abbrecher, sondern auch gebildete CIA-Agenten und akademisch gebildete Psychologen mit der Folterung von Menschen in Abu Ghraib und Guantánamo machten.

Und niemand außer zwei niederrangigen Soldaten, die auf einigen der Folterfotos besonders gut herausstachen, wurde für diese Verbrechen zur Verantwortung gezogen.
Was denken die Amerikaner, was jetzt mit ihnen geschehen wird, wo der „Krieg gegen den Terror" den Schutz zerstört hat, den ihnen einst die Verfassung der Vereinigten Staaten von Amerika geboten hat? Wenn Awlaki wirklich ermordet werden musste, warum hat Präsident Obama die amerikanischen Bürger nicht vor dem Präzedenzfall geschützt, dass ihr Tod ohne ordentliches Verfahren angeordnet werden kann, indem er zuerst Awlaki die Staatsbürgerschaft der Vereinigten Staaten von Amerika aberkannte? Wenn die Regierung Awlaki das Leben nehmen kann, kann sie ihm sicher auch die Staatsbürgerschaft nehmen. Man kommt kaum um die Annahme herum, dass die Regierung die Macht anstrebt, Bürger ohne ordentliches Verfahren auszulöschen.
Regierungen entkommen der Verantwortlichkeit gegenüber dem Gesetz in Phasen. Washington weiß, dass seine Rechtfertigungsgründe für seine Kriege erfunden und unhaltbar sind. Präsident Obama ging sogar so weit zu behaupten, dass der militärische Überfall auf Libyen, den er genehmigt hat, ohne den Kongress zu konsultieren, kein Krieg war und dass er deshalb sich nicht an die War Powers Resolution aus dem Jahr 1973 zu halten brauchte – ein Bundesgesetz, darauf ausgerichtet, die Macht des Präsidenten zu überprüfen, die Vereinigten Staaten von Amerika in einen bewaffneten Konflikt ohne Genehmigung des Kongresses zu verwickeln.
Die Amerikaner fangen an, ihren Nationalstolz zu hinterfragen. Einige beginnen zu verstehen, dass wir ursprünglich aus Rache für 9/11 nach Afghanistan geführt wurden. Von dort wurden wir mit Begründungen, die sich als falsch herausstellten, in den Irak geführt. Sie sehen immer mehr militärische Interventionen der Vereinigten Staaten von Amerika: Libyen, Jemen, Somalia und jetzt Rufe nach einem Einmarsch in Pakistan und anhaltendes Säbelrasseln für Angriffe gegen Syrien, Libanon und Iran. Die finanziellen Kosten für ein Jahrzehnt „Krieg gegen den Terror" beginnen, auf uns zurückzufallen. Explodierende jährliche Defizite beim Bundesbudget und Staatsschulden bedrohen Medicare und soziale Sicherheit. Verschuldungsgrenzen lassen Ausfälle öffentlicher Dienste befürchten.

Kriegskritiker bekommen langsam ein Publikum. Die Regierung kann ihre Ruhigstellung von Kritikern nicht mit der Erhebung von Anklagen gegen die Abgeordneten der Vereinigten Staaten von Amerika Ron Paul und Dennis Kucinich beginnen. Sie fängt an mit Antikriegs-Demonstranten, die zu „Antikriegs-Aktivisten" hochstilisiert werden, was vielleicht eine Stufe unter „heimische Extremisten" liegt. Washington beginnt mit Bürgern, die dämonisierte Moslem-Geistliche sind, radikalisiert durch Washingtons Kriege gegen Moslems. Auf diesem Weg schafft Washington den Präzedenzfall, dass Antikriegsdemonstranten Terroristen ermutigen und sie dadurch unterstützen. Es schafft den Präzedenzfall, dass die Amerikaner, die als Bedrohung erachtet werden, nicht durch das Gesetz geschützt werden. Das ist der schlüpfrige Abhang, auf dem wir uns jetzt befinden.

Im vergangenen Jahr testete das Obama-Regime die Aussichten seiner Strategie, als Dennis Blair, der Direktor der nationalen Geheimdienste, bekannt gab, dass die Regierung eine Liste mit amerikanischen Bürgern habe, die sie im Ausland töten würde. Diese Ankündigung hätte, wäre sie in früheren Jahren – sagen wir von Richard Nixon oder Ronald Reagan – gemacht worden, einen nationalen Aufschrei zur Folge gehabt und Rufe nach einem Impeachment. Blairs Ankündigung jedenfalls verursachte kaum ein Plätschern. Alles, was das Regime zu tun hatte, war, diese Politik zu etablieren, indem sie sie durchführte.

Leser fragen mich, was sie tun können. Die Amerikaner fühlen sich nicht nur machtlos, sie sind machtlos. Sie können gar nichts tun. Die hochkonzentrierten Print- und TV-Medien, die im Besitz von Konzernen stehen und vor der Regierung auf den Knien liegen, sind nutzlos und nicht länger in der Lage, ihre historische Rolle wahrzunehmen, unsere Rechte zu schützen und die Regierung zur Verantwortung zu ziehen. Selbst viele Antikriegs-Webseiten schützen die Regierung vor Zweifeln an 9/11, und die meisten verteidigen die „rechtschaffene Absicht" der Regierung bei ihrem Krieg gegen den Terror. Vertretbare Kritik muss in Worte à la „es dient nicht unseren Interessen" gefasst werden.

Wählen hat keine Wirkung. Präsident „Change" ist schlimmer als Bush/ Cheney. Jonathan Turley meint, Obama „ist der verheerendste Präsident in unserer Geschichte". Ron Paul ist der einzige Präsidentschaftskandidat, der für die Verfassung steht, aber der Mehrheit der Amerikaner liegt die Verfassung zu wenig am Herzen, als dass sie ihn schätzen würde. Die Rettung von einer Wahl zu erwarten ist aussichtslos. Alles, was Sie tun können, wenn Sie jung genug sind, ist, das Land zu verlassen. Die Zukunft der Amerikaner ist ein Albtraum.

20.10.2011: Wie geht es weiter in Libyen, nachdem die Marionettenarmee der CIA Gaddafi ermordet hat?

Wenn Washingtons Pläne aufgehen, wird Libyen ein weiterer amerikanischer Marionettenstaat werden. Der größte Teil der Städte, größerer Orte und der Infrastruktur wurden aus der Luft durch die Luftwaffen der Vereinigten Staaten von Amerika und Washingtons NATO-HiWis zerstört. Amerikanische und europäische Firmen werden jetzt saftige Verträge für den Wiederaufbau Libyens bekommen, finanziert von den Steuerzahlern der Vereinigten Staaten von Amerika. Die neuen Anlagen werden sorgfältig angelegt werden, um eine neue Klasse, ausgesucht von Washington, zu schmieren. Das wird Libyen fest unter den Daumen Washingtons bringen. Nach der Eroberung Libyens wird AFRICOM gegen die anderen afrikanischen Länder losgehen, in denen China in Energie und mineralische Rohstoffe investiert hat. Obama hat bereits Soldaten der Vereinigten Staaten von Amerika unter dem Deckmantel nach Zentralafrika abkommandiert, bei der Bekämpfung der Lord's Resistance Army (LRA) mitzuhelfen, einer kleinen Gruppe von Aufständischen gegen den herrschenden Diktator auf Lebenszeit. Der republikanische Sprecher des Repräsentantenhauses John Boehner begrüßte die Aussichten auf einen weiteren Krieg, indem er erklärte, dass die Entsendung von Truppen der Vereinigten Staaten von Amerika „die nationalen Sicherheitsinteressen und die Außenpolitik der Vereinigten Staaten von Amerika fördert". Der republikanische Senator James Inhofe gab noch einen moralischen Wortschwall über die Rettung „ugandischer Kinder" von sich, Sorgen, die er sich um die Kinder in Libyen, Palästina, Irak, Afghanistan und Pakistan nicht gemacht hatte.

Washington hat das Machtspiel wiederbelebt und geht gegen China los. Während China Afrika Investitionen und Ausbau von Infrastruktur bringt, sendet Washington Truppen, Bomben und Militärstützpunkte. Früher oder später wird Washingtons Aggressivität gegenüber China und Russland in unsere Gesichter explodieren.

Woher wird das Geld für die Finanzierung von Washingtons afrikanischem Imperium kommen? Nicht von Libyens Erdöl. Ein großer Anteil davon war den Franzosen und Briten versprochen worden, damit diese die Fassade für den jüngsten nackten Aggressionskrieg Washingtons bildeten. Nicht aus Steuergeldern einer zusammenbrechenden Wirtschaft in den Vereinigten Staaten von Amerika, wo die Arbeitslosigkeit 23 Prozent beträgt, wenn man sie richtig berechnet. Ausgehend von der Höhe des jährlichen Budgetdefizits Washingtons kann das Geld nur aus der Banknotenpresse kommen.

Washington hat bereits genug Geld gedruckt, um den Konsumentenpreisindex für die städtischen Konsumenten auf 3,9 % im Jahr (per Ende September), den Konsumentenpreisindex für städtische Lohnbezieher und Angestellte auf 4,4 % und den Produzentenpreisindex auf 6,9 % anzuheben.

Wie der Statistiker John Williams (www.shadowstats.com) gezeigt hat, sind die offiziellen Angaben über die Inflation geschönt, um die Anpassung der Zuwendungen für die Empfänger von Sozialleistungen niedrig zu halten und damit Geld für Washingtons Kriege zu sparen. Korrekt berechnet beträgt die derzeitige Inflationsquote in den Vereinigten Staaten von Amerika 11,5 %.

Welchen Zinssatz können Sparer bekommen, ohne ein massives Risiko mit griechischen Staatsanleihen einzugehen? Banken in den Vereinigten Staaten von Amerika zahlen weniger als ein halbes Prozent für FDIC-versicherte Spareinlagen. Kurzfristig fällige Anleihen der Regierung der Vereinigten Staaten von Amerika bringen praktisch keine Zinsen. Laut den offiziellen Statistiken der Regierung der Vereinigten Staaten von Amerika verlieren Sparer also zwischen 3,9 % und 4,4 % ihres Kapitals im Jahr. Laut John Williams Berechnung der wirklichen Inflationsquote verlieren Sparer in den Vereinigten Staaten von Amerika 11,5 % ihrer Spareinlagen.

Nachdem Amerikaner im Ruhestand keine Zinsen auf ihre Spareinlagen bekommen, müssen sie ihr Kapital ausgeben. Die Fähigkeit selbst der vorsichtigsten Ruheständler, die negative Verzinsung, die sie bekommen, und die inflationsbedingte Erosion eventueller Renten, die sie bekommen, zu überleben, wird zu Ende gehen, sobald ihre gesammelten Anlagen erschöpft sind.

Außer den von Washington bevorzugten Megareichen, dem einen Prozent, das alle Einkommensgewinne der letzten Jahre für sich vereinnahmt hat, ist der Rest Amerikas für den Mülleimer bestimmt. Seit der Finanzkrise im Dezember 2007 wurde für diesen absolut nichts getan. Bush und Obama, Republikaner und Demokraten haben sich darauf beschränkt, das eine Prozent zu erhalten und den 99 Prozent den Mittelfinger zu zeigen.

Zu guter Letzt haben sich einige Amerikaner, obwohl nicht genügend, gegen den fahnenschwingenden Hurra-„Patriotismus" gewendet, der sie für den Mülleimer der Geschichte bestimmt hat. Diese werden nicht ohne Kampf aufgeben und sind auf den Straßen. Occupy Wall Street hat sich verbreitet. Was wird das Schicksal dieser Bewegung sein?

Werden Schnee und Eis des kalten Wetters die Demonstrationen beenden oder sie in öffentliche Gebäude drängen? Wie lange werden die lokalen Behörden, untertänig gegenüber Washington, wie sie sind, das offensichtliche Signal tolerieren, dass der Bevölkerung jegliches Vertrauen in die Regierung fehlt?

Wenn die Demonstrationen andauern, besonders wenn sie zunehmen und nicht abklingen, werden die Behörden die Demonstranten mit Polizeiprovokateuren infiltrieren, die auf die Polizei schießen. Das wird der Vorwand sein, Demonstranten niederzuschießen und die Überlebenden als „Terroristen" oder „inländische Extremisten" festzunehmen und in die Lager zu stecken, die für 385 Millionen Dollar im Auftrag der Regierung der Vereinigten Staaten von Amerika von Cheneys Halliburton gebaut worden sind. Der amerikanische Polizeistaat wird dann seine nächste Stufe zum amerikanischen Konzentrationslagerstaat erreicht haben.

Inzwischen werden die Konservativen, verloren in ihrer Vergessenheit, weiterhin den Ruin des Landes durch Homosexuellen-Hochzeit, Abtreibung und die „liberalen Medien" beklagen. Liberale Organisationen wie die ACLU, die sich den Bürgerrechten verpflichten, werden weiterhin das

Recht der Frau auf Abtreibung unter Berufung auf die Verfassung der Vereinigten Staaten von Amerika vertreten. Amnesty International wird Washington behilflich sein, sein nächstes Ziel für einen militärischen Angriff zu dämonisieren, während es die Kriegsverbrechen Präsident Obamas wissentlich ignoriert.
Wenn wir bedenken, womit Israel unter Washingtons gekauftem Schutz davongekommen ist – die Kriegsverbrechen, die Morde an Kindern, die Vertreibung von Palästinensern aus ihren angestammten Häusern in völliger Verachtung des Internationalen Rechts, der Abriss ihrer Häuser und die Entwurzelung ihrer Olivenhaine, um fanatische „Siedler" ins Land zu holen, die mörderischen Invasionen von Libanon und Gaza, die massenhafte Tötung von Zivilisten –, können wir nur zum Schluss kommen, dass Washington, das Israel das alles ermöglicht, mit noch viel mehr davonkommen kann.
In den wenigen Jahren seit Beginn des 21. Jahrhunderts hat Washington die Verfassung der Vereinigten Staaten von Amerika zerstört, die Gewaltenteilung, das Internationale Recht, die Verantwortlichkeit der Regierung, und hat jedes moralische Prinzip der Erringung der Weltherrschaft geopfert. Dieses ehrgeizige Unterfangen wird betrieben, während Washington gleichzeitig alle Regulierungen betreffend Wall Street abgebaut hat, der Heimat massiver Gier, und dadurch den kurzfristigen Interessen der Wall Street freie Bahn für die Zerstörung der Wirtschaft der Vereinigten Staaten von Amerika ließ. Und damit der Zerstörung der wirtschaftlichen Grundlage für Washingtons Sturmangriff gegen die Welt.
Werden die Vereinigten Staaten von Amerika in wirtschaftliches Chaos stürzen, ehe sie die Welt beherrschen?

23.11.2011: Die Wege in den Krieg und zum wirtschaftlichen Zusammenbruch

23. November 2011: Der Tag vor dem Erntedankfest brachte drei außergewöhnliche Themen in die Nachrichten. Eines war der Bericht über die Debatte der Präsidentschaftskandidaten der Republikaner. Eines war die

Stellungnahme des Präsidenten Russlands zur Reaktion seines Landes auf die Raketenbasen Washingtons, die sein Land umstellen. Und eines war das Misslingen einer Auktion von Staatsanleihen der deutschen Regierung. Nachdem die presstituierten Medien uns nicht informieren werden, was das alles bedeutet, will ich es versuchen.
Mit der Ausnahme von Ron Paul, dem einzigen Kandidaten der beiden Parteien, der geeignet ist, Präsident der Vereinigten Staaten von Amerika zu sein, sind die restlichen republikanischen Kandidaten noch schlimmer als Obama, ein Präsident, der das Land hinter sich hatte, aber das amerikanische Volk den besonderen Interessen verkaufte.
Kein neuerlich frisch gewählter Präsident der USA, weder John F. Kennedy noch Ronald Reagan, hatte eine dermaßen außerordentliche Reaktion auf seine Wahl wie Barack Obama. Eine alle Rekorde übersteigende Anzahl von Menschen trotzte der Kälte, um bei seiner Angelobungszeremonie dabei zu sein. Die Straße war noch Meilen vom Kapitol entfernt voll mit Amerikanern, die die Zeremonie nur mehr übertragen über riesige Bildschirme sehen konnten.
Obama hatte die Wähler überzeugt, dass er die Kriege beenden werde, die Verletzung des Rechts durch die Regierung der Vereinigten Staaten von Amerika einstellen, das illegale Folterregime beenden, das Foltergefängnis von Guantánamo schließen und dass er sich den wirklichen Bedürfnissen der Menschen Amerikas zuwenden werde, anstatt die Taschen des Militär-/Sicherheitskomplexes mit dem Geld der Steuerzahler vollzustopfen.

Sobald er im Amt war, erneuerte Obama die Kriege von Bush/Cheney und der Neokonservativen und weitete sie aus.
Er erklärte die Anschläge des Bush-Regimes auf die Verfassung der Vereinigten Staaten von Amerika für rechtmäßig. Er überließ Wall Street die Wirtschaftspolitik der Vereinigten Staaten von Amerika, er sprach das Bush-Regime von seinen Verbrechen frei und er bürdete den Menschen Amerikas die Kosten auf, die notwendig waren, um das wirtschaftliche Wohlergehen der Megareichen zu erhalten.
Man würde meinen, dass so ein totaler Versagerpräsident leicht zu schlagen sein müsste. Angesichts dieser historischen Chance hat die Republi-

kanische Partei den Wählern eine erstaunlich dumme und elende Kollektion von Interessenten vorgeführt, mit Ausnahme von Ron Paul, der nicht von der Partei unterstützt wird.
In der „Debatte" über die Präsidentschaft präsentierten sich die Kandidaten mit Ausnahme von Ron Paul als ein Haufen von ignoranten Kriegstreibern, die den Polizeistaat unterstützen. Gingrich und Cain sagten, dass die Moslems „uns alle umbringen wollen" und dass „alle von uns für den Rest unseres Lebens in Gefahr sein werden".
Bachmann sagte, dass der amerikanische Marionettenstaat Pakistan „mehr als eine existenzielle Bedrohung ist". Die dumme Gans Bachmann hat keine Ahnung, was „mehr als eine existenzielle Bedrohung" ist.
Jedenfalls klang es gewichtig, sozusagen schon intellektuell für die Kandidatin, die davor erklärt hatte, die lange schon dahingeschiedene Sowjetunion sei heutzutage die Bedrohung für die Vereinigten Staaten von Amerika.
Zum Unglück für die Amerikaner und die Welt fehlen den Wählern der Vereinigten Staaten von Amerika die Intelligenz und das Bewusstsein ihrer Pflicht, als Bewohner eines Polizeistaats Ron Paul zu wählen, der zusammen mit dem demokratischen Abgeordneten zum Repräsentantenhaus Dennis Kucinich der letzte Verteidiger der Verfassung der Vereinigten Staaten von Amerika ist. Nichtsdestotrotz gäbe es einen Hoffnungsschimmer, falls einer der republikanischen Dummköpfe zum Präsidenten der „einzigen Supermacht der Welt" gewählt würde. Wenn der Rest der Welt einmal begriffe, dass ein kriegsbesessener Idiot seine oder ihre Finger auf dem nuklearen Druckknopf hat, würde sich der Rest der Welt organisieren und den Washingtoner Horror abdrehen, bevor dieser das Leben auf der Erde zerstört.
Jeder empfindungsfähige Amerikaner, der die republikanische Präsidentschaftsdebatte gesehen oder davon gelesen hat, muss sich wundern, wofür man da am Abend vor dem nationalen Feiertag dankbar sein soll.
Die russische Regierung, die es vorzieht, ihre Ressourcen eher für die Wirtschaft einzusetzen als für das Militär, hat befunden, dass sie zu viele Risiken im Namen des Friedens eingegangen ist. Am Tag vor Erntedank sagte der russische Präsident Dmitry Medvedev in einer Fernsehansprache an das russische Volk, dass, falls Washington mit der

Errichtung seiner geplanten Raketenbasen rund um Russland fortfährt, Russland mit neuen eigenen Atomraketen antworten wird, die gegen die amerikanischen Basen und europäische Hauptstädte gerichtet sind. Der russische Präsident sagte, die russische Regierung habe rechtlich verbindliche Garantien von Washington gefordert, dass die amerikanischen Raketenbasen nicht als Bedrohung Russlands beabsichtigt sind, Washington sich aber geweigert habe, derartige Garantien abzugeben.

Medvedevs Erklärung ist verwirrend. Was meint er mit „falls Washington fortfährt"? Die amerikanischen Raketen- und Radarbasen befinden sich bereits an Ort und Stelle. Russland ist bereits eingekreist. Ist Medvedev erst jetzt darauf gekommen, was alles schon aufgestellt ist?

Russlands und Chinas langsame Reaktion auf die Washingtoner Aggression kann nur in Zusammenhang mit der Erfahrung der beiden Länder mit dem Kommunismus verstanden werden. Die Russen und Chinesen haben unter dem Kommunismus extrem gelitten und der denkende Teil ihrer Bevölkerungen sah Amerika als das Ideal politischen Lebens. Diese Wahnvorstellung dominiert noch immer die Geisteshaltung von progressiven Denkern in Russland und China. Es könnte sich als katastrophal für Russland und China erweisen, dass Bürger in den beiden Ländern mit den Vereinigten Staaten von Amerika verbunden sind.

Der Glaube an Washingtons Glaubwürdigkeit durchdringt sogar die russische Regierung, die anscheinend laut Medvedevs Erklärung mit einer „rechtlich verbindlichen Garantie" Washingtons beruhigt wäre. Nach den massiven Lügen, die Washington im 21. Jahrhundert in die Welt gesetzt hat – „Massenvernichtungswaffen" – „Verbindungen zu al-Qaida" – „iranische Atomwaffen" –, aus welchem Grund sollte jemand auch nur das leiseste Vertrauen in eine „rechtlich verbindliche Garantie" Washingtons setzen? Die Garantie würde nichts bedeuten. Wie könnte sie durchgesetzt werden? Eine derartige Garantie wäre einfach eine weitere Täuschung beim Streben Washingtons nach der Weltherrschaft.

Der Tag vor dem Erntedankfest brachte auch eine weitere außergewöhnliche Entwicklung: das Misslingen einer Auktion von Staatsanleihen der deutschen Regierung. Ein beispielloses Ereignis.

Warum sollte Deutschland, das einzige Mitglied der EU mit geordneten finanziellen Verhältnissen, nicht in der Lage sein, 35 % seines Angebots an Staatsanleihen mit einer Laufzeit von zehn Jahren zu verkaufen? Deutschland hat keine Schuldenprobleme, und die Behörden der Europäischen Union und der Vereinigten Staaten von Amerika gehen davon aus, dass seine Wirtschaft den Löwenanteil des Freikaufs der EU-Mitgliedsländer tragen wird, deren Finanzwesen nicht so rechtschaffen ist.

Ich vermute, die Antwort auf diese Frage ist, dass das Misslingen der Wertpapierauktion der deutschen Regierung von den Behörden der Vereinigten Staaten von Amerika, der Europäischen Union, besonders von der Europäischen Zentralbank, und von privaten Banken orchestriert war, um Deutschland dafür zu bestrafen, dass es sich beim Ankauf von Staatsschulden von EU-Mitgliedsländern durch die Europäische Zentralbank quergelegt hat.

Die deutsche Regierung hat versucht, die Bedingungen zu verteidigen, zu denen Deutschland die Kontrolle über seine eigene Währung aufgegeben hat und der EU beigetreten ist. Indem es auf der Gültigkeit der Abkommen bestand, stand Deutschland der Europäischen Zentralbank im Weg, sich wie die Notenbank der Vereinigten Staaten von Amerika zu verhalten und die Schulden von Mitgliedsländern zu monetarisieren.

Von Anfang an war die EU eine Verschwörung gegen Deutschland. Wenn Deutschland in der EU bleibt, wird Deutschland zerstört werden. Es wird seine politische und wirtschaftliche Souveränität verlieren, und seine Wirtschaft wird für die Mitglieder der EU mit nicht zu verantwortenden Staatshaushalten bluten müssen.

Wenn sich die Griechen nicht der Tyrannei unterwerfen, warum sollten es die Deutschen?

04.12.2011: Das Obama-Regime hat keine verfassungsrechtlichen Skrupel. Missverständnisse rund um die Auseinandersetzung über die Anhaltung durch das Militär

In einem Interview mit RT am 1. Dezember sagte ich, dass die Verfassung der Vereinigten Staaten von Amerika zu Altpapier geschreddert worden ist, nachdem der Senat der Vereinigten Staaten von Amerika es nicht geschafft hat, amerikanische Bürger vor der von Republikaner John McCain und Demokraten Carl Levin eingebrachten Zusatzbestimmung zum Verteidigungsermächtigungsgesetz betreffend Anhaltungen zu schützen. Die Zusatzbestimmung erlaubt die unbefristete Anhaltung von Bürgern der Vereinigten Staaten von Amerika durch das Militär der Vereinigten Staaten von Amerika. Ich äußerte auch meine Meinung, dass die Tatsache, dass alle bis auf zwei republikanische Mitglieder des Senats dafür gestimmt haben, amerikanische Bürger ihrer verfassungsmäßigen Rechte und des Schutzes durch den Posse Comitatus Act zu berauben, darauf hinweist, dass die Republikanische Partei zu einer GESTAPO-Partei degeneriert ist. Diese Schlussfolgerungen ergeben sich von selbst und ich stehe dazu.

Andererseits habe ich voreilige Schlüsse gezogen, als ich davon ausging, dass das Obamaregime aus verfassungsrechtlichen Gründen gegen die Anhaltung durch das Militär ist. Ray McGovern und Glenn Greenwald werden die gleichen voreiligen Schlüsse gezogen haben.
In einem Artikel in Slate berichtete Dahlia Lithwick, dass das gesamte Obamaregime gegen die Bestimmungen über die Anhaltung durch das Militär war, wie sie der Antrag von McCain/Levin vorsieht. Lithwick schrieb: „Der Verteidigungsminister, der Direktor der nationalen Geheimdienste, der Direktor des FBI, der Direktor der CIA und der Leiter der Abteilung für nationale Sicherheit des Justizministeriums – alle haben gesagt, dass die Bestimmungen über unbefristete Anhaltung in dem Antrag eine schlechte Idee sind. Und das Weiße Haus bleibt dabei, dass

der Präsident sein Veto dagegen einlegen wird, wenn die Bestimmungen über die Anhaltung nicht entfernt werden."

Ich überprüfte die Links, die Lithwick angegeben hatte. Es ging daraus hervor, dass das Obamaregime gegen militärische Anhaltung ist, und ich betrachtete das fälschlicherweise als verfassungsrechtliche Skrupel.

Nach weiterer Überlegung komme ich allerdings zum Schluss, dass die Bedenken des Obamaregimes gegen die Anhaltung durch das Militär nicht auf Bedenken hinsichtlich der Verfassungsrechte der amerikanischen Bürger zurückzuführen sind. Das Regime stellt sich gegen die Anhaltung durch das Militär, weil sich aus der militärischen Anhaltung ergibt, dass die Angehaltenen Kriegsgefangene sind. Der Vorsitzende des Senatsausschusses für die bewaffneten Kräfte Carl Levin drückte es so aus: Sollte sich bei jemandem herausstellen, dass „er/sie Mitglied einer feindlichen Macht ist, die in dieses Land gekommen ist oder in diesem Land ist, um uns als Anhänger eines fremden Feindes anzugreifen, sollte diese Person entsprechend dem Kriegsrecht behandelt werden? Die Antwort ist Ja".

Entsprechend dem Kriegsrecht behandelte Gefangene stehen unter dem Schutz der Genfer Konvention. Sie dürfen nicht gefoltert werden. Das Obamaregime ist gegen die Anhaltung durch das Militär, da die Angehaltenen dann einige Rechte hätten. Diese Rechte würden die Möglichkeiten des Regimes einschränken, Gefangene in Foltergefängnisse der CIA in Übersee zu schicken. Das meint das Obamaregime, wenn es sagt, dass die Forderung nach militärischer Anhaltung die „Flexibilität" des Regimes einschränkt.

Die Regimes Bush/Obama haben die Genfer Konvention dadurch umgangen, dass sie erklärten, dass Gefangene keine Kriegsgefangenen sind, sondern „feindliche Kämpfer", „Terroristen" oder sonst etwas, was die Regierung der Vereinigten Staaten von Amerika von der Verantwortung für ihre Behandlung befreit.

Indem er die Anhaltung der Gefangenen durch das Militär fordert, macht der Kongress die ganzen Manöver zunichte, die zwei Regimes gebraucht haben, um von Gefangenen den Status des Kriegsgefangenen loszuwerden.

Eine genaue Überprüfung der Einwände des Obamaregimes gegen die Anhaltung durch das Militär unterstützt diese Schlussfolgerung. In einem Brief vom 17. November aus dem Büro des Präsidenten an den Senat steht, dass das Obamaregime nicht will, dass die Befugnisse, die es gemäß dem Ermächtigungsgesetz für den Einsatz militärischer Gewalt (AUMF) hat, festgeschrieben werden. Festschreibung ist riskant, sagt das Regime. „Nach einem Jahrzehnt gewachsener Rechtsauffassung in Bezug auf Anhaltungen muss der Kongress darauf achten, nicht eine Reihe von rechtlichen Fragen aufzuwerfen, die uns von unseren Anstrengungen abhalten, das Land zu beschützen."

Anders ausgedrückt sagt das Regime, dass es unter dem AUMF der Regierung völlig freisteht, wen sie einsperrt und wie sie Gefangene behandelt. Darüber hinaus kann niemand herausfinden, was die Regierung tut, wer die Gefangenen sind oder was mit ihnen gemacht wird, wenn die Regierung völlig nach freiem Ermessen handeln kann. Festschreibung ist mit Verantwortung verbunden, und die Regierung will keine Verantwortung.

Diejenigen, die Hoffnung in Obamas angedrohtem Veto sehen, haben voreilige Schlüsse gezogen, wenn sie denken, dass das Veto auf verfassungsrechtlichen Skrupeln beruht.

16.01.2012: Washington bewegt die Welt näher an den Krieg heran

Seit meiner Kolumne am 11. Januar und der Sondermeldung am 14. Januar sind weitere starke Hinweise dafür aufgetaucht, dass Washington die Welt in die Richtung eines gefährlichen Krieges bewegt. Das Obamaregime benützt sein Propagandaministerium, auch bekannt als amerikanische Medien, um das Märchen zu verbreiten, dass Präsident Obama, Pentagonchef Panetta und andere hohe Funktionäre der Vereinigten Staaten von Amerika strenge Warnungen an Israel richten, nicht den Iran anzugreifen.

Jemand, der mit Washington so vertraut ist wie ich, erkennt diese Berichte als das, was sie sind. Das ist Bruder Kaninchen, der zu Bruder Fuchs sagt: „Bitte wirf mich nicht ins Dornenland."

Wenn Sie die Uncle-Remus-Geschichten nicht kennen, ist Ihnen viel entgangen. Bruder Kaninchen wurde im Dornenland geboren und wuchs dort auf.

Bei diesen „durchgesickerten" Geschichten über Washingtons Warnungen und Proteste an Israel geht es ausschließlich darum, die Verantwortung Washingtons für den Krieg abzuschieben, den Washington vorbereitet hat. Wenn der Krieg außer Kontrolle gerät und Russland und China intervenieren oder wenn Atomwaffen eingesetzt werden, dann will Washington die Schuld auf Israel schieben, und Israel scheint bereit zu sein, die Schuld auf sich zu nehmen. Nikolai Patrushev, der den russischen Sicherheitsrat leitet, scheint offensichtlich der Washingtoner Medienmanipulation auf den Leim gegangen zu sein. Laut der Agentur Interfax verurteilte Patrushev Israel, weil es die Vereinigten Staaten von Amerika in Richtung Krieg gegen den Iran drängt. Es ist ganz einfach. Die hilflosen Amerikaner werden von Israel genötigt, einem gefährlichen Krieg zuzustimmen. Andernfalls gibt es keine Wahlkampfbeiträge.Die Fakten sprechen eine andere Sprache. Wenn Washington keinen Krieg gegen den Iran gewollt hätte, hätte es nicht die erforderlichen Waffen an Israel geliefert. Es hätte nicht tausende Soldaten der Vereinigten Staaten von Amerika nach Israel abkommandiert im Hinblick darauf, dass amerikanische Soldaten in einem iranischen Vergeltungsschlag auf den Angriff Israels getötet und die Vereinigten Staaten von Amerika dadurch „gezwungen" werden, in den Krieg einzutreten. Washington hätte kein Raketenabwehrsystem für Israel errichtet und würde keine gemeinsamen Übungen mit dem israelischen Militär abhalten, um sicherzustellen, dass es funktioniert.

Wenn Washington nicht wollte, dass Israel den Krieg beginnt, würde Washington die Regierung Israels mit eindeutigen Worten darauf hinweisen, dass ein israelischer Angriff auf den Iran bedeutet, dass die Vereinigten Staaten von Amerika NICHT ihr Veto gegen die Verurteilung Israels durch die UNO und gegen die Sanktionen einlegen werden, die gegen Israel als Kriegsverbrecherstaat verhängt würden. Washington würde Israel sagen, dass es aus sein wird mit den Milliarden Dollar, die die geprellten amerikanischen Steuerzahler, vertrieben aus ihren Häusern durch betrügerische Hypotheken und aus ihren Arbeitsplätzen durch deren Auslagerung, zwangsweise an Israel überweisen, um Israels Verbrechen gegen die Menschlichkeit zu unterstützen.

Aber natürlich wird Washington nicht den Krieg verhindern, den es so inbrünstig herbeisehnt. Auch Washingtons NATO-Handlanger werden das nicht tun. Großbritannien gehorcht aufs Wort, das untertänige und besetzte Deutschland, das bankrotte Frankreich, das mit Luftwaffenstützpunkten der Vereinigten Staaten von Amerika besetzte Italien mit seiner von der CIA durchseuchten Regierung, die Pleitestaaten Spanien und Griechenland – sie alle werden in der Hoffnung auf Dollar und ohne jede Spur von Würde oder Ehre den neuen Krieg unterstützen, der das Leben auf der Erde beenden könnte.

Nur Russland und China können den Krieg verhindern. Russland unternahm den ersten Schritt, als der neu bestellte Stellvertretende Minister für militärische Angelegenheiten Dimitry Rogozin auf einer Pressekonferenz in Brüssel bekannt gab, Russland würde einen Angriff auf den Iran als „eine direkte Bedrohung unserer Sicherheit" betrachten.

Washington rechnet damit, Russlands Widerstand gegen den nächsten Krieg Washingtons zu untergraben. Washington kann den Angriff auf den Iran gerade nach den Wahlen in Russland im März ansetzen. Wenn Putin wieder gewinnt, werden die verräterischen von der CIA finanzierten russischen Oppositionsparteien Proteste auf den Straßen entfesseln. Die untertänigen und durch und durch korrupten Medien des Westens werden Putin beschuldigen, die Wahl gestohlen zu haben. Die orchestrierten Proteste in Russland werden gewalttätig werden und jegliche russische Reaktion auf die nackte Aggression gegen den Iran diskreditieren, wenn nicht überhaupt unterbinden.

Damit Rogozins Warnung in Richtung Verhinderung des Krieges wirksam wird, muss China sich an der Auseinandersetzung beteiligen. Washington setzt auf die Vorsicht Chinas. China überlegt stets und lässt sich nie zu etwas hinreißen. Chinas Bedächtigkeit wird Washingtons Krieg dienlich sein.

Es ist möglich, dass die wahnsinnige neokonservative Washingtoner Regierung noch einen „Sieg" erringt, ehe Russland und China verstehen, dass sie die Nächsten auf der Liste sind. Nachdem es bis dahin nicht mehr lange dauern kann, könnte das Leben auf der Erde zu Ende gehen, ehe die unbezahlbaren Schulden der Vereinigten Staaten von Amerika und der Europäischen Union fällig werden.

24.01.2012: Untergehen in Scheinheiligkeit

Die Regierung der Vereinigten Staaten von Amerika steckt so voller Selbstgerechtigkeit, dass sie zu einer Karikatur der Scheinheiligkeit verkommen ist. Leon Panetta, ein ehemaliger Kongressabgeordneter, den Obama zum Direktor der CIA bestellte und jetzt zum Chef des Pentagon, teilte gerade den Matrosen der USS Enterprise – eines Flugzeugträgers – mit, dass die Vereinigten Staaten von Amerika eine Flotte von elf Flugzeugträgern betreiben, um eine Seemacht gegen den Iran zu führen und den Iran auf diese Weise zu überzeugen, dass „es besser ist für sie, wenn sie versuchen, mit uns mittels Diplomatie zu verkehren".

Wenn es elf Flugzeugträger braucht, um mit dem Iran fertigzuwerden, wie viele wird Panetta brauchen, um eine Seemacht gegen Russland und China zu führen?

Aber zurück zum wesentlichen Punkt: Der Iran hat versucht, „mit uns mittels Diplomatie zu verkehren". Die Antwort aus Washington bestand aus aggressiven Drohungen mit militärischen Angriffen, unbegründeten und verantwortungslosen Beschuldigungen, dass der Iran eine Atomwaffe baut, aus Sanktionen und einem Erdölembargo. Die Beschuldigungen Washingtons entsprechen denen Israels und werden widerlegt durch Washingtons eigene Geheimdienste und die Internationale Atomenergie-Agentur. Warum antwortet Washington dem Iran nicht in einer zivilisierten Art mit Diplomatie? Welches der beiden Länder bildet in Wirklichkeit die größte Bedrohung für den Frieden?

Washington schickt das FBI, um die Wohnungen von Friedensaktivisten zu überfallen und setzt eine Grand Jury darauf an, ein Verfahren wegen Begünstigung eines nebulösen Feindes gegen sie zu inszenieren, weil sie gegen Washingtons Kriege protestieren. Das Hauptamt für Heimatlandsicherheit lässt Strolche in Polizeiuniform von der Leine, um brutal gegen friedliche Demonstranten der Occupy-Wall-Street-Bewegung vorzugehen. Washington fabriziert Verfahren gegen Bradley Manning, Julian Assange und Tarek Mehanna, die die erste Zusatzbestimmung zur Verfassung auf den Kopf stellen, indem sie die Redefreiheit mit Terrorismus und Spionage gleichsetzen. Der Bürgermeister von Chicago und ehemalige Stabschef Obamas im Weißen Haus Rahm Israel Emanuel erlässt eine Verordnung, die öffentliche Proteste in der Stadt Chicago verbietet. Die Liste geht weiter. Und in der Mitte des Ganzen beschuldigen Außenministerin Hillary Clinton und andere Washingtoner Pharisäer Russland und China, dass sie abweichende Meinungen unterdrücken.

Die groteske Scheinheiligkeit Washingtons findet keinen Platz in den amerikanischen „Medien" und auch nicht in den Debatten um die Nominierung des Präsidentschaftskandidaten der Republikaner. Das korrupte „Justiz"ministerium Obamas schaut weg, während Strolche in Polizeiuniform unbegründet gegen die Bürger losgehen, die die unverdienten Gehälter dieser Strolche in Uniform bezahlen.

Aber es ist der Bereich der Kriegsverbrechen, in dem Washington die größte Scheinheiligkeit aufweist. Die selbstgerechten Eiferer in Washington fangen immer wieder Oberhäupter schwacher Staaten, deren Länder von Bürgerkriegen heimgesucht wurden, und schicken sie ins Ausland, damit sie als Kriegsverbrecher vor Gericht gestellt werden. Die ganze Zeit über tötet Washington rücksichtslos große Zahlen von Zivilisten in sechs oder mehr Ländern, wobei es seine eigenen Kriegsverbrechen als „Kollateralschäden" abtut. Washington verstößt gegen sein eigenes Recht und gegen Internationales Recht, indem es Menschen foltert.

Am 13. Januar 2012 berichtete Carol Rosenberg von McClatchy Newspapers, dass der spanische Richter Pablo Rafael Ruz Gutierrez eine Untersuchung über Washingtons Folterung von Gefangenen im Gefangenenlager Guantánamo wieder aufgenommen hat. Am Tag davor leiteten britische Behörden eine Untersuchung über die Überstellungen entführter Personen durch die CIA nach Libyen ein, wo sie gefoltert wurden.

Rosenberg berichtet, dass, obwohl das Obamaregime sich geweigert hat, die offensichtlichen Verbrechen des Bushregimes zu untersuchen und man dessen eigene offenkundige Verbrechen einschließen könnte, „andere Länder noch immer Interesse daran haben herauszufinden, ob die Anti-Terror-Praktiken der Ära Bush gegen Internationales Recht verstoßen haben".

Es ist keine Frage, dass Bush/Cheney/Obama gegen die Verfassung der Vereinigten Staaten von Amerika, Gesetze der Vereinigten Staaten von Amerika und Internationales Recht verstoßen haben. Washington jedoch, das das Recht über den Haufen geworfen hat, hat festgestellt, dass Macht Recht ist. Keine fremde Regierung wird ihre Streitkräfte in die Vereinigten Staaten von Amerika schicken, um die Kriegsverbrecher herauszuholen und vor Gericht zu stellen.

Das Kriegsverbrechertribunal in Den Haag ist für Washingtons Schauprozesse reserviert. Keine fremde Regierung wird Washington ein paar hundert Millionen Dollar zahlen, damit es Bush, Cheney, Obama und deren Lakaien herausrückt, so wie die Vereinigten Staaten von Amerika Milosevic von Serbien gekauft haben, um das notwendige Spektakel vor dem Kriegsverbrechertribunal zu veranstalten, um die nackte Aggression Washingtons gegen Serbien zu rechtfertigen.

Keine Regierung kann vollkommen sein, da alle Regierungen aus Menschen bestehen – in erster Linie aus denjenigen Menschen, die eine besondere Vorliebe für Macht und Profit haben. Nichtsdestoweniger habe ich in meinem Leben einen außerordentlichen Abfall in der Integrität der Regierung der Vereinigten Staaten von Amerika beobachtet. Wir haben den Punkt erreicht, wo nichts, was unsere Regierung sagt, glaubwürdig ist. Nicht einmal die Arbeitslosenquote, die Inflationsrate, die BIP-Wachstumsrate und schon gar nicht Washingtons Begründungen für seine Kriege, seinen Polizeistaat und seine Innen- und Außenpolitik.

Washington hat Amerika zehn Jahre lang Krieg führen lassen, während Millionen Amerikaner ihre Arbeitsplätze und ihre Wohnungen verloren haben. Krieg und stockende Wirtschaft haben die Staatsschulden explodieren lassen, und ein drohender Bankrott wird dem Sozialwesen und Medicare in die Schuhe geschoben.

Das Streben nach Krieg geht weiter. Am 23. Januar gehorchten Washingtons unterwürfige Hampelmänner – die Mitgliedsstaaten der Europäischen Union – der Weisung Washingtons und verhängten ein Ölembargo gegen den Iran, ungeachtet der Appelle Griechenlands, eines Mitgliedslandes der EU. Griechenlands endgültige Pleite wird durch die höheren Ölpreise aufgrund des Embargos verursacht werden, was die griechische Regierung erkennt.

Das Embargo ist eine waghalsige Aktion. Wenn die Marine der Vereinigten Staaten von Amerika versucht, Tankschiffe abzufangen, die iranisches Erdöl befördern, könnte ein großer Krieg ausbrechen. Das, so glauben viele, ist Washingtons Absicht.

Aus einem Embargo kann leicht eine Blockade werden, die eine kriegerische Handlung ist. Man erinnere sich, wie leicht aus der „Flugverbotszone" des UN-Sicherheitsrats ein militärischer Überfall der Vereinigten Staaten von Amerika und ihrer NATO-Marionetten auf die libyschen Streitkräfte und Bevölkerungszentren wurde, die auf der Seite Gaddafis standen.

Während die westlichen „Demokratien" in zunehmendem Ausmaß die Gesetze über Bord werfen, geht auch die Maske der Rechtmäßigkeit verloren, die der Imperialismus trägt, und damit der Anschein von Moral, unter dem die hegemonialen Bestrebungen verborgen worden sind.

Nachdem der Iran umzingelt ist und zwei Flotten Washingtons im Persischen Golf im Einsatz sind, scheint ein weiterer Angriffskrieg unausweichlich zu sein.

Fachleute sagen, dass ein Angriff gegen den Iran durch die Vereinigten Staaten von Amerika und die NATO den Fluss des Erdöls unterbrechen wird, das die Welt benötigt. Der wahnsinnige Drang nach Beherrschung der Welt ist dermaßen zwingend, dass Washington und seine EU-Hampelmänner nicht zögern, ihre eigenen strampelnden Wirtschaften dem Risiko scharf ansteigender Energiekosten auszusetzen.

Krieg im Ausland und Sparmaßnahmen im eigenen Land, das ist die Politik, die den westlichen „Demokratien" verpasst wird.

08.02.2012: Wird der Iran angegriffen werden?

Washington hat gewaltige Vorbereitungen für einen militärischen Überfall auf den Iran getroffen. Es wird gemutmaßt, dass Washington seine zwei am längsten dauernden Kriege – gegen Irak und Afghanistan – abgeblasen hat, um die Kräfte gegen den Iran einzusetzen. Zwei der Flotten Washingtons sind gemeinsam mit Kriegsschiffen der NATO am Persischen Golf stationiert. In den Washingtoner Marionettenstaaten in den Öl-emiraten und im Mittleren Osten wurden Raketen aufgestellt. In Israel und Kuwait sind Soldaten der Vereinigten Staaten von Amerika im Einsatz.

Als Geschenk seiner ausgepressten Steuerzahler hat Washington Israel ein teures Raketenabwehrsystem spendiert. Geld für Israel in einer Zeit, in der Millionen Amerikaner, denen niemand hilft, ihre Wohnungen verloren haben. Da niemand erwartet, dass der Iran Israel angreifen wird, außer in Vergeltung eines israelischen Angriffs auf den Iran, ist der Zweck des Raketenabwehrsystems der Schutz Israels vor einer iranischen Erwiderung einer israelischen Aggression gegen den Iran. Juan Cole hat eine Karte auf seine Webseite gestellt, die 44 Militärbasen der Vereinigten Staaten von Amerika zeigt, die den Iran einkreisen. Zusätzlich zu den massiven militärischen Vorbereitungen läuft der Propagandakrieg gegen den Iran, der seit dem Jahr 1979 andauert, als Washingtons Marionette, der Schah, durch die iranische Revolution gestürzt wurde. Der Iran ist eingekreist, aber Washington und die israelische Propaganda stellen den Iran als bedrohliche Angreifernation hin. In Wirklichkeit sind die Aggressoren die Regimes in Washington und Tel Aviv, die ständig den Iran mit einem militärischen Angriff bedrohen.

Neokonservative Kriegstreiber wie zum Beispiel David Goldman vergleichen den iranischen Präsidenten mit Hitler und verkünden, dass nur ein Krieg ihn aufhalten kann.

Die höchsten Militärkreise Washingtons haben den Eindruck geschaffen, dass ein Akt der israelischen Aggression gegen den Iran eine beschlossene Sache ist. Am 2. Februar berichtete die Washington Post, dass Pentagonchef Leon Panetta glaubt, Israel werde den Iran wahrscheinlich in zwei bis vier Monaten angreifen.

Ebenfalls am 2. Februar berichtete Gareth Porter, dass General Martin Dempsey, Chef des Generalstabs der Vereinigten Staaten von Amerika, die israelische Regierung informiert hat, dass die Vereinigten Staaten von Amerika nicht bei Israels Aggression gegen den Iran mitmachen würden, wenn Washington nicht zuvor seine Zustimmung zu der Attacke erteilt habe.

Porter interpretiert Dempseys Warnung als einen starken Zug seitens Präsident Obamas, einen Angriff abzuwenden, der Washington in einen

regionalen Flächenbrand mit dem Iran führen würde. Eine andere Möglichkeit, Dempseys Warnung zu deuten, ist, dass Obama einen Angriff gegen den Iran aufhalten will, bis ihn die Umfragen als Verlierer der Präsidentenwahlen zeigen. Im Allgemeinen ist es so, dass die patriotische Wählerschaft keinen Präsidenten abwählt, der gerade Krieg führt.
Am 5. Februar pfiff Präsident Obama Dempseys Warnung an Israel zurück,indem er erklärte, er sei im „Gleichschritt" mit der israelischen Regierung. Obama ist im Gleichschritt mit Israel ungeachtet der Tatsache, dass er zu NBC sagte, dass „wir keinen Beweis dafür sehen, dass sie [Iran] solche Absichten [Angriffe gegen die Vereinigten Staaten von Amerika] oder Möglichkeiten haben“. Dadurch, dass er im Gleichschritt mit Israel war und gleichzeitig eine „diplomatische Lösung“ forderte, diente sich Obama sowohl der Israel-Lobby als auch demokratischen Friedensgruppen an und vermehrte auf diese Weise seine Wählerstimmen.
Wie ich kürzlich schrieb, ist dieses Frühjahr eine besonders günstige Zeit für einen Angriff auf den Iran, weil eine gute Chance besteht, dass Russland sich nach der Wahl im März in Aufruhr befinden wird. Die russische Opposition gegen Putin wird von Washington finanziert und durch Washingtons Erklärungen angestachelt, besonders diejenigen der Außenministerin Hillary Clinton. Ob Putin gewinnt oder ob es ein unentschiedenes Ergebnis und eine Stichwahl gibt, Washingtons Geld wird zehntausende Russen auf die Straßen bringen, nicht anders als die von Washington bezahlte „grüne Revolution“ im Iran, mit der gegen die dortigen Präsidentschaftswahlen protestiert wurde.
Am 4. Februar berichtete die ehemals linksorientierte britische Zeitung The Guardian über einen Vorwahlprotest, bei dem 120.000 Anti-Putin-Demonstranten in Moskau auf die Straße gingen und „faire Wahlen" forderten. Anders gesagt, Washington hat bereits seine Lakaien in Stellung, welche erklären, dass ein Sieg Putins im März nur auf eine gestohlene Wahl hinweisen kann. Das Problem für Obama ist, dass dieses Frühjahr noch zu früh ist, um sagen zu können, ob seine Wiederwahl durch einen republikanischen Kandidaten gefährdet ist. Zu früh in den Krieg zu ziehen, besonders dann, wenn das zu einem scharfen Anstieg der Preise für Erdölprodukte führt, ist nicht hilfreich für eine Wiederwahl.

Die Bereitschaft von Menschen auf der ganzen Welt, Hampelmänner Washingtons anstatt loyale Bürger ihrer eigenen Länder zu sein, ist der Grund dafür, dass der Westen in der Lage war, die Welt in der modernen Zeit zu beherrschen. Die Zahl der ausländischen Anführer scheint unerschöpflich zu sein, die Washingtons Geld und Gunst der Loyalität gegenüber den Interessen ihrer eigenen Länder vorziehen.
Karl Marx sagte, dass Geld alles in eine Ware verwandelt, die gekauft und verkauft werden kann. Alle anderen Werte kommen nicht dagegen an – Ehre, Integrität, Wahrheit, Gerechtigkeit, Loyalität, ja nicht einmal Blutsverwandtschaft. Nichts bleibt – außer schnödem Mammon. Sicher hat Geld den Premierminister des Vereinigten Königreichs Tony Blair zu einer politischen Ware gemacht.
Die Macht des Geldes lernte ich vor vielen Jahren kennen. Mein Doktorvater bekleidete in der Nixon-Administration das Amt eines Staatssekretärs für Verteidigung in Angelegenheiten der internationalen Sicherheit. Er fragte, ob ich nach Vietnam gehen würde, um die Hilfsprogramme zu verwalten. Ich fühlte mich geschmeichelt, dass er dachte, ich hätte die Charakterstärke, um mich gegen die Korruption zu wehren, die üblicherweise den Sinn von Hilfsprogrammen hinfällig macht, aber ich lehnte das Angebot ab.
Dieses Gespräch werde ich nie vergessen. Warren Nutter war ein intelligenter integerer Mann. Er war der Meinung, dass ungeachtet dessen, ob der Krieg notwendig war, wir in diesen durch Täuschung geführt worden waren. Er meinte, dass die Demokratie nicht mit Täuschung leben könne und er war gegen Regierungsvertreter, die nicht ehrlich gegenüber den Amerikanern waren. Nutter vertrat den Standpunkt, dass eine demokratische Regierung sich auf Überzeugung stützen müsse und nicht auf Täuschung. Andernfalls waren die Ergebnisse nicht demokratisch.
Wie Nutter es sah, befanden wir uns in einem Krieg, und wir hatten die Südvietnamesen hineingezogen. Deshalb hatten wir ihnen gegenüber Verpflichtungen. Wenn wir uns als inkompetent erwiesen, würde das in der Folge die Verpflichtungen unterminieren, die wir in unserem Bestreben, das sowjetische Imperium einzudämmen, anderen Ländern gegenüber eingegangen waren. Die Sowjetunion hatte im Gegensatz zur „terroristischen Bedrohung" das Potential einer wirklichen Bedrohung. Leute,

die nach dem Zusammenbruch der Sowjetunion aufgewachsen sind, verstehen die Zeit des Kalten Krieges nicht.
Im Verlauf der Unterhaltung fragte ich, wie Washington so viele andere Regierungen dazu brachte, nach seiner Pfeife zu tanzen. Seine Antwort: „Geld."
Ich fragte: „Sie meinen Entwicklungshilfe?"
Er sagte: „Nein, Säcke voller Geld. Wir kaufen die Anführer."
Er hieß das zwar nicht gut, aber es gab nichts, was er dagegen tun konnte. Es war die Methode der Römer, die Führung ihrer Gegner oder von möglichen Bedrohungen zu kaufen. In seinem Buch „The Rule of Empires" (Die Herrschaft der Imperien) beschreibt Timothy H. Parsons die Römer als „geschickte Fachleute für soft power (weiche Gewalt)". Rom zog es vor, die Eroberten und potentiell Feindlichen durch „halbautonome Auftragskönige" zu beherrschen, die der Senat euphemistisch als „Freunde des römischen Volkes" bezeichnete. Die Römer halfen kooperativen Monarchen mit direkten Geldzahlungen und materiellen Gütern dabei, an der Macht zu bleiben. Die Annahme dieser Zuwendungen bedeutete, dass ein Verbündeter sich der imperialen Autorität unterwarf, und die Römer betrachteten jeden Verstoß gegen ihren Willen als offene Revolte. Sie mischten sich auch beliebig in lokale Nachfolgedispute ein, um ungeeignete Leute zu ersetzen. Das ist die Art, in der Washington herrscht. Washingtons Art der Beherrschung anderer Länder ist der Grund dafür, dass es keinen „ägyptischen Frühling", sondern eine Militärdiktatur an der Stelle der abgesetzten Washingtoner Marionette Hosni Mubarak gibt und dass europäische Hampelmannstaaten in Washingtons Hegemonialkriegen im Mittleren Osten, in Nordafrika und Zentralasien kämpfen.
Washingtons National Endowment for Democracy (NED) finanziert Nichtregierungsorganisationen (NGOs), die sich in die inneren Angelegenheiten anderer Länder einmischen. Der Tätigkeit solcher NGOs ist zu verdanken, dass Washington die ehemalige Sowjetrepublik Georgien seinem Imperium einverleiben konnte wie auch die baltischen Staaten und Länder in Osteuropa. Aufgrund der Gegnerschaft vieler Russen zu ihrer sowjetischen Vergangenheit ist Russland anfällig für Washingtons Machenschaften.
Solange der Dollar herrscht, wird die Macht Washingtons herrschen. Als Rom seinen Silberdenar durch Bleigeld herabminderte, schwand die

Macht Roms, Folgsamkeit zu kaufen, dahin. Wenn „Helikopter Ben“ Bernanke die Kaufkraft des Dollars durch Inflation herabmindert, wird auch Washingtons Macht dahinschmelzen.

14.02.2012: Westliche Demokratie: Realität oder Fassade?

Die Regierung der Vereinigten Staaten von Amerika und ihre NATO-Hampelmänner haben zehn Jahre lang muslimische Männer, Frauen und Kinder umgebracht. Angeblich, um ihnen die Demokratie zu bringen. Aber ist der Westen selbst eine Demokratie?

Skeptiker weisen darauf hin, dass Präsident George W. Bush vom Obersten Gerichtshof ins Amt gehievt wurde und dass eine Reihe von anderen Wahlen durch elektronische Wahlmaschinen entschieden worden sind, die keine Spuren auf Papier hinterlassen. Andere bemerken, dass die gewählten Funktionäre die besonderen Interessen derer vertreten, die ihre Wahlkämpfe finanzieren, und nicht die der Wähler. Der Freikauf der Banken, betrieben von Bushs Finanzminister und ehemaligem Goldman Sachs Vorstandschef Henry Paulson, und Washingtons Versagen bei der strafrechtlichen Verfolgung von Bankstern wegen des Betrugs, der zur Finanzkrise beigetragen hat, sind Beweise, die die Sichtweise unterstützen, dass die Regierung der Vereinigten Staaten von Amerika das Geld repräsentiert und nicht die Wähler.

Die Vorgänge der letzten Zeit in Griechenland und Italien haben gegenüber der Behauptung des Westens, demokratisch zu sein, das Misstrauen gestärkt. Zwei gewählte europäische Ministerpräsidenten, George Papadopoulos in Griechenland und Silvio Berlusconi in Italien, wurden gezwungen, aufgrund der nationalen Schuldenkrise zurückzutreten. Nicht einmal Berlusconi, ein Milliardär, der weiterhin die größte politische Partei Italiens anführt, konnte dem Druck standhalten, der von privaten Bankern und nicht gewählten Funktionären der Europäischen Union ausgeübt wurde. Papandreou überdauerte nur zehn Tage nach seiner Ankündigung am 10. Oktober 2011, er würde die griechischen Wähler in einer Volksabstimmung entscheiden lassen, ob sie die von außen den Menschen Griechenlands auferlegten Sparmaßnahmen akzeptieren würden oder nicht. Sparmaßnahmen sind der Preis, den die Europäische Union dafür verlangt, dass sie der griechischen Regierung das Geld leiht, um damit die Banken zu bezahlen. Anders gesagt, die Frage war: Sparmaßnahmen oder Zahlungsunfähigkeit? Die Frage wurde dann doch ohne die Mitwirkung der Menschen in Griechenland entschieden.

Folgerichtig gingen die Griechen auf die Straße. Die Bedingungen, die die letzte Rate des Freikaufs begleiteten, brachten wiederum eine große Anzahl von Griechen auf die Straßen von Athen und anderen Städten. Die Bürger protestieren gegen eine Kürzung von 20 % sowohl bei den Mindestlöhnen als auch den Pensionen, die höher sind als 12.000 Euro im Jahr, und gegen einen weiteren Abbau von Arbeitsplätzen im öffentlichen Sektor. Die Steuern in Griechenland wurden letztes Jahr um 2,3 Milliarden Euro erhöht und sollen 2013 um weitere 3,4 Milliarden Euro gesteigert werden. Die Sparmaßnahmen in Griechenland werden ungeachtet der Arbeitslosenquote von 21 % allgemein bzw. von 48 % bei den unter 25-Jährigen durchgesetzt.

Eine Auffassung geht dahin, dass die Banken, die bei ihren Kreditvergaben an Regierungen sorglos waren, nun die Menschen dazu zwingen, die Banken vor den Konsequenzen ihrer falschen Entscheidungen zu bewahren.

Eine andere Auffassung besagt, dass die Europäische Union die Schuldenkrise der Länder benutzt, um ihre Macht und Kontrolle über die einzelnen Mitgliedsstaaten der EU auszuweiten.

Einige sagen, dass die EU die Banken für die Agenda der EU einspannt, andere sagen, dass die Banken die EU für die Agenda der Banken einspannen. In Wirklichkeit werden sie sich gegenseitig benutzen. Wie auch immer, Demokratie ist nicht im Spiel.

Griechenlands bestellter – nicht gewählter – Premierminister ist Lucas Papademos. Er ist ein ehemaliger Gouverneur der Bank von Griechenland, Mitglied von Rockefellers Trilateral Commission und ehemaliger Vizepräsident der Europäischen Zentralbank. Anders gesagt, er ist ein Banker, der bestellt ist, um die Banken zu vertreten.

Am 12. Februar sah der bestellte Premierminister, dessen Aufgabe es ist, Griechenland den Banken oder Brüssel zu servieren, nicht die Ironie in seiner Feststellung, dass „Gewalt keinen Platz in einer Demokratie hat“. Er sah auch keine Ironie in der Tatsache, dass 40 gewählte Abgeordnete des griechischen Parlaments, die gegen die Freikaufbestimmungen gestimmt hatten, von den herrschenden Koalitionsparteien ausgeschlossen wurden. Gewalt erzeugt Gewalt. Gewalt auf der Straße ist eine Antwort auf die wirtschaftliche Gewalt, die gegen das griechische Volk begangen wird.

Auch Italien hat eine Regierung gebildet, frei von Demokratie. Der bestellte Premierminister Mario Monti braucht sich bis April 2013 keiner Wahl zu stellen. Gemäß neuer Berichte sitzt in seinem „Technokratenkabinett“ kein einziger gewählter Politiker. Die Banken gehen kein Risiko ein: Monti ist sowohl Ministerpräsident als auch Minister für Wirtschaft und Finanzen.

Montis Werdegang weist darauf hin, dass er sowohl die Europäische Union als auch die Banken repräsentiert. Er ist ehemaliger europäischer Berater bei Goldman Sachs, europäischer Vorsitzender der Trilateral Commission, Mitglied der Bilderberg Gruppe, ehemaliger EU-Kommissar und Gründungsmitglied der Spinelli-Gruppe, einer Organisation, die im September 2010 geschaffen wurde, um die Integration innerhalb der EU zu fördern, sprich, die zentrale Macht über die Mitgliedsstaaten voranzutreiben.

Es besteht wenig Zweifel, dass europäische Regierungen nicht anders als Washington finanziell unvorsichtig waren, über ihre Verhältnisse gelebt und auf ihre Bürger Schuldenberge gehäuft haben. Etwas musste getan werden. Das, was getan wird, ist allerdings nicht demokratisch. Das weist darauf hin, dass die Eliten des Westens – Trilateral Commission, Council on Foreign Relations (Rat für außenpolitische Beziehungen), Bilderberg-Gruppe, EU, multinationale Konzerne, überdimensionierte Banken und die Megareichen – nicht mehr länger an die Demokratie glauben.

Vielleicht werden zukünftige Historiker befinden, dass die Demokratie einst den Interessen des Geldes diente, frei zu werden von königlicher Macht, Aristokratie und räuberischen Regierungen, aber nachdem das Geld die Macht über die Regierungen durchgesetzt hatte, wurde die Demokratie zu einer Belastung. Die Historiker werden von dem Übergang vom göttlichen Recht der Könige zum göttlichen Recht des Geldes sprechen.

15.02.2012: Obamas Sorglosigkeit im Umgang mit Menschenrechten

Ist Obama ein Heuchler oder nur unbekümmert? Oder ist er ein Idiot? Laut Nachrichtenmeldungen bot das Treffen mit dem chinesischen Vizepräsidenten Xi Ping im Weißen Haus am Valentinstag Obama eine Gelegenheit, ein „sensitives Menschenrechtsproblem mit dem designierten chinesischen Anführer" anzusprechen. Der mutige und freimütige Obama ließ sich nicht von Etikette oder Anstand abhalten. Danach verkündete Obama, dass Washington „weiterhin großen Wert auf das legen wird, wovon wir glauben, dass es wichtig ist, um die Hoffnungen und Rechte aller Menschen in die Tat umzusetzen".

Denken Sie mal eine Minute darüber nach. Washington befindet sich jetzt im zweiten Jahrzehnt der Ermordung von muslimischen Männern, Frauen und Kindern in sechs Ländern. Washington ist so besorgt um die Menschenrechte, dass es Bomben auf Schulen, Krankenhäuser, Hochzeiten und Begräbnisse abwirft, alles, um die Menschenrechte der Moslems hochzuhalten. Sehen Sie, Bomben befreien muslimische Frauen von der Verpflichtung, die Burka zu tragen, und von männlicher Vorherrschaft.

Hunderttausende oder eine Million getöteter Iraker, vier Millionen vertriebene Iraker, ein Land mit zerstörter Infrastruktur und ganze Städte, wie zum Beispiel Fallujah, bombardiert und mit weißem Phosphor zu Asche verbrannt, sind die richtige Art, die Sorgen zu zeigen, die man sich um die Menschenrechte macht.

Dito für Afghanistan. Und Libyen. In Pakistan, Jemen und Somalia bringen Washingtons Drohnen die Menschenrechte zu den Menschen.

Abu Ghraib, Guantánamo und geheime CIA-Gefängnisse sind weitere Orte, in die Washington die Menschenrechte bringt. Obama, der die Macht besitzt, amerikanische Bürger ohne rechtsstaatliches Verfahren umzubringen, verfügt über zu wenig Macht, um das Gefängnis in Guantánamo zu schließen.

Er besitzt keine Macht, um sich selbst daran zu hindern, Israel mit Waffen zu versorgen, mit denen es palästinensische und libanesische Bürger umbringt, denen Obama die Menschenrechte bringt, indem er gegen jede

UNO-Resolution sein Veto einlegt, die gegen Israel wegen dessen Verbrechen gegen die Menschenrechte eingebracht wird.
Anstatt Washington auf dem Pfad der Menschenrechte zu folgen, investieren die bösen Chinesen in andere Länder, kaufen ihnen Dinge ab und verkaufen ihnen Güter.
Hat je ein ausländischer Würdenträger ein „sensitives Menschenrechtsproblem“ mit Obama oder seinem Vorgänger angesprochen? Wie verkommen ist die Welt eigentlich, dass Washington jahrelang Unschuldige umbringen und sich noch immer als der große Verteidiger der Menschenrechte auf der Welt hinstellen kann?
Wie viele Völker hat China im 21. Jahrhundert bombardiert, mit Drohnen angegriffen und mit Sanktionen fertiggemacht?
Werden Syrien und der Iran die Nächsten sein, die Washingtons Besorgnis um die Menschenrechte zum Opfer fallen?
Nichts illustriert den surrealen Zustand, in dem sich der Westen befindet, besser als die Tatsache, dass nicht die gesamte westliche Welt in tobendes Gelächter über Obamas Äußerung seiner menschenrechtlichen Bedenken in Hinblick auf Chinas Verhalten ausgebrochen ist.
Washingtons menschenrechtliche Bedenken reichen nicht einmal bis zur Flughafensicherheit, wo kleine Mädchen und Großmütter sexuell begrapscht werden. Die Wohnungen von Antikriegs-Aktivisten werden überfallen, ihre persönlichen Besitztümer werden weggetragen und eine Grand Jury wird zusammengerufen, um ihnen eine Anklage wegen Terrorismus anzuhängen. Der Soldat der Vereinigten Staaten von Amerika Bradley Manning wird zwei Jahre lang unter Missachtung der Verfassung der Vereinigten Staaten von Amerika eingesperrt, während die Menschenrechtsregierung Anklagen zusammenbraut, um ihn dafür zu bestrafen, dass er ein Kriegsverbrechen der Vereinigten Staaten von Amerika enthüllt hat. Julian Assange von WikiLeaks wird endlos schikaniert, um ihn in die Washingtoner Menschenrechtsklauen zu bringen. Kritiker von Washingtons inhumaner Politik werden observiert und ausspioniert.
Washington ist der schlimmste Verletzer von Menschenrechten in unserer Zeit, und Washington hat eben erst begonnen. Wer wird die Amerikaner aus den Klauen Washingtons befreien?

20.02.2013: Die Kritiker werden zum Verstummen gebracht

2010 überfiel das FBI die Wohnungen von Friedensaktivisten in einigen Staaten und beschlagnahmte persönliche Besitztümer im Rahmen einer, wie es das FBI – der führende Veranstalter von gefälschten „terroristischen Verschwörungen" – bezeichnet, Untersuchung von „Aktivitäten, die die materielle Unterstützung von Terrorismus betreffen".

Vorladungen wurden ausgestellt, um Antikriegs-Demonstranten zu zwingen, vor Grand Juries auszusagen, die von Staatsanwälten eingerichtet worden waren, um Verfahren zu konstruieren, die darauf hinauslaufen, dass der Widerstand gegen Washingtons Angriffskriege den Tatbestand erfüllt, Terroristen Hilfe und Unterstützung zu gewähren. Der Zweck dieser Überfälle und Vorladungen vor Grand Juries bestand darin, die Antikriegsbewegung in die Untätigkeit zu schrecken.

Letzte Woche wurden auf einen Streich die beiden letzten verbliebenen Kritiker des Washingtoner/Tel Aviver Imperialismus aus den etablierten Medien hinausgesäubert. Judge Napolitanos populäre Sendung Freedom Watch (Freiheitswache) wurde von Fox TV eingestellt und Pat Buchanan wurde von MSNBC entlassen. Beide Kritiker hatten viele Anhänger und wurden wegen ihrer offenen Worte geschätzt.

Viele vermuten, dass die Israel-Lobby ihren Einfluss bei den TV-Inserenten benutzt hat, um die Kritiker der Bemühungen der israelischen Regierung, Washington in einen Krieg mit dem Iran zu führen, zum Schweigen zu bringen. Dessen ungeachtet stehen wir nun vor der Situation, dass die Massenmedien jetzt gleichgeschaltet sind. Die Amerikaner hören eine Stimme, eine Botschaft, und die Botschaft ist Propaganda. Abweichende Meinungen werden nur mehr in Bereichen toleriert, in denen es etwa darum geht, ob die von den Firmen bezahlte Gesundheitsversicherung auch für Mittel zur Empfängnisverhütung zahlen soll. Verfassungsrechte sind ersetzt worden durch das Recht auf kostenlose Kondome.

Die Medien des Westens dämonisieren diejenigen, auf die der Finger Washingtons weist. Die Lügen sprudeln nur so heraus, um Washingtons nackte Aggression zu rechtfertigen: die Taliban werden mit al-Qaida in einen Topf geworfen, Saddam Hussein hat Waffen der Massenvernichtung, Gaddafi ist ein Terrorist und, was noch schlimmer ist, hat seine Soldaten mit Viagra gekräftigt, damit sie Massenvergewaltigungen an libyschen Frauen durchführen konnten.

Präsident Obama und Kongressabgeordnete versichern weiterhin gemeinsam mit Tel Aviv, dass der Iran an einer Atomwaffe arbeitet, ungeachtet öffentlichen Widerspruchs durch Verteidigungsminister Leon Panetta und ungeachtet der Einschätzung der nationalen Geheimdienste der CIA. Laut Medienberichten sagte Pentagonchef Leon Panetta am 16. Februar vor Mitgliedern des Repräsentantenhauses, dass „Teheran keine Entscheidung getroffen hat, mit der Entwicklung einer Atomwaffe weiterzumachen". In Washington allerdings zählen die Fakten nicht. Nur die materiellen Anliegen mächtiger Interessentengruppen zählen.

Gegenwärtig teilt das amerikanische Wahrheitsministerium seine Zeit zwischen Lügen über Iran und Lügen über Syrien auf. Vor Kurzem gab es einige Explosionen im weit entfernten Thailand, und diese Explosionen wurden dem Iran in die Schuhe geschoben. Im vergangenen Oktober gab das FBI bekannt, es habe eine iranische Verschwörung entdeckt, bei der ein Gebrauchtwagenhändler bezahlt wurde, um eine mexikanische Drogenbande anzuheuern, die den saudi-arabischen Botschafter in den Vereinigten Staaten von Amerika umbringen sollte. Der Idiot im Weißen Haus gab zu, dass er diese unglaubliche Geschichte glaube und erklärte, er verfüge über „starke Beweise", aber kein Beweis wurde jemals veröffentlicht. Die Bekanntmachung der nicht existenten Verschwörung hatte den Zweck, Obamas Sanktionen gegen den Iran wegen dessen Entwicklung der Atomenergie, die auf ein Embargo – einen Akt des Krieges – hinauslaufen, zu rechtfertigen.

Als Mitglied des Atomwaffensperrvertrags hat der Iran das Recht, nukleare Energie zu entwickeln. IAEA-Inspektoren halten sich ständig im Iran auf und berichten, dass kein nukleares Material für ein Waffenprogramm abgezweigt wird.

Mit anderen Worten, laut den Berichten der Internationalen Atomenergie-Agentur, der Einschätzung der nationalen Geheimdienste der Vereinigten Staaten von Amerika und des derzeitigen Verteidigungsministers gibt es keinen Beweis dafür, dass der Iran Atomwaffen besitzt oder Atomwaffen herstellt. Dessen ungeachtet hat Obama illegale Sanktionen gegen den Iran verhängt und bedroht das Land weiterhin mit einem militärischen Angriff auf der Grundlage einer Anschuldigung, die durch alle bekannten Beweise widerlegt ist.

Wie kann so etwas geschehen? Es kann geschehen, weil es keine Helen Thomas mehr gibt (die ebenfalls von der Israel-Lobby eliminiert wurde), welche als Mitglied des Pressekorps im Weißen Haus Präsident Obama fragt, warum er kriegsähnliche Sanktionen gegen den Iran verhängt, wo doch seine eigene CIA und sein eigener Verteidigungsminister sowie die IAEA berichten, dass es keine Grundlage für die Sanktionen gibt.

Die Auffassung, dass die Vereinigten Staaten von Amerika eine Demokratie sind, wo sie doch definitiv über keine freie Presse verfügen, ist lächerlich. Aber die Medien lachen nicht. Sie lügen. Nicht anders als die Regierung lügen die Massenmedien der Vereinigten Staaten von Amerika jedes Mal, wenn sie den Mund öffnen oder ein Wort schreiben. Die Vorstände bezahlen ihre Angestellten, damit sie lügen. Das ist ihre Arbeit. Sag die Wahrheit, und du bist draußen wie Buchanan und Napolitano und Helen Thomas.

Was das Wahrheitsministerium als „friedliche Demonstranten, die von Assads Militär brutal niedergeschlagen werden" bezeichnet, sind in Wirklichkeit Rebellen, die von Washington bewaffnet und finanziert werden. Washington hat einen Bürgerkrieg entfacht. Washington behauptet, es sei seine Absicht, die unterdrückten und misshandelten Syrer vor Assad zu retten; nicht anders, als Washington die unterdrückten und misshandelten Libyer vor Gaddafi gerettet hat. Heute ist Libyen nur mehr eine Hülse seines früheren Zustands und wird von sich gegenseitig bekämpfenden Milizen terrorisiert. Dank Obama ist ein weiteres Land zerstört worden.

Die Berichte über die Gräueltaten des Militärs gegen die syrische Zivilbevölkerung könnten der Wahrheit entsprechen, aber diese Berichte kommen von den Rebellen, die eine Intervention des Westens herbeisehnen, die sie an die Macht bringen soll. Und wenn schon, was ist denn der Unterschied zwischen diesen Opfern unter der Zivilbevölkerung und denen unter der bahrainischen Zivilbevölkerung, die die von den Vereinigten Staaten von Amerika unterstützte Regierung von Bahrain verursacht hat, deren Militär durch saudiarabische Soldaten verstärkt wurde? In den Medien des Westens gibt es keinen Aufschrei über Washingtons blindes Auge gegenüber Gräueltaten an Zivilisten, die von seinen Handlangerstaaten begangen werden.

Wie unterscheiden sich die syrischen Gräueltaten, wenn sie wahr sind, von Washingtons Gräueltaten in Afghanistan, Irak, Pakistan, Jemen, Libyen, Somalia, Abu Ghraib, Guantánamo und den geheimen CIA-Gefängnissen? Warum schweigt das amerikanische Wahrheitsministerium über diese massiven, beispiellosen Verstöße gegen die Menschenrechte? Erinnern Sie sich auch an die Berichte über serbische Gräueltaten im Kosovo, mit denen Washington und Deutschland die Bombardierung der serbischen Zivilbevölkerung durch die NATO und die Vereinigten Staaten von Amerika rechtfertigten, darunter die chinesische Botschaft, was als weiterer Kollateralschaden abgetan wurde? Jetzt, 13 Jahre danach, enthüllte eine prominente deutsche TV-Anstalt, dass die Fotos, mit denen die Gräuelkampagne begonnen wurde, größtenteils verdreht und nicht Fotos von Gräueltaten waren, die von Serben begangen wurden, sondern von albanischen Separatisten, die in einem Feuergefecht zwischen bewaffneten Albanern und Serben getötet worden waren. Serbische Todesopfer wurden nicht gezeigt.

Das Problem für die Wahrheit liegt darin, dass die Medien des Westens ununterbrochen lügen. In den seltenen Fällen, in denen die Lügen berichtigt werden, geschieht das immer lange nach dem Ereignis und lange, nachdem die Verbrechen, die durch die Medien ermöglicht wurden, begangen worden sind.

Washington setzte seine Marionette Arabische Liga auf Syrien an, um Syriens Isolation unter seinesgleichen in die Wege zu leiten, um Syrien besser angreifen zu können. Assad kam Washingtons Vorbereitung Syriens für die Vernichtung zuvor, indem er ein landesweites Referendum für den 26. Februar ansetzte, um eine neue Verfassung einzurichten, die die Art der Regierung über die Baathisten (Assads Partei) hinaus festlegen würde.

Man könnte nun denken, dass für den Fall, dass Washington und sein Wahrheitsministerium wirklich Demokratie in Syrien haben wollten, Washington sich hinter diese Geste des guten Willens der herrschenden Partei stellen und die Volksabstimmung fördern würde. Aber Washington will keine demokratische syrische Regierung. Washington will einen Marionettenstaat. Die Antwort Washingtons ist, dass der hinterhältige Assad Washington ausgetrickst hat, indem er Schritte in Richtung Demokratie in Syrien gesetzt hat, ehe Washington Syrien auslöschen und ein Marionettenregime installieren konnte.

Hier ist Obamas Reaktion auf Assads Schritt in Richtung Demokratie: „Das ist wirklich lächerlich – das macht eine Farce aus der syrischen Revolution", sagte der Sprecher des Weißen Hauses Jay Carney zu Reportern an Bord der Air Force One.

Obama, die Neokonservativen und Tel Aviv sind wirklich stinksauer. Wenn Washington und Tel Aviv einen Weg finden können, wie sie Russland und China rumkriegen und Assad stürzen können, werden Washington und Tel Aviv Assad als Kriegsverbrecher vor Gericht stellen für seinen Vorschlag einer demokratischen Volksabstimmung.

Assad war Augenarzt in England, bis sein Vater starb und er zurückgerufen wurde, um die mit Problemen belastete Regierung zu übernehmen. Washington und Tel Aviv haben Assad dämonisiert, weil er sich weigerte, ihr Hampelmann zu sein. Ein weiterer wunder Punkt ist die russische Marinebasis in Tartus. Washington bemüht sich verzweifelt, die Russen aus ihrem einzigen Stützpunkt am Mittelmeer zu vertreiben, um das Mittelmeer zu einem amerikanischen Gewässer zu machen. Indoktriniert mit neokonservativen Visionen von der Weltherrschaft will Washington sein eigenes mare nostrum haben.

Würde die Sowjetunion noch existieren, wären Washingtons Absichten auf Tartus selbstmörderisch. Russland ist politisch und militärisch schwächer als die Sowjetunion. Washington hat Russland mit NGOs infiltriert, die gegen die Interessen Russlands arbeiten und die kommenden Wahlen stören werden. Darüber hinaus haben von Washington finanzierte „Farbenrevolutionen" ehemalige Bestandteile der Sowjetunion zu Marionettenstaaten Washingtons gemacht. Nachdem Russland der kommunistischen Ideologie beraubt ist, erwartet Washington nicht, dass Russland auf den nuklearen Knopf drücken wird. Russland ist daher für die Nehmerseite vorgesehen.

China ist ein schwierigeres Problem. Washington plant, China von unabhängigen Energiequellen abzuschneiden. Chinas Erdölinvestition in

Ostlibyen ist der Grund dafür, dass Gaddafi gestürzt wurde, und Erdöl ist einer der Hauptgründe dafür, dass Washington den Iran ins Visier genommen hat. China hat große Erdölinvestitionen im Iran und bezieht 20 % seines Erdöls vom Iran. Den Iran niederzufahren oder zu Washingtons Marionettenstaat zu machen legt 20 % der chinesischen Wirtschaft lahm.
Russland und China sind schwerfällige Lerner. Als Washington und seine NATO-Hampelmänner die „Flugverbotszone"-Resolution der UNO gegen Libyen missbrauchten und zu einer bewaffneten militärischen Aggression gegen die libyschen Streitkräfte umdrehten, die jedes Recht hatten, eine von der CIA gesponserte Rebellion zu bekämpfen, ging Russland und China endlich das Licht auf, dass Washington nicht getraut werden konnte.
Dieses Mal tappten Russland und China nicht in die Falle Washingtons. Sie legten im UN-Sicherheitsrat ihr Veto gegen die Vorbereitung Syriens für einen militärischen Angriff ein. Jetzt müssen Washington und Tel Aviv (es ist nicht immer klar, wer Marionette ist und wer an den Fäden zieht) entscheiden, ob sie angesichts der russisch-chinesischen Opposition weitermachen.
Die Risiken für Washington haben sich vervielfacht. Wenn Washington weitergeht, vermittelt das die Botschaft an Russland und China, dass sie als Nächste nach dem Iran an der Reihe sind. Daher werden Russland und China, beide gut mit Atomwaffen ausgerüstet, sich wahrscheinlich fester auf die Linie stellen, die in Sachen Iran gezogen ist. Wenn die verrückten Kriegstreiber in Washington und Tel Aviv, denen Überheblichkeit und Arroganz zu Kopf gestiegen sind, sich wieder über die russische und chinesische Opposition hinwegsetzen, steigt die Gefahr einer gefährlichen Konfrontation.
Warum stellen die amerikanischen Medien keine Fragen zu diesen Risiken? Zahlt es sich aus, die Welt in die Luft zu jagen, nur um den Iran abzuhalten, ein Programm der nuklearen Energieversorgung zu haben oder angeblich sogar eine Atomwaffe? Denkt Washington, dass China nicht mitbekommt, dass Washington es auf seine Energieversorgung abgesehen hat? Denkt Washington, dass Russland nicht mitbekommt, dass es von feindlichen Militärbasen eingekreist wird?
Welchen Interessen wird durch Washingtons endlose und viele Billionen Dollar teuren Kriege gedient? Sicher weder den Interessen der 50

Millionen Amerikaner ohne Zugang zu medizinischer Versorgung, noch den Interessen der 1.500.000 amerikanischen Kinder, die obdachlos sind und in Autos, heruntergekommenen Motelzimmern, Zeltstädten und den Regenwasserkanälen unter Las Vegas leben, während riesige Beträge aus öffentlichen Mitteln benutzt werden, um Banken freizukaufen und für Kriege um die Weltherrschaft verschleudert werden.

Die Vereinigten Staaten von Amerika haben keine unabhängigen Print- und TV-Medien. Sie haben Presstituierte, die für die Lügen bezahlt werden, die sie verbreiten. Die Regierung der Vereinigten Staaten von Amerika hat bei ihrem Streben nach ihren unmoralischen Zielen den Zustand des korruptesten Regimes in der Geschichte der Menschheit erreicht. Dennoch redet Obama, als wäre Washington die Quelle menschlicher Moral.

Die Regierung der Vereinigten Staaten von Amerika vertritt nicht die Amerikaner. Sie vertritt einige wenige Spezialinteressen und eine ausländische Macht. Die Bürger der Vereinigten Staaten von Amerika zählen einfach nicht, und ganz gewiss nicht zählen Afghaner, Iraker, Libyer, Somalier, Jemeniten und Pakistanis. Washington betrachtet Wahrheit, Gerechtigkeit und Mitleid als lächerliche Werte. Geld, Macht und Vorherrschaft sind alles, was für Washington zählt – die Stadt auf dem Hügel, das Licht der Nationen, das Beispiel für die Welt.

02.03.2012: Warum können die Amerikaner keine Demokratie haben?

Syrien hat eine säkulare Regierung wie der Irak vor der amerikanischen Invasion. Säkulare Regierungen sind wichtig in arabischen Ländern, in denen eine Spaltung zwischen Sunniten und Schiiten besteht. Säkulare Regierungen halten die gespaltene Bevölkerung davon ab, sich gegenseitig umzubringen.

Nachdem die amerikanische Invasion, ein Kriegsverbrechen nach dem Nürnberger Standard, der von den Vereinigten Staaten von Amerika nach dem Zweiten Weltkrieg eingeführt wurde, die säkulare Regierung Saddam Husseins stürzte, gingen die irakischen Sunniten und Schiiten gegeneinander los. Der Bürgerkrieg unter den Irakern rettete die amerikanische Invasion. Nichtsdestotrotz fanden genügend Sunniten die Zeit, um die amerikanischen Okkupanten des Irak zu bekämpfen, sodass die Vereinigten Staaten von Amerika nie imstande waren, Bagdad zu besetzen, vom Irak gar nicht zu reden, ungeachtet dessen, wie gewalttätig und rücksichtslos die Vereinigten Staaten von Amerika ihre Macht einsetzten. Die Folge der Invasion der Vereinigten Staaten von Amerika waren nicht Demokratie und Frauenrechte im Irak, schon gar nicht die Zerstörung von Waffen der Massenvernichtung, die es ja nicht gegeben hat, wie Inspektoren schon davor eindeutig geklärt hatten. Die Folge war die Übertragung politischer Macht von den Sunniten zu den Schiiten. Die schiitische Version des Islam ist die iranische Version. Somit verlagerte die Invasion Washingtons die Macht im Irak von einer säkularen Regierung zu Schiiten, die mit dem Iran verbündet sind.

Jetzt will Washington diesen Narrenstreich in Syrien wiederholen. Laut der amerikanischen Außenministerin Hillary Clinton ist Washington sogar bereit, sich mit al-Qaida zu verbünden, um die Regierung Assads zu stürzen. Wird die Regierung in Washington jetzt unter den Anti-Terror-Gesetzen verhaftet werden, da Washington selbst Verbindungen zu al-Qaida hat?

Washingtons Feindseligkeit gegenüber Assad ist heuchlerisch. Am 26. Februar hielt die syrische Regierung eine Volksabstimmung über eine neue Verfassung für Syrien ab, welche zeitliche Befristungen für künftige Präsidenten einführt und das politische Monopol beseitigte, dessen die Baath-Partei sich bisher erfreuen konnte.

Die Wahlbeteiligung der Syrer betrug 57,4 %, was der Wahlbeteiligung bei der Wahl Obamas im Jahr 2008 entspricht. Die Wahlbeteiligung war höher (trotz der bewaffneten vom Westen unterstützten Rebellion) als bei den neun Präsidentschaftswahlen in den Vereinigten Staaten von Amerika von 1972 bis 2004. Die Zustimmung für die neue syrische Verfassung betrug 89,4 %.

Aber Washington verurteilte die demokratische Abstimmung und bleibt dabei, dass die syrische Regierung gestürzt werden muss, damit Syrien demokratisch werden kann.

Washingtons Alliierte in der Region, nicht gewählte Erdölmonarchien wie Saudi-Arabien und Qatar, haben Erklärungen abgegeben, dass sie willens sind, die islamistischen Rebellen mit Waffen zu versorgen, um Demokratie – etwas, was sie zu Hause nicht tolerieren – nach Syrien zu bringen. Für Washington ist „Demokratie" eine Waffe der Massenvernichtung. Wenn Washington einem Land „Demokratie" bringt, bedeutet das die Zerstörung des Landes – wie in Libyen und Irak. Mit Demokratie hat das nichts zu tun. Libyen befindet sich im Chaos, einem menschenrechtlichen Albtraum ohne effektive Regierung.

Washington hat Nouri al-Maliki zum Präsidenten des Iraks gemacht. Er hat eine Wahl verloren, blieb aber an der Macht. Er erklärte, sein Vizepräsident sei ein Terrorist, ordnete seine Verhaftung an und benutzt die Staatspolizei, um sunnitische Politiker zu verhaften. Syriens Assad ist demokratischer als Iraks Maliki.

Ein Jahrzehnt lang hat Washington seine Kriege der nackten Aggression als „Demokratie und Menschenrechte in den Mittleren Osten bringen" dargestellt. Während Washington Demokratie in den Mittleren Osten brachte, hat Washington die Demokratie in den Vereinigten Staaten von Amerika zerstört. Washington hat mittelalterliche Folter und Selbstbezichtigung (sprich den sogenannten „Urteilshandel": man „gesteht" und bekommt eine angeblich „geringere" Strafe, d.Ü.) wiederbelebt. Washington hat den rechtsstaatlichen Prozess und Habeas Corpus zerstört. Auf Obamas Antrag hin beschloss der Kongress mit überwiegender Mehrheit ein Gesetz, welches erlaubt, dass amerikanische Bürger unbefristet ohne Verfahren oder ohne Vorlage von Beweisen einsperrt werden. Unbefugte Durchsuchungen und Ausspionieren, zu Beginn des 21. Jahrhunderts illegal und verfassungswidrig, sind jetzt Routine.

Obama hat sich sogar das Recht angeeignet, für das keinerlei gesetzliche Grundlage besteht, jeden Amerikaner wo auch immer umzubringen, wenn die Exekutive das beschließt; ohne einen Beweis dafür vorzulegen, dass die Person eine Bedrohung für die Regierung der Vereinigten Staaten von Amerika bildet. Jeder Amerikaner wo auch immer kann aufgrund der subjektiven Meinung des exekutiven Bereichs umgebracht werden, der in zunehmendem Ausmaß der einzige Bereich der Regierung der Vereinigten Staaten von Amerika ist. Die beiden anderen „gleichwertigen" Bereiche (Legislative/Gesetzgebung und Judikative/Rechtsprechung, d.Ü.) sind unter dem „Krieg gegen den Terror" zusammengeschrumpft.

Warum ist Washington so entschlossen, Demokratie in den Mittleren Osten (ausgenommen Saudi-Arabien, Bahrain, Katar und die Emirate), nach Afrika, in den Iran, nach Afghanistan, Russland und China zu bringen, steht es doch auf Kriegsfuß mit den verfassungsmäßigen Rechten in Amerika?
Die Rechte, die die Amerikaner im 18. Jahrhundert durch die erfolgreiche Revolution gegen König George III errungen haben, wurden alle im 21. Jahrhundert von Bush/Obama vernichtet. Man möchte annehmen, dass das wenigstens eine Meldung in den Nachrichten wert wäre, aber das ist es nicht.
Erwarten Sie nicht, dass das Wahrheitsministerium irgendetwas darüber sagt.

26.03.2012: Weltreiche damals und jetzt

Große Weltreiche wie das römische und britische Reich waren parasitär. Die Reiche waren erfolgreich, da der Wert der Ressourcen und Reichtümer, die sie den eroberten Ländern entzogen, die Kosten für Eroberung und Beherrschung überstieg. Der Grund dafür, dass Rom sein Reich nicht in den Osten Deutschlands ausweitete, lag nicht in der militärischen Tapferkeit der germanischen Stämme, sondern in Roms Kalkulation, dass die Kosten für die Eroberung den Wert der gewinnbaren Ressourcen übersteigen würden.

Das römische Imperium ging zugrunde, weil die Römer Arbeitskräfte und Ressourcen in Bürgerkriegen erschöpften, die sie unter sich selbst um die Macht ausfochten. Das britische Empire ging baden, weil die Briten sich im Kampf gegen Deutschland in zwei Weltkriegen übernahmen. In seinem Buch „The Rule of Empires" (Die Herrschaft der Imperien) von 2010 ersetzt Timothy H. Parsons den Mythos vom zivilisierenden Reich durch die Wahrheit des parasitären Reichs. Er beschreibt die Erfolge der Römer, des Kalifats der Omayaden, der Spanier in Peru, Napoleons in Italien und der Briten in Indien und Kenia beim Ausbeuten von Ressourcen. Um die Kosten für die Beherrschung Kenias zu senken,

aktivierten die Briten das Stammesbewusstsein und erfanden Stammesbräuche, die zum Vorteil der Briten arbeiteten.
Parsons untersucht nicht das amerikanische Reich, fragt sich aber in seiner Einleitung des Buchs, ob Amerikas Weltreich wirklich ein Weltreich ist, da es so aussieht, als würden die Amerikaner keine Gewinne daraus ziehen. Nach acht Jahren Krieg und versuchter Okkupation des Irak ist alles, was Washington für seine Mühen vorzuweisen hat, ein paar Billionen Dollar zusätzlicher Schulden und kein irakisches Erdöl. Nach zehn Jahren Billionen teurem Kampf gegen die Taliban in Afghanistan hat Washington nichts dafür vorzuweisen, ausgenommen vielleicht einen Teil des Drogenhandels, der benützt werden kann, um geheime Operationen der CIA zu finanzieren.
Amerikas Kriege sind sehr teuer. Bush und Obama haben die Staatsschulden verdoppelt, und die Menschen Amerikas haben gar nichts davon. Keine Reichtümer, kein „Brot und Spiele“ für die Amerikaner aus den Kriegen, die Washington führt. Was ist dann der Sinn des Ganzen?
Die Antwort ist, dass Washingtons Reich den Menschen Amerikas zum Wohle der wenigen mächtigen Interessengruppen, die Amerika beherrschen, Ressourcen entzieht. Der Militär-/Sicherheitskomplex, Wall Street, die Agrarkonzerne und die Israel-Lobby benutzen die Regierung, um Ressourcen aus den Amerikanern herauszuholen, die ihren Profiten und ihrer Macht dienen. Die Verfassung der Vereinigten Staaten von Amerika wurde im Interesse des Sicherheitsstaates stillgelegt, und die Einkommen der Amerikaner sind in die Taschen des einen Prozents umgeleitet worden. So funktioniert das amerikanische Reich.
Dieses Neue Imperium ist anders. Es besteht, ohne Eroberungen zu machen. Das amerikanische Militär hat den Irak nicht erobert und wurde politisch von der Marionettenregierung, die Washington eingerichtet hatte, hinausgeworfen. Es gibt keinen Sieg in Afghanistan, und nach einem Jahrzehnt kontrolliert das amerikanische Militär nicht das Land.
Im Neuen Reich spielt der Kriegserfolg keine Rolle mehr. Die Extraktion erfolgt dadurch, dass man sich im Krieg befindet. Riesige Beträge aus dem Steuergeld der Amerikaner sind in die amerikanische Rüstungsindustrie geflossen und riesige Machtzuwächse in die Heimatlandsicherheit. Das

amerikanische Reich arbeitet, indem es den Amerikanern Reichtum und Freiheit entzieht.

Deswegen können die Kriege nicht aufhören, und wenn doch einer aufhört, beginnt ein anderer. Erinnern Sie sich, dass Obama in sein Büro kam und gefragt wurde, welche Mission die Vereinigten Staaten von Amerika in Afghanistan verfolgen? Er antwortete, dass er nicht wisse, welche Mission das sei und dass die Mission definiert werden müsse.

Obama hat die Mission nie definiert. Er erneuerte den Krieg gegen Afghanistan, ohne uns über dessen Sinn zu informieren. Obama kann den Amerikanern nicht sagen, dass der Zweck des Krieges ist, Macht und Profite des Militär-/Sicherheitskomplexes auf Kosten der amerikanischen Bürger auszubauen.

Diese Wahrheit bedeutet nicht, dass die Objekte der amerikanischen militärischen Aggression ohne Kosten davongekommen sind. Eine große Zahl von Moslems wurde bombardiert und ermordet und ihre Wirtschaft und Infrastruktur verwüstet; aber nicht, um Ressourcen aus ihnen herauszuholen. Es ist ironisch, dass im Neuen Reich den Bürgern des Reichs Reichtum und Freiheit entzogen werden, um den verfolgten Bevölkerungen fremder Länder das Leben zu entziehen. Wie die bombardierten und ermordeten Moslems sind die amerikanischen Menschen Opfer des amerikanischen Weltreichs.

10.04.2012: Was ist ObamaCare?

Aufgewachsen in der Nachkriegszeit (nach dem Zweiten Weltkrieg) dachte ich niemals, dass ich jemals in der eigenartigen kafkaesken Welt leben würde, die heute existiert. Die Regierung der Vereinigten Staaten von Amerika kann jeden Bürger der Vereinigten Staaten von Amerika umbringen, den sie für eine mögliche „Bedrohung" der Regierung der Vereinigten Staaten von Amerika erachtet, oder sie kann den unglückseligen Bürger für den Rest seines oder ihres Lebens in ein Gefängnis sperren, ohne einem Gericht irgendwelche Beweise vorlegen zu müssen und ohne Verurteilung wegen eines Verbrechens. Oder sie kann die „Bedrohung" in einen ausländischen Marionettenstaat schicken und dort foltern lassen, bis die „Bedrohung“ ein Verbrechen gesteht, das nie geschehen ist, oder unter den Händen von „Freiheit und Demokratie“ zugrunde geht, während es auf seiner Unschuld beharrt.

Es wurde nie offenbart, wie ein einziger Bürger oder eine Anzahl derselben möglicherweise eine Bedrohung für eine Regierung sein könnte, die über eine Trillion Dollar jährlich verfügt, die sie für Sicherheit und Waffen ausgibt, über die größte Marine und Luftwaffe der Welt, über mehr als 700 Militärstützpunkte auf der ganzen Welt, über eine große Anzahl von Atomwaffen, über 16 Geheimdienste und die Geheimdienste ihrer NATO-HiWis und den israelischen Geheimdienst.

Trotzdem werden Flugzeugpassagiere Pornoscannern und sexuellem Abtasten ausgesetzt. Autos, die auf Interstate Highways fahren, müssen damit rechnen, angehalten zu werden und meilenlange Staus zu verursachen, während Heimatschutz und Staatspolizei oder örtliche Polizei Durchsuchungen durchführen.

Ich war Zeuge einer derartigen unbefugten Durchsuchung am Ostersonntag. Die nach Süden führenden Fahrbahnen der I-185 nach Columbus, Georgia, waren blockiert, während die Lichter der schwarzen SUVs und Polizeifahrzeuge flackerten. Von „Sicherheitskräften“, die sie bezahlen, wurden Bürger der Vereinigten Staaten von Amerika behandelt, als wären sie „Terroristen“ oder „heimische Extremisten“, eine weitere nicht definierte Klasse von Amerikanern ohne verfassungsmäßigen Schutz.

Diese Vorgänge selbst sind bereits kafkaesk, aber sie sind es noch viel mehr, wenn man bedenkt, dass diese außerordentlichen Verstöße gegen die Verfassung der Vereinigten Staaten von Amerika nicht vom Supreme Court aufgehoben werden. Offensichtlich fehlt den amerikanischen Bürgern ein Ort, wo sie ihre bürgerlichen Freiheiten verteidigen können. Dennoch liegt ObamaCare beim Supreme Court der Vereinigten Staaten von Amerika. Die konservative Mehrheit kann jetzt den „Justizaktivismus“ nützen, den die Konservativen den Liberalen vorgeworfen haben. Scheinheiligkeit sollte uns nicht mehr länger überraschen. Der Kampf um ObamaCare ist jedenfalls keine fünf Cent wert.

Es ist ungewöhnlich, dass „Liberale“, „Progressive“, „Demokraten“ oder was immer sie sind, ein „Gesundheitsprogramm“ verteidigen, das öffentliches Geld verwendet, um damit private Versicherungskonzerne zu bezahlen und das die Kosten für die Gesundheitsversorgung in die Höhe treibt. Für die gehirngewaschenen Amerikaner ist „ein einheitliches Finanzierungssystem nicht leistbar“, weil es „sozialisierte Medizin“ bedeutet. Ungeachtet dieser Propaganda, die von vielen Amerikanern geglaubt wird, schaffen es die europäischen Länder, sich einheitlich finanzierte Gesundheitssysteme zu leisten. Gesundheitswesen ist für viele europäische Bevölkerungen weder mit Stress noch mit Traumatisierung oder unfinanzierbaren Kosten verbunden. Unter den zivilisierten Ländern des Westens verfügt nur das reichste, nämlich die Vereinigten Staaten von Amerika, über kein allgemeines Gesundheitssystem.

Das amerikanische Gesundheitssystem ist von allen auf der Welt das teuerste. Der Grund für die außergewöhnlichen Kosten ist die Vielfalt von Mitwirkenden, die alle Profit machen müssen. Die privaten Ärzte müssen Profite machen. Die privaten Untersuchungszentren müssen Profite machen. Die privaten Fachärzte, die die Überweisungen von den praktischen Ärzten bekommen, müssen Profite machen. Die privaten Spitäler müssen Profite machen. Die privaten Versicherungsgesellschaften müssen Profite machen. Die Profite machen einen großen Teil der Kosten des Gesundheitswesens aus.

Zu diesen Profiten kommen die Kosten für die Vorbeugung und Bekämpfung von Betrug hinzu. Weil private Versicherungsgesellschaften möglichst wenig zahlen wollen und Medicare nur einen kleinen Teil der Rechnungen bezahlt, berechnen die privaten Gesundheitsdienstleister so viel wie nur möglich, im Wissen, dass die Zahlungen weitestgehend abgespeckt werden. Ein Rechnungsfehler von auch nur 300 Dollar kann allerdings einen Gesundheitsdienstleister wegen der Kosten, die eine Verteidigung gegen eine Anklage wegen Betrugs verursacht, in die Pleite treiben.

Der Vorteil eines einheitlichen Finanzsystems ist, dass es die Profite aus dem System herausnimmt. Niemand muss Profite machen. Wall Street kann nicht Versicherungsfirmen und privaten Gesundheitsdiensten damit drohen, sie würden übernommen, weil ihre Profite zu niedrig sind. Kein Gesundheitsdienstleister in einem einheitlichen Finanzierungssystem muss sich Sorgen machen, er könnte in einer von Wall Street organisierten Übernahme aus dem Spiel geworfen werden, weil er zu wenig Profit macht.

Weil ein einheitliches Finanzierungssystem die Profite ausschaltet, die die Kosten in die Höhe treiben, hassen Wall Street, Versicherungsgesellschaften und „wissenschaftliche Vertreter des freien Marktes" ein „sozialisiertes" System der medizinischen Versorgung. Sie wollen ein „privates" Gesundheitssystem haben, in dem öffentliche Gelder in private Versicherungsgesellschaften fließen.
Um die Kosten so weit wie möglich in die Höhe zu treiben, entwarfen Konservative und die privaten Versicherungsfirmen ObamaCare. Der Gesetzesentwurf wurde von privaten Denkfabriken und den privaten Versicherungsgesellschaften verfasst. Was die „sozialisierte" ObamaCare-Gesetzesvorlage macht, ist, Einkommensteuergelder, bezahlt von Bürgern, zu nehmen und diese Gelder zu benutzen, um die privaten Rechnungen für medizinische Behandlungen durch private Anbieter zu subventionieren, um „private" medizinische Versorgung für jene Bürger der Vereinigten Staaten von Amerika zur Verfügung zu stellen, die sie sich nicht leisten können.
Die extrem hohen Kosten für ObamaCare haben mit „sozialisierter Medizin" nichts zu tun. ObamaCare ist hochpreisige privatisierte Medizin, die den privaten Versicherungsgesellschaften Milliarden von Dollar an Profiten garantiert.
Es bleibt abzuwarten, ob ein derart lächerliches Gesundheitssystem, das es nirgendwo auf der Welt gibt außer in Romneys Massachussetts, medizinische Versorgung liefern wird oder nur private Profite.

12.04.2012: Washington führt die Welt in die Gesetzlosigkeit

Die Regierung der Vereinigten Staaten von Amerika gibt vor, sich an den Rechtsstaat zu halten, die Menschenrechte zu respektieren und ihren Bürgern Freiheit und Demokratie zu bieten. Washingtons Anspruch und die unverblümte Realität stehen sich diametral gegenüber.
Vertreter der Regierung der Vereinigten Staaten von Amerika kritisieren routinemäßig andere Regierungen – diese seien undemokratisch und ver-

letzten die Menschenrechte. Kein Land außer Israel schickt allerdings Bomben, Raketen und Drohnen in souveräne Länder, um Menschen von deren Zivilbevölkerung zu ermorden. Die Foltergefängnisse von Abu Ghraib, Guantánamo und die geheimen Gefängnisse der CIA sind der Beitrag der Bush-/Obamaregimes zu den Menschenrechten.

Washington verletzt die Menschenrechte seiner eigenen Bürger. Washington hat die in der Verfassung der Vereinigten Staaten von Amerika garantierten bürgerlichen Rechte aufgehoben und seine Absicht erklärt, Bürger der Vereinigten Staaten von Amerika unbefristet ohne rechtsstaatliches Verfahren einzusperren. Präsident Obama hat bekannt gemacht, dass er aus eigenem Ermessen Bürger der Vereinigten Staaten von Amerika umbringen kann, die er für eine Bedrohung der Vereinigten Staaten von Amerika hält.

Der Kongress hat auf diese außergewöhnlichen Bekanntmachungen nicht mit einem Impeachment-Verfahren reagiert. Es gab keinen Aufschrei von den Bundesgerichten, juristischen Fakultäten oder Anwaltsvereinigungen. Glenn Greenwald berichtet, dass das Department für Heimatlandsicherheit Journalisten schikaniert, die sich weigern, Pressehuren zu sein, und wir haben Videos über die brutale Unterdrückung von OWS-Demonstranten (OWS: Occupy Wall Street) gesehen. Chris Floyd beschreibt die perversen Folterer, die die Vereinigten Staaten von Amerika beherrschen.

Jetzt zwingt Washington einen so großen Teil der Welt, wie es nur kann, internationale Abkommen und Internationales Recht über den Haufen zu stoßen. Washington hat eine Anordnung erlassen, dass sein Wort allein Internationales Recht ist. Jedes Land, das mit dem Iran Handel treibt oder Erdöl vom Iran kauft – außer denen, die von Washington eine Ausnahmebewilligung haben – wird von den Vereinigten Staaten von Amerika sanktioniert. Diese Länder werden von den Märkten der Vereinigten Staaten von Amerika ausgeschlossen, und ihre Bankensysteme werden keinen Zugang zu Banken haben, die internationale Zahlungen durchführen. Mit anderen Worten, Washingtons „Sanktionen gegen den Iran“ gelten nicht nur für den Iran, sondern für Länder, die Washington nicht gehorchen und ihren Energiebedarf mit iranischem Erdöl decken.

Laut Christian Science Monitor hat Washington bisher Japan und zehn Ländern der Europäischen Union Sonderrechte gewährt, weiterhin iranisches Erdöl zu kaufen. Von Ländern zu verlangen, dass sie ihre Wirtschaft einstellen, nur um der Vendetta zu entsprechen, die Washington gegen den Iran betreibt – einer Vendetta, die anhält, seit die Iraner die von Washington installierte Marionette, den Schah, vor mehr als drei Jahrzehnten gestürzt haben –, ging über das hinaus, was Washington sich leisten konnte. Washington hat Japan erlaubt, weiterhin 78-85 % seiner normalen Erdölimporte vom Iran zu importieren.

Washingtons Gewährung von Sonderrechten ist willkürlich. Keine Befreiungen wurden China, Indien, der Türkei und Südkorea gewährt. Indien und China sind die größten Abnehmer iranischen Erdöls, die Türkei und Südkorea sind unter den zehn größten Importeuren. Ehe wir schauen, welche möglichen unbeabsichtigten Konsequenzen Washingtons Vendetta gegen den Iran haben könnte, was ist eigentlich Washingtons Rechtsanspruch gegen den Iran?

Offen gesagt, Washington hat keinen Rechtsanspruch. Es ist nichts als der alte Schwindel von „Waffen der Massenvernichtung", neu aufgewärmt. Iran ist im Gegensatz zu Israel dem Atomwaffensperrvertrag beigetreten. Alle Länder, die beitreten, haben das Recht auf Atomenergie. Washington behauptet, der Iran verstoße gegen das Abkommen, indem er eine Atomwaffe entwickelt. Für diese Behauptung Washingtons gibt es keinerlei Beweise. Washingtons eigene 16 Geheimdienste sind sich einig, dass der Iran seit 2003 kein Atomwaffenprogramm betreibt. Darüber hinaus befinden sich Waffeninspektoren der Internationalen Atomenergie-Agentur (IAEA) im Iran und haben durchgehend berichtet, dass es keine Abspaltung von nuklearem Material vom Energieprogramm in Richtung eines Waffenprogramms gibt.

Bei den seltenen Gelegenheiten, bei denen Washington an die Tatsachen erinnert wird, vertritt Washington eine andere Linie. Washington versichert, dass ungeachtet der Rechte des Irans gemäß dem Atomwaffensperrvertrag der Iran kein Kernenergieprogramm betreiben darf, weil der Iran dadurch im Lauf der Zeit genügend gelernt haben werde, um imstande zu sein, irgendwann in der Zukunft eine Bombe zu bauen. Der Weltbeherrscher hat von sich aus entschieden, dass die Möglichkeit, dass der Iran eines Tages beschließen könnte, eine Atomwaffe zu bauen, ein zu großes Risiko darstellt. Es ist besser, sagt Washington, den Ölpreis hochzutrei-

ben, die Weltwirtschaft zum Erliegen zu bringen, das Internationale Recht zu brechen und einen großen Krieg zu riskieren, als sich Sorgen machen zu müssen, dass eine zukünftige Regierung des Iran eine Atomwaffe bauen wird. Das ist die tyrannische Rechtsauffassung Jeremy Benthams, die vom angloamerikanischen Rechtssystem verworfen worden ist.
Es ist schwer, Washingtons Position als gut durchdacht zu charakterisieren. Darüber hinaus hat Washington nie das große Risiko erläutert, das für Washington in der Möglichkeit einer iranischen Atomwaffe besteht. Warum ist dieses Risiko so viel größer als das Risiko, das den sowjetischen Atomwaffen beigemessen wurde, oder das Risiko der Atomwaffen der Vereinigten Staaten von Amerika, Russlands, Chinas, Israels, Pakistans, Indiens und Nordkoreas heute? Der Iran ist ein relativ kleines Land. Er hat nicht die Ambitionen Washingtons, die Welt zu beherrschen. Im Gegensatz zu Washington führt der Iran nicht mit einem halben Dutzend Ländern Krieg. Warum zerstört Washington Amerikas Reputation als ein Land, das das Gesetz respektiert, und riskiert einen größeren Krieg und wirtschaftliche Erschütterung wegen irgendeiner möglichen zukünftigen Entwicklung, deren wahrscheinlichen Verlauf niemand einschätzen kann?
Es gibt keine gute Antwort auf diese Frage. Da sie keine Beweise haben, mit denen sie ihren Rechtsanspruch gegen den Iran belegen könnten, haben Washington und Israel zur Dämonisierung gegriffen. Die Lüge, dass der derzeitige Präsident des Iran die Absicht hat, Israel vom Angesicht der Erde zu fegen, wurde zur Wahrheit gemacht.
Diese Lüge hat sich als Propaganda durchgesetzt, sogar nachdem zahlreiche Sprachexperten bewiesen haben, dass die dem iranischen Präsidenten von der amerikanisch-israelischen Propaganda zugeschriebene Absicht eine völlig falsche Übersetzung dessen ist, was der Präsident des Iran gesagt hat. Wieder einmal zählen die Tatsachen für Washington und seine Pressehuren nicht. Nur das Ziel zählt, und jede Lüge wird benutzt werden, um diesem näherzukommen.
Washingtons Sanktionen könnten letztlich Washington härter treffen als den Iran. Was wird Washington tun, wenn Indien, China, die Türkei und Südkorea sich Washingtons Drohungen nicht beugen?
Laut neuen Berichten neigen Indien und China nicht dazu, sich selbst in Schwierigkeiten zu bringen und ihre wirtschaftliche Entwicklung zu

schädigen, nur um Washingtons Vendetta gegen den Iran zu unterstützen. Nachdem es Chinas raschen Aufstieg verfolgt und Nordkoreas Immunität gegen einen amerikanischen Angriff beobachtet hat, könnte sich Südkorea Gedanken darüber machen, wie lange es noch Washingtons Marionettenstaat bleiben will. Die Türkei, in der die zivile und irgendwie islamistische Regierung es geschafft hat, sich aus der Umklammerung des von den Vereinigten Staaten von Amerika kontrollierten Militärs zu befreien, scheint langsam darauf zu kommen, dass Washington und die NATO die Türkei in einer „dienenden Rolle" führen, in der die Türkei Washingtons Agent gegen seinesgleichen ist. Es sieht so aus, als wäre die türkische Regierung dabei, die Vorteile ihrer Rolle als Washingtons Spielfigur zu überdenken.

Die Entscheidungen der Türkei und Südkoreas drehen sich grundsätzlich darum, ob diese Länder unabhängig bleiben oder in Washingtons Reich vereinnahmt werden. Der Erfolg des amerikanisch-israelischen Angriffs gegen die Unabhängigkeit des Iran hängt von Indien und China ab.

Wenn Indien und China Washington den Mittelfinger zeigen, was kann Washington tun? Absolut nichts. Was, wenn Washington, versinkend in seiner gigantischen Überheblichkeit, Sanktionen gegen Indien und China ankündigt?

Wal-Marts Regale würden leer stehen und Amerikas größter Einzelhändler würde an das Tor des Weißen Hauses hämmern.

Apple Computers und zahllose mächtige Konzerne der Vereinigten Staaten von Amerika, die ihre Produktion für den amerikanischen Markt nach China ausgelagert haben, würden ihre Profite dahinschwinden sehen. Zusammen mit ihren Verbündeten der Wall Street würden diese mächtigen Konzerne den Narren im Weißen Haus mit größerer Kraft angreifen als die Rote Armee. Der chinesische Handelsüberschuss würde aufhören, in die Schuldenkasse des Finanzministeriums der Vereinigten Staaten von Amerika zu fließen. Die nach Indien ausgelagerten Büroarbeiten von Banken, Kreditkartenunternehmen und Kundendienstabteilungen von Dienstleistern quer durch die Vereinigten Staaten von Amerika würden aufhören zu funktionieren.

In Amerika würde das Chaos herrschen. Solcherart sind die Belohnungen für das globalisierte Reich.

Der Dummkopf im Weißen Haus und die neokonservativen und israelischen Kriegstreiber, die ihn dazu drängen, noch mehr Kriege zu führen, verstehen nicht, dass die Vereinigten Staaten von Amerika nicht länger ein unabhängiges Land sind. Amerika gehört Offshoring-Gesellschaften und den fremden Ländern, in die die Gesellschaften ihre Produktion für die Märkte der Vereinigten Staaten von Amerika verlegt haben. Sanktionen gegen China und Indien (und Südkorea) bedeuten Sanktionen gegen Konzerne der Vereinigten Staaten von Amerika. Sanktionen gegen die Türkei bedeuten Sanktionen gegen einen NATO-Alliierten.

Begreifen China, Indien, Südkorea und die Türkei, dass sie die besseren Karten haben? Verstehen sie, dass sie dem amerikanischen Reich den Mittelfinger zeigen und es kollabieren lassen können, oder sind sie gehirngewaschen wie Europa und der Rest der Welt und glauben, dass gegen die mächtigen Amerikaner kein Widerstand möglich ist?

Werden China und Indien ihre Macht über die Vereinigten Staaten von Amerika einsetzen oder werden die beiden Länder schummeln und eine Haltung einnehmen, die das Gesicht Washingtons wahrt, während sie weiterhin iranisches Erdöl kaufen?

Die Antwort auf diese Frage lautet: Wie viel wird Washington China und Indien in geheimen Zugeständnissen für ihre Vortäuschung bezahlen, dass China und Indien Washingtons diktatorische Macht über den Rest der Welt anerkennen – etwa durch die Räumung des Südchinesischen Meeres durch die Vereinigten Staaten von Amerika?

Ohne Zugeständnisse an China und Indien wird Washington wahrscheinlich ignoriert werden, während es zusieht, wie seine Macht schwindet. Ein Land, das keine Industrie- und Fertigprodukte erzeugen, sondern nur Schuldeninstrumente und Geldscheine drucken kann, ist kein mächtiges Land. Es ist ein gescheiterter schäbiger Strolch, der so lange sein Unwesen treiben kann, bis der sprichwörtliche Knabe sagt: „Der Kaiser hat keine Kleider."

19.04.2012: Amerikaner aus der Matrix ausklinken

Amerikaner, Briten und Westeuropäer sind es gewohnt, sich selbst als die Repräsentanten von Freiheit, Demokratie und Moral auf der Welt zu sehen. Der Westen urteilt über den Rest der Welt, als wäre der Westen Gott und der Rest der Welt Barbaren, die der Züchtigung, Invasion und Okkupation bedürfen. Wie die Leser wissen, stelle ich gelegentlich den Wahrheitsgehalt der extremen Überheblichkeit des Westens in Frage.

China ist oft ein Land, das Washingtons Moralisten das hohe Ross besteigen lässt. Wie auch immer, Chinas „autoritäre" Regierung geht in der Tat mehr auf ihre Menschen ein als Amerikas „gewählte demokratische" Regierung. Mehr noch, wie unvollständig auf dem Papier die bürgerlichen Freiheiten der Menschen Chinas auch sein mögen, hat die chinesische Regierung noch nicht erklärt, dass sie straflos gegen alle Rechte verstoßen kann, die die chinesischen Bürger haben. Es ist auch nicht China, das Foltergefängnisse auf der gesamten Erde betreibt.

Seit einiger Zeit hatte ich die Absicht, einen realistischen Vergleich der beiden Länder anstelle des üblichen propagandistischen Vergleichs zu erstellen, aber Ron Unz ist mir jetzt zuvorgekommen. Unz bietet uns die Chance einer Weiterbildung. Versäumen Sie sie nicht.

Unz hat eine hervorragende Arbeit geleistet. Mehr noch, klug untertreibt er die Sache Chinas und übertreibt die Seite Amerikas, um nicht unnötig die Fahnenschwenker zu erregen. Dennoch ist die Schlussfolgerung klar: Die Chinesen sind weniger bedroht von ihren „extrahierenden Eliten" als die Amerikaner von den ihren.

Darüber hinaus sind es Amerikas, nicht Chinas extrahierende Eliten, die andere Länder bombardieren, besetzen und mit Drohnen bekämpfen. „Sei nett zu Amerika, oder wir werden die Demokratie in dein Land bringen."

Was die wirtschaftliche Führung betrifft, gibt es nichts Vergleichbares. Unz berichtet, dass China in den letzten drei Jahrzehnten die schnellste Rate von wirtschaftlicher Entwicklung in der Geschichte der Menschheit erreicht hat. Mehr noch, der größte Teil des neuen Einkommens ist in die Taschen der chinesischen Arbeiter geflossen, nicht in die des einen Prozents. Während die amerikanischen Durchschnittseinkommen seit Jahrzehnten stagnieren, haben sich die Einkommen der chinesischen Arbeiter in den letzten drei Jahrzehnten alle zehn Jahre verdoppelt. Ein Weltbankbericht neuen Datums besagt, dass über 100 Prozent des weltweiten Rückgangs der Armutsquoten auf das Anwachsen Chinas zurückzuführen sind.

Im letzten Jahrzehnt vervierfachte sich die industrielle Produktion Chinas. China produziert jetzt mehr Automobile als Amerika und Japan zusammen und hielt in den letzten zehn Jahren einen Anteil von 85 % des Zuwachses der weltweiten Produktion von Kraftfahrzeugen.

1978 war die amerikanische Wirtschaft 15-mal größer als die Chinas. In den nächsten paar Jahren soll erwartungsgemäß Chinas Bruttoinlandsprodukt das der Vereinigten Staaten von Amerika übersteigen.

Das ist aufregendes Material, das in erstaunlichen Details zum Vorschein bringt, wie armselig die Amerikaner von ihren Eliten bedient werden.

Amerika hat versagt, weil die politischen Eliten nur die mächtigen Sonderinteressen derer vertreten, die im Austausch für die Finanzierung der politischen Kampagnen der „Gesetzgeber" die Gesetze des Landes schreiben. Um die Aufmerksamkeit von ihren Fehlern abzulenken, zeigen die amerikanischen Eliten mit den Fingern auf Sündenböcke im Ausland. China wird zum Beispiel beschuldigt, seine Währung zu manipulieren. Unz sagt, dass die Schuldzuweisung politisches Theater für die Ignoranten und Leichtgläubigen ist.

Amerikas Wirtschaftswissenschaftler, oder zumindest die meisten von ihnen, haben sich selbst so prostituiert, dass Propaganda zur Volksweisheit geworden ist. Die meisten Amerikaner glauben, dass, wenn China einfach den Wert seiner Währung im Verhältnis zum Dollar schneller ansteigen ließe, die Wirtschaftsprobleme Amerikas ein Ende hätten. Es ist unfassbar, dass ein Wirtschaftswissenschaftler denken könnte, dass es den Amerikanern mit stagnierenden und sinkenden Einkommen aufgrund eines scharfen Ansteigens der Preise von in China produzierten Gütern, von denen die Amerikaner abhängig sind, besser ginge, oder dass die Rolle des US-Dollars als Reservewährung, die Hauptquelle der Macht Amerikas, eine derartige Manifestation der chinesischen wirtschaftlichen Überlegenheit überleben könnte.

Die Amerikaner assoziieren Gesetzlosigkeit mit unberechenbaren Regierungen und betrachten die Regierung Chinas als unberechenbar. Wie auch immer, Unz zeigt auf, dass es das Bush/Obama-Regime ist, das sich selbst als unberechenbar sowohl in Bezug auf das Recht der Vereinigten Staaten von Amerika als auch auf das Internationale Recht erwiesen hat. Der Niedergang des Kriegsbefugnisgesetzes und der Genfer Konvention sowie die von der Exekutive durchgesetzte Befugnis, jeden Amerikaner ohne Verfahren oder Anklage ins Gefängnis zu sperren oder umzubringen, den die Exekutive für eine „Bedrohung der nationalen Sicherheit" hält, weisen auf einen totalen Polizeistaat hin, der sich als berechenbare Demokratie maskiert. In Amerika werden sechsjährige Mädchen, die sich in der Schule schlecht benehmen, gefesselt, eingesperrt und wegen Verbrechen unter Anklage gestellt. Nicht einmal Hitler und Stalin gingen so weit.
Die Amerikaner haben die Kontrolle über die Regierung verloren, und Regierungen, die nicht vom Volk kontrolliert werden, sind keine Demokratien. Im Amerika von heute sind das Sozialversicherungssystem, Medicare, Lebensmittelmarken und das gesamte soziale Sicherheitsnetz durch die lärmende Gier nach Kriegsprofiten seitens der Rüstungsplutokraten und Finanzinstitutionen bedroht, die darauf aus sind, dass die gewöhnlichen Bürger die Kosten für die Inkompetenz und die Betrügereien der Bankster tragen.
Unz' Vergleich, wie die chinesischen Medien und die Regierung den Melamin- bzw. Säuglingsmilchskandal behandelten und wie die amerikanischen Medien und die Regierung mit dem Merck's Vioxx-Skandal umgingen, fällt besonders vernichtend aus. Es waren Chinas kontrollierte Medien und unberechenbare Regierung, die die Babymilch-Verbrecher bestraften, während Amerikas freie Presse und berechenbare Regierung Merck frei davonkommen ließen.
Unz' Schlussfolgerung ist, dass es Amerika ist und nicht China, wo Leben als wertlos erachtet wird.
Ron Unz ist ein amerikanischer Held und ein sehr mutiger dazu. George Orwell sagte: „In einer Zeit der universellen Täuschung ist die Wahrheit zu sagen eine revolutionäre Tat."
Es ist eine umso mutigere Tat, wenn niemand die Wahrheit hören will. Frantz Fanon sagte: „Manchmal glauben Menschen sehr stark an eine

bestimmte Sache. Wenn sie mit Beweisen konfrontiert werden, die gegen diese Sache gerichtet sind, kann der neue Beweis nicht akzeptiert werden. Das würde zu einem extrem unangenehmen Gefühl führen, das als kognitive Dissonanz bezeichnet wird. Weil es also so wichtig ist, den ursprünglichen Glauben zu beschützen, werden sie alles rationalisieren, ignorieren und sogar abstreiten, was sich nicht mit diesem verträgt."
Die meisten Menschen, die ich persönlich kenne, wollen nicht aus der Matrix ausgeklinkt werden. Ich nehme an, dass das bei meinen Lesern nicht so ist – nutzen Sie also die Gelegenheit, sich weiter auszuklinken und lesen Sie Ron Unz' Vergleich zwischen Amerika und China: Chinas Aufstieg, „Amerikas Niedergang".

Und dann versuchen Sie, andere auszuklinken!

23.04.2012: Wie die Freiheit verloren wurde

Wann begannen die Dinge, in Amerika falsch zu laufen?
„Von Anfang an", sagen einige. Englische Kolonisatoren, selbst unter dem Joch eines Königs, rotteten die amerikanischen Indianer aus und stahlen ihr Land, wie es auch die Amerikaner im späten 18. und im 19. Jahrhundert taten. Im Verlauf von drei Jahrhunderten wurden die Ureinwohner Amerikas enteignet, gerade wie die Israelis seit 1948 die Palästinenser von ihrem Land vertrieben haben.
Dämonisierung spielt immer eine Rolle. Die Indianer waren Wilde und die Palästinenser sind Terroristen. Jedes Land, das die Zuschreibungsmacht hat, kann mit bösen Taten davonkommen. Ich stimme der Ansicht zu, dass in jedem Land und in jeder Zivilisation viel Böses existiert. Im Kampf zwischen Gut und Böse war die Religion regelmäßig auf Seiten des Bösen. Dennoch kann die Idee des moralischen Fortschritts nicht so leicht verworfen werden.
Nehmen wir zum Beispiel die Sklaverei. Im 19. Jahrhundert existierte Sklaverei noch immer in Ländern, welche Gleichberechtigung verkündeten. Sogar freie Frauen hatten nicht die gleichen Rechte. Heutzutage würde kein westliches Land mehr tolerieren, dass Menschen Besitz sind

oder dass das Eigentum einer Frau bei der Hochzeit auf ihren Mann übertragen wird.

Es stimmt, dass westliche Regierungen Eigentumsrechte an der Arbeit ihrer Bürger haben, und zwar durch die Einkommenssteuer. Das bleibt eine abgemilderte Form der Leibeigenschaft. Bis jetzt hat allerdings noch keine Regierung das Besitzrecht an der Person selbst beansprucht.

Gelegentlich höre ich von meinen Lesern, dass meine Bemühungen sinnlos sind, dass Eliten immer dominieren und dass die einzige Lösung darin besteht, entweder durch Heirat einen Weg in die kleine vernetzte Clique von Eliten zu finden oder dadurch, dass man ihren Interessen dient.

Das mag wie ein zynischer Ratschlag klingen, aber es beinhaltet einige Wahrheit. In der Tat ist das die Art, in der Washington und New York funktionieren und zunehmend die Art, in der das ganze Land funktioniert.

Washington dient mächtigen Privatinteressen, nicht dem öffentlichen Interesse. Universitätsfakultäten dienen in ihrer Forschungsarbeit zunehmend privaten Interessen und immer weniger der Wahrheit. In den Vereinigten Staaten von Amerika sind die Medien keine Stimme und kein Schutz der Menschen mehr. Es wird in Amerika immer unmöglicher, einen guten Arbeitsplatz zu bekommen, ohne mit dem System vernetzt zu sein, das den Eliten dient.

Das Problem, das ich mit dieser „Gib auf“-Einstellung habe, besteht darin, dass es im Lauf meines Lebens, und überhaupt im Verlauf des 20. Jahrhunderts, zu vielen positiven Veränderungen durch Reformen gekommen ist. Es gibt keine Reformen ohne guten Willen, und es waren daher sogar die Eliten Teil des moralischen Fortschritts, indem sie die Reformen, welche ihre Macht einschränkten, akzeptierten.

Gewerkschaften wurden zu einer Gegenmacht gegen die Konzernführungen und Wall Street. Die Arbeitsbedingungen wurden reformiert. Die Bürgerrechte wurden ausgeweitet. Vom System ausgeschlossene Menschen wurden in dieses hereingeholt. Jeder, der im 20. Jahrhundert aufgewachsen ist, kann seine eigenen Beispiele hinzufügen.

Der Fortschritt ging langsam – viel zu langsam aus der Sicht eines Reformers – und Fehler wurden gemacht. Wie auch immer, ob richtig oder falsch betrieben, es gab ein Bekenntnis zur Ausweitung der bürgerlichen Freiheit.

Dieses Bekenntnis endete unvermittelt am 11. September 2001. Innerhalb von elf Jahren setzte das Bush/Obama-Regime 800 Jahre menschlicher Errungenschaften außer Kraft, die das Recht zu einem Schutzschild der Menschen gemacht hatten, und formte das Recht um zu einer Waffe in den Händen der Regierung. Heute können Amerikaner und Bürger anderer Länder nach dem alleinigen Willen des exekutiven Bereichs der Vereinigten Staaten von Amerika ohne gesetzliches Verfahren und ohne einem Gericht vorgelegte Beweise ihr ganzes Leben lang in Foltergefängnisse gesperrt, auf der Straße niedergeschossen oder mit Raketen aus Drohnen ausgelöscht werden.

Die Macht, die die Regierung der Vereinigten Staaten von Amerika sich über ihre Bürger und auch über die Bürger anderer Länder anmaßt, ist uneingeschränkt. Lenin beschrieb uneingeschränkte Macht als Macht, die „direkt auf Gewalt beruht, durch nichts eingeschränkt wird, weder durch irgendwelche Gesetze noch durch irgendwelche absoluten Regeln".

Washington behauptet, es selbst sei die unentbehrliche Regierung, die das außergewöhnliche Volk repräsentiert und dadurch das Recht hat, ihren Willen und ihr „Recht" dem Rest der Welt aufzuzwingen, und dass Widerstand gegen Washington Terrorismus ist, der mit allen nur möglichen Mitteln ausgerottet werden muss.

So sprechen die amerikanischen Neokonservativen von Atombomben gegen den Iran, weil dieser auf seiner Unabhängigkeit von der amerikanischen Vorherrschaft besteht und sein Recht zur Nutzung der Kernenergie gemäß dem Atomwaffensperrvertrag wahrnimmt, dem der Iran als Signatarmacht angehört.

Mit anderen Worten, Washingtons Wille geht über internationale Abkommen hinaus, die den Rang von Gesetzen haben. Abkommen, die Washington selbst der Welt aufs Auge gedrückt hat. Nach dem Willen der Neokonservativen und Washingtons ist der Iran nicht durch das Rechtsabkommen geschützt, das der Iran mit Washington abgeschlossen hat, als der Iran den Atomwaffensperrvertrag unterzeichnete.

Der Iran findet sich sozusagen in der Rolle eines weiteren amerikanischen Indianerstammes des 17. oder 18. Jahrhunderts, der seiner Rechte beraubt und von den Kräften des Bösen ausgelöscht werden soll, die in Washington, D.C. herrschen.

Die überwiegende Mehrheit der „Supermacht"-Amerikaner, die in die Matrix eingeklinkt sind, wo sie mit der Desinformation glücklich sind, die von Washington und dessen Pressehuren in ihre Hirne gepumpt wird, würden meine Fakten eher ablehnen, als sich ihnen zu stellen.

Das führt zu der Frage: Wie wird einer aus der Matrix ausgeklinkt oder klinkt andere aus der Matrix aus? Leser haben mich das gefragt, ich habe keine vollständige Antwort.

Es scheint da mehrere Möglichkeiten zu geben. Du wirst gekündigt und gezwungen, deinen H-1B-Nachfolger einzuschulen, der für einen niedrigeren Lohn arbeitet. Du wirst wegen eines Verbrechens verurteilt, das du nicht begangen hast. Die Kinder werden dir vom Kinderschutz weggenommen, weil Sportverletzungen als Zeichen für Kindesmissbrauch gedeutet werden. Dein Haus wird dir gestohlen, weil eine betrügerische Hypothek mit der Macht des Gesetzes durchgesetzt wurde. Du wirst vom „Freien Marktkapitalismus“ freigesetzt, weil du zu alt wirst und die Prämie deiner Krankenversicherung dem Arbeitgeber zu teuer wird. Du wirst von der Heimatlandsicherheit bei deiner Rückkehr in die Vereinigten Staaten von Amerika schikaniert, weil du ein nichteingebetteter Journalist bist, der wahrheitsgemäß über das Verhalten der Vereinigten Staaten von Amerika im Ausland berichtet. Es gibt viele Beispiele, wo Amerikaner in die Realität gestoßen werden, weil ihnen die „Freiheit und Demokratie“-Schuppen von den Augen fallen.

Es ist möglich, dass aus der Matrix ausgeklinkt zu werden eine fortschreitende lebenslange Erfahrung für diejenigen ist, die darauf achten. Je länger sie leben, desto mehr kommen sie darauf, dass die Realität den Erklärungen der Regierung und der Medien widerspricht. Die wenigen, die nach Reality Shows und Sportsendungen und Fantasyfilmen noch an wichtige Dinge denken können, kommen Schritt für Schritt darauf, dass keine „neue Wirtschaft“ die Stelle der Produktion einnimmt, die in ferne Länder ausgelagert worden ist. Wenn sie erst ihre „schmutzige Fingernägel"-Jobs losgeworden sind, dann erfahren sie, dass es keine „neue Wirtschaft“ gibt, die sie anstellt.

Noch immer schäumend wegen der Niederlage im Krieg gegen Vietnam und vor Wut gegen die Antikriegsdemonstranten kommen einige fahnenschwenkende Patrioten langsam auf die Konsequenzen der Kriminalisie-

rung von abweichenden Meinungen und der Ausübung der Rechte der freien Meinungsäußerung. „Du bist entweder für uns oder gegen uns", das bekommt immer mehr eine drohende Bedeutung anstelle einer beruhigenden, was dazu führt, dass jeder, der eine abweichende Meinung äußert, dadurch zu einem „Staatsfeind" abgestempelt wird.
Mehr Amerikaner, bei Weitem aber noch nicht genügend, kommen zu der Auffassung, dass die Auslöschung der Branch Davidians 1993 in Waco ein Probelauf war, um herauszufinden, ob die Öffentlichkeit und der Kongress die Ermordung von Zivilisten hinnehmen würden, die mit falschen Beschuldigungen von Kindesmissbrauch und Waffenmissbrauch dämonisiert worden waren.
Der nächste Test war das Bombenattentat 1995 in Oklahoma City. Wessen Erklärung würde sich durchsetzen: die der Regierung oder die von Experten? Luftwaffengeneral Partin, ein Spitzenexperte für Sprengstoffe, wies schlüssig in einem ausführlich dokumentierten Bericht, der jedem Kongressmitglied überreicht wurde, nach, dass das Murruh Bundes-Amtsgebäude von innen her gesprengt wurde, nicht von außen mit der Kunstdünger-Autobombe. General Partins Fakten konnten sich gegen die Regierungspropaganda und den Kongress, der eine Auseinandersetzung darüber vermeiden wollte, nicht durchsetzen.
Sobald erst die Regierung der „nationalen Sicherheit" gelernt hatte, dass ihre Behauptungen und die der prostituierten Medien mehr Gewicht hatten als die von Experten präsentierten Fakten, konnten Verschwörungen wie die Operation Northwoods in Gang gesetzt werden. 9/11 wurde möglich.
Das Pentagon, CIA und der Militär-/Sicherheitskomplex suchten verzweifelt nach einem neuen Feind, der die „sowjetische Bedrohung" ersetzen sollte, die zu existieren aufgehört hatte. Der Militär-/Sicherheitskomplex und seine Diener im Kongress waren entschlossen, die Profite, die sie im Kalten Krieg gemacht hatten, zu ersetzen und die Macht zu vermehren, die sie durch Pentagon und CIA angehäuft hatten. Der einzig mögliche Ersatz für die sowjetische Bedrohung waren „muslimische Terroristen". Daher also die Erschaffung der „Al-Qaida-Bedrohung" und die Verschmelzung dieser neuen Bedrohung mit säkularen arabischen Regierungen wie der irakischen und syrischen, die die wirklichen Ziele von Islamisten waren.

Ungeachtet der von Experten vorgelegten Beweise, dass säkulare arabische Regierungen wie zum Beispiel die von Saddam Hussein im Kampf gegen islamischen Extremismus Verbündete waren, stellte die Regierung der Vereinigten Staaten von Amerika in ihrer Propaganda eine Verbindung zwischen der säkularen irakischen Regierung und den Feinden des Irak unter den islamischen Revolutionären her.

Nachdem Washington erst zur Auffassung gekommen war, dass die amerikanische Öffentlichkeit zu ignorant und zu nachlässig war, um Ereignissen Aufmerksamkeit zu schenken, die ihr Leben ändern und ihre Existenz gefährden würden, folgte alles andere: der PATRIOT Act, die Aufhebung der Verfassung und die Zerstörung bürgerlicher Freiheit, die Heimatlandsicherheit, die rasch ihren Gestapo-Einfluss von Flughäfen auf Bahnhöfe, Busstationen und Straßensperren ausweitete, die Kriminalisierung abweichender Meinungen, die Gleichstellung von Kritikern der Regierung mit Unterstützern von Terrorismus, das Eindringen in Wohnungen von Antikriegsaktivisten und ihre Anklage vor einer Grand Jury, die Verfolgung von Informanten, die Verbrechen der Regierung enthüllen, die Gleichsetzung von journalistischen Organisationen wie WikiLeaks mit Spionage. Die Liste ist noch länger.

Der Zusammenbruch der Wahrheit in den Vereinigten Staaten von Amerika und ihren Handlangerstaaten stellt meine Auffassung, nach der Wahrheit und guter Wille Kräfte sind, die das Böse besiegen können, vor eine große Herausforderung. Es ist möglich, dass meine Wahrnehmung, dass es in verschiedenen Perioden der westlichen Zivilisation zu moralischem Fortschritt gekommen ist, ein fortschreitendes Ausklinken aus der Matrix widerspiegelt. Was ich als Reformen im Gedächtnis habe, könnten auch Ereignisse gewesen sein, die durch die rosa gefärbten Gläser der Matrix erfahren wurden.

Ich glaube jedoch nicht, dass das der Fall ist. Die Vernunft ist ein wichtiger Teil der menschlichen Existenz. Einige können sie gebrauchen. Fantasie und Kreativität können Ketten sprengen. Gutes kann dem Bösen widerstehen. Der außergewöhnliche Film „The Matrix" zeigt, dass Menschen ausgeklinkt werden können. Ich glaube, dass sogar Amerikaner ausgeklinkt werden können. Wenn ich diesen Glauben aufgebe, werde ich aufhören zu schreiben.

25.04.2012: Zuerst fault der Fisch am Kopf - Gerichtsverfahren ohne Verbrechen oder Beweise

Andy Worthington ist ein ausgezeichneter Reporter, der sich darauf spezialisiert hat, die Fakten betreffend den illegalen Missbrauch von „Gefangenen", gegen die es keine Beweise gibt, durch die Regierung der Vereinigten Staaten von Amerika zu berichten: www.andyworthington.co.uk
In einem Versuch, Beweise zu schaffen, hat die Regierung der Vereinigten Staaten von Amerika illegal zur Folter gegriffen. Folter ergibt falsche Geständnisse, Urteilshandel und falsche Zeugenaussagen gegen andere, um weiterer Folter zu entgehen.
Aus diesen Gründen war durch Folter erreichte Selbstbezichtigung im angloamerikanischen Recht seit Jahrhunderten als Beweis unzulässig. Dasselbe gilt für geheime Beweise, die dem Beschuldigten und seinem Anwalt vorenthalten werden. Geheime Beweise können nicht widerlegt werden. Geheime Beweise stehen unter dem Verdacht, manipuliert zu sein, um den Unschuldigen zu überführen. Diese Beweise sind geheim, weil sie das helle Licht nicht vertragen.
Die Regierung der Vereinigten Staaten von Amerika stützt sich bei ihren Verfahren gegen angebliche Terroristen auf geheime Beweise, und sie behauptet, die nationale Sicherheit würde gefährdet, wenn diese offengelegt würden. Das ist niederträchtiger Unsinn. Die Behauptung, dass die Vorlage von Beweisen gegen einen Terroristen die nationale Sicherheit der Vereinigten Staaten von Amerika gefährdet, ist völlig absurd.
Im Gegenteil, Beweise nicht zu präsentieren gefährdet die Sicherheit eines jeden Einzelnen von uns. Wenn die Regierung Beschuldigte auf der Grundlage von geheimen Beweisen verurteilen kann, wird auch das Prinzip des fairen Verfahrens verschwinden. Faire Verfahren sind bereits Geschichte, aber das Prinzip gibt es noch.
Geheime Beweise bringen das Prinzip des fairen Verfahrens zum Erliegen. Sie bringen die Rechtsprechung und den Rechtsstaat um. Geheime Beweise bedeuten, dass jeder wegen allem verurteilt werden kann. Wie in

Kafkas „Der Prozess" werden die Menschen nicht mehr die Verbrechen wissen, deretwegen sie angeklagt und verurteilt werden.
Diese außergewöhnliche Entwicklung des angloamerikanischen Rechts, eine Entwicklung, die auf das Konto des niemandem Rechenschaft schuldigen Bush/Obama-Regimes geht, hat nicht zu einem Amtsenthebungsverfahren geführt, auch war kein Aufschrei des Kongresses, der Bundesgerichtshöfe, der Rechtsfakultäten, der Verfassungsexperten und der Vereinigungen der Anwälte zu vernehmen.
Nachdem sie die Verschwörungstheorie der Regierung über 9/11 geschluckt haben, wollen die Amerikaner nur, dass jemand dafür bezahlt. Es ist ihnen egal wer, solange nur jemand bezahlt. Um diesem Anliegen entgegenzukommen, hat die Regierung einige „besonders wertvolle Gefangene" mit arabischen oder muslimischen Namen vorgeführt. Aber anstatt diese angeblichen Missetäter vor Gericht zu stellen und die Beweise gegen sie vorzulegen, hält die Regierung sie seit Jahren in Foltergefängnissen eingesperrt und versucht, sie durch physische und psychische Folter zu brechen, damit sie sich selbst beschuldigen, um ein Verfahren gegen sie zu ermöglichen.
Damit blieb die Regierung erfolglos und hat nichts, was sie einem richtigen Gericht vorlegen kann. Daher hat das Bush/Obama-Regime „Militärtribunale" geschaffen, um im Namen der „nationalen Sicherheit" gewährleisten zu können, dass nicht existierende Beweise geheim bleiben.
In seinen zahlreichen Berichten leistet Andy Worthington eine hervorragende Arbeit, mit der er die Geschichte der Gefangenen und deren Behandlung dokumentiert. Er verdient unser Lob und unsere Unterstützung.
Ich will nun aber einige Fragen stellen, die nicht Worthington betreffen, sondern die Idee, dass die Vereinigten Staaten von Amerika unter terroristischer Bedrohung stehen.
In diesem September werden elf Jahre seit 9/11 vergangen sein. Dennoch wurde ungeachtet des Kriegs gegen den Terror, ungeachtet des Verlustes von bürgerlichen Rechten und Freiheiten der Amerikaner, ungeachtet der Ausgabe von Billionen von Dollar für zahlreiche Kriege, ungeachtet der Verstöße gegen Recht der Vereinigten Staaten von Amerika und Internationales Recht gegen Folter usw. niemand zur Verantwortung gezogen. Weder die Täter noch diejenigen, die die Täter überlistet haben, wenn wir

davon ausgehen, dass es sich dabei um andere Leute handelt, wurden zur Verantwortung gezogen. Elf Jahre lang keine Verfahren gegen Verbrecher oder Bestrafung von nachlässigen öffentlichen Beamten. Das ist bemerkenswert.

Die Regierungsversion von 9/11 legt ein massives Versagen aller Sicherheits- und Geheimdienste der Vereinigten Staaten von Amerika und ihrer NATO-HiWis und des Mossad nahe. Aus der offiziellen Darstellung der Regierung ergibt sich des Weiteren das Versagen des Nationalen Sicherheitsrates, von NORAD und der Luftwaffe der Vereinigten Staaten von Amerika, der Luftraumüberwachung und der Flughafensicherheit viermal innerhalb einer Stunde desselben Vormittags. Sie legt ein Versagen des Präsidenten, des Vizepräsidenten, des nationalen Sicherheitsberaters und des Verteidigungsministers nahe.

Viele Linke und auch Libertäre finden dieses offenkundige Versagen der zentralisierten und unterdrückerischen Regierung so hoffnungsvoll, dass sie sich an die offizielle „Versagen der Regierung"-Erklärung von 9/11 anschließen. Wie auch immer, ein derart massives Versagen ist einfach nicht zu glauben. Wie in aller Welt hätten die Vereinigten Staaten von Amerika den Kalten Krieg mit der Sowjetunion mit einer dermaßen unfähigen Regierung überleben können?

Wenn wir den 19 angeblichen Flugzeugentführern Superheldenkräfte zugestehen, die über die von V in „V for Vendetta", von James Bond oder Captain Marvel hinausgehen und annehmen, dass diese jungen Terroristen, in erster Linie Saudi-Araber, Dick Cheney austricksten, Condi Rice, den Generalstab, Tony Blair, CIA, FBI, MI5 und MI6, Mossad etc., hätte man wohl Forderungen von Seiten des Präsidenten, des Kongresses und der Medien erwartet, dass Köpfe rollen müssen. Kein dermaßen demütigender Angriff wurde je von einer bedeutenden Macht erlitten wie der, den die Vereinigten Staaten von Amerika durch 9/11 hinnehmen mussten. Dennoch wurde niemand, nicht einmal irgendein einfacher Fluglotse, zum Sündenbock und verantwortlich für das gemacht, was als die außergewöhnlichste terroristische Attacke in der Geschichte der Menschheit betrachtet wird, eine Attacke, die so erfolgreich war, dass sie auf totale Fahrlässigkeit der gesamten Regierung der Vereinigten Staaten von Amerika und aller ihrer Alliierten schließen lässt.

Das passt einfach nicht zusammen. Völliges Versagen und keine Verantwortung. Der teuerste Sicherheitsapparat, den die Welt je sah, wird von einer Handvoll Saudi-Araber geschlagen. Wie kann da noch einer in CIA, FBI, NSA, NORAD und nationalem Sicherheitsrat den Kopf hochhalten? Was für ein schändlicher Haufen von Dummköpfen und Unfähigen. Wozu brauchen wir den?

Nehmen wir die angeblichen Entführer. Obwohl angeblich überrumpelt von den Attacken von 9/11 konnte das FBI bald darauf die 19 Entführer identifizieren, obwohl anscheinend keine Namen der angeblichen Entführer auf der Passagierliste der Flugzeuge zu finden sind, die sie angeblich entführt haben.

Wie sind 19 Passagiere in den Vereinigten Staaten von Amerika an Bord von Flugzeugen gekommen, ohne auf der Passagierliste zu stehen?

Ich selbst weiß nicht, ob die angeblichen Entführer an Bord der vier Flugzeuge waren. Darüber hinaus behaupten Verteidiger der offiziellen 9/11-Geschichte, dass die der Öffentlichkeit bekannt gemachten Passagierlisten „Opferlisten“ waren, keine Passagierlisten, weil die Namen der Entführer zurückgehalten und erst rund vier Jahre später bekannt gegeben wurden, nachdem die Untersucher des 9/11 jahrelang Zeit hatten, die Opferlisten und die Passagierliste durcheinanderzubringen. Das scheint eine eigenartige Erklärung zu sein. Warum jahrelang durch das Zurückhalten der Passagierlisten und die Veröffentlichung von Opferlisten an deren Stelle eine Falschinformation der Öffentlichkeit betreiben? Es kann nicht darum gegangen sein, die Namen der Entführer geheim zu halten, da das FBI wenige Tage nach 9/11 eine Liste der Entführer herausgab. Noch verwirrender – wenn die Namen der Entführer auf der Passagierliste standen, warum braucht das FBI mehrere Tage, um Namen und Anzahl der Entführer zu bestätigen?

Untersuchungen haben Widersprüche in den Darstellungen der Passagierlisten durch das FBI ergeben, wobei das FBI von seinen verschiedenen Listen Namen wegnahm und hinzufügte und einige Namen falsch geschrieben waren, was möglicherweise darauf hindeutet, dass das FBI gar nicht weiß, um wen es sich handelt. Die Authentizität der Passagierlisten, die endlich 2005 herausgegeben wurden, ist umstritten, und die Liste wurde anscheinend im Verfahren gegen Moussaoui 2006 vom FBI

nicht als Beweis vorgelegt. David Ray Griffin hat die 9/11-Geschichte ausführlich recherchiert. In einem seiner Bücher, „9/11 Ten Years Later" (9/11 – zehn Jahre danach) schreibt Griffin: „Obwohl das FBI behauptete, es habe die Fluglisten von den Fluglinien am Morgen von 9/11 bekommen, enthielten die ‚Listen', die 2005 auftauchten, Namen, die dem FBI erst einen oder mehr Tage nach 9/11 bekannt wurden. Diese ‚Listen' von 2005 konnten daher nicht die Originallisten der vier 9/11-Flüge sein."
Die Fluglinien selbst waren nicht mitteilsam. Uns bleibt das Mysterium, warum einfache und direkte Beweise, wie etwa eine Liste der Passagiere, jahrelang zurückgehalten und im Schlamm von Geheimniskrämerei und Meinungsverschiedenheit beschmutzt wurden.
Wir haben noch zusätzlich das Problem, dass BBC und in der Folge andere Nachrichtenorganisationen bestätigten, dass sechs oder sieben der angeblichen Entführer auf der Liste des FBI am Leben sind, dass es ihnen gut geht und dass sie nie an einem terroristischen Anschlag beteiligt waren.
Diese Punkte stehen gerade einmal am Beginn der umfangreichen Begründungen, aus denen sich ergibt, dass die 9/11-Geschichte der Regierung sehr dünn aussieht.
Die amerikanische Öffentlichkeit jedoch, die ganz und gar in die Matrix eingeklinkt ist, schöpft keinen Verdacht gegenüber der dünnen Geschichte der Regierung. Stattdessen ist sie argwöhnisch gegenüber den Fakten und den Experten, die die Geschichte der Regierung verdächtig finden. Architekten, Ingenieure, Wissenschaftler, Helfer vor Ort, Piloten und ehemalige öffentliche Funktionäre, die Bedenken gegen die offizielle Geschichte äußern, werden als Verschwörungstheoretiker abgetan. Warum glaubt eine ignorante amerikanische Öffentlichkeit, dass sie mehr weiß als Experten? Warum glauben die Amerikaner einer Regierung, die ihnen absichtlich vorgelogen hat, dass Saddam Hussein über Waffen der Massenvernichtung verfügte, trotz der Tatsache, dass die Waffeninspektoren Präsident Bush berichtet hatten, dass Hussein keine derartigen Waffen besaß? Und jetzt erleben wir ganz genau dasselbe mit den angeblichen, aber nicht existierenden iranischen Atomwaffen.
Wie Frantz Fanon schrieb, ist die Macht der kognitiven Dissonanz extrem. Sie hält Menschen bequem und sicher vor drohender Information.

Die meisten Amerikaner finden, dass die Lügen der Regierung der Wahrheit vorzuziehen sind. Sie wollen nicht aus der Matrix ausgeklinkt werden. Die Wahrheit ist zu unbequem für gefühlsmäßig und geistig schwache Amerikaner.

Worthington konzentriert sich auf den Schaden, der den Gefangenen angetan wird. Sie sind für einen großen Teil ihres Lebens missbraucht worden. Ihre Unschuld oder Schuld kann nicht herausgefunden werden, da die Geständnisse durch Folter, Selbstbezichtigung und erzwungene Aussagen gegen andere erbrachte Beweise nicht verwendet werden können. Sie sind allein aufgrund der Beschuldigung durch die Regierung verurteilt. Das ist wirkliches Unrecht, und Worthington hat Recht, wenn er das betont.

Mein Schwerpunkt hingegen liegt auf dem Schaden für Amerika, auf dem Schaden für die Wahrheit und die Macht der Wahrheit, auf dem Schaden für den Rechtsstaat und die Verantwortung der Regierung und deren Einrichtungen gegenüber dem Volk, auf dem Schaden für das moralische Gefüge der Regierung der Vereinigten Staaten von Amerika und für die Freiheit in den Vereinigten Staaten von Amerika.

Der Fisch beginnt am Kopf zu stinken, lautet das Sprichwort. Wie die Regierung verrottet, so verrotten auch die Vereinigten Staaten von Amerika.

30.04.2012: Ein Konflikt mit China wird gebraut

Washington hat die Philippinen, deren Regierung in seiner Tasche steckt, zur Abhaltung von gemeinsamen Militärmanövern im Südchinesischen Meer beordert. Washingtons Vorwand ist, dass China mit den Philippinen, Indonesien und anderen Ländern wegen Inseln und Seerechten im Südchinesischen Meer in territoriale Streitigkeiten verwickelt ist. Washington versichert, dass Chinas territoriale Kontroversen mit Indonesien und den Philippinen Angelegenheiten sind, die die nationalen Interessen der Vereinigten Staaten von Amerika betreffen.

Washington hat nicht klargemacht, was Washingtons Anteil an den Auseinandersetzungen ist. Der Grund dafür, dass Washington nicht eindeutig sagen kann, warum Chinas Kontroversen mit den Philippinen und Indonesien eine Bedrohung der Vereinigten Staaten von Amerika bilden, ist der, dass es keinen Grund gibt. Nichtsdestotrotz muss die undefinierte „Bedrohung“ als Begründung dafür herhalten, dass Washington mehr Marinestützpunkte auf den Philippinen und in Südkorea braucht.

Das alles hat den Zweck, einen langfristigen Kalten-Krieg-Konflikt mit China zu provozieren, der weiterhin Profite und Macht in Washingtons Militär-/Sicherheitskomplex fließen lassen wird. Riesige Profite kommen den Rüstungskonzernen zu. Ein Teil der Profite fließt zurück in Wahlkampffinanzierungen für „die Volksvertreter“ in Washington, D.C. und Präsidentschaftskandidaten, die offen den Ausverkauf ihres Landes an private Interessen betreiben.

Washington hat die Absicht, Marinestützpunkte auf den Philippinen und auf der unter Naturschutz stehenden Insel Jeju zu errichten, die zu Südkorea gehört. Washington wird Steuergelder verschwenden oder Geld drucken, um die unnötigen Flotten zu bauen, die dann diese Stützpunkte benutzen sollen. Washington ist dabei, Basen in Australien zu erwerben, um Australien vor China zu schützen, obwohl es keinerlei Drohungen Chinas gegen Australien gibt. Bush und Obama sind die führenden Modelle von „Volkspräsidenten“, die die Menschen zu Hause und im Ausland an private Interessen ausverkaufen.

Warum hat es Washington eilig mit einem neuen Kalten Krieg?

Die Antwort beginnt mit Präsident Eisenhowers Warnung an die Menschen Amerikas in seiner letzten öffentlichen Ansprache über den militärisch-industriellen Komplex im Jahr 1961. Da diese online verfügbar ist, werde ich sie hier nicht zitieren. Eisenhower sagte den Amerikanern, dass im Gegensatz zu früheren Kriegen, nach denen die Vereinigten Staaten von Amerika sich entmilitarisierten, nach dem Zweiten Weltkrieg der Kalte Krieg mit der Sowjetunion weiterhin Macht und Profite in den militärisch-industriellen Komplex fließen ließ, der jetzt als Militär-/Sicherheitskomplex bekannt ist. Präsident Eisenhower sagte, dass der Fluss von Macht und Profiten in den militärisch-industriellen Komplex das wirtschaftliche Wohlergehen und die Freiheit des amerikanischen Volkes gefährde.

Niemand kümmerte sich darum, und der Militär-/Sicherheitskomplex war froh, diesen Fünf-Sterne-General-Kriegsheld-Präsidenten los zu sein, nachdem dessen zweite Amtszeit abgelaufen war. Dank des Medienrummels um die „sowjetische Bedrohung“ stand der Militär-/Sicherheitskomplex vor einem uneingeschränkten Horizont von steigenden Profiten und Machtbefugnissen, während die Amerikaner ihre Zukunft den Interessen derjenigen opferten, die sie vor der sowjetischen Bedrohung beschützten.

Gute Zeiten brachen für Rüstungskonzerne und Sicherheitsagenturen an und hielten für die Dauer von fast drei Jahrzehnten, bis Reagan und Gorbatschow eine Einigung erreichten und den Kalten Krieg beendeten. Als die Sowjetunion in der Folge zusammenbrach, waren die Zukunftsaussichten für Macht und Profite des Militär-/Sicherheitskomplexes trostlos. Das eine Prozent war dabei, seine Reichtümer zu verlieren, und die geheime Regierung war dabei, ihre Macht zu verlieren. Der Militär-/Sicherheitskomplex ging ans Werk, um die Notwendigkeit eines massiven „Verteidigungs- und Sicherheitsbudgets” zu neuem Leben zu erwecken. Unter den willigen Werkzeugen waren die Neokonservativen mit ihrer französisch-jakobinischen Ideologie und den Loyalitäten gegenüber Israel. Die Neokonservativen definierten Amerika als das „unverzichtbare Volk“. Dermaßen außergewöhnliche Menschen wie die Amerikaner müssen die Herrschaft über die Welt errichten als die einzig verbleibende Supermacht. Nachdem die meisten Neokonservativen mit Israel verbündet sind, wurde der muslimische Mittlere Osten zum Ziel, das sich günstig ergab.

Moslems sind ausreichend verschieden von Bewohnern des Westens, sodass Moslems leicht dämonisiert werden können. Die Dämonisierung begann in neokonservativen Publikationen. Nachdem erst Dick Cheney das George W. Bush-Regime mit Neokonservativen ausgestattet hatte, war die nächste Aufgabe die Schaffung von „Bedrohungen“ für die Amerikaner aus dem Wortschwall über die Verantwortung der Taliban für 9/11 und „Massenvernichtungswaffen des Irak“, darunter verbale Illus-trationen von Bushs nationaler Sicherheitsberaterin über „Pilzwolken“ über Städten der Vereinigten Staaten von Amerika.

Niemand in der Regierung der Vereinigten Staaten von Amerika oder in den „freien“ Medien der Vereinigten Staaten von Amerika oder in den Medien der Handlangerstaaten der Vereinigten Staaten von Amerika in

England, Europa, Japan, Taiwan, Kanada, Australien und Südkorea war betroffen über Washingtons Behauptung, dass „die einzige Supermacht der Welt“ von Ländern wie Irak und Iran bedroht war, die über keine offensive militärische Kapazität oder moderne Waffen verfügten, wie die Waffeninspektoren in ihren Berichten unmissverständlich feststellten.

Was für eine Art von „Supermacht” wird bedroht von Irak oder Iran? Sicher keine richtige. Niemand schien zu bemerken, dass die angeblichen 9/11-Entführer Saudi-Araber waren, keine Afghanen oder Iraker, dennoch wurden Afghanistan und Irak als „terroristische Bedrohungen” hingestellt. Saudi-Arabien und Bahrain, die ihre Menschen terrorisieren, brauchen sich nicht davor zu fürchten, dass ihnen Amerika die Demokratie bringt, weil sie Washingtons Marionetten sind, keine unabhängigen Länder.

Während die Angst vor Unbekanntem die Bevölkerung „der einzigen Supermacht der Welt“ überschwemmte, hallten die Forderungen nach Krieg gegen „Amerikas Feinde“ – „Wer nicht mit uns ist, ist gegen uns“ – durch das Land. „Unterstützt unsere Soldaten“-Plastikbänder tauchten an amerikanischen Autos auf. Die Amerikaner steigerten sich in einen Wahn. Die „Handtuchköpfe“ waren hinter uns her, und wir mussten um unser Leben kämpfen, um nicht in unseren Betten, Einkaufszentren und Flugzeugsitzen abgemurkst zu werden. Das alles war ein Schwindel, um die sowjetische Bedrohung durch die muslimische Bedrohung zu ersetzen.

Das Problem, das sich mit der „muslimischen Bedrohung“ entwickelte, war dann, dass, um den Fluss von Profiten und Macht in den Militär-/Sicherheitskomplex aufrechtzuerhalten, die versprochenen sechs Wochen Krieg im Irak auf acht Jahre ausgedehnt werden mussten. Der Krieg in Afghanistan gegen ein paar tausend leicht bewaffnete Taliban dauert nun schon länger als ein Jahrzehnt, länger als die versuchte Okkupation Afghanistans durch die Rote Armee.

Anders gesagt, das Problem mit Kriegen ist die Notwendigkeit, sie nicht gewinnen zu dürfen, um sie weiterführen zu können (Korea, Vietnam, Irak, Afghanistan sind allesamt Langzeit-Kriege, die nie gewonnen wurden), damit Profite und Macht weiterhin in den Militär-/Sicherheitskomplex fließen. Das demoralisiert das Militär der Vereinigten Staaten von Amerika und ruft weltweit den Eindruck hervor, dass die „einzige Supermacht der Welt“ nicht einmal ein paar tausend mit AK-47 bewaffnete

Kämpfer besiegen kann, von einer wirklichen Armee gar nicht zu reden.
In Irak und Afghanistan sind mehr Soldaten an Demoralisierung und Selbsttötungen gestorben als im Kampf. Im Irak wurden die Vereinigten Staaten von Amerika gedemütigt, weil sie den Krieg dadurch beenden mussten, dass sie die sunnitischen Kämpfer auf ihre militärische Lohnliste setzen und sie bezahlen mussten, damit sie aufhörten, amerikanische Soldaten zu töten. In Korea wurde der Krieg der Vereinigten Staaten von Amerika durch ein Land der Dritten Welt aufgehalten, das von Reis lebte. Was würde heute geschehen, wenn die „Supermacht" USA militärisch gegen China losginge, ein Land mit einer Wirtschaft, von der die Vereinigten Staaten von Amerika abhängig sind, mit einer Wirtschaft, die ungefähr so groß ist wie die der Vereinigten Staaten von Amerika, das auf seinem eigenen Territorium operiert? Die einzige Möglichkeit, die das Böse in Washington hätte, wäre ein Atomkrieg, der die Zerstörung der ganzen Welt durch die Überheblichkeit Washingtons zur Folge hätte. Glücklicherweise sind Profite für Washington wichtiger als die Beendigung des Lebens auf der Erde. Daher wird ein Krieg gegen China vermieden, gerade wie er auch mit der Sowjetunion vermieden wurde. Allerdings wird China von Washington und seinen prostituierten Medien, besonders der New York Times, Washington Post und Murdochs Hurenkollektion als die steigende Bedrohung für Amerika präsentiert werden. Die Mediengeschichte wird die Bedeutung von Amerikas Alliierten von Europa in die Länder verlagern, die an das Südchinesische Meer grenzen. Das Geld der amerikanischen Steuerzahler oder neu gedrucktes Geld wird in die „neue Allianz gegen China" fließen.
Chinas Aufstieg ist ein großer Segen für den Militär-/Sicherheitskomplex der Vereinigten Staaten von Amerika, der Amerika beherrscht, wo es angeblich „Freiheit und Demokratie" gibt. China ist der gewinnträchtige Ersatz für die „sowjetische Bedrohung". Im Lauf der Zeit werden die presstituierten Medien in den kläglichen Hirnen der Amerikaner „die Chinesische Gefahr" schaffen.
Bald wird dann das bisschen, was vom Lebensstandard der Vereinigten Staaten von Amerika noch übrig ist, der Konfrontation Washingtons mit China geopfert werden, zusammen mit der Vereinnahmung unserer Pen-

sionen und persönlichen Ersparnisse, um „die chinesische Gefahr" abzuwenden.
Wären doch die Amerikaner ein intelligentes Volk. Dann hätten sie einige Aussicht, ihre Einkommen, ihren verbleibenden Besitz und ihre Freiheit zu erhalten. Leider sind die Amerikaner so ganz und gar in die Matrix eingebettet, dass sie sich als ein dem Untergang geweihtes Volk präsentieren, das nicht über genug Überlegung, Vernunft oder Verständnis verfügt, um die Tatsachen zu erfassen, die der Rest der Welt klar vor Augen hat.
Kann den Menschen Amerikas die Wirklichkeit vermittelt werden? Vielleicht wird ein Wunder geschehen. Bleiben Sie dran.

10.05.2012: Hat der Westen eine Zukunft?

In Amerika zu leben wird sehr schwierig für jeden mit einem moralischen Gewissen, einem Sinn für Gerechtigkeit oder ein bisschen Intelligenz.
Wir hatten ein zweites Unterhosenbomben-Schwindelattentat, noch viel fantastischer als der erste Streich. Der zweite Unterhosenbomber war ein CIA-Mitarbeiter oder Informant, angeblich rekrutiert von al-Qaida, einer Organisation, von der die Behörden der Vereinigten Staaten von Amerika vor Kurzem behauptet haben, sie sei besiegt, nur mehr ein Sauhaufen und nicht länger von Bedeutung. Diese besiegte und bedeutungslose Organisation, die weder über irgendwelche Wissenschaft noch über Technologielabors verfügt, hat eine „unsichtbare Bombe" erfunden, die nicht von den Pornoscannern entdeckt wird. Ein „hochrangiger Vertreter der Exekutive" sagte der New York Times, dass der „beängstigende Teil" dabei ist, dass „wenn sie eine bauen, sie wahrscheinlich mehrere bauen".
Außenministerin Hillary Clinton erklärte, dass „das Attentat darauf hinweist, dass die Terroristen weiterhin versuchen, noch mehr und perversere und schrecklichere Möglichkeiten zu entwickeln, um unschuldige Menschen zu töten". Hillary sagte das, während Schlagzeilen verkündeten, dass die Vereinigten Staaten von Amerika fortfahren, mit High-Tech-Drohnen Frauen und Kinder in Afghanistan, Pakistan, Jemen und

Afrika zu ermorden. Das vereitelte Schwindelattentat, so Hillary, dient als „Erinnerung, dass wir sowohl im Inland als auch im Ausland in Bezug auf den Schutz unseres Landes und den Schutz von befreundeten Ländern und Völkern wie Indien und anderen wachsam bleiben müssen".

FBI-Direktor Robert Mueller sagte dem Kongress, dass das Schwindelattentat die Notwendigkeit von Überwachung ohne gerichtliche Vollmacht beweist, um – ja was, Schwindelattentate? – zu entdecken. Im Kongress rügten der Republikaner Pete King und der Demokrat Charles Ruppersberger die Medien, weil diese enthüllt hatten, dass das Attentat eine CIA-Aktion war, und behaupteten, dass die Wahrheit die Kriegsanstrengungen und Leben von Soldaten gefährdet.

Sogar alternative Medien fielen anfangs auf dieses Schwindelattentat herein. Es sieht so aus, als glaubten immer noch alle, dass al-Qaida, die so desorganisiert und hilflos geworden ist, dass sie sich auf der Flucht befindet und ihren verehrten Führer Osama bin Laden in einem pakistanischen Dorf allein und unbewacht der Ermordung durch die Navy Seals der Vereinigten Staaten von Amerika überließ, die CIA mit einer „unentdeckbaren" Bombe austricksen könnte, um die Beschreibung zu verwenden, die Dianne Feinstein, die Vorsitzende des Geheimdienstausschusses des Senats, von sich gab, die von Geheimdienstmitarbeitern der Vereinigten Staaten von Amerika über das Ding informiert wurde.

Beachten Sie, dass die Außenministerin die bankrotten Vereinigten Staaten von Amerika und deren sich auflösendes Netz der sozialen Sicherheit dem Schutz von „Indien und anderen" vor Terroristen verpflichtet hat. Die reale Bedeutung dieses letzten Schwindels liegt jedoch darin, dass der furchtsamen amerikanischen Öffentlichkeit die Idee einer unentdeckbaren Unterhosenbombe eingeredet wird.

Woran lässt uns das denken? Jeder aus meiner Generation und jeder Science-Fiction-Fan denkt sofort an Robert Heinleins „Die Marionettenspieler":

1951 geschrieben, aber in unserer Zeit spielend, ist die Erde von kleinen Wesen besetzt, die sich an den menschlichen Körper anhängen und die Person übernehmen. Die Menschen werden zu Marionetten ihrer Herren. Große Gebiete Amerikas unterliegen den Invasoren, ehe die Dummköpfe

in Washington begreifen, dass die Invasion real ist und keine Verschwörungstheorie.
An bekleideten Menschen können die Wesen nicht entdeckt werden, und es ergeht eine Verordnung, dass jeder, der Kleider trägt, verdächtig ist. Alle müssen nackt gehen. Frauen dürfen nicht einmal Taschen tragen, da das Wesen sich in der Tasche befinden kann, die an der Hand der Frau hängt.
Es liegt auf der Hand, dass, wenn die CIA, die Nachrichtenquellen und Dianne Feinsteins Informanten recht damit haben, dass die besiegte al-Qaida eine „unentdeckbare" Bombe herausgebracht hat, wir nackt durch die Flughafensicherheitseinrichtungen gehen werden müssen.
Falls ja, wie wird das gehen? Wenn jeder Flugzeugpassagier sich einer Leibesvisitation unterziehen muss, indem er sich in einem Raum auszieht, wie viel Zeit wird dann die „Flughafensicherheit" beanspruchen? Ich denke, da wird es kaum einen Ort im Norden oder Süden der Vereinigten Staaten von Amerika geben, den man nicht schneller mit dem Auto erreichen kann. Oder vielleicht ist es eine Antwort auf die auf Depressionsniveau gesunkene Arbeitslosigkeit in den Vereinigten Staaten von Amerika. Millionen arbeitsloser Amerikaner werden angestellt, um nackte Menschen zu besichtigen, ehe diese an Bord von Flugzeugen gehen.
Haben wir es, nachdem die Transportsicherheitsverwaltung der Heimatlandsicherheit ungehindert ihren Einzug in Eisenbahn-, Bus- und Autobahnverkehr gehalten hat, jetzt mit dem totalen Zusammenbruch der Bekleidungsindustrie zu tun? Bleiben Sie dran. Vor ein paar Jahren schrieb ein bekannter Philosoph einen Artikel, in dem er die Auffassung vertrat, dass die Amerikaner in einer künstlichen oder virtuellen Realität leben. Ein weiterer bekannter Philosoph sagte, seiner Meinung nach stehen die Chancen dafür, dass sein Kollege recht hat, bei 25 %. Ich bin überzeugt, dass er recht hat. Die Amerikaner leben in der Matrix. Nichts von dem stimmt, was sie wissen oder zu wissen glauben.
Zum Beispiel verkünden unsere die Nicht-Wahrheit sagenden „Führer" ständig, dass „Israel die einzige Demokratie im Mittleren Osten" ist. Dieser Mythos ist einer der Gründe, die vorgebracht werden, um zu rechtfertigen, dass die schwindenden Einkommen der amerikanischen Steuerzahler immer höher versteuert werden, um die israelische Regierung mit

den Mitteln zu versorgen, mit denen sie Palästinenser umbringen und ihr Land stehlen kann.
Ich sage, dass die israelische Demokratie ein Mythos ist? Ja, ein Mythos. Laut den Nachrichtenmeldungen, die am 8. Mai 2012 auf Antiwar.com zusammengestellt und berichtet worden sind, wurden die israelischen Wahlen vom 4. September 2012 abgesagt, weil der „Führer der Opposition Shaul Mofaz in die Regierung geht".
Mofaz verkaufte seine Partei für persönliche Macht. Das Verhalten eines typischen Politikers. Mofaz' Verrat führte zu Protesten seiner Anhänger, aber, so die Medienberichte, „die israelische Polizei konnte den Protest schnell niederschlagen, den sie als ‚illegal' bezeichnete, und eine Anzahl von Journalisten verhaften". Ach ja, „Israel ist die einzige Demokratie im Mittleren Osten". In Wirklichkeit ist Israel ein faschistischer Staat, der gegen Internationales Recht und allgemeingültige Moral verstoßen hat, seit es ihn gibt. Dennoch ist Israel in Amerika ein Heiligenbild. Wie Bush, Cheney und Obama verehren Millionen von amerikanischen „Christen" Israel und glauben, dass es der „Ruf Gottes" ist, der an die Amerikaner ergeht, für Israel zu sterben.
Wenn Sie glauben, dass man Gegner umbringen soll, anstatt mit ihnen zu diskutieren; dass man die Machtlosen enteignen und auf der Grundlage von Lügen eine fiktive Welt schaffen soll; dass man die Medienkonzerne dafür bezahlen soll, dass sie die Lügen und Fiktionen aufrechterhalten, dann gehören Sie zu dem, was der Rest der Welt unter dem „Westen" versteht.
Ich will aber nicht zu streng mit dem Westen ins Gericht gehen. Die Menschen in Frankreich und Griechenland haben vor Kurzem in den Wahlen gezeigt, dass sie sich aus der Matrix ausklinken und verstehen, dass sie, die 99 %, von ihren Eliten für die Fehler der 1 % Mega-Reichen, die untereinander wetteifern, wie viele Milliarden Dollar oder Euro, wie viele Yachten, Sammlungen exotischer Autos und wie viele Playboy- und Penthousedamen sie in ihrem persönlichen Besitz haben, in die Position der Opferlämmer gebracht worden sind.
Die Zentralbanken des Westens – die Federal Reserve in den Vereinigten Staaten von Amerika, die Europäische Zentralbank und die Bank des Vereinigten Königreichs – sind ausschließlich auf das Wohlergehen der Mega-Reichen ausgerichtet. Nichts anderes zählt. Marx und Lenin hatten

nie ein derartiges Ziel. Dennoch ist die Linke heute so kraftlos und gehirngewaschen, dass sie nicht einmal als geringe Gegenmacht existiert. Die amerikanische Linke hat sogar die absurde offizielle Darstellung des 9/11 und der Ermordung Osama bin Ladens durch die Navy Seals in Pakistan geschluckt. Eine Bewegung, der jegliche mentale und emotionale Stärke fehlt, ist nutzlos. Sie könnte genauso nicht existieren.
Menschen ohne zuverlässige Information sind hilflos, und das ist es, woran die Völker des Westens kranken. Die neue Tyrannei erhebt sich im Westen, nicht in Russland oder China. Die Gefahr für die Menschheit steckt in der Tasche mit dem Atomknopf im Oval Office und in der gehirngewaschenen und militanten amerikanischen Bevölkerung, dem am schlimmsten desinformierten und ignorantesten Volk der Erde.

14.05.2012: Der Fall der nicht vorhandenen Terroristen

Gäbe es wirkliche Terroristen, dann wäre Jose Rodriguez tot.Wer ist Jose Rodriguez? Er ist der Verbrecher, der das CIA-Folterprogramm leitete. Die meisten seiner Opfer waren keine Terroristen oder gar Aufständische. Die meisten waren unglückselige Individuen, die von Warlords entführt und an die Amerikaner für ein Kopfgeld als „Terroristen" verkauft wurden. Nachdem die Identität Rodriguez' bisher geheim war, so ist sie es jetzt nicht mehr. Er trat in der CBS-Fernsehshow „60 Minutes" auf und brüstete sich damit, Moslems gefoltert und die angeblich dadurch bekommenen Informationen verwendet zu haben, um Al-Qaida-Anführer zu töten. Wenn Terroristen wirklich das Problem wären, wie Heimatlandsicherheit, FBI und CIA behaupten, dann wäre Rodriguez' Name auf der Trefferliste der Terroristen schon ausgestrichen. Er läge bereits in seinem Grab.
Nicht anders erginge es auch John Yoo, der die Gutachten des Justizministeriums verfasste, in denen grünes Licht für die Folter gegeben wurde, trotz der Gesetze der Vereinigten Staaten von Amerika und Internationalem Recht, die die Folter verbieten. Offenkundig hatte Yoo, ein Professor an der Boalt Rechtsfakultät der Universität von Kalifornien in Berkeley,

keine Ahnung vom Recht der Vereinigten Staaten von Amerika und vom Internationalen Recht. Nicht anders als das Justiz(!)ministerium der Vereinigten Staaten von Amerika.
Beachten Sie, dass Rodriguez, „der Folterer der Moslems", sich nicht zu verstecken braucht. Er kann im nationalen Fernsehen auftreten, seine Identität enthüllen und in seinen Erfolgen beim Foltern und Umbringen von Moslems schwelgen. Rodriguez wird nicht vom Geheimdienst geschützt und wäre ein leichtes Ziel für eine Ermordung durch Terroristen, die so fähig sind, dass sie angeblich 9/11 durchgezogen haben.
Ein weiteres leichtes Ziel für einen Mordanschlag wäre der ehemalige Verteidigungsminister Donald Rumsfeld, der das Pentagon mit neokonservativen Kriegstreibern wie Paul Wolfowitz und Douglas Feith ausgestattet hat, die dann die falschen Informationen ausheckten, die benutzt wurden, um die Überfälle auf Afghanistan und Irak zu rechtfertigen. Rumsfeld selbst erklärte, dass die Mitglieder von al-Qaida die bösartigsten und gefährlichsten Killer auf Erden sind. Dessen ungeachtet sind Rumsfeld, Wolfowitz, Feith, Richard Perle und neokonservative Medienpropagandisten wie William Kristol und Max Boot jahrelang herumspaziert, unbehelligt von Terroristen, die auf Rache und auf Vergeltung gegenüber den Verantwortlichen für eine Million toter Muslime aus waren. Condi Rice und Colin Powell, die die Lügenansprache vor der UNO hielten und die den Überfall auf den Irak einleiteten, und Dick Cheney, dessen minimaler Schutz durch den Geheimdienst keinem entschlossenen Mordanschlag standhalten könnte, erfreuen sich ebenfalls eines von Terroristen unbeeinträchtigten Lebens.
Erinnern Sie sich noch an das Kartenspiel, das das Bushregime mit den Gesichtern von Irakern austeilen ließ? Wenn die Terroristen ein ähnliches Spiel hätten, wären alle oben erwähnten Namen „hochwertige Ziele". Dennoch gab es nicht einen einzigen Attentatsversuch gegen einen von ihnen. Ist es nicht eigenartig, dass keiner der oben Erwähnten von Terroristen bedroht wird? Andererseits müssen die harten Navy Seals, die angeblich Osama bin Laden umgebracht haben, ihre Identität geheim halten, damit sie nicht selbst zum Ziel von Terroristen werden. Diese amerikanischen Supermänner, selbst hervorragend ausgebildete Killer, trauen sich nicht, ihre Gesichter zu zeigen, aber Rodriguez, Rumsfeld

und Condi Rice können unbehelligt herumspazieren. In der Tat sind die Leben der Seals so gefährdet, dass Präsident Obama auf den enormen Publicityerfolg einer Feier mit den heroischen Navy Seals im Weißen Haus verzichtete. Ein paar Wochen nach der angeblichen Ermordung bin Ladens wurde der größte Teil der Seals-Einheit bei einem Helikopterabsturz in Afghanistan ausgelöscht.

Wären Sie ein Moslem-Terrorist, der für die Verbrechen Washingtons Rache sucht, würden Sie dann versuchen, in Ihrer Unterwäsche oder in den Schuhen eine Bombe an Bord eines Flugzeugs zu schmuggeln, um Menschen in die Luft zu jagen, deren einzige Verantwortlichkeit für Washingtons Krieg gegen die Moslems darin besteht, dass sie Washingtons Propaganda auf den Leim gegangen sind? Wenn Sie schon Unschuldige in die Luft jagen wollen, würden Sie dann nicht Ihre Bombe mitten in der Menschenmenge platzieren, die vor der Sicherheitsüberprüfung ansteht, und gleich ein paar TSA-Beamte mit hochgehen lassen? Terroristen könnten ihre Attacken koordinieren und in einer Reihe von großen Flughäfen in den Vereinigten Staaten von Amerika gleichzeitig losschlagen. Das wäre richtiger Terror. Darüber hinaus würde es die Transportsicherheitsagentur TSA vor ein unlösbares Problem stellen: Wie können Leute durchsucht werden, noch bevor sie durchsucht werden? Oder koordinierte Attacken gegen Einkaufszentren und Sportveranstaltungen? Warum sollten Terroristen, wenn es sie gibt, darauf aus sein, Leute zu töten, wenn es einfach ist, Chaos zu stiften, ohne sie zu töten? Da gäbe es zum Beispiel eine große Anzahl von unbewachten Stromverteilungsstationen. Ganze Regionen des Landes könnten von der Stromversorgung abgeschnitten werden. Der einfachste Anschlag wäre etwa, große Mengen von Dachnägeln mitten im Stoßverkehr in Boston, New York, Washington, D.C., Atlanta, Dallas, Chicago, Los Angeles und San Francisco zu verstreuen. Sie können sich vorstellen: tausende und abertausende Autos mit Reifenpannen, die die Hauptarterien tagelang blockieren.

Bevor mich ein Leser beschuldigt, dass ich den Terroristen Ideen liefere, fragen Sie sich selbst, ob Sie wirklich glauben, dass Menschen, die so gewitzt sind, dass sie angeblich 9/11 geplant und durchgeführt haben, sich nicht selbst derlei einfache Taktiken ausdenken können – Anschläge, die durchgeführt werden können, ohne Sicherheitskräfte überwinden oder unschuldige Menschen töten zu müssen! Mir geht es nicht darum, was Terroristen, falls es sie gibt, tun sollen. Es geht darum, dass die Abwesenheit von einfach zu bewerkstelligenden terroristischen Handlungen die Vermutung nahelegt, dass die terroristische Bedrohung eher aufgebauscht ist als real. Dennoch haben wir einen teuren, aufdringlichen Sicherheitsapparat, der keinerlei reale Funktion zu haben scheint, außer Macht über amerikanische Bürger auszuüben.

Anstelle von wirklichen Terroristen, die einfache Anschläge verüben, haben wir „terroristische" Anschläge, die von FBI- und CIA-Agenten ausgedacht werden, die dann irgendwelche unglückseligen und verrückten Tölpel anheuern, sie mit Geld und heroischen Einbildungen aufpäppeln und sie dann mit einem Attentatsplan und falschem Sprengstoff versorgen. Das läuft unter dem Titel „sting operations" (verdeckte Operationen), aber das sind sie nicht. Das sind Veranstaltungen unserer eigenen Sicherheitsbehörden, die falsche terroristische Anschläge produzieren, die dann von den Sicherheitsbehörden „vereitelt" werden, welche die Anschläge ausgeheckt haben. Washington verkündet dann immer: „Die Öffentlichkeit war nie gefährdet." Terroristische Anschläge! Wir waren nicht einmal durch einen einzigen gefährdet, aber die Flughäfen sind seit 11,5 Jahren auf Alarmstufe Orange.

Die Bundesgerichtsbarkeit und die gehirngewaschenen Geschworenenjurys behandeln diese fabrizierten Anschläge als wirkliche Bedrohung der amerikanischen Sicherheit, ungeachtet der Bekanntmachungen der Regierung, dass die Öffentlichkeit nie in Gefahr war.

Die Bekanntmachungen der „vereitelten" Anschläge halten die gehirngewaschene Öffentlichkeit fügsam und zugänglich für zudringliche Durchsuchungen, Bespitzelung ohne gerichtliche Genehmigung, das Anwachsen eines unberechenbaren Polizeistaats und endlose Kriege. Der „Krieg gegen den Terror" ist ein Schwindel, der erfolgreich benutzt wurde, um die Verfassung der Vereinigten Staaten von Amerika zu zerstören und die Umwandlung des Gesetzes von einem Schutzschild der Menschen in eine Waffe in der Hand des Staates zu vollenden. Durch die Zerstörung von Habeas Corpus, Rechtsstaat und die Unschuldsvermutung hat der „Krieg gegen den Terror" unsere Sicherheit zerstört.

25.05.2012: Washingtoner Scheinheiligkeiten

Die Regierung der Vereinigten Staaten von Amerika ist der zweitschlimmste Verletzer der Menschenrechte auf dem Planeten und der einzige Wegbereiter des Schlimmsten – Israel. Das hält Washington jedoch nicht ab, mit dem Finger auf andere zu zeigen.

Der „Menschenrechtsbericht“ des Außenministeriums der Vereinigten Staaten von Amerika konzentriert seinen Zorn auf Iran und Syrien, zwei Länder, deren wirkliche Sünde in ihrer Unabhängigkeit von Washington besteht, und auf den Schwarzen Mann, der gerade aufgebaut wird – China, das Land, das für die Rolle des Feindes in Washingtons neuem Kalten Krieg ausgewählt worden ist.

Hillary Clinton, ein weiteres Glied in der langen Kette von unqualifizierten Außenministern, informierte „Regierungen in aller Welt: wir beobachten euch und wir ziehen euch zur Verantwortung“, nur ziehen wir natürlich nicht uns selbst oder Washingtons Alliierte wie Bahrain, Saudi-Arabien, Israel und die NATO-HiWis zur Verantwortung.

Hillary „machte Bürgern und Aktivisten allerorts klar: Ihr seid nicht allein. Wir stehen an eurer Seite“ – außer an der Seite der Demonstranten gegen den NATO-Gipfel in Chicago oder der Occupy-Wall-Street-Demonstranten, oder wo auch immer in den Vereinigten Staaten von Amerika Demonstrationen stattfinden.

Das Außenministerium steht an der Seite der Demonstranten, die von den Vereinigten Staaten von Amerika in den Ländern finanziert werden, deren Regierungen die Vereinigten Staaten von Amerika stürzen wollen. Demonstranten in den Vereinigten Staaten von Amerika stehen so allein da wie die okkupierten Palästinenser, die offenkundig keinerlei Menschenrechte auf ihre Häuser, ihr Land, ihre Olivenhaine oder ihr Leben haben.

Hier sind einige Zahlen zu den Verhaftungen bei Protestaktionen in den USA in jüngster Zeit. Die New York Daily News berichtet, dass am 17. November 2011 1.300 Occupy-Wall-Street-Demonstranten allein in New York verhaftet wurden. Fox News berichtete am 2. Oktober 2011, dass 700 Demonstranten auf der Brooklyn Bridge verhaftet wurden. Beim NA-

TO-Gipfel letzte Woche in Chicago wurden 90 Demonstranten verhaftet (Chicago Journal).
In den Vereinigten Staaten von Amerika werden einige Demonstranten offiziell als „inländische Extremisten“ oder „inländische Terroristen“ klassifiziert, eine neue Bedrohungskategorie, von der die Heimatlandsicherheit erklärte, dass sie sich jetzt auf diese konzentriere und die somit die muslimischen Terroristen als Bedrohung Nummer eins für die Vereinigten Staaten von Amerika ersetzt. Im September 2010 führte die Bundespolizei Razzien in den Wohnungen von Friedensaktivisten in Chicago und Minneapolis durch. Das FBI versucht, einen Fall gegen diese zu fabrizieren, indem es behauptet, dass die Friedensaktivisten Geld an die Volksfront für die Befreiung Palästinas (PFLP) gespendet haben. Wie von Israel verlangt, hat die Regierung der Vereinigten Staaten von Amerika die PFLP zur terroristischen Gruppe erklärt.
Vergangene Woche wurden in Chicago neben den vielen Demonstranten gegen die NATO, auf deren Seite das Außenministerium nicht steht, drei junge weiße Amerikaner wegen „inländischem Terrorismus“ verhaftet, im Rahmen eines, wie Dave Lindorff berichtet, „Eindringens in Häuser ohne gerichtliche Genehmigung, was an das erinnert, was das Militär der Vereinigten Staaten von Amerika täglich [und nächtlich] in Afghanistan macht“. Wenn die Regierung der Vereinigten Staaten von Amerika, die auf der Seite der Demonstranten überall außer in Amerika, Bahrain, Saudi-Arabien, Jemen und Palästina steht, daraus einen Fall von Terrorismus machen kann, können die drei Amerikaner auf der Grundlage geheimer Beweise verurteilt oder einfach ohne Verfahren für den Rest ihres Lebens eingesperrt werden.
Inzwischen werden die drei amerikanischen „inländischen Terroristen” in Einzelhaft festgehalten. Wie viele der NATO-Demonstranten kamen sie von außerhalb der Stadt. Brian Church, 20 Jahre alt, kam aus Fort Lauderdale, Florida. Jared Chase, 27, kam aus Keene, New Hampshire. Brent Betterly, 24, kam aus Oakland Park, Florida. Angeklagt wegen Bereitstellung von materieller Unterstützung für Terrorismus setzte der Richter ihre Kaution auf je 1,5 Millionen Dollar fest.
Diese Männer sind nicht wegen tatsächlichen Werfens eines Molotow-Cocktails gegen eine Person oder Sache angeklagt. Sie sind angeklagt,

weil sie mit der Idee nach Chicago gekommen sind, das zu tun. Irgendwie waren die 16 Bundesgeheimdienste plus die der NATO-HiWis und Israels nicht in der Lage, den Plan für 9/11 rechtzeitig zu entdecken, aber die Polizei von Chicago wusste im Vorhinein, warum zwei Typen aus Florida und einer aus New Hampshire nach Chicago kamen. Die inländischen Terrorismusfälle stellen sich als polizeiliche Veranstaltungen heraus, die vereitelt werden, ehe sie passieren, sodass wir viele Terroristen haben, aber keine wirklichen terroristischen Handlungen.

Zwei weitere junge Amerikaner werden von ihrer Menschenrechtsregierung verfolgt. Sebastian Senakiewicz, 24, aus Chicago, ist angeklagt wegen „Vortäuschung einer terroristischen Drohung“, was immer das sein soll. Seine Kaution wurde mit 750.000 Dollar bemessen. Mark Neiweem, 28, aus Chicago, ist angeklagt wegen „versuchter Beschaffung von Sprengstoffen oder Zündmitteln“. Seine Kaution beträgt 500.000 Dollar. Das sind die Menschenrechte in Amerika. Der Menschenrechtsbericht des Außenministeriums untersucht allerdings nie die Vereinigten Staaten von Amerika. Er ist ein politisches Instrument, das gegen die von Washington auserwählten Feinde gerichtet ist.

Mittlerweile fährt das Menschrechtsamerika fort, die nationale Souveränität Pakistans, Jemens und Afghanistans zu verletzen, indem es Drohnen, Bomben, Spezialtruppen und in Afghanistan 150.000 Soldaten der Vereinigten Staaten von Amerika einsetzt, um Menschen umzubringen, üblicherweise Frauen, Kinder und alte Dorfbewohner. Hochzeiten, Begräbnisse, Fußballspiele von Kindern, Schulen und Bauernhäuser sind ebenfalls bevorzugte Ziele für die Angriffe Washingtons. Am 25. Mai berichtete die pakistanische Daily Times, dass der Sprecher des pakistanischen Außenministeriums Moazzam Ali Khan die Drohnenangriffe scharf verurteilte: „Wir betrachten diese als Verletzung unserer territorialen Integrität. Sie stehen im Gegensatz zum Internationalen Recht. Sie sind illegal, kontraproduktiv und völlig inakzeptabel.“

Laut Berichten finanzieren die Vereinigten Staaten von Amerika die iranische Terrorgruppe MEK, die von niemand Geringerem als dem Außenministerium der Vereinigten Staaten von Amerika als Terroristen betrachtet werden. Aber das geht in Ordnung, solange MEK den Iran terrorisiert.

Washington steht an der Seite der MEK-Demonstrationen, die mit Bomben und Schusswaffen abgehalten werden. Immerhin müssen wir dem Iran Freiheit und Demokratie bringen, und Gewalt ist Washingtons bevorzugtes Mittel, um dieses Ziel zu erreichen.

Washington versucht verzweifelt, die syrische Regierung zu stürzen, um die russische Marinebasis loszuwerden. Am 15. Mai berichtete Washington Post, dass Washington die Zufuhr von Waffen an die syrischen Rebellen koordiniert. Die Rechtfertigung Washingtons für die Einmischung in Syriens innere Angelegenheiten besteht in Beschuldigungen der syrischen Regierung wegen Menschenrechtsverletzungen. Wie auch immer, ein Bericht der UNO besagt, dass die Rebellen die Menschenrechte um nichts mehr respektieren als die syrische Regierung. Die Rebellen foltern und ermorden Gefangene und entführen Leute, die reich genug sind, um ein Lösegeld zu bringen.

Die NATO, geführt von Washington, ging weit über die UNO-Resolution hinaus, die eine Flugverbotszone über Libyen verhängte. In unverhohlener Verletzung der UNO-Resolution führte die NATO die Luftangriffe gegen die libysche Regierung durch, die die von der CIA unterstützten „Rebellen“ in die Lage versetzten, Gaddafi zu stürzen und viele libysche Zivilisten zu töten.

Nach dem Nürnberger Standard (Prinzip VI.a.i.) ist es ein Kriegsverbrechen, einen Angriffskrieg zu beginnen – was genau das ist, was Washington und seine NATO-HiWis gegen Libyen machten. Aber, beruhigen Sie sich, Washington brachte Libyen Freiheit und Demokratie.

Die Ermordung ausländischer Gegner ist die bevorzugte Diplomatie des Westens. Die Briten fühlten sich wohl damit und Washington übernahm diese Vorgangsweise. In seinem Buch „The Decline and Fall of the British Empire” (Abstieg und Sturz des britischen Imperiums) berichtet Piers Brendon, Historiker der Universität Cambridge und Verwalter der Archive Churchills, von den ihm vorliegenden Dokumenten, dass in der Vorbereitung der „Suezkrise“ 1956 der britische Premierminister Anthony Eden zum Außenminister Anthony Nutting sagte: „Ich will, dass er [der ägyptische Anführer Nasser] umgebracht wird.“

Brendon fährt mit seinem Bericht fort: „Zweifelsohne im Auftrag des Premierministers heckte der Geheimdienst Anschläge aus, um Nasser zu

ermorden und seine Regierung zu stürzen. Seine Agenten, die den Vorschlag machten, durch das Lüftungssystem Nervengas in Nassers Büro zu leiten, waren in keiner Weise diskret." Die Geheimagenten redeten zu viel und aus dem Anschlag wurde nichts.
Letzte Woche befand ein Kriegsverbrechertribunal in Malaysia George W. Bush, Dick Cheney, Donald Rumsfeld und ihre Rechtsberater Alberto Gonzales, David Addington, William Haynes II, Jay Bybee und John Choon Yoo schuldig wegen Kriegsverbrechen.
Erwarten Sie aber nicht, dass Washington sich darum kümmert. Die Verurteilungen wegen Kriegsverbrechen sind nur eine „politische Äußerung".

28.06.2012: Kann die Welt Washingtons Überheblichkeit überleben?

Als Präsident Reagan mich zum Staatssekretär für Wirtschaftspolitik im Finanzministerium bestellte, sagte er zu mir, dass wir die Wirtschaft der Vereinigten Staaten von Amerika wiederherstellen müssten, sie aus der Stagflation herausführen, um die sowjetische Führung mit dem vollen Gewicht einer mächtigen Wirtschaft dazu zu bringen, über das Ende des Kalten Krieges zu verhandeln. Reagan sagte, dass es keinen Grund gebe, noch länger unter der Drohung eines Atomkrieges zu leben.
Die Reagan-Administration erreichte beide Ziele, nur um zu sehen, wie diese Errungenschaften von den folgenden Administrationen über den Haufen geworfen wurden. Es war Reagans eigener Vizepräsident und Nachfolger George Herbert Walker Bush, der als Erster gegen die Abmachungen zwischen Reagan und Gorbatschow verstieß, indem er ehemalige Teilstaaten des sowjetischen Imperiums in die NATO eingliederte und Militärbasen des Westens an die russische Grenze verlegte.
Die Umstellung Russlands mit Militärbasen ging unter den folgenden Regierungen der Vereinigten Staaten von Amerika mit verschiedenen „Farbrevolutionen" unvermindert weiter, finanziert vom NED, die von vielen als Fassade der CIA betrachtet wird. Washington versuchte sogar, eine von Washington kontrollierte Regierung in der Ukraine zu instal-

lieren und hatte mit derartigen Bemühungen Erfolg in der ehemaligen Sowjetrepublik Georgien.

Der Präsident Georgiens, eines Landes, das zwischen dem Schwarzen Meer und dem Kaspischen Meer liegt, ist eine Marionette Washingtons. Vor Kurzem gab er bekannt, dass das ehemalige sowjetische Georgien 2014 Mitglied der NATO werden soll.

Wer alt genug ist, sich daran zu erinnern, weiß, dass die NATO, der Nordatlantische Verteidigungspakt, eine Allianz zwischen Westeuropa und den Vereinigten Staaten von Amerika gegen die Bedrohung war, dass die Rote Armee Westeuropa überrennt. Der Nordatlantik ist weit, weit entfernt vom Schwarzen und vom Kaspischen Meer. Welchen Sinn hat es, dass Georgien Mitglied der NATO wird, außer dass Washington einen militärischen Stützpunkt an der russischen Schwachstelle bekommt?

Die Beweise dafür, dass Washington gegen Russland und China vorgeht, sind einfach überwältigend. Ob das Ziel ist, beide Länder zu zerstören, oder sie nur unfähig zu machen, sich der Weltherrschaft Washingtons zu widersetzen, ist zur Zeit noch nicht klar. Egal welcher Zweck verfolgt wird, es kommt wahrscheinlich ein Atomkrieg dabei heraus.

Die prostituierte amerikanische Presse gibt vor, dass eine bösartige syrische Regierung unschuldige Bürger hinmordet, die nur Demokratie wollen, und dass, wenn die UNO nicht militärisch interveniert, die Vereinigten Staaten von Amerika intervenieren müssen, um die Menschenrechte zu schützen. Russland und China werden von Funktionären der Vereinigten Staaten von Amerika verteufelt, weil sie sich jedem Vorwand für einen Überfall der NATO auf Syrien widersetzen.

Die Fakten sind natürlich ganz andere als die von den amerikanischen Medienhuren und Mitgliedern der Regierung der Vereinigten Staaten von Amerika präsentierten. Die syrischen „Rebellen“ sind wohlbewaffnet mit militärischen Waffen. Die „Rebellen“ kämpfen gegen die syrische Armee. Die Rebellen schlachten Zivilisten ab und berichten ihren Medienhuren im Westen, dass diese Taten von der syrischen Regierung begangen worden sind, und die Pressehuren des Westens verbreiten die Propaganda.

Jemand stattet die „Rebellen” mit Waffen aus, nachdem die Waffen offensichtlich nicht auf lokalen syrischen Märkten erhältlich sind. Die meisten intelligenten Menschen glauben, dass die Waffen aus den Vereinigten

Staaten von Amerika oder aus dem Umkreis der Vereinigten Staaten von Amerika kommen.Washington hat also in Syrien einen Bürgerkrieg angezettelt, wie es das auch in Libyen getan hat, aber dieses Mal blickten die Russen und Chinesen durch und weigerten sich, eine Resolution des UN-Sicherheitsrates wie diejenige durchgehen zu lassen, die der Westen gegen Libyen erlassen hat.

Um dieses Hindernis zu überwinden, nehme man einen antiken Phantom-Kampfjet aus der Zeit des Vietnamkriegs in den 1960ern und lasse die Türkei diesen nach Syrien fliegen. Die Syrer werden ihn abschießen, worauf die Türkei an ihre NATO-Partner appellieren kann, ihr gegen Syrien zu Hilfe zu kommen. Nachdem die UNO-Option nicht geht, kann Washington sich auf seine Verpflichtung nach dem NATO-Vertrag berufen und in den Krieg ziehen, um ein NATO-Mitglied gegen ein dämonisiertes Syrien zu verteidigen.

Die neokonservative Lüge hinter Washingtons Kriegen um die Weltherrschaft lautet, dass die Vereinigten Staaten von Amerika den überfallenen und bombardierten Ländern die Demokratie bringen. Wie Mao Tse-tung sagte, kommt „die politische Macht aus den Gewehrläufen". Wie auch immer, beim arabischen Frühling spielt sich mit der Demokratie nicht viel ab, wie im Irak und in Afghanistan, zwei Ländern, die durch Invasionen der Vereinigten Staaten von Amerika „befreit" worden sind.

Was die Vereinigten Staaten von Amerika bringen, sind Bürgerkriege und die Aufsplitterung von Ländern, wie Präsident Bill Clintons Regime es im ehemaligen Jugoslawien vorgeführt hat. Je mehr Länder in Stücke gerissen und in gegnerische Fraktionen aufgespalten werden können, desto mächtiger ist Washington.

Russlands Putin versteht, dass Russland selbst nicht nur durch die Finanzierung der „russischen Opposition" bedroht ist, sondern auch durch den Streit unter den Moslems, der durch Washingtons Kriege gegen säkulare muslimische Staaten wie Irak und Syrien angefacht worden ist. Dieses Zerwürfnis verbreitet sich in Russland selbst und stellt Russland vor Probleme wie den tschetschenischen Terrorismus.

Wenn ein säkularer Staat zu Fall gebracht wird, bekommen die islamistischen Fraktionen die Möglichkeit, sich gegenseitig an die Gurgel zu gehen. Wie ich früher geschrieben habe, behält der Westen im Mittleren Osten immer die Oberhand, weil sich die islamistischen Fraktionen gegenseitig mehr hassen als ihre westlichen Eroberer. Daher tauchen die Islamisten auf, wenn Washington säkulare nicht-islamistische Regierungen wie im Irak und jetzt geplant in Syrien zerstört, und bekämpfen sich gegenseitig, um die Vorherrschaft zu erringen. Das passt Washington und Israel, weil die betroffenen Staaten deshalb aufhören, kohärente Gegner zu sein.

Russland ist verletzlich, weil Putin von Washington und den Medien der Vereinigten Staaten von Amerika dämonisiert wird und weil Putins russische Opposition von Washington bezahlt wird und den Interessen der Vereinigten Staaten von Amerika und nicht russischen Interessen dient. Der Aufruhr, den Washington in muslimischen Staaten entfacht, schlägt über auf die muslimischen Bevölkerungsgruppen in Russland.

Es hat sich gezeigt, dass es für Washington schwieriger ist, sich in Chinas innere Angelegenheiten einzumischen, obwohl in einigen Provinzen Unfrieden gesät wurde. Es wird erwartet, dass in einigen Jahren die chinesische Wirtschaft die Wirtschaft der Vereinigten Staaten von Amerika überflügeln wird, wodurch eine asiatische Macht eine Macht des Westens als die mächtigste Wirtschaft der Welt ablösen wird.

Durch diese Aussichten ist Washington zutiefst beunruhigt. In der Knechtschaft und unter Kontrolle von Wall Street und anderen speziellen Interessengruppen ist Washington außerstande, die Wirtschaft der Vereinigten Staaten von Amerika vor ihrem Niedergang zu bewahren. Die schnellen Spielprofite der Wall Street, die Kriegsgewinne des Militär-/Sicherheitskomplexes und die Profite aus der Auslagerung der Produktion von Gütern und Dienstleistungen für die Märkte der Vereinigten Staaten von Amerika haben in Washington viel mehr Gewicht als das Wohlergehen der Bürger der USA.

Während es mit der Wirtschaft der Vereinigten Staaten von Amerika bergab geht, steigt die chinesische Wirtschaft. Washingtons Antwort ist die Militarisierung des Pazifiks. Die Außenministerin der Vereinigten Staaten von Amerika hat das Südchinesische Meer zu einem Gebiet von nationalem amerikanischen Interesse erklärt. Die Vereinigten Staaten von Amerika bedrängen die Regierung der Philippinen, indem sie die chinesische Bedrohungskarte spielen, und arbeiten daran, eine Einladung für die Marine der Vereinigten Staaten von Amerika in ihre ehemalige Basis in

der Subic Bucht zu bekommen. Vor Kurzem gab es gemeinsame Militär-/Marinemanöver der Vereinigten Staaten von Amerika und der Philippinen gegen die „chinesische Bedrohung".
Die Marine der Vereinigten Staaten von Amerika verlegt Flotten zurück in den Pazifischen Ozean und errichtet eine neue Marinebasis auf einer südkoreanischen Insel. Marinesoldaten der Vereinigten Staaten von Amerika sind jetzt in Australien stationiert und werden von Japan aus in andere asiatische Länder verlegt. Die Chinesen sind nicht dumm. Sie verstehen, dass Washington versucht, China einzukreisen.
Für ein Land, das nicht imstande ist, in 8 Jahren den Irak zu besetzen, und das nicht imstande ist, Afghanistan in 11 Jahren zu besetzen, ist es ein Akt des Irrsinns, es gleichzeitig mit zwei Atommächten aufzunehmen. Die Überheblichkeit in Washington, die täglich von den durchgeknallten Neokonservativen gefüttert wird, ungeachtet des außerordentlichen Versagens in Irak und Afghanistan, hat sich jetzt gegen gewaltige Mächte gerichtet – Russland und China. In ihrer ganzen Geschichte hat die Welt noch keine derartige Idiotie erlebt.
Die Psychopathen, Soziopathen und Schwachsinnigen, die in Washington die Oberhand haben, führen die Welt in die Vernichtung. Die kriminell wahnsinnige Regierung in Washington, egal ob demokratisch oder republikanisch, egal was bei der nächsten Wahl herauskommt, stellt die größte Bedrohung für das Leben auf der Erde dar, die je existiert hat.

04.07.2012: Können die Amerikaner der Täuschung entkommen?

Heute ist Heiße-Luft-Tag. Am 4. Juli wird im ganzen Land heiße Luft abgelassen, wenn Würdenträger über unsere „Freiheit und Demokratie" Predigten halten und „unsere tapferen Soldaten" loben, die unsere Freiheit verteidigen, indem „sie die dort töten, ehe sie zu uns kommen".
Keine einzige dieser Ansprachen wird ein wahres Wort enthalten. Kein Redner wird den Tod der Verfassung der Vereinigten Staaten von Amerika beklagen oder seine Zuhörer auffordern, das einzige Dokument wie-

derherzustellen, das ihre Freiheit schützt. Kein Redner wird sagen, dass im 21. Jahrhundert das Bush/Obama-Regime mit den Komplizen Justizministerium, Bundesgerichte, Kongress, Medienhuren, Rechtsfakultäten, Anwaltsvereinigungen und einer unbekümmerten Öffentlichkeit die Verfassung im Namen des „Kriegs gegen den Terror“ umgebracht haben.
Wie in Zeiten des Mittelalters können amerikanische Bürger in Kerker geworfen werden und dort verschollen bleiben. Keine Beweise oder Anklagen müssen einem Gericht vorgelegt werden. Kein Verfahren ist erforderlich, keine Verurteilung.
Wie in Diktaturen können Bürger der Vereinigten Staaten von Amerika aufgrund des Ermessens des Despoten im Oval Office hingerichtet werden, der dort sitzt und Listen von Leuten aufstellt, die umgebracht werden müssen.
Demonstranten, die ihre verfassungsmäßig garantierten Rechte auf freie Meinungsäußerung und Versammlungsfreiheit ausüben, werden von bewaffneter Polizei angegriffen, geschlagen, getasert, mit Tränengas und Pfefferspray gequält und eingesperrt.
Informanten, die die Verbrechen der Regierung öffentlich bekannt machen, werden ungeachtet der Verfassung, die sie beschützt, verfolgt.
Der Soldat der Vereinigten Staaten von Amerika Bradley Manning, der angeblich die Dokumente an WikiLeaks weiterleitete, welche Kriegsverbrechen der Vereinigten Staaten von Amerika enthüllten – unter ihnen das Video von US-amerikanischen Soldaten in einem Kampfhubschrauber, die sich einen Spaß daraus machen, Zivilisten auf der Straße abzuknallen, als spielten sie ein Videospiel – wurde verhaftet und unter foltermäßigen Bedingungen eingesperrt, während die Regierung versucht, eine Anklage gegen ihn zu erfinden.
Gemäß dem Militärgesetz der Vereinigten Staaten von Amerika sind Soldaten der Vereinigten Staaten von Amerika verpflichtet, Kriegsverbrechen bekannt zu geben. Wie auch immer, das Gesetz in den Büchern schützte Bradley Manning in keiner Weise, und konservative Republikaner, die ich kenne, fordern leidenschaftlich, dass Manning hingerichtet werden soll, weil er die Wahrheit bekannt gemacht hat. Die Wahrheit, was ist schon die Wahrheit im Vergleich zur „Einzigartigkeit des großen amerikanischen Volkes“? Amerika hat einen Freibrief, mit den nicht Ein-

zigartigen zu tun, was immer es wünscht. Manning verdient den Tod, so sagen sie, weil er Partei für die Unterdrückten ergriffen hat und nicht für die amerikanischen Unterdrücker.
Nachdem die schwedische Staatsanwaltschaft den Fall gegen Julian Assange von WikiLeaks mit der Begründung eingestellt hat, die Beschuldigungen wegen Vergewaltigung entbehrten jedweder Grundlage, verlangte ein anderer Staatsanwalt – wie viele glauben, auf Drängen der Vereinigten Staaten von Amerika –, dass Assange vom Vereinigten Königreich ausgeliefert werden müsse, um ihn zu vernehmen. Normalerweise findet eine Auslieferung nur in Fällen statt, wo eine Anklage wegen eines Verbrechens erhoben und ein Haftbefehl ausgestellt worden ist, was bei Assange fast sicher nicht der Fall ist. Wenn allerdings Washington Assange haben will, dann wird Washington natürlich sicherstellen, dass jedes Gesetz gebrochen oder gebeugt wird, bis sie ihn haben. Die schwedische Marionette wird den Willen des einzigartigen Landes erfüllen und für seinen Dienst gut bezahlt werden.
Die Wohnungen von Friedensaktivisten in einigen Bundesstaaten wurden vom FBI überfallen, Computer und persönliche Aufzeichnungen wurden beschlagnahmt und eine Grand Jury wurde einberufen, um sie wegen Unterstützung von Terrorismus aufgrund ihrer Proteste gegen Washingtons illegale Kriege anzuklagen. Kriege, die Kriegsverbrechen gemäß dem Nürnberger Standard sind, der von der Regierung der Vereinigten Staaten von Amerika selbst eingeführt worden ist.
Nichts davon wird in den patriotischen Reden am 4. Juli erwähnt werden. Die verzückten Massen werden sich in Fahnen hüllen und im berauschenden Gefühl einer Überheblichkeit heimgehen, welche auf minderwertigere Fremde wie Moslems, Araber, Chinesen und die Franzosen mit Geringschätzung hinunterschaut.
Und kein Würdenträger wird erwähnen, dass diejenigen, „die wir dort töten", in erster Linie Frauen, Kinder, alte Menschen und Helfer sind. Die Soldaten der Vereinigten Staaten von Amerika scheinen sich auf weiche Ziele wie Hochzeiten, Begräbnisse, fußballspielende Kinder, Bauernhäuser und Schulen zu spezialisieren.
Vor Kurzem reduzierte Washington das Ausmaß des „Kollateralschadens" dadurch, dass es jeden umgebrachten Mann im militärfähigen Al-

ter zum Talibankämpfer oder Terroristen erklärte. Offensichtlich hat Washington keine Möglichkeit herauszufinden, ob sie das tatsächlich waren oder nicht, aber diese Erklärung wird als grünes Licht für die Ermordung von männlichen Afghanen im Militäralter betrachtet.

Zur Zeit betreibt Washington Kriege oder Okkupationen oder verstößt gegen die Souveränität von Ländern mit Drohnen und/oder Soldaten in sieben muslimischen Ländern und bewaffnet Rebellen in Syrien. Alles das wird ohne die von der Verfassung geforderte Ermächtigung durch den Kongress gemacht, in dem angeblich die Vertreter des Volkes sitzen. Wie lustig! Kurz gesagt, im Amerika von „Freiheit und Demokratie" haben die Menschen keine Stimme und keine Rechte und keine Vertreter.

Über diesen Mangel an Demokratie und Freiheit wird man von den Rednern am 4. Juli nichts hören. Die Verbrechen gegen die Menschlichkeit, der Abbau der Verfassung der Vereinigten Staaten von Amerika und die Missachtung der Gesetze im Inland und auf internationaler Ebene, die das Amerika des 21. Jahrhunderts kennzeichnen, sind Ergebnisse des 11. Septembers 2001.

Washingtons Darstellung von 9/11 ist die wüsteste Verschwörungstheorie, die die Menschheit kennt.

Denken Sie eine Minute darüber nach. Wenn so etwas tatsächlich stattgefunden hätte, hätten der Präsident, Vizepräsident, Kongress und die Medien zu erfahren verlangt, wie es zu so einem totalen Versagen jedes Teilbereichs der nationalen Verteidigungsbereitschaft kommen konnte. Sofort wäre eine Untersuchung in die Wege geleitet worden, nicht erst nach über einem Jahr auf Druck von Familien von 9/11-Opfern, die sich nicht mit Geld kaufen ließen. Ein derartig umfassendes und totales Versagen jedes Aspektes der Sicherheit der Vereinigten Staaten von Amerika würde bedeuten, dass die Amerikaner in der 40-jährigen verfahrenen Situation mit der Sowjetunion keine Minute lang sicher waren. Zu jedem Zeitpunkt hätten die Sowjets die Vereinigten Staaten von Amerika völlig vernichten können und wir hätten niemals herausbekommen, was uns getroffen hat.

In einer wirklichen Untersuchung wären die 9/11-Beweise nicht illegal vernichtet worden, und die Untersuchung wäre von Fachleuten durchgeführt worden, nicht von Parteisoldaten und Regierungsbehörden mit

Vertuschungsauftrag. Der NIST-Bericht ist ein erbärmlicher Unsinn. Er erklärt gar nichts. Es handelt sich bei ihm um eine zusammengebastelte Computersimulation eines Nicht-Ereignisses. Der Mitvorsitzende und der Rechtsberater der 9/11-Kommission schrieben später Bücher, in denen sie feststellten, dass der Kommission Informationen vorenthalten wurden, dass das Militär die Kommission belog und dass die Kommission „dazu angelegt wurde, um zu scheitern". Nicht einmal diese erstaunlichen Zugeständnisse der Leiter der 9/11-Kommission hatten Auswirkungen auf den Kongress, die Medienhuren oder die Öffentlichkeit. Alle Köpfe steckten im Sand. Bitte lasst uns zartbesaiteten Schwächlinge mit den Tatsachen in Ruhe, was immer ihr auch macht!

Mehr als hundert Feuerwehrmänner, Polizisten, Rettungshelfer und Hausmeister berichten, sie hätten Reihen von Explosionen in den zwei WTC-Türmen gehört und gespürt, einschließlich starker unterirdischer Explosionen vor dem Einsturz der Gebäude.
Angesehene Wissenschaftler, Herausgeber von vielen in Fachkreisen verbreiteten wissenschaftlichen Zeitschriften, berichten über Funde von Nanothermit im Staub der Türme, das sie auf seine Explosivkraft und hitzeproduzierende Eigenschaft hin überprüften, und gaben die eindeutigen Ergebnisse bekannt.
1.700 Architekten und Ingenieure bezeugten in einer Petition an den Kongress, dass die drei Gebäude des World Trade Centers nicht durch Feuer und Flugzeuge zum Einsturz gebracht worden sind und forderten eine tatsächlich wissenschaftliche Untersuchung der Ursache der Zerstörung der Gebäude.
Wir stehen also vor der paradoxen Situation, dass wissenschaftliche Meinung auf der Grundlage einer sorgfältigen Überprüfung der übrig gebliebenen Beweise von den Ignoranten und Unbedarften als „Verschwörungstheorie" hingestellt worden ist, während Washingtons absurde Verschwörungstheorie als Wahrheit über das Ereignis feststeht.
Architekten und Ingenieure für Wahrheit über 9/11 unter dem Vorsitz des Hochhausarchitekten Richard Gage trieben den endgültigen Nagel in den Sarg von Washingtons zusammengebastelter Verschwörungstheorie mit dem neuen Film: „9/11: Explosive Evidence – Experts Speak Out"

(„Explosive Beweise – Experten sprechen“, auch in deutscher Version im Internet zu finden), und sie sagen es in der Tat.

Eine Reihe von Abbruchexperten und Fachleuten für Planung, Ausführung und Konstruktion von Hochhäusern mit Stahlstruktur liefern die wissenschaftlichen, architektonischen und technischen Begründungen, nach denen die drei WTC-Gebäude nur mit der Hilfe von Sprengstoffen einstürzten, die so platziert und gesteuert waren, dass sie die mächtige tragende Struktur zerstörten und zum plötzlichen Zusammenbruch der Gebäude führten. Nachdem die Gebäude gemäß den bekannten und erprobten Grundsätzen geplant und errichtet worden waren, welche einen rapiden Einsturz verhindern, konnten Feuer und struktureller Schaden, den zwei der drei Wolkenkratzer durch Flugzeuge erlitten hatten, unmöglich die plötzliche Auflösung der drei Gebäude verursacht haben.

Ich sah den Film am 2. Juli in Atlanta. Atlanta war eine der 32 Städte, in denen die Premiere des Films lief. Der Film wurde im Kino an der Euclid Avenue gezeigt, dem ehemaligen Euclid-Theater, zu dem wir als Kinder mit unseren Fahrrädern fuhren, um Tarzan zu bewundern, wenn er mit Riesenreptilien kämpfte und auf Elefanten ritt, böse schwarze Stammesleute oder böse weiße Jäger besiegte, oder um Randolph Scott zu sehen, wie er mit seinem Colt Gerechtigkeit in eine von Ganoven beherrschte Stadt brachte, oder um tapfere amerikanische Soldaten zu sehen, die Europa von den Nazis befreiten. Es kam uns nie in den Sinn, dass wir Bewohner des „Landes der Freien“ von einem Gestapo-Polizeistaat bedroht werden könnten.

Amerikas Abgleiten in einen Gestapo-Polizeistaat könnte vielleicht abgefangen werden, wenn die Amerikaner in Hinblick auf die Wissenschaft nicht so ignorant wären oder auch nur in der Lage wären zu begreifen, dass das, was sie mit ihren eigenen Augen sehen, wenn sie die Videos über den Zusammenbruch der Twin Towers betrachten, eine Sprengung der Gebäude ist und nicht ein Einsturz aufgrund eines Strukturschadens. Die Zerstörung von Gebäude 7 bietet das totale und komplette Bild eines kontrollierten Abbruchs. Am Ende des Films erklären Psychologen, warum der Mehrheit einer Bevölkerung die geistige und emotionale Kraft fehlt, sich den höchst beunruhigenden Fakten zu stellen. Eine Regierung, die ihre Bevölkerung so ausspioniert, wie Washington das macht, kennt offensichtlich die Verfassung ihrer Bevölkerung und sieht nichts als Schwäche und Angst, die manipuliert werden kann.

Was kann denn noch beunruhigender sein als die wahrscheinliche Tatsache, dass 9/11 eine inszenierte Aktion war, um den Neokonservativen ihr „neues Pearl Harbor" zu verschaffen, um Washingtons Hegemonialkriege in den Mittleren Osten und von dort gegen den Iran und die Atommächte Russland und China zu tragen, welche mit Militärbasen der USA umstellt werden?

Was wir erleben ist eine Neuauflage der Französischen Revolution, dieses Mal auf einer weltweiten Ebene. Napoleon, der Erbe der Französischen Revolution, eroberte Europa mehrere Male, um die „Neue Ordnung" in Frankreich auf ganz Europa auszuweiten. Die Französische Revolution war der erste Anspruch auf eine neue Weltordnung, aber damals war die Welt Europa. Washingtons „Befreiungskriege" sind Kriege, die um die Vorherrschaft auf der Welt und um massive Profite für den Militär-/Sicherheitskomplex geführt werden. Die Kombination von Macht und Geld, welche die Motive für Washingtons Kriege bildet, bleibt verborgen, eingewickelt in patriotische Gefühlsregungen und die Angst vor dunkelhäutigen dämonisierten Moslems.

Können die Architekten und Ingenieure für Wahrheit über 9/11 sich durchsetzen und die Amerikaner aus der künstlichen Realität befreien, die von den Lügnern der Regierung und korrupten Medienhuren erfunden wurde, oder sind die Amerikaner verdammt, in der Matrix zu enden, die für sie geschaffen worden ist?

Vielleicht besteht die Hoffnung darin, dass die Wirtschaft unter den Möchtegern-Führern zusammenbricht und dass die Menschen, die nicht für Prinzipien und ihre Freiheit kämpfen, für ihr wirtschaftliches Überleben kämpfen werden.

16.07.2012: Krieg an allen Fronten

Die russische Regierung hat endlich kapiert, dass ihre politische Opposition von der von den Steuerzahlern der USA finanzierten NED und anderen Abteilungen der CIA/des Außenministeriums bezahlt wird, in einem Versuch, die russische Regierung zu stürzen und ein amerikanisches Marionettenregime im geografisch größten Land der Erde einzurichten, dem einzigen Land mit einem Arsenal von Atomwaffen, das ausreicht, um Washingtons Aggression abzuschrecken.

Gerade wie Ägypten in diesem Jahr hunderte Leute, die mit aus dem Ausland finanzierten „Nicht-Regierungs-Organisationen" (NGOs) in Verbindung standen, wegen „Erregung von Dissens und Einmischung in innere Angelegenheiten“ auswies, hat die russische Duma (das Parlament) gerade ein Gesetz beschlossen, das Putin demnächst unterzeichnen wird und das bestimmt, dass politische Organisationen, die Geld aus dem Ausland erhalten, sich als ausländische Agenten registrieren lassen müssen. Das Gesetz basiert auf dem Gesetz in den Vereinigten Staaten von Amerika, das die Registrierung fremder Agenten festlegt.

Ein großer Teil der russischen politischen Opposition besteht aus vom Ausland bezahlten Agenten, und sobald das Gesetz in Kraft ist, werden sich führende Elemente der politischen Opposition Russlands beim russischen Justizministerium als Agenten Washingtons registrieren lassen müssen. Die Agentur Itar-Tass berichtete am 3. Juli, dass es in Russland um die 1.000 Organisationen gibt, die vom Ausland finanziert sind und die sich politisch betätigen. Man stelle sich das Geheul vor, wenn die Russen 1.000 Organisationen in den Vereinigten Staaten von Amerika finanzieren würden, die sich bemühen, Amerika zu einem russischen Marionettenstaat zu machen. (In den Vereinigten Staaten von Amerika würden die Russen auf zahlreiche Konkurrenz aus Israel stoßen.)

Die von Washington finanzierte politische Opposition in Russland versteckt sich hinter „Menschenrechten" und sagt, sie arbeite, um „Russland zu öffnen“. Was die illoyale und verräterische von Washington bezahlte russische „politische Opposition“ unter „Russland öffnen“ versteht, ist die Öffnung Russlands für die Gehirnwäsche durch die Propaganda des Westens, die Öffnung Russlands für die wirtschaftliche Ausplünderung durch den Westen und die Öffnung Russlands, damit seine Innen- und Außenpolitik von Washington bestimmt werden kann.

„Nicht-Regierungs-Organisationen" sind sehr regierungsnah. Sie haben entscheidende Rollen bei der Finanzierung und Durchführung der diversen „Farbenrevolutionen“ gespielt, welche zur Errichtung von amerikanischen Marionettenstaaten in früheren Teilgebieten des sowjetischen Imperiums geführt haben. NGOs wurden schon als „Staatsstreichmaschinen" bezeichnet und haben Washington in dieser Rolle gute Dienste erwiesen. Zur Zeit arbeiten sie in Venezuela gegen Chavez. Natürlich ist Washington wütend, dass seine Pläne in die Hose gegangen sind, die Herrschaft über ein Land zu erreichen, das militärisch anzugreifen zu gefährlich ist. Russland ist nach zwei Jahrzehnten gegenüber der Drohung, durch von Washington finanzierte NGOs politisch unterwandert zu werden, erwacht. Washington selbst verlangt von aus dem Ausland finanzierten Organisationen, sich als ausländische Agenten registrieren zu lassen (es sei denn, sie werden von Israel finanziert). Diese Tatsache hält Washington natürlich nicht davon ab, das neue russische Gesetz als „antidemokratisch", „Polizeistaat" usw. zu bezeichnen. Selbst ertappt bei subversiven Aktivitäten, beschimpft Washington Putin. Es ist bedauerlich, dass der größte Teil des gehirngewaschenen Westens Washingtons Lügen auf den Leim gehen wird und wir noch lange vom „Gangsterstaat Russland" hören werden. Auch China befindet sich im Fadenkreuz Washingtons. Chinas rasanter Anstieg als Wirtschaftsmacht wird in Washington als düstere Bedrohung verstanden. China muss eingeschränkt werden. Obamas Handelsrepräsentant der Vereinigten Staaten von Amerika hat in den letzten 2 oder 3 Jahren geheime Verhandlungen über eine transpazifische Partnerschaft geführt, die den Zweck hat, Chinas natürliche wirtschaftliche Führungsrolle in seiner eigenen Einflusssphäre zu beschneiden und durch die Führung Washingtons zu ersetzen.

Washington drängt auch darauf, neue militärische Allianzen in Asien zu bilden und neue Militärbasen auf den Philippinen, in Südkorea, Thailand, Vietnam, Australien, Neuseeland und wo immer noch zu errichten.

Washington mischte sich schnell in Dispute zwischen China und Vietnam und China und den Philippinen ein. Washington stellte sich auf die Seite seines ehemaligen Feindes Vietnam in Vietnams Streit mit China wegen der rohstoffreichen Paracel- und Spratly-Inseln und auf die Seite der Philippinen in deren Streit mit China über die an Rohstoffen reiche Scarborough-Untiefe.

Auf diese Weise, wie im Fall der Einmischung Englands in den Streit zwischen Polen und dem nationalsozialistischen Deutschland über die

Rückgabe von deutschen Territorien, die Polen nach dem Ersten Weltkrieg zugesprochen worden waren, bereitet Washington die Bühne für den Krieg.

China war kooperativ gegenüber Washington, da die Auslagerung der Wirtschaft der Vereinigten Staaten von Amerika nach China einen wichtigen Bestandteil von Chinas unerwartet hoher Rate der wirtschaftlichen Entwicklung bildete. Die amerikanischen Kapitalisten bekamen ihre schnellen Profite und China bekam Kapital und Technologie, um eine Wirtschaft aufzubauen, die in 2 oder 3 Jahren die sinkende Wirtschaft der Vereinigten Staaten von Amerika überholt haben wird. Die Auslagerung von Arbeitsplätzen, die fälschlich von Wirtschaftswissenschaftlern als freier Markt betrachtet worden war, hat China aufgebaut und Amerika zerstört.

Washingtons steigende Einmischung in chinesische Angelegenheiten hat die Regierung Chinas überzeugt, dass militärische Gegenmaßnahmen erforderlich sind, um Washingtons angekündigte Absichten zu neutralisieren, seine Militärpräsenz in der chinesischen Einflusssphäre aufzubauen.

Washington steht auf dem Standpunkt, dass nur Washington, und sonst niemand, eine Einflusssphäre besitzt und dass Washingtons Einflusssphäre die ganze Welt ist.

Am 14. Juli 2012 meldete die offizielle chinesische Nachrichtenagentur Xinhua, dass Washington sich in chinesische Angelegenheiten einmischt und es unmöglich macht, dass China seine Streitigkeiten mit Vietnam und den Philippinen löst.

Es sieht so aus, als wäre eine allzu zuversichtliche Regierung der Vereinigten Staaten von Amerika entschlossen, einen Krieg an drei Fronten zu führen: Syrien, Libanon und Iran im Mittleren Osten, China im Fernen Osten und Russland in Europa. Das ist wohl eine recht ambitionierte Agenda für eine Regierung, deren Militär weder nach neun Jahren den Irak besetzen noch die leicht bewaffneten Taliban nach elf Jahren besiegen konnte, und deren Wirtschaft und die ihrer NATO-HiWis in Schwierigkeiten steckt und mit der es abwärts geht; eine Regierung mit anwachsenden inneren Spannungen und einem Verlust von Vertrauen in die politische Führung.

26.07.2012: Syrien: Washingtons jüngstes Kriegsverbrechen

Man fragt sich, was die Syrer denken, während „Rebellen", die schwören, „Syrien befreien" zu wollen, das Land in den gleichen zerstörerischen Prozess hineinziehen wie die „Rebellen" in Libyen. Libyen, unter Gaddafi ein gut geführtes Land, dessen Erdöleinkommen mit dem libyschen Volk geteilt wurde, anstatt wie in Saudi-Arabien von einer Prinzenklasse monopolisiert zu werden, hat jetzt keine Regierung, sondern chaotische Verhältnisse mit einander bekämpfenden Fraktionen, die nach der Macht streben.

So wie niemand wusste, wer die libyschen „Rebellen" waren, unter denen sich laut Berichten Elemente von al-Qaida befanden, weiß auch niemand, wer die syrischen „Rebellen" sind oder ob es sich überhaupt um Rebellen handelt (Antiwar.com). Einige „Rebellen" scheinen Gruppen von Banditen zu sein, die die Gelegenheit nutzen, zu plündern und zu vergewaltigen und sich selbst an die Spitze von Dörfern und Städten zu setzen. Andere scheinen al-Qaida anzugehören (Antiwar.com).

Die Tatsache, dass die „Rebellen" bewaffnet sind, weist auf eine Einmischung von außen hin. Es gab Berichte, laut denen Washington seine saudischen und bahrainischen Marionettenregimes angewiesen hat, die „Rebellen" mit militärischen Waffen zu versorgen. Einige vermuten, dass die Explosion, die den syrischen Verteidigungsminister und den Leiter der Krisenbekämpfung der Regierung tötete, nicht die Tat eines Selbstmordattentäters, sondern das Werk einer Drohne oder Rakete der Vereinigten Staaten von Amerika war, was an Washingtons gescheiterte Versuche erinnert, Saddam Hussein zu ermorden. Ungeachtet dessen stellte Washington den Terrorangriff als Erfolg hin, indem es erklärte, dass die Rebellen „an Fahrt gewinnen" und die syrische Regierung aufforderte, durch Rücktritt auf den Angriff zu reagieren (reuters.com).

Das Folgende stammt aus einem durchgesickerten Geheimdienstdokument, das eine vorangegangene terroristische Intervention des Westens in Syrien beschreibt, für den Fall, dass ein Leser so naiv ist und denkt, dass „unsere Regierung das nie machen würde".

„Um das Vorgehen der Befreiungskräfte zu erleichtern, ... sollte eine besondere Anstrengung unternommen werden, gewisse Individuen in Schlüsselpositionen zu eliminieren ... das sollte in der Anfangsphase der Erhebung und Intervention erreicht werden ... Sobald eine politische Entscheidung erreicht worden ist, mit den inneren Unruhen in Syrien fortzufahren, ist die CIA vorbereitet und werden SIS (MI6) versuchen, kleinere Sabotageakte und Putschaktionen in Syrien durchzuführen, indem sie über Kontakte mit Individuen arbeiten. ... Zwischenfälle sollten nicht auf Damaskus beschränkt bleiben ... ein „erforderliches Ausmaß von Angst ... Grenzzwischenfälle und (inszenierte) Kämpfe an der Grenze“ würden „einen Vorwand für eine Intervention schaffen ... CIA und SIS (MI6) sollten Kapazitäten im psychologischen wie im Handlungsbereich einsetzen, um die Spannung zu erhöhen.“ (Durchgesickertes Geheimdienstdokument der Vereinigten Staaten von Amerika/des Vereinigten Königreichs, London und Washington 1957) (GlobalResearch.ca).

Obama hat nicht gesagt, warum seine Regierung unbedingt die syrische Regierung stürzen will. Der jetzige Präsident war Augenarzt in London, der nach Syrien zurückberufen wurde, um seinen Vater zu ersetzen, den verstorbenen bisherigen Präsidenten des Landes. Washington schweigt sich über seine wirklichen Beweggründe aus, indem sie diese hinter wohlklingender humanitärer Rhetorik versteckt, aber Washingtons Motive liegen auf der Hand. Ein Motiv besteht darin, die russische Marinebasis in Syrien loszuwerden und Russland dadurch seine einzige Basis im Mittelmeer zu entziehen.

Ein zweites Motiv besteht darin, Syrien als Quelle von Waffen und Unterstützung für die Hisbollah auszuschalten, damit Israel erfolgreich seine Versuche betreiben kann, den Süden des Libanon zu besetzen und sich dessen Wasserressourcen anzueignen. Die Kämpfer der Hisbollah haben zweimal die Versuche des israelischen Militärs zurückgeschlagen, in den südlichen Libanon einzumarschieren und diesen zu okkupieren.

Ein drittes Motiv besteht darin, die Einheit Syriens durch Religionskonflikte zu zerstören, so wie Washington Libyen und den Irak zerstört hat, und Syrien sich bekämpfenden Fraktionen zu überlassen, die das Land zerreißen und damit ein weiteres Hindernis für die Hegemonie Washingtons beseitigen.

Syrien, ein säkularer arabischer Staat wie einst der Irak, wird von einer politischen Partei beherrscht, die aus Alawiten besteht, die mehr oder weniger schiitische Moslems sind. Die Alawiten machen ungefähr 12 % der syrischen Bevölkerung aus und werden von den sunnitischen Moslems, die etwa 74 % der Bevölkerung Syriens ausmachen, als Häretiker betrachtet. Daher richtet sich der orchestrierte „Aufstand“ an viele Sunniten, die die Gelegenheit der Machtübernahme sehen. Im Irak war es eine sunnitische Minderheit, die eine schiitische Mehrheit beherrschte, also genau umgekehrt. Die Aufspaltungen unter den Arabern machen die Araber anfällig für Einmischungen und Beherrschung durch den Westen. Die Aufspaltung zwischen Sunniten und Schiiten macht es einem arabischen Land unmöglich, einem anderen zu Hilfe zu kommen. 1990 stellte sich die schiitische syrische Regierung im ersten Irakkrieg an die Seite der Vereinigten Staaten von Amerika gegen die schiitische irakische Regierung. Weder Lawrence von Arabien noch Nasser oder Gaddafi hatten Erfolg mit ihren Versuchen, ein arabisches Bewusstsein zu schaffen.

Washingtons Fassade für seinen gewalttätigen Sturz anderer Regierungen besteht immer in moralischem Geschwätz. Zuerst wird das Ziel dämonisiert, worauf Washingtons nackte Aggression als „Freiheit und Demokratie bringen“, „einen brutalen Diktator stürzen“, „die Rechte der Frauen schützen“ usw. hingestellt wird. Jede Art von Heuchelei und leeren Phrasen scheint zu funktionieren.

Hillary Clinton hat besonders schrill den Sturz der syrischen Regierung propagiert. Die dumme Frau gab sogar Drohungen gegen Russland und China von sich, die es wagten, Washingtons Versuche abzublocken, eine UNO-Resolution als Deckmantel für einen Einmarsch in Syrien zu benutzen. Washington stellt den Widerstand der syrischen Regierung gegen ihren Sturz falsch als eine Regierung, die ihr eigenes Volk terrorisiert, dar. Washington verurteilte jedoch nicht die Terrorattacke, die es selbst oder ein Selbstmordattentäter durchgeführt hat und die hochrangige Funktionäre der syrischen Regierung getötet hat. Washingtons Doppelmoral brachte den russischen Außenminister Sergej Lavrov dazu, Washington zu beschuldigen, eine „sinistre Position“ einzunehmen.

Und das tut Washington in der Tat. Aber was ist überraschend an Washingtons sinistrer Position gegenüber Irak, Afghanistan, Libyen, Somalia, Jemen und Pakistan? Ohne Zweifel wird Washington gegen den Iran vorrücken, nachdem Syrien gefallen ist. Russland selbst ist bereits von US-amerikanischen Raketenbasen umstellt, und die russische Regierung hat es mit einer illoyalen und verräterischen politischen Opposition zu tun, die mit amerikanischem Geld finanziert ist. China steht einem rapiden Aufbau von Luftwaffen-, Marine- und Truppenbasen im pazifischen Raum gegenüber. Wie lange wird es dauern, bis die chinesische Regierung es mit einer von Washington finanzierten illoyalen Opposition zu tun hat?

Der Hegemon befindet sich auf dem Kriegspfad, aber was die syrischen Sunniten sehen, ist eine Chance, die alawitischen Schiiten zu stürzen. Die syrischen Sunniten werden sich mit Washington zusammentun, ungeachtet der Tatsache, dass Washington die irakischen Sunniten gestürzt hat. Es sieht so aus, als hätten wenige Araber etwas dagegen, Marionetten eines fremden Regimes zu sein, das mit Milliarden von Dollar um sich schmeißt.

Washington bezeichnet den syrischen Präsidenten Assad locker als „Diktator" oder „brutalen Diktator“, wobei Assad ein Diktator ist, der dieser Rolle nicht besonders effektiv gerecht wird. Normalerweise gestatten Diktatoren einer Opposition nicht, dass sie sich erhebt, geschweige denn sich bewaffnet. Eher zutreffend könnte man sagen, dass die herrschende Partei autoritär ist, die herrschende Partei aber Elemente der Demokratie mit der neuen Verfassung eingeführt hat.

Wie der Irak bewiesen hat, müssen arabische Regierungen autoritär sein, wenn ihre sunnitischen und schiitischen Bevölkerungen nicht ständig in Bürgerkriege verwickelt sein sollen. Beide, Bush und Obama, behaupten, dass Washington „Freiheit und Demokratie“ in den Irak gebracht hat. Wie auch immer, die anhaltende Gewalt im Irak ist gleich intensiv oder noch intensiver als unter der amerikanischen Okkupation. Hier sind die Berichte über die letzten drei Tage:

23. Juli 2012: „In einer Welle von Bombenattentaten und Schießereien in Bagdad und nördlich der Hauptstadt wurden mindestens 107 Menschen getötet. Zumindest 216 wurden verletzt.“

24. Juli 2012: „An einem weiteren Tag intensivierter Angriffe wurden zumindest 145 Iraker getötet und 379 verletzt.“

25. Juli 2012: „Die Angriffe im Irak gehen weiter: 17 Menschen wurden getötet, 60 verletzt."
Das ist das, was Washington für den Irak getan hat. Weit davon entfernt, „Freiheit und Demokratie" zu bringen, brachte Washington endloses Chaos und Tod. Und genau das ist es, was Washington für Syrien auf Lager hält.

01.08.2012: Die neokonservativen Kriegsverbrecher unter uns

Im Außenministerium befindet sich ein Büro, das deutsche Kriegsverbrecher jagt. Der Natur von Bürokratien entsprechend wird das Büro bis ins nächste Jahrhundert hinein existieren, wenn eventuell überlebende deutsche KZ-Bewacher 200 Jahre alt sein werden. Von Zeit zu Zeit behauptet das Außenministerium, einen einfachen deutschen Soldaten gefunden zu haben, der als Wachmann einem Lager zugeteilt war. Der alte Mensch, der seit 50 oder 60 Jahren in den Vereinigten Staaten von Amerika gelebt hat, ohne jemandem ein Leid zugefügt zu haben, wird dann erbarmungslos verfolgt, üblicherweise auf der Grundlage von Gerüchten. Ich habe nie verstanden, was das Außenministerium glaubt, was der beschuldigte Gefängniswächter eigentlich hätte tun sollen – die Gefangenen befreien, seinen Job aufgeben? – während preußische Aristokraten und hochrangige deutsche Generäle ermordet wurden, weil sie versuchten, Hitler zu stürzen.
Was das Außenministerium braucht, ist ein Büro, das amerikanische Kriegsverbrecher verhaftet. Solche gibt es im Überfluss und sie sind nicht schwer zu finden. Tatsächlich gingen 56 von ihnen mit einem Brief an Präsident Obama an die Öffentlichkeit, in dem sie forderten, die Armee der Vereinigten Staaten von Amerika zu entsenden, damit sie das Werk der Zerstörung Syriens und seiner Menschen vollende, das Washington begonnen hat.
Bei den Nürnberger Prozessen gegen die besiegten Deutschen nach dem Zweiten Weltkrieg führte die Regierung der Vereinigten Staaten von

Amerika den Grundsatz ein, dass das Führen eines Angriffskrieges – was die Amerikaner in Afghanistan, Irak, Libyen, Somalia, Pakistan und Jemen getan haben – ein Kriegsverbrechen ist. Es gibt daher einen sehr gravierenden Präzedenzfall für das Außenministerium, diese Neokonservativen zu verhaften, die zu weiteren Kriegsverbrechen aufhetzen.

Erwarten Sie jedoch nicht, dass das geschieht. Heute betreiben Kriegsverbrecher das Außenministerium und die gesamte Regierung der Vereinigten Staaten von Amerika. Sie sind gewählt als Präsidenten, Abgeordnete zum Repräsentantenhaus und in den Senat und bestellt als Richter an den Bundesgerichtshöfen. Amerikanische Soldaten, wie zum Beispiel Bradley Manning, die sich so verhalten, wie das Außenministerium erwartet, dass deutsche Soldaten sich hätten verhalten sollen, werden nicht geehrt, sondern werden in Kerker geworfen und gefoltert, während ein Kriegsgerichtsprozess gegen sie ausgeheckt wird.

Scheinheiligkeit ist Washingtons Kennzeichen, und alle außer den völlig in einer Wahnwelt Lebenden haben sich jetzt daran gewöhnt, dass ihre Beherrscher auf die eine Art sprechen und das Gegenteil tun. Es ist jetzt Teil des amerikanischen Charakters, dass wir uns selbst als Mitglieder der „rechtschaffenen Nation", des „unentbehrlichen Volkes" betrachten, während unsere Beherrscher rund um den Erdkreis Kriegsverbrechen begehen.

Wenn wir auch alle von „unserer" Regierung zu Komplizen bei den Kriegsverbrechen gemacht worden sind, obliegt es uns doch zu erfahren, wer die aktiven Kriegsverbrecher unter uns sind, die uns unser Verbrecherimage eingebrockt haben.

Sie können eine Reihe von denen kennenlernen, die die Welt in den Dritten Weltkrieg treiben, während ihre Politik die Ermordung großer Zahlen von Arabern und Moslems in Syrien, Afghanistan, Libyen, Somalia, Pakistan, Jemen, Irak und Libanon zur Folge hat, indem Sie schauen, wer den Brief unterschrieben hat, in dem Obama von den Neokonservativen aufgefordert wird, in Syrien einzumarschieren, um die Menschen in Syrien vor ihrer Regierung zu „retten".

Gemäß diesem Brief, der von 56 Neokonservativen unterschieben wurde, trägt nur die syrische Regierung die Verantwortung für die Toten in Syrien. Die von Washington finanzierten und bewaffneten „Rebellen" beschützen die Menschen in Syrien vor der Assad-Regierung. Laut den Brief-Signataren besteht die einzige Möglichkeit, die Menschen Syriens zu retten, darin, dass Washington die syrische Regierung stürzt und ein Marionettenregime installiert, das den Bedürfnissen Israels und Washingtons gegenüber gefällig ist.

Unter den 56 Unterschriften befinden sich einige Namen vom Syrischen Nationalkongress, einer CIA-Einrichtung und ein paar Namen von Tölpeln unter den Gojim. Der Rest der Unterschriften kommt von Neokonservativen, die eng mit Israel verbunden sind, von denen einige anscheinend Israelis mit doppelter Staatsbürgerschaft sind, die sich an der Gestaltung der Außenpolitik der Vereinigten Staaten von Amerika beteiligen. Die Namen auf dieser Liste umfassen ein Konzentrat des Bösen, welches das Ziel verfolgt, Armageddon nicht nur über das syrische Volk, sondern auch über die Welt zu bringen.

Der Brief an Obama ist Teil der Propagandaoperation zur Dämonisierung der syrischen Regierung, die Lügen verbreitet, um eine Regierung loszuwerden, die die Hisbollah unterstützt – die Moslems im Süden des Libanon, welche zweimal die gerühmte, aber feige Armee Israels aus dem Libanon gejagt und dadurch die Regierung Israels an der Erreichung ihres Ziels gehindert haben, die Wasserressourcen des Südlibanon zu stehlen.

Nicht ein einziger Satz in diesem Brief entspricht der Wahrheit. Hören Sie zum Beispiel das: „Das Assad-Regime stellt eine schwerwiegende Bedrohung der nationalen Sicherheitsinteressen der Vereinigten Staaten von Amerika dar.“ Was für ein völlig absurder Blödsinn. Und die Dummköpfe, die den Brief unterschrieben haben, bezeichnen sich als „Sicherheitsexperten“.

Wie bewerten wir die Tatsache, dass 56 Menschen so unverschämt sind und den Präsidenten der Vereinigten Staaten von Amerika anlügen, ihm die absurdesten und offensichtlich falschen Dinge ins Gesicht sagen, um ihre privaten Anliegen nicht nur auf Kosten der Leben von Syrern weiterzutreiben, sondern, indem das zu einem größeren Krieg führt, auf Kosten des Lebens auf der Erde? Diese neokonservativen Architekten des Armageddon arbeiten auch gegen den Iran, Russland, die ehemaligen sowjetischen Länder Zentralasiens, die Ukraine, Belarus und China. Es sieht so aus, als könnten sie es kaum erwarten, einen Atomkrieg zu beginnen. Sie können die Namen einiger der schlimmsten Feinde der Menschheit hier finden: http://www.informationclearinghouse.info/article32021.htm.

04.08.2012: Der Arbeitsmarktbericht vom Freitag - mehr Lügen von „unserem" Großen Bruder

In seinem Bericht über den jüngsten Bericht des Büros für Arbeitsstatistik über Jobs und Arbeitslosigkeit schreibt der Statistiker John Williams (www.shadowstats.com): „Die Juli-Zahlen über Arbeitsplätze und Arbeitslosigkeit, die heute, am 3. August, veröffentlicht wurden, waren wertlos und höchstwahrscheinlich irreführend ... Nachdem er einmal vermutete, dass die Arbeitsmarktzahlen von seinem eigenen Büro für Arbeitsstatistik (BLS) gegen ihn zurechtgebastelt waren, schlug Präsident Richard M. Nixon eine neue Methode vor, die Berichte zu erstellen. Obwohl die vorgeschlagenen Änderungen nie realisiert wurden, griff das BLS einige Jahrzehnte später zu Berichtsmethoden, die zum Denken des verstorbenen Präsidenten gewissermaßen parallel verliefen."

Ich werde den Lesern eine Erklärung von Williams' Abhandlung über diese Manipulation ersparen, da diese für den normalen Leser zu obskur ist. Nehmen wir stattdessen normalen Menschenverstand. Laut dem BLS wurden im Juli 163.000 neue nichtlandwirtschaftliche Arbeitsplätze geschaffen. Das sind rund 13.000 Jobs mehr, als gebraucht werden, um mit dem Bevölkerungswachstum Schritt zu halten. Daher hätte die Arbeitslosenquote entsprechend sinken müssen. Stattdessen stieg die Arbeitslosenquote von 8,2 % auf 8,3 %.

Falls Sie das nicht verstanden haben: Die neuen Arbeitsplätze nahmen netto zu, und auch die Arbeitslosenquote nahm zu!

Darüber hinaus befand der alternative Bericht der Haushaltsstatistik über Arbeitsplätze, über den viel weniger zu hören ist, dass die Wirtschaft im Juli 195.000 Arbeitsplätze verloren hat.

Die Regierung, die Sie über Waffen der Massenvernichtung im Irak, über die Beziehungen des Irak zu al-Qaida, über die Taliban in Afghanistan, über Osama bin Laden, über Libyen und Gaddafi, über iranische Atomwaffen, über Syrien, über Pakistan, über Jemen und Somalia, über Bradley Manning, über Julian Assange und WikiLeaks anlügt, ja über alles unter der Sonne, belügt Sie auch über Arbeitsplätze, Arbeitslosigkeit, wirtschaftlichen Aufschwung, Wachstum des Bruttoinlandsprodukts, 9/11 und die „terroristische Bedrohung". Versuchen Sie etwas zu finden, was die Regierung im Lauf der letzten sechs Präsidenten-Amtszeiten gesagt hat, was keine Lüge ist.
Ein paar unbedeutende Kleinigkeiten vielleicht ausgenommen, hat Sie „Ihre" Regierung permanent über alles belogen, was von Bedeutung ist.
„Ihre" Regierung belügt Sie, weil „Ihre" Regierung eine Agenda verfolgt, über die sie Ihnen ganz sicher nichts sagen wird, denn wenn Sie wüssten, was das ist, würden Sie revoltieren. Die Revolte niederzuschlagen würde die Regierung von ihrer Agenda ablenken. Das würde auch den Rest der Welt in Alarm versetzen, dass die Regierung der Vereinigten Staaten von Amerika eine verdeckte Agenda der Weltherrschaft verfolgt, ungeachtet der Kosten für das amerikanische Volk und alle anderen Völker. Der Dritte Weltkrieg droht.
Atomare Vernichtung ist das unumgängliche Ergebnis des neokonservativen Strebens nach der Weltherrschaft durch die Vereinigten Staaten von Amerika. Syrien kann fallen und der Iran kann fallen, aber Russland und China werden sich nicht gefallen lassen, auf den Status von Handlangerstaaten reduziert zu werden. Nachdem beide atomar bewaffnet sind und nachdem die wahnsinnigen Verbrecher, die die Regierung der Vereinigten Staaten von Amerika in der Hand haben, in Überheblichkeit schwelgen, scheint ein Atomkrieg unvermeidlich zu sein.
Der tödlichste Feind der Welt ist Washington. Wenn sich Washington durchsetzt, wird die Welt tot oder durch Washington versklavt sein, einschließlich alle Amerikaner, egal ob Demokraten oder Republikaner.

Lassen Sie nicht zu, dass je gesagt wird, dass Ihr Feind, egal in welchem Land Sie leben, nicht erkannt worden ist.

11.08.2012: Die kommende Wahl: Folgenschwere Ergebnisse auf der Basis von Nicht-Themen

Die Wahl der nächsten Präsidentenmarionette der „einzigen Supermacht der Welt“ wird in etwa zweieinhalb Monaten stattfinden, und was sind die Themen der Wahlkampagne? Sie sind es nicht einmal wert, genannt zu werden.

Ungeachtet dessen, dass das üblich ist und erwartet wird, wird Romney seine Steuerrückzahlungen nicht herausrücken. Entweder ist das eine Strategie, um die Demokraten zu verlocken, im Wahlkampf damit aufzugeigen, dass Romney ein Megareicher ist, der keine Steuern bezahlt, nur um dann zu veröffentlichen, welch enorme Steuern bezahlt wurden, oder Romneys Steuerrückzahlungen vertragen das Licht der Öffentlichkeit für einen Kandidaten, der niedrigere Steuern für die Reichen befürwortet, nicht.

Was sind Romneys Themen? Der Kandidat sagt, seine erste Amtshandlung werde die Abschaffung von Obamacare sein, eines Programms, das Romney selbst als Gouverneur von Massachusetts zuerst eingeführt hat. Das wird Romney politische Spenden seitens der Versicherungswirtschaft kosten, welche für die 50 Millionen neuen privaten Versicherungspolicen dankbar ist, die Obamacare – erstellt nicht von Obama, sondern von den privaten Versicherungsgesellschaften – auf Kosten der Öffentlichkeit zur Verfügung stellt. Ein Sozialversicherungssystem, wie es andere Länder des Westens haben, ist kein Vorteil für die Versicherungswirtschaft.

Romneys zweites Thema ist es, Obama die Schuld an der Arbeitslosigkeit in Amerika zu geben, die durch die Auslagerung der Wirtschaft der Vereinigten Staaten von Amerika durch die republikanischen Konzernvorstände verursacht wurde. Um ihre Bonuszahlungen aufzufetten, verlegten die republikanischen Vorstände Millionen von Amerikas besten Arbeitsplätzen nach Indien, China und anderswohin. Die niedrigeren Lohnkosten in diesen Ländern bedeuten viel höhere Einkommen, was die Aktienpreise für die Aktienbesitzer und die Leistungsboni für das Management in die

Höhe treibt, während die Beschäftigung in den Vereinigten Staaten von Amerika, das Wachstum des Bruttoinlandsprodukts und das Steuervolumen vor die Hunde gehen und das Handelsbilanzdefizit steigt.
Amerikas wirtschaftliches Hauptproblem – das Zurückholen der ausgelagerten Wirtschaft in die USA – ist kein Wahlkampf-thema. Daher wird das Hauptproblem der Wirtschaft der Vereinigten Staaten von Amerika nicht angesprochen werden.
Die wirklichen Themen können nirgends in den Wahlkampagnen oder in den Medien gefunden werden. Die Zerstörung der Verfassung der Vereinigten Staaten von Amerika durch Bush/Obama und deren Schutzfunktion für die Bürger gegenüber der Willkür der Regierung werden nicht erwähnt. Der Rechtsstaat existiert für denjenigen, den die Regierung verdächtigt, irgendwie mit Washingtons auserkorenen Feinden in Verbindung zu stehen, nicht mehr. Bürger der Vereinigten Staaten von Amerika können lebenslänglich in Kerker gesperrt werden, rein auf Verdacht hin, ohne dass je einem Gericht Beweise vorgelegt werden, und sie können an jedem Ort der Erde umgebracht werden, zusammen mit jedem, der zufällig mit ihnen zusammen ist. Nur auf Verdacht hin.
Letzten Mai urteilte Bundesrichterin Katherine Forrest, dass die unbefristete Anhaltung von Bürgern der Vereinigten Staaten von Amerika gegen die Verfassung verstößt und erließ eine einstweilige Verfügung gegen das Obama-Regime, das seine Polizeistaatsmaßnahmen mit dem National Defense Authorization Act (NDAA – Verteidigungsermächtigungsgesetz) begründete. Das Obamaregime zeigte der Bundesrichterin den Stinkefinger. In der Woche vom 6. bis 10. August weigerten sich die Braunhemdjuristen des Justiz(!)ministeriums, Richterin Forrest mitzuteilen, ob das Obamaregime sich an die gerichtliche Verfügung halten wird. Der Standpunkt des Obamaregimes ist: „Wir stehen über dem Gesetz und kümmern uns nicht um Bundesgerichte.“ Man würde meinen, dass Romney das alles aufgreifen würde, aber das tut er nicht, weil er selbst diese Macht ausüben will.
Der Obama-Polizeistaat wird sich umsehen und ein Bundesberufungsgericht finden, das von republikanischen Braunhemden dominiert wird, und dort Richterin Forrests Urteil über den Haufen werfen lassen. Alle diese republikanischen Bundesrichter, die wir hatten, um uns vor den liberalen

Demokraten zu beschützen, werden uns jetzt endgültig in den totalen Polizeistaat treiben, in dem alle Macht bei einer niemandem Rechenschaft schuldigen exekutiven Gewalt liegt. Das ist es, was die republikanische Federalist Society seit Jahren wollte und jetzt kurz davorsteht zu bekommen.

Dass die Vereinigten Staaten von Amerika in dem kurzen Zeitraum einer Dekade zu einem Polizeistaat degeneriert sind, sollte Wahlkampfthema sein. Wer hätte je gedacht, dass so etwas möglich ist? Dennoch ist keine Rede von der Zerstörung des Rechtsstaats im Namen eines Schwindels namens „Krieg gegen den Terror".

Das Bushregime setzte die Propaganda in die Welt, dass „sie (die Moslems) uns hassen wegen unserer Freiheit und Demokratie", aber wie können Moslems uns hassen wegen etwas, was nicht existiert? Die willkürliche, unverantwortete Macht, die die Exekutive ausübt, ist absolut unvereinbar mit Freiheit und Demokratie. Dennoch machen weder Obama noch Romney ein Thema daraus. Und auch nicht die Medien.

Es gibt keinen Krieg gegen den Terror. Es gibt einen Krieg gegen Länder, die nicht Washingtons Marionettenstaaten sind. Das niemandem Rechenschaft schuldige Washington schlachtet zur Zeit tausende von Moslems in einer Reihe von Ländern ab und bereitet Syrien für seinen nächsten Holocaust vor. Indem es die Spaltungen zwischen Sunniten und Schiiten und zwischen Islamisten und säkularen Moslems ausnutzt, hat Washington in Syrien eine Rebellion organisiert, um eine Regierung zu stürzen, die keine Marionette von Washington und Israel ist.

Unter den Fremden, die nach Syrien strömen, um den säkularen Staat zu stürzen, in dem sunnitische und schiitische Araber friedlich gelebt haben, sind die islamistischen Extremisten, für deren Bekämpfung Washington elf Jahre lang 6 Billionen Dollar verjuxt hat. Die Extremisten stehen an der Seite Washingtons. Sie wollen, dass die säkulare syrische Regierung gestürzt wird, weil sie keine islamische Regierung ist. Das passt in das politische Konzept Washingtons, daher fließen jetzt die aus den Amerikanern herausgepressten Steuergelder zu den Islamisten, gegen die die Amerikaner gekämpft haben.

Bei seinem Auftritt vor dem außenpolitischen Ausschuss am 8. August verteidigte Obamas nationaler Sicherheitsberater John Brennan die Abzweigung von Geld der amerikanischen Steuerzahler hin zu den von außen kommenden Kräften, die Washington organisiert, finanziert und mit Militärwaffen ausgestattet hat, um die Regierung Syriens zu stürzen. Ohne eine Miene zu verziehen sagte John Brennan, dass die Obama-Administration darauf achte, dass die finanzielle und militärische Hilfe nicht an die Rebellen gehe, die zu al-Qaida gehören. Brennan muss das sagen, denn das Obamaregime, das mit al-Qaida unter einer Decke steckt, verstößt gegen sein eigenes NDAA und müsste eingesperrt und unbefristet angehalten werden. Glaubt etwa jemand, dass Washington, entschlossen, die syrische Regierung zu stürzen, sich weigert, den effektivsten Teil der kämpfenden Kräfte zu bewaffnen? Ist jemand so naiv, nicht zu wissen, dass Militärhilfe an „Rebellen" vertretbar ist?

Nachdem das Supermacht-Image durch eine von ein paar tausend Al-Qaida-Kämpfern in Irak und Afghanistan verursachte verfahrene Situation Schaden erlitten hatte, lernte Washington, dass der Trick darin besteht, al-Qaida nicht als Feind, sondern als Alliierten zu verwenden.

Der Testfall war Libyen, wo die Allianz zwischen den Vereinigten Staaten von Amerika und al-Qaida zum Sturz der libyschen Regierung funktionierte. Der Vorteil für Washington ist, dass Libyen jetzt von sich bekämpfenden Gruppierungen befallen und nicht länger ein Land ist, das sich Washington in den Weg stellen könnte. Libyen ist die Straßenkarte für Syrien.

Syrien machte einen Fehler, als es glaubte, es könne Washington beschwichtigen, indem es im ersten Krieg gegen den Irak Washingtons Partei ergriff und auf diese Weise Washington bestätigte, dass die Araber nicht fähig sind, zusammenzuhalten, und daher leicht zu Fall gebracht werden können. Wenn Syrien fällt, dann wird Washington ein weiteres Land ermordet haben. Aber darum geht es nicht in der Wahlkampfdebatte. Beide Kandidaten stimmen überein, dass es Washington gelingen sollte, einen Marionettenstaat aus Syrien zu machen. Sogar Amnesty International ließ sich verleiten, seinen Einfluss für die Dämonisierung der syrischen Regierung zur Verfügung zu stellen. Nur die Vereinigten Staaten von Amerika sind moralisch, unersetzbar, rechtschaffen, human, ein Licht für die Menschheit. Jeder von Washington erkorene Gegner ist verkommen, bösartig, sündig, ein Land, das Widerstand unterdrückt und seine Gegner foltert, etwas, was Washington nie tun würde, da es ja das „Licht für die Welt“ ist.

Anders als 1957, als der britische Premierminister Harold Macmillan und der Präsident der Vereinigten Staaten von Amerika Dwight Eisenhower sich verschworen und einen „Aufstand“ in Syrien schürten, um die syrische Führung zu ermorden, bemäntelt die Obama-Administration ihre Intervention mit humanitären Worten, wie auch die Rebellen, wenn sie Zivilisten ermorden und hinrichten, die die Regierung Assad unterstützen. Die westlichen Medienhuren stellen Chaos und Mord als „humanitäre Intervention“ hin und die gehirngewaschene westliche Öffentlichkeit suhlt sich in ihrer moralischen Überlegenheit.

Wenn erst Syrien abgemurkst ist, ist das letzte unabhängige Land in der Region der Iran. Der Iran wurde auch schon geschwächt, nicht nur durch Washingtons Embargo, das bereits einen Akt des Krieges darstellt, sondern durch die Finanzierung der „Grünen Revolution“ durch Washington. Der Iran hat jetzt eine fünfte Kolonie innerhalb seiner Grenzen.

Der Iran, das zweitälteste Land nach China, wird derzeit von 40 oder mehr Militärbasen der Vereinigten Staaten von Amerika umstellt und ist mit vier Flotten der Vereinigten Staaten von Amerika in seinem eigenen Persischen Golf konfrontiert.

Es gibt eine große Anzahl vorgeblicher Moslems, die nur an Geld und Macht interessiert sind, die mit Washington zusammenarbeiten, um die Regierungen Syriens und des Iran zu stürzen. Wenn der Iran fällt, zumal Russland und China von Raketen und Militärbasen der Vereinigten Staaten umstellt sind, wird die Welt, die wir kennen, in ihr finales Stadium eintreten. Werden Russland und China, nachdem sie alle ihre Pufferzonen kampflos aufgegeben haben, klein beigeben und sich damit begnügen, von Marionettenregimes beherrscht zu werden, oder werden sie sich wehren?

Erwarten Sie nicht, dass sich die vollbepackte politische Kampagne der kommenden paar Monate mit irgendeinem bedeutsamen Thema beschäftigen wird. Die Amerikaner sind sich ihres Schicksals nicht bewusst, und das trifft offenbar auch auf den Rest der Welt zu.

Die Wahl des neuen Präsidenten der Vereinigten Staaten von Amerika wird nur von einem abhängen – welcher der beiden von der herrschenden

privaten Oligarchie finanzierten Kandidaten über die effektivste Propaganda verfügt.
Ob Sie Republikaner oder Demokraten wählen, die Oligarchen werden gewinnen.

16.08.2012: Ist Washington nicht nur kriminell, sondern auch taub?

Die Schwachköpfe, die die Herde der Amerikaner beherrschen, sind nicht nur blöd und blind, sondern auch taub. Der Gehörsinn der amerikanischen „Supermacht" funktioniert nur, wenn der israelische Premierminister, der durchgeknallte Netanyahu spricht. Dann hört Washington alles und gehorcht eiligst.
Israel ist ein kleiner unbedeutender Staat, der von den nachlässigen Briten und den dummen Amerikanern geschaffen wurde. Es verfügt über keine Macht außer der, die ihm sein amerikanischer Beschützer zugesteht. Ungeachtet Israels Bedeutungslosigkeit beherrscht es dennoch Washington.
Wenn ein Antrag der israelischen Lobby im Kongress eingebracht wird, wird er einmütig angenommen. Wenn Israel Krieg will, wird Israels Wunsch erfüllt. Wenn Israel Kriegsverbrechen gegen Palästinenser und im Libanon begeht und von den über hundert gegen Israel verabschiedeten UNO-Resolutionen verurteilt wird, holen die Vereinigten Staaten von Amerika Israel mit ihrem Veto aus den Schwierigkeiten heraus.
Die Macht, die das kleine Israel über die „einzige Supermacht der Welt" ausübt, ist einmalig in der Geschichte. Zig Millionen „Christen" beugen sich dieser Macht und verstärken diese, angetrieben von den Mahnrufen ihrer „christlichen" Minister.
Netanyahu giert nach Krieg gegen den Iran. Er schlägt aus gegen alle, die sich seiner Kriegsbegierde entgegenstellen. Vor Kurzem bezeichnete er Israels höchste Generäle als „Schlappschwänze", weil sie vor einem Krieg gegen den Iran warnten. Er betrachtet ehemalige israelische Premierminister und ehemalige Chefs des israelischen Geheimdienstes als

Verräter, weil sie sich gegen seine Verbissenheit stellen, den Iran anzugreifen. Er denunzierte den unterwürfigen amerikanischen Präsidenten und Oberbefehlshaber Obama, er sei „weich gegenüber dem Iran". Die jüngsten Umfragen in Israel ergeben, dass eine solide Mehrheit der Israelis gegen einen israelischen Angriff auf den Iran ist. Aber die Meinung der israelischen Bürger interessiert Netanyahu nicht. Er hat Washington, das ihm den Rücken freihält, also ist er verrückt nach Krieg. Es ist ein Rätsel, warum die Israelis Netanyahu ein öffentliches Amt geben, statt ihn in eine Irrenanstalt zu stecken.

Netanyahu ist nicht allein. Er hat die amerikanischen Neokonservativen in seiner Ecke. Die amerikanischen Neokonservativen sind ebenso durchgeknallt wie Netanyahu. Sie glauben an Atomkrieg und sind darauf aus, Atombomben auf ein muslimisches Land abzuwerfen und dann mit Russland und China weiterzumachen. Es ist erstaunlich, dass nicht mehr als zwei oder drei Dutzend Menschen das Schicksal der gesamten Welt in ihren Händen halten. Die demokratische Partei ist ihnen gegenüber hilflos. Die republikanische Partei ist ihr Vehikel.

Die Russen, die beobachten, wie Netanyahu Washington gefährlichen Konfrontationen entgegentreibt, erheben weiterhin ihre Stimmen in Hinblick auf die Gefahr eines Atomkriegs.

Am 17. Mai warnte der russische Ministerpräsident Dmitri Medwedew den Westen vor dem Beginn „übereilter Kriege", die, „obwohl ich niemanden erschrecken will", zum „Einsatz einer atomaren Waffe" führen könnten.

Am 30. November vergangenen Jahres warnte der General-stabschef der russischen Streitkräfte vor einem Atomkrieg mit der NATO. General Nikolai Makarov sagte, dass die Expansion der NATO nach Osten bedeute, dass das Risiko eines Konfliktes zwischen Russland und der NATO „stark gestiegen sei". General Makarov sagte: „Ich schließe nicht aus, dass lokale und regionale Konflikte sich zu einem großflächigen Krieg entwickeln, einschließlich des Einsatzes atomarer Waffen."

Hier beschreibt der russische Präsident (derzeitige Ministerpräsident) Medwedew die Schritte in Richtung Atomkrieg, die Russland unternommen hat, getrieben von den machtgeilen Kriegstreibern in Washington, die in ihrer wahnwitzigen Überheblichkeit schwelgen: In Hinblick auf die amerikanischen Raketenbasen an Russlands Grenzen „habe ich fol-

gende Entscheidungen getroffen: Erstens weise ich das Verteidigungsministerium an, sofort das Raketenfrühwarnsystem in Kaliningrad in Kampfbereitschaft zu stellen. Zweitens werden Schutzmaßnahmen für Russlands strategische Atomwaffen verstärkt als vorrangige Maßnahme im Rahmen der Entwicklung unserer Luft- und Weltraumverteidigung. Drittens werden die neuen strategischen Raketen der Raketenstreitkräfte und der Marine mit einer verbesserten Durchschlagskraft gegenüber Raketenabwehrsystemen und neuen hochwirksamen Sprengköpfen ausgestattet. Viertens habe ich die Streitkräfte angewiesen, Maßnahmen zur Deaktivierung von Raketenabwehr- und -lenksystemen hochzufahren. Diese Maßnahmen werden angemessen, wirksam und nicht teuer sein. Fünftens, wenn diese Maßnahmen sich als unzureichend herausstellen, wird die russische Föderation moderne offensive Waffensysteme im Westen und Süden unseres Landes aufstellen und damit unsere Fähigkeit sicherstellen, jeden Teil des Raketenabwehrsystems der Vereinigten Staaten von Amerika in Europa zu eliminieren. Ein Schritt in diesem Prozess wird die Stationierung von Iskander-Raketen in der Region Kaliningrad sein. Weitere Maßnahmen zur Abwehr des europäischen Raketenabwehrsystems werden je nach Bedarf entwickelt und zur Anwendung gebracht werden. Weiterhin behalten wir uns das Recht vor, weitere Abrüstungs- und Kontrollmaßnahmen abzubrechen, wenn die Entwicklung der Situation weiterhin zu Russlands Ungunsten verläuft".
Der russische Präsident Vladimir Putin sagte so höflich wie möglich, dass die Vereinigten Staaten von Amerika versuchen, die Welt zu versklaven; dass die Vereinigten Staaten von Amerika Vasallen, nicht Alliierte suchen; dass die Vereinigten Staaten von Amerika versuchen, die Welt zu beherrschen und dass die Vereinigten Staaten von Amerika ein Schmarotzer an der Weltwirtschaft sind. Es wäre schwer für eine informierte Person, an Putins Ausführungen Anstoß zu nehmen.
Putin sagte den Politikern in Washington und in den west- und osteuropäischen Hauptstädten, dass die Umzingelung Russlands mit Raketenabwehrsystemen „das Gespenst des Atomkriegs in Europa heraufbeschwört". Putin sagte, dass Russlands Antwort darin bestehe, atomar bewaffnete Marschflugkörper, welche von Raketenabwehrsystemen nicht abgefangen werden können, gegen die Raketenbasen der Vereinig-

ten Staaten von Amerika und gegen europäische Hauptstädte zu richten. Der amerikanische Zug, so Putin, „könnte einen Atomkrieg auslösen".
Putin hat spätestens seit dem 13. Februar 2007 versucht, die amerikanischen Marionettenstaaten in Europa aufzuwecken. Anlässlich der 43. Sicherheitskonferenz in München sagte Putin, dass die unipolare Welt, die Washington unter seiner Fahne anstrebt, „eine Welt ist, in der es einen Herren gibt, einen Beherrscher. Und letztendlich ist das verderblich nicht nur für alle in diesem System, sondern auch für den Beherrscher selbst, weil es sich von innen her zerstört".
Das ist sicher den Vereinigten Staaten von Amerika passiert, die jetzt einen Polizeistaat haben, der es mit Nazideutschland aufnehmen kann. Und er ist noch besser bewaffnet, wie aus einem Artikel über umfangreiche Munitionsbestellungen hervorgeht.Putin fuhr damit fort, seinen europäischen Zuhörern zu sagen, dass „wir in Russland ständig über Demokratie belehrt werden. Doch aus irgendeinem Grund wollen diejenigen, die uns belehren, selbst nicht lernen". Stattdessen, sagte Putin, „sehen wir eine ständig ansteigende Missachtung der Grundprinzipien des Internationalen Rechts. Und übergeordnete rechtliche Normen kommen in der Tat zunehmend näher an das Rechtssystem eines Staates heran. Ein Staat, nämlich in erster Linie die Vereinigten Staaten von Amerika, hat seine nationalen Grenzen in jeder Hinsicht überschritten. Das ist an der Wirtschafts-, Kultur-, Bildungs- und sonstigen Politik erkennbar, die sie den anderen Staaten aufzwingen. Wer will das haben? Wer freut sich darüber?"
Die Menschen freuen sich nicht, so Putin, weil sie sich nicht sicher fühlen. Sich nicht sicher zu fühlen „ist extrem gefährlich. Es führt dazu, dass sich niemand sicher fühlt. Ich möchte das betonen – niemand fühlt sich sicher!" Das Ergebnis ist, sagte Putin, „ein Rüstungswettlauf".
Putin wies höflich auf den italienischen Verteidigungsminister hin, eine Person in der Tasche Washingtons, der vorgeschlagen hatte, dass NATO oder EU den Platz der UNO einnehmen könnten, um den Einsatz von Gewalt gegen souveräne Länder zu rechtfertigen. Putin nahm Anstoß an der Idee, dass Washington seine Marionettenorganisation oder seine Marionettenstaaten verwenden könnte, um eine Aggression der Vereinigten Staaten von Amerika zu legitimieren. Putin bemerkte trocken: „Der Ein-

satz von Gewalt kann nur als gerechtfertigt betrachtet werden, wenn die Entscheidung von der UNO sanktioniert ist."

Putin fuhr fort, die gespaltene Zunge Washingtons zu erörtern. Reagan und Gorbatschow hatten eindeutige Vereinbarungen, aber Reagans Nachfolger schoben „Frontkräfte vor bis an unsere Grenzen ... Die Steine und Betonblöcke der Berliner Mauer sind schon lange als Souvenirs verteilt. Wir sollten aber nicht vergessen, dass der Fall der Berliner Mauer aufgrund einer historischen Entscheidung möglich war – einer, die auch von unserem Volk, dem russischen Volk getroffen wurde – einer Entscheidung zugunsten von Demokratie, Freiheit, Offenheit und einer aufrichtigen Partnerschaft mit allen Mitgliedern der großen europäischen Familie. Und jetzt versuchen sie, uns neue Grenzen und Mauern aufzuzwingen – diese Mauern sind vielleicht virtuell, aber dennoch trennen und durchschneiden sie unseren Kontinent. Und es ist möglich, dass wir wieder viele Jahre und Jahrzehnte brauchen werden, mitsamt einigen Generationen von Politikern, um diese neuen Mauern zu demontieren und abzubrechen".

Putins Rede vor mehr als sechs Jahren zeigt, dass er über Washington Bescheid weiß. Washington ist der große Heuchler, der vorgibt, die Menschenrechte zu respektieren, während es in sieben Ländern auf der Grundlage von Lügen und erfundenen Informationen Moslems abschlachtet. Das amerikanische Volk – „das unersetzbare Volk" – unterstützt diese mörderische Politik. Washington benutzt die Stellung des Dollars als Weltreservewährung, um Länder vom internationalen Verrechnungsverkehr auszugrenzen, die nicht nach Washingtons Pfeife tanzen.

Washington, ebenso von Überheblichkeit durchtränkt wie Napoleon und Hitler, ehe sie loszogen, um in Russland einzufallen, ist seit der Jahrtausendwende taub, blöd und blind gegenüber Putin. In einer Rede am 10. Mai 2006 sagte Putin: „Wir wissen, was auf der Welt vor sich geht. Genosse Wolf [die Vereinigten Staaten von Amerika] weiß, wen er frisst, er frisst, ohne zu hören, und ganz eindeutig wird er auf niemanden hören."

„Wo", fragte Putin, bleibt Washingtons „Pathos bezüglich des Schutzes von Menschenrechten und Demokratie, wenn es darum geht, seine eigenen Interessen zu verfolgen?" Für Washington „ist alles erlaubt, da gibt es keinerlei Hemmungen".

China blickt ebenfalls durch. Jetzt steht die Überheblichkeit, die Washington zur Weltherrschaft treibt, zwei massiven Atommächten gegenüber. Wird die kriminelle Bande in Washington die Welt in die atomare Auslöschung treiben?
Im Glauben, dass es die Welt besitzt, hat Washington immer mehr einseitige Sanktionen gegen den Iran verhängt, ohne jegliche Grundlage in irgendeinem anerkannten Rechtssystem. Diese Sanktionen sind nichts als Washingtons Versicherung, dass seine Macht bestimmt, was Recht ist.
Das russische Außenministerium ließ verlauten, dass Washington sich seine Sanktionen in den Allerwertesten schieben könne. „Wir betrachten Bemühungen, das interne amerikanische Rechtssystem der ganzen Welt aufzuzwingen, als völlig inakzeptabel."
Washington wird sich nach Kräften bemühen, Putin umzubringen und mittels der russischen „Opposition", die Washington finanziert, einen Regimewechsel herbeizuführen. Wenn es das nicht schafft, ist Washingtons Streben nach der Weltherrschaft an einer stabilen Wand aufgelaufen. Wenn die Narren in Washington mit ihren von Überheblichkeit aufgeblähten Egos sich nicht zurückhalten, dann wird diese Pilzwolke, vor der sie gewarnt haben, tatsächlich über Washington aufblühen.

16.08.2012: Der Präsident von Ecuador, Rafael „Wir sind keine Kolonie" Correa, stellt sich gegen die Stiefel der britischen Gestapo

Ein Feigling stirbt viele Tode, ein tapferer Mann stirbt nur einmal.

Die einst stolze britische Regierung, die jetzt zur untertänigen Hure Washingtons herabgesunken ist, zog ihre Gestapostiefel an und erklärte, dass britische Sturmkommandos die Botschaft von Ecuador mit militärischer Gewalt erstürmen und Assange herauszerren würden, wenn diese den Gründer von WikiLeaks nicht freiwillig herausrückt. Ecuador blieb hart. „Wir wollen sehr deutlich sein – wir sind keine britische Kolonie", erklärte der ecuadorianische Außenminister. Weit davon entfernt, eingeschüchtert zu sein, reagierte der Präsident von Ecuador Rafael Correa mit der Gewährung von politischem Asyl für Assange.

Die einst gesetzestreue britische Regierung schämte sich nicht anzukündigen, dass sie gegen die Wiener Konvention verstoßen und die ecuadorianische Botschaft stürmen würde, gerade wie die islamischen Studenten in der Khomeini-Revolution 1979 im Iran die Botschaft der Vereinigten Staaten von Amerika übernahmen und die Botschaftsangehörigen als Geiseln hielten. Unter dem Druck ihrer Herren in Washington haben die Briten sich für die Vorgangsweise eines Pariahstaates entschieden. Wahrscheinlich sollten wir uns bezüglich der Atomwaffen des Vereinigten Königreichs Sorgen machen.

Es muss klar gesagt werden, dass Assange kein Flüchtling vor der Justiz ist. Er ist in keinem Land wegen irgendeines Verbrechens angeklagt. Er hat keine Frauen vergewaltigt. Es existieren keine schwebenden Verfahren gegen ihn an irgendeinem Gericht und nachdem keine Anklage gegen ihn erhoben worden ist, hat das schwedische Auslieferungsgesuch keine Gültigkeit. Es ist keineswegs normal, dass Menschen für Einvernahmen ausgeliefert werden, überhaupt wenn wie in Assanges Fall dieser seine völlige Kooperation für eine weitere Einvernahme durch schwedische Beamte in London angeboten hat.

Worum geht dann der ganze Zirkus? Zuerst wurde Assange von zwei schwedischen Frauen, die auf der Jagd nach Berühmtheiten waren, aufgegabelt und in ihre Wohnungen und Betten gebracht. Aus unbekannten Gründen beschwerte sich eine später, dass er kein Kondom benutzt habe, und die andere beschwerte sich, dass sie eines angeboten, er aber zwei genommen habe. Ein schwedischer Staatsanwalt sah sich die Geschichte an und befand, dass nichts dran sei und schloss den Fall.

Assange reiste nach England. Daraufhin eröffnete ein anderer schwedischer Staatsanwalt, eine Frau, indem sie sich auf eine mir unbekannte Autorität berief, wieder den Fall und erließ einen Haftbefehl für Assange. Das ist eine dermaßen unübliche Vorgehensweise, dass sie ihren Weg durch das gesamte britische Gerichtssystem bis zum Höchstgericht und dann zum obersten Berufungsgericht machte. Am Ende tat die britische

„Justiz", was der Herr in Washington befahl und entschied zugunsten des merkwürdigen Auslieferungsantrags.
Assange, der mitbekam, dass die schwedische Regierung ihn an Washington ausliefern würde, wo man ihn unbefristet anhalten, foltern und als Spion behandeln würde, suchte Schutz bei der Botschaft von Ecuador in London. So korrupt die Briten auch sind, war die Regierung des Vereinigten Königreichs doch nicht bereit, Assange direkt an Washington auszuliefern. Durch die Auslieferung an Schweden konnten die Briten das Gefühl haben, dass ihre Hände sauber sind.
Schweden, einst ein ehrenwertes Land wie Kanada, wo amerikanische Kriegsgegner Asyl bekommen konnten, wurde verleitet und unter Washingtons Daumen gebracht. Vor Kurzem wurden schwedische Diplomaten aus Belarus ausgewiesen, wo sie Washington dabei behilflich gewesen sein sollen, eine „Farbenrevolution" zu orchestrieren, nachdem Washington weiterhin versucht, mit seinen Stützpunkten und Vasallenstaaten tiefer in das traditionelle Russland vorzustoßen.
Die ganze Welt, einschließlich Washingtons unterwürfiger Handlangerstaaten, hat kapiert, dass, sobald Assange in den Händen Schwedens ist, Washington einen Haftbefehl erlassen wird, den die Schweden, anders als die Briten, befolgen werden. Ecuador weiß das natürlich. Außenminister Ricardo Patino gab bekannt, dass Ecuador Assange Asyl gewährt, weil „es Hinweise gibt, die annehmen lassen, dass es um politische Verfolgung geht". In den Vereinigten Staaten von Amerika, so Patino, würde Assange kein faires Verfahren bekommen und könnte in einem Schauprozess mit der Todesstrafe konfrontiert sein.
Der Marionettenstaat Großbritannien kündigte an, dass Assange nicht die Erlaubnis bekommen werde, das Reich Ihrer Majestät zu verlassen. Wenn die Briten nicht in die Botschaft Ecuadors eindringen und Assange tot oder in Ketten herauszerren können, dann ist die britische Vorstellung, dass Assange sein Leben in der ecuadorianischen Botschaft in London verbringen wird. Laut der New York Times gewährt das Asyl Assange „nur auf ecuadorianischem Territorium (welches die Botschaft einschließt) Schutz vor Verhaftung. Um aus der Botschaft nach Ecuador zu kommen, würde es die Zusammenarbeit brauchen, von der Britannien gesagt hat, dass es sie nicht anbieten wird". Wenn es um das Geld Wa-

shingtons geht oder um ehrenhaftes Verhalten in Übereinstimmung mit dem Internationalen Recht, dann ist die britische Regierung auf der Seite des Geldes zu finden.

Die angloamerikanische Welt, die vorgibt, das moralische Antlitz der Menschheit zu sein, hat jetzt für alle sichtbar enthüllt, dass hinter der Maske die Fratze der Gestapo steckt.

20.08.2012: Amerikas Zukunft ist der Tod

Der Tag, an dem wir die Wahrheit sehen und nicht reden ist der Tag, an dem wir zu sterben beginnen. (Martin Luther King)

Verschwörungstheorien sind jetzt hochgewuchert zu etwas, was die selbstgefälligen presstituierten Medien als eine „Verschwörungskultur" bezeichnen. Laut den Presstituierten müssen die Amerikaner eine Erklärung für ihre Frustrationen und Schwächen finden, also geben sie den Bilderbergern, den Rothschilds, der neuen Weltordnung usw. usf. die Schuld.

Die Leser werden nicht überrascht sein, dass ich anderer Meinung bin als die Presstituierten. Tatsächlich ist die Verschwörungskultur das Ergebnis des Versagens der presstituierten Medien, zu recherchieren und wahrheitsgemäß zu berichten. Ich bin mir sicher, dass die Medien des Westens schlimmer sind als es die sowjetischen Medien waren. Die sowjetischen Medien boten Möglichkeiten, die der Öffentlichkeit halfen, zwischen den Zeilen zu lesen, während die Medien des Westens so stolz darauf sind, ins Vertrauen der Regierung gezogen zu werden, dass sie die Propaganda ohne irgendwelche Anhaltspunkte dafür, dass es sich um Propaganda handelt, an die Leser weitergeben.

Die Amerikaner sind von „ihrer" Regierung und den presstituierten Regierungsmedien so lange mit Lügen gefüttert worden, dass es nicht überrascht, dass die Amerikaner zunehmend glauben, dass eine Verschwörung gegen sie arbeitet. Millionen von Amerikanern sind aus ihren Arbeitsplätzen, Karrieren und Wohnungen geworfen worden, während die Halunken, die ihnen das alles gestohlen haben, frei herumlaufen und die Präsidentschaftskandidaten finanzieren. Die Welt, wie sie Millionen von Amerikanern gekannt haben, ist zu Tode gekommen, und niemand ist dafür verantwortlich gemacht worden. Die Erklärung, die die Amerikaner von den Medien bekommen, ist, dass sie selber schuld sind. Sie haben Häuser gekauft, die sie nicht hätten kaufen sollen, und haben sich nicht für die richtigen Jobs ausgebildet. Es ist nicht unverständlich, wenn die Amerikaner den Schluss ziehen, dass eine Verschwörung gegen sie arbeitet.

Den Amerikanern wird gesagt, dass „ihre" Regierung es sich nicht leisten kann, ihnen zu helfen, wegen des Budgetdefizits und der Belastung unserer Enkel. Die Amerikaner sehen aber die Billionen von Dollar, die großzügig an Bankster, für Kriege und für Heimatlandsicherheit ausgegeben werden. Warum sind ein Polizeistaat und ein weiterer Angriff auf ein weiteres Moslem-Land wichtiger, als den Amerikanern ihre Arbeitsplätze und ihre Wohnungen zu erhalten?

In weniger als einem Monat ist der elfte Jahrestag von 9/11. Werden die presstituierten Medien die Amerikaner daran erinnern, dass die Regierung 6 Billionen Dollar vom Geld der Amerikaner für bisherige und bereits absehbare Kosten für den Einmarsch und Versuch, Afghanistan und Irak zu besetzen, ausgegeben hat, alles für die Katz, außer dass die Manager und Aktienbesitzer des Militär-/Sicherheitskomplexes bereichert wurden auf Kosten der Zerstörung der Reputation der Vereinigten Staaten von Amerika und dass das Sozialsystem und das öffentliche Gesundheitssystem auf dem Hackstock gelandet sind?

Natürlich nicht. Das Theater wird sich um unsere braven Soldaten drehen, die kämpfen und sterben, um die Welt für Demokratie und Frauenrechte sicher zu machen. Washington wird sich selbst in die Fahne hüllen und die Amerikaner ermahnen, „unsere Soldaten zu unterstützen". Hitlery Clinton wird weiterhin das hohe moralische Ross besteigen und gegen China und Russland zetern, aber alles, was die Welt sehen wird, ist Scheinheiligkeit. Niemand, nicht einmal Washingtons Marionettenregierungen, sieht in Washingtons Moralpredigten mehr als eine Maske für Beherrschung allein durch Macht. Demokratie, so Washington, kommt aus den Gewehrläufen. Die heutigen Moralpredigten drehen sich alle ums

Geld, aber nicht für die 99 %. Die 99 % können keine guten Arbeitsplätze finden und kein Einkommen aus Sparguthaben beziehen, da die Wirtschaft im Interesse des 1 % läuft. Leute mit Universitätsausbildung können keine Jobs bekommen und ihre Studiendarlehen zurückzahlen. Die Umschulung der Millionen von Amerikanern, deren Arbeitsplätze ins Ausland verlagert oder von Menschen aus dem Ausland mit H1-B-Visas übernommen worden sind, hat sich als Schwindel erwiesen, da es keine Arbeitsplätze für die umgeschulten Langzeitarbeitslosen gibt. Die offizielle Arbeitsplatzprognose der Regierung der Vereinigten Staaten von Amerika besagt, dass ein paar Universitätsabsolventen gebraucht werden. Das alte Mantra, dass „Bildung die Antwort ist“, ist also nur eine weitere Lüge der mit Leuten aus den Eliteuniversitäten besetzten Wirtschaftsabteilungen, die die Lügen der herrschenden Kreise für Geld verkaufen.

Jeder amerikanische Bürger, der es vor 9/11 gewohnt war, Amerikas „weit offene Räume“ zu bereisen, muss über das plötzliche Anwachsen der aufdringlichen Heimatlandsicherheit erstaunt sein, ein Name, der wie kein anderer nach Gestapo klingt. Pornoscanner und Genitalbegrabschungen haben sich von Flughäfen zu Bus- und Eisenbahnbahnhöfen und auf die öffentlichen Autobahnen ausgebreitet, obwohl es keine terroristischen Vorfälle gibt. Niemand, der bei Verstand ist, wird annehmen, dass eine 90 Jahre alte Großmutter im Rollstuhl eine Terroristin ist, deren Windeln überprüft werden müssen, oder dass Eltern eine Bombe um den Körper ihrer fünfjährigen Tochter geschnallt haben. Niemand außer der Gestapobehörde Heimatlandsicherheit.

Sogar einige der leichtgläubigen fahnenschwenkenden patriotischen Konservativen beginnen sich über all diese Sicherheitsvorkehrungen zu wundern. Die Berichte, dass die Heimatlandsicherheitsbehörde 750 Millionen Einheiten von für Menschen tödlicher Munition bestellt hat, beschäftigen sogar diejenigen Konservativen, die sich an der Abschlachtung von „Handtuchköpfen“ ergötzt haben. Warum braucht die Heimatlandsicherheitsbehörde so viel Munition, dass sie jeden Amerikaner 2,5-mal erschießen kann? Warum rüstet sich die Heimatlandsicherheit mit Ganzkörperschutz aus? Warum beschafft sich die Heimatlandsicherheit neue Lasertechnologie, die „aus 50 Metern Entfernung sofort alles über dich weiß“? Ein neues Handbuch für die Armee für „Einsätze bei

zivilen Unruhen" beschreibt, wie das Militär innerhalb der Vereinigten Staaten von Amerika eingesetzt werden soll, um Proteste niederzuschlagen, Feuerwaffen zu beschlagnahmen und Bürger zu töten.
Der Polizeistaat, der im Amerika von „Freiheit und Demokratie" errichtet wird, ist ohne Parallele in der Geschichte. Wenn die einzigen Terroristen vom FBI hereingelegte Tölpel sind, ist es klar, dass der Zweck des Polizeistaats nicht darin besteht, die Amerikaner vor muslimischen Terroristen zu beschützen. Der Zweck des Polizeistaats ist es, Bürger der Vereinigten Staaten von Amerika zu terrorisieren.
Nicht nur die Heimatlandsicherheit wird militarisiert. Die Regierung hat berichtet, dass der nationale Wetterservice eine große Munitionsbestellung abgegeben hat, was später dahingehend berichtigt wurde, dass es die Fischereibehörde war. Wenn Sie das überrascht, warum hat die Behörde für Soziale Sicherheit 174.000 Stück Hohlspitzgeschosse bestellt?
Listen der Munitionsbestellung der Heimatlandsicherheit sind im Internet zu finden. Ganz eindeutig handelt es sich nicht um Übungsmunition. Es ist Munition zum Töten von Menschen: Hohlspitzgeschosse für das Militärgewehr M-16 und Hohlspitzpatronen für Handfeuerwaffen.
Nachdem es in den Vereinigten Staaten von Amerika seit 9/11 (wobei dies selbst Experten suspekt ist) keine terroristischen Attacken gegeben hat außer denen, die das FBI organisiert hat, dient dieser massive Einkauf von Feuerkraft offensichtlich nicht dem Schutz der Amerikaner vor muslimischen Terroristen. Wofür dann?
Antikriegsdemonstranten und Regierungskritiker werden zu „heimischen Extremisten" umdefiniert, die wegen Unterstützung und Begünstigung der Feinde der Vereinigten Staaten von Amerika verhaftet werden können. Wenn die Amerikaner eines Tages aufwachen und sehen, dass sie wirtschaftlich, politisch und sozial enteignet worden sind, während Washington sie in den Dritten Weltkrieg führt, und auf die Straßen gehen, um zu protestieren, werden sie auf extreme militärische Gewalt stoßen.
Die liberale Linke erliegt der Illusion noch mehr als die fahnenschwenkenden Konservativen. Ganz egal, was die Regierung macht, werden die Konservativen auf der Seite der Regierung stehen. Das deshalb, weil die Konservativen Patriotismus mit Unterstützung der Regierung durcheinanderbringen, nicht mit Verteidigung der Verfassung, die sie als ver-

dächtige Schrift betrachten, die Kriminelle, Terroristen und Antikriegsdemonstranten hätschelt, welche schuld daran sind, dass Amerika Kriege verliert. Die liberale Linke sieht Obama mit seiner halb schwarzen Herkunft als Mitglied der unterdrückten Klasse, also einem Personenkreis, dem von der liberalen Linken von vornherein eine höhere Moral zugestanden wird. Die liberale Linke sieht Obama noch immer als den Erlöser, obwohl Obama im Oval Office sitzt und Listen von Amerikanern absegnet, die ohne rechtsstaatliches Verfahren umgebracht werden sollen. Nicht einmal Naomi Wolf kann die liberalen Linken aufwecken.

Erwarten Sie nicht, dass der Kongress oder die Presstituierten etwas gegen die rapide Konzentration von Macht in dem Polizeistaat unternehmen, den Bush und Obama geschaffen haben. Rechnen Sie nicht damit, von den Bundesgerichten gerettet zu werden. Sogar wenn einige Richter bereit sind, die Verfassung gegen ihren heimischen Feind zu verteidigen, so sind doch die Gerichte machtlos, wenn die Regierung den Rechtsstaat nicht respektiert. Zur Zeit ignoriert die Regierung die Verfügung einer Bundesrichterin gegen die unbefristete Anhaltung von Bürgern der Vereinigten Staaten von Amerika. Die Juristen des Justiz(!)ministeriums werden nicht einmal die Fragen der Richterin beantworten.

Eine leichtgläubige Bevölkerung ist hilflos, wenn die Regierung beschließt, das Volk zu versklaven. Es ist ein Kinderspiel für die Regierung, die natürlichen Anführer und diejenigen zu diskreditieren, die die Menschen mit wahrheitsgemäßer Information versorgen. Die meisten Amerikaner verfügen über ein bescheidenes Wissen und sehr große ideologische Vorurteile. Dementsprechend können sie nicht zwischen Fiktion und Fakten unterscheiden.

Nehmen wir den Fall Julian Assange. Als die Regierung der Vereinigten Staaten von Amerika, darüber verärgert, dass WikiLeaks durchgesickerte Dokumente veröffentlichte, die die Verlogenheit und die Täuschungen Washingtons enthüllten, anfänglich gegen Assange ausholte, war die Unterstützung für Assange nahezu universell. Dann ging Washington mit der Geschichte ins Internet, dass Assange ein Geheimagent sei, der für die CIA arbeite oder den noch verhassteren Mossad. Linke wie rechte Webseiten gingen der offensichtlichen Lüge auf den Leim. Hier haben wir es mit einer Leichtgläubigkeit zu tun wie im Falle derer, die Stalins

Beschuldigung glaubten, dass Bucharin ein kapitalistischer Agent war. Sobald die Verleumdung Assanges zu greifen begann, übertrumpfte sie die Einstellung des Verfahrens gegen ihn wegen der sexuellen Verfehlungen, derer ihn die beiden Frauen bezichtigt hatten, die ihn verführt hatten, durch die schwedische Staatsanwaltschaft. Nachdem Assanges Position geschwächt war, nahm eine Staatsanwältin das Verfahren wieder auf, auf Drängen Washingtons, wie viele glauben. Feministinnen traten auf und forderten, Assange müsse für seine Verführung durch Frauen bestraft werden, die er offenkundig irgendwie ausgetrickst oder gezwungen hatte. Es war wie eine Neuauflage des Falles Dominique Strauss-Kahn. Fälschlich beschuldigt wegen eines sexuellen Übergriffs auf ein New Yorker Zimmermädchen, wurde der Direktor des Internationalen Währungsfonds, der auf zwei Kontinenten von nach Berühmtheiten jagenden Frauen verfolgt wurde, aus dem Rennen um die französische Präsidentschaft geworfen und musste von seinem Amt beim IWF zurücktreten. Die New Yorker Polizei, jahrzehntelang durch feministische Propaganda ausgebildet, jede Beschuldigung in sexueller Hinsicht als absolute Wahrheit zu betrachten, stand als dumm und inkompetent da, nachdem klare Beweise dafür auftauchten, dass die Beschuldigung erfunden war, um Geld aus Strauss-Kahn herauszuholen und ihn möglicherweise aus dem Rennen um das französische Präsidentenamt zu werfen.

Viele Webseiten und üblicherweise verlässliche Kommentatoren gingen der falschen Geschichte auf den Leim. Die Washingtoner Herrscher und ihre presstituierten Medien waren sogar noch erfolgreicher mit der Täuschung der Amerikaner über terroristische Angriffe, Osama bin Laden, die Taliban, Afghanistan, Irak, Libyen, Somalia, Jemen, Pakistan, Syrien und Iran. Erstaunlich ist die Tatsache, dass es trotz der enormen Provokationen, die Washington durch die Ermordung einer Million Moslems, die Zerstörung von drei muslimischen Ländern, die Durchführung militärischer Operationen gegen sieben muslimische Länder und die Vorbereitung eines Angriffs gegen ein achtes – den Iran – gesetzt hat, keine Attacken gegen Amerika gegeben hat.

Der Präsident Russlands, dessen mit Atomsprengköpfen bestückte Raketen die Vereinigten Staaten von Amerika von der Erdoberfläche tilgen könnten, hat für alle Welt vernehmbar erklärt, dass Washington mit seinem Streben nach Hegemonie die gesamte Welt in Furcht versetzt. „Niemand fühlt sich sicher“, sagte Putin. Ganz sicher nicht die Russen mit amerikanischen Raketenbasen an ihren Grenzen und einer von Washington finanzierten illoyalen und verräterischen politischen „Opposition“, welche Washington als fünfte Kolonne innerhalb Russlands dient.

Amerika, so bestätigte Putin, möchte die Welt beherrschen. Aber Washington wird Russland und China nicht beherrschen. Wenn der derzeitige Schwachkopf im Weißen Haus sein Versprechen gegenüber dem israelischen Premierminister Netanyahu einhält, werden die Vereinigten Staaten von Amerika den Iran im kommenden Juni angreifen, wenn der Iran nicht sein Atomenergieprogramm einstellt, womit das Weiße Haus das Tor zum Dritten Weltkrieg aufgestoßen haben wird. In einem solchen Krieg werden die Vereinigten Staaten von Amerika nicht wie im Ersten und Zweiten Weltkrieg gegen Angriffe gefeit sein. Wenn ein Teil der Welt überlebt, dann werden die Menschen dafür dankbar sein, dass Washington von der Szenerie verschwunden sein wird.

Der Tod ist es, den „Ihre“ Regierung in Washington, Republikaner wie Demokraten, Ihnen bescheren wird. Beide Parteien werden von Neokonservativen getrieben, welche glauben, dass die amerikanische Hegemonie über die Welt es wert ist, mit einem Atomkrieg erreicht zu werden. Wenn diese gefährlichen Ideologen weiterhin am Ruder bleiben, hat das Leben auf der Erde ein sehr nahes Ablaufdatum.

22.08.2012: Pussy Riot, die unglückseligen Betrogenen der amerikanischen Hegemonie

Mein Herz schlägt für die drei russischen Frauen der russischen Rockband Pussy Riot. Sie wurden brutal hinters Licht geführt und von den von Washington finanzierten NGOs benutzt, die Russland unterwandert haben. Pussy Riot wurden in ein Abenteuer hineintheatert, das eindeutig gegen die Gesetze verstieß.Man hat die Courage der jungen Frauen zu bewundern und anzuerkennen. Aber man hat ihre Leichtgläubigkeit zu bedauern. Washington brauchte ein populäres Thema, um die russische

Regierung dafür zu dämonisieren, dass sie sich gegen die Absicht Washingtons gestellt hat, Syrien zu zerstören, so wie Washington den Irak, Afghanistan und Libyen zerstört hat, und wie Washington vorhat, Syrien, Libanon und den Iran zu zerstören.

Indem sie absichtlich religiöse Kirchenbesucher geärgert haben – was in den Vereinigten Staaten von Amerika und deren europäischen und britischen Marionettenstaaten als ein aus Hass begangenes Verbrechen behandelt würde –, haben die talentierten jungen Frauen gegen das russische Recht verstoßen.

Vor der Gerichtsverhandlung gegen die Frauen gab Putin seine Meinung bekannt, dass die Frauen nicht streng bestraft werden sollten. Diese Anregung Putins aufgreifend verhängte die Richterin gegen die von den – aus amerikanischen Steuertöpfen finanzierten – NGOs Getäuschten und Betrogenen zwei Jahre statt sieben.

Ich habe erfahren, dass Putin nach sechs Monaten dafür sorgen wird, dass die Frauen entlassen werden. Das wird allerdings der Propaganda des amerikanischen Imperiums nicht passen. Die Instruktionen an die von Washington finanzierte fünfte Kolonne in Russland werden darauf hinauslaufen, dass jede Milde der Regierung für Pussy Riot unmöglich gemacht wird. Von Washington organisierte Proteste, Ausschreitungen, Sachbeschädigungen, Angriffe gegen staatliche und religiöse Symbole durch von Washington hinters Licht geführte Russen werden es Putin unmöglich machen, gegen die nationalistische Stimmung zu handeln und die Urteile gegen die Frauen von Pussy Riot abzumildern.

Das ist es, was Washington will. Während Washington damit fortfährt, große Zahlen von Menschen auf der ganzen Erde zu töten, wird es mit dem Finger auf das Schicksal von Pussy Riot zeigen. Die westlichen gekauften und bezahlten prostituierten Medien werden sich auf die Bösartigkeit Russlands konzentrieren – nicht die Bösartigkeit Washingtons, Londons und der Marionettenstaaten der EU, die Moslems in großem Ausmaß abschlachten.

Die Diskrepanz zwischen den Menschenrechten im Westen und im Osten ist erstaunlich. Als ein chinesischer Unruhestifter den Schutz Washingtons suchte, erlaubte ihm die „autoritäre" chinesische Regierung, das Land zu verlassen und nach Amerika zu gehen. Als jedoch Julian Assange, der im Gegensatz zu den westlichen Medienhuren den Menschen im Westen wahrheitsgemäße Informationen zur Verfügung stellt, von Ecuador politisches Asyl erhielt, weigerte sich Großbritannien in tiefer Unterwürfigkeit vor seinem amerikanischen Herren, ihm das damit verbundene freie Geleit aus dem Vereinigten Königreich zu gewähren. Die Regierung des Vereinigten Königreichs macht sich im Gegensatz zur chinesischen Regierung nichts daraus, gegen das Internationale Recht zu verstoßen, weil sie von Washington mit großen Geldmengen dafür bezahlt wird, sich wie ein Schurkenstaat zu verhalten.

Wie Karl Marx sagte, macht Geld alles zu einer Ware, die gekauft und verkauft werden kann: Regierung, Ehre, Moral, Geschichtsschreibung, Rechtmäßigkeit. Es gibt nichts, was nicht gekauft werden kann. Diese Entwicklung des Kapitalismus hat in den Vereinigten Staaten von Amerika und deren Marionettenstaaten, deren Regierungen die Interessen ihrer Völker verschleudern, um Washington zu Gefallen zu sein und reichlich belohnt zu werden – wie etwa Tony Blair mit 35 Millionen Dollar – ihre höchste Stufe erreicht. Ihre Bürger in entfernte Teile der Erde zu schicken, um für das Weltreich Washingtons zu kämpfen, das ist der Dienst, für den die durch und durch korrupten europäischen Politiker bezahlt werden. Ungeachtet des wundersamen Gebildes namens Europäische Demokratie sind die Völker Europas und Britanniens nicht in der Lage, etwas gegen ihren Missbrauch im Interesse Washingtons zu unternehmen. Das ist eine neue Form der Sklaverei. Wenn ein Land ein amerikanischer Alliierter ist, sind seine Bewohner amerikanische Sklaven.

10.09.2012: Der Niedergang des Westens: Tragödie oder Komödie?

In der Zeit des Vietnamkriegs war Schweden ein unabhängiges Land mit einem moralischen Gewissen. Schweden gewährte Kriegsgegnern aus den Vereinigten Staaten von Amerika Zuflucht, die sich weigerten, den Militärdienst zu leisten. Washington begriff die negativen Auswirkungen und kaufte die schwedische Regierung, um einem neuerlichen Erschei-

nen des moralischen Gewissens auf Seiten einer westlichen Regierung vorzubeugen.
Nach dem Ende des Zweiten Weltkriegs und während der folgenden Jahrzehnte des Kalten Krieges gegen die Sowjetunion präsentierten sich die Länder des Westens selbst als das moralische Gewissen der Welt. Es stellt sich heraus, das das weitgehend ein Schwindel war. Die „Länder des Westens“ sind nur Bauern, Komplizen bei Washingtons Verbrechen, während Washington versucht, alle Informationen über sein Streben nach der Weltbeherrschung geheim zu halten.
In einem Artikel in Al Jazeera hat Mark Weisbrot Folgendes über Washingtons Verwendung seiner Marionettenregierung in Schweden bei der Verfolgung von Julian Assange wegen der Veröffentlichung von durchgesickerten Dokumenten, die Washingtons Verlogenheit und Täuschung anderer Länder enthüllen, zu sagen:
„Es gibt reichlich Beweise dafür, dass die Vereinigten Staaten von Amerika sehr an der Bestrafung von Assange interessiert sind, und es werden immer mehr. Am 18. August berichtete der Sydney Morning Herald, dass dem australischen Außenministerium bekannt ist, dass die Behörden der Vereinigten Staaten von Amerika Assange seit mindestens 18 Monaten verfolgt haben. Am 24. August berichtete Craig Murray, ein ehemaliger Botschafter des Vereinigten Königreichs und 20 Jahre lang Karrierediplomat, dass seine Kollegen im Außenministerium des Vereinigten Königreichs die beispiellose Drohung, die Botschaft Ecuadors zu stürmen, gegen besseres Wissen unter dem Druck Washingtons von sich gegeben haben.”
Wie die vieler europäischer Länder, eingeschlossen natürlich das Vereinigte Königreich, ist die Außenpolitik Schwedens eng mit der der Regierung der Vereinigten Staaten von Amerika verbunden. Es ist nicht das erste Mal, dass Schweden mit seinen Verbündeten in Washington kollaboriert hat, um gegen Menschenrechte und Internationales Recht zu verstoßen. 2001 übergab die schwedische Regierung zwei Ägypter an die CIA, damit sie nach Ägypten geschickt werden konnten, wo sie gefoltert wurden.
Schwedens Vorgehensweise führte zu einer Verurteilung durch die UNO und die Regierung musste Schadenersatz an die Opfer bezahlen – beide

erwiesen sich nachträglich als völlig unschuldig. Umfragen ergaben, dass die Schweden dieses Verbrechen als den schlimmsten politischen Skandal in ihrem Land in den letzten 20 Jahren betrachteten.
Schweden ist eine hoch entwickelte soziale Demokratie, die ihren Bürgern in vielfacher Weise bürgerliche Rechte und Freiheiten garantiert. Die Menschen in Schweden sollten ihrer Regierung nicht gestatten, sich mit einem weiteren Regierungsverbrechen zu blamieren – in diesem Fall einem üblen Angriff auf die Redefreiheit – nur weil Washington das von ihr haben will.
Washington oder Israel – im Wesentlichen das Gleiche – haben die Marionettenregierung in Kanada dazu gebracht, Kanadas diplomatische Beziehungen mit dem Iran praktisch grundlos zu beenden. In einer sogar für ihn unüblichen Aufführung der Ignoranz verurteilte der kanadische Außenminister John Baird den Iran als eine „Bedrohung der globalen Sicherheit“. Kein intelligenter Mensch kann glauben, dass der Iran eine Bedrohung für die globale Sicherheit bildet.
Was ist aus den Kanadiern geworden, die einst ein intelligentes, tolerantes Volk waren, dass sie Verrückte in hohe Ämter setzen? Nachdem er von seinen Mitarbeitern informiert worden war, dass dem Iran einiges fehlt, um eine globale Bedrohung der Sicherheit zu sein, änderte Baird seine Begründung und behauptete steif und fest, dass er die diplomatischen Beziehungen mit dem Iran wegen der Feindseligkeit des Iran gegenüber Israel abgebrochen habe. Das trug dem idiotischen kanadischen Außenminister noch lauteres Gelächter ein. Immerhin hat ja Israel dem Iran mit einem militärischen Angriff gedroht und gefordert, dass die Vereinigten Staaten von Amerika sich daran beteiligen.
Die Länder des Westens sind zu einer Karikatur der Scheinheiligkeit geworden. Wären die Länder des Westens nicht mit Atomwaffen ausgestattet, dann würde sich der größere Teil der Welt vor Lachen wälzen.

27.09.2012: Eine Kultur der Täuschung

Den größten Verdruss bereiten dem Schreibenden Leser, die reflexartige Antworten von sich geben. Natürlich sind das nicht alle Leser. Einige Leser denken nach und geben Unterstützung. Andere bedanken sich, weil

ihnen die Augen geöffnet worden sind. Die Mehrheit ist jedoch zufrieden, wenn ein Autor ihr sagt, was sie hören will, und ist unzufrieden, wenn er schreibt, was sie nicht hören will.
Für die Linke ist Ronald Reagan der große Buhmann. Die Linken verstehen die angebotsorientierte Wirtschaft nicht als makroökonomische Innovation, die die Stagflation bewältigte, indem sie die Auswirkungen der Steuerpolitik auf kumulierte Nachfrage nutzte. Stattdessen sehen sie „Tröpfelwirtschaft" und Steuerkürzungen für die Reichen. Linke verstehen nicht, dass die Reagan-Administration in Grenada und Nicaragua intervenierte, um den Sowjets zu signalisieren, dass es keine sowjetische Expansion oder neue Klientenstaaten mehr geben würde und dass es Zeit sei, über das Ende des Kalten Krieges zu verhandeln. Stattdessen betrachten Linke Reagan als Verursacher der Herrschaft des einen Prozents und der Kriege der Neokonservativen um die Weltherrschaft der Vereinigten Staaten von Amerika.
1981 bedeutete die Einschränkung der Inflation den Zusammenbruch des nominellen Bruttosozialprodukts und der Steuereinkommen. Das Ergebnis wären Budgetdefizite – ein Dorn im Auge von Republikanern – während der Zeit der Neukonsolidierung gewesen. Den Kalten Krieg zu beenden bedeutete den Militär-/Sicherheitskomplex zu beschneiden und beschwor in konservativen Kreisen das Gespenst des „Antichrists" Gorbatschow, der Reagan hinters Licht führte und die Weltherrschaft übernahm.
Bei der Verfolgung seiner beiden Hauptziele stand Reagan im Widerspruch zu seiner eigenen Wählerschaft und verließ sich auf Rhetorik, um seine Wähler bei der Stange zu halten. Die Linke hörte die Rhetorik, verstand aber nicht, was in Wirklichkeit getan wurde.
Wenn ich diese Fakten erläutere, die einfach und reichlich dokumentiert sind, senden einige links Eingestellte herablassende und beleidigende E-Mails, in denen sie mir mitteilen, dass sie sich auf den Tag freuen, an dem ich aufhöre, bezüglich Reagan zu lügen und über Reagan die Wahrheit sage wie über alles andere.
„Reflexartig liberal" ist ein Lieblingsausdruck von Konservativen. Konservative können allerdings genau so reflexartig sein. Wenn ich mich gegen Washingtons Kriege, die Folterung von Gefangenen und die Auf-

hebung von Bürgerrechten äußere, sagen mir einige von den Rechten, dass ich, wenn ich Amerika so sehr hasse, nach Kuba gehen soll. Viele Republikaner können einfach nicht verstehen, dass, wenn Bürgerrechte der willkürlichen Entscheidung der Regierung unterliegen, es keine bürgerlichen Freiheiten mehr gibt. Das fahnenschwenkende Element der Bevölkerung neigt dazu, Loyalität gegenüber dem Land mit Loyalität gegenüber der Regierung zu verwechseln, es sei denn, es sitzt ein Demokrat im Weißen Haus.

Rational macht es für Leser keinen Sinn zu glauben, dass ein Autor, der sie in einer Angelegenheit belügt, ihnen über eine andere die Wahrheit sagen wird. Aber solange sie hören, was sie hören wollen, ist es die Wahrheit. Wenn sie es nicht hören wollen, ist es eine Lüge.

Beide, Rechte wie Linke, verwechseln auch Erläuterungen mit Rechtfertigungen. Wenn ein Autor über die Gefahren schreibt, denen wir als Gesellschaft ausgesetzt sind, und deren Auswirkungen, dann ist es sehr entmutigend für den Autor, wenn er weiß, dass viele Leser nicht zuhören, außer wenn es das ist, was sie hören wollen. Diese Entmutigung ist genau das, was keinem, der die Wahrheit sagt, erspart bleibt, weshalb es auch nur so wenige gibt, die das tun.

Das ist ein Grund dafür, dass ich vor ein paar Jahren mit dem Schreiben aufhörte. Ich fand, dass solide Fakten und einwandfreie Analyse nicht in gehirngewaschene und geschlossene Ansichten eindringen konnten, die nach Rechtfertigung suchten, um das eigene Weltbild gegenüber beunruhigenden Wahrheiten fest verschlossen zu halten. Amerikaner wollen lieber eine Rechtfertigung ihrer Glaubensvorstellungen als die Wahrheit. Der Erfolg von Zeitungs- und TV-Experten beruht auf der Verbindung mit einer prominenten Ansicht oder Interessengruppe, der man dient. Diejenigen, denen er dient, machen den Schreiber oder Redner erfolgreich. Ich habe nie viel von dieser Art von Erfolg gehalten.

Erfolg als Hure ist jedoch die einzige Art von Erfolg, die heutzutage in Washington oder in den Medien vorkommen kann. Diejenigen, die sich weigern sich zu prostituieren, erregen Bedauern und Anprangerung, nicht Bewunderung. Vor ein paar Jahren rief mich ein Bekannter aus der Studienzeit an einer Universität im Nordosten an, um mir zu sagen, dass er vor Kurzem mit einigen meiner ehemaligen Kollegen in Washington beim

Lunch war. Als er sich nach mir erkundigte, bekam er die Antwort: „Der arme Craig, wäre er nicht zum Kritiker geworden, wäre er zig Millionen Dollar wert, so wie wir." Ich antwortete, dass meine ehemaligen Kollegen zweifellos recht hatten. Mein Bekannter sagte, er habe nicht mitbekommen, dass er mit einem Haufen Prostituierter beim Lunch gesessen habe. Der Anreiz dafür, die Wahrheit zu sagen, und die Belohnung dafür, dass man das macht, sind sehr dürftig. Und das nicht nur für Autoren, sondern auch für Wissenschaftler und Experten, die viel mehr Geld verdienen können, wenn sie lügen, als wenn sie die Wahrheit sagen. Wie sonst hätten wir es zu genmanipulierten Organismen gebracht, zur Auslagerung von Arbeitsplätzen, zur „unitären Exekutive" und zu einem deregulierten Finanzsystem? Eine sehr lukrative Karriere lässt sich machen, wenn man als Experte bei zivilen Gerichtsverfahren aussagt. Es ist Teil der amerikanischen Romanze, dass Experten, die von den Kontrahenten in einem Zivilverfahren gekauft werden, wie die Gladiatoren kämpfen, weil sie auf den „Daumen nach oben" von der Jury aus sind.

Oder nehmen wir den Kongress. Die zwei Abgeordneten, die für die Verfassung und Wahrheit in der Regierung aufgestanden sind, werden bald „gegangen worden" sein. Ron Paul tritt zurück, und Dennis Kucinich wurde abgewählt. Was den Senat betrifft, so stimmten diese umsichtigen Persönlichkeiten mit 90:1 dafür, dem Iran den Krieg zu erklären, wie der einzige Abweichler, Rand Paul, ausführte. Der Senat ist sich sehr wohl bewusst, obwohl nur wenige das öffentlich zugeben werden, dass die Vereinigten Staaten von Amerika völlig frustriert und in ein Patt, wenn nicht in eine Niederlage in Afghanistan geraten und nicht imstande sind, die Taliban zu unterwerfen. Ungeachtet dessen will der Senat einen Krieg gegen den Iran; einen Krieg, welcher leicht noch viel weniger erfolgreich verlaufen könnte.

Offensichtlich belügt der Senat nicht nur die Öffentlichkeit, sondern auch sich selbst.

Letzte Woche ließ der Chef des Pentagons Panetta China wissen, dass die neuen Marine-, Luftwaffen und Heeresstützpunkte rund um China nicht gegen China gerichtet sind. Was sonst könnte der Zweck der neuen Stützpunkte sein? Washington ist so ans Lügen gewöhnt und dass ihm geglaubt wird, dass Panetta in der Tat annimmt, dass China seine völlig durchsichtige Lüge glauben wird. Panetta hat China mit den Amerikanern verwechselt: Sag ihnen, was sie hören wollen, und sie werden es glauben. Amerikaner leben in einer Matrix von Lügen. Sie haben es selten mit einer wahrheitsgemäßen Aussage zu tun. Es gibt keinen Beweis dafür, dass die Amerikaner noch den Unterschied zwischen der Wahrheit und einer Lüge erkennen können. Die Amerikaner gingen diesen und noch mehr Lügen auf den Leim: Saddam Hussein hat Massenvernichtungswaffen und Beziehungen zu al-Qaida. Saddam Husseins Soldaten nahmen in Kuwait Babys aus Inkubatoren und warfen sie auf den Boden. Gaddafi gab seinen Soldaten Viagra, damit sie besser libysche Frauen vergewaltigen konnten. Iran betreibt ein Atomwaffenprogramm. Change – yes we can! Die Vereinigten Staaten von Amerika sind „das unentbehrliche Land“. Amerika ist aufgrund von Lebensmittelmarken und Sozialhilfe pleite, nicht aufgrund von Kriegen, Bankster-Freikäufen und einer versagenden Wirtschaft. Russland ist Amerikas Feind Nummer Eins. China ist auch Amerikas Feind Nummer Eins. Der Iran ist ein terroristischer Staat. Die Auslagerung von Arbeitsplätzen ist freier Markt und gut für die Wirtschaft der Vereinigten Staaten von Amerika. Israel ist Amerikas loyalster Verbündeter. Die Raketenstellungen der Vereinigten Staaten, die Russland umgeben, sind nicht gegen Russland gerichtet. Das Südchinesische Meer ist für die Vereinigten Staaten von Amerika ein Gebiet von nationalem Interesse. Finanzmärkte regulieren sich selbst.

Die Liste hat kein Ende. Lügen dominieren jede politische Diskussion, jede politische Entscheidung. Die erfolgreichsten Menschen in Amerika sind Lügner.

Die endlosen Lügen haben zu einer Kultur der Täuschung geführt. Und das ist es, warum Amerika verloren ist. Die Überzeugungen vieler Amerikaner, vielleicht einer Mehrheit, bestehen aus Lügen. Diese Überzeugungen sind zu emotionalen Krücken geworden, und die Amerikaner werden kämpfen, um die Lügen zu verteidigen, die sie glauben. Die Unfähigkeit der Amerikaner, Fakten zu akzeptieren, die ihren Überzeugungen widersprechen, ist der Grund dafür, dass das Land führungslos ist und bleiben wird. Wenn nicht die Schuppen von den Augen der Amerikaner fallen, sind die Amerikaner verloren.

10.10.2012: Amerikas moralische Entarnung

Am 31. Mai 2010 setzte die rechtsorientierte israelische Regierung Soldaten ein, um in internationalen Gewässern illegal Hilfsschiffe der Gaza-Freiheits-Flottille zu entern, welche von der „Freiheit für Gaza"-Bewegung und der Türkischen Stiftung für Menschenrechte und Freiheit und humanitäre Hilfe organisiert worden war. Die Israelis ermordeten kaltblütig acht türkische Bürger und einen Bürger der Vereinigten Staaten von Amerika. Viele weitere wurden durch die Streitkräfte der „einzigen Demokratie im Mittleren Osten" verwundet.

Ungeachtet der Ermordung seines Staatsbürgers stellte sich Washington sofort auf die Seite der israelischen Regierung. Die Türken reagierten anders. Der türkische Premierminister Erdoğan kündigte an, dass die nächsten Hilfsschiffe unter dem Schutz der türkischen Marine fahren würden. Washington jedoch brachte seine Marionette unter Kontrolle und bezahlte sie, damit sie den Mund hielt. Es gab einmal Zeiten, in denen die Türken ein kämpferisches Volk waren. Heute sind sie Marionetten Washingtons.

Das haben wir in der letzten Woche gesehen. Die türkische Regierung erlaubt den von der CIA und Israel organisierten Islamisten von außerhalb Syriens, Syrien vom Staatsgebiet der Türkei aus anzugreifen. In einigen Fällen schlug eine Mörsergranate laut Medienberichten, wenn man das glaubt, jenseits der türkischen Grenze ein. Das türkische Militär hat das als Vorwand benutzt, um mit Artillerie nach Syrien zu schießen.

Menschen, die aus gutem Grund nicht länger den amerikanischen und westlichen Medien oder den Vereinigten Staaten von Amerika und und den westlichen Regierungen glauben, denken, dass die Mörsergranaten von Agenten der USA oder Israels oder von den von ihnen unterstützten „Rebellen" abgefeuert wurden, um der Türkei einen Vorwand zu liefern, einen NATO-Krieg gegen Syrien zu beginnen. Eine von der UNO genehmigte NATO-Invasion oder Luftangriffe wie in Libyen wurden von den Russen und Chinesen blockiert. Wenn es jedoch zu einem Krieg zwischen Syrien und der Türkei kommt, muss die NATO ihrem Mitgliedsland Türkei zu Hilfe kommen.

Einmal mehr sehen wir, dass Moslems von westlichen Ländern leicht beherrscht und abgeschlachtet werden, weil die muslimischen Länder es nicht schaffen, einander zu unterstützen. Denn anstatt sich gegenseitig zu unterstützen, lassen sich muslimische Regierungen dafür bezahlen, dass sie den christlichen/zionistischen Kräften des westlichen Blocks dienen. Washington weiß das, und das ist einer der Gründe, warum Washington mit seiner Durchsetzung der Weltherrschaft im muslimischen Mittleren Osten begann.

Im Westen spricht das Propagandaministerium weiterhin vom „syrischen Aufstand". Es gibt dort keinen Aufstand. Die Vereinigten Staaten von Amerika und Israel haben Islamisten, die die säkulare syrische Regierung stürzen wollen, mit Waffen ausgestattet und nach Syrien geschickt. Washington weiß, dass das Land wie der Irak und Libyen in sich gegenseitig bekämpfende Fraktionen zerfallen wird, wenn die syrische Regierung zerstört werden kann.

Amerikas europäische und japanische Marionettenstaaten sind natürlich in die Vorgangsweise Washingtons mit einbezogen. Von denen wird es keine Beschwerden geben. Aber warum schaut der Rest der Welt zu, wie Washington sich bis zum Punkt des Einmarsches, der Entsendung von Drohnen und Mordkommandos und der Ermordung großer Zahlen von Bürgern in die inneren Angelegenheiten von Ländern einmischt?

Bedeutet dieses Stillschweigen, dass die Welt Washingtons Anspruch akzeptiert hat, dass es das unentbehrliche Land ist und das Recht besitzt, über die Welt zu herrschen?

Warum lassen zum Beispiel Russland und Venezuela zu, dass die Regierung der Vereinigten Staaten von Amerika ihre politische Opposition finanziert?

Im amerikanischen Einparteienstaat gibt es keine politische Opposition. Aber stellen Sie sich vor, es gäbe eine. Würde Washington tolerieren, dass seine Opposition von Russland oder Venezuela finanziert wird? Offensichtlich nicht. Diejenigen, die mit fremdem Geld gegen Amerika arbeiten, würden verhaftet und eingesperrt, aber nicht so in Venezuela oder Russland, wo anscheinend Hochverrat legal ist.

Am 8. Oktober besiegte Hugo Chávez seinen von Amerika finanzierten Gegner Henrique Capriles mit 54 % zu 44 %. Das wäre ein erstaunlicher

Vorsprung in einer Präsidentschaftswahl in den Vereinigten Staaten von Amerika. Wie auch immer, in seiner letzten Wiederwahl hatte Chavez einen Vorsprung von 27 %. Offensichtlich hatten Washingtons Geld und die Propagandaaktivitäten der von den Vereinigten Staaten von Amerika finanzierten NGOs Erfolg bei der Beeinflussung der Venezolaner und bewirkten den Rückgang von Chavez' Vorsprung auf 10 %. Washingtons Einmischung ist eine massive Barriere für die Führung in anderen Ländern. Volle 44 % der Menschen in Venezuela waren zu gehirngewaschen oder zu dumm, um für den Kandidaten ihres eigenen Landes zu stimmen und stimmten stattdessen für Washingtons Kandidaten. Es ist außergewöhnlich, dass 44 % der Wähler Venezuelas dafür stimmten, wie die Türkei, das Vereinigte Königreich, Frankreich, Deutschland, Italien, Spanien, Irland, Portugal, die Slowakei, die Tschechische Republik, Polen, die baltischen Staaten, Skandinavien, Kanada, Japan, Südkorea, Australien, Mexiko, Belgien, Taiwan, Kolumbien, Pakistan und Jemen ein amerikanischer Marionettenstaat zu werden. Vielleicht habe ich ein paar übersehen.

Washington muss seine Marionetten dafür bezahlen, dass sie statt ihrer eigenen Völker Washington vertreten.

In seiner Überheblichkeit vergisst Washington, dass seine Herrschaft gekauft ist und nicht beliebt. Washingtons Marionetten haben ihre Integrität und die ihrer Länder für schnöden Mammon verkauft. Wenn das Geld ausgeht, ist es vorbei mit dem Weltreich.

Dann werden die Menschen Amerikas ebenso korrumpiert sein wie die ausländischen „Führer". In seiner Besprechung von „Die Vereinigten Staaten von Amerika und Folter", herausgegeben von Marjorie Cohn (New York University Press, 2011) schreibt Anthony Gregory in „Independent Review" vom Herbst 2012: „In Reagans Amerika war ein beliebtes Thema der Propaganda des Kalten Krieges, dass die Sowjets ohne Grund Menschen folterten und einsperrten, durch grausame Gewalt erfundene Geständnisse aus ihnen herausholten und die Gefangenen, die gegen das herzlose Gewicht des kommunistischen Staates hilflos waren, in unsäglicher Weise behandelten. Nicht anders als jedes andere Übel unterschied die Folter die Bösen, die Kommunisten, von den Guten, den Amerikanern und ihrer Regierung. Wie unvollkommen das System der

Vereinigten Staaten von Amerika auch sein mochte, es hielt sich an zivilisierte Standards, die der Gegner ablehnte.“

2005, ein Jahr nach der Veröffentlichung der Folterfotos von Abu Ghraib, zeigten Umfragen unter Amerikanern, dass 38 % der Propaganda auf den Leim gegangen waren, dass Folter unter bestimmten Umständen gerechtfertigt sei. Nach weiteren vier Jahren der neokonservativen Befürwortung von Folter ergab eine 2009 von Associated Press berichtete Umfrage, dass 52 % der Amerikaner Folter guthießen.

Folter war offensichtlich ein Instrument der Politik der Vereinigten Staaten von Amerika im Kalten Krieg. Folter wurde lateinamerikanischen Militärs in der US School of Americas beigebracht, welche in Panama und in der Folge in Fort Benning, Georgia, betrieben wurde. Das war allerdings eine geheime Angelegenheit. Es dauerte bis zum neokonservativen Bush-Regime, bis Juristen des Justizministeriums der Vereinigten Staaten von Amerika, Absolventen der besten Rechtsfakultäten, Rechtsgutachten erstellten, welche die Folter ungeachtet der Gesetze der Vereinigten Staaten von Amerika und des Internationalen Rechts, welches Folter verbietet, rechtfertigten, und bis Präsident und Vizepräsident der Vereinigten Staaten von Amerika Folter offen zugaben und rechtfertigten. Einige der Verbrecher, die diese Rechtsgutachten erstellten, unterrichten jetzt in angesehenen Rechtsfakultäten. Einer wurde in den Bundesgerichtshof bestellt und sitzt dort als Richter, der andere für ihre Vergehen verurteilt.

Wir können mit Anthony Gregory zu dem Schluss kommen, dass nicht nur politische Regimes im Ausland von Washingtons Bösartigkeit korrumpiert werden, sondern auch die Amerikaner selbst: „Nichts demonstriert die moralische Entartung der amerikanischen politischen Kultur besser als der Folterstaat Vereinigte Staaten von Amerika.“

Washington maskiert sich noch immer mit dem weißen Hut, und der größte Teil des Restes der Welt wird bezahlt, damit er bei der Maskerade mitmacht.

07.11.2012: Die speziellen Interessen haben wieder gewonnen

Die Wahl, die angeblich so knapp hätte ausgehen sollen, ging letztendlich doch nicht so knapp aus. Meiner Meinung nach gewann Obama aus zwei Gründen:

(1) Obama ist nicht bedrohlich und integrativ, während Romney einen „wir gegen sie"-Eindruck ausstrahlte, den viele als bedrohlich empfanden, und (2) die Wahl war nicht knapp genug, um sie mit elektronischen Wahlmaschinen zu stehlen.

Wie die Leser wissen, glaube ich nicht, dass einer der beiden Kandidaten eine gute Wahl ist oder eine Alternative bietet. Washington wird von mächtigen Interessengruppen kontrolliert, nicht von Wahlen. Die beiden Parteien streiten nicht über alternative politische Visionen und verschiedene gesetzgeberische Vorhaben, sondern darum, welche Partei die Hure der Wall Street, des Militär-/Sicherheitskomplexes, der Israel-Lobby, des Agrogeschäfts und der Energie-, Bergbau- und Holzinteressen wird.

Es ist wichtig, die Hure zu sein, weil Huren für die Dienste belohnt werden, die sie leisten. Das Weiße Haus oder eine Postenbestellung durch den Präsidenten zu gewinnen ist ein karriereförderndes Ereignis, da es eine Person für reiche und mächtige Interessengruppen begehrenswert macht. Im Kongress kann die Mehrheitspartei mehr Leistungen erbringen und ist daher mehr wert als die Minderheitspartei. Einer unserer letzten Präsidenten, der nicht reich war, brachte es kurz nach seinem Abgang aus dem Amt auf über 36 Millionen Dollar – wie auch der ehemalige Premierminister des Vereinigten Königreichs Tony Blair, der Washington viel besser gedient hat als seinem eigenen Land.

Kriege sind profitabel für den Militär-/Sicherheitskomplex. Israel belohnt seine Diener und bestraft seine Gegner. Die Besetzung der Umweltschutzbehörden mit leitenden Angestellten von Energie-, Bergbau- und Holzfirmen wird von diesen Interessensgruppen als sehr freundliches Verhalten betrachtet.

Viele Amerikaner verstehen das und geben sich nicht die Mühe zu wählen, da sie wissen, dass, egal, welcher Kandidat oder welche Partei gewinnt, die Interessengruppen die Oberhand behalten. Ronald Reagan war der letzte, der sich gegen Interessengruppen stellte oder zumindest gegen einige von diesen. Die Wall Street wollte seine Steuersatzsenkungen nicht, weil Wall Street der Ansicht war, dass das Resultat höhere Inflation und Zinssätze und der Ruin ihrer Wertpapierportfolios sein würde. Der Militär-/Sicherheitskomplex wollte nicht, dass Reagan mit Gorbatschow verhandelte, um den Kalten Krieg zu beenden.

Es ist erstaunlich, dass Wähler nicht verstehen, wie Politik wirklich funktioniert. Sie werden von politischer Rhetorik fortgetragen und sehen nicht, dass ihnen die Scheinheiligkeit entgegenblickt. Stolze patriotische amerikanische Machos wählten Romney, der nach Israel gereist ist und seinem Lehnsherr die Treue schwor und vor den Füßen Netanyahus auf dem Bauch lag. Obama spielt auf den Herzsaiten seiner Unterstützer mit der Geschichte eines Kindes mit Leukämie, das jetzt durch Obamacare geschützt ist, während er fortfährt, tausende Kinder und ihre Eltern mit Drohnen und anderen militärischen Methoden in sieben Ländern zu ermorden. Obama konnte seinen Unterstützern Jubelrufe entlocken, als er den Weg Amerikas aufwärts zu höheren moralischen Errungenschaften beschrieb, während seine tatsächliche Leistungsbilanz die eines Tyrannen ist, der die Zerstörung der Verfassung der Vereinigten Staaten von Amerika und der bürgerlichen Rechte der Amerikaner gesetzlich verankert hat.

Bei der Wahl ging es um nichts, außer, wer den Interessengruppen dienen darf. Die Kriege waren kein Thema im Wahlkampf. Washingtons Provokation des Iran, Russlands und Chinas durch deren Einkreisung mit Militärstützpunkten war kein Thema. Die verfassungswidrigen Befugnisse, die der exekutive Bereich sich angeeignet hatte, um Bürger unbefristet ohne rechtsstaatliches Verfahren festzuhalten und sie allein auf Verdacht hin umzubringen, waren kein Thema in der Wahl. Die Opferung der Umwelt zugunsten von Bauholz-, Bergbau- und Energieinteressen war kein Thema, außer dem Versprechen, noch mehr Umwelt zugunsten kurzfristiger Profite zu opfern. Aus der einen Seite des Mundes ertönte das unsinnige Versprechen, die Mittelschicht wiederherzustellen, während die andere Seite die Auslagerung von deren Arbeitsplätzen und Karrieren als freien Markt verteidigte.

Die Unfähigkeit, wirkliche Anliegen zur Kenntnis zu nehmen und zu debattieren, bedroht nicht nur die Vereinigten Staaten von Amerika, sondern die gesamte Welt. Washingtons rücksichtsloses Streben nach Vorherrschaft, getrieben von irrwitziger neokonservativer Ideologie, führt zur militärischen Konfrontation mit Russland und China. Elf Jahre unsinniger Kriege mit weiteren im Anzug und eine Wirtschaftspolitik, die Finanz-institutionen vor ihren Fehlern schützt, haben den Vereinigten Staaten von Amerika massive Budgetdefizite aufgebürdet, die zu Geld gemacht werden. Der Verlust der Rolle des US-Dollars als Reservewährung und Hyperinflation sind absehbare Folgen dieser verheerenden Wirtschaftspolitik.

Wie ist es möglich, dass „die einzige Supermacht der Welt“ ohne jede Diskussion dieser sehr realen und ernsten Probleme, die dazugehören, eine Präsidentenwahl abhalten kann? Wie kann jemand aufgrund eines solchen Ergebnisses aufgeregt sein oder sich Hoffnungen machen?

11.12.2012: Halsstarriges Washington

Angesichts seiner sinkenden Macht war Washington nicht imstande, Russland länger aus der World Trade Organization (WTO – Welthandelsorganisation) draußen zu halten. Der Kongress zeigte seine Gehässigkeit ob seiner Impotenz dadurch, dass er an die Normalisierung des Handels mit Russland die „Magnitsky-Bestimmung“ anhängte.

Sergei Magnitsky war ein russischer Anwalt, der eine britische Investmentfirma repräsentierte, welche der Steuerhinterziehung und des Betrugs wegen in Russland angeklagt worden war. Anscheinend gab die Firma aus dem Vereinigten Königreich Informationen an Medien weiter, in denen Fehlverhalten der Regierung und Beteiligung an Korruption im Bereich der staatlichen russischen Firmen angeprangert wurde.

Magnitsky vertrat die beschuldigte britische Firma. Er behauptete, dass die Firma keinen Betrug begangen habe, sondern einem Betrug zum Opfer gefallen war. Dafür wurde Magnitsky verhaftet. Im Gefängnis erkrankte er schwer und bekam anscheinend nicht die entsprechende medizinische Behandlung.

Ob er an unbehandelten Krankheiten starb, können wir nicht wissen. Der Kongress der Vereinigten Staaten von Amerika jedoch, der aufgrund der unbestätigten Beschuldigung handelte, dass Magnitsky gefoltert und ermordet worden war, verband das Handelsnormalisierungsgesetz mit einer Bestimmung, welche verlangt, dass die Regierung der Vereinigten Staaten von Amerika eine Liste von Vertretern der russischen Regierung herausgibt, von denen geglaubt oder gedacht wird, dass sie etwas mit dem Verstoß gegen Magnitskys Menschenrechte zu tun haben. Die Bestimmung fordert weiterhin, dass die US-amerikanische Regierung den Besitz dieser Mitglieder der russischen Regierung einfriert und ihnen Visa für die Einreise in die Vereinigten Staaten von Amerika verweigert. Geht man vom Glauben Washingtons aus, dass sein Gesetz das Universalgesetz der Menschheit ist, hat Washington wahrscheinlich im Sinn, dass jedes Land die Einhaltung seines Edikts durchsetzt oder mit Sanktionen belegt wird.

Die russische Regierung findet die „Magnitsky-Bestimmung" amüsant. Hier wird die russische Regierung ohne jeden Beweis eines Falles von Folter und Tod bezichtigt, während Washington eine große Anzahl von Foltertoten von Abu Ghraib über Guantánamo und die geheimen CIA-Folterzentren bis zu den endlosen Drohnenattacken auf spielende Kinder, Hochzeiten, Begräbnisse, Krankenhäuser, Schulen, Bauernhäuser und Entwicklungshelfer zu verantworten hat. Die Beweise liegen auf der Hand, dass Washington eine Reihe von Menschen zu Tode und zu falschen Geständnissen gefoltert und tausende Unschuldige unter dem Titel „Kollateralschaden" in Stücke gesprengt hat. Niemand außer Washington und dessen Lakaien bestreitet das. Aber ein angeblicher russischer Verstoß gegen die Menschenrechte führt zu einem Beschluss des US-Kongresses – alles infolge der Verstimmung über die angebliche Verletzung der Menschenrechte eines russischen Anwalts.

Durchaus, eine Reihe von Herrschern in der Geschichte der Menschheit war dermaßen arrogant. Aber war das auch mit einer Demokratie der Fall? Vielleicht in Athen, aber Sparta belehrte Athen eines Besseren.

Was denken die Kongressabgeordneten, was die Antwort des Restes der Welt auf Washingtons totale Scheinheiligkeit ist? Wie kann Washington ein Gesetz beschließen, das russische Regierungsvertreter dafür bestraft,

dass sie angeblich einmal etwas tun oder geschehen lassen, von dem uns die Tatsache bekannt ist, dass Washington das jeden Tag macht?
Das Scheinheiligkeitstheater, das Washington vor der Welt aufführt, ist dermaßen falsch und abgedroschen, dass Washington nicht nur verachtet, sondern zum Gespött wird. Die Völker hören auf, sich vor der „Supermacht“ zu fürchten, wenn sie über deren Torheit, Scheinheiligkeit und absolute Dummheit lachen.
Sicher haben die Russen keine Angst. Der russische Premierminister Dmitry Medvedev gab den Washingtoner Schwachköpfen folgende Antwort: „Es ist unakzeptabel, dass ein Land versucht, einem anderen seinen Willen aufzuzwingen.“ Die Magnitsky-Bestimmung wird eine „symmetrische und eine unsymmetrische Reaktion Russlands“ hervorrufen.
Washington führt sich auf wie der Betrunkene in einer Bar, der einen Streit mit einem Kraftprotz beginnt. Washington ist von sich selbst überzeugt, aber Russland und China werden sich nicht mit einem finanziell ruinierten und militärisch überlasteten Lackaffen einlassen. Das Böse in Washington treibt uns in den Atomkrieg und in die Zerstörung des Lebens auf der Erde.

15.01.2013: Angriff auf die Souveränität

Diejenigen, die sich mit der „Neuen Weltordnung“ beschäftigen, reden, als gerieten die Vereinigten Staaten von Amerika unter die Kontrolle einer verschwörerischen Macht von außen. Tatsächlich sind es die Vereinigten Staaten von Amerika, die die Neue Weltordnung ausmachen. Nur darum geht es bei der amerikanischen unipolaren Welt, über die sich China, Russland und der Iran beklagen.
Washington hat unter Beweis gestellt, dass es seine eigenen Gesetze und Verfassung nicht und noch viel weniger Internationales Recht und das Recht und die Souveränität anderer Länder respektiert. Alles, was zählt, ist der Wille Washingtons, während das Streben nach Hegemonie Washington immer weiter dazu bewegt, ein Weltdiktator zu werden. Die Beispiele sind so zahlreich, dass jemand sie in einem Buch zusammenstellen sollte. Während der Reagan-Administration mussten sich die lange bestehenden Gesetze über das Schweizer Bankgeheimnis Washingtons Willen beugen.

Die Clinton-Administration überfiel Serbien, tötete Zivilisten und schickte den serbischen Präsidenten vor Gericht, damit er als Kriegsverbrecher dafür verurteilt wurde, dass er sein Land verteidigte. Die Regierung der Vereinigten Staaten von Amerika beschäftigt sich mit großflächigem Ausspionieren von E-Mails und Telefongesprächen der Europäer, die mit Terrorismus gar nichts zu tun haben. Julian Assange ist auf die ecuadorianische Botschaft in London beschränkt, weil Washington der britischen Regierung nicht erlaubt, sein Recht auf politisches Asyl zu respektieren. Washington weigert sich, einer Habeas-Corpus-Verfügung eines britischen Gerichts zu entsprechen und Yunus Rahmatullah herauszugeben, dessen Anhaltung von einem britischen Berufungsgericht als gesetzwidrig erkannt worden ist. Washington verhängt Sanktionen gegen andere Länder und setzt diese durch, indem es souveräne Länder, die nicht seinem Willen entsprechen, aus dem internationalen Zahlungssystem ausschließt. Letzte Woche warnte das Obamaregime die britische Regierung, dass das Vereinigte Königreich gegen die Interessen der Vereinigten Staaten von Amerika verstoße, sollte es sich aus der Europäischen Union zurückziehen oder seine Verbindungen zur Europäischen Union in irgendeiner Weise reduzieren.

Anders gesagt, die Souveränität Großbritanniens ist nichts, worüber die britische Regierung oder das Volk zu bestimmen haben. Die Entscheidung wird in Übereinstimmung mit Washingtons Interessen von Washington getroffen.

Die Briten sind so daran gewöhnt, Kolonie Washingtons zu sein, dass sich der stellvertretende Premierminister Nick Clegg und eine Gruppe von Geschäftsführern des Vereinigten Königreichs schnell an die Seite Washingtons stellten.

Das bringt Großbritannien in eine Zwickmühle. Die britische Wirtschaft, einst eine produzierende Wirtschaftsmacht, ist auf die City of London reduziert worden, Britanniens Äquivalent zur Wall Street.

London ist wie New York ein Welt-Finanzzentrum, wie es in Europa kein weiteres gibt. Ohne seinen Finanzstatus wäre vom Vereinigten Königreich nicht viel übrig.

Wegen der finanziellen Bedeutung der City behielt das Vereinigte Königreich als eines der wenigen EU-Mitgliedsländer das britische Pfund als seine Währung und trat nicht dem Euro bei. Weil das Vereinigte Königreich über seine eigene Währung und Zentralbank verfügt, blieb es von der nationalen Schuldenkrise, die andere Mitgliedsländer der EU plagte, verschont. Die Bank von England war wie die Federal Reserve in den Vereinigten Staaten von Amerika in der Lage, ihren eigenen Banken aus der Patsche zu helfen, während andere EU-Staaten, die eine gemeinsame Währung hatten, kein Geld drucken konnten und weil es der Europäischen Zentralbank aufgrund ihrer Statuten (auf das Betreiben Deutschlands hin) verboten ist, Mitgliedsländer freizukaufen.

Das Dilemma für das Vereinigte Königreich besteht darin, dass die Lösung der Schuldenkrise der Länder, auf die die EU zustrebt, darin besteht, dass die Mitgliedsregierungen um ihre finanzielle Souveränität erleichtert werden. Den einzelnen Ländern werden Ausgaben, Steuern und damit Defizite oder Überschüsse in den Budgets der Mitgliedsländer von der zentralen Autorität der Europäischen Union vorgegeben. Das würde für europäische Länder das Ende der nationalen Souveränität bedeuten.

Mitglied der Europäischen Union zu bleiben und seine eigene Währung und Zentralbank behalten zu können würde für Großbritannien einen speziellen Status bedeuten. Das Vereinigte Königreich wäre das einzige Mitglied der Europäischen Union, das ein souveränes Land bliebe. Wie stehen die Chancen, dass dem Vereinigten Königreich ein derartiger Ausnahmestatus zugestanden wird? Ist das für Deutschland und Frankreich akzeptabel? Sollten die Briten sich in Europa einfügen, werden sie ihre Währung, ihre Zentralbank, ihr Recht und ihren wirtschaftlichen Status als Weltfinanzzentrum aufgeben und akzeptieren müssen, von der EU-Bürokratie regiert zu werden. Die Briten werden aufgeben müssen, jemand zu sein – und somit zum Niemand werden.

Das würde das Vereinigte Königreich aus seiner Rolle als Marionette Washingtons befreien, es sei denn, dass die Europäische Union selbst eine Marionette Washingtons ist.

Gemäß Berichten soll heuer Schottland, ein konstituierender Teil des Vereinigten Königreichs, darüber abstimmen, ob es aus dem Vereinigten Königreich austritt und ein unabhängiges Land wird. Wie lustig, während das Vereinigte Königreich über seinen Austritt debattiert, steht das Land selbst davor, in einen multinationalen Zustand überzugehen.

18.01.2013: Die Institutionalisierung der Tyrannei

Republikaner und konservative Amerikaner bekämpfen noch immer *Big Government* (= den „übermächtigen Staat“) in seiner Ausprägung als Wohlfahrtsstaat. Anscheinend haben sie aber noch nie etwas von *Big Government* in seiner militarisierten Ausprägung des Polizeistaates gehört. Oder, falls sie davon gehört haben, fühlen sie sich damit wohl und haben nichts dagegen.

Die Republikaner einschließlich derjenigen in Repräsentantenhaus und Senat haben kein Problem, wenn *Big Government* ohne Kriegserklärung oder Zustimmung des Kongresses Kriege beginnt und mit Drohnen Bürger von Ländern umbringt, mit denen Washington nicht im Krieg liegt. Republikanern ist es egal, wenn die Bundes„sicherheits“behörden Amerikaner ohne gerichtliche Genehmigung ausspionieren und jede E-Mail, jede besuchte Internetseite, jedes Facebook-Posting, jedes Handy-Telefonat und jeden Kauf per Kreditkarte aufzeichnen. Die Republikaner im Kongress stimmten sogar dafür, die riesige Anlage in Utah zu finanzieren, in der diese Informationen gespeichert werden. Aber der Himmel möge verhüten, dass *Big Government* etwas für eine arme Person tut.

Die Republikaner haben gegen die Sozialleistungen gekämpft, seit Präsident Franklin D. Roosevelt in den 1930ern seine Unterschrift unter das entsprechende Gesetz gesetzt hat, und sie haben Medicare bekämpft, seit Präsident Lyndon Johnson 1965 das diesbezügliche Gesetz im Rahmen der „Initiativen der Großen Gesellschaft“ mit seiner Unterschrift in Kraft setzte.

Konservative beschuldigen die Liberalen der „Institutionalisierung des Mitleids“. In der diesjährigen Februar-Ausgabe der Zeitschrift „Chronicles” verdammt John C. Seiler Johnsons „Große Gesellschaft“ als „eine stärkere Kraft bei der Umwandlung eines Landes, das sich noch immer eines Minimums von republikanischer Freiheit erfreute, in den zentralisierten, bürokratisierten, degenerierten und bankrotten Staat, unter dem wir heute leiden“.

Konservativen fällt nicht auf, dass in Europa Demokratie, Freiheit, Wohlfahrt, reiche Leute und nationale Gesundheitssysteme alle miteinander koexistieren, aber in Amerika die Freiheit so zerbrechlich sein soll, dass sie durch ein nur auf alte Menschen beschränktes Gesundheitsprogramm über den Haufen geworfen wird. Auch können konservative Republikaner nicht verstehen, dass es viel besser ist, Mitleid zu institutionalisieren als Tyrannei.

Die Institutionalisierung der Tyrannei ist die Errungenschaft der Bush/Obama-Regimes des 21. Jahrhunderts. Das, und nicht die „Große Gesellschaft", ist der entscheidende Bruch mit der amerikanischen Tradition. Die Bush-Republikaner zerstörten fast alle verfassungsrechtlichen Schutzeinrichtungen für die Freiheit, die unsere Gründerväter errichtet haben. Die Obama-Demokraten kodifizierten Bushs Abbau der Verfassung und hoben den Schutz der Bürger vor ihrer Tötung durch die Regierung ohne rechtsstaatliches Verfahren auf. Ein Jahrzehnt reichte zwei Präsidenten aus, aus den Amerikanern die am wenigsten freien Menschen aller entwickelten Länder zu machen – vielleicht sogar aller Länder der Welt. In welchem anderen Land hat der oberste Chef der Verwaltung das Recht, Bürger ohne rechtsstaatliches Verfahren zu töten?

Es dreht einem den Magen um, wenn man Konservativen dabei zuhört, wie sie die Zerstörung der Freiheit durch Mitleid beklagen, während sie Folter, unbeschränktes Einsperren gegen die Habeas-Corpus-Bestimmung, die Ermordung von Bürgern auf Verdacht hin und nur aufgrund von unbewiesenen Anschuldigungen, die völlige und umfassende Verletzung des Privatbereichs, die Misshandlung von Bürgern und denen, die ihr Recht ausüben, dagegen zu protestieren, durch die Polizei, falsche Beschuldigungen von Kritikern und die Einschränkung der Grenzen der Redefreiheit institutionalisieren.

Im heutigen Amerika hat allein die exekutive Gewalt der Regierung einen Bereich, in dem sie ungestört ist. Dieser betrifft die Institution, nicht Personen – siehe etwa das Schicksal des CIA-Direktors Petraeus. Während die exekutive Gewalt die Privatsphäre eines jeden anderen zerstört, besteht sie auf ihrem eigenen Privileg eines nichtöffentlichen Bereichs. Die nationale Sicherheit wird ins Spiel gebracht, um die exekutive Gewalt vor den Folgen ihres kriminellen Vorgehens zu schützen. Tatsächlich führen Bundes-Staatsanwälte Verfahren, in denen die Beweise gegen die Angeklagten geheim sind und deren Anwälten vorenthalten werden. Anwälte wie Lynne Stewart wurden eingesperrt, weil sie Anweisungen von Bundesanklägern nicht befolgten, gegen das Anwalt-Klienten-Geheimnis zu verstoßen.

Konservative akzeptieren den monströsen Polizeistaat, der aufgebaut worden ist, weil sie glauben, dass dieser ihnen Sicherheit vor dem „Moslem-Terrorismus“ bietet. Es fehlt ihnen der Durchblick um zu erkennen, dass sie jetzt selbst gegenüber dem Terrorismus der Regierung offen sind. Nehmen wir zum Beispiel den Fall Bradley Manning. Er ist angeklagt, vertrauliches Material weitergegeben zu haben, das Verbrechen der Regierung der Vereinigten Staaten von Amerika enthüllt – wobei jeder Soldat dazu verpflichtet ist, Kriegsverbrechen zu enthüllen! So gut wie jedes von Mannings verfassungsmäßigen Rechten ist von der Regierung der Vereinigten Staaten von Amerika verletzt worden. Er wurde gefoltert. In dem Bemühen, Manning zu zwingen, fabrizierte Anschuldigungen zuzugeben und Julian Assange von WikiLeaks hineinzuziehen, wurde Mannings Recht auf ein zügiges Verfahren durch eine fast drei Jahre dauernde Untersuchungshaft und wiederholte Verfahrensverzögerungen durch Bundesanwälte verletzt. Und jetzt hat die Richterin Colonel Denise Lind, die eher Mitglied der Anklage zu sein scheint als unvoreingenommene Richterin, bestimmt, dass Manning nicht die Berichte der Regierung als Beweis dafür verwenden darf, dass die durchgesickerte Information nicht die nationale Sicherheit beeinträchtigt hat. Lind hat auch das Rechtsprinzip des *mens rea* (subjektiver Tatbestand, der Motiv und Vorsatz des Täters einschließt; Anm. d. Red.) außer Kraft gesetzt, indem sie bestimmt hat, dass Mannings Motive für die Weitergabe der Information über Kriegsverbrechen der Vereinigten Staaten von Amerika in diesem Verfahren nicht als Beweis vorgebracht werden dürfen.

Mens rea besagt, dass ein Verbrechen eines verbrecherischen Vorsatzes bedarf. Indem sie dieses Rechtsprinzip außer Kraft gesetzt hat, hat Lind Manning daran gehindert aufzuzeigen, dass sein Motiv die Erfüllung seiner Pflicht gemäß dem Militärgesetz und damit die Enthüllung von Beweisen für Kriegsverbrechen war. Das gibt den Staatsanwälten die Möglichkeit, aus einer pflichtgemäßen Handlung das Verbrechen der

Feindbegünstigung durch die Weitergabe von geheimen Informationen zu machen.
Natürlich hat nichts von dem, was Manning angeblich enthüllt hat, dem Feind in irgendeiner Weise geholfen, nachdem dem Feind, der ja die Kriegsverbrechen am eigenen Leib erlitten hat, diese bereits bekannt waren.
Obamas Demokraten sind um nichts mehr als konservative Republikaner darüber beunruhigt, dass ein rechtschaffener amerikanischer Soldat verfolgt wird, weil er ein moralisches Gewissen hat. Im Verfahren gegen Bradley Manning hat die Definition der Regierung von Sieg absolut nichts damit zu tun, dass der Gerechtigkeit zum Sieg verholfen wird. Für Washington bedeutet Sieg Ausmerzung des moralischen Gewissens und Schutz einer korrupten Regierung vor der öffentlichen Aufdeckung ihrer Kriegsverbrechen.

31.01.2013: In Amerika gibt es kein Recht mehr - die Ausrottung der Wahrheit

Im 21. Jahrhundert haben die Amerikaner einen außergewöhnlichen Zusammenbruch des Rechtsstaats und ihrer in der Verfassung verankerten Schutzrechte erlebt. Heute können amerikanische Bürger, einst freie Menschen, die durch das Recht geschützt waren, umgebracht und unbefristet ins Gefängnis gesperrt werden, ohne dass vor einem Gericht ihre Schuld bewiesen werden muss, und sie können auf der Grundlage von geheimen Zeugenaussagen von anonymen Zeugen, die nicht im Kreuzverhör befragt werden können, zu Gefängnisstrafen verurteilt werden. Das Justizsystem der Vereinigten Staaten von Amerika wurde unter dem Bush/ Obama-Regime in das „Justizsystem“ des Deutschlands der Gestapo und des Russlands unter Stalin umgewandelt. Da gibt es keinen Unterschied.
In einem Artikel berichten Stephen Downs, ehemaliger Chefjurist der New York State Commission on Judicial Conduct (staatliche Kommission über das Verhalten der Justiz) und Kathy Manley, eine Strafverteidigerin und Mitglied der New York Civil Liberties Union, wie die Regierung der Vereinigten Staaten von Amerika eine Wohltätigkeitsorganisation

zerstörte, nämlich die Holy Land Foundation, die Geld für Nahrungsmittel für Arme und für den Bau von Schulen und Krankenhäusern in Palästina zur Verfügung stellte.

Die Wohltätigkeitsorganisation, die sich der Gefahren für diejenigen bewusst war, die in den Vereinigten Staaten von Amerika leben und etwas für Palästinenser tun, verließ sich auf die Anleitungen des Außenministeriums und des Justiz(!)ministeriums der Vereinigten Staaten von Amerika, wohin humanitäre Hilfe zu senden sei. Die Wohltätigkeitsorganisation schickte ihre Hilfssendungen an dieselben Hilfskomitees in Palästina, die die USAID (Agency for International Development) und die UNO benutzten, um Hilfe an die Palästinenser zu verteilen.

Im ersten Verfahren gegen die Holy Land Foundation gab die Regierung der Vereinigten Staaten von Amerika zu, dass keine der Hilfslieferungen der Wohltätigkeitsorganisation an terroristische Organisationen gegangen war, sodass die Staatsanwälte keine Verurteilung erreichen konnten. Daher strebten die Staatsanwälte ein neues Verfahren gegen die Wohltätigkeitsorganisation an.

In dem zweiten Verfahren gestattete der Richter den Staatsanwälten, einen „anonymen Experten" aufzurufen, welcher der Jury sagte, dass einige der Gremien, die von USAID und UNO benützt und vom Außenministerium der Vereinigten Staaten von Amerika genehmigt waren, von der Hamas kontrolliert waren, der gewählten Regierung Palästinas, die als „terroristisch" zu brandmarken Israel von der Regierung der Vereinigten Staaten von Amerika verlangt.

Wie Downs und Manley ausführen, kann ein „anonymer Experte" nicht infrage gestellt werden, weil er ja unbekannt ist. Es kann kein Kreuzverhör durchgeführt werden. Der „Experte" könnte jeder sein – jemand, der dafür bezahlt wird, dass er die Jury anlügt, jemand, der glaubt, dass jede Hilfe an die Palästinenser „Hilfe für Terroristen" ist, oder ein Mitglied des Mossad, des israelischen Geheimdienstes, der laut Geheimdienstexperten die Vereinigten Staaten von Amerika durch und durch infiltriert hat.

Ungerechtigkeiten passieren überall, geben die Autoren zu, warum soll das also wichtig sein? Die Antwort ist, dass die Bestimmung der Verfassung der Vereinigten Staaten von Amerika über das ordnungsgemäße Verfahren verlangt, dass die Strafgesetze ausreichend besagen, welches

Verhalten verboten ist. Laut Downs und Manley hielt sich die Holy Land Foundation an die vom Außenministerium der Vereinigten Staaten von Amerika herausgegebenen Liste der ausgewiesenen terroristischen Organisationen und vermied jeden Kontakt zu Organisationen auf der Liste, wurde aber dessen ungeachtet angeklagt und verurteilt. Das sagt uns, dass diese Staatsanwälte bösartig korrupt sind und dass Geschworene so unfähig und so mit Propaganda vollgestopft sind, dass sie für Angeklagte nutzlos sind.

Der Supreme Court (das Höchstgericht) der Vereinigten Staaten von Amerika weigerte sich, diesen himmelschreienden Fall eines Fehlurteils zu behandeln. Dadurch machte der Supreme Court der Vereinigten Staaten von Amerika klar, dass der Gerichtshof wie auch das Repräsentantenhaus der Vereinigten Staaten von Amerika, der Senat der Vereinigten Staaten von Amerika und der Bereich der Exekutive nicht nur ein Diener des Polizeistaates ist, sondern auch ein Diener Israels, und die Vernichtung der Palästinenser dadurch unterstützt, dass er Hilfe für Palästina zu einem Akt des Terrorismus macht.

Das bedeutet für jeden von uns, dass eine Beteiligung an legalen Transaktionen oder Vereinigungen im Nachhinein durch geheime Zeugen zur kriminellen Mittäterschaft erklärt werden kann. Verhalten in der Vergangenheit kann jetzt kriminalisiert werden, laut Downs und Manley durch „anonyme Experten", Sprachrohre der Ankläger der Regierung, die nicht „zur Rede gestellt oder ins Kreuzverhör genommen werden können, wie es die Sechste Zusatzbestimmung der Verfassung vorsieht".

Downs und Manley schreiben: „Die Auswirkungen sind enorm. Die Regierung kann jetzt politische, religiöse und soziale Ideologie und Rede kriminalisieren. Spenden an Friedensgruppen, die Teilnahme an Demonstrationen, der Besuch von Kirche, Moschee oder Synagoge, sich mit Freunden unterhalten und Material ins Internet stellen könnte zum Beispiel aufgrund von durch anonyme Experten fabrizierte ‚Verbindungen', die irgendwie angeblich ausgewiesene terroristische Organisationen unterstützen, von denen man noch nie etwas gehört hat, nachträglich als illegal bewertet werden."

Die Autoren hätten hinzufügen können, dass die Regierung, wenn sie dich kriegen will, nur zu erklären braucht, dass jemand oder eine Organi-

sation irgendwann in deiner Vergangenheit in einer vagen undefinierten Weise mit Terrorismus in Verbindung stand. Die Versicherung der Regierung genügt. Es bedarf keiner Beweise. Die gehirngewaschene Jury wird dich nicht schützen.
Stellt euch darauf ein, dass im nächsten oder in den nächsten zwei Jahren alle Kritik an unserer „Freiheit und Demokratie"-Regierung abgedreht werden wird. In Amerika steht die Wahrheit vor der Ausrottung.

11.02.2013: Obamas wachsende Kill-Liste

Ankläger dehnen den Geltungsbereich von Gesetzen immer weit über ihren beabsichtigten Geltungsbereich aus. Anwälte in Zivilverfahren machen dasselbe. Zum Beispiel wurde 1970 das Gesetz über das organisierte Verbrechen (RICO – Racketeer Influenced and Corrupt Organizations Act) beschlossen, um es leichter für die Regierung zu machen, Mitglieder der Mafia zu verurteilen. Ungeachtet seiner Absicht wurde das Gesetz von Staatsanwälten und Anwälten schnell ausgeweitet und gegen Abtreibungsgegner, katholische Bischöfe, Firmen, die beschuldigt waren, illegale Immigranten zu beschäftigen und in Scheidungsfällen angewendet. „Junk Bond King" Michael Milken, der keine Verbindungen zum organisierten Verbrechen hatte, wurde mit einer Anklage unter dem RICO bedroht. Staatsanwälte haben dargelegt, dass die nach diesem Gesetz mögliche Maßnahme, das Vermögen einzufrieren, eine bequeme Variante bietet zu verhindern, dass der Angeklagte Rechtsanwälte bezahlen kann. Dadurch wird es für den Ankläger leichter, unschuldige Beschuldigte zu einem Schuldeingeständnis zu nötigen.
Wir erleben zur Zeit die Ausweitung von Obamas Kill-Liste. Die Liste begann unter dem Bushregime als Begründung für die Ermordung von verdächtigen Bürgern von Ländern, mit denen die Vereinigten Staaten von Amerika nicht im Krieg standen. Das Obamaregime weitete den Anwendungsbereich der Liste um die Exekution von Bürgern der Vereinigten Staaten von Amerika aus, welche beschuldigt wurden, in Verbindung mit Terrorismus zu stehen; ohne rechtsstaatliches Verfahren, ohne Beweise, die einem Gericht vorgelegt wurden. Die Liste wurde schnell um

den amerikanischen Sohn eines Klerikers im Teenageralter erweitert, der beschuldigt wurde, den Heiligen Krieg gegen den Westen zu predigen. Die „Verbindung" des Sohnes zum Terrorismus bestand offensichtlich in seiner Verwandtschaftsbeziehung zum Vater.

Glenn Greenwald schrieb vor Kurzem, dass die Macht der Regierung, ihre Bürger ohne rechtsstaatliches Verfahren einzusperren und umzubringen, das sichere Erkennungszeichen einer Diktatur ist. Eine Diktatur ist eine Regierung, die nicht durch das Gesetz eingeschränkt ist. Am 10. Februar enthüllte das Wall Street Journal, dass die Obamadiktatur jetzt danach strebt, in die Kill-Liste auch diejenigen aufzunehmen, die gegen ausländische Regierungen handeln. Mokhtar Belmokhtar, ein „algerischer Militanter", der beschuldigt wird, die Attacke im Januar auf eine algerische Erdgasanlage geplant zu haben, wurde als abschreckendes Beispiel dafür auserwählt, dass Obamas Kill-Liste Beteiligte an den internen Konflikten und Bürgerkriegen jedes Landes enthalten soll.

Wenn das Obamaregime wie in Algerien auf der Seite der Regierung steht, wird es die Rebellen töten, die sich der Regierung widersetzen. Wenn das Obamaregime auf Seiten der Rebellen steht, wie in Libyen, wird es die Anführer der Regierung töten. Ob Washington eine Drohne schickt, um Putin und den chinesischen Präsidenten zu ermorden, wird man noch sehen. Man sollte sich aber nicht wundern, wenn Washington es auf den iranischen Präsidenten abgesehen hat.

Die Dehnbarkeit der Kill-Liste und deren einfache Ausweitung gibt Gewissheit, dass Washington an außergerichtlichen Hinrichtungen von Menschen beteiligt sein wird, die in vielen Teilen der Welt „mit dem Terrorismus in Verbindung stehen". Die Amerikaner selbst sollten beunruhigt sein, denn der Begriff „Verbindung mit dem Terrorismus" ist sehr dehnbar. Bundesanwälte haben den Begriff bereits so interpretiert, dass er Spenden an palästinensische Hilfsorganisationen einschließt.

Wenn die ehemalige Abgeordnete zum Repräsentantenhaus der Vereinigten Staaten von Amerika Cynthia McKinney das nächste Mal an Bord eines Hilfsschiffs für Palästina geht, wird dann Washington Israel grünes Licht geben, sie aufgrund ihrer Verbindung zur „Hilfe für Gaza", welche von der „terroristischen Organisation" Hamas beherrscht wird, als terroristische Agentin umzubringen?

Bereits vor ein oder zwei Jahren sagte die Direktorin der Heimatlandsicherheit, dass sich das Hauptaugenmerk der Bundesagentur von Terroristen auf „einheimische Extremisten“ verlagert hat, einen weiteren dehnbaren und undefinierten Begriff. Als einheimische Extremisten werden alle zählen, die anderer Meinung sind als Washington. Auch sie befinden sich auf dem Weg auf die Kill-Liste.
In welche Richtung bewegt sich die Regierung damit? Das wahrscheinlichste Ergebnis ist, dass jeder, den dienigen, die die Macht haben, jemanden auf die Kill-Liste zu setzen, nicht mögen oder dem sie misstrauen, sich auf der Liste finden wird. Die Regierung kann die Kill-Liste über den ursprünglich beabsichtigten Bereich hinaus so leicht ausdehnen, wie das RICO-Gesetz über die ursprüngliche Absicht hinaus ausgeweitet worden ist.
Wie die Gründerväter wussten und die Amerikaner vergessen haben, ist in einer Diktatur niemand sicher.
Klarerweise fehlt der amerikanischen Öffentlichkeit das ausreichende Verständnis, um ein freies Volk bleiben zu können. Alles weist darauf hin, dass die große Mehrheit der Amerikaner angebliche Terroristen in weit entfernten Ländern mehr fürchten, als sie die Aneignung diktatorischer Machtbefugnisse durch ihre Regierung fürchten – Machtbefugnisse, die es der Regierung erlauben, sich selbst über das Gesetz zu stellen und der Verantwortung vor dem Gesetz zu entgehen. Das alles ungeachtet der Tatsache, dass 99,99 % aller Amerikaner nie und nimmermehr etwas mit Terrorismus zu tun haben werden, außer mit dem ihrer eigenen Regierung.
Laut einer kürzlich erstellten Umfrage bei registrierten amerikanischen Wählern stimmen 75 % der Befragten Washingtons Ermordung von ausländischen Bürgern auf den Verdacht hin zu, dass sie Terroristen sein könnten, ungeachtet der Tatsache, dass die überwiegende Mehrheit der Gefangenen in Guantánamo sich als völlig unschuldig herausstellte, nachdem sie von der Regierung der Vereinigten Staaten von Amerika als „die gefährlichsten Männer der Erde” bezeichnet worden war. Nur 13 % der Wähler lehnen die außergerichtlichen Morde ab, die Washington an fremden Bürgern begeht, sei es aufgrund von falschen Informationen, Gerüchten oder tatsächlichen Handlungen.

Registrierte Wähler haben eine unterschiedliche Meinung über die außergerichtliche Ermordung von Bürgern der Vereinigten Staaten von Amerika, was der Rest der Welt als neuerlichen Beweis für die amerikanische Doppelmoral betrachten wird. 48 % glauben, dass es illegal ist, wenn Washington amerikanische Bürger ohne rechtsstaatliches Verfahren umbringt. Jedenfalls sind 24 % der Meinung des Obamaregimes, dass es zulässig ist, dass die Regierung ihre eigenen Bürger nur auf eine Beschuldigung hin und ohne Gerichtsverfahren und Verurteilung wegen eines schweren Verbrechens ermordet. The Onion schrieb: „24 % der Bürger waren unmissverständlich damit einverstanden, dass sie zu jedem Zeitpunkt, aus jedem Grund mit einem massiven Luftangriff ausgelöscht werden."

Sollen wir beruhigt oder beunruhigt darüber sein, dass 24 % der registrierten Wähler glauben, dass die terroristische Bedrohung so groß ist, dass Verdacht allein ohne Beweise, Gerichtsverhandlung und Verurteilung für Washington ausreicht, Bürger der Vereinigten Staaten von Amerika zu liquidieren? Sollten wir nicht darüber beunruhigt sein, dass ein Viertel der registrierten Wähler trotz überwältigender Beweise dafür, dass die Kriege Washingtons auf bewussten Lügen beruhen – „Waffen der Massenvernichtung", „Verbindungen zu al-Qaida" – noch immer bereit sind, die Behauptung der Regierung zu glauben, dass die Person, die sie gerade ermordet hat, ein Terrorist war? Warum sind so viele Amerikaner willens, einem erwiesenen Lügner zu glauben?

Wenn wir die Kosten für den „Krieg gegen den Terror" zusammenrechnen, dann wird offenkundig, dass die Kosten ein Vielfaches von der terroristischen Bedrohung ausmachen, die der Krieg angeblich ausschalten soll. Wenn Terroristen wirklich eine Bedrohung für die Amerikaner wären, dann würden ständig Einkaufszentren und Umspannwerke in die Luft fliegen. Flughafensicherheit wäre eine Augenauswischerei, weil Terroristen Bomben in den dichten Reihen von Menschen zünden würden, die auf die Sicherheitsüberprüfung warten. Der Verkehr würde ständig zum Erliegen kommen durch Dachnägel, die in den Stoßzeiten über die Hauptstraßen von Städten verstreut würden. Trinkwasser würde vergiftet werden. Polizeistationen würden bombardiert und Polizisten routinemäßig auf den Straßen umgebracht werden. Stattdessen ist gar nichts

passiert, obwohl Washington eine gewaltige Zahl von Moslems in den letzten elf Jahren in sieben oder acht Ländern getötet und vertrieben hat. Die Kosten des „Kriegs gegen den Terror" sind nicht nur die mehrere Billionen schweren Rechnungen, die Joseph Stiglitz und Linda Bilmes erfasst haben. Die Kosten von Washingtons Kriegen sind der Hauptgrund für die riesigen Staatsschulden, welche Politiker dazu benutzen, das Netz der sozialen Sicherheit zu zerstören. Das ist ein hoher Preis für einen sinnlosen Krieg, der zwar Israel in den Kram passt und die Rüstungskonzerne reich macht, aber den Amerikanern nichts bringt.
Die finanziellen Kosten sind gewaltig, aber wie bedeutend sind diese Kosten im Vergleich zu anderen Kosten – zu dem heimischen Polizeistaat, der von einem bedeutenden Teil der Bevölkerung und einer Mehrheit in Kongress und Medien unterstützt wird? Ist der Krieg gegen den Terror die Vernichtung der Verfassung der Vereinigten Staaten von Amerika wert? Ein Krieg, der uns die Verfassung kostet, bedeutet unsere totale Niederlage.
Die Kosten an Menschenleben waren enorm. Millionen von Moslems wurden getötet, verwundet, verwaist und vertrieben und ganze Länder wurden als sozialpolitische Gebilde zerstört. Washington zwang den Irak in einen Kampf zwischen religiösen Fraktionen auf Leben und Tod. Libyen hat keine Regierung, nur sich bekämpfende Fraktionen, und jetzt ist Syrien im Prozess der Auflösung begriffen. Die Lebenshoffnungen der Menschen in diesen Ländern wurden auf Jahre hinaus zunichte gemacht. Auch die Kosten an amerikanischen Leben waren hoch. Über 400.000 amerikanische Leben wurden von elf Jahren des sinnlosen Kriegs nachteilig beeinflusst. Die 6.656 getöteten Soldaten der Vereinigten Staaten von Amerika, die 50.000 Verwundeten, die 1.700 lebensverändernden Amputationen von Gliedmaßen und die Selbsttötungen bilden nur die Spitze des Eisbergs. Seit Beginn der Bush-Obama-Kriege wurde bei 129.731 Soldaten der Vereinigten Staaten von Amerika PTSD konstatiert. Und jetzt entnehmen wir einem neuen Untersuchungsbericht des Kongresses, dass über eine Viertelmillion Soldaten der Vereinigten Staaten von Amerika traumatische Gehirnschäden erlitten haben. Basierend auf den derzeit zur Verfügung stehenden diagnostischen Möglichkeiten werden drei Viertel der Fälle als mild eingestuft.

Diese verlorenen, ruinierten und beeinträchtigten Leben betreffen auch die Leben von vielen anderen – Lebenspartner, Kinder, Eltern, Geschwister und die von den sinnlosen Kriegen ihrer Regierung Entmutigten, die für die Geschädigten zu sorgen haben. Es gibt viele Amerikaner, die von Washingtons sinnlosen Kriegen kollateral geschädigt worden sind.

Werden die Amerikaner rechtzeitig aufwachen? Ich wünschte, ich könnte diese Frage bejahen, aber ich befürchte, dass die Amerikaner ein unbekümmertes Volk sind. Sie kommen nicht darauf. Die Amerikaner machen sich mehr Gedanken über Sportereignisse, Verkäufe und welche Berühmtheiten miteinander schlafen als über ihre Freiheit. Washington kann einen Polizeistaat aufbauen, weil es nicht genügend Bürger gibt, die die Intelligenz, Bildung und Bereitschaft mitbringen, Washington aufzuhalten.

Der Kongress hat den Polizeistaat akzeptiert und zu viel von seiner Macht dem Bereich der Exekutive abgetreten und ist zu sehr verbunden mit den speziellen Interessen, denen der Polizeistaat nützt, um etwas dagegen zu unternehmen. Dem Kongress macht es auch nichts aus, wenn CIA oder Pentagon, vielleicht beide gemeinsam, aufgrund der Annahme, dass sie irgendwann in der Zukunft eine terroristische Handlung begehen könnten, per Roboter unschuldige Menschen ermorden. Einige Senatoren der Vereinigten Staaten von Amerika suchen einen Deckmantel der Legalität für die Morde und schlagen ein geheimes Gericht vor, das Obamas Kill-Liste abstempelt. Der nominierte CIA-Direktor John Brennan war laut Berichten gegen ein Geheimgericht, weil nicht alle Drohnenmorde als Vergeltung durchgeführt werden, sondern einige Opfer für das ermordet werden, was irgendein Regierungsbeauftragter denkt, sie in Zukunft anstellen werden, und ohne Beweise hätte ein Gericht keine objektiven Anhaltspunkte, nach denen es sich richten könnte.

Die Bundesgerichtsbarkeit hat sich ebenfalls als nahezu impotent erwiesen. Bundesrichter fragten die Bundesanwälte nicht, warum sie unter Verletzung der Schutzgesetze für Informanten den hochrangigen Beamten Thomas Drake von der Nationalen Sicherheitsbehörde dafür verfolgten, dass er die illegale Bespitzelung von Bürgern der Vereinigten Staaten von Amerika bekannt machte, anstatt die Beamten anzuklagen, welche das Gesetz brachen und schwere Verbrechen begingen. Die Richter fragten nicht, warum der CIA-Agent John Kiriakou verfolgt wurde, weil er das

Folterprogramm ans Licht der Öffentlichkeit brachte und nicht diejenigen, die durch die Genehmigung und Durchführung von Folter Verbrechen begangen haben.
Die Unschuldigen und diejenigen, die die Wahrheit sagten, wurden verfolgt. Die Verbrecher und die Lügner wurden nicht verfolgt. Die Bundesrichter hielten sich an die Verfolgung derer, die das Gesetz befolgten und ihre Pflicht taten, und an die Nicht-Verfolgung von Verbrechern, die eindeutig ohne Zweifel gegen das Recht verstießen, auf der Verfassung der Vereinigten Staaten von Amerika herumtrampelten und schwere Verbrechen begingen.
In einem Polizeistaat sind es immer die Unschuldigen, die am schwersten bestraft werden. In seinem Roman „Der Archipel Gulag" erklärt Alexander Solschenizyn, dass in den Straflagern, dem sowjetischen Gegenstück zu Guantánamo und den geheimen Foltergefängnissen der CIA Mörder, Vergewaltiger und Räuber im Vergleich zu den politischen Gefangenen, welche fälschlicherweise glaubten, dass die sowjetische Verfassung eine Bedeutung hätte, eine privilegierte Stellung einnahmen. In Amerika wird es dasselbe sein.
Die Zerstörung von Wahrheit und Recht in den Vereinigten Staaten von Amerika ist das Erbe des 9/11. Konservative wie Linke glauben die absurde Geschichte der Regierung, dass ein paar Saudis ohne Unterstützung durch eine Regierung oder einen Geheimdienst alle Einrichtungen des Nationalen Sicherheitsstaates austricksten und einer Supermacht den demütigendsten Schlag in der Geschichte der Menschheit zufügten. Sie glauben diese Geschichte ungeachtet eindeutiger Beweise, dass das WTC-Gebäude 7 im freien Fall niederging, was nur im Fall einer kontrollierten Sprengung möglich ist.
Aber Beweise und Expertenaussagen zählen nicht mehr in den Vereinigten Staaten von Amerika, die jetzt ihre eigene Form des Lyssenkoismus haben.
Lyssenko war ein wissenschaftlicher Pfuscher in der Sowjetunion, ein Scharlatan, der erfolgreich sowjetische Genetiker verfolgte, weil sie „sich gegen den Marxismus stellten", weil sie keine marxistische Theorie für die Vererbungslehre hatten. Sowjetische Genetiker wurden verhaftet und hingerichtet, weil sie „gegen das Volk" arbeiteten. Sogar der welt-

berühmte sowjetische Genetiker Nikolai Vavilov wurde eingesperrt und starb im Gefängnis.
Die Amerikaner wissen um nichts mehr über Physik und strukturelle Architektur als die sowjetische Bevölkerung und Stalin über Genetik wussten. Heute wird der Begriff „Lyssenkoismus“ benutzt, um die Korruption der Wissenschaft zugunsten eines sozialen, politischen oder ideologischen Zwecks zu bezeichnen.
Lyssenko benutzte Lügen, um Macht anzuhäufen, gerade wie die Betreiber der Pyramidenspiele Lügen benutzen, um Reichtum anzuhäufen. Macht ist ein Aphrodisiakum, und jeder in Washington möchte sie haben.

14.02.2013: Während Linke und Rechte streiten, gewinnt die Macht

Meine Erfahrung mit der amerikanischen Linken und Rechten führt zur Schlussfolgerung, dass die Linke private Macht als Quelle der Unterdrückung und die Regierung als ausgleichende und korrigierende Macht betrachtet, während die Rechte die Regierung als Quelle der Unterdrückung und einen freien nicht regulierten privaten Sektor als ausgleichende und korrigierende Macht sieht. Beide bemühen sich, die unterdrückende Macht zu bändigen, aber sie nehmen gegensätzliche Standpunkte in der Frage ein, wo sich die unterdrückende Macht befindet bzw. wie sie zu beseitigen ist.
Die Rechte hat Recht damit, dass die Regierungsgewalt das Problem ist, und die Linke hat Recht damit, dass die private Macht das Problem ist. Ob nun die Macht in der Regierung oder im privaten Sektor liegt, sie können sie nicht verringern, in den Griff bekommen oder minimieren.
Wie unterscheidet sich das progressive Obama-Regime vom steuersenkenden, deregulierenden Bush/Cheney-Regime? Beide sind Komplizen bei der Maximierung der Macht des exekutiven Bereichs und bei der Minimierung der Freiheiten der Bürger und damit der Macht des Volkes. Hat der progressive Obama die Zerstörung von Habeas Corpus und rechtsstaatlichem Verfahren durch den rechtsgerichteten Bush rückgängig ge-

macht? Nein. Obama hat die Macht des Volkes weiter eingeschränkt. Bush konnte uns ohne Beweisverfahren lebenslänglich einsperren. Obama kann uns ohne Beweisverfahren umbringen. Sie tun das, um uns vor Terrorismus zu schützen, wie sie sagen – allerdings nicht vor ihrem Terrorismus. Amerikaner, die keine Erfahrung mit oder Kenntnis von Tyrannei haben, glauben, dass nur Terroristen mit der unkontrollierten Macht des Staates zu tun haben werden. Sie werden das glauben, bis es sie selbst erwischt oder ihre Kinder oder Freunde.

Die von der Rechten wie von der Linken vertretene Sichtweise der menschlichen Natur hängt davon ab, ob die menschliche Natur im privaten oder im Regierungssektor („öffentlicher Sektor") angesiedelt ist. Für die Rechten (und für Libertäre) ist die menschliche Natur im privaten Sektor gut und dient dem Gemeinwohl, während die menschliche Natur im Regierungssektor bösartig und repressiv ist. Für die Linken gilt das Gegenteil. Je nachdem, in welchem Sektor sich dieselben Menschen bewegen, staunt man über die Veränderungen, die sie in Charakter und Moral durchmachen. Ein guter Mann wird böse und ein böser wird gut, je nachdem, wo er seine Aktivitäten betreibt.

Einer meiner Professoren, der Nobelpreisträger James M. Buchanan, wies darauf hin, dass Menschen eigennützig sind, egal ob sie im privaten Sektor oder in der Regierung sitzen. Das Problem besteht darin, die Macht von Regierung und privatem Sektor auf das möglichst optimale Ausmaß zu beschränken.

Unsere Gründerväter kamen zu der Lösung, die Macht der Regierung zu minimieren und sich bei der Vorbeugung der Entstehung einer Oligarchie auf die konkurrierenden Fraktionen im Bereich der privaten Interessen zu verlassen. Falls die Konkurrenz der privaten Interessen versagte, würde die Oligarchie, die sich der Regierung bemächtigte, nicht über allzu viel öffentliche Macht verfügen, die sie ausüben könnte.

Das Konzept der Gründerväter ging mehr oder weniger auf und funktionierte mit Ausnahme von Phasen des Bürgerkriegs und der Wirtschaftskrisen, bis der Kalte Krieg die Macht der Regierung aufhäufte und die Deregulierung unter den Administrationen Clinton und Bush die Macht der privaten Interessen aufhäufte. Das alles ging Hand in Hand mit der Anhäufung von neuen, diktatorischen Befugnissen im exekutiven Bereich unter dem Deckmantel, uns vor Terroristen zu beschützen. Hinzu kam die Schaffung von mächtigen Kapitalfirmen im Zuge der Deregulierung, die „zu groß waren, um sie pleite gehen zu lassen“. Jetzt haben wir eine Regierung, deren gewählte Mitglieder einer privaten Oligarchie verpflichtet sind, bestehend aus dem Militär-/Sicherheitskomplex, Wall Street und dem Finanzsektor, der Israel-Lobby, dem Agrarbusiness, den Pharma-, Energie-, Bergbau- und Holzkonzernen, die die Macht haben, die Proteste der Menschen niederzuschlagen, wenn sie sich gegen die Ausbeutung durch Räuberbarone und Regierung wehren.

Ungeheure Beträge von Staatsschulden wurden den Belastungen der Steuerzahler hinzugefügt, um Kriege zu führen, die nur dem Militär-/Sicherheitskomplex und der Israel-Lobby etwas bringen. Weitere Riesenbeträge wurden hinzugefügt, um die Steuerzahler zu zwingen, die Kosten der rücksichtslosen Zockerei des Finanzsektors zu begleichen. Den Steuerzahlern werden die Zinsen auf ihre Ersparnisse vorenthalten, um die Bilanzen eines korrupten Finanzsektors zu schützen. Gerechtfertigte Demonstrationen werden von der Polizei brutal behandelt und von der Heimatlandsicherheit als „heimischer Extremismus“ bezeichnet, was sie in eine nahe Verbindung zu Terroristen rückt.

Heute sind die Amerikaner weder vor der Regierung noch vor privaten Machtinteressen sicher und leiden unter beidem.

Was kann getan werden? Von innen wahrscheinlich sehr wenig. Die Rechte gibt der Linken die Schuld und die Linke der Rechten. Beide Seiten sind durch einen ideologischen Kampf blockiert, während die Macht in den privaten und öffentlichen Sektoren anwächst. Aber nicht die gutwillige Macht, die die beiden Ideologien unterstützen. Stattdessen hat sich ein zweiköpfiges Machtmonster erhoben.

Wenn die Macht, die über das amerikanische Volk gesetzt worden ist, erschüttert werden soll, wird das von außerhalb kommen. Die weitergehende Monetarisierung der gewaltigen Schulden, die Washington durch die Notenbank anhäuft, kann den Wechselkurs des Dollars zerstören, die Zinssätze in die Höhe treiben, die Aktien-, Anleihen- und Immobilienmärkte einbrechen lassen und die Wirtschaft in eine tiefe Depression treiben. All dies zu einem Zeitpunkt in der Geschichte, an dem die Amerikaner ihre Ersparnisse erschöpft haben und hoch verschuldet sind, mit

Arbeitslosigkeit und Obdachlosigkeit auf hohem Niveau. Der Anstieg der Importpreise aufgrund eines Abfalls des Dollar-Wechselkurses würde das reine Überleben zu einem Problem für einen großen Teil der Bevölkerung machen.

Über Nacht könnten die Vereinigten Staaten von Amerika von der Supermacht zum armen Dritte-Welt-Land werden, das um ein Rettungsprogramm bettelt.

Wer würde das gewähren? Die Russen, die von Militärbasen der Vereinigten Staaten von Amerika umstellt sind, deren inneres politisches Klima von Flüssen amerikanischen Geldes an dissidente Gruppierungen gestört wird in dem Bemühen, den russischen Staat zu destabilisieren? Die Chinesen, deren Regierung routinemäßig von einem scheinheiligen Washington wegen Menschenrechtsverletzungen abgekanzelt wird, während Washington China mit neu konstruierten Militärbasen und neuen Entsendungen von Soldaten und Marineschiffen einkreist? Südamerika, ein lange leidendes Opfer der Unterdrückung durch Washington? Europa, das von Konflikten erschöpft ist und als Söldner in Washingtons Hegemonialkriegen benutzt wird?

Kein Land außer vielleicht die gekauften und bezahlten Marionetten in Britannien, Kanada, Australien und Japan würde Washington zu Hilfe kommen.

Im folgenden Zusammenbruch würde die Macht Washingtons und die Macht der privaten Räuberbarone verfliegen. Die Amerikaner würden leiden, aber sie wären die Macht los, die über sie errichtet worden ist und sie verändert hat von einem freien Volk zu ausgebeuteten Leibeigenen.

Das ist, vielleicht, eine optimistische Schlussfolgerung, aber die relativ wenigen Amerikaner, die einen Durchblick haben, brauchen ein wenig Hoffnung. Das ist das Beste, was ich tun kann. Die Mehrheit der Amerikaner bleibt in ihrem Unwissen gefangen, was eine trostlose Zukunft verheißt. Die Unbekümmertheit der amerikanischen Bevölkerung ist ihr Untergang.

12.03.2013: Hugo Chávez

Am 5. März 2013 starb Hugo Chávez, Präsident von Venezuela und Weltführer gegen den Imperialismus. Die Washingtoner Imperialisten und ihre Medien und Huren in den Denkfabriken gaben schadenfrohe Seufzer der Erleichterung von sich, wie auch die gehirngewaschene Bevölkerung der Vereinigten Staaten von Amerika. Ein „Feind Amerikas" war gegangen.
Chávez war kein Feind Amerikas. Er war ein Feind der Herrschaft Washingtons über andere Länder, ein Feind von Washingtons Allianz mit herschenden Cliquen, welche die Völker bestehlen, die sie niederzwingen und ihnen den Lebensunterhalt vorenthalten. Er war ein Feind der Ungerechtigkeit Washingtons, der Washingtoner Außenpolitik auf der Grundlage von Lügen und militärischer Aggression, von Bomben und Einmärschen. Washington ist nicht Amerika.
Chávez war ein Freund von Wahrheit und Gerechtigkeit, und das machte ihn in der gesamten Welt des Westens unbeliebt, wo jeder politische Führer Wahrheit und Gerechtigkeit als düstere Drohungen erachtet.
Chávez war ein weltweit geachteter Führer. Im Gegensatz zu den Politikern der Vereinigten Staaten von Amerika wurde Chávez in der gesamten nichtwestlichen Welt respektiert. Er wurde mit Ehrendoktoraten aus China, Russland, Brasilien und anderen Ländern geehrt, aber nicht aus Harvard, Yale, Cambridge und Oxford.
Chávez war ein Wunder. Er war ein Wunder, weil er sich nicht den Vereinigten Staaten von Amerika und der venezolanischen Oberklasse verkaufte. Hätte er sich verkauft, hätte er aus den Erdöleinnahmen so reich werden können wie die saudische Königsfamilie, und er wäre von den Vereinigten Staaten von Amerika so geehrt worden, wie Washington alle seine Marionetten ehrt: mit Einladungen ins Weiße Haus. Er hätte sein Leben lang Diktator sein können, solange er Washington diente.
Jede von Washingtons Marionetten, von Asien über Europa und den Mittleren Osten, wartet besorgt auf die Einladung, die Washingtons Anerkennung ihrer Dienste für die globale imperialistische Macht demonstriert, welche 68 Jahre nach dem Zweiten Weltkrieg noch immer Japan und Deutschland besetzt und Südkorea 60 Jahre nach Ende des Koreakrieges

und Soldaten und Militärbasen in vielen anderen „souveränen" Ländern stationiert hat.
Politisch wäre es für Chávez einfach gewesen, sich zu verkaufen. Alles, was er zu tun gehabt hätte, war, mit seiner populistischen Rhetorik weiterzumachen, seine Gefolgsleute in der Armee zu befördern, der Unterschicht mehr Vorteile zukommen zu lassen, als deren Angehörige jemals früher erfahren haben, und den Rest der Einkünfte aus dem Erdöl mit den korrupten Eliten Venezuelas zu teilen.
Aber Chávez war ein richtiger Mann wie Raffael Correa, der dreimal gewählte Präsident von Ecuador, der gegen die Vereinigten Staaten von Amerika aufstand und dem verfolgten Julian Assange Asyl gewährte, und Evo Morales, der erste indigene Präsident Boliviens seit der Kolonisierung durch die Spanier. Die Mehrheit der Venezolaner erkannte, dass Chávez ein richtiger Mann war. Sie wählte ihn für vier Amtsperioden zum Präsidenten und hätte ihn weiterhin gewählt, solange er lebte. Washington hasst nichts mehr als einen richtigen Menschen, der nicht gekauft werden kann.
Je mehr die korrupten Politiker des Westens und ihre Medienhuren Chávez dämonisierten, desto mehr liebten ihn die Menschen in Venezuela. Sie verstanden perfekt, dass einer, der von Washington verdammt wurde, ein Gottesgeschenk für die Welt war.
Es ist teuer, sich gegen Washington zu stellen. Alle, die verwegen genug sind, das zu tun, werden dämonisiert. Sie riskieren ihre Ermordung oder in einem von der CIA organisierten Putsch gestürzt zu werden, wie es Chávez 2002 passierte. Als die von der CIA angeleiteten venezolanischen Eliten ihren Staatsstreich auslösten und Chávez entführten, wurde der Putsch von den Menschen Venezuelas, die auf die Straßen gingen, und durch Teile des Militärs zunichte gemacht, ehe Chávez durch die von der CIA kontrollierten Eliten Venezuelas ermordet werden konnte, die mit ihrer käuflichen Haut nur davonkamen, weil Chávez im Gegensatz zu ihnen ein Menschenfreund war. Die Menschen Venezuelas erhoben sich in unmittelbarer und massiver Verteidigung von Chávez und straften die Behauptung von Bushs Weißem Haus Lügen, dass Chávez ein Diktator sei.
Ihre erbärmliche Korruptheit zur Schau stellend, ergriff die New York Times Partei für den undemokratischen Putsch einer Handvoll Angehö-

riger der Elite gegen den demokratisch gewählten Chávez und erklärte, dass Chávez' Entfernung durch eine kleine Gruppe Eliteangehöriger und CIA-Agenten bedeute, dass „die Demokratie in Venezuela nicht länger durch einen Möchtegerndiktator bedroht wird".

Die Lügen und Verteufelung gehen nach Chávez' Tod weiter. Es wird ihm niemals vergeben werden, dass er für die Gerechtigkeit aufgestanden ist. Correa und Morales wird es nicht anders gehen, und beide stehen zweifelsohne auf Ermordungslisten.CounterPunch, Fairness & Accuracy in Reporting und andere Kommentatoren haben Beispiele der giftstrotzenden Nachrufe gesammelt, die die westlichen Pressehuren für Chávez geschrieben haben, im Wesentlichen Freudenbekundungen, dass der Tod die tapferste Stimme auf der Erde zum Schweigen gebracht hat.

Vielleicht die absurdeste von allen war die Beurteilung von Associated Press-Wirtschaftsreporterin Pamela Sampson, nach der Chávez Venezuelas Reichtum an Erdöl für „Sozialprogramme, darunter staatlich betriebene Lebensmittelmärkte, Geldbeihilfen für arme Familien, freie medizinische Versorgung und Bildung verschwendete", eine miese Verwendung von Geld, das hätte eingesetzt werden können, um Wolkenkratzer wie „das höchste Gebäude der Welt in Dubai und Ableger der Louvre- und Guggenheim-Museen in Abu Dhabi" zu bauen.

Unter den zig Millionen Opfern Washingtons in der Welt – den Menschen in Afghanistan, Irak, Libyen, Sudan, Pakistan, Jemen, Somalia, Syrien, Palästina, Libanon, Mali, wobei Iran, Russland, China und Südamerika bereits auf der Warteliste stehen, für Sanktionen, Destabilisierung, Eroberung oder Wiedereroberung – wird Chávez' Rede vor der Generalversammlung der UNO am 20. September 2006 in der Zeit des Bush-Regimes für alle Zeiten als die größte Rede des frühen 21. Jahrhunderts dastehen.

Chávez wagt sich in die Höhle des Löwen oder eher des Satans: „Gestern stand der Teufel höchstpersönlich genau hier, auf diesem Podium, und redete, als gehörte ihm die Welt. Ihr könnt noch immer den Schwefelgestank riechen. (...) Wir sollten einen Psychiater rufen, um die Stellungnahme zu analysieren, die gestern der Präsident der Vereinigten Staaten abgegeben hat. Als Sprecher des Imperialismus kam er her, um seine Patentlösungen mitzuteilen, um zu versuchen, das derzeitige Herrschaftsmuster zu bewahren: Ausbeutung und Plünderung der Völker der Welt.

Ein Alfred-Hitchcock-Film könnte die als Drehbuch verwenden. Ich hätte da sogar einen Titel: ‚Des Teufels Rezept'."
Die UNO-Generalversammlung hatte noch nie solche Worte vernommen, nicht einmal in den Tagen, als es noch die militärisch mächtige Sowjetunion gab. Gesichter verzogen sich in zustimmendem Lächeln, aber niemand getraute sich zu klatschen. Zu viel Geld der Vereinigten Staaten von Amerika für das Herkunftsland stand auf dem Spiel.
Die Delegationen der Vereinigten Staaten von Amerika und des Vereinigten Königreichs flohen von der Szene wie Vampire, die mit Knoblauch und dem Kreuz konfrontiert sind oder wie Werwölfe vor Silberkugeln.
Chávez sprach über die falsche Demokratie von Eliten, die anderen mit Gewalt aufgezwungen wird, mit „Waffen und Bomben".
Chávez fragte: „Welche Art von Demokratie führt ihr mit Marinesoldaten und Bomben ein?"
„Wohin George W. Bush auch schaut", sagte Chávez, „sieht er Extremisten. Und du, mein Bruder – er sieht deine Farbe, und sagt, oh, da ist ein Extremist. Evo Morales, der würdige Präsident von Bolivien, sieht für ihn aus wie ein Extremist. Die Imperialisten sehen überall Extremisten. Es ist nicht so, dass wir die Extremisten sind. Es ist so, dass die Welt erwacht. Überall wacht sie auf und die Völker erheben sich."
In zwei kurzen Sätzen mit insgesamt 21 Wörtern umriss Chávez für alle Zeiten das Washington am Anfang des 21. Jahrhunderts: „Das Imperium fürchtet sich vor der Wahrheit, fürchtet sich vor unabhängigen Stimmen. Es nennt uns Extremisten, aber sie sind die Extremisten."
In ganz Südamerika und in der nicht-westlichen Welt wird Chávez' Tod Washington zugeschrieben. Die Südamerikaner erinnern sich noch an die Hearings im Kongress der Vereinigten Staaten von Amerika, als das Church-Komitee die verschiedenen Komplotte der CIA ans Licht brachte, Fidel Castro zu vergiften.
Das offizielle Dokument, das vom Generalstabschef der Vereinigten Staaten von Amerika Präsident John F. Kennedy präsentiert wurde, bekannt unter dem Namen Northwoods Project, ist der Welt bekannt und kann aus dem Internet abgerufen werden. Das Northwoods Projekt bestand aus einer Attacke unter falscher Flagge gegen amerikanische Bürger, um die Schuld dann Kuba zuzuschieben und die Akzeptanz der Öffentlichkeit

und der Welt für einen von den Vereinigten Staaten von Amerika betriebenen Regimewechsel auf Kuba zu schaffen. Präsident Kennedy lehnte den Vorschlag als nicht vereinbar mit Moral und verantwortungsvoller Regierung ab.

Der Glaube, dass Washington mit seinen widerwärtigen Technologien Chávez mit Krebs infiziert hat, um ihn als Hindernis für Washingtons Vorherrschaft über Südamerika zu beseitigen, hat sich in Südamerika bereits verfestigt.

Präsident Franklin Delano Roosevelt verstand, dass Sicherheit für die Reichen wirtschaftliche Sicherheit für die unteren Klassen erforderte. Roosevelt führte in den Vereinigten Staaten von Amerika eine schwache Form sozialer Demokratie ein, die, wie europäische Politiker bereits begriffen hatten, für den sozialen Zusammenhalt und politische und wirtschaftliche Stabilität erforderlich war.

Die Clinton-, Bush- und Obamaregimes gingen daran, die Stabilität zu unterminieren, die Roosevelt begründet hatte, so wie Thatcher, Major, Blair und der derzeitige Premierminister des Vereinigten Königreichs das soziale Übereinkommen zwischen den Klassen im Vereinigten Königreich unterminierten. Politiker in Kanada, Australien und Neuseeland begingen ebenfalls den Fehler, auf Kosten der sozialen und wirtschaftlichen Stabilität Macht an private Eliten zu übertragen.

Gerald Celente sagt voraus, dass die Eliten den Hass und die Wut nicht überleben werden, die sie über sich selbst bringen. Ich vermute, dass er recht hat. Die amerikanische Mittelklasse wird zerstört. Die Arbeiterklasse ist zum Proletariat geworden, und das System der sozialen Wohlfahrt wird zerstört, um das Budgetdefizit zu verringern, das durch den Verlust von Steueraufkommen für Jobs, Auslagerung von Arbeitsplätzen und die Kosten für Kriege, militärische Stützpunkte in Übersee und Bankenfreikäufe entstanden ist. Die Menschen in Amerika werden gezwungen zu leiden, damit die Eliten mit ihren Agenden weitermachen können.

Die Eliten der Vereinigten Staaten von Amerika wissen, was kommt. Deswegen schufen sie ein Innenministerium im Stil der Nazis, bekannt unter dem Namen Heimatlandsicherheit, das mit genügend Munition ausgestattet ist, um jeden Amerikaner fünfmal umzubringen, und mit Panzerwagen, um die Rechte der Amerikaner laut der Zweiten Zusatzbestimmung zu neu-tralisieren. Gegen Panzerfahrzeuge sind Pistolen und Gewehre wirkungslos, wie die Branch Davidians in Waco, Texas, herausfanden. Der Schutz einer kleinen Handvoll der Eliten vor den Amerikanern, die sie unterdrücken, ist auch der Grund dafür, dass die Polizei militarisiert, unter Washingtons Kontrolle gebracht und mit Drohnen bewaffnet wird, um die wirklichen Anführer des amerikanischen Volkes zu ermorden, die nicht in der Legislative, Exekutive oder in Gerichtshöfen sein werden, sondern auf den Straßen.

Internierungslager in den Vereinigten Staaten von Amerika scheinen in Wirklichkeit zu existieren und nicht nur in Verschwörungstheorien.

Die Bedrohung, die die Regierung der Vereinigten Staaten von Amerika für ihre eigenen Bürger darstellt, wurde am 7. März 2013 von zwei Senatoren der Vereinigten Staaten von Amerika erkannt, nämlich Ted Cruz (Republikaner, Texas) und Rand Paul (Republikaner, Kentucky), die einen Antrag einbrachten, um die Regierung der Vereinigten Staaten von Amerika daran zu hindern, ihre eigenen Bürger zu ermorden: „Die Bundesregierung darf keine Drohne benutzen, um einen Bürger der Vereinigten Staaten von Amerika zu töten, der sich in den Vereinigten Staaten von Amerika befindet“, außer die Person „bedroht ein anderes Individuum unmittelbar mit dem Tod oder mit einer schweren Körperverletzung. Nichts in diesem Paragrafen soll den Eindruck vermitteln, dass die Verfassung in anderen Fällen die Tötung eines Bürgers der Vereinigten Staaten von Amerika in den Vereinigten Staaten von Amerika ohne rechtsstaatliches Verfahren erlaubt.“

Das „unentbehrliche Volk” mit seinen Präsidenten Bush und Obama hat das 21. Jahrhundert mit Tod und Gewalt begonnen. Das ist sein einziges Vermächtnis.

Der Tod und die Gewalt, die Washington von der Leine gelassen hat, werden nach Washington und zu den korrupten politischen Eliten allerorts zurückkommen.

18.03.2013: Irak nach zehn Jahren

19. März 2013. Heute vor zehn Jahren marschierte das Bush-Regime in den Irak ein. Es ist bekannt, dass die Rechtfertigung für diese Invasion ein Paket von Lügen war, fabriziert vom neokonservativen Bush-Regime, um die Vereinten Nationen und das amerikanische Volk zu täuschen.
Der Außenminister der Vereinigten Staaten von Amerika, General Colin Powell, hat sein Bedauern darüber ausgedrückt, dass er vom Bush-Regime benutzt wurde, um die UNO mit gefälschtem Geheimdienstmaterial zu täuschen, von dem Bush und Blair wussten, dass es gefälscht war. Die jämmerlichen Medienhuren haben sich beim amerikanischen Volk jedenfalls nicht dafür entschuldigt, dass sie dem korrupten Bush-Regime als Propaganda- und Lügenministerium gedient haben.
Es ist schwer zu unterscheiden, wer am meisten zu verachten ist, das korrupte Bush-Regime, die Medienhuren, die es ermöglicht haben, oder das korrupte Obama-Regime, das sich weigert, das Bush-Regime wegen dessen eindeutiger Kriegsverbrechen, Verbrechen gegen die Verfassung der Vereinigten Staaten von Amerika, Verbrechen gegen kodifiziertes Recht der Vereinigten Staaten von Amerika und Verbrechen gegen die Menschlichkeit zu verfolgen.
In seinem Buch „Cultures of War" (Kriegskulturen) beobachtet der geachtete Historiker John W. Dower, dass die konkreten Kriegshandlungen, die die Japaner im 20. Jahrhundert und die imperiale Präsidentschaft Bushs im 21. Jahrhundert entfesselt haben, „zu vergleichender Analyse offener Kriegsverbrechen wie Folter und anderer Übertretungen einladen. Die schwarzen Taten des kaiserlichen Japans haben einen unauslöschlichen Schmutzfleck auf der Ehre und dem guten Namen des Landes hinterlassen, und man wird sehen, wie anhaltend der Schaden für die Reputation Amerikas sein wird. In dieser Beziehung können sich die Kriegsplaner der Bush-Administration glücklich schätzen, dass sie einer formalen und ernsthaften Untersuchung entgangen sind, die nur entfernt vergleichbar wäre mit dem, was die alliierten Mächte gegenüber Japan und Deutschland nach dem Zweiten Weltkrieg betrieben haben".

Dower zitiert Arthur Schlesinger Jr.: „Der Präsident [Bush] betreibt eine Politik der ‚vorauseilenden Selbstverteidigung', die der Politik beunruhigend ähnlich ist, die das kaiserliche Japan in Pearl Harbour zu einem Zeitpunkt betrieb, der, wie ein ehemaliger amerikanischer Präsident sagte, in Schande lebt. Franklin D. Roosevelt hatte recht, aber heute sind es wir Amerikaner, die in Schande leben."
Die Amerikaner bezahlten eine enorme Summe Geld für die Schande, in Ehrlosigkeit zu leben. Joseph Stiglitz und Linda Bilmes berechneten, dass der Krieg gegen den Irak die Steuerzahler der Vereinigten Staaten von Amerika 3.000 Milliarden Dollar kostete. Diese Schätzung könnte sich als optimistisch erweisen. Die jüngste Studie kommt zum Schluss, dass der Krieg die Steuerzahler der Vereinigten Staaten von Amerika letzten Endes doppelt so viel kosten könnte.
Um für die Profite zu bezahlen, die in die Taschen des Militär-/Sicherheitskomplexes und von dort in die politischen Spendenkassen geflossen sind, laufen die Amerikaner Gefahr, das Sozialversicherungssystem, Medicare und die soziale Kohäsion zu verlieren, die das System der sozialen Wohlfahrt gewährleistet.
Die menschlichen Kosten von Amerikas Infamie sind außerordentlich: 4,5 Millionen vertriebene Iraker, ca. 1 Million tote Zivilisten, die Witwen und Waisen hinterlassen, eine Klasse der höheren Berufsstände, die das Land verlassen hat, eine Infrastruktur in Trümmern und eine soziale Kohäsion, die durch den Konflikt zwischen Sunniten und Schiiten, der durch Washingtons Vernichtung der Regierung Saddam Husseins entzündet wurde, zerstört wurde.
Es ist ein kranker Scherz, dass die Regierung der Vereinigten Staaten von Amerika dem Irak Freiheit und Demokratie gebracht hat. Was die Washingtoner Kriegsverbrecher brachten, war Tod und die Zerstörung eines Landes.
Die Bevölkerung der Vereinigten Staaten von Amerika scheint von der unbegründeten Zerstörung des Irak und all dem, was diese mit einschließt, größtenteils sehr angetan zu sein: Kinder ohne Eltern, Frauen ohne Ehemänner, Geburtsdefekte durch Uran, unsicheres Wasser, ein Land ohne Hoffnung, verstrickt in gewalttätige Sektenkämpfe.

Washingtons Handlangerstaaten im Vereinigten Königreich, im restlichen Europa, im Mittleren Osten und Japan scheinen gleichermaßen über den Sieg erfreut zu sein – aber über was? Welche Drohung hat der Sieg ausgeschaltet? Es gab keine Bedrohung. Die Waffen der Massenvernichtung waren ein Propagandaschwindel. Wolkenpilze über amerikanischen Städten waren eine Fantasiepropaganda. Wie ignorant müssen Bevölkerungen sein, um einer dermaßen durchsichtigen Propaganda auf den Leim zu gehen? Gibt es keine Intelligenz in der westlichen Welt und ihren Handlangerstaaten?

Auf einer Konferenz vor Kurzem waren die Neokonservativen, die für die Tode und ruinierten Leben von Millionen Menschen und für die Billionen von Dollar, die ihre Kriege auf die Schulden der Vereinigten Staaten von Amerika häuften, verantwortlich sind, reuelos und voller Selbstrechtfertigung. Während Washington im Ausland nach Bösem Ausschau hält, das beseitigt werden muss, befindet sich der Hauptsitz des Bösen in Washington selbst.

Die amerikanischen Kriegsverbrecher kommen unbehelligt davon. Sie bekommen große Geldsummen für Reden darüber, wie die Amerikaner der Welt Freiheit und Demokratie bringen, indem sie einmarschieren, bombardieren und Menschen umbringen. Das Kriegsverbrechertribunal hat keine Haftbefehle ausgestellt. Das Außenministerium der Vereinigten Staaten von Amerika, das noch immer Nazis jagt, hat die amerikanischen Verbrecher nicht entführt und nach Den Haag geschickt, damit sie dort verurteilt werden.

Die Amerikaner, die unter dem Krieg gelitten haben und leiden, sind die 4.801 Soldaten, die ihr Leben verloren haben, die tausenden Soldaten, die Gliedmaßen verloren haben und unter anderen chronischen Defekten leiden, die zehntausenden, die unter posttraumatischem Stress leiden und unter den Gewissensbissen, unschuldige Menschen getötet zu haben, die Familien und Freunde von amerikanischen Soldaten und die zerbrochenen Ehen und durch den Kriegsstress begründeten Kinder mit nur einem Elternteil.

Andere Amerikaner haben an der Heimatfront gelitten. Diejenigen, deren moralisches Gewissen sie dazu trieb, gegen den Krieg zu protestieren, wurden von der Polizei geschlagen und misshandelt, schikaniert und ge-

gen sie wurde vom FBI ermittelt, und sie wurden auf Flugverbotslisten gesetzt. Gegen einige könnte wirklich Anklage erhoben werden. Die Vereinigten Staaten von Amerika haben den Punkt erreicht, wo jeder Bürger, der ein moralisches Gewissen hat, ein Staatsfeind ist. Die Verfolgung von Bradley Manning beweist diese Wahrheit.
Man könnte argumentieren, dass der Vergleich des Historikers zwischen dem Bush-Regime und japanischen Kriegsverbrechern nicht weit genug geht. Mit kommendem 7. Oktober wird Washington in Afghanistan 12 Jahre lang Menschen, hauptsächlich Frauen, Kinder und alte Menschen, getötet haben. Niemand weiß, warum Amerika eine derartige Zerstörung über das afghanische Volk gebracht hat. Zuerst die Sowjets, dann die Amerikaner. Was ist der Unterschied? Als Obama Präsident wurde, gab er zu, dass niemand wisse, welches Ziel die Vereinigten Staaten von Amerika in Afghanistan verfolgen. Wir wissen es immer noch nicht. Das logischste Ziel sind Profite für die Rüstungsindustrie der Vereinigten Staaten von Amerika, Macht für die Heimatlandsicherheits-Industrie und ein Polizeistaat für die unbekümmerte Bevölkerung der Vereinigten Staaten von Amerika.
Washington hat Libyen in Ruinen und einen inneren Konflikt gestürzt. Es gibt dort keine Regierung, aber es ist kein libertäres Nirwana.
Die unablässigen verbrecherischen Drohnenattacken gegen pakistanische Zivilisten radikalisieren Menschen in Pakistan und provozieren einen Bürgerkrieg gegen die pakistanische Regierung, die in der Tasche Washingtons steckt und die Ermordung ihrer Bürger durch Washington im Austausch gegen Washingtons Geldüberweisungen an die politischen Eliten zulässt, die ihr Land an Washington verkauft haben.
Washington hat Syrien destabilisiert und den Frieden zerstört, den die Familie Assad den islamischen Sekten auferlegt hat. Es sieht so aus, dass Syrien bevorsteht, wie Libyen und der Irak in Trümmer gelegt und permanenter Gewalt ausgeliefert zu werden. Washington ist zudem damit beschäftigt, Menschen in Jemen zu töten.
Wie das Video, das Bradley Manning an WikiLeaks weitergeleitet hat, zeigt, kümmern sich einige Soldaten der Vereinigten Staaten von Amerika nicht darum, wen sie töten – Journalisten und Zivilisten, die friedlich auf einer Straße gehen, einen Vater und seine Kinder, die stehen bleiben,

um den Verletzten zu helfen. Solange nur irgendwer getötet wird, spielt keine Rolle, wer. Töten ist siegen.
Die Vereinigten Staaten von Amerika sind in Somalia einmarschiert, haben ihre französischen HiWis militärisch in Mali im Einsatz und vielleicht schon den Sudan im Fadenkreuz für den Einsatz von Drohnen und Raketen. Iran und Libanon sind als nächste Opfer der Aggression Washingtons vorgesehen.
Washington schützt die israelische Aggression gegen die West Bank, Gaza und Libanon vor Kritik der UNO und vor Sanktionen. Washington hat Menschen verhaftet und eingesperrt, die Hilfe für die palästinensischen Kinder geschickt haben. Gaza, so erklärt Washington, das sich selbst als einzige Quelle der Wahrheit betrachtet, wird beherrscht von den Hamas, laut Washington eine terroristische Organisation. Damit wird jede Hilfe für Gaza zur Unterstützung des Terrorismus. Hilfe für hungernde und kranke palästinensische Kinder ist Unterstützung des Terrorismus. Das ist die Logik eines unmenschlichen Kriegsverbrecherstaates.
Was hat es mit dieser Aggression gegen Moslems auf sich? Die Sowjetunion brach zusammen und Washington brauchte einen neuen Feind, um dem Militär-/Sicherheitskomplex der Vereinigten Staaten von Amerika Macht und Profite zu erhalten. Die Neokonservativen, die das Bush-Regime völlig in der Hand hatten und wohl auch das Obama-Regime dominieren, erklärten die Moslems im Mittleren Osten zum Feind. Gegen diesen „Feind" entfesselten die Vereinigten Staaten von Amerika Angriffskriege, die gemäß dem von den Vereinigten Staaten von Amerika eingeführten Nürnberger Standard, der gegen die im Zweiten Weltkrieg besiegten Deutschen zur Anwendung kam, Kriegsverbrechen darstellen.
Durch seine unbegründete Ermordung von Moslems in sieben oder acht Ländern hat Washington eine Reaktion bei den Moslems hervorgerufen: bitteren Hass auf die Vereinigten Staaten von Amerika. Diese Reaktion wird von Washington als „Terrorismus" bezeichnet, und der Krieg gegen den Terrorismus dient als Quelle endloser Profite für den Militärkomplex und für einen Polizeistaat, der die Amerikaner vor Terrorismus „beschützt", aber nicht vor dem Terrorismus ihrer eigenen Regierung.
Der Großteil der amerikanischen Bevölkerung ist zu desinformiert, um das zu begreifen, und die wenigen, die verstehen und versuchen, ande-

re zu warnen, werden zum Schweigen gebracht werden. Das 21. Jahrhundert wird eines der schlimmsten Jahrhunderte in der Geschichte der Menschheit werden. Überall in der westlichen Welt stirbt die Freiheit.

Das Erbe des „Kriegs gegen den Terror" ist der Tod der Freiheit.

07.06.2013: Eine weitere verlogene Arbeitsmarktstatistik von einer ebensolchen Regierung

7. Juni 2013. Die heute veröffentlichte Arbeitsmarktstatistik für Mai bewegt sich weiterhin im Bereich der Fantasie. Jobs in der Güterproduktion gingen zurück, wobei die Industrie weitere 4.000 verlor, aber die „Neue Wirtschaft" produzierte 179.000 Dienstleistungsjobs. Sind das die hochkarätigen „innovativen Arbeitsplätze“, die die Wirtschaftswissenschaftler uns als Belohnung für die Globalisierung versprachen? Ich fürchte nicht.

Laut dem Büro für Arbeitsmarktstatistik (BLS) sind die neu geschaffenen Jobs die üblichen schlecht bezahlten nicht exportrelevanten Jobs in der heimischen Dienstleistung – die Jobs eines Landes der Dritten Welt: 27.700 der Arbeitsplätze entfallen auf den Einzelhandel. Auf den Großhandel entfallen 7.900 Jobs. Auf die ambulante medizinische Versorgung entfallen 15.300 Jobs. Auf Kellnerinnen und Barkeeper entfallen 38.100 Jobs. Auf die lokalen Verwaltungen entfallen 13.000 Jobs. 12.500 Jobs entfallen auf Unterhaltung, Glücksspiel und Erholung. Auf Übergangshilfen entfallen 26.500 Jobs. Auf geschäftliche Hilfsdienste entfallen 4.300 Jobs. Auf Gebäude- und Wohnungsservice entfallen 6.400 Jobs. Auf Buchhaltungsservices entfallen 3.100 Jobs. Auf Architektur- und technische Dienste entfallen 4.900 Jobs. Computerdesign und ähnliche Sparten brachten 6.000 Jobs (mit großer Wahrscheinlichkeit besetzt mit Menschen mit H-1B Arbeitsvisa). Auf Unternehmens- und technische Beratung entfallen 3.200 Jobs.

Seit einem Jahrzehnt ist das das Arbeitsplatzprofil der „mächtigsten Wirtschaft der Welt". Es ist das Profil Indiens in der Dritten Welt vor 40 Jahren. Die Arbeitsplätze, die die Vereinigten Staaten von Amerika zur dominanten Wirtschaft gemacht haben, sind von Konzernen ausgelagert worden, denen Wall Street mit Übernahmen drohte, wenn sie nicht ihre Profite steigerten.
Der leichteste Weg für Konzerne, Profite zu steigern, besteht darin, die Vorteile der billigen Arbeit in Ländern mit riesigen Heeren von Arbeitslosen zu nützen.
Wenn wir also dem BLS-Bericht glauben und die berichteten Arbeitsplätze nicht einfach das Ergebnis fehlerhafter jahreszeitlicher Anpassungen oder ein mit Geburtsfehlern behaftetes neues Modell sind, warum freut sich dann die Finanzpresse, dass die Wirtschaft der Vereinigten Staaten von Amerika nur Dritte-Welt-Jobs schaffen kann? Warum stiegen die Börsenkurse aufgrund der Nachrichten, dass die Wirtschaft der Vereinigten Staaten von Amerika 179.000 Dritte-Welt-Jobs geschaffen hat? Würden vernünftige Märkte aufgrund von dermaßen entmutigenden Nachrichten positiv reagieren? Und gibt es die Jobs überhaupt?
Wenn es keine Steigerung bei den Käufen gibt, warum gibt es dann 35.600 neue Jobs im Groß- und Einzelhandel? Wenn die durchschnittlichen Einkommen sinken, warum 38.100 Kellnerinnen und Bartkeeper mehr? Solange ich mich erinnern kann, führen die BLS-Berichte zahlreiche neue Jobs im Bereich Kellnerinnen und Barkeeper an, ungeachtet des langfristigen Sinkens der realen Median-Einkommen.
Wo sind im Mai-Arbeitsplatzbericht die Jobs für die gewaltige Anzahl der neuen Collegeabsolventen? Die Vereinigten Staaten von Amerika haben jetzt mehr Zimmermädchen, Barkeeper und Kellnerinnen als Arbeiter in der Produktion. Die Vereinigten Staaten von Amerika haben doppelt so viele Menschen in der Regierung angestellt als in der Produktion.
Die Dienstleistungen von Zimmermädchen, Barkeepern, Kellnerinnen und Regierungsbeamten können nicht exportiert werden. Deshalb bleibt das Handelsdefizit der Vereinigten Staaten von Amerika groß und ohne Exporte, die es reduzieren könnten – eine Krise in sich.
Was die BLS-Arbeitsplatzberichte uns seit vielen Jahren gesagt haben, ist, dass sich die Wirtschaft der Vereinigten Staaten von Amerika in der

Krise befindet, in einer Todesspirale. Dennoch hat noch keine Handvoll von Wirtschaftswissenschaftlern ihre Stimme erhoben. Heute sagte Präsident Obamas Wirtschaftswissenschaftler, dass sich der Anstieg in der Arbeitslosenquote dadurch ergibt, dass die wirtschaftlichen Aussichten so gut sind, dass mehr Menschen ermutigt wurden, sich im Arbeitsmarkt registrieren zu lassen, als neue Jobs verfügbar waren.

Die Schlussfolgerung ist unvermeidlich: Dieselbe Regierung, die über Waffen der Massenvernichtung lügt, über Saddam Husseins Beziehungen mit al-Qaida, iranische Atomwaffen usw., lügt auch über Jobs, Arbeitslosenquote, Inflationsrate; manipuliert jeden Finanz- und Warenmarkt und gibt vor, dass Terrorismus eine derartige Bedrohung ist, dass die Verfassung der Vereinigten Staaten von Amerika beiseitegeschoben werden muss und dass die Amerikaner ohne den Schutz von Habeas Corpus und Rechtsstaat sicherer sind.

Es ist erstaunlich, wie selten Terrorismus vorkommt, besonders da Washington schon über zehn Jahre lang versucht, Terrorismus hervorzurufen, indem es unter völlig falschen Vorwänden in Länder einmarschiert, Bürger von Ländern wie Pakistan und Jemen mit Drohnen ermordet und Israels nie endende Ermordung und Enteignung der Palästinenser unterstützt.

Man möchte meinen, dass nach derart massiven Provokationen durch Washington die Welt vor Terrorismus in Flammen stehen würde. Aber das ist nicht der Fall.

Nachdem es so wenig Terrorismus gibt, bezeichnen Washington und seine Medienhuren diejenigen, die sich Washingtons Einmarsch in ihre Länder widersetzen, als “Terroristen”. Jeder, der gegen Washingtons militärische Aggression Widerstand leistet, ist ein Terrorist. Fragen Sie nur die New York Times, Fox News oder irgendeinen Neokonservativen. Oder die Bilderberger, das Council on Foreign Relations (Rat für Äußere Beziehungen), die Trilateral Commission und die Heimatlandsicherheit, die Gestapo-Organisation, die jetzt alle amerikanischen Dissidenten als „heimische Extremisten“ definiert.

Washingtons Behauptung, dass die Amerikaner „Freiheit und Demokratie” besitzen, ist der irrsinnigste Scherz in der Geschichte der Menschheit. Im Amerika des 21. Jahrhunderts haben Beschuldigte nicht mehr Rechte als die Beschuldigten in Nazideutschland oder im stalinistischen Russland.

Das FBI schießt jetzt Verdächtigte, die zum Verhör gebracht werden, in den Hinterkopf, noch bevor der Verdächtigte überhaupt verhaftet ist.
Lange vor der Verhandlung gegen Bradley Manning haben die Medienhuren den Angeklagten auf der Grundlage von Lügen, die die Staatsanwaltschaft ausgestreut hat, verurteilt. Nach drei Jahren Gefangenschaft, darunter einem Jahr Folter, wird Manning nun als Gefahr für die nationale Sicherheit vor ein Scheingericht gestellt. Alles, was Bradley Manning getan hat, war, das Militärgesetz zu befolgen und Kriegsverbrechen zu melden. Da seine korrupten Vorgesetzten davon nichts wissen wollten, erfüllte er offenbar seine Pflicht, indem er an die Öffentlichkeit ging.
Jetzt wird an ihm ein Exempel statuiert. Die Botschaft ist klar: Unterstütze die Kriegsverbrechen Washingtons oder wir richten dich zugrunde.
Das Amerika von heute hat mehr gemein mit Nazideutschland als mit dem Amerika, in dem ich aufgewachsen bin. Die Jüngeren kennen diesen Unterschied nicht. Aber die in meinem Alter kommen darauf, dass wir unser Land verloren haben. Unser Amerika gibt es nicht mehr.

21.06.2013: Die Stasi im Weißen Haus

Am 19. Juni 2013 versuchte US-Präsident Obama, sich mit zwei Kult-Reden in Verbindung zu bringen, die einst am Brandenburger Tor gehalten wurden, um sich selbst über den derzeitigen NSA-Spionage-Skandal zu erheben.
Vor fünfzig Jahren gelobte Präsident John F. Kennedy: „Ich bin ein Berliner."
1987 forderte Präsident Ronald Reagan: „Mr. Gorbatschow, reißen Sie diese Mauer nieder."
Obamas Rede wurde vor einem relativ kleinen, speziell ausgewählten Publikum gehalten. Trotzdem sprach Obama hinter kugelsicherem Glas.
Obamas Rede wird als die scheinheiligste Rede aller Zeiten in die Geschichte eingehen. Kein Wunder, dass das Publikum nur mit einer Einladung zugelassen war. Ein echtes Publikum hätte Obama aus Berlin hinausgebuht.

Die vielleicht heuchlerischste von Obamas Aussagen war sein Vorschlag, dass die USA und Russland ihre Atomwaffen um ein Drittel reduzieren sollten. Die ganze Welt, und vor allem die Russen, durchschauten diesen Trick. Die USA kreisen Russland laufend mit Raketenabwehrsystemen ein und hoffen, diese Überlegenheit noch zu verstärken, indem sie Russland zur Abrüstung überreden, wodurch Washington Russland leichter ins Visier nehmen könnte. Obamas Vorschlag ist ganz klar darauf angelegt, Russlands nukleare Abwehr zu schwächen und damit seine Fähigkeit, der US-amerikanischen Hegemonie entgegenzutreten.
Obama sprach hochtrabende Sätze über Frieden, während er in Syrien und Iran die Kriegstrommel schlägt. Beobachten Sie Obamas aggressive Strategie, Russland mit Raketenbasen einzukreisen und neue Militärbasen im Pazifik zu errichten, mit denen China konfrontiert wird. Das ist derselbe Obama, der versprochen hat, das Foltergefängnis Guantánamo zu schließen, es aber nicht tat; derselbe Obama, der versprochen hat, uns den Grund für Washingtons über ein Jahrzehnt dauernden Afghanistan-Krieg zu nennen, es aber nicht tat; derselbe Obama, der versprochen hat, die Kriege zu beenden, doch stattdessen neue Kriege begann; derselbe Obama, der behauptet hat, für die amerikanische Verfassung einzustehen, doch der sie lieber schredderte; derselbe Obama, der es ablehnte, das Bushregime für seine Verbrechen gegen das Gesetz und die Menschheit verantwortlich zu machen; derselbe Obama, der Drohnen gegen die Zivilbevölkerung in Afghanistan, Pakistan und Jemen einsetzt; derselbe Obama, der das Recht beansprucht, ohne ein ordentliches Gerichtsverfahren US-Bürger zu ermorden, und der die Praktiken des Bushregimes fortsetzt, Habeas Corpus zu verletzen und US-Bürger auf unbestimmte Zeit zu inhaftieren; derselbe Obama, der Transparenz versprochen hat, aber die heimlichtuerischste Regierung der US-amerikanischen Geschichte anführt.

Die spektakulär heuchlerische Rede des Tyrannen entlockte dem geladenen Publikum 36-mal Applaus. Wie viele andere auch stellten die Deutschen ihre Bereitschaft unter Beweis, für Washingtons Propagandaangelegenheiten benutzt zu werden.
Da stand Obama, der durch die Bank weg lügt, und sprach von „ewigem Frieden".

Da stand Obama, der Wall Street ermächtigte, die amerikanische und europäische Bevölkerung auszurauben und der die amerikanischen Bürgerrechte und die Leben zahlreicher Iraker, Afghanen, Jemeniten, Libyer, Pakistaner, Syrer und anderer zerstört hat, und sprach von der „Sehnsucht nach Gerechtigkeit". Obama setzt Forderungen nach Gerechtigkeit mit „Terrorismus" gleich.
Da stand Obama, der ein Netzwerk der internationalen Spionage und einen inländischen Polizeistaat aufgebaut hat, und sprach von der „Sehnsucht nach Freiheit".
Da stand Obama, der Präsident eines Staates, welcher seit 2001 Kriege oder Militäraktionen gegen sechs Länder initiiert hat und der drei weitere muslimische Länder – Syrien, Libanon und Iran – und vielleicht ein paar mehr in Afrika im Fadenkreuz hat, und sprach von der „Sehnsucht nach Frieden, die im menschlichen Herzen brennt", doch offensichtlich nicht in Obamas Herz.
Obama hat Amerika zu einem Überwachungsstaat gemacht, der mehr mit der Stasi in der DDR zu tun hat als mit dem Amerika der Kennedy- und Reagan-Ären. Die Freiheit für das Amerika stand, ging Amerika verloren!
Am Brandenburger Tor rief Obama zu einer Verpflichtung der Nationen für eine „universale Erklärung der Menschenrechte" auf, doch Obama setzt die Verletzung von Menschenrechten im In- und Ausland fort.
Obama hat ein neues Niveau der Scheinheiligkeit erreicht. Er hat die US-amerikanischen Bürgerrechte zerstört, die von der Verfassung garantiert werden. Anstatt einer Regierung, die dem Gesetz verpflichtet ist, hat er das Gesetz zu einer Waffe in den Händen der Regierung gemacht. Er hat die freie Presse eingeschüchtert und verfolgt Informanten, die die Verbrechen seiner Regierung enthüllen. Er legt keinen Widerspruch ein, wenn amerikanische Polizisten friedlich protestierende Bürger brutal behandeln. Seine Regierung fängt jegliche Kommunikation eines jeden Amerikaners ab und speichert diese in Computern der National Security Agency (NSA), zudem auch private Kommunikationen von Europäern und Kanadiern einschließlich der Regierungsmitglieder, um diese besser erpressen zu können.
Obama sendet Drohnen oder Attentäter aus, um Menschen in Ländern zu töten, mit denen die USA nicht im Krieg ist, und in den meisten Fäl-

len sind seine Opfer Frauen, Kinder, Bauern und Dorfälteste. Obama hielt Bradley Manning für fast ein Jahr in Einzelhaft fest und entwürdigte ihn, um ihn zu brechen und ein falsches Geständnis zu erhalten. Unter Missachtung der US-amerikanischen Verfassung verweigerte Obama Manning über drei Jahre hinweg eine Gerichtsverhandlung. Auf Obamas Veranlassung hin verweigert London Julian Assange freien Zugang zu seinem politischen Asyl in Ecuador. Assange wurde ein moderner Kardinal Mindszenty. (Jozéf Mindszenty war das Oberhaupt der ungarischen katholischen Kirche, der in der US-Botschaft in Budapest Schutz vor sowjetischer Unterdrückung suchte. Weil die Sowjets ihm den Durchgang durch ihr Staatsgebiet verwehrten, lebte der Kardinal 15 Jahre lang als ein Symbol für sowjetische Unterdrückung in der US-Botschaft.)

Das ist der Obama, der bei dem manipulierten Ereignis am Brandenburger Tor fragte: „Werden wir frei oder in Ketten leben? Unter Regierungen, die unsere Rechte verteidigen, oder unter Regimes, die sie unterdrücken? In offenen Gesellschaften, die die Unverletzlichkeit des Individuums und den freien Willen achten, oder in geschlossenen Gesellschaften, die unsere Seele ersticken?"

Als die Berliner Mauer fiel, zog der Stasi-Spionage-Staat, der die Seele erstickt, nach Washington um. Die Stasi lebt und erfreut sich in Obamas Regierung bester Gesundheit.

25.06.2013: Ein Neuanfang ohne Washingtons scheinheilige Maske

Es ist schwer, das große Aufhebens zu verstehen, das Washington und seine Medienhuren um Edward Snowden machen. Wir wussten schon lange, dass die National Security Agency (NSA) ohne Befugnis seit Jahren die Kommunikationen von Amerikanern und Menschen auf der ganzen Welt ausspioniert. Fotografien vom massiven NSA-Gebäude in Utah, das zum Zweck der Speicherung der abgehörten Gespräche gebaut worden ist, wurden schon häufig veröffentlicht.

Es ist für einen normalen Menschen nicht zu begreifen, was Snowden aufgedeckt hat, das William Binney oder andere Informanten nicht schon vorher aufgedeckt hätten. Vielleicht ist der Unterschied, dass Snowden Beweismaterial lieferte, wodurch er Washington die Chance nahm, die Fakten mit den üblichen Lügen zu dementieren.

Was immer der Grund für Washingtons dummes Geschwätz ist, es tut der US-Regierung mit Sicherheit nicht gut. Weit interessanter als Snowdens Enthüllungen ist die Entscheidung der Regierungen von anderen Ländern, einen Mann, der die Wahrheit sagt, vor der Stasi in Washington zu beschützen.

Hongkong hielt Snowdens Aufenthaltsort geheim, sodass er nicht von einer amerikanischen Geheimoperation oder einer Drohne ermordet werden konnte. Hongkong teilte Washington mit, dass seine Auslieferungsforderungen für Snowden nicht rechtmäßig waren, und genehmigten Snowden, nach Moskau zu reisen.

Die chinesische Regierung beeinträchtigte Snowdens Abreise nicht. Die russische Regierung hat keine Einwände dagegen, dass Snowden in Moskau einen Anschlussflug nimmt. Der ecuadorianische Außenminister Ricardo Patino reagierte auf Washingtons Drohungen mit der Ansage, dass die ecuadorianische Regierung die Menschenrechte über Washingtons Interessen stellt. Außenminister Patino sagte, dass Snowden der Menschheit diente, indem er offenlegte, dass die Washington-Stasi die Rechte von „jedem Bürger der Welt“ verletzt. Snowden verriet lediglich „ein paar Eliten, die in einem bestimmten Staat an der Macht sind“, während Washington die gesamte Welt verrät.

Weil Hongkong, China, Russland, Ecuador und Kuba sich weigern, den Stasi-Befehlen zu gehorchen, gerät Washington tüchtig ins Rudern und macht sich selbst und seine Presstituierten absolut zum Narren. Außenminister John Kerry hat mit geballter Faust Warnungen ausgeteilt. Er bedrohte Russland, China, Ecuador und jedes andere Land, das Snowdens Flucht vor Washington begünstigt. Jene, die Washingtons Geboten nicht nachkommen, so erklärte Kerry, werden fortan mit einem schlechten Verhältnis zur USA klarkommen müssen.

Wie dumm von Kerry, so etwas zu sagen. Hier haben wir einen Mann, der einst für Frieden stand, aber der durch NSA-Spionage seiner privaten Angelegenheiten zu einem Instrument für die NSA gemacht wurde. Versuchen Sie, die außergewöhnliche Arroganz und Überheblichkeit zu begreifen, die in Kerrys Drohung liegt, dass China, Russland und andere Länder ein schlechtes Verhältnis zur USA erleiden werden. Kerry sagt, dass Amerika sich nicht darum kümmern muss, ob „das unentbehrliche Volk" schlechte Beziehungen zu anderen Ländern hat, aber diese Länder müssen besorgt sein, wenn sie in schlechter Beziehung zum „unentbehrlichen Land" stehen. Welch arrogante Haltung, die die US-Regierung der Welt präsentiert.

Wir sehen einen US-Außenminister, der gemeinsam mit dem Rest von Washington einem Wahn erlegen ist. Ein Land, das pleite ist; ein Land, das seinen Unternehmen erlaubt hat, durch die Auslagerung der besten Arbeitsplätze die Wirtschaft zu zerstören; ein Land, dessen Zukunft in den Händen der Druckerpressen liegt; ein Land, das nach elf Jahren Gefecht unfähig ist, ein paar tausend leicht bewaffnete Taliban zu besiegen; dieses Land droht nun Russland und China. Gott rette uns vor den heillosen Dummköpfen, aus denen unsere Regierung besteht.

Die Welt genießt die Demütigung, die Washington durch Hongkong erfährt. Ein läppischer Stadtstaat zeigte Washington den Mittelfinger. In seinem offiziellen Statement verlagerte Hongkong den Fokus weg von Snowden hin zu seiner Botschaft und bat die US-Regierung, sich bezüglich des illegalen Abhörens von Hongkongs Informationssystemen zu erklären.

Die chinesische Nationalzeitung, The People‘s Daily, schrieb: „Die Vereinigten Staaten wandelten sich von einem Leitbild der Menschenrechte zu einem Ignoranten von Persönlichkeitsrechten, zum Drahtzieher der zentralisierten Macht über das internationale Internet und zu einem verrückten Eindringling in die Netzwerke anderer Länder … Die Welt wird sich an Edward Snowden erinnern. Es war seine Furchtlosigkeit, die Washington die scheinheilige Maske abgerissen hat."

Chinas Global Times, ein Ableger von The People's Daily, bezichtigte Washington der Attacke auf „einen jungen Idealisten, der die sinistren Skandale der US-Regierung bloßgestellt hat". Anstatt um Verzeihung zu bitten, „lässt Washington im Versuch, die Situation unter Kontrolle zu halten, die Muskeln spielen".

Die offizielle chinesische Nachrichtenagentur Xinhua berichtete, dass Snowdens Enthüllungen „Washington in eine wirklich missliche Lage gebracht haben. Sie beweisen, dass die Vereinigten Staaten, die lange versucht haben, sich als unschuldiges Opfer von Online-Angriffen darzustellen, sich als die größten Verbrecher unserer Zeit herausgestellt haben".

Der russische Außenminister Sergei Lavrov machte deutlich, dass Russland mit Snowden sympathisiert und nicht mit dem amerikanischen Stasi-Staat. Der Menschenrechtsbeauftragte Vladimir Lukin sagte, dass es unrealistisch wäre zu erwarten, dass die russische Regierung das Gesetz verletzt, um einen Durchgangsreisenden festzunehmen, der noch gar nicht in Russland angekommen ist und sich also nicht auf russischem Boden befindet. Gayane Chichakyan von RT berichtete, dass Washington alles tut, um die Aufmerksamkeit von Snowdens Enthüllungen abzulenken, die „zeigen, dass die USA gelogen und genau dasselbe getan hat, dessen sie China bezichtigen".

Ecuador sagt, der Verräter sei Washington, nicht Snowden.

Das Gekreische des NSA-Direktors – „Edward Snowden hat die Vereinigten Staaten irreversibel beschädigt" – mischt sich mit dem diensteifrigen Gequietsche von Mitgliedern des Weißen Hauses und des Senates, die selbst Opfer der NSA-Spionage sind wie zum Beispiel der Chef der CIA, der aufgrund einer Liebesaffäre zum Rücktritt gezwungen worden war. Die NSA ist in der Lage, einen jeden im Senat, im Weißen Haus, in allen Unternehmen, Universitäten, den Medien, in jeder Organisation im In- und Ausland zu erpressen, der etwas zu verbergen hat. Sie können anhand der Lautstärke ihrer Schreie ablesen, wer bereits erpresst wurde, beispielsweise Dianne Feinstein (Demokratin, Kalifornien) und Mike Rogers (Republikaner, Michigan). Mit etwas Glück wird ein Patriot durchsickern lassen, was die NSA gegen Feinstein und Rogers in der Hand hat, dann braucht keiner von ihnen länger vor der NSA im Staub zu kriechen.

Die Schurken-Regierung in Washington, die alles zu verbergen hat, liegt jetzt in den Händen der NSA und wird deren Befehle annehmen. Die Täuschung, dass Amerika eine Demokratie sei, die sich der Bevölkerung gegenüber verantwortlich fühlt, wurde entlarvt. Die Vereinigten

Staaten werden von der und für die NSA betrieben. Der Kongress und das Weiße Haus sind Marionetten der NSA.
Wir sollten aufhören, die NSA eine „Nationale Sicherheitsbehörde" zu nennen. In Wahrheit ist die NSA eine Bedrohung für die Sicherheit eines jeden Menschen der Welt. Wir sollten die NSA als das bezeichnen, was sie wirklich ist – die „Nationale Stasi-Behörde". Sie können Gift darauf nehmen, dass alle Presstituierten, jede Regierungshure, jeder ignorante Fahnenschwenker, der Snowden als einen Verräter bezeichnet, entweder hirngewaschen ist oder erpresst wird. Sie sind die Beschützer der NSA-Tyrannei. Sie sind unsere Feinde.
Die Welt hat Washington seit langer Zeit zunehmend satt. Die Schikane, der konstante Strom von Lügen, die grundlosen Kriege und Zerstörungen haben das Bild vernichtet, in dem Washington die Vereinigten Staaten als das „Licht der Welt" preist. Die Welt erkennt die Vereinigten Staaten von Amerika als eine Plage für die Welt.
An Snowdens Enthüllungen anknüpfend, brachte Deutschlands Magazin Der Spiegel folgende Schlagzeile: „Obamas weicher Totalitarismus: Europa muss sich vor Amerika schützen". Der erste Satz des Artikels fragt: „Ist Barack Obama ein Freund? Enthüllungen über das riesige Spionageprogramm seiner Regierung stellen dies infrage. Die Europäische Union muss seinen Kontinent vor Amerikas Verlangen nach Allmacht schützen." Der Spiegel fährt fort: „Wir werden beobachtet. Jederzeit und überall. Und es sind die Amerikaner, die die Überwachung betreiben. Am Dienstag kommt der Anführer des größten und allumfassendsten Überwachungssystems, das je erfunden wurde, zu Besuch. Wenn Barack Obama unser Freund ist, dann brauchen wir uns wegen unserer Feinde keine großen Sorgen zu machen."
Es ist kaum zu bezweifeln, dass der deutsche Innenminister Hans Peter Friedrich seine Geheimnisse an die NSA-Spione verloren hat. Friedrich beeilte sich, die NSA zu verteidigen, indem er erklärte, dass man „auf diese Weise seine Freunde behandelt". Wie der Spiegel klarstellte, bezog sich der Minister nicht „auf die Tatsache, dass unsere transatlantischen Freunde uns ausspionieren. Vielmehr meinte er die Kritik an dieser Spionage. Friedrichs Reaktion ist nur an der Oberfläche paradox und kann mit einem Blick auf geopolitische Gegebenheiten erklärt werden. Die USA

sind derzeit die einzige globale Macht – und als diese sind sie der einzige wirklich souveräne Staat, der existiert. Alle anderen sind abhängig – entweder als Feinde oder als Alliierte. Und weil die meisten lieber Alliierte sind, ziehen Politiker, einschließlich der Deutschen, es vor, zu lächeln und es zu ertragen".

Es ist außergewöhnlich, dass eine der wichtigsten deutschen Zeitungen bestätigt, dass die deutsche Regierung eine Marionette Washingtons ist. Der Spiegel schreibt: „Deutsche Bürger sollten von ihrer Regierung erwarten können, dass sie sie vor Spionage durch ausländische Regierungen beschützt. Aber der deutsche Innenminister sagt stattdessen: 'Wir sind dankbar für die hervorragende Zusammenarbeit mit den Geheimdiensten der USA.' Friedrich hat nicht einmal versucht, seine eigene Inkompetenz bezüglich der Überwachung zu verbergen. 'Alles, was wir darüber wissen, wissen wir aus den Medien', sagte er. Der Chef der inländischen Geheimdienstagentur des Landes, Hans-Georg Maassen, war ebenfalls nicht heller. 'Ich wusste nichts darüber', sagte er. Und Justizministerin Sabine Leutheusser-Schnarrenberger tappte offenbar auch im Dunkeln. 'Diese Berichte sind extrem beunruhigend', sagte sie. Bei allem gebührenden Respekt: Das sind die Menschen, die unsere Rechte schützen sollen? Wenn es nicht so beängstigend wäre, wäre es absurd."

Für all jene debilen Amerikaner, die sagen: „Ich mache nichts falsch, es ist mir egal, ob sie mich ausspionieren", schreibt Der Spiegel, dass eine „beobachtete Person keine freie Person ist". Wir haben den Punkt erreicht, an dem wir „freie Amerikaner" von unseren deutschen Marionetten lernen müssen, dass wir nicht frei sind.

Heutzutage ist Deutschland ein neues Land, ausgeblutet durch seine Vergangenheit von Krieg und Niederlage. Auch Russland ist ein neues Land, das aus der Asche einer unrealistischen Ideologie auferstanden ist. Die Hoffnung befindet sich immer bei den Ländern, die die schlimmsten Regierungen erlebt haben. Wenn Deutschland in der Lage wäre, seinen amerikanischen Lehnsherren abzuschütteln und die NATO zu verlassen, dann würde die amerikanische Macht in Europa kollabieren. Wenn Deutschland und Russland sich zusammenschließen würden, um die Wahrheit und die Menschenrechte zu verteidigen, dann hätten Europa und die Welt die Chance auf einen Neuanfang.

Ein Neuanfang wird dringend gebraucht. Es würde Hoffnung geben, wenn Amerika sich der Hirnwäsche entziehen könnte und der Führung von Debra Sweet und anderen folgen würde, sodass die Amerikaner für Edward Snowden und gegen den Stasi-Staat einstehen könnten.

05.07.2013: Der Dollar übertrumpft alle

In mehreren Artikeln und in meinem letzten Buch, „The Failure of Laissez Faire Capitalism" („Wirtschaft am Abgrund"), habe ich ausgeführt, dass die europäische Staatsschuldenkrise benutzt wird, um die Souveränität derjenigen Länder einzuschränken, welche Mitglieder der EU sind. Daran besteht kein Zweifel; die Souveränität der EU-Mitgliedsstaaten besteht nur dem Namen nach. Die einzelnen Länder behalten zwar einen Teil ihrer Souveränität gegenüber der EU-Regierung, nicht aber gegenüber Washington, wie sich mit der vor Kurzem auf Washingtons Befehl hin von Frankreich, Italien, Spanien, Portugal und Österreich ausgeführten illegalen und feindseligen Aktion gegen das Flugzeug, mit dem der bolivianische Präsident Evo Morales unterwegs war, gezeigt hat.

Auf dem Rückweg von Moskau nach Bolivien wurden Morales' Flugzeug die Überflugs- und Auftankgenehmigung von Washingtons französischen, italienischen, spanischen und portugiesischen Marionetten verwehrt, sodass es in Österreich landen musste, wo das Flugzeug des Präsidenten nach Edward Snowden durchsucht wurde. Es war ein von Washington inszeniertes Muskelspiel, um Snowden aus der bolivianischen Präsidentenmaschine zu entführen – gegen Internationales Recht und um aufkommenden Reformern wie Morales beizubringen, dass Unabhängigkeit von Washingtons Befehlen nicht gestattet ist.

Die europäischen Marionettenstaaten unterstützten diesen außergewöhnlichen Bruch von diplomatischen Regeln und Internationalem Recht, ungeachtet der Tatsache, dass jedes einzelne der Länder darüber aufgebracht ist, dass Washington ihre Regierungen, Diplomaten und Bürger bespitzelt. Ihre Dankbarkeit gegenüber Snowden, dessen Enthüllungen ihnen die Augen darüber geöffnet hatten, dass Washington ihre gesamte Kommunikation aufzeichnete, bestand darin, niederzuknien und Washington bei der Snowden-Jagd zu helfen. Das sagt uns, wie viel Moral, Ehre und Integrität in der westlichen Zivilisation noch übrig ist.

Snowden informierte die Länder der Welt, dass ihre Kommunikation völlig offen vor Washingtons Augen und Ohren liegt. Washingtons Überheblichkeit und Arroganz sind schockierend. Dennoch wollte kein Land sich gegen Washington erheben und Snowden Asyl gewähren. Ecuadors Correa wurde von Washington eingeschüchtert und niedergewatscht und zog sein Angebot an Snowden zurück. Für China und Russland, Washingtons Lieblingsziele für Menschenrechtsdämonisierung, wäre die Gewährung von Asyl für Snowden ein Propagandatriumph gewesen, aber keines der beiden Länder wollte die Konfrontation, die Washingtons Racheaktionen verursacht hätten.

Kurz gesagt, die Regierungen der Länder der Erde wollen Washingtons Geld und gute Stimmung lieber als sie Wahrheit und Integrität wollen.

Washingtons schmutzige Interventionen gegen Snowden und Morales geben der Welt eine weitere Chance, Washington zur Verantwortung zu ziehen, ehe Washingtons Überheblichkeit und Arroganz die Welt vor die Wahl zwischen Akzeptanz der Hegemonie Washingtons und Drittem Weltkrieg zwingen. Die Länder, untereinander zersplittert und nach Geld und Gunst hechelnd, gestatten stattdessen Washington zu etablieren, dass alles, was es unternimmt, gerechtfertigt ist. Washingtons Gesetzlosigkeit wird zum neuen Normalzustand.

Es ist unwahrscheinlich, dass die südamerikanischen Regierungen gegen Washingtons Affront zusammenstehen. Ein paar der Länder werden von Reformern geführt, die die Völker repräsentieren und nicht die reichen Eliten, die mit Washington verbündet sind, aber die meisten bevorzugen ruhige Beziehungen zwischen Washington und den heimischen Eliten. Die Süd-amerikaner glauben, dass Washington weiterhin erfolgreich die Reformer stürzen wird, wie es das in der Vergangenheit gemacht hat.

In Europa lauten die Schlagzeilen „NSA-Überwachung bedroht EU-Freihandelsabkommen“ und „Merkel fordert Erklärungen“. Die Proteste sind die erforderlichen öffentlichen Hampeleien von Marionetten und werden von Washington als solche betrachtet werden. Die französische Regierung sagt, die Gespräche über das Handelsabkommen sollten zeitweilig

ausgesetzt werden – „ein paar Wochen lang, um jede Kontroverse zu vermeiden“. Die deutsche Regierung allerdings sagt: „Wir wollen dieses Freihandelsabkommen und wir wollen mit den Gesprächen jetzt beginnen.“ Mit anderen Worten, was Merkel als „inakzeptables Verhalten im Stil des Kalten Krieges“ bezeichnet, ist akzeptabel, solange Deutschland sein Freihandelsabkommen bekommt.
Die Lust auf Washingtons Geld macht Europa blind gegenüber den realen Konsequenzen des Freihandelsabkommens. Was das Abkommen bewirken wird, ist, Europas Wirtschaft unter Washingtons wirtschaftliche Vorherrschaft zu stellen. Das Abkommen bezweckt, Europa vom Handel mit Russland abzubringen, genauso wie die Trans Pacific Partnership bezweckt, die Länder Asiens von China wegzutreiben und sie in von den Vereinigten Staaten von Amerika strukturierte Beziehungen einzuordnen. Diese Abkommen haben wenig mit freiem Handel zu tun, aber alles mit der Hegemonie der Vereinigten Staaten von Amerika. Diese Freihandelsabkommen werden die europäischen und asiatischen „Partner” verpflichten, den Dollar zu unterstützen. Es ist in der Tat möglich, dass der Dollar den Euro und asiatische Währungen verdrängt und zur Einheitswährung der „Partner“ wird. Auf diese Weise kann Washington den Dollar als Reservewährung institutionalisieren und ihn vor den Konsequenzen der Banknotenpresse schützen, die dazu benutzt wird, die Liquidität von Banken zu steigern, die zu groß sind, um scheitern zu dürfen, und um die endlosen Budgetdefizite Washingtons zu finanzieren.

05.07.2013: Die beiden Scheindemokratien bedrohen das Leben auf der Erde

Amitai Etzioni hat eine wichtige Frage gestellt: „Wer autorisierte die Vorbereitungen auf einen Krieg mit China?“
Etzioni sagt, dass der Kriegsplan nicht die Art von Katastrophenplan ist, den man bei der Hand hat, falls etwas Unvorher-gesehenes geschieht. Etzioni berichtet auch, dass der Kriegsplan des Pentagons von den zivilen Behörden der Vereinigten Staaten von Amerika weder bestellt noch

überprüft worden ist. Wir haben es mit einem außer Kontrolle geratenen Neocon-Militär der Vereinigten Staaten von Amerika zu tun, das eine Gefahr für die Amerikaner und für den Rest der Welt bildet.

Etzioni hat recht damit, dass das eine folgenschwere Entscheidung ist, die von einem Neocon-Militär getroffen wird. China bekommt offensichtlich mit, dass Washington einen Krieg gegen China vorbereitet. Wenn es das Yale Journal weiß, weiß China es auch. Wenn die chinesische Regierung realistisch ist, bekommt sie mit, dass Washington einen präventiven atomaren Angriff gegen China plant. Keine andere Art von Krieg ergibt Sinn vom Standpunkt Washingtons. Die „Supermacht" war nie in der Lage, Bagdad zu besetzen, und nach elf Jahren Krieg wurde sie in Afghanistan von ein paar Tausend leicht bewaffneter Taliban geschlagen. In einen konventionellen Krieg mit China verwickelt zu werden wäre das Ende für Washington. Als China ein Land der Dritten Welt war, erkämpfte es gegen das Militär der Vereinigten Staaten von Amerika ein Patt in Korea. Heute verfügt China über die zweitgrößte Wirtschaft der Welt und übernimmt rapide die versagende Wirtschaft der Vereinigten Staaten von Amerika, die durch die Auslagerung von Arbeitsplätzen, Banksterbetrug und Verrat durch Konzerne und den Kongress zerstört wurde.

Der Kriegsplan des Pentagons für China läuft unter dem Namen „AirSea Battle" („Luft-See-Kampf"). Der Plan beschreibt sich selbst als „vollständig kompatible Luft- und Seekräfte, die gemeinsam integrierte Angriffe durchführen können, um die Verteidigungskapazitäten des Feindes zu unterbrechen, zu zerstören und zu besiegen".

Was heißt das nun wieder? Es heißt viele Milliarden Dollar weitere Profite für den Militär-/Sicherheitskomplex, während die 99 % von Militärstiefeln niedergetrampelt werden. Es ist klar, dass dieses unsinnige Gerede keine chinesische Armee besiegen kann. Diese Art von Säbelrasseln kann jedoch zum Krieg führen, und wenn die Schwachköpfe in Washington einen Krieg in die Wege leiten, ist die einzige Möglichkeit, mit der Washington sich über Wasser halten kann, der Einsatz von Atomwaffen. Die Strahlung wird natürlich genauso Amerikaner töten.

Atomkrieg steht auf Washingtons Agenda. Das Hochkommen der Neocon-Nazis hat die Abkommen über atomare Abrüstung negiert, die von Reagan und Gorbatschow getroffen wurden. Das außergewöhnliche, größtenteils wahrheitsgemäße Buch „The Untold History of the Unites States" von Oliver Stone und Peter Kuznick behandelt das Aufkommen präventiver atomarer Angriffe nach Reagan als Washingtons erste Option.

Während des Kalten Krieges hatten Atomwaffen einen defensiven Zweck. Das Ziel war, einen atomaren Krieg zwischen den Vereinigten Staaten und der UdSSR dadurch zu verhindern, dass jeder über ausreichende Mittel für Vergeltung verfügte, um die „sichere gegenseitige Zerstörung" zu gewährleisten. MAD (Mutual Assured Destruction) – unter diesem Namen war es bekannt – bedeutete, dass Atomwaffen für keine der beiden Seiten einen Vorteil für einen Angriffskrieg brachten.

Der Zusammenbruch der Sowjetunion, und dass China seinen Schwerpunkt auf seine Wirtschaft anstatt auf sein Militär legte, führten zu Washingtons Überlegenheit bei Atomwaffen, die Washington die Kapazität zu Erstschlägen verleiht. Keir Lieber und Daryl Press schreiben, dass „der steile Abfall von Russlands Arsenal und die extrem langsame Modernisierung der Atomstreitkräfte Chinas" eine Situation geschaffen haben, in der weder Russland noch China nach einem Erstschlag Washingtons zurückschlagen könnten.

„AirSea Battle" des Pentagon und der Artikel von Lieber und Press in Foreign Affairs haben China und Russland informiert, dass Washington über einen präventiven Atomangriff gegen beide Länder nachdenkt. Um sicherzustellen, dass Russland nicht in der Lage ist zurückzuschlagen, stellt Washington in Verletzung des Abkommens zwischen den Vereinigten Staaten von Amerika und der UdSSR Raketenabwehrbasen an Russlands Grenzen auf.

Weil die amerikanische Presse ein korruptes Propagandaministerium ist, haben die Amerikaner keine Ahnung, dass das neokonservativ geführte Washington den Atomkrieg plant. Die Amerikaner wissen davon genauso wenig wie von der neulichen Erklärung des ehemaligen Präsidenten Jimmy Carter, über die nur in Deutschland berichtet wurde, dass die Vereinigten Staaten von Amerika nicht länger über eine funktionierende Demokratie verfügen.

Die Möglichkeit, dass die Vereinigten Staaten einen Atomkrieg beginnen, nahm vor elf Jahren Gestalt an, als Präsident George W. Bush auf Drängen von Dick Cheney und den Neokonservativen, die sein Regime dominierten, die Atomwaffendoktrin 2002 widerrief. Dieses neokonservative Schriftstück, unterschrieben vom bescheuertsten Präsidenten Amerikas, führte zu Befremden und Verurteilung durch den Rest der Welt und startete ein neues Wettrüsten. Der russische Präsident Putin kündigte sofort an, dass Russland alle erforderlichen Mittel aufwenden würde, um Russlands Kapazitäten für einen atomaren Rückschlag aufrechtzuerhalten. Die Chinesen demonstrierten ihr Können, indem sie einen Satelliten im All mit einer Rakete abschossen. Der Bürgermeister von Hiroshima, dem Tatort eines ungeheuren amerikanischen Kriegsverbrechens, stellte fest: „Der Atomwaffensperrvertrag, das zentrale internationale Abkommen, das den Abbau von Atomwaffen regelt, steht vor dem Zusammenbruch. Die Hauptursache dafür ist die Atompolitik der Vereinigten Staaten von Amerika, die dadurch, dass sie offen die Möglichkeit eines atomaren Erstschlags erklärt und die Wiederaufnahme der Forschungen über Mini-Atomwaffen und andere sogenannte ‚einsetzbare Atomwaffen' fordert, den Eindruck erwecken, Atomwaffen als Gott zu verehren."

Umfragen aus allen Teilen der Welt zeigen fortlaufend, dass Israel und die Vereinigten Staaten von Amerika als die beiden größten Bedrohungen des Friedens und des Lebens auf der Erde betrachtet werden. Dennoch stolzieren diese zwei durch und durch gesetzlosen Regierungen herum und geben damit an, die „größten Demokratien der Welt" zu sein. Keine der beiden Regierung akzeptiert irgendeine Verantwortung gegenüber dem Internationalen Recht, den Menschenrechten, den Genfer Konventionen oder gegenüber ihren eigenen Verfassungen. Die Vereinigten Staaten von Amerika und Israel sind Schurkenstaaten, Rückschritte in die Ära Hitlers und Stalins.

Der Ursprung für die Kriege nach dem Zweiten Weltkrieg liegt bei Washington und Israel. Kein anderes Land hat imperialistisch-expansive Ambitionen. Die chinesische Regierung hat nicht Taiwan annektiert, was China nach Belieben tun könnte. Die russische Regierung hat sich keine ehemaligen Teile Russlands wie zum Beispiel Georgien angeeignet, welches sofort von der russischen Armee überwältigt wurde, nachdem es von Washington zu einem Angriff aufgestachelt worden war. Putin hätte Washingtons georgische Marionette hängen und Georgien nach Russland

reintegrieren können, wozu es einige Jahrhunderte lang gehörte und wohin es gehört, wie viele glauben.
Der Grund für die meisten militärischen Aggressionen in den vergangenen 68 Jahren ist in den Vereinigten Staaten von Amerika und in Israel zu finden. Dennoch tun diese beiden Kriegsverursacher so, als wären sie die Opfer von Aggression. Israel ist es, das über ein atomares Arsenal verfügt, das illegal, uneingestanden und unberechenbar ist. Washington ist es, das einen Kriegsplan entworfen hat, der auf dem atomaren Erstschlag beruht. Der Rest der Welt hat recht, wenn er diese beiden unberechenbaren Schurkenregierungen als direkte Bedrohungen für das Leben auf der Erde ansieht.

02.08.2013: Amerika in Misskredit

Während Washington seinen Einfluss auf die Welt verliert, nachdem ihm Venezuela, Bolivien, Ecuador und jetzt Russland Paroli geboten haben, verlegt sich die Regierung der Vereinigten Staaten von Amerika auf öffentliche Wutanfälle. Die ständige Demonstration von Infantilität durch das Weiße Haus und den Kongress bringt jeden Amerikaner in Verlegenheit.
Washingtons letzter Ausbruch von kindischem Verhalten ist eine Antwort an den russischen Immigration Service, der dem amerikanischen Informanten Edward Snowden ein Jahr Asyl gewährt hat, während sein Ansuchen um ständiges Asyl in Erwägung gezogen wird. Washington, das die Vereinigten Staaten von Amerika in einen gesetzlosen Staat umgewandelt hat, hat keine Vorstellung mehr von einer rechtmäßigen Vorgangsweise. Gesetz ist, was Washington gerade nützt. Nach der Auffassung Washingtons ist das Gesetz nichts anderes als der Wille Washingtons. Jede Person oder jedes Land, das Washington in die Quere kommt, verhält sich also gesetzwidrig.
Weil Obama, wie Bush vor ihm, routinemäßig Gesetz und Verfassung der Vereinigten Staaten von Amerika missachtet, glaubt das Weiße Haus tatsächlich, dass der russische Präsident Putin das russische und Internationale Recht missachten, die Asyl-entscheidung des russischen Im-

migrationsamts über den Haufen stoßen und Snowden an Washington ausliefern soll.

Washington erwartete, dass Russland Snowden einfach deswegen ausliefert, weil Washington das verlangte. Wie ein Zweijähriger kann Washington nicht verstehen, dass seine Forderungen nicht über dem Internationalen Recht und den inneren gesetzlichen Vorgaben jedes Landes stehen. Wie kann Russland es wagen, sich gegen „die unentbehrliche Nation" zu stellen?

Die Sprechperson des Weißen Hauses – eine Figur, die so farblos ist, dass ich mir deren Namen/Geschlecht nicht merken kann – erklärte, dass der Schwachkopf im Weißen Haus Putin bestrafen könnte, indem er ihn nächsten Monat nicht in Moskau besucht. Ich bezweifle, dass es Putin etwas ausmacht, wenn dieser Schwachkopf nicht bei ihm aufkreuzt.

Die Amtszeit des Schwachkopfs im Weißen Haus geht dem Ende zu, aber Putin wird ein weiteres Jahrzehnt im Amt sein, wenn ihn nicht die CIA umbringt. Darüber hinaus weiß jeder russische Anführer, dass das Wort eines Präsidenten der Vereinigten Staaten von Amerika nichts wert ist. Clinton, die beiden Bushes und Obama haben gegen jede Vereinbarung verstoßen, die Reagan mit Gorbatschow getroffen hat. Warum sollte der Präsident Russlands, eines Landes, das sich an das Gesetz hält, einen Tyrannen treffen wollen?

Um nicht hinter dem kindischen Verhalten des Weißen Hauses zurückstehen zu müssen, gaben auch Mitglieder von Repräsentantenhaus und Senat ihre dummen Bemerkungen zum Besten, um Amerika zu beschämen. Schwachköpfe im Kongress „reagierten aufgebracht", wie berichtet wurde, und warnten vor „ernsthaften Auswirkungen auf die Beziehungen zwischen den Vereinigten Staaten von Amerika und Russland". Hier haben wir eine weitere außergewöhnliche Demonstration von Washingtons Überheblichkeit. Nur Russland muss sich den Kopf zerbrechen über Auswirkungen auf die Beziehungen. Washington braucht sich keine Sorgen zu machen. Ihro Kaiserliche Majestät wird Putin einfach keine Audienz gewähren.

Der Kongress scheint seine Schizophrenie nicht mitzubekommen. Einerseits ist der Kongress empört über die illegale und verfassungswidrige Bespitzelung – besonders des Kongresses – durch die Nationale Stasi-Agentur, und versucht, dem Überwachungsprogramm der Stasi-Agentur

die Mittel zu entziehen. Der Abänderungsantrag zu den Militärausgaben durch Justin Amash, einen Republikaner aus Michigan, wäre fast durchgegangen. Der Antrag konnte gerade noch durch Stimmen abgewehrt werden, die von der Überwachungsindustrie gekauft worden waren. Andererseits, ungeachtet seiner Empörung darüber, bespitzelt zu werden, fordert der Kongress den Skalp des mutigen Helden Edward Snowden, der ihn darüber informiert hat, dass er überwacht wird. Hier haben wir ein Beispiel für die historische Dummheit von Regierungen: Erschieß den Boten. Nur ein paar wenige Verrückte von rechts außen glauben, dass die totale Überwachung jedes Amerikaners für die Sicherheit der Vereinigten Staaten von Amerika erforderlich ist. Die Nationale Stasi-Agentur wird hart kämpfen und jedes Mitglied von Repräsentantenhaus und Senat erpressen, aber die Erpressung selbst wird dazu führen, dass die Flügel der Nationalen Stasi-Agentur gestutzt werden – so können wir wenigstens hoffen. Wenn das nicht bald gemacht wird, wird die Stasi-Agentur Zeit haben, ein Ereignis unter falscher Flagge zu inszenieren, das die Menschen in Angst und Schrecken versetzen und den Versuchen ein Ende bereiten wird, die schurkische Agentur wieder zu zügeln.
Die Vereinigten Staaten von Amerika stehen am Rande des wirtschaftlichen Zusammenbruchs. Die angebliche „Supermacht", eine bankrotte Angelegenheit, war nach acht Jahren der Anstrengung nicht imstande, den Irak zu besetzen, und musste aufgeben. Nach elf Jahren wurde die „Supermacht" in Afghanistan von ein paar tausend leicht bewaffneten Taliban geschlagen, und rennt nun mit eingezogenem Schwanz in Deckung. Seine militärische Impotenz kompensiert Washington durch Kriegsverbrechen gegen die Zivilbevölkerung. Das Militär der Vereinigten Staaten von Amerika ist ein großer Killer von Frauen, Kindern, Dorfältesten und Helfern. Alles, was die mächtige „Supermacht" tun kann, ist, aus ferngesteuerten Drohnen Raketen in Bauernhäuser, Lehmhütten, Schulen und Gesundheitszentren zu schießen.
Die schizophrenen Bewohner Washingtons haben die Amerikaner zu einem verhassten Volk gemacht. Diejenigen, die so weit in die Zukunft blicken, dass sie wissen, dass sie vor der wachsenden Tyrannei werden flüchten müssen, wissen auch, dass man sie als Gesindel aus der am meisten verhassten Nation betrachten wird und dass sie als Spione und üble Elemente herhal-

ten werden müssen und das Risiko eingehen, Vergeltungsaktionen gegen Washingtons jüngste Gräueltaten zum zu erleben.
Washington hat die Aussichten der Amerikaner zunichte gemacht, im eigenen Land ebenso wie im Ausland.

06.08.2013: Amerika glaubt, ihr seid blöd

Ein altes Sprichwort sagt, dass wenn die Regierung Angst vor dem Volk hat, Freiheit herrscht, aber wenn die Menschen Angst vor der Regierung haben, dann gibt es Tyrannei. Die Verbrecher in Washington haben vor uns nicht nur keine Angst, sie respektieren uns nicht. Washington schaut auf die Amerikaner hinab wie auf dumme Schafe.
Washington glaubt, dass es der Bevölkerung alles sagen kann, und die Menschen werden es glauben. Zum Beispiel ist die offizielle Aussage, dass die Rezession, die im Dezember 2007 begann, im Juni 2009 endete. Viele Amerikaner glauben das, obwohl sie selbst noch keine wirtschaftliche Verbesserung erfahren haben. Tatsächlich versinken sie weiter in Armut.
Und vergessen Sie nicht die nicht existierenden Massenvernichtungswaffen, die zu besitzen Saddam Hussein von Washington beschuldigt worden ist. Oder die gefälschte Golf-von-Tonkin-Geschichte, in der Washington behauptete, sein Kriegsschiff sei von Nordvietnam angegriffen worden. Die Liste der offiziellen Lügen ist wirklich lang. Jeder, der alles glaubt, was Washington sagt, ist zu naiv, als dass man ihn allein aus dem Haus lassen könnte. Aber die Amerikaner glauben die Lügen, weil das das ist, was ihrer Ansicht nach der Patriotismus erfordert.
Indem es sich auf den leichtgläubigen Großteil der Bevölkerung der Vereinigten Staaten von Amerika verlässt, behauptet Washington, dass es ein Komplott der al-Qaida entdeckt hat, die Botschaften der Vereinigten Staaten von Amerika in Nordafrika und im Mittleren Osten anzugreifen. Um das Komplott zu vereiteln, schloss Washington 19 Botschaften für das vergangene Wochenende und auch für diese Woche.
Washington hat nicht erklärt, wie das Schließen der Botschaften das Komplott vereitelt. Wenn al-Qaida die Botschaften in die Luft jagen will,

kann sie diese in die Luft jagen, egal ob sie geöffnet oder geschlossen sind. Wenn al-Qaida das Botschafts-personal umbringen will, können sie sie auch zu Hause umbringen oder auf dem Weg zur Arbeit oder später in den Botschaften, nachdem der Alarm vorbei ist.

Ich sehe nur in den prostituierten Medien nach, um sicherzugehen, dass meine derzeitige Einschätzung ihrer Hurendienste für Washington stimmt. Vielleicht ist mir eine Äußerung von Skepsis über die letzte Terrordrohung entgangen – ich hörte den Bericht von NPR. Einst zu Reagans Zeiten war NPR eine unabhängige Stimme. Heute gehört es zu den Medienhuren. NPR lügt mit den Besten von ihnen um die Wette. Die Medien der Vereinigten Staaten von Amerika haben die offenkundige Tatsache ignoriert, dass nachdem die amerikanische Bevölkerung, der Kongress und Washingtons Marionettenalliierte wie Deutschland ein Thema aus dem eindeutig verfassungswidrigen und völlig illegalen allgemeinen Beschnüffeln gemacht hatten, das Obamaregime den Angstknopf drückte und ein neues Terrorkomplott aufbauschte, um die Kritiker zum Schweigen und den Kongress und Deutschland wieder auf Linie zu bringen.

Washington verkündete, dass eine „Bedrohung" entdeckt wurde, nämlich dass al-Qaida – eine Organisation, die Washington bei seinem Bestreben benutzt, die Regierung Assad in Syrien zu stürzen und die reichlich durch Militärverträge der Vereinigten Staaten von Amerika mit verbündeten Gruppen in Afghanistan gefördert wird – drauf und dran war, Botschaften der Vereinigten Staaten im Mittleren Osten und in Nordafrika in die Luft zu jagen. Washington erklärte nicht, warum al-Qaida, eine Nutznießerin von Washingtons Freigiebigkeit, den Geldhahn zudrehen wollte, indem sie Botschaften der Vereinigten Staaten von Amerika angriff.

Ich bin überrascht, dass keine Bomben in den Botschaften gezündet wurden, um den Wert der Spionage der Nationalen Stasi-Agentur zu beweisen, wodurch gleichzeitig diejenigen im Kongress und unter den Marionettenstaaten in Europa beschämt worden wären, die sich gegen die Bespitzelung stellen.

Sobald man nur einen Augenblick über die Behauptung Washingtons nachdenkt, sieht man, dass Washington seine Impotenz beweist, indem es solche nicht existierenden Bedrohungen aufbauscht. Offiziell sind die Vereinigten Staaten seit dem 7. Oktober 2001 mit al-Qaida im Krieg. Die

„Supermacht" hat ein paar Tausend leicht bewaffneter al-Qaida-Kämpfer schon fast zwölf Jahre lang bekämpft, und was ist das Ergebnis? Trotz Washingtons Behauptungen, die höchsten Anführer von al-Qaida (einschließlich Osama bin Laden) getötet zu haben, hat Washington den Krieg verloren. Al-Qaida ist so mächtig geworden, dass sie nicht nur mit Washingtons Unterstützung in Syrien gegen Assad kämpft, sondern auch verhindert hat, dass das Militär der Vereinigten Staaten von Amerika Afghanistan besetzt hat. Ja mehr noch, zusätzlich zum militärischen Erfolg al-Qaidas gegen die „Supermacht" und zu dem Chaos, das al-Qaida weiterhin im Irak produziert, ist al-Qaida jetzt so mächtig, dass es Botschaften der Vereinigten Staaten von Amerika im gesamten Mittleren Osten und in Nordafrika schließen kann. Die „Bedrohung", die die Position der NSA aufmotzen sollte, beweist in Wirklichkeit Washingtons Machtlosigkeit. Wir können nur beten, dass al-Qaida bald Washington selbst schließen wird. Stellen Sie sich das Gefühl einer Befreiung Amerikas vor, wenn Washington einfach zugesperrt wird; oder besser noch, wenn Washington unter die magische Decke Punjabs gesteckt werden könnte und einfach verschwinden würde. Für die 99 % der US-Amerikaner und für den Rest der Welt ist Washington nichts als ein Unterdrücker.

08.08.2013: Washingtons Streben nach Hegemonie ist ein Streben nach Krieg

Es ist fünf Jahre her, dass der Präsident von Georgien, Micheil Saakaschvili, der durch die von Washington unterstützte „Rosenrevolution" an die Macht gekommen war, einen militärischen Angriff gegen Süd-Ossetien unternahm, eine unter seiner eigenen Regierung abgespaltenen Provinz. Der georgische Angriff tötete russische Friedenssicherungssoldaten und zahlreiche Ossetier. Die militärische Antwort der Russen überwältigte die von den Vereinigten Staaten von Amerika ausgebildete und ausgerüstete georgische Armee in fünf Tagen, zur Betretenheit Saakaschwilis und seiner Förderer in Washington. Washington begann 2002 mit der Ausbildung und Ausrüstung des georgischen Militärs und hält immer noch gemeinsame Militärmanöver mit Georgien ab. Im März und April dieses Jahres veranstalteten die Vereinigten Staaten von Amerika neuerlich gemeinsame Militärmanöver mit Georgien. Washington drängt darauf, Georgien als Mitglied in die NATO zu bekommen.

Die meisten Analysten betrachten es als unwahrscheinlich, dass Saakaschwili auf eigene Faust das Friedensabkommen verletzen und die russischen Soldaten angreifen würde – sicher hätte Saakaschwili die Aggression mit seinem Washingtoner Sponsor abgesprochen.

Saakaschwilis Versuch, die Territorien zurückzuholen, war eine Gelegenheit für Washington, Russland zu testen. Washington sah den Angriff als eine Möglichkeit, die russische Regierung zu beschämen und als eine Möglichkeit, Russlands Reaktion und Militär in Aktion zu testen. Würde Russland nicht reagieren, stünde die Regierung aufgrund ihres Versagens, die Interessen und Leben derjenigen zu beschützen, die Russland als Bürger betrachtet, blamiert da. Würde Russland reagieren, konnte Russland angeprangert werden, wie dann durch Präsident George W. Bush, als Rüpel, der ein „demokratisches Land" mit einem von Washington installierten Präsidenten überfiel. Besonders interessant für Washington war die Möglichkeit, die taktische Vorgangsweise und die operativen Möglichkeiten des russischen Militärs zu beobachten.

Nord-Ossetien gehört zu Russland, Süd-Ossetien gehört zu Georgien. 1801 wurden Ossetien und Georgien Teile Russlands und waren in der Folge Teil der Sowjetunion. Nach russischem Recht haben ehemalige sowjetische Bürger rechtlichen Anspruch auf die russische Staatsbürgerschaft. Russland gestattete Georgien, unabhängig zu werden, aber Süd-Ossetien und Abchasien spalteten sich in den 1990ern von Georgien ab.

Wenn Washington es schafft, Georgien in die NATO zu bekommen, dann würde ein Versuch Georgiens, seine beanspruchten verlorenen Territorien wieder zurückzuholen, den Konflikt eskalieren. Ein Angriff durch Georgien würde zu einem Angriff der Vereinigten Staaten von Amerika und der NATO gegen Russland führen. Ungeachtet des Risikos, dass Europa in einen Krieg gegen Russland hineingezogen wird, war diesen Monat der Chef von Dänemarks Heimwehr im Auftrag Washingtons in Georgien und diskutierte die Zusammenarbeit zwischen den Verteidigungsministerien Dänemarks und Georgiens in Fragen der regionalen Sicherheit.

Georgien liegt am östlichen Ufer des Schwarzen Meeres. Welche „Fragen der regionalen Sicherheit“ hat Georgien gemeinsam mit Dänemark und der NATO? Die NATO wurde eingerichtet, um Westeuropa gegen einen sowjetischen Angriff zu verteidigen. Finnland und Schweden blieben im Kalten Krieg neutral, beide werden jedoch jetzt von der NATO rekrutiert. Die NATO verlor ihren Zweck mit dem Zusammenbruch der Sowjetunion. Dennoch wurde sie groß ausgeweitet und schließt jetzt ehemalige Teile der Sowjetunion mit ein. Die NATO wurde zu einem Deckmantel für die militärischen Aggressionen der Vereinigten Staaten von Amerika und stellt Soldaten für Washingtons Kriege. Georgiens Soldaten kämpfen für Washington in Afghanistan und kämpften für Washington im Irak. Washington hielt die NATO am Leben und machte sie zu einer Söldnerarmee, die dem Washingtoner Weltreich dient.

Als Provokation Russlands sowie Chinas halten die Vereinigten Staaten zur Zeit Militärmanöver in der Mongolei ab.

Soldaten aus Korea und Tadschikistan, einem ehemaligen Teil der Sowjetunion, nehmen auch daran teil. Washington bezeichnet solche Operationen als „Aufbau von Kompatibilität zwischen friedenserhaltenden Ländern“. Offensichtlich werden militärische Kräfte aus dem Ausland in die Armee des Weltreichs eingegliedert.

Wissen die Amerikaner, dass Washington militärische Übungen in der ganzen Welt abhält, Russland und China mit militärischen Stützpunkten einkreist und ein Afrikakommando besitzt?

Sind der Kongress und das amerikanische Volk jetzt „Amerika über alles“ verpflichtet? Sollten nicht Washington und der Militär-/Sicherheitskomplex in die Schranken gewiesen werden, ehe Washingtons Aggression einen Atomkrieg auslöst?

26.08.2013: Syrien: Ein weiteres Kriegsverbrechen des Westens wird vorbereitet

Washington und seine britischen und französischen Marionettenregimes sind dabei, ein weiteres Mal ihr verbrecherisches Wesen zu enthüllen.

Das Image des Westens als Kriegsverbrecher ist kein Propagandaimage, das von den Feinden des Westens geschaffen wurde, sondern das Bild, das der Westen von sich selbst gezeichnet hat.
Die britische Zeitung Independent berichtet, dass am vergangenen Wochenende Obama, Cameron und Hollande sich darauf geeinigt haben, innerhalb von zwei Wochen Angriffe mit Cruise Missiles (Marschflugkörper) gegen die syrische Regierung durchzuführen, ungeachtet des Fehlens jeglicher Genehmigung seitens der UNO und ungeachtet des Fehlens jeglicher Beweise für Washingtons Behauptung, dass die syrische Regierung chemische Waffen gegen die von Washington unterstützten „Rebellen", eingesetzt hat – weitgehend von den Vereinigten Staaten von Amerika unterstützte Kräfte aus dem Ausland, die die syrische Regierung stürzen wollen.
In der Tat ist ein Grund für die Eile, den Krieg zu beginnen, der, zu verhindern, dass die UNO-Inspektion ihre Arbeit machen kann. Washington weiß, dass sie seine Behauptungen widerlegen und möglicherweise eine Attacke unter falscher Flagge nachweisen wird: Die „Rebellen" haben eine große Anzahl von Kindern an einen Ort gebracht, um sie dort mit chemischen Mitteln zu ermorden, wofür Washington die Schuld der syrischen Regierung zuschob.
Ein weiterer Grund für die Eile zum Krieg ist, dass Cameron, der Premierminister des Vereinigten Königreichs, den Krieg beginnen will, ehe das britische Parlament ihn davon abhalten kann, den Deckmantel für Obamas Kriegsverbrechen zur Verfügung zu stellen, wie Tony Blair das für George W. Bush tat und wofür Blair reichlich belohnt worden ist. Was kümmern Cameron die Leben von Syrern, wenn nach seinem Amtsende ein Vermögen von 50 Millionen Dollar auf ihn wartet?
Die syrische Regierung, die weiß, dass sie nicht für den Einsatz von chemischen Waffen verantwortlich ist, hat zugestimmt, dass die UNO ihre Chemiewaffeninspektoren schickt, um herauszufinden, welche Substanz benutzt und wie sie eingesetzt wurde. Washington hat bereits erklärt, dass es für die UNO-Inspektoren „zu spät" ist und dass Washington die Behauptung der mit al-Qaida verbündeten „Rebellen" akzeptiert, dass die syrische Regierung Zivilisten mit chemischen Waffen angegriffen hat.
In einem Versuch, die UNO-Inspektoren, die am Tatort eintrafen, an ihrer Arbeit zu hindern, wurden die Inspektoren in dem von den „Rebellen"

besetzten Gebiet von Scharfschützen beschossen und gezwungen abzuziehen, obwohl ein späterer Bericht von RT sagt, dass die Inspektoren an den Ort zurückgekehrt sind, um ihre Untersuchung durchzuführen.
Die korrupte britische Regierung hat erklärt, dass Syrien ohne Genehmigung der UNO angegriffen werden kann, gerade so wie Serbien und Libyen ohne UNO-Genehmigung militärisch angegriffen worden sind. Mit anderen Worten, die westlichen Demokratien haben bereits Präzedenzfälle für Verstöße gegen das Internationale Recht geschaffen. Der Westen kennt nur eine Regel: Macht ist Recht. Solang der Westen die Macht hat, solang hat der Westen das Recht.
In einer Reaktion auf den Bericht, dass die Vereinigten Staaten von Amerika, das Vereinigte Königreich und Frankreich einen Überfall auf Syrien vorbereiten, sagte der russische Aussenminister Lavrov, dass eine derartig einseitige Aktion eine „schwere Verletzung des Internationalen Rechts" ist, und dass diese Verletzung nicht nur eine gesetzliche, sondern auch eine ethische und moralische sei. Lavrov bezog sich auf die Lügen und Täuschungen, die der Westen für seine schweren Verstöße gegen das Internationale Recht benutzt hatte, um seine militärischen Angriffen gegen Serbien, Irak und Libyen zu rechtfertigen, und wie die Regierung der Vereinigten Staaten von Amerika vorbeugende Schritte gesetzt hat, um jede Hoffnung auf friedliche Lösungen in Irak, Libyen und Syrien zu untergraben.
Einmal mehr hat Washington jede Hoffnung auf eine friedliche Lösung zunichtegemacht. Durch die Ankündigung des bevorstehenden Überfalls zerstörten die Vereinigten Staaten von Amerika jede Bereitschaft bei den „Rebellen", an den Friedensverhandlungen mit der syrischen Regierung teilzunehmen.
Obwohl diese Gespräche gerade beginnen sollten, haben die „Rebellen" jetzt kein Interesse mehr, daran teilzunehmen, nachdem ihnen das Militär des Westens zu Hilfe kommt.
In einer Pressekonferenz sprach Lavrov davon, wie die herrschenden Parteien in den Vereinigten Staaten von Amerika, im Vereinigten Königreich und in Frankreich die Emotionen der schlecht informierten Menschen aufpeitschen, welche dann, wenn sie richtig hochgehen, durch Krieg befriedigt werden müssen. Auf diese Weise manipulierten die Vereinigten Staaten von Amerika die Öffentlichkeit, um Afghanistan und den Irak

anzugreifen. Aber die amerikanische Öffentlichkeit hat die Nase voll von den Kriegen, deren Ziel niemals klargemacht worden ist, und ist argwöhnisch gegenüber den Argumenten der Regierung für mehr Kriege.

Eine Reuters/Ipsos-Umfrage ergibt, dass „die Amerikaner strikt gegen eine Intervention der Vereinigten Staaten von Amerika in den Bürgerkrieg in Syrien sind und glauben, dass sich Washington aus dem Konflikt heraushalten soll, selbst wenn Berichte, dass die syrische Regierung ihre Bürger mit tödlichen Chemikalien angegriffen hat, bestätigt werden".

Obama ist allerdings völlig egal, dass nur 9 % der Öffentlichkeit seine Kriegstreiberei unterstützen. Der ehemalige Präsident Jimmy Carter hat vor Kurzem festgestellt: „Amerika hat keine funktionierende Demokratie." Es hat einen Polizeistaat, in dem der exekutive Bereich sich über alle Gesetze und die Verfassung gestellt hat. Dieser Polizeistaat ist jetzt dabei, ein weiteres Kriegsverbrechen der grundlosen Aggression im Stil der Nazis zu begehen. In Nürnberg wurden die Nazis für genau dieselben Handlungen zum Tode verurteilt, die von Obama, Cameron und Hollande begangen werden. Der Westen baut auf Macht, nicht auf Recht, um sich aus einem Gerichtsverfahren herauszuhalten.

Die Regierungen der Vereinigten Staaten von Amerika, des Vereinigten Königreichs und Frankreichs haben nicht erklärt, warum es etwas ausmacht, ob Menschen in den vom Westen begonnen Kriegen durch Sprengkörper aus abgereichertem Uran oder mit chemischen Stoffen oder mit irgendwelchen anderen Waffen umgebracht werden. Von Beginn an war offensichtlich, dass Obama einen Angriff auf die syrische Regierung vorhatte. Obama dämonisierte chemische Waffen – aber nicht nukleare „Bunkerbrecher", die die Vereinigten Staaten von Amerika gegen den Iran einsetzen könnten. Dann zog Obama eine rote Linie und sagte, dass der Gebrauch chemischer Waffen durch die Syrer ein derart großes Verbrechen sei, dass der Westen verpflichtet sei, Syrien anzugreifen. Washingtons UK-HiWis William Hague und Cameron haben diese unsinnige Behauptung nachgeplappert. Der letzte Schritt in dem Spiel war, einen chemischen Vorfall zu inszenieren und die Schuld der syrischen Regierung in die Schuhe zu schieben.

Was hat der Westen wirklich vor? Das ist die nicht gestellte und nicht beantwortete Frage. Ganz eindeutig haben die Regierungen der Vereinig-

ten Staaten von Amerika, des Vereinigten Königreichs und Frankreichs, welche durchgehend ihre Unterstützung für diktatorische Regimes, die ihren Zwecken dienlich sind, zur Schau gestellt haben, nicht das Mindeste gegen Diktaturen. Sie stellen Assad als Diktator hin, um ihn in den Augen der schlecht informierten westlichen Massen zu dämonisieren. Aber Washington, das Vereinigte Königreich und Frankreich unterstützen eine Reihe von diktatorischen Regimes, wie die in Bahrain, Saudi-Arabien und neuerdings die Militärdiktatur in Ägypten, die unbarmherzig Ägypter tötet, ohne dass eine westliche Regierung davon spricht, man müsse in Ägypten intervenieren, weil es „seine eigenen Bürger tötet".
Es ist auch klar, dass der bevorstehende westliche Überfall auf Syrien ebenso wenig mit dem Bringen von „Freiheit und Demokratie" nach Syrien zu tun hat, wie Freiheit und Demokratie die Gründe für die Überfälle auf den Irak und Libyen waren, die beide keinerlei „Freiheit und Demokratie" bekommen haben.Der Überfall des Westens auf Syrien hat nichts mit Menschenrechten, Gerechtigkeit oder irgendeinem von den hochtrabenden Anliegen zu tun, hinter denen der Westen sein verbrecherisches Wesen versteckt. Die westlichen Medien, und am wenigsten von allen die amerikanischen Pressehuren, fragen Obama, Cameron oder Hollande niemals, worum es wirklich geht. Es ist schwerlich anzunehmen, dass jeder Reporter so dumm oder leichgläubig ist zu glauben, dass es darum geht, „Freiheit und Demokratie" nach Syrien zu bringen oder Assad für den angeblichen Einsatz von chemischen Waffen zu bestrafen.

Natürlich würde die Frage nicht beantwortet, wenn sie gestellt würde, doch allein das Stellen der Frage würde helfen, die Öffentlichkeit aufmerksam zu machen, dass da mehr läuft als ersichtlich ist. Ursprünglich war der Vorwand für Washingtons Kriege, den Amerikanern Sicherheit vor Terroristen zu gewährleisten. Jetzt ist Washington dabei, Syrien an Dschihad-Terroristen zu übergeben, indem es ihnen hilft, die säkulare, nicht-terroristische Regierung Assads zu stürzen. Welche Agenda steckt hinter Washingtons Unterstützung des Terrorismus?
Vielleicht geht es in den Kriegen darum, die Moslems zu radikalisieren und dadurch Russland und sogar auch China zu destabilisieren. Russland hat große muslimische Bevölkerungsgruppen und grenzt an muslimische

Länder. Auch China hat eine Moslem-Bevölkerungsgruppe. Während mit der Radikalisierung Unfrieden in die beiden einzigen Länder einzieht, die in der Lage sind, ein Hindernis für Washingtons Weltherrschaft zu bilden, kann Washington sich auf die westliche Medienpropaganda und die große Anzahl von von den Vereinigten Staaten von Amerika finanzierten NGOs, die sich als „Menschenrechts"-Organisationen ausgeben, verlassen, um die russische und chinesische Regierung wegen harter Maßnahmen gegen „Rebellen" zu dämonisieren.
Ein weiterer Vorteil der Radikalisierung der Moslems ist, dass sie ehemalige muslimische Länder in langfristigen Unruhen oder Bürgerkriegen belässt, wie es derzeit der Fall im Irak und in Libyen ist, und auf diese Weise jegliche organisierte staatliche Gewalt entfernt, die sich den Bestrebungen Israels entgegenstellen könnte.
Washington treibt die Welt näher an den Atomkrieg heran, als sie in den gefährlichsten Perioden des Kalten Kriegs jemals war. Wenn Washington mit Syrien fertig ist, ist das nächste Ziel der Iran. Russland und China werden sich nicht mehr länger darüber hinwegtäuschen können, dass es keinerlei System des Internationalen Rechts oder der Einschränkung der westlichen Kriminalität gibt. Die Aggression des Westens zwingt bereits jetzt beide Länder, ihre strategischen Atomkräfte zu entwickeln und die vom Westen finanzierten NGOs zu beschränken, derer sich Washington bedient, um die Legitimität der russischen und chinesischen Regierung zu zerstören.
Russland und China waren extrem sorglos in ihren Beziehungen mit den Vereinigten Staaten von Amerika. Die russische politische Opposition wird im Wesentlichen von Washington finanziert. Sogar die chinesische Regierung wird unterminiert: Wenn eine Firma aus den Vereinigten Staaten eine Firma in China gründet, dann schafft sie ein chinesisches Gremium, in dem Angehörige der lokalen politischen Autoritäten sitzen. Diese Gremien schaffen einen Kanal für Zahlungen, die Entscheidungen und Loyalität von lokalen und regionalen Parteimitgliedern beeinflussen. Die Vereinigten Staaten von Amerika sind in chinesische Universitäten und intellektuelle Einstellungen eingedrungen. Die Rockefeller-Universität ist in China ebenso aktiv wie die Rockefeller philanthropische Stiftung. Abweichende Stimmen werden geschaffen, die gegen die chinesische

Regierung organisiert werden. Forderungen nach „Liberalisierung“ können regionale und ethnische Differenzen wiedererwecken und die Festigkeit der nationalen Regierung unterminieren.
Wenn Russland und China erst begreifen, dass sie durch amerikanische Eindringlinge unterwandert wurden und diplomatisch isoliert und militärisch unterlegen sind, werden Atomwaffen zum einzigen Faktor, der ihre Souveränität garantiert. Das legt die Vermutung nahe, dass ein Atomkrieg wahrscheinlich Schluss mit der Menschheit machen wird, ehe die Menschheit an der globalen Erwärmung oder steigenden staatlichen Schulden verendet.

28.08.2013: Anmerkungen zum Interview auf RT (Russian Television) am 27.08.2013

Haben Sie auch wie ich die Nase voll von dem Vorwand, dass ein militärischer Angriff der Vereinigten Staaten von Amerika und des Vereinigten Königreichs gegen Syrien eine Antwort auf Assads angeblichen Einsatz von chemischen Waffen ist?
Wenn nur ein Journalist vor einer Live-Kamera einem der vielen Lügner – Obama, Cameron, Hague, Tony Blair – die Frage stellen würde: „Warum lügen Sie uns an?“
Gäbe es doch eine Helen Thomas irgendwo in den Medien! Leider bestehen die Medien nur aus Zuhältern und Huren für Regierungen.
Die Regierungen der Vereinigten Staaten und des Vereinigten Königreichs haben klar gemacht, dass Assad keine chemischen Waffen eingesetzt hat. Hätte Assad chemische Waffen eingesetzt, würde Washington auf den Bericht der UNO-Inspektoren für chemische Waffen warten, die die Untersuchung durchführen. Der UNO-Generalsekretär sagt, dass zuerst die Fakten geklärt werden sollten, bevor ein Krieg begonnen wird, aber Washington weiß, dass die Tatsachen beweisen werden, dass die Regimes der Vereinigten Staaten von Amerika und des Vereinigten Königreichs Lügner sind. Washington steht unter dem Druck, anzugreifen, ehe die Experten die Fakten präsentieren.

Wenn die Fakten Obama und Cameron unterstützen würden, hätten die beiden Kriegshetzer eine gute Chance, eine UNO-Resolution zu erreichen, die ihre Attacke gegen Syrien unterstützt. Aber Washington und London wissen, dass alle ihre Behauptungen aus blanken Lügen bestehen.
Der Punkt, den alle einschließlich des UNO-Generalsekretärs und der russischen Medien übersehen, ist, dass ungeachtet dessen, ob Assad chemische Waffen eingesetzt hat oder nicht, es noch immer ein Kriegsverbrechen der Vereinigten Staaten von Amerika und des Vereinigten Königreichs ist, wenn sie eine nackte Aggression gegen Syrien begehen.
Die syrische Regierung ist mit einer Invasion von Kräften aus dem Ausland konfrontiert, die mit größter Wahrscheinlichkeit von den Vereinigten Staaten von Amerika rekrutiert und ganz gewiss gefördert und ausgerüstet sind. Welches Recht haben Washington und London, darüber zu entscheiden, welche Waffen Assad verwenden darf, um sich gegen eine Invasion zu verteidigen? Wer gab Washington das Recht, Atombomben gegen Japan einzusetzen oder angereichertes Uran und weißen Phosphor in seinem halben Dutzend Kriege gegen muslimische Völker zu verwenden?
Die Regierungen der Vereinigten Staaten und des Vereinigten Königreichs sind kriminelle Organisationen, doch im Gegensatz zur Mafia fehlt ihnen jede Ehre. Sie sind die Schlimmsten der Schlimmsten. Und außerdem sind sie dumm. Der Schmäh mit den „Massenvernichtungswaffen" funktionierte im Irak, und sie benutzen den selben Schmäh, um Syrien anzugreifen. Aber die Welt glaubt ihnen das diesmal nicht. Washington und London haben sich in ihre eigene Überheblichkeit verstrickt, und dieses Mal wird die ganze Welt in ihnen die Kriegsverbrecher erkennen, die sie sind. Mit ein bisschen Glück wird dabei herauskommen, dass die Verbrecherstaaten USA, Großbritannien und Israel von der zivilisierten Welt isoliert werden.
In dem Interview mit RT stelle ich die Frage, wann im 21. Jahrhundert die Regierungen der Vereinigten Staaten von Amerika und des Vereinigten Königreichs jemals in irgendeinem Bereich die Wahrheit gesagt haben. Denken Sie darüber nach und sehen Sie selbst, was dabei herauskommt.

30.08.2013: Wird Obama sich selbst zum Kriegsverbrecher verdammen?

Gedrängt von seinen Herren, besonders von seiner nationalen Sicherheitsberaterin Susan Rice, die effektiv als israelische Agentin fungiert, wagte Obama sich weit auf den Ast hinaus, der dann vom britischen Parlament abgesägt worden ist.

In der Folge zog der „sozialistische" Präsident Frankreichs, dem die französische Unterstützung für Frankreichs Teilnahme an einem von den Vereinigten Staaten von Amerika und Israel orchestrierten militärischen Angriff auf Syrien fehlt, sich vom Ast zurück und sagte, auch wenn alles schon ausgemacht ist, müsse er zuerst Beweise sehen.

Schon Cameron und Obama haben klar gemacht, dass es keine Beweise gibt. Sogar die Geheimdienste der Vereinigten Staaten von Amerika haben erklärt, dass es keinen eindeutigen Beweis gibt, dass Assad chemische Waffen benutzt hat oder auch nur Kontrolle über die Waffen hat. Sogar die Marionettenregierung der Vereinigten Staaten in Kanada ist von der Beteiligung an Obamas/Israels Kriegsverbrechen abgerückt.

Da bleibt für Obama nur mehr die Unterstützung der Türkei und Israels übrig. Vor Kurzem erschoss die türkische Regierung mehr von ihren eigenen Bürgern – friedliche Demonstranten, keine importierten Söldner, die darauf aus waren, die türkische Regierung zu stürzen – auf den Straßen, als in dem angeblichen Angriff mit chemischen Waffen durch Assad getötet wurden.

Wie die gesamte Welt weiß, hat die israelische Regierung seit Jahrzehnten Verbrechen gegen die Menschen in Palästina begangen. Ein geachteter jüdischer Jurist kam in einem offiziellen Bericht zu dem Ergebnis, dass die israelische Regierung mit ihren Übergriffen auf die zivile Bevölkerung von Gaza Kriegsverbrechen begangen hat.

Kein Land erkennt die kriminellen Staaten Türkei und Israel als Bemäntelung für ein Kriegsverbrechen an. Wenn Obama sich von Susan Rice und den bösartigen Neokonservativen, die eng mit Israel verbunden sind, dazu treiben lässt, es allein zu machen und einen militärischen Angriff gegen Syrien zu führen, wird Obama sich zu einem eindeutigen Kriegs-

verbrecher nach dem Nürnberger Standard machen. Nicht provozierte militärische Aggression ist ein Kriegsverbrechen nach Internationalem Recht. Das ist völlig eindeutig. Da gibt es keine Wenn und Aber.
Wenn Obama jetzt Syrien angreift, ohne Deckung von der UNO oder von der NATO oder vom amerikanischen Volk oder vom Kongress und indem er Repräsentantenhaus und Senat ignoriert, wird Obama vor der ganzen Welt eindeutig als Kriegsverbrecher dastehen. Wenn die Welt nicht bereit ist, das Internationale Recht komplett wegzuwerfen, werden Haftbefehle für den Kriegsverbrecher aus Den Haag kommen müssen. Obama wird ausgeliefert werden und vor Gericht gestellt werden müssen. Er wird keinen besseren Stand haben als seinerzeit die Nazis.
Die bösartigen Neokonservativen sagen Obama, er müsse beweisen, dass er ein Mann ist und es allein machen. Wenn Obama es tut, wird er beweisen, dass er ein Kriegsverbrecher ist. Wird Obama sich selbst zum Kriegsverbrecher verdammen?

30.08.2013: Amerika völlig diskreditiert

Ein törichter Präsident Obama und dummer Außenminister Kerry haben der Regierung der Vereinigten Staaten die schlimmste diplomatische Niederlage der Geschichte beschert und die Glaubwürdigkeit des Präsidentenamtes, des Außenministeriums und des gesamten exekutiven Bereichs zerstört.
Im Rausch der Überheblichkeit aufgrund von vergangenen erfolgreichen Lügen und Täuschungen – benutzt, um den Irak und Libyen zu zerstören – dachte Obama, dass die Vereinigten Staaten von Amerika, die „Supermacht“, das „außergewöhnliche“ und „unentbehrliche“ Land, es ein weiteres Mal versuchen könnten, dieses Mal in Syrien.

Aber der Rest der Welt hat gelernt, sich vor Washingtons Drang zum Krieg zu hüten, wenn es keine Beweise gibt. Ein törichter Obama wurde von einer inkompetenten und unglaubwürdigen nationalen Sicherheitsberaterin, Susan Rice, und dem neokonservativen Pack, das sie unterstützt, weit hinaus auf den Ast getrieben, doch das britische Parlament hat den

Ast abgesägt. Welche Art von Narren begibt sich wohl in diese ungeschützte Position?
Jetzt steht Obama allein da und versucht, sich aus seiner unberechtigten Angriffsdrohung gegen ein souveränes Land herauszuwinden. Unter dem Nürnberger Standard ist militärische Aggression ein Kriegsverbrechen. Washington ist bislang mit seinen Kriegsverbrechen davongekommen, indem es sie mit einer Genehmigung durch UNO oder NATO bemäntelt hat. Ungeachtet dieser „Genehmigung" bleiben es Kriegsverbrechen.
Aber seine nationale Sicherheitsberaterin und die neokonservativen Kriegstreiber sagen ihm, dass er beweisen muss, dass er ein richtiger Mann ist, der alleinstehen und aus eigener Kraft Kriegsverbrechen begehen kann, ohne orchestrierten Deckmantel seitens UNO oder NATO oder eines feigen Kongresses der Vereinigten Staaten von Amerika. Es liegt an Obama, so behaupten sie, ein für allemal zu etablieren, dass der Präsident der Vereinigten Staaten von Amerika über allem Recht steht. Er, und nur er ist der „Entscheider", der Cäsar, der bestimmt, was erlaubt ist. Der Cäsar der „einzigen Supermacht" muss jetzt seine Autorität über alles Recht unter Beweis stellen, oder Washingtons Hegemonie über die Welt ist verloren.
In meiner letzten, ebenfalls heute geschriebenen Kolumne habe ich bemerkt, dass Obama, wenn er einen Alleingang macht, für den Rest seines Lebens als ein Kriegsverbrecher verfolgt werden wird, der es nicht wagt, die Vereinigten Staaten von Amerika zu verlassen. In der Tat könnte ein drohender wirtschaftlicher Zusammenbruch die Macht und Haltung der Vereinigten Staaten von Amerika so verändern, dass Obama sich wegen seiner Kriegsverbrechen vor Gericht gestellt finden könnte. Ungeachtet dessen hat die Regierung der Vereinigten Staaten weltweit ihre Glaubwürdigkeit verloren und wird sie nie wiederbekommen, solange die Bush- und Obama-Regimes nicht verhaftet und wegen ihrer Kriegsverbrechen vor Gericht gestellt sind.
Obamas Zerstörung der Glaubwürdigkeit der Vereinigten Staaten von Amerika geht weit über die Diplomatie hinaus. Wahrscheinlich in diesem Herbst oder Winter und nahezu sicher 2014 werden die Vereinigten Staaten von Amerika vor einer schweren wirtschaftlichen Krisae stehen. Der langzeitige Missbrauch der Rolle des Dollars als Reservewährung

durch Notenbank und Finanzministerium der Vereinigten Staaten, die endlose Aufnahme von Schulden und der Druck von Banknoten, um diese zu finanzieren, der Schwerpunkt der Wirtschaftspolitik der USA auf dem Freikauf der „Banken, die zu groß sind, um sie scheitern zu lassen“ ungeachtet des gegenteiligen Effektes auf die heimische und die Weltwirtschaft und die Inhaber der Staatsanleihen, die wartende politische Krise des ungelösten Defizits und der Schuldenlimitierung, die den im September nach Washington zurückkehrenden Kongress begrüßen wird, die zusammenbrechenden Möglichkeiten des Arbeitsmarktes und eine absteigende Wirtschaft – das alles zusammen stellt die Regierung in Washingtons vor eine Krise, die zu groß ist, um sie mit den vorhandenen Ressourcen an Intelligenz, Wissen und Mut zu meistern.

Wenn die sprichwörtliche Hölle losbricht, werden die inkompetente und korrupte Notenbank und das inkompetente und korrupte Finanzministerium der Vereinigten Staaten von Amerika nicht mehr Glaubwürdigkeit haben als Obama und John Kerry.

Der Rest der Welt – besonders Washingtons sekkierte NATO-HiWi-Staaten – wird sich sehr am Unbehagen der „einzigen Supermacht der Welt“ erfreuen, die seit dem Zusammenbruch der Sowjetunion ständig nur überheblich war.

Die Welt wird das jetzt allgemein verhasste Washington nicht mit Währungsswaps, mehr Krediten und Auslandshilfe freikaufen. Die Amerikaner werden schwer für ihre Nachlässigkeit, ihre Unaufmerksamkeit, ihre Sorglosigkeit und ihren ignoranten Glauben bezahlen, dass für sie nichts schiefgehen kann, und wenn es einmal schiefgeht, dann nur vorübergehend. Zwei Jahrzehnte der Auslagerung von Arbeitsplätzen haben in den Vereinigten Staaten von Amerika zu einer Dritte-Welt-Erwerbsbevölkerung geführt, einer Erwerbsbevölkerung, die mit der von Indien vor 40 Jahren vergleichbar ist. Die „einzige Supermacht der Welt“ ist bereits damit belastet, dass ein großer Anteil ihrer Bevölkerung von der Sozialhilfe der Regierung abhängig ist, um überleben zu können. Wenn die Wirtschaft nachlässt, lässt auch die Fähigkeit der Regierung nach, den steigenden Anforderungen für das Überleben gerecht zu werden. Die Reichen werden fordern, dass die Armen im Interesse der Reichen geopfert werden. Und die Parteien werden gehorchen.

Ist das der Grund dafür, dass die Heimatlandsicherheit, eine Institution in der Art der Nazi-Gestapo, jetzt über eine große und wachsende paramilitärische Streitmacht verfügt, ausgestattet mit Panzern, Drohnen und Milliarden Schuss Munition?
Wie lange wird es dauern, bis amerikanische Bürger in ihren Straßen von „ihrer" Regierung niedergeschossen werden, wie es häufig bei Washingtons engen Verbündeten in Ägypten, der Türkei und Bahrain der Fall ist? Die Amerikaner haben die Anforderungen der Freiheit vernachlässigt. Amerikaner sind so patriotisch und so leichtgläubig, dass sich die Regierung nur in die Fahne zu hüllen braucht, damit die Menschen oder zu viele von ihnen glauben, was immer ihnen die Regierung vorlügt. Und die leichtgläubigen Menschen werden die Lügen der Regierung bis zu ihrem Tod verteidigen, ja bis zum Tod der ganzen Welt.
Wenn die Amerikaner weiterhin die Lügen der Regierung glauben, haben sie keine Zukunft. Wenn die Wahrheit bekannt wird, haben die Amerikaner bereits eine lebenswerte Zukunft verloren. Das „Amerikanische Jahrhundert" der Neokonservativen ist vorbei, noch ehe es begonnen hat.

31.08.2013: Obama lässt seine Diktatur erkennen

Washington brüstet sich damit, „die größte Demokratie der Welt zu sein". Washington benutzt die Behauptung der Demokratieverbreitung als eine Rechtfertigung für seine nackte Aggression gegen andere Länder – ein klares und eindeutiges Kriegsverbrechen. Washington hüllt sein illegales Vorgehen in eine demokratische Rhetorik, obwohl seine Kriege nicht die Folge einer demokratischen Etnscheidung sind.
Washington hat Täuschung und Lügen eingesetzt, um Zustimmung für seine außerhalb der Verfassung stehenden und außergesetzlichen Kriege zu bekommen. Washingtons Kriege wurden allesamt außerhalb des verfassungsgemäßen demokratischen Rahmens der Vereinigten Staaten von Amerika begonnen.

Obamas Krieg gegen Libyen fand ohne die Einbeziehung des Kongresses statt. Jetzt macht Obama wieder deutlich, dass die Vereinigten Staaten von Amerika so weit von der Demokratie entfernt sind, dass er ohne Abstimmung im Kongress einen Angriff gegen Syrien plant. Wo bleibt die Demokratie, wenn ein Cäsar die Entscheidungen trifft, die die Verfassung dem Kongress vorbehält?

Umfragen weisen darauf hin, dass 80 % der Bürger der Vereinigten Staaten von Amerika glauben, dass ein militärischer Angriff der USA gegen Syrien die Zustimmung von Repräsentantenhaus und Senat erfordert. Nichtsdestoweniger vermeidet das Obamaregime absichtlich jede derartige Abstimmung. Das Obamaregime hat auch den von 161 Abgeordneten des Repräsentantenhauses unterzeichneten Brief ignoriert, in dem diese fordern, Beweise zu sehen, diese zu debattieren und darüber abzustimmen – vor jeglichem Militärschlag der Vereinigten Staaten von Amerika.

Für das Militär der Vereinigten Staaten ist die Ausführung von Kriegsbefehlen ohne Bewilligung durch den Kongress ein Akt des Verrats. Jeder militärische Befehlshaber, der gegen seinen Eid verstößt, die Verfassung der USA zu verteidigen, hat Hochverrat an den Vereinigten Staaten von Amerika begangen. Wären die Vereinigten Staaten wirklich eine gesetzestreue Demokratie, würden solche Befehlshaber verhaftet und vor Gericht gestellt.

Die Tatsache, dass der exekutive Bereich und das Militär außerhalb der Verfassung und des demokratischen Prozesses operieren, ist der Beweis dafür, dass die Vereinigten Staaten von Amerika keine Demokratie sind.

In den gestrigen Kolumnen bemerkte ich, dass Obama, seine Medienhuren und seine Verehrer wichtige Dinge übersehen. Eines davon ist, dass militärische Aggression ein Kriegsverbrechen ist. In der Vergangenheit hatten Bush und Obama Deckmäntel für ihre Kriegsverbrechen, wie zum Beispiel eine „Koalition der Willigen", die NATO, eine eingeschränkte „Konsultation des Kongresses" oder eine vage Resolution; oder eine UNO-Resolution, die dann ausgedehnt wird, um die Aktionen des Regimes abzudecken.

Keines dieser Dinge ist eine adäquate rechtliche Deckung. Ihr Wert ergibt sich aus der Tatsache, dass andere Länder und Institutionen außer den Vereinigten Staaten von Amerika an dem Kriegsverbrechen beteiligt sind. Da geht es um Sicherheit im größeren Kreis. Die ganze westliche Welt wegen Kriegsverbrechen zu beschuldigen heißt nur, dass die gesamte westliche Welt die Rechtmäßigkeit ihres Vorwandes verteidigen wird.

Aber dieses Mal hat das Regime keinen Deckmantel. Es gibt keine „Koalition der Willigen", keine UNO-Resolution, keine NATO-Unterstützung. Obama hat sowohl Kongress als auch die amerikanische Bevölkerung ignoriert. Würde Obama mit seiner Attacke gegen Syrien weitermachen, wäre das die Vorgangsweise eines unberechenbaren Diktators. Er hätte keine Deckung für sein Kriegsverbrechen.

Obamas Bemühen, sich in den Krieg gegen Syrien zu stürzen, hat bereits die Glaubwürdigkeit der Regierung der Vereinigten Staaten als vertrauenswürdige, ehrliche Regierung zerstört. Die ganze Welt, sogar die unterwürfigsten Marionettenstaaten Washingtons, haben erkannt, dass Washington über keine Beweise verfügt, um seine Beschuldigungen zu untermauern. Niemand glaubt Obama oder Kerry. Beide haben sich selbst vor der ganzen Welt als schamlose Lügner bloßgestellt.

Das hat jegliches Vertrauen in die Regierung der Vereinigten Staaten von Amerika zerstört. Und jetzt scheint Obama entschlossen zu sein zu beweisen, dass Amerika einen Diktator hat, nicht eine Demokratie.

Es ist schwer, sich einen verheerenderen Schlag gegen die Vereinigten Staaten vorzustellen als den, den Obama ihnen versetzt hat. All die wichtigen Stützen der Propaganda Washingtons wie „die größte Demokratie der Welt" zu sein wurden unter dem hervorgestoßen, was jetzt als kriminelles Unternehmen enthüllt dasteht.

Russlands Präsident Putin hat offen seine Verachtung für die Lügen ausgedrückt, die nonstop von Obama und Kerry verbreitet werden. Putin bezeichnete Obamas Behauptungen als „totalen Unsinn". Putin sagte, dass wenn die Amerikaner einen Beweis haben, „dann sollen sie diesen den Inspektoren der Vereinten Nationen und dem Sicherheitsrat zeigen".

In Wirklichkeit weisen die existierenden Beweise darauf hin, dass die chemische Attacke von den „Rebellen" durchgeführt worden ist und vielleicht ein Unfall war, verursacht von den „Rebellen", welche chemische Waffen transportierten, die sie von den Saudis bekommen hatten – aller-

dings ohne entsprechende Gebrauchsanweisung. Der Reporter Dale Gavlak, der mit den Rebellen sprach, die selbst von den Waffen geschädigt wurden, ist ein Mittelost-Experte der Universität von Chicago, der für Associated Press, NPR und BBC berichtet hat.
Um eine weitere Sichtweise zu erfahren, über die von den Medien der Vereinigten Staaten nicht berichtet wurde, schaue man in den Bericht von Ambrose Evans-Pritchard im UK-Telegraph, nach dem der saudische Prinz Bandar, Chef des saudischen Geheimdienstes, versucht hat, Putin zu bestechen und einzuschüchtern, damit er Syrien den Amerikanern überlässt. Laut dem Bericht offerierte Bandar Putin ein saudiarabisch-russisches Ölkartell und bot Putin Schutz vor Attacken vonseiten tschetschenischer Terroristen auf die russischen Winterspiele an.
So weit hergeholt das alles für Amerikaner klingt, ist es doch plausibler als alles, was Washington sagt.
Washingtons Behauptung, dass die syrischen „Rebellen" keinen Zugang zu chemischen Waffen haben, ist offensichtlich falsch. Am 30. Mai berichtete eine Zeitung in Istanbul, dass die Polizei al-Nusra-„Rebellen" mit Sarin-Gas aufgeriffen hat, das al-Nusra in einem Angriff gegen Adana einzusetzen geplant hatte.
Was werden Obama und Kerry machen, wenn sich herausstellt, dass die „Rebellen" und nicht Assad für die chemischen Waffen verantwortlich sind, nachdem sie wiederholt erklärt haben, dass der Einsatz chemischer Waffen eine militärische Antwort der Vereinigten Staaten von Amerika erfordert? Werden Obama und Kerry die „Rebellen" angreifen? Werden Obama und Kerry Saudi-Arabien angreifen, weil es den „Rebellen" chemische Waffen gegeben hat? Sie brauchen den Atem nicht anzuhalten.
Mein Doktorvater für die Dissertation in Philosophie, G. Warren Nutter, wurde von Melvin Laird als stellvertretender Verteidigungsminister für internationale Angelegenheiten ins Pentagon geholt und bekam die Aufgabe, den Vietnamkrieg herunterzufahren. Nutter war gegen eine Außenpolitik der Vereinigten Staaten auf der Grundlage von Geheimniskrämerei und Täuschung. Er war davon überzeugt, dass die Außenpolitik der Vereinigten Staaten von Amerika transparent sein, mit den Prinzipien des Landes übereinstimmen und die Unterstützung der Öffentlichkeit haben muss. Eine Politik auf der Basis von Geheimniskrämerei und Täuschung würde die

Demokratie und das Vertrauen der Öffentlichkeit und des Auslandes in die Regierung der Vereinigten Staaten von Amerika untergraben.
Heute gibt es keine Warren Nutters in Washington; solche Menschen hat es dort seit vielen Jahren nicht mehr gegeben. Wie Nutter vorhersah, ist die Konsequenz der Verlust des öffentlichen Vertrauens in die Regierung und die Isolierung der USA in weltpolitischen Angelegenheiten.
Obama steht jetzt am Rand der militärischen Aggression so isoliert da wie einst Adolf Hitler, als Deutschland Polen attackierte.

UPDATE: 16 Uhr US-amerikanische Zeit (Ostküste)

Nachdem Obama von den alternativen Medien und nicht von seinen schwachsinnigen Beratern erfahren hat, dass er weltweit isoliert ist und keinerlei Bedeckung für sein Kriegsverbrechen gegen Syrien hat, kündigte er an, dass er warten werde, bis er grünes Licht vom Kongress bekommt. Zweifelsohne war der Dummkopf im Weißen Haus auch von dem Brief von 161 Mitgliedern des Repräsentantenhauses beeindruckt. Der Brief enthält unter anderem die Drohung mit dem Impeachment:
„Wir ersuchen Sie dringend, den Kongress zu konsultieren und seine Genehmigung abzuwarten, ehe Sie den Einsatz militärischer Macht der Vereinigten Staaten von Amerika in Syrien befehlen. Ihre Verantwortung, dermaßen zu handeln, ist vorgeschrieben durch die Verfassung und das Kriegsermächtigungsgesetz 1973. Während die Gründer in ihrer Weisheit dem Amt des Präsidenten die Autorität verliehen haben, in Notfällen zu handeln, sahen sie die Notwendigkeit voraus, die öffentliche Debatte zu gewährleisten – und die aktive Beteiligung des Kongresses –, bevor die Vereinigten Staaten von Amerika militärische Verpflichtungen eingehen. Unser Militär in Syrien einzusetzen, ohne dass eine direkte Bedrohung für die Vereinigten Staaten von Amerika besteht und ohne vorhergehende Genehmigung durch den Kongress, wäre ein Verstoß gegen die Gewaltenteilung, die klar in der Verfassung beschrieben ist.“

Wir können dankbar sein, dass zumindest 161 Mitglieder des Kongresses ihre Verpflichtung erkennen, den exekutiven Bereich auf die Verantwortung vor der Verfassung hinzuweisen. Vielleicht sind die Lügen des exekutiven Bereichs dermaßen unverschämt geworden, dass sie ihre Wirksamkeit verloren haben. Statt sich vor einer aufgebauschten „terroristischen Bedrohung“ zu fürchten, erkennen die Menschen jetzt die Bedrohung durch einen Tyrannen im Weißen Haus.

01.09.2013: Obama hat entschieden, dass es sicherer ist, den Kongress zu kaufen, als einen Alleingang zu machen

Obwohl er noch immer die diktatorische Macht für sich beansprucht, nach eigenem Ermessen einen Krieg zu beginnen, stoppte Obama seinen Angriff gegen Syrien, nachdem er von 161 Abgeordneten des Repräsentantenhauses einen Brief bekam, der ihn darauf aufmerksam machte, dass es mit einer Präsidentenanklage bedroht ist, das Land ohne Zustimmung des Kongresses in einen Krieg zu führen, und nachdem er erkannte, dass kein Land, das als Bemäntelung für ein Kriegsverbrechen dienen könnte, nicht einmal die britische Hampelmannregierung und die NATO-HiWi-Staaten, Amerikas angekündigte militärische Aggression gegen Syrien mittragen würden. Obama kam mit seinem Angriff gegen Libyen ohne eine Zustimmung des Kongresses durch, da er Washingtons NATO-HiWis benutzte und nicht die Streitkräfte der Vereinigten Staaten. Aufgrund dieses Tricks konnte Obama behaupten, dass die Vereinigten Staaten von Amerika nicht direkt beteiligt waren.

Was können wir erwarten, nachdem die fehlende Bemäntelung und die Aufforderung seitens des Kongresses den Möchtegern-Tyrannen Obama dazu gebracht haben, seinen Angriff gegen Syrien anzuhalten?

Wäre Obama intelligent – und eindeutig ist einer, der Susan Rice zu seiner nationalen Sicherheitsberaterin macht, nicht intelligent –, dann würde er den Angriff gegen Syrien in den Hintergrund schieben und verschwinden lassen, während der Kongress am 9. September zurückkehrt, um sich mit den unlösbaren Problemen des Budgetdefizits und der Schuldenbegrenzung zu beschäftigen.

Eine kompetente Administration würde erkennen, dass eine Regierung, die nicht imstande ist, ihre Rechnungen ohne den massiven Einsatz der Banknotenpresse zu bezahlen, viel zu tief in Problemen steckt, als sich Sorgen darüber zu machen, was in Syrien passiert. Keine kompetente Administration würde einen Militärschlag riskieren, der zu einem Flächenbrand im Mittleren Osten und einem Anstieg der Erdölpreise führen und somit die wirtschaftliche Situation verschlimmern könnte, vor der Washington steht. Aber Obama und sein Haufen von Stümpern haben gezeigt, dass sie über keine Kompetenz verfügen. Das Regime ist korrupt und das gesamte Gebäude steht auf nichts als Lügen.

Jetzt, da das Weiße Haus begreift, dass Obama kein Kriegsverbrechen ohne Bemäntelung begehen kann, haben wir wahrscheinlich Folgendes zu erwarten: Es wird nicht mehr so sehr darum gehen, ob Assad chemische Waffen eingesetzt hat oder nicht, sondern dass der Kongress nicht Prestige und Glaubwürdigkeit der Vereinigten Staaten untergraben darf, indem er Präsident Obama, dem letzten Mann an der Spitze der amerikanischen Aggressionskriege, die Unterstützung vorenthält.

Das Weiße Haus wird den Kongress bestechen, ihm schmeicheln und ihn einschüchtern. Die Argumentation des Regimes wird sein, dass Amerikas Prestige und Glaubwürdigkeit auf dem Spiel stehen und dass der Kongress den Präsidenten unterstützen muss. Präsident und Außenminister haben eindeutige Erklärungen in Bezug auf Assads Schuld und ihre Entschlossenheit abgegeben, Assad zu bestrafen. Entsprechend dem Irrsinn Washingtons besteht die Methode, mit der Washington Assad für die (angebliche) Tötung von Syrern mit chemischen Waffen bestraft, darin, dass Washington weitere Syrer mit Cruise Missiles umbringt.

Wenn das für Sie keinen Sinn ergibt, dann gehören Sie nicht in Obamas Regierung oder in die amerikanischen Medien, und Sie können nie ein Neokonservativer sein.

Das Weiße Haus wird sagen, dass Obama dem Kongress entgegengekommen ist, indem es den Kongress über die Entscheidung abstimmen lässt, und dass das Entgegenkommen des Kongresses sich in Zustimmung äußern soll. Treffen wir uns in der Mitte, wird das Weiße Haus sagen.

Die Israel-Lobby, Susan Rice, die Neokonservativen und Kriegstreiber wie die Senatoren John McCain und Lindsey Graham werden sagen, dass ein Mangel an Unterstützung für Obamas Angriff gegen Syrien Amerikas Glaubwürdigkeit verletzt, den „Terroristen" hilft und „Amerika verteidigungslos lässt".

Es ist schlimm genug, werden sie sagen, dass Obama Unentschlossenheit gezeigt hat, indem er auf die Zustimmung des Kongresses wartet und indem er statt des ursprünglichen Plans eines Regimewechsels nur einen begrenzten Schlag vorsieht.

Konfrontiert mit drohenden Kürzungen der großzügigen Wahlzuwendungen seitens der Israel-Lobby und des Militär-/Sicherheitskomplexes können Repräsentantenhaus und Senat auf Linie gebracht werden, das „Land zu unterstützen", während es ein weiteres Kriegsverbrechen begeht. Die Kombination von Bestechung, Einschüchterung und patriotischen Appellen, das Prestige Amerikas hochzuhalten, könnten den Kongress zu einem Meinungsumschwung bewegen. Niemand weiß wirklich, ob die 161 Abgeordneten des Repräsentantenhauses es ehrlich meinen, wenn sie Obama die Rute ins Fenster stellen, oder ob sie einfach etwas haben wollen. Vielleicht wollen sie nur, dass Obama etwas für ihre Zustimmung herausrückt.

Wenn der Kongress ein weiteres amerikanisches Kriegsverbrechen absegnet, kann der britische Premierminister David Cameron zurück ins Parlament gehen und sagen, dass Obama „jetzt den Kongress an Bord gebracht und damit eine Absicherung geschaffen hat, und wenn das Parlament nicht mitmacht, wird uns der Geldhahn zugedreht".

Wenige britische Politiker fühlen sich im Gegensatz zu George Galloway wohl bei dem Gedanken, dass der Geldhahn zugedreht wird. Wenn Cameron das Parlament rumkriegt, dann könnten die anderen NATO-Staaten beschließen, auch auf den Geldzug aufzuspringen. Die alles beherrschende Regel der westlichen Zivilisation lautet, dass mehr Geld besser ist als kein Geld.

Washington und seine europäischen NATO-HiWis werden Russland und China kritisieren, weil sie ihr Veto im Unsicherheitsrat einsetzen, um die UNO davon abzuhalten, Gerechtigkeit, Freiheit und Demokratie nach Syrien zu bringen. Diese verlogenen Argumente werden von den Medienhuren des Westens benutzt werden, um die Bedeutung des Widerstands des Unsicherheitsrates gegenüber Washingtons Überfall auf

Syrien herunterzuspielen. Warum sollte Washington sich von Mitgliedern des Unsicherheitsrates abhalten lassen, die Assads Einsatz von chemischen Waffen unterstützen, werden die Medienhuren der USA fragen. Die Prostituierten, die die Medien in den Vereinigten Staaten von Amerika ausmachen, werden alles in ihrer Macht Stehende unternehmen um sicherzustellen, dass Washington noch mehr Syrer umbringt. Töten ist Amerikas Markenzeichen.Wie die Geschichte der Menschheit beweist, werden die Leute für Geld alles tun. Beachtenswerte Ausnahmen sind Edward Snowden, Chelsea (Bradley) Manning und Julian Assange. Wäre einer dieser Wahrheitssager nach Washington gegangen und hätte gesagt: „Kauft mich im Gegenzug für mein Schweigen", dann hätte Washington große Vermögen zur Verfügung gestellt, mit denen sie ein Leben in Komfort führen könnten.

Davon ausgehend, wie korrupt die Regierung der Vereinigten Staaten von Amerika und wie entschlossen Washington ist, seinen Willen durchzusetzen, sind auch die UNO-Chemiewaffenexperten in Gefahr. Es ist zwar unwahrscheinlich, dass sie wie das Navy-SEAL-Team Six einen Unfall erleiden werden. Doch wenn sie nicht gehütet werden wie eine Jury, sind sie Ziele für Bestechungsversuche. Wenn der UNO-Bericht nicht die Position des Weißen Hauses unterstützt, wird der Generalsekretär unter Druck geraten, den Bericht nicht beweiskräftig zu gestalten. Immerhin stellt Washington die Schecks aus, die die UNO in Gang halten.

Niemand sollte erwarten, dass der Kongress der Vereinigten Staaten von Amerika auf der Grundlage von Beweisen abstimmt. Darüber hinaus hat der Kongress bisher noch kein Verständnis dafür erkennen lassen, dass es unabhängig davon, ob Assad chemische Waffen eingesetzt hat, ein Kriegsverbrechen für die Vereinigten Staaten von Amerika ist, wenn sie nackte Aggression gegen Syrien betreiben – ein Land, das die Vereinigten Staaten von Amerika nicht angegriffen hat. Es geht Washington nichts an, wie die syrische Regierung gegen al-Nusra-Extremisten vorgeht, die sie stürzen wollen.

Obamas Auffassung, dass es in Ordnung ist, Menschen mit weißem Phosphor und Uran zu töten, wie es die Vereinigten Staaten und Israel tun, aber nicht mit Saringas, entbehrt jeder Logik.

Washington selbst hat Pläne für den eventuellen Einsatz von atomaren Bunkerbrechern gegen die iranischen unterirdischen Atomanlagen. Wenn Washington glaubt, dass Massenvernichtungswaffen unzulässig sind, warum besitzt Washington so viele von diesen und hat Pläne für deren eventuellen Einsatz? Bedauert das Weiße Haus, dass Washington genau in dem Zeitraum, in dem die japanische Regierung alles in ihrer Macht Stehende getan hat, um zu kapitulieren, zwei Atombomben auf japanische Städte abgeworfen hat?

Seit dem Ende des Kalten Krieges war heißer Krieg das Haupt-element der Außenpolitik der Vereinigten Staaten von Amerika. George H.W. Bush griff den Irak an, nachdem Bushs Botschafterin grünes Licht für den Angriff auf Kuwait gegeben hatte. Clinton griff Serbien unter falschen Vorwänden und ohne jede verfassungsmäßige oder gesetzliche Befugnis an. George W. Bush griff Afghanistan und den Irak auf der Grundlage von Lügen an. Obama erneuerte den Angriff auf Afghanistan und hat Jemen, Pakistan und Somalia angegriffen. Obama schickte seine NATO-HiWis, um Libyen anzugreifen, schickte Söldner nach Syrien und hat jetzt die Absicht, die Niederlage seiner Söldner durch einen Angriff auf Syrien zu verhindern.

Washington errichtet eine Reihe von Militärstützpunkten rund um Russland und China. Diese Basen sind extrem provokant und sagen den Atomkrieg voraus.

Die Vereinigten Staaten von Amerika, ein Land mit einem ungeheuren Atomwaffenarsenal, dessen Führer korrupt und besessen sind, sind eine große Gefahr für das Leben auf der Erde. Dass Washington die Gefahr Nummer eins für die Welt ist, ist mittlerweile allgemein bekannt – außer bei den Amerikanern, die ihren Patriotismus offen zur Schau stellen. Diese leichtgläubigen Dummköpfe sind es, die den Untergang der Menschheit durch Krieg möglich machen.

Bis die Wirtschaft der Vereinigten Staaten von Amerika zusammenbricht, druckt Washington Geld und kann stillschweigende Zustimmung zu seinen Verbrechen erkaufen. Washington kann sich darauf verlassen, dass die Medienhuren seine Lügen verkünden, als wären es Tatsachen. Die Welt wird nicht sicher sein, bis das amerikanische Kartenhaus zusammenfällt.

Mir tun die uninformierten Amerikaner leid, welche glauben, dass sie im besten Land auf der Erde leben. Zu wenige Amerikaner scheren sich darum, dass ihre Regierung zahllose Leben in Lateinamerika, Vietnam, im Mittleren Osten und in Afrika zerstört hat. Das Militär der Vereinigten Staaten von Amerika ermordet routinemäßig Zivilisten in Afghanistan, Pakistan, Jemen und Somalia und ist verantwortlich für eine Million Tote im Irak und vier Millionen vertriebene Iraker. Die amerikanische Definition des „besten Landes der Welt" betrifft das Land, das die meisten unschuldigen Menschen umbringen kann. Menschen, die niemals Amerika angegriffen haben. Menschen, welche einst zu Amerika als Hoffnung der Welt aufgeblickt haben und jetzt einer tödlichen Bedrohung ins Auge blicken.
Zu viele Amerikaner haben keine Ahnung, dass ein Fünftel ihrer Mitbürger auf Hilfe der Regierung angewiesen sind, oder wenn sie es wissen, werfen sie den Unglücklichen vor, als Schmarotzer den Steuerzahlern auf der Tasche zu liegen. In den Vereinigten Staaten von Amerika sinken Einkommen und Erwerbsmöglichkeiten. Der Ausbeutung von Bürgern durch Finanzinstitutionen sind keine Grenzen gesetzt. Auch Gesetzlosigkeit und Brutalität der Polizei kennen keine Grenzen, und grenzenlos sind die Lügen, die die amerikanische Bevölkerung in ihrer Traumwelt abseits der Realität gefangen halten.
Wie ein solches Volk die Freiheit wiedererlangen oder eine Regierung zügeln kann, die nur auf Krieg aus ist, übersteigt jede Vorstellungskraft. Diejenigen Republikaner, die sich um die Schuldenbelastungen unserer Kinder und Enkel sorgen, machen sich Sorgen um eine Zukuft, die es vielleicht gar nicht geben wird. Washingtons Überheblichkeit stößt die Welt in Richtung Atomkrieg.

„Das beste Land der Welt" ist die böse Kraft, die Leben und Aussichten vieler unterschiedlicher Völker zerstört und die letztlich alles Leben auf der Erde vernichten könnte.

04.09.2013: Der hohe Preis für die Rettung von Obamas Gesicht

Wird jetzt der Kongress Obamas Gesicht retten, indem er die Demokratie und das syrische Volk verkauft und die Bühne für den Dritten Weltkrieg bereitet?

In den vorhergehenden Kolumnen habe ich bemerkt, dass obama von Israel und den Neokonservativen weit hinaus auf den Ast getrieben wurde. UNO, NATO, das britische Parlament und der Rest der Welt ließen den Narren aus dem Weißen Haus nun auf dem Ast zurück, um ganz allein gegen Syrien Krieg zu führen.

Es stellte sich heraus, dass das die Möglichkeiten des Narren überstieg, aber anstatt zurückzuklettern und eine Ausrede zu suchen, um vom Baum herabzusteigen, entschied sich Obama dafür, den Kongress zu kaufen und weitere Lügen zu verbreiten.

Das Weiße Haus und seine Medienhuren sagen dem Kongress, dass es für den Präsidenten der „einzigen Supermacht der Welt" zu demütigend ist, zurückstecken und aufgeben zu müssen, nur weil er gelogen hat. Der Kongress muss „das Gesicht wahren" für den Lügner, der „Amerikas erster schwarzer Präsident" ist, oder Prestige und Glaubwürdigkeit der Vereinigten Staaten von Amerika werden verloren sein. Das heißt natürlich in Wirklichkeit, dass die Glaubwürdigkeit der Israel-Lobby und der Neokonservativen verloren sein wird, wenn Amerika kein neues Kriegsverbrechen begeht und Leben und Aussichten von vielen weiteren Menschen im Mittleren Osten zerstört.

Der Himmel verhüte, dass Washington Prestige verliert! Daher fließt Geld, sehr viel Geld in Washington und in den europäischen Hauptstädten. Wir wissen, dass der jämmerliche Cameron alles in seiner Macht Stehende tun wird, um die britische Regierung für Washington zu prostituieren.

Was wurde dem „Sozialisten" Hollande versprochen, dass er so bereitwillig demonstrierte, dass Frankreich Obamas Hure ist?

Welchen größeren Anteil am NATO-Budget verspricht Washington für die Unterstützung der NATO für ein weiteres amerikanisches Kriegsverbre-

chen zu bezahlen? Werden Säcke voll Geld es Washington möglich machen, Unterstützung für sein jüngstes Verbrechen gegen die Menschlichkeit zu bekommen? Nun, zuerst muss man den Kongress herumkriegen.
Der Kongress wird unter Druck gesetzt werden, um den „Schulterschluss" mit dem Weißen Haus zu vollziehen, um Amerikas Glaubwürdigkeit aufrechtzuerhalten. Den Abgeordneten in Repräsentantenhaus und Senat wird gesagt werden, dass jetzt, wo Amerika von seinen Alliierten im Stich gelassen worden ist, der Kongress den Präsidenten der Vereinigten Staaten nicht hängen lassen darf. Der Kongress muss das Prestige Amerikas retten, oder Washington wird seine Macht und der Kongress wird seine Wahlkampfzuschüsse von der Israel-Lobby und vom Militär-/Sicherheitskomplex verlieren.

Dieses Argument kann sogar bei den stärksten Gegnern des Angriffs auf Syrien wirksam sein. Die Amerikaner haben eine lange Tradition des Hurra-Patriotismus, und die Aussicht auf verlorenes Prestige schmerzt. Ehe aber der Kongress dazu genötigt wird, sich selbst in die Fahne zu hüllen und einem weiteren Kriegsverbrechen seinen Segen zu erteilen, muss er darüber nachdenken, ob die Absegnung von Obamas Angriff auf Syrien dem Prestige der Vereinigten Staaten von Amerika hilft oder ihm schadet.

Es ist klar, dass die überwältigende Mehrheit der amerikanischen Menschen gegen einen Angriff auf Syrien ist. Ob die Amerikaner im Laufe der Jahre hinter Washingtons endlose Kriegslügen gekommen sind, oder ob sie einfach nach zwölf Jahren teurer Kriege keinen Sinn der Kriege und keinen Nutzen für Amerika erkennen, kann ich nicht sagen. In einer Zeit, in der ein hoher Prozentsatz der Amerikaner Probleme hat, Wohnung, Auto und Essen zu bezahlen, erscheinen Washingtons Kriege als ein teurer Luxus.

Es sind nicht nur die Zivilbevölkerungen Afghanistans, des Irak, Libyens, Pakistans, des Jemen, Somalias und Syriens, die gelitten haben. Zehntausende amerikanische Jugendliche und junge Erwachsene wurden getötet, lebenslänglich verstümmelt oder leiden an ständigem posttraumatischem Stress. Washingtons Kriege haben tausende Ehescheidungen und Alkoholismus, Drogenabhängigkeit und Obdachlosigkeit für Veteranen gebracht, die hinters Licht geführt worden sind und deren Menschlichkeit von den Verbrechern missbraucht wurde, die in Washington herrschen.

Für den Kongress, angeblich die Repräsentanten des amerikanischen Volkes und nicht der Administration, würde die Zustimmung zu einem Krieg, den die Menschen Amerikas nicht haben wollen, einen weiteren entscheidenden Schlag gegen die Demokratie bedeuten. Wenn der Kongress Obamas Krieg zustimmt, dann ist das der Beweis dafür, dass die amerikanische Demokratie ein Schwindel ist.

Sollte es dem Weißen Haus gelingen, mit der Zustimmung des Kongresses zu einem militärischen Angriff auf Syrien das britische Parlament und die NATO zu überzeugen, mitzumachen, ungeachtet der starken Opposition des britischen und der europäischen Völker, dann wäre die westliche Demonkratie überall diskreditiert. Wo ist die Demokratie, wenn ein paar Eliten an der Spitze tun können, was sie wollen, und ungeachtet dessen, dass die Mehrheit der Bürger dagegen ist, jedes Verbrechen begehen?

Wenn der Kongress Obamas durchsichtigen Lügen zustimmt, wird sich die amerikanische Demokratie nie wieder erholen. Wenn sich der Kongress zum Laufburschen der Administration macht, wird der Kongress nie wieder eine eigenständige Stimme haben. Der Kongress könnte sich dann genauso gut auflösen. Er wird sich selbst überflüssig und ohnmächtig gemacht haben.

Wenn Europas Regierungen Obamas Lügen zustimmen, dann bedeutet das das Ende des demokratischen Prestiges des Westens und wird den Deckmantel beiseitefegen, hinter dem der Westen seine Verbrechen gegen die Menschlichkeit versteckt hat. Die Stimme des Westens wird nie wieder moralische Autorität haben.

Der Verlust der Glaubwürdigkeit des Westens ist ein hoher Preis, um einen verrufenen Präsidenten zu retten, dem niemand glaubt, nicht einmal seine Unterstützer. Im Wesentlichen ist Obama ein Nichts, dessen Amtszeit abgelaufen ist. Das Obamaregime verkörpert den Niedergang des amerikanischen Staates.

Anstatt darüber abzustimmen, ob er Obama erlauben soll, Syrien anzugreifen, sollte der Kongress beschließen, Obama und Kerry anzuklagen. Deren unverhohlene Lügen, diktatorische Ansprüche und arrogante Unmenschlichkeit sind mächtige Argumente, die für ihre Entfernung aus dem Amt sprechen.

Die vom Obamaregime verbreiteten Lügen sind dermaßen durchsichtig, dass man sich darüber wundern muss, für wie dumm das Regime die amerikanischen Menschen hält. Es besteht wenig Zweifel, dass sich das Weiße Haus auf sein Propagandaministerium verlässt, auch bekannt als Medienhuren, um das Vertrauen der Amerikaner in ihren Hausverstand zu untergraben und ihnen die neuesten Erfindungen einzureden. Die Taktik sieht so aus, dass der gegenseitige Druck der Medienhuren untereinander benutzt wird, um das Gewissen der Amerikaner ruhigzustellen.

Die Sorglosigkeit der Medien ist durchgehend. Gestern berichtete NPR die Lügen über Assad, die das Obamaregime ausgeheckt hat, um einen weiteren Akt der nackten Aggression zu verbergen. Im selben Atemzug wurde „die weltweite Empörung" über die Vergewaltigung und Ermordung einer Frau in Indien zum Ausdruck gebracht.

Ich befürworte natürlich nicht, dass jemand vergewaltigt und ermordet wird, denke aber an das Vergewaltigen und Töten, zu dem es kommen wird, wenn Obama die Hunde des Krieges gegen Syrien loslässt.

NPR ist längst keine alternative Stimme mehr. Gestern schlug der Sender die Trommeln für den Krieg. NPR bot ein Forum für den Führer einer der wichtigsten neokonservativen Lobbys für den Krieg und ließ in der folgenden Stunde demokratische und republikanische Führer von Repräsentantenhaus und Senat alle die Lügen Obamas und Kerrys darüber wiederholen, dass das amerikanische Prestige nicht tolerieren kann, dass Assad erlaubt wird, „chemische Waffen gegen seine eigenen Leute" einzusetzen. Niemand, der NPR hörte, hörte die Stimme derer, die Frieden und Wahrheit forderten. NPR war zu sehr damit beschäftigt, für Obama zu lügen, als sich um die Wahrheit zu kümmern, und ließ die Wahrheit im Programm nicht zu Wort kommen.

Die Medienhuren und die „Führer" von Repräsentantenhaus und Senat, die dem Militär-/Sicherheitskomplex und der Israel-Lobby verpflichtet sind, reden weiterhin über Assads „eigene Leute", aber Assads eigene Leute unterstützen ihn. Umfragen in Syrien zeigen, dass Assad mehr Unterstützung von den Menschen in Syrien genießt als jedes Oberhaupt eines westlichen Landes von seinen eigenen Bürgern. Die Umfrageergebnisse für Cameron, Hollande, Merkel und Obama sind trostlos im Vergleich zur Unterstützung der Menschen Syriens für Assad.

Es gab auch keine Beweise, dass Saddam Hussein über „Massenvernichtungswaffen" verfügte, aber die Tatsachen hielten das Bushregime nicht davon ab, seine Lügen zu verbreiten, die zu horrenden Zahlen von Tod und Zerstörung im Irak führten, Tod und Zerstörung, die anhalten, während ich schreibe, dass Assad keine Chemiewaffen „gegen seine eigenen Leute" eingesetzt hat. Alle Beweise deuten auf eine Inszenierung unter falscher Flagge hin, damit Obama seinen Grund bekam, Amerikas siebten Krieg in zwölf Jahren zu beginnen.

Darüber hinaus sind al-Nusra-Kämpfer nicht Assads „eigene Leute". Die al-Nusra-Front sind islamistische Extremisten von außerhalb Syriens und geschickt von Washington und Saudi-Arabien, um eine gewählte syrische Regierung zu stürzen, nicht anders als in Ägypten, wo sich Washington des ägyptischen Militärs bediente, um die erste gewählte ägyptische Regierung der Geschichte zu stürzen und hunderte Ägypter auf den Straßen niederzuschießen, die gegen den Sturz der von ihnen gewählten Regierung durch das Militär demonstrierten.

Egal ob Assad chemische Waffen gegen die von Washington unterstützten al-Nusra-Dschihadisten eingesetzt hat oder nicht, wobei die Geheimdienste der Vereinigten Staaten von Amerika sagen, dass es „keine schlüssigen Beweise" dafür gibt, ist es ein Kriegsverbrechen, wenn Washington ein Land angreift, das die Vereinigten Staaten von Amerika nicht angegriffen oder anzugreifen gedroht hat. Nach dem Nürnberger Standard, der von den Vereinigten Staaten von Amerika mitbegründet wurde, ist nackte Aggression ein Kriegsverbrechen, ungeachtet des Charakters des angegriffenen Landes oder der Waffen, die es gegen Kräfte einsetzt, die es angreifen. Wenn Washington damit Erfolg hat, den al-Nusra-Terroristen zum Sturz der säkularen syrischen Regierung zu verhelfen, wie wird Washington Syrien von al-Nusra losbringen? Im Irak gehen Tod und Zerstörung bis heute im selben Ausmaß weiter wie unter der versuchten militärischen Okkupation durch die Vereinigten Staaten von Amerika. Das verbrecherische Bushregime brachte keine „Freiheit und Demokratie" in den Irak. Das Bushregime brachte Tod und Zerstörung, die lange nach Washingtons Abzug weitergehen. Im Irak von heute werden ebenso viele Menschen in Stücke gerissen und ermordet wie zum Höhepunkt von Bushs Aggressionskrieg.

Das Chaos, in dem Washington den Irak hinter sich ließ, hat nichts mit „Freiheit und Demokratie" zu tun. Der Kriegsverbrecher Obama machte dasselbe in Libyen. In Afghanistan hängte Washinton zwölf Jahre Krieg an die zehn Jahre Krieg, den die Afghanen gegen die Rote Armee geführt hatten. Das Ziel von Washingtons Krieg gegen Afghanistan wurde nie bekannt gegeben. Niemand weiß, worum es in dem Krieg geht oder warum er noch immer läuft.

Laut dem Bushregime wurde Afghanistan angegriffen, weil die Taliban Osama bin Laden nicht ohne Beweis, dass er für 9/11 verantwortlich war, herausrücken wollten. Warum geht also der Krieg nach zwölf Jahren noch immer weiter, nachdem bin Laden im Dezember 2001 an Nierenversagen und anderen Krankheiten starb, und dann ein weiteres Mal im Mai 2011, vor zwei Jahren und vier Monaten, als Obama behauptete, er habe ihn von Navy-SEALs töten lassen, deren Einheit kurz danach unter mysteriösen Umständen in Afghanistan ausgelöscht wurde? Wenn es im Krieg gegen Afghanistan darum ging, bin Laden zu bekommen, warum geht der Krieg weiter, nachdem der Mann schon zweimal gestorben ist?

Die von Obama und Kerry verbreiteten Lügen sind so durchsichtig, dass man sich fragt, ob ihre Strategie ist, den Krieg dermaßen jämmerlich zu betreiben, dass die Kontrolle, die Israel und die Neokonservativen über die Außenpolitik der Vereinigten Staaten von Amerika haben, gebrochen wird. Was soll man sonst von dermaßen absurden Erklärungen halten wie von John Kerrys „Das ist unser München!"? Es gibt keinerlei Vergleich zwischen Assads defensivem Versuch, den Sturz der syrischen Regierung durch ausländische Dschihadisten, die von Washington unterstützt werden, zu verhindern und Hitlers aggressiver Haltung gegenüber der Tschechoslowakei. Die syrische Regierung hat keinen Krieg angefangen und hat niemanden bedroht.

Das Amerika, das meine Generation kannte, gibt es nicht mehr. Verbrecher haben die Macht übernommen und herrschen jetzt. Die Finanzpolitik ist in den Händen einer kleinen Gruppe von Bankstern, die das Finanzministerium der Vereinigten Staaten von Amerika, die Notenbank und die Behörden zur Regulierung des Finanzmarkts kontrollieren und die für ihre eigene Gier und Profite arbeiten. Außenpolitik ist der Israel-Lobby und den Neokonservativen vorbehalten, von denen jeder einzelne fest mit Israel verbunden ist. Die Amerikaner haben keine Stimme und keine Vertretung. Was immer Amerika ist, die Regierung ist unbeeinflusst von den Stimmen der amerikanischen Menschen.

Was immer Amerika ist, es ist ganz sicher keine Demokratie, in der die Regierung dem Volk gegenüber verantwortlich ist. Amerika ist ein Land, in dem eine kleine Elite alle Macht besitzt und nach Belieben handelt.

Wenn der Kongress sich hinter Obamas Krieg stellt, wird der Kongress die Welt näher zum atomaren Krieg stoßen. Russland und China sehen, dass die UNO keine Macht hat, Aggression zu verhindern, und dass die Aggression Washingtons gegen sie gerichtet ist. Wenn Russland und China ihre nuklearen Kräfte ausbauen, werden sie auch den Iran stärker einbeziehen. Der Iran ist Russlands Schwachstelle, und der Iran liefert 20 % des chinesischen Erdölbedarfs.

Soweit ich sehen konnte, haben die russische und chinesische Regierung jegliches Vertrauen in Washington verloren. Keine der beiden Regierungen glaubt Washingtons Lügen und beide Länder sind sich bewusst, dass Washington versucht, sie diplomatisch zu isolieren und mit Militärbasen einzukreisen. Beide Länder wissen, dass sie dieselbe Dämonisierung durch die westlichen Medienhuren zu erwarten haben, wie Saddam Hussein, Gaddafi und Assad sie erfahren haben. Sie wissen, dass westliche Dämonisierung den Auftakt für Destabilisierung und militärische Angriffe bildet.

Mit der Überheblichkeit, Arroganz und Unzurechnungsfähigkeit Washingtons als feststehender Tatsache erkennen Russland und China einen Feind, der auf ihre Zerstörung aus ist. Da kein Land seinen Untergang akzeptiert, schafft das Einverständnis des Kongresses mit Obamas Lügen zur Rettung von „Amerikas Prestige“ die Voraussetzungen für den Atomkrieg.

Wenn allerdings der Kongress den Angriff auf Syrien verbietet, dann bedeutet das das Ende des Einflusses der Israel-Lobby, der blutrünstigen Neokonservativen und der Kriegshetzer John McCain und Lindsey Graham.

Ohne Washingtons neokonservative Kriegslüsternheit könnten die Regierungen der Welt ungeachtet mächtiger und eigensüchtiger Privatinteressen in der Lage sein zusammenzukommen, um das Leben auf der

Erde zu erhalten, indem sie eine zunehmend verletzliche Umwelt vor den Raubzügen des privaten Kapitalismus beschützen.
Wenn der Kongress es nicht schafft, den Krieg abzuwenden, den Obama sucht, wird die Welt nicht mehr lange existieren, ehe die lebenszerstörenden Bomben fallen.

05.09.2013: Die US-Regierung der Vereinigten Staaten steht vor der Welt als ein Haufen von Kriegsverbrechern und Lügnern da

Hat die amerikanische Öffentlichkeit genug Charakterstärke, um die Tatsache zu ertragen, dass die Regierung der Vereinigten Staaten vor der ganzen Welt als ein Haufen von Kriegsverbrechern entlarvt dasteht, die lügen, wann immer sie den Mund aufmachen? Werden Kongress und amerikanische Öffentlichkeit die Lüge des Weißen Hauses schlucken, dass sie Kriegsverbrecher und Lügner unterstützen müssen, damit Amerika nicht „das Gesicht verliert"?
Die Lügen des Obama-Regimes sind dermaßen durchsichtig und unverschämt, dass der vorsichtige diplomatische russische Präsident Putin seine Geduld verlor und eine Tatsache aussprach, die wir alle bereits wissen: John Kerry ist ein Lügner. Putin sagte: „Das war sehr unangenehm und überraschend für mich. Wir reden mit [den Amerikanern], und wir gehen davon aus, dass sie anständige Menschen sind, aber [Kerry] lügt und er weiß, dass er lügt. Das ist traurig."
Als Außenminister Colin Powell vom kriminellen Bush-Regime geschickt wurde, um vor der UNO zu lügen, behaupteten er und sein Generalstabschef, dass Powell nicht wusste, dass er log. Der Außenminister hatte nicht im Auge, dass das Weiße Haus ihn in die UNO schicken würde, um einen Krieg anzufangen, der Millionen Iraker töten, verstümmeln und enteignen würde.
Der verachtenswerte John Kerry weiß, dass er lügt. Hier haben wir den amerikanischen Außenminister und Obama, den Hampelmannpräsiden-

ten, die bewusst die Welt anlügen. Es gibt keine Integrität mehr in der Regierung der Vereinigten Staaten von Amerika. Keinen Respekt vor Wahrheit, Gerechtigkeit, Moral oder Menschenleben. Hier sind zwei Menschen dermaßen bösartig, dass sie in Syrien wiederholen wollen, was die Bush-Kriegsverbrecher im Irak gemacht haben.
Wie können das amerikanische Volk und seine Repräsentanten im Kongress diese außergewöhnlichen Kriegsverbrecher tolerieren? Warum läuft gegen Obama und Kerry kein Impeachment-Verfahren?
Das Obama-Regime spioniert die gesamte Welt aus und lügt diesbezüglich. Das Obama-Regime ist dabei, Menschen in sieben Ländern zu töten – ein mörderisches Wüten, das nicht einmal Hitler versucht hat. Es wird sich bald entscheiden, ob das verbrecherische Obama-Regime die Zusammenarbeit des Kongresses und der europäischen HiWi-Staaten für ein durchsichtigen Kriegsverbrechen kaufen kann. Die Entscheidung wird das Schicksal der Welt bestimmen.
Was die Tatsachen betrifft, so folgert der Bericht der russischen Regierung an die UNO, dass die Waffen, die in den chemischen Attacken in Syrien benutzt worden sind, den Waffen in den Händen von al-Nusra ähnlich sind und sich von den Waffen unterscheiden, von denen man weiß, dass Syrien sie besitzt.
Obama hat keine Beweise an die UNO weitergegeben. Der Grund dafür ist, dass das kriminelle Regime über keine Beweise verfügt, sondern nur über erlogene Märchen.
Hätte Washington einen Beweis, so wäre dieser an den britischen Premierminister David Cameron weitergegeben worden, um ihn in die Lage zu versetzen, die Zustimmung des Parlaments zu bekommen. Nachdem keine Beweise vorhanden waren, musste Cameron dem Parlament eingestehen, dass er über keine Beweise verfügte, sondern nur glaubte, dass die syrische Regierung chemische Waffen eingesetzt hat. Das Parlament beschied Washingtons Hampelmann, dass das britische Volk nicht aufgrund des aus der Luft gegriffenen Glaubens des Premierministers in den Krieg zieht.
Werden die Menschen Amerikas und der Rest der Welt nur dastehen und ihre Daumen lutschen, während sich in Washington ein neuer Nazistaat erhebt?

Der Kongress muss gegen diesen Krieg stimmen und Obama klarmachen, dass er angeklagt wird, wenn er die verfassungsmäßige Macht des Kongresses missachtet.
Wenn der Kongress der Vereinigten Staaten von Amerika zu korrupt oder zu inkompetent ist, um seine Pflicht zu erfüllen, dann muss der Rest der Welt sich an die Seite des UNO-Generalsekretärs und des Präsidenten Russlands stellen und erklären, dass einseitige militärische Aggression durch die Regierung der Vereinigten Staaten von Amerika ein Kriegsverbrechen ist und dass die kriegsverbrecherische Regierung der Vereinigten Staaten von Amerika in der internationalen Gemeinschaft isoliert sein wird. Jedes ihrer Mitglieder, das im Ausland erwischt wird, wird verhaftet und zum Strafverfahren an das Gericht in Den Haag ausgeliefert werden.

07.09.2013: Der Westen ist entthront

Die letzten dreihundert Jahre evolutionärer Entwicklung der Europäer haben insgesamt nichts erbracht außer vier Wörtern: Eigennutz, Metzelei, Schamlosigkeit und Korruption. (*Yan Fu)*

Der Rest der Welt brauchte dreihundert Jahre, um das Böse zu begreifen, das sich als „westliche Zivilisation" maskiert, oder vielleicht bedurfte es nur des Aufstiegs neuer Mächte mit dem Selbstvertrauen, das Offenkundige auszusprechen. Wer die Verantwortlichkeit Amerikas für das Böse bezweifelt, muss „The Untold History of the United States" von Oliver Stone und Peter Kuznick lesen.
Das von den Neokonservativen proklamierte „Neue amerikanische Jahrhundert" kam auf der G20-Konferenz in Russland zu einem abrupten Ende. Die politischen Anführer der meisten Völker der Welt sagten Obama, dass sie ihm nicht glauben und dass es ein Verstoß gegen das Internationale Recht ist, wenn die Regierung der Vereinigten Staaten von Amerika Syrien ohne Genehmigung durch die UNO angreift.
Putin sagte vor den versammelten Führern der Welt, dass die Attacke mit chemischen Waffen eine „Provokation seitens der bewaffneten Aufrührer

war, in der Hoffnung auf Hilfe aus dem Ausland, aus den Ländern, die sie vom ersten Tag an unterstützt haben“. Mit anderen Worten: Israel, Saudi-Arabien und Washington – die Achse des Bösen.
China, Indien, Südafrika, Brasilien, Indonesien und Argentinien schlossen sich Putin an und bekräftigten, dass ein Führer, der militärische Aggression ohne die Zustimmung des UN-Sicherheitsrates begeht, sich selbst „außerhalb des Rechts“ stellt.
Mit anderen Worten: Wenn du dich über die Welt hinwegsetzt, Obama, dann bist du ein Kriegsverbrecher.
Die ganze Welt wartet darauf zu sehen, ob die Israel-Lobby Obama in die Rolle des Kriegsverbrechers stoßen kann. Viele wetten, dass Israel sich gegen den schwachen amerikanischen Präsidenten durchsetzen wird, diese Null ohne jegliche Prinzipien. Ein paar Jahrzehnte vor dem Aufkommen der amerikanischen Schafsmenschen erklärte einer der letzten harten Amerikaner, Admiral Tom Moorer, Chef der Marineoperationen und Vorsitzender des Generalstabs, öffentlich, dass „kein Präsident der Vereinigten Staaten von Amerika sich gegen Israel stellen kann“. Amerikas höchstrangiger Militäroffizier war nicht imstande, eine ehrliche Untersuchung des israelischen Angriffs auf die USS Liberty in die Wege zu leiten.
Wir warten noch immer auf einen amerikanischen Präsidenten, der sich gegen Israel stellen kann. Oder, weil wir schon dabei sind, auf einen Kongress. Oder auf Medien.
Das Obama-Regime versuchte, seine vernichtende Niederlage beim G20-Gipfel abzuwehren, indem es seine HiWi-Staaten zwang, eine gemeinsame Erklärung zu unterzeichnen, in der Syrien verurteilt wurde. Die Marionettenstaaten allerdings bekräftigten ihre Position dadurch, dass sie erklärten, dass sie militärische Maßnahmen ablehnen und auf den Bericht der UNO warten. Die meisten von Obamas gekauften und bezahlten „Unterstützern“ sind impotent und machtlos. Zum Beispiel zählt Obama das Vereinigte Königreich zu den Unterstützerländern aufgrund der persönlichen Unterstützung des diskreditierten Premierministers des Vereinigten Königreichs David Cameron, ungeachtet der Tatsache, dass Cameron vom britischen Parlament in einer Abstimmung zurückgewiesen wurde, die die britische Teilnahme an einem weiteren Kriegsverbre-

chen Washingtons verbietet. Obwohl Cameron das britische Volk und die britische Regierung nicht auf seine Seite bringen kann, zählt Obama das Vereinigte Königreich zu den Unterstützern von seinem Angriff auf Syrien. Das ist eindeutig eine verzweifelte Aufzählung von „Unterstützerländern“.

Die türkische Marionettenregierung, die ihre eigenen friedlich demonstrierenden Bürger ohne Proteste von Seiten Obamas oder der Israel-Lobby auf den Straßen niedergeschossen hat, unterstützt, dass „Syrien zur Verantwortung gezogen werden muss“, sie selbst jedoch nicht und natürlich auch nicht Washington.

Die Staaten Kanada und Australien, machtlose Länder, von denen keines eine Spur von Einfluss auf die Welt hat, haben sich angestellt, um auf Befehl ihres Herrn in Washington zu hampeln. Die Bezahlung aus Washington macht das Handeln des höchsten Regierungsjobs in Kanada und Australien aus.

Die Null Obama behauptet, auch die Unterstützung von Japan und der Republik Südkorea zu haben, weitere zwei Länder ohne jede diplomatischen Einflüsse und Macht. Das hilflose Japan steht am Rande der Zerstörung durch die nukleare Katastrophe von Fukushina, für die es keine Lösung hat. Nachdem die Radioaktivität durch Lecks in die Grundwasserschicht gelangt, von der Tokyo und sein Umland abhängig sind, steht Japan vor dem Problem, möglicherweise 40 Millionen Menschen umsiedeln zu müssen.

Saudi-Arabien, das in die Lieferung der chemischen Waffen an die al-Nusra-„Rebellen“ verwickelt ist, die bei der Attacke benutzt worden sind, unterstützt Washington im Wissen, dass andernfalls Schluss ist mit seiner Tyrannei. Sogar die Neokonservativen unter der Führung von Obamas schriller nationaler Sicherheitsberaterin Susan Rice wollen die Saudis loswerden.

Obama behauptet auch, Unterstützung von Deutschland und Frankreich zu bekommen. Jedenfalls haben sowohl Hollande als auch Merkel eindeutig erklärt, dass ihre erste Wahl in einer diplomatischen Lösung und nicht im Krieg besteht, und dass das Ergebnis von der UNO abhängt.

Was die Unterstützung Italiens und Spaniens betrifft, so hoffen beide Regierungen darauf, mit genug von der Notenbank gedruckten Dollar be-

lohnt zu werden, um ihre verschuldeten Wirtschaften freikaufen zu können, damit die beiden Regierungen nicht auf den Straßen gestürzt werden, weil sie nichts gegen die Plünderung ihrer Länder durch die internationalen Bankster unternehmen. Wie so viele westliche Regierungen, unterstützen die von Italien, Spanien und natürlich die von Griechenland die internationalen Bankster und nicht ihre eigene Bevölkerung.
Der Präsident der Europäischen Kommission hat erklärt, dass die Europäische Union, der zentrale Oberherr über Großbritannien, Frankreich, Deutschland, Italien und Spanien, eine militärische Lösung der Krise in Syrien nicht unterstützt.
„Die Europäische Union ist sich sicher, dass die Anstrengungen auf eine politische Lösung gerichtet werden sollten", sagte Jose Manuel Barroso den Reportern auf dem G20-Gipfel. Die EU hat die Macht, Haftbefehle gegen die Chefs von EU-Regierungen auszustellen, die sich an Kriegsverbrechen beteiligen.
Das zeigt, dass die Unterstützung hinter dem Lügner Obama kläglich und begrenzt ist. Die Fähigkeit der westlichen Länder, die internationale Politik zu beherrschen, stieß auf dem G20-Gipfel an ihr Ende. Die moralische Autorität des Westens ist völlig dahin, erschüttert und abgenutzt von den zahllosen Lügen und schamlosen Akten der Aggression auf der Grundlage von nichts als Lügen und Eigennutz. Nichts bleibt von der „moralischen Autorität" des Westens, die nie etwas anderes war als ein Deckmantel für Eigennutz und Völkermord.
Der Westen wurde von seinen eigenen Regierungen zerstört, die zu viele Lügen verbreitet haben, und von seinen kapitalistischen Unternehmen, die die Arbeitsplätze und Technologie des Westens nach China, Indien, Indonesien und Brasilien ausgelagert und dadurch den westlichen Regierungen eine Steuergrundlage und die Unterstützung ihrer Bürger entzogen haben.
Es ist schwer zu erfahren, ob die Bürger im Westen ihre korrupten Regierungen weniger hassen als die Moslems, deren Leben und Länder durch westliche Aggression verwüstet worden sind, oder die Bürger von Ländern der Dritten Welt, die infolge der Ausbeutung durch raubgierige Finanzorganisationen der Ersten Welt in die Armut gestoßen worden sind.
Die idiotischen westlichen Regierungen haben ihre Macht selbst verscherzt. Es besteht keinerlei Aussicht, dass die neokonservative Fantasie

der Vorherrschaft der Vereinigten Staaten von Amerika über Russland, China, Indien, Brasilien, Südafrika, Südamerika und den Iran durchgesetzt werden kann. Diese Länder können ihr eigenes System für internationale Zahlungen und Finanzen einrichten und aus dem Dollarstandard aussteigen, wann immer sie wollen. Man fragt sich, warum sie warten. Der US-Dollar wird in unglaublichen Mengen gedruckt und ist nicht länger geeignet, die Reservewährung der Welt zu sein. Der US-Dollar steht am Rande der totalen Wertlosigkeit.

Der G20-Gipfel machte klar, dass die Welt nicht länger bereit ist, bei den Lügen und mörderischen Abenteuern des Westens mitzumachen. Die Welt hat den Westen durchschaut. Jedes Land versteht jetzt, dass die vom Westen angebotenen Rettungsaktionen nur Mechanismen sind, um die „geretteten" Länder auszubeuten und die Menschen in die Armut zu treiben.

Im 21. Jahrhundert hat Washington seine eigenen Bürger so behandelt, wie es die Bürger von Ländern der Dritten Welt behandelt. Unermessliche Billionen von Dollar wurden einer Handvoll Banken zugeschoben, während die Banken Millionen von Amerikanern aus ihren Häusern vertrieben und alles an sich rissen, was den zerbrochenen Familien noch gehörte.

Die Großunternehmen der Vereinigten Staaten von Amerika bekamen ihre Steuern gesenkt und wenige bezahlten überhaupt Steuern, während diese Unternehmen die Arbeitsplätze und Karrieren von Millionen von Amerikanern den Chinesen und Indern übergaben. Mit diesen Arbeitsplätzen gingen Bruttoinlandsprodukt, Steuerbasis und Wirtschaftskraft und hinterließen den Amerikanern massive Budgetdefizite, eine Währung ohne Grundlage und bankrotte Städte wie Detroit, das einst das produktive Zentrum der USA war.

Wie lange wird es dauern, bis Washington seine eigenen obdachlosen, hungrigen und demonstrierenden Bürger auf den Strassen niederschießt? Washington vertritt Israel und eine Handvoll organisierter privater Interessen. Washington vertritt niemanden sonst. Washington ist eine Plage, die auf der amerikanischen Bevölkerung lastet, und eine Plage für die Welt.

08.09.2013: Warum versuchen Obama und Kerry so verzweifelt, einen neuen Krieg zu beginnen?

Warum bemüht sich das Obama-Regime so verzweifelt, ein Kriegsverbrechen zu begehen, trotz der Warnungen, die der Narr im Weißen Haus vor zwei Tagen von den wichtigsten Ländern der Erde bekommen hat?
Welches mächtige Interesse drängt das Weiße Haus, außerhalb des Gesetzes zu handeln, außerhalb des Willens des amerikanischen Volkes, außerhalb der Warnungen der Weltgemeinschaft?
Wie der Premierminister des Vereinigten Königreichs David Cameron zugeben musste, hat das Obama-Regime eingestanden, dass niemand über schlüssige Beweise verfügt, dass die Regierung Assad in Syrien chemische Waffen eingesetzt hat. Nichtsdestoweniger hat Obama den jämmerlichen John Kerry geschickt, um die Öffentlichkeit und den Kongress auf der Grundlage von Videos zu überzeugen, dass Assad chemische Waffen „gegen seine eigene Bevölkerung" eingesetzt hat.
Was die Videos zeigen, sind tote und leidende Menschen. Die Videos zeigen nicht, wer es getan hat. Die Causa des Obama-Regimes existiert nicht. Sie beruht auf nichts, das auf Verantwortlichkeiten hinweist. Die Causa des Obama-Regimes ist nichts als eine unbegründete Unterstellung.
Welche Art von Person würde wohl die Welt auf der Grundlage von nichts als einer unbegründeten Unterstellung in den Krieg führen?
Die schlimmsten zwei Lügner der Welt, Obama und Kerry, sagen, dass Assad es getan hat, aber geben zu, dass sie das nicht beweisen können. Es ist das, was sie glauben wollen, weil sie wollen, dass es stimmt. Die Lüge dient ihrer inoffiziellen Agenda.
Wenn Obama und Kerry der Öffentlichkeit die wahren Gründe mitteilen würden, warum sie Syrien angreifen wollen, würden sie aus ihren Ämtern geworfen.
Die ganze Welt steht am Abgrund eines Krieges, dessen Folgen nicht absehbar sind, nur weil zwei Leute ohne jede Integrität, denen die Intelligenz und Menschlichkeit fehlen, die ihr hohes Amt erfordert, ent-

schlossen sind, einem kleinen Haufen von Kriegstreibern zu dienen, bestehend aus der tollwütigen mörderischen Regierung Israels und ihren moslemshassenden neokonservativen Agenten.
Die russische Regierung hat der UNO Dokumente übergeben, welche nachweisen, dass die mit al-Nusra und al-Qaida verbundenen Eindringlinge für die Attacke verantwortlich sind. Es ist auch eindeutig bewiesen, dass die „Rebellen“ chemische Waffen besitzen. Weiterhin hat ein hochgeachteter Journalist berichtet, indem er Zitate und Namen von al-Nusra-Kämpfern anführte, dass die chemischen Waffen von Saudi-Arabien ohne geeignete Gebrauchsanleitungen an al-Nusra weitergegeben worden waren und dass es zu einer ungewollten Explosion kam, ehe al-Nusra die von den Saudis gelieferten Waffen so einsetzen konnte, dass man das dann der Regierung Assad anhängen konnte.
Was immer die Tötungen verursacht hat, so sind diese bedauerlich, aber nicht bedauerlicher als die Toten, die Obama im Irak, in Afghanistan, Libyen, Somalia, Pakistan, im Jemen, in Ägypten und Syrien auf dem Gewissen hat. Die erwiesenen Tötungen, für die Obama die Verantwortung trägt, belaufen sich auf ein Vielfaches der unbewiesenen Tötungen, die Obama ohne Beweise Assad anlastet.
Unbestreitbare Tatsache ist, dass es in Syrien nur deshalb Tote gibt, weil Washington die Invasion Syriens durch externe Kräfte in die Wege geleitet hat, ähnlich denen, die Washington gegen Libyen benutzt hat. Wie auch immer es zu den Toten kam, die Toten sind das Werk des verbrecherischen Obama-Regimes. Ohne dieses kriminelle Regime, das die syrische Regierung zu stürzen versucht, gäbe es keine Toten durch chemische Waffen oder durch andere Mittel. Dieser Krieg wurde von Washington, Israel und den westlichen Medien begonnen, die von der Israel-Lobby bezahlt werden.
Assad hat den Krieg nicht begonnen. Er genießt eine viel höhere öffentliche Unterstützung in Syrien als Obama in den Vereinigten Staaten von Amerika, Cameron im Vereinigten Königreich, Hollande in Frankreich, Merkel in Deutschland oder Netanyahu in Israel.
Der Narr im Weißen Haus wiederholt seine unsinnige Behauptung, als wäre er eine aufgezogene Sprechpuppe: Assads unbewiesener „Einsatz von chemischen Waffen bildet eine Bedrohung für die globale Sicherheit“.

Werter Leser, wer außer dem Narren im Weißen Haus ist so unsäglich dumm zu glauben, dass Syrien eine Bedrohung für die Weltsicherheit darstellt? Wenn Syrien eine „Bedrohung der Weltsicherheit" ist, wenn der Irak eine „Bedrohung der Weltsicherheit" war, wenn dem Iran vorgehalten wird, eine „Bedrohung der Weltsicherheit" zu sein, was für eine Art von Supermacht sind dann die Vereinigten Staaten von Amerika? Wie tief muss der Intelligenzquotient, wie mental geschädigt muss die Öffentlichkeit sein, um auf diese absurden hysterischen Anschuldigungen hereinzufallen? Wenden wir einmal Obamas Behauptung auf sich selbst an. Warum ist es denn für Obama keine Bedrohung der Weltsicherheit, wenn er Syrien angreift? Es gibt keine Befugnis für ihn, Syrien anzugreifen, nur weil er das will, nur weil er Assad mit endlosen Lügen dämonisiert hat, nur weil Obama voll an den Fäden der tollwütigen israelischen Regierung und seiner neokonservativen nationalen Sicherheitsberaterin, die effektiv eine israelische Agentin ist, hängt, und nur weil das Propagandaministerium jede Lüge Obamas verbreitet, als wäre sie die Wahrheit.

Ist es keine Bedrohung der internationalen Sicherheit, wenn eine Supermacht aus einer Laune heraus einen Anführer und ein Land dämonisieren und massenhafte Zerstörung entfesseln kann, wie es die Vereinigten Staaten von Amerika in den letzten zwölf Jahren siebenmal getan haben? Es gibt Millionen von unschuldigen, aber dämonisierten Opfern der „unverzichtbaren, außergewöhnlichen Vereinigten Staaten von Amerika", des „Lichtes über der Welt".

Vergessen Sie die Medien der Vereinigten Staaten von Amerika, die nichts anderes als ein Propagandaministerium der Israel-Lobby sind. Was die Abgeordneten des Kongresses und was das amerikanische Volk Obama fragen müssen, ist, warum das Weiße Haus nur die Israel-Lobby vertritt. Niemand unterstützt einen Angriff auf Syrien – außer der Israel-Lobby.

Warum ist Obama dabei, Washingtons Register der letzten zwölf Jahre ein weiteres Verbrechen hinzuzufügen? Hat es nicht gereicht, die Leben und Aussichten von Millionen Menschen in Afghanistan, Irak, Libyen, Somalia, Pakistan, Jemen und Ägypten zu zerstören? Warum die Lebensaussichten von weiteren Millionen Menschen in Syrien und anderen Ländern, in die Obamas Krieg sich ausbreiten könnte, zunichte machen?

11.09.2013: Zu viele Jahre voller Lügen - von Mossadegh bis 9/11

Washington führt seit zwölf Jahren Krieg. Experten wie Joseph Stiglitz und Linda Bilmes sagen, dass diese Kriege die Amerikaner rund 6 Billionen Dollar gekostet haben. Genug, um Sozialversicherung und Gesundheitsversorgung Jahrzehnte lang problemlos zu betreiben. Alles, was sich nach zwölf Jahren Krieg vorzeigen lässt, sind fette Bankkonten auf Seiten der Rüstungsindustrie und eine Reihe von zerstörten Ländern mit Millionen von Toten und vertriebenen Menschen, die nie eine Hand gegen die Vereinigten Staaten von Amerika erhoben haben.

Die Kosten auf Seiten der amerikanischen Soldaten und Steuerzahler sind extrem. Der Minister für Veteranenangelegenheiten Erik Shinseki berichtete im November 2009, dass „seit 2001 mehr Veteranen Suizid begangen haben, als wir auf den Schlachtfeldern des Irak und Afghanistans verloren haben". Viele Tausend unserer Soldaten haben Gliedmaßen verloren oder schwere Gehirntraumata erlitten. Am Marine Corps War College (Kriegsakademie der Marine) berechnete Jim Lacey, dass die jährlichen Kosten des Krieges gegen Afghanistan 1,5 Milliarden Dollar pro Al-Qaida-Mitglied in Afghanistan betragen. Viele Soldaten der Vereinigten Staaten von Amerika und der Koalition bezahlten mit ihrem Leben für jedes getötete Al-Qaida-Mitglied. Es gibt keine Berechnung, nach der der Krieg jemals Sinn ergeben hat.

Washingtons Kriege haben das vorteilhafte Image der Vereinigten Staaten von Amerika zerstört, das über die Jahrzehnte des Kalten Krieges aufgebaut worden ist. Statt als Hoffnung der Menschheit werden die Vereinigten Staaten von Amerika heute als eine Bedrohung gesehen, deren Regierung nicht getraut werden kann.

Die Kriege, die Amerikas guten Ruf ruiniert haben, sind die Konsequenz von 9/11. Die Neokonservativen, die Amerikas Vorherrschaft über die Welt befürworten, riefen nach „einem neuen Pearl Harbor", das ihnen die Möglichkeit gab, Eroberungskriege zu führen. Ihr Plan für die Eroberung des Mittleren Ostens als Anfangsziel wurde im neokonservativen „Projekt für das Neue Amerikanische Jahrhundert" dargelegt. Er wurde von Herausgeber Norman Podhoretz und vielen weiteren Neokonservativen klar erklärt.

Die Argumentation der Neokonservativen läuft auf die Behauptung hinaus, dass die Geschichte für die Zukunft den „demokratischen Kapitalismus" erkoren hat und nicht Karl Marx. Um dem Ruf der Geschichte gerecht zu werden, mussten die Vereinigten Staaten von Amerika ihr Militär stärken und auf der gesamten Welt den „American Way" einführen. In anderen Worten, wie Claes Ryn schrieb, sind die amerikanischen Neokonservativen die „neuen Jakobiner", ein Bezug auf die Französische Revolution 1789, die das Ziel hatte, das aristokratische Europa zu stürzen und durch „Freiheit, Gleichheit, Brüderlichkeit" zu ersetzen, aber stattdessen Europa ein Vierteljahrhundert von Krieg, Tod und Zerstörung brachte.

Ideologien sind gefährlich, weil sie gegenüber Tatsachen immun sind. Jetzt, wo in den Vereinigten Staaten von Amerika nicht mehr die Verfassung herrscht, sondern eine tollwütige Ideologie, die einen Polizeistaat hat entstehen lassen, umfassender als der der DDR; und einen kriegsführenden Staat, der souveräne Länder auf der Grundlage von nichts als Lügen angreift, bleibt uns die Ironie, dass Russland und China als Kräfte gesehen werden, welche Washington daran hindern können, die Welt mit Tod und Zerstörung zu überziehen. Die zwei Paria-Staaten des 20. Jahrhunderts sind im 21. Jahrhundert zur Hoffnung der Menschheit geworden!

Wie Oliver Stone und Peter Kuznick in ihrem Buch „The Untold History of the United States" beweisen, hat die amerikanische Regierung nie ihren guten Ruf verdient. Washington konnte seine Verbrechen sehr erfolgreich in moralistische Worte kleiden und sie im Verborgenen halten. Erst Jahrzehnte nach den Ereignissen kommt die Wahrheit ans Licht.

Zum Beispiel wurde am 19. August 1953 die demokratisch gewählte Regierung des Iran durch einen Staatsstreich gestürzt, der von der Regierung der Verinigten Staaten von Amerika angestiftet wurde. Sechzig Jahre nach dem Ereignis freigegebene CIA-Dokumente berichten ausführlich, wie die geheime CIA-Operation eine demokratische Regierung stürzte und dem iranischen Volk eine Marionette Washingtons aufzwang. Die freigegebenen Dokumente könnten es nicht eindeutiger ausgedrückt haben: „Der Militärputsch, der Mossadegh und sein Kabinett der Nationalen Front gestürzt hat, wurde unter der Leitung der CIA im Rahmen der Außenpolitik der Vereinigten Staaten von Amerika ausgeführt, konzipiert und bewilligt von den höchsten Ebenen der Regierung."

Im 21. Jahrhundert versucht Washington, seine Meisterleistung des Sturzes der iranischen Regierung von 1953 zu wiederholen, diesmal mit der von Washington finanzierten „grünen Revolution". Wenn dies nicht gelingt, wird Washington sich auf militärisches Vorgehen stützen.

Wenn 60 Jahre die Zeit sind, die vergehen muss, ehe Washingtons Verbrechen bestätigt werden können, dann wird die Regierung der Vereinigten Staaten von Amerika die Wahrheit über den 11. September 2001 am 11. September 2061 zugeben. 2013, an diesem 12. Jahrtag von 9/11, haben wir nur mehr 48 Jahre vor uns, bis Washington die Wahrheit eingesteht. Ach, die Mitglieder der 9/11-Wahrheitsbewegung werden nicht mehr am Leben sein, um zu ihrer Genugtuung zu kommen!

Wie aber seit Jahrzehnten bekannt ist, dass Washington Mossadegh gestürzt hat, wissen wir schon jetzt, dass die offizielle Geschichte von 9/11 Schwachsinn ist. Es gibt keinen Beweis, der die 9/11-Geschichte der Regierung unterstützt. Die 9/11-Kommission war eine politische Runde unter der Leitung eines neokonservativen Funktionärs des Weißen Hauses. Die Kommissionsmitglieder saßen da und hörten sich die Geschichte der Regierung an und schrieben sie nieder. Keine Untersuchung welcher Art auch immer wurde gemacht. Ein Kommissionsmitglied trat zurück mit der Bemerkung, dass die Sache gelaufen sei. Nach der Veröffentlichung des Berichts verfassten der stellvertretende Vorsitzende und der Rechtsberater der Kommission Bücher, in denen sie sich vom Bericht distanzierten. Die 9/11-Kommission wurde „eingerichtet, um zu scheitern", schrieben sie.

NISTs (National Institute of Standards and Technologie) Darstellung des strukturellen Zusammenbruchs der Zwillingstürme ist eine Computersimulation auf der Grundlage von Annahmen, die gewählt wurden, um das gewünschte Ergebnis zu bekommen. NIST weigert sich, seine fantasierte Erklärung für eine Untersuchung durch Experten freizugeben. Die NIST-Erklärung des strukturellen Zusammenbruchs der Türme kann einer Überprüfung nicht standhalten.

Es gibt viele 9/11-Truth-Organisationen, bestehend aus Hochbauarchitekten, Statikern, Physikern, Chemikern und Nano-Chemikern, Militär- und zivilen Piloten, Feuerwehrleuten und Rettungshelfern, ehemaligen Regierungsvertretern und von 9/11 betroffenen Familien. Die Beweise, die sie zusammengetragen haben, überwältigen den kläglichen offiziellen Bericht.

Es ist eindeutig bewiesen worden, dass das World-Trade-Center-Gebäude 7 im freien Fall in sich zusammenstürzt ist, was nur durch eine kontrollierte Sprengung erreicht werden kann, die jeden behindernden Widerstand gegen fallende Gebäudeteile entfernt. NIST hat diese Tatsache bestätigt, aber seine Geschichte nicht verändert.

Mit anderen Worten, im heutigen Amerika hat offizielle Verleugnung noch immer Vorrang gegenüber Wissenschaft und unbestrittenen Fakten.

An diesem 12. Jahrtag eines orchestrierten Ereignisses brauche ich nicht die massenhaften Unterlagen anzuführen, die schlüssig beweisen, dass die offizielle Geschichte eine Lüge ist. Sie können sie selbst lesen. Sie sind im Internet zu finden. Sie können lesen, was die Architekten und Ingenieure zu sagen haben. Sie können die Berichte der Wissenschaftler lesen. Sie können hören, was die Rettungsleute sagen, die in den WTC-Türmen waren. Sie können über Piloten lesen, die sagen, dass die Manöver, die das Flugzeug ausführen musste, das angeblich in das Pentagon geflogen ist, ihre Fähigkeiten übersteigen und ganz sicher nicht von unerfahrenen Piloten ausgeführt worden sind.

Sie können die vielen Bücher von David Griffin lesen. Sie können den Film ansehen, der von Richard Gage und den Architekten und Ingenieuren für 9/11 produziert worden ist. Sie können den 9/11-Toronto-Report lesen über die internationalen Hearings zu 9/11.

Eigentlich brauchen Sie gar keine Expertenbeweise, um zu wissen, dass die Geschichte der Regierung der Vereinigten Staaten von Amerika falsch ist. Ich habe bereits in früheren Kolumnen ausgeführt, dass wenn ein paar junge Saudi-Araber, die angeblichen 9/11-Entführer, imstande gewesen wären, ohne Unterstützung irgendeiner Regierung oder irgendeines Geheimdienstes nicht nur CIA und FBI, sondern alle 16 Geheimdienste der Vereinigten Staaten von Amerika, die Geheimdienste von Washingtons NATO-Alliierten und Israels Mossad, den Nationalen Sicherheitsrat,

NORAD, den Generalstab, die Luftverkehrsüberwachung und Flughafensicherheit viermal innerhalb einer Stunde am selben Vormittag auszutricksen, das Weiße Haus, der Kongress und die Medien eine Untersuchung darüber gefordert hätten, wie das nationale Sicherheitssystem so total versagen konnte.
Stattdessen stellten sich der Präsident der Vereinigten Staaten von Amerika und jede Regierungsstelle heftig gegen jede Untersuchung. Erst nach einem Jahr von Forderungen und steigendem Druck von Seiten der 9/11-Familien wurde die 9/11-Kommission geschaffen, um die Angelegenheit zu begraben.
Nicht einer in der Regierung wurde für das erstaunliche Versagen verantwortlich gemacht. Das System der nationalen Sicherheit wurde von ein paar bunt zusammengewürfelten Moslems mit Box Cutters und einem kranken alten Mann, der in einer Höhle in Afghanistan wegen Nierenversagens im Sterben lag, geschlagen, und keine Köpfe rollten.
Das völlige Fehlen von Forderungen seitens der Regierung nach einer Untersuchung eines Ereignisses, das als größte Blamage einer „Supermacht" in der Weltgeschichte dasteht, ist ein umfassendes unfreiwilliges Eingeständnis, dass 9/11 ein inszeniertes Ereignis ist. Die Regierung wollte keinerlei Untersuchung, weil die Geschichte der Regierung keiner Überprüfung standhalten kann.
Die Regierung konnte sich auf die Medien-Megakonzerne verlassen, in deren Händen das korrupte Clintonregime die Medien der Vereinigten Staaten von Amerika konzentriert hat. Indem sie die Geschichte der Regierung unterstützten, statt sie zu untersuchen, ließen die Medien die Mehrheit der Amerikaner, die dem gesellschaftlichen Druck unterliegen, ohne jede Unterstützung für ihre Zweifel. Das amerikanische Propagandaministerium bestätigte effektiv die falsche Geschichte der Regierung.
Bereits alltägliche Erfahrungen von Amerikanern widerlegen die Geschichte der Regierung. Nehmen wir zum Beispiel selbstreinigende Backöfen. Wieviele amerikanische Wohnungen haben einen? 30 Millionen? Haben Sie einen?
Wissen Sie, welche Temperatur selbstreinigende Backöfen erreichen? Der Selbstreinigungsvorgang dauert einige Stunden bei 900°F oder 48°C. Schmilzt Ihr selbstreinigender Backofen bei 482°C? Nein, er schmilzt

nicht. Wird das sehr dünne Stahlblech weich und Ihr Backofen fällt zusammen? Nein, das ist nicht der Fall.

Halten Sie sich das vor Augen, wenn Sie Folgendes lesen: Laut den von NIST durchgeführten Tests erreichten nur 2 % des von NIST getesteten WTC-Stahls Temperaturen bis 250°C, etwa die Hälfte der Temperatur, die Ihr selbstreinigendes Backrohr erreicht. Glauben Sie, dass dermaßen niedrige Temperaturen in so kleinen Bereichen der WTC-Türme dazu führten, dass die massiven, dicken Stahlsäulen in den Türmen erweichten und die Gebäude einstürzen ließen? Wenn Sie das glauben, dann erklären Sie doch, warum Ihr selbstreinigender Backofen nicht erweicht und zusammenbricht.

In Abschnitt E.5 der Zusammenfassung des NIST-Berichtes heißt es: „Es wurde eine Methode entwickelt, die unter dem Mikroskop beobachtete Farbrisse benützt, um zu bestimmen, ob Stahlträger Temperaturen von über 250° Celsius ausgesetzt waren. Mehr als 170 Zonen wurden untersucht ... Nur drei Zonen erbrachten ein positives Ergebnis, das darauf hinwies, dass Stahl und Farbanstrich Temperaturen über 250° erreicht haben könnten." Analysen von Stahl-„Mikrostrukturen zeigen keine Beweise dafür, dass diese für einen signifikanten Zeitraum Temperaturen über 600°C ausgesetzt waren."

In Abschnitt 3.6 des NIST-Berichts steht: „NIST glaubt, dass diese Sammlung von Stahl von den WTC-Türmen für die Zwecke der Untersuchung ausreicht."

Wie kamen diese Wahrheiten heraus? Meine Erklärung dafür ist, dass die NIST-Wissenschaftler, aufgebracht über die Bedrohung ihrer Jobs und ihrer zukünftigen Aussichten, einen Arbeitsplatz zu finden, und aus Jux angesichts des Befehls, einen falschen Bericht zu erstellen, die erzwungene Täuschung bloßstellten, indem sie Informationen einfügten, die ihre politischen Auftraggeber nicht verstanden. Indem sie unmissverständlich die tatsächlichen Temperaturen anführten, bauten die NIST-Wissenschaftler die Lüge in den erzwungenen Bericht ein.

Der Schmelzpunkt von Stahl liegt bei rund 1.500°C. Stahl kann bei niedrigeren Temperaturen nachgeben, aber die NIST-Wissenschaftler berichteten, dass nur ein kleiner Teil des Stahls überhaupt Temperaturen ausgesetzt war, die nicht einmal so hoch sind wie die im selbstreinigenden Backofen in Ihrem Haus.

Wenn Sie darüber noch etwas mehr nachdenken müssen, dann kaufen Sie sich eine Ausgabe von „The Making of the Atomic Bomb“ von Richard Rhodes. Sehen Sie sich die Straßenbahn auf Foto 108 an. Die Bildunterschrift lautet: „Der Feuerball von Hiroshima führte sofort zu Oberflächentemperaturen innerhalb einer Meile vom Hypozentrum von mehr als 1.000°F (500°C).“ Ist die Straßenbahn ein geschmolzener Stahlklumpen? Nein, sie ist von der Struktur her intakt, allerdings schwarz vom verbrannten Lack.

Washington hätte gern, dass Sie glauben, dass Stahl, der die Atombombe intakt überstanden hat, bei niedrigeren Temperaturen infolge von kurzzeitigen, isolierten Bürobränden schmelzen würde. Was halten Sie von einer Regierung, die glaubt, dass Sie so dumm sind?

Wer würde wohl eine Regierung unterstützen, die jedes Mal lügt, wenn sie den Mund aufmacht?

Die drei WTC-Gebäude, die zerstört wurden, waren als massive Wärmeableiter ausgelegt. Ich bezweifle, dass die beschränkten, kurzzeitigen, nicht besonders heißen Brände in den Gebäuden die massiven Stahlstrukturen auch nur handwarm erwärmt haben.

Darüber hinaus schmolz nicht eine einzige Stahlsäule oder wurde infolge von Materialermüdung deformiert. Die Säulen wurden durch an ihnen angebrachte Sprengladungen mit extrem hoher Temperatur in spezifisch lange Stücke abgetrennt.

Fragen Sie sich an diesem 12. Jahrtag von 9/11, ob Sie wirklich glauben wollen, dass Temperaturen, die halb so hoch sind wie die in Ihrem selbstreinigenden Backofen, dazu geführt haben, dass drei massive Stahlstrukturen in Staub zerfallen sind.

Dann fragen Sie sich, warum Ihre Regierung glaubt, dass Sie so blöd sind, dass Sie ein derartiges Märchen glauben, wie es Ihnen Ihre Regierung über 9/11 erzählt hat.

12.09.2013: Putin übernimmt die Führungsrolle in der Welt

Putins Artikel in der New York Times vom 11. September bringt die eingeklemmten Schweine zum Quieken. Die Schweine sind genau die, von denen Sie gedacht haben, dass sie es sind – alle diejenigen, deren Agenden und Profite durch einen Angriff gegen Syrien durch Washington gefördert werden.

Unter den quiekenden eingeklemmten Schweinen befinden sich Human Rights Watch-Blogger, die aus der Tasche der CIA finanziert zu sein scheinen. Bleibt überhaupt eine Institution, die nicht mit Geld Washingtons geschmiert wurde?

Beachten Sie, dass Putin deswegen kritisiert wird, weil er das Obama-Regime davon abgehalten hat, Syrien anzugreifen und zahllose Syrer im Namen der Menschenrechte abzuschlachten. Die Schweine sind außer sich, weil Obamas Krieg blockiert worden ist. Sie haben sich schon so sehr auf den Massenmord gefreut, von dem sie glauben, dass er ihre Profite und Vorhaben weiterbringt.

Die meisten von Putins Kritikern sind intellektuell zu überfordert um zu verstehen, dass sein brillanter und humaner Artikel Putin zum Führer der freien Welt und zum Verteidiger des Rechtsstaates gemacht und Obama als das entlarvt hat, was er ist – der Führer einer verbrecherischen, gesetzlosen, unberechenbaren Regierung, die lügt und Kriegsverbrechen begeht.

Putin war diplomatisch und sehr vorsichtig in seiner Kritik an Obamas Rede vom 10. September, in welcher Obama Washingtons Gesetzlosigkeit als „amerikanischen Exzeptionalismus“ rechtfertigte. Obama behauptete, indem er versuchte, sein kriminelles Regime in den moralischen Himmel zu hieven, dass es die Politik der Regierung der Vereinigten Staaten von Amerika ist, „die Amerika different sein lässt. Sie ist das, was uns zu etwas Besonderem macht.“

Was Obama den Amerikanern sagte, ist genau das, was einst Hitler den Deutschen gesagt hat. Die Russen, die mehr als sonst wer das volle Gewicht der deutschen Kriegsmaschine ertragen haben, wissen, wie gefährlich es ist, Menschen zu ermutigen, sich selbst als außergewöhnlich zu betrachten, als unabhängig von Recht, Genfer Konventionen, dem UN-Sicherheitsrat und menschliche Sorgen um andere. Putin erinnerte Obama daran, dass „Gott uns gleich geschaffen hat".

Hätte Putin Obama die volle Zurechtweisung erteilen wollen, die er verdient, könnte Putin gesagt haben: „Obama hat recht damit, dass die Politik der Regierung der Vereinigten Staaten von Amerika das ist, was die USA außergewöhnlich macht. Die Vereinigten Staaten sind das einzige Land auf der Welt, das acht Länder in zwölf Jahren angegriffen und Millionen von Moslems nur auf der Grundlage von Lügen ermordet und enteignet hat. Das ist kein Exzeptionalismus, auf den man stolz sein kann."

Putin kann es offensichtlich leicht mit den moralresistenten, minderbemittelten Schwachköpfen aufnehmen, die die Amerikaner in hohe Ämter setzen. Putin sollte allerdings die Verlogenheit seiner Gegner in Washington nicht unterschätzen. Er warnte, dass die Militanten, die Washington im Mittleren Osten heranzüchtet, ein Gegenstand großer Sorge sind. Wenn diese Militanten in ihre eigenen Länder zurückkehren, verbreiten sie Destabilisierung, etwa wie beim Umsturz Libyens benutzten Extremisten, die dann nach Mali weiterzogen.

Die Destabilisierung anderer Länder ist der Hauptzweck von Washingtons Kriegen im Mittleren Osten. Washington betreibt die Radikalisierung von Moslems, um Unruhen in die muslimischen Bevölkerungsteile Russlands und Chinas hineinzutragen. Washingtons Propagandamaschinerie wird dann diese Terroristen zu „Freiheitskämpfern gegen die unterdrückerischen Regierungen Russlands und Chinas" machen und Human Rights Watch und andere Organisationen, die Washington durchsetzt und korrumpiert hat, dazu verwenden, um Russland und China zu denunzieren, weil sie „Kriegsverbrechen gegen Freiheitskämpfer" begehen. Zweifelsohne werden auch Attacken mit chemischen Waffen inszeniert werden, wie es gerade in Syrien der Fall war.

Nur wenn Washingtons NATO-Marionettenstaaten früh genug aufwachen, können die Kriegstreiber in Washington isoliert werden und der Menschheit könnte der Dritte Weltkrieg erspart bleiben.

24.09.2013: Washingtons Gewaltherrschaft

Der Kriegsverbrecher Barack Obama hat seine „Empörung" über die 62 Toten kundgetan, die mit der Übernahme eines Einkaufszentrums in Nairobi, Kenia, durch Al-Shabaab-Kämpfer in Verbindung gebracht werden. Doch die Attacke auf das Einkaufszentrum geht auf Obamas Konto. Al-Shabaab-Sprecher sagten, dass die Attacke auf das Einkaufszentrum in Nairobi ein Vergeltungsschlag für die kenianischen Soldaten ist, die zu ihrer Bekämpfung nach Somalia geschickt worden sind. Die kenianischen Soldaten waren auf Druck Washingtons nach Somalia geschickt worden. Gerade so, wie der Ausbruch von Gewalt in Mali auf die Kämpfer zurückging, die Obama gegen Gaddafi benutzt hatte, und die dann nach Mali gingen, so führte Washingtons Gewalt gegen Somalia zu der terroristischen Attacke gegen das Einkaufszentrum in Nairobi.

Da erhebt sich wieder einmal die nie gestellte Frage: Welche Agenda verfolgt Washington wirklich mit dem „Krieg gegen den Terror"? Die westlichen Medien stellen diese Frage nie, auch die westlichen gesetzgebenden Körperschaften nicht.

Washington hat eine Vielfalt von Rechtfertigungen für seine zwölf Jahre Kriege angeboten. Eine ist, dass Washington den Terrorismus ausrottet, um die Amerikaner vor Ereignissen wie 9/11 zu beschützen. Eine weitere ist, dass „Diktatoren" gestürzt und durch „Freiheit und Demokratie" ersetzt werden müssen. Noch eine andere bilden falsche Behauptungen über den „Besitz von Massenvernichtungswaffen" (Irak) und den „Einsatz von Massenvernichtungswaffen" (Syrien).

Keine von Washingtons Behauptungen kann auch nur der leisesten Überprüfung standhalten. Keine der Regierungen, die Washington gestürzt hat oder zu stürzen versucht, führt einen terroristischen Staat. Einige sind in der Tat nicht einmal islamistische Regierungen. Saddam Husseins Irak hatte eine säkulare Regierung, das Gleiche trifft auf Assads Syrien zu.

Washingtons Erklärungen betreffend die Ermordung von Pakistanern und Jemeniten mit Drohnen sind noch nebulöser. Darüber hinaus entbehrt der

Einsatz von militärischen Mitteln für die Tötung von Bürgern in Ländern, mit denen die Vereinigten Staaten von Amerika nicht im Krieg stehen, jeglicher Legalität.
Wenn sich Obama wegen Toten in Syrien oder Nairobi auf das hohe Ross der Moral schwingt, beweist er verblüffende Scheinheiligkeit. Man würde eher erwarten, dass Obama sich schämt. Das ägyptische Militär, das jährlich mit 2 Milliarden Dollar von Washington finanziert wird, hat gerade den ersten gewählten Präsidenten in der Geschichte Ägyptens gestürzt, die politische Partei verboten, die die Ägypter an die Macht gewählt haben, und Güter, Geld und Gebäude der politischen Partei beschlagnahmt. Das von Washington gesponserte ägyptische Militär schoss viel mehr Ägypter nieder, die gegen den Sturz ihrer Regierung durch einen Militärputsch protestierten, als in dem Einkaufszentrum in Nairobi getötet wurden. Wir hören jedoch nichts von Washington über die Notwendigkeit, die Demokratie in Ägypten zu unterstützen.
Als das britische Parlament dagegen stimmte, einen Deckmantel für Obamas kriminellen Angriff gegen Syrien zur Verfügung zu stellen, machte das Parlament Platz für Russlands Präsident Putin, um die Situation in Syrien zu entschärfen, indem er die Zustimmung des syrischen Präsidenten Assad erreichte, der Organisation für das Verbot von Chemiewaffen beizutreten und alle Chemiewaffen Syriens einer internationalen Organisation zu übergeben.
Das kriegstreiberische Obama-Regime war außer sich, dass Washingtons militärischer Angriff gegen Syrien blockiert worden war. Washington und die Israel-Lobby betrieben die Dämonisierung von Präsident Putin, weil er statt Krieg Frieden zustande gebracht hatte. Das Obama-Regime versucht, das Abkommen dadurch zu blockieren, dass es darauf besteht, in die UNO-Resolution eine Möglichkeit für einen Angriff auf Syrien einzubauen – für den Fall, dass Washington nicht überzeugt ist, dass alle Chemiewaffen abgeliefert wurden.
Die ganze Welt weiß, dass Washington wieder lügen wird. Es wird versichern, dass nicht alle Waffen abgegeben worden sind und dann die Möglichkeit nutzen, die Washington in die UNO-Resolution hineinzuzwingen versucht, um einen neuen Krieg zu beginnen. Der russische Außenminister Sergey Lavrov hat öffentlich erklärt, dass Washington versucht,

Russland zu nötigen, die Möglichkeit einer militärischen Intervention als Teil des Abkommens zu akzeptieren.
Bis zum 21. Jahrhundert betrieb Washington seine unerbittlichen ruchlosen Aktivitäten gegen andere Völker und Länder verdeckt. Im 21. Jahrhundert haben die kriminellen Regimes von Bush und Obama dann schamlos ihre Geringschätzung für das Recht der Vereinigten Staaten von Amerika, das Internationale Recht und die Menschenrechte demonstriert. Mit der „Supermacht" sind Überheblichkeit und Arroganz durchgegangen. In der UNO-Generalversammlung am 23. September prangerte die Präsidentin von Brasilien das Obama-Regime wegen dessen „Verstoß gegen Internationales Recht" an, enthüllt durch den Abhörskandal. Der bolivianische Präsident Evo Morales betreibt gegen das Obama-Regime eine Klage wegen „Verbrechen gegen die Menschlichkeit".
Wenn die Welt auf Washington blickt, kann sie Washington nicht von den Diktaturen unterscheiden, als die Washington andere Länder hinstellt. Das Regime in Washington hat erklärt, dass es über Gesetz und Verfassung steht und die Macht besitzt, Bürger unbefristet einzusperren und sie ohne rechtsstaatliches Verfahren umzubringen. Diese Befugnisse bilden den notwendigen und ausreichenden Rahmen für eine Diktatur.

Wer wird die Amerikaner von Washingtons Gewaltherrschaft befreien, die Diktatur des exekutiven Bereichs stürzen und Freiheit und Demokratie nach Amerika bringen?

09.10.2013: Ein Cäsar in unserer Zukunft?

Was geschieht, sollte dem US-Finanzministerium wegen der Schließung der Regierungsgeschäfte das Geld ausgehen?

In einer Ansprache vor dem Commonwealth Club in San Francisco gab Peter Dale Scott am 23. November 2010 einen geschichtlichen Abriss über die verschiedenen Direktiven zur Aufrechterhaltung der Regierungsfunktionalität während Ausnahmezuständen. Er zeigte, dass diese Direktiven genutzt werden könnten, die Verfassung aufzuheben.

Die Leichtigkeit, mit der die Regimes von Bush und Obama die Rechtsstaatlichkeit der Verfassung aufheben konnten, die die US-Bürger vor unbeschränkter Inhaftierung und vor Hinrichtungen ohne gerichtliche Verurteilung schützt, beweist: Professor Scotts Bedenken sind begründet. Das Ergebnis der oben genannten Vorschriften könnte die Herrschaft der Exekutive sein.

Scott beschreibt, wie aus dem Bestreben der Exekutive aus der Zeit der Eisenhower-Administration die Aufrechterhaltung der Regierungstätigkeit nach einem atomaren Angriff zu sichern, nach und nach Verfügungen des Präsidenten oder der nationalen Sicherheit (später der Heimatschutzbehörde) wurden. Diese Verfügungen gewähren dem Weißen Haus bei jedem Ereignis, das die Exekutive als Notfall betrachtet, weitere geheime Ermächtigungen.

Diese verschiedenen Präsidentenverfügungen und Handlungsanweisungen beziehen sich generell auf „nationale Notfälle“ oder „nationale Katastrophen“. Die National Security Presidential Directive NSPD 51 und Homeland Security Presidential Directive HSPD-20 von Präsident Bush, die am 9. Mai 2007 veröffentlicht wurden, verwenden indes den Begriff „katastrophaler Notfall“.

Die Direktiven sprechen von einer „andauernden verfassungsmäßigen Regierung“, die der Präsident aufrecht erhält, indem er sie „mit Respekt vor und im Einklang mit der Legislative und der Judikative“ koordiniert. Letztlich entscheiden aber der Präsident und sein Berater, der National Continuity Coordinator (‚Nationaler Kontinuitätsberater’), was eine verfassungsmäßige Regierung während eines katastrophalen Notfalles darstellt.

Was bedeutet katastrophaler Notfall? Ist es angemessen, wenn der Präsident bei einem katastrophalen Notfall als Notmaßnahmen die Schließung der Regierungsgeschäfte erwägt – was unter anderem die nationale Sicherheit bedrohen, eine Zahlungsunfähigkeit und den Zusammenbruch der Wirtschaft bedeuten kann – und zum Beispiel in Eigenregie die Schuldenobergrenze anhebt?

Auch die US-Notenbank kann eine Schließung der Regierung verhindern. Sind Banken ‚zu groß zum Scheitern’, dann ist die Bundesregierung das auch. Wenn die US-Notenbank US-amerikanischen und europäischen Banken auf eigene Faust mehr als 16 Billionen Dollar leihen kann, um

ihr Scheitern zu verhindern, dann kann die US-Notenbank auch der US-Regierung Geld leihen.
Ich erwarte nicht, dass einer der beiden Fälle eintritt. Eine Schließung der Regierungsgeschäfte und eine Nichterfüllung der Zahlungsverpflichtungen der USA würden den Supermachtstatus des Landes zerstören und den Dollar als Weltreservewährung entthronen. Weder der Kongress noch Obama streben ein solches Ergebnis an. Zudem hätten die Mitglieder des Kongresses kein Interesse am Inkrafttreten einer Direktive des Präsidenten, die ihre Position untergräbt und ihnen womöglich jede nennenswerte Beteiligung an den Regierungsgeschäften nimmt. Deshalb erwarte ich eine Auflösung der derzeitigen Pattsituation, bevor dem Finanzamt das Geld ausgeht.
Ich habe King World News und Greg Hunter zu dieser Thematik Interviews gegeben. Obwohl die Interviews ein wenig reißerisch sind, erwarte ich nicht, dass es zum Äußersten kommt – wenngleich das möglich ist.
Mein Interview mit King World News ist relativ kurz. Aber Eric King weiß, wie er Interviews auf den kontroversesten Punkt bringt. Jeder sollte sich fragen: „Wie konnte es dazu kommen, dass wir, ein freies, von der US-Verfassung geschütztes Volk, nur noch einen Schritt davon entfernt sind, von einem Cäsar regiert zu werden?"
Mein Interview mit Greg Hunter von USA Watchdog ist in meinen Augen eines meiner besten. Das Interview deckt ein weites Feld an Themen und Möglichkeiten ab, weshalb ich keine Kolumne zur Schließung der Regierungsgeschäfte sowie ihren Auswirkungen und ihren möglichen Konsequenzen schreiben muss. (Nachlesbar auf www.usawatchdog.com, d.Ü.)

29.09.2013: Die NATO ist überflüssig

Die NATO existiert zu lange. Die North Atlantic Treaty Organization wurde am 4. April 1949 begründet, als ein Verteidigungsbündnis, dessen Zweck es war, Westeuropa im Falle eines sowjetischen Überfalls zu verteidigen. Wie der erste Generalsekretär der NATO es formulierte, wurde die NATO gebildet, um die Russen aus Westeuropa rauszuhalten und die Amerikaner dafür drin.

Die Bildung der NATO war einer der ersten Akte des Kalten Krieges. Es gab kein Anzeichen dafür, dass die Sowjetunion vorhatte, Westeuropa zu überfallen. Trotz Stalins Weigerung, 1948 den einheimischen kommunistischen Aufstand in Griechenland zu unterstützen, erklärten Präsident Truman und seine Berater den griechischen Aufstand als Teil eines sowjetischen Plans zur Weltherrschaft, genau wie spätere US-Regierungen das fälschlicherweise mit Vietnam taten.

Stalin begrub jegliche Aussicht auf eine Weltrevolution, als er dessen Fürsprecher Leon Trotsky, den Gründer und Befehlshaber der Roten Armee im russischen Bürgerkrieg, besiegte, der das Ziel des Kommunismus als eine internationale, „dauerhafte Revolution" definiert hatte. Stalin hingegen rief die „Revolution in einem Land" aus. Doch der Mythos einer Sowjetunion, die die Weltrevolution anstrebte, blieb von der Truman-Administration bis hin zu Präsident Reagans erster Pressekonferenz am 29. Januar 1981 bestehen.

Die Bildung dieses Mythos war sehr förderlich für Profit und Macht des Militär-/Sicherheitskomplexes der USA. Als der Zusammenbruch der Sowjetunion „die Bedrohung" aus der Welt schaffte, wartete der Militär-/Sicherheitskomplex mit einer neuen Bedrohung – dem Moslem-Terrorismus – auf und nutzte diese Bedrohung, um das Militär-/Sicherheitsbudget und die Verletzung von Bürgerrechten über das Maß hinaus auszudehnen, welches bereits durch das Aufbauschen der sowjetischen Bedrohung erreicht worden war. Offensichtlich sind Moslems mit Teppichmessern weitaus beängstigender als Sowjets mit nuklearen Waffen.

Für die Sowjets, die keine militärischen Pläne gegen Westeuropa hatten, wirkte die Bildung der NATO wie ein anglo-amerikanisches Einkreisen der Sowjetunion. Stalins Antwort war 1955 der Abschluss des Warschauer Paktes mit Osteuropa – sechs Jahre nach der Bildung der NATO. Der Warschauer Pakt wurde von der West-Front des Kalten Krieges sofort als Beweis für sowjetische Militärpläne gegen Europa missgedeutet.

In diesen Tagen waren die US-Nachrichtenblätter voll von Karten, die zeigten, wie die Divisionen des Warschauer Paktes gegen NATO-Divisionen aufgestellt waren. Die Ungleichheit der Truppen begünstigte die sowjetische Seite so enorm, dass Präsident Eisenhower bei der Vorstellung der finanziellen Kosten verzweifelte, die er gebraucht hätte, um mit den sowjetischen Truppen und ihren herkömmlichen Waffen gleichzuziehen. In der Entscheidung, mehr aus seinem Geld herauszuholen, stellte Eisenhower die US-amerikanische Militärdoktrin auf den Verlass auf nukleare Bewaffnung um. Die Republikaner, damals wie heute, waren fixiert auf Budgetdefizite und Eisenhower erachtete Budgetdefizite als eine größere Bedrohung als einen Atomkrieg.

Es ist zweifelhaft, ob die NATO jemals risikogerecht ihrem Zweck diente. Unabhängig davon verlor die NATO ihren Zweck, als die Sowjetunion vor 22 Jahren zusammenbrach. Die NATO existiert noch heute, weil Washington sich an ihre Spitze gesetzt und sie als Militärbündnis wiederhergestellt hat, welches Washingtons hegemonialen Kriegen dient.

Anstatt die NATO mit dem Zerfall der Sowjetunion aufzulösen, dehnte Washington die NATO drastisch aus. Die Regimes von Clinton und Bush fügten Teile des ehemaligen Sowjet-Reiches hinzu: Ungarn, Tschechien, Polen, Estland, Lettland, Litauen, Slowenien, die Slowakei, Bulgarien und Rumänien. Frankreich, das unter Charle de Gaulle aus der NATO ausgetreten war, schloss sich ihr im April 2009 gemeinsam mit Kroatien und Albanien wieder an – achtzehn Jahre nach dem Zusammenbruch der Sowjetunion. Derzeit arbeitet das Obama-Regime an der Eingliederung zweier früherer Sowjet-Republiken: der Ukraine und Georgien.

Die russische Regierung begreift, dass die Erweiterung der NATO durch ehemalige Warschauer-Pakt-Staaten und durch frühere sowjetischen Republiken, die Teile der Sowjetunion gewesen sind, Umzingelung bedeuten. Diese dreiste und rücksichtslose Einkreisung Russlands durch Washington und seine NATO-Marionettenstaaten wird durch Washingtons Ansiedelung von Raketenbasen auf ehemaligen Warschauer-Pakt-Gebieten unterstrichen. Der Zweck dieser Raketenbasen ist das Neutralisieren oder Vermindern von Russlands nuklearen Abschreckungsmitteln. Niemand glaubt Washingtons Behauptung, dass die Raketenabwehrbasen an der russischen Grenze gegen den Iran gerichtet sind. Washingtons Einkreisen Russlands ist waghalsig und gefährlich.

Heutzutage ist Russland nicht mehr die Sowjetunion, doch Russland besitzt ausreichend Atomwaffen und entsprechende Beförderungssysteme, um Westeuropa und die USA zu zerstören. Welchem Zweck dient Washingtons aggressiver Gebrauch der NATO gegen Russland?

Ist der Zweck das Risiko eines Atomkrieges wert? Warum hat Washington die Anspannung derart erhöht, dass der stellvertretende Verteidigungsminister Russlands, Anatoly Antonov, sich gezwungen fühlte, am 2. Juli öffentlich zu verkünden, dass kein Land in der Lage sein wird, ungestraft die strategischen nuklearen Kräfte Russlands anzugreifen?
Was nützen uns Entscheidungsträger in Washington, die, in ihrer Überheblichkeit schwelgend, die Russen eine solche Bedrohung auf höchster Ebene verspüren lassen? Die Antwort ist, dass Washingtons Verpflichtung gegenüber den Profiten des Militär-/Sicherheitskomplexes Gewinne über Leben stellt. Soweit es nach dem Militär-/Sicherheitskomplex geht, kann Amerika nicht genug Feinde haben. Amerikas Sicherheit zu beschützen ist ein profitables Geschäft.
Erstmals nutzte Washington die NATO 1993 bis 1995 als Angriffswaffe, um Jugoslawien zu zerschlagen. Die Luft- und Bombenangriffe der NATO vereitelten die Bestrebungen der jugoslawischen Regierung, den Zerfall des Landes in seine Einzelteile zu verhindern. 1999 benutzte Washington die NATO erneut, diesmal, um Serbien sein historisches Heimatgebiet Kosovo zu entreißen und es in muslimische Hände zu übergeben.
2001 gab Washington vor, dass 9/11 das Werk Afghanistans sei, und zwang die NATO, Artikel 5 zu befolgen. Dieser Artikel besagt, dass ein Angriff auf einen Mitgliedsstaat einem Angriff auf alle Mitglieder gleichkommt, weshalb jeder NATO-Staat Washington zu Hilfe kommen sollte. Indem es die NATO nötigte, Artikel 5 zu aktivieren, beschaffte Washington sich eine Deckung für seinen Angriffskrieg auf Afghanistan, der nun in seinem zwölften Jahr läuft. Es ist außergewöhnlich, dass der Kongress es der Exekutiven erlaubte, 3 Milliarden Dollar für einen Krieg mit Afghanistan zu verschleudern, während Washington seine Staatsbediensteten beurlauben musste und Kürzungen bei der sozialen Sicherheit, Medicare und den Sozialleistungen für Veteranen in Erwägung zieht.
2011 benutzte das Obama-Regime die NATO, um die Regierung Libyens zu stürzen. 2013 schlug jedoch das Bestreben des Obama-Regimes fehl, die NATO in den Syrien-Konflikt hineinzuziehen – diesen hatte Washington initiiert, indem Saudi-Arabien die Islamisten, die sich einen Sturz von Assads säkularer Regierung wünschen, mit Waffen ausstattete.

2008 griff die ehemalige sowjetische Republik Georgien, angestachelt durch Washington, russische Friedenstruppen und die russische Bevölkerung von Südossetien an. Washington berechnete die russische Reaktion falsch, als es annahm, dass Russland klein beigeben würde. Das russische Militär machte kurzen Prozess mit der von der USA und Israel ausgebildeten und bewaffneten georgischen Armee und hätte Georgien leicht wieder in Russland eingliedern können, wo es nach der Meinung vieler auch hingehört. Allerdings zog Russland seine siegreichen Truppen nach dem Gefecht ab.
Nach Rache dürstend, was durch seine ganze Geschichte hindurch die Hauptmotivation von Washington zu sein scheint, versucht Washington die NATO zu überzeugen, Georgien als Mitgliedsstaat aufzunehmen – ein Land, das in Asien zwischen dem Schwarzen und dem Kaspischen Meer liegt, weit vom Nordatlantik entfernt. Die NATO-Mitgliedschaft würde Georgien zu einem vertraglichen Schutzgebiet Washingtons und der NATO machen, und auf diese Weise will Washington Putin zeigen, dass Russland Georgiens nächsten Angriff zu dulden hat oder andernfalls einen Krieg mit dem Westen riskiert.
Es könnte keinen deutlichere Bescheinigung dafür geben, dass Washington unbekümmert genug und willig ist, allein aus Prestigegründen einen Krieg zu beginnen. Doch für Washingtons NATO-Marionetten steht viel auf dem Spiel – jede europäische Hauptstadt und generell die Bevölkerung Europas.

Es ist die NATO, die Washingtons Waghalsigkeit und Aggressivität ermöglicht. Ohne den Deckmantel, den die NATO liefert, und die Raketenbasen, die die NATO bereitstellt, müsste Washington sich von einem aggressiven, kriegstreiberischen Tyrannen in einen guten Nachbarn verwandeln. Die Europäer haben bisher genau aus oben genannten Gründen Georgiens NATO-Mitgliedschaft verweigert, doch Washington ist hartnäckig und setzt sich normalerweise mit Bestechungen, Drohungen und politischem Druck durch.
Der Umfang, in dem die US-Medien über auch nur irgendeines dieser gefährlichen Entwicklungen berichten, kann analog zu einem parteiischen Sportreporter gesehen werden, der nur jubelt, wenn sein Team gewinnt.

Washingtons aggressive Nutzung der NATO gegen Russlands Sicherheit kann sehr leicht zu einer Fehlkalkulation werden.

Washington nutzt die NATO, um die militärischen Kräfte von 27 anderen NATO-Staaten in Washingtons Reichsarmee einzuverleiben. Beispielsweise sind spanische Marineschiffe mit amerikanischen Waffensystemen wie AEGIS ausgestattet, und unter der Überschrift „Kompatibilität zwischen NATO-Mitgliedsstaaten" in US-Streitkräfte eingegliedert. Mit anderen Worten: Europäische Regierungen verlieren die Kontrolle über ihre eigenen bewaffneten Streitkräfte, die zunehmend außerstande sind, jenseits der von der USA dominierten NATO-Struktur zu handeln.

Derzeit sind Bemühungen im vollen Gange, diese Struktur auf Japan auszuweiten. Am 15. April 2013 unterschrieben der NATO-Generalsekretär Rasmussen und der japanische Premierminister Abe eine gemeinsame politische Erklärung. Diese gemeinsame politische Erklärung besagt, dass Japan und die NATO den gleichen Sicherheitsaufgaben gegenüberstehen und durch gemeinsame Werte zusammengebracht wurden. Wie es scheint, versucht Washington, über Japan die NATO-Bedrohung nach China zu bringen.

Nach ihrer Niederlage im Zweiten Weltkrieg war es sowohl Deutschland als auch Japan verboten, jegliches offensives militärisches Potenzial zu besitzen. Jetzt sind beide Länder in die Truppen eingebunden, die Washingtons Hegemonialkriege unterstützen.

Die NATO ermöglicht nicht nur die US-Aggressionen, sie ist auch sehr kostspielig. Das Militärbudget der NATO-Staaten macht 70 % der weltweiten Ausgaben für Militärkräfte aus. Wegen strittiger Staatshoheiten lässt sich die Anzahl der Länder auf der Welt nicht genau angeben, doch sie liegt zwischen 190 und 206 einzelnen Staaten. Wenn wir die kleinere Zahl nehmen, dann bestreiten 15 % der Länder der Welt – die NATO-Mitglieder – 70 % der Militärausgaben.

Im Gegensatz dazu tragen 85 % der Länder der Welt, einschließlich China, Indien, Iran und Russland, nur 30 % der Militärausgaben. Offensichtlich hat Washington die NATO zu einem Werkzeug militärischer Aggression zurecht geschliffen.

Europa kann es sich nicht leisten, für Washington im Mittleren Osten, Afrika und Asien Krieg zu führen. Europa mangelt es an Kapital, um mit seinen eigenen Staatsschuldenproblemen zurechtzukommen; es muss darauf zurückgreifen, den Europäischen Völkern ernste Entbehrungen aufzuerlegen. Arbeitslosigkeit und Armut nehmen zu. Dennoch zahlen europäische Länder, die es sich nicht leisten können, ihre eigenen Polizisten, Lehrer und ihre medizinische Versorgung zu bezahlen, Geld, das sie nicht haben, für amerikanische Hegemonialkriege in weit entfernten Gegenden der Welt, in denen Europäer keinerlei nationales Interesse verfolgen.

Die Polen, Ungarn und Tschechen rebellierten einst gegen ihre sowjetischen Lehnsherren. Washington kommt jeder Revolte zuvor, indem es die europäischen Regierungen bezahlt. Indem es Washington freies Spiel lässt, stellt die NATO die Weichen für den Dritten Weltkrieg.

Heutzutage steht die USA keiner feindlichen militärischen Macht gegenüber. Zwar haben Russland und China erhebliches militärisches Potenzial und ihre Regierungen werden von westlichen Propagandisten als „autoritär“ beschrieben, doch keine der Regierungen repräsentiert eine dem Westen feindlich gesinnte kommunistische Ideologie. Stattdessen bemühen sich die Führungen beider Länder darum, Konflikte mit den Vereinigten Staaten zu vermeiden und das Wohlergehen ihrer Bürger zu verbessern.

Die einzige gefährliche Ideologie der heutigen Zeit ist Washingtons Ideologie des Neokonservativismus. Diese Ideologie proklamiert, dass die USA das „unentbehrliche Land“ sei, welches das Recht und die Pflicht hat, sein wirtschaftliches und politisches System der ganzen Welt aufzudrängen. Neokonservativismus ist das neue Jakobinertum, sozusagen das volle Programm der Französischen Revolution, nur dass diesmal das Ziel nicht nur Europa ist, sondern die ganze Welt.

Der Neokonservativismus ist eine aggressive Ideologie, die Selbstgerechtigkeit und Militarismus schürt. Die Aggressivität der Ideologie spiegelt sich im Bericht des Pentagon vom 19. Juni 2013 wider, der vor dem Kongress die US-amerikanische Atomkriegsstrategie umriss. Der Bericht zeigt, dass Washington über zwei Jahrzehnte nach dem Zusammenbruch der „sowjetischen Bedrohung“ noch immer Vorbereitungen für einen Atomkrieg trifft.

Der Bericht versucht, Russland mit der Aussage einzulullen, dass „es nicht unsere Absicht ist, die strategischen Mittel Russlands zur nuklearen Abschreckung zu verleugnen oder die strategische militärische

Beziehung zu Russland zu destabilisieren“. Andererseits blickt der Bericht auf eine 2010 verfasste Stellungnahme zu Atomwaffen zurück, die das Ziel setzte, die Ansammlung von nuklearen Waffen in der USA zu begrenzen, um einen Atomschlag zu verhindern. Der Bericht von Juni 2013 sagt dazu: „Wir können eine solche Strategie heute nicht verfolgen“.

Washingtons Entschuldigung dafür, sich das Recht auf einen atomaren Erstschlag vorzubehalten, ist die Drohung mit „atomarem Terrorismus“ durch „al-Quaida und seinen extremistischen Verbündeten“. Al-Quaida ist weder ein Staat, noch ein Land. Der Bericht erklärt nicht, wie ein präventiver atomarer Angriff durch die USA gegen al-Quaida genutzt werden kann. Stattdessen ist der Extremismus von al-Quaida das Ergebnis des Washingtoner Imperialismus. Wenn Washington die Moslems sich selbst überlassen würde, dann würde sich der Extremismus auf innere Konflikte zwischen Sunniten und Schiiten und zwischen säkularen Regenten und Islamisten verlagern.

Wenn die Vereinigten Staaten von Amerika ihre interventionalistischen Strategien aufgäben, dann würde die terroristische Bedrohung abflauen. Selbst das gegenwärtige Level der Feindschaft hält tschetschenische Terroristen nicht davon ab, mit Washington zusammenzuarbeiten, um die russische Region im Norden des Kaukasus zu destabilisieren.

Washingtons Einsatz von muslimischen Extremisten gegen den russischen Staat geht zurück bis zum sowjetischen Einmarsch in Afghanistan. Als Gorbatschow Generalsekretär wurde, setzte er Washington in Kenntnis, dass er die sowjetischen Truppen aus Afghanistan abziehen würde. In ihrem 2012 erschienenen Buch „The Untold History of the United States“ berichten Oliver Stone und Peter Kuznick, dass Washington, anstatt die Beendigung des Konfliktes zu unterstützen, alles daran legte, die sowjetischen Streitkräfte so lange wie möglich in Afghanistan zu halten, indem die USA Osama bin Laden und Ayman al-Zawahiri mit Geld und Waffen belieferte und Versuche der Vereinten Nationen blockierte, die eine Einigung erwirken wollten.

Die Neokonservativen sind sauer, dass der Kalte Krieg ohne einen militärischen Triumph der USA über Russland endete. Es ist dieser Triumph, den die gefährlichen Kriegstreiber noch immer zu erreichen suchen.

08.10.2013: Schlusswort

Anfang Oktober 2013 scheint es, als habe Washington seine Lust daran verloren, Kriege im Mittleren Osten zu entfachen. Der Großteil der Welt ist zu dem Schluss gekommen, dass der Einsatz chemischer Waffen in Syrien ein orchestrierter Vorwand für eine US-amerikanische militärische Intervention im Interesse der islamistischen Bestrebung, die säkulare Assad-Regierung zu stürzen, gewesen ist. Die diplomatische Offensive des iranischen Präsidenten Dr. Hassan Rouhani hat weiterhin Washingtons Vermögen eingeschränkt, von anderen Ländern Unterstützung und somit einen Deckmantel für seine Angriffskriege zu erhalten. Natürlich ist Washington mit diesen Einschränkungen unzufrieden. Doch das Risiko für Washington, einen Angriffskrieg ohne jeglichen Deckmantel – wie eine UN-Resolution, die Unterstützung der NATO oder eine „Koalition des Willens“ – zu starten, ist, als Kriegsverbrecher erkannt zu werden. Washingtons Vermögen, die neokonservative Liste an Regierungen, die gestürzt werden müssen, weiter abzuarbeiten, mangelt es an der nötigen Unterstützung innerhalb und außerhalb des Landes. Unter Umständen könnte Washington ein Ereignis unter falscher Flagge inszenieren, um Unterstützung für die Kriege im Mittleren Osten wiederzuerlangen, doch das wäre sehr risikoreich, wenn man bedenkt, wie hoch inzwischen die Skepsis gegenüber dem Regierungsbericht der Vereinigten Staaten zu 9/11 ist.

Während der zwölf Jahre, in denen Washington sich auf den „Krieg gegen den Terror“ konzentrierte, erfolgten andere Entwicklungen, die Washington nun als größere Bedrohungen für seine Weltherrschaft erachtet. Unter der Regierung von Putin und Medwedew hat Russland sich als diplomatische Macht herausgebildet, die unabhängig von ausländischer finanzieller Kontrolle agiert, und China hat sich als ein industrielles und fertigungstechnisches Kraftwerk entpuppt, das die Wirtschaft der USA in den Schatten stellt.

Nach einem teuren Jahrzehnt an Kriegen im Mittleren Osten ohne ersichtliche Gewinne hat das Obama-Regime nun den „Schwenk nach Asien“ angekündigt, eine Strategie, China mit Militärbasen einzukreisen.

Der Schwenk nach Asien verlangt die Verlagerung von 60 % der US-Flotte zu Standorten, von denen aus Amerika einerseits Engpässe wie die Straße von Malakka, durch die Chinas wesentliche Handels- und Energieimporte laufen, kontrollieren und andererseits andere Länder in ihren Konflikten mit China bezüglich ressourcenreicher Inseln bestärken kann. Um die Flotte unterzubringen und zu schützen, errichtet Washington Flug- und Marinestützpunkte auf den Philippinen, in Thailand, Vietnam, Singapur und Myanmar. Zudem verfolgt Washington die Durchsetzung einer transpazifischen Partnerschaft, die dazu bestimmt ist, den Dollar-Imperialismus voranzutreiben und Chinas zunehmendem Handel mit anderen asiatischen Staaten entgegenzutreten.

Washington beabsichtigt, Russlands und Chinas Fähigkeit, die US-amerikanische Weltherrschaft zu beschränken, durch militärische Umzingelung und das Schüren inländischer Instabilität aufzuwiegen. Washington hat Russland mit Militärbasen und Raketenabwehrsystemen eingekreist und versucht, aus ehemaligen Teilen des russischen Imperiums – wie Georgien und Ukraine – NATO-Mitglieder zu machen. Washington hat Russland und China mit von Washington finanzierten Nicht-Regierungs-Organisationen (NGOs) unterwandert und unterstützt im Verborgenen muslimische Separatisten in beiden Ländern.

Washingtons Agenda ist finanziell und diplomatisch gesehen kostspielig und erhöht das Risiko eines Atomkrieges. Es ist ein sehr ehrgeiziges Programm für die USA, die finanziell und diplomatisch durch zwölf Jahre Krieg geschädigt ist und die sich nicht von fünf Jahren wirtschaftlicher Flaute erholen kann, trotz beispielloser finanzpolitischer Anregungen.

Washington leidet nun an seinen eigenen wirtschaftlichen und politischen Aufspaltungen; der Großteil der Bevölkerung ist unfähig, seine Lage zu verbessern, und muss gar Rückschritte verzeichnen, während das Einkommen und der Wohlstand in wenigen Händen konzentriert ist. Washingtons Ambitionen, eine Supermacht zu sein, scheint nicht zu seinen Fähigkeiten zu passen. Das große Missverhältnis zwischen Washingtons Zielen und seinen Möglichkeiten führt zwingend zum Scheitern. Doch wenn Washington nicht in der Lage ist, das Scheitern zu akzeptieren, wird es auf Krieg zurückgreifen.

Abkürzungen/Fremdwörter

ACLU: American Civil Liberties Union (Amerikanische Union für Bürgerliche Freiheiten)
AFRICOM: Africa Command
AUMF: Ermächtigungsgesetz für den Einsatz militärischer Gewalt
BLS: Büro für Arbeitsmarktstatistik
CIA: Central Intelligence Agency (US-amerikanischer Auslandsnachrichtendienst)
CCR: Center For Constitutional Rights (Zentrum für Verfassungsrechte)
ICAHD: Israelisches Komitee gegen Hauszerstörung
FEMA: Federal Emergency Management Agency (Nationale Katastrophenmanagement-Agentur)
FISA-Gesetz: Foreign Intelligence Surveillance Act (Gesetz über die Überwachung ausländischer Geheimdienste)
IMET: International Military and Education Training (internationale Militär- und Erziehungsausbildung)
IMF: International Monetary Funds (Internationaler Währungsfonds)
NDAA: National Defense Authorization Act (Verteidigungsermächtigungsgesetz)
NED: National Endowment for Democracy (Nat. Stiftung für Demokratie – von den Vereinigten Staaten von Amerika finanzierte ‚private und unabhängige Nichtregierungsorganisation')
NGO: Nichtregierungsorganisation
NIST: National Institute of Standarts and Technology (Nationales Institut für technologische Standards)
NORAD: North American Aerospace Defense Command (Nordamerikanisches Luft- und Weltraum-Verteidigungskommando)
NSA: National Security Agency (Nationale Sicherheitsbehörde)
OWS: Occupy Wall Street
PFLP: Volksfront für die Befreiung Palästinas
PTSD: Posttraumatic Stress Disorder (Posttraumatische Belastungsstörung)
RICO: Racketeer Influenced and Corrupt Organizations Act (Gesetz über das organisierte Verbrechen)
SCAD: State Crime Against Democracy (Staatsverbrechen gegen die Demokratie)
TSCTP: Trans Sahara Counter Terrorism Partnership (Trans-Sahara-Partnerschaft gegen den Terrorismus)
WTO: World Trade Organization (Welthandelsorganisation)
FED Federal Reserve System (Federal Reserve/Fed): Zentralbanksystem der USA (Achtung: Trotz des Names „Zentralbank" ist dies eine Privatbank und keine Staatsbank.)